Friedrich Kauffmann

Geschichte der schwäbischen Mundart im Mittelalter und in der Neuzeit

Mit Textproben und einer Geschichte der Schriftsprache in Schwaben

Literaricon

Friedrich Kauffmann

Geschichte der schwäbischen Mundart im Mittelalter und in der Neuzeit

Mit Textproben und einer Geschichte der Schriftsprache in Schwaben

ISBN/EAN: 9783965065390

Auflage: 1

Erscheinungsjahr: 2023

Erscheinungsort: Treuchtlingen, Deutschland

www.literaricon.com

Printed in Germany

GESCHICHTE

DER

SCHWÄBISCHEN MUNDART

IM

MITTELALTER UND IN DER NEUZEIT

MIT TEXTPROBEN

UND EINER

GESCHICHTE DER SCHRIFTSPRACHE IN SCHWABEN

DARGESTELLT VON

DR. FRIEDRICH KAUFFMANN

PRIVATDOZENT AN DER UNIVERSITÄT MARBURG.

STRASSBURG.

VERLAG VON KARL J. TRÜBNER.

1890.

G. Otto's Hof-Buchdruckerei in Darmstadt.

EDUARD SIEVERS

IN

FREUNDSCHAFT UND DANKBARKEIT

GEWIDMET.

VORWORT.

> Salve dulcis patria
> Suavis Suevorum Suevia!

Wohl werden auch Sie, hochverehrter Freund, wenn Sie die geschichte unserer mundart entgegennehmen wollen, gerne des schönen landes und treuen volkes gedenken, in dessen mitte Sie kurze aber fruchtbare jahre gewirkt haben. Mit dem gruss an die heimat verknüpft sich mir so die erinnerung an die Tübinger lehrzeit, die erinnerung an jene im leben des einzelnen so wichtigen augenblicke, wo mit einem schlage die auffassung der thatsachen sich verändert und der sichere hort des wissens sich zu sammeln beginnt. Die allgemeinen kategorien der denkthätigkeit lassen sich bekanntermassen nicht wie das a-b-c an den fingern herzählen, sie sind in steter entwicklung; der fortschritt des individuums wie der wissenschaft kommt nicht sowohl in ihrer erfassung als vielmehr wesentlich in der klarheit über die einordnung der vorstellungen in die verschiedenen kategorien zum ausdruck. So genügt es also keineswegs dem ruf der masse nach konstatirung der erfahrungsthatsachen zu gehorchen, so lange das ergebniss neuer beobachtung nicht allseitig in wechselbeziehung zum bereits erworbenen gesetzt wird, kann von wissenschaftlicher leistung nicht die rede sein. In diesem sinne ist die folgende darstellung gedacht. Ich habe es mir angelegen sein lassen, unbekanntes oder versäumtes material zur veranschaulichung meiner behauptungen herbeizuschaffen, ich habe mich bemüht, jede einzelnheit erfahrungsgemäss sicher zu stellen und in den richtigen zusammenhang einzuordnen: bei der arbeit ist mir mehr und mehr jede einzelne form ein symbol des gesammtlebens geworden. So möchte ich meine geschichte der schwäbischen mundart gerne als beitrag zur historischen anthropologie Schwabens betrachtet wissen.

Die sprache mit den äusserungen ihrer lebensformen, von wortschöpfung, wortbildung, wortschatz u. s. w. ganz abgesehen, ist eine ausserordentlich ergiebige quelle für die erkenntniss der untergegangenen menschheit. Durch die psychologische begründung des sprachlebens, wie sie uns von Hermann Paul gegeben worden ist, sind uns unsere ahnen viel vertrauter, ihr seelenleben ansprechender geworden. Wie der kreislauf des blutes auch durch ihre körper seinen gesetzmässigen weg gegangen, so hat der luftstrom in ihren schallbildenden organen sich zum sprachlaute gebrochen, so hat die sprechthätigkeit ihre phantasie angeregt und so haben auch ihre anschauungen und vorstellungen in der mechanik des selbstbewusstseins ihr wundersames spiel getrieben („analogiebildung") und das dunkle rätsel der umsetzung des gedankens in die schallbewegung des lautes hat auch in den vergangenen jahrhunderten bestanden. Die übereinstimmung der elementaren lebenskräfte ist für den geschichtschreiber nicht bloss methodologisch fruchtbar.

Nach dem bilde, das meine darstellung von der entwicklungsgeschichte des schwäbischen lautbestandes gibt, werden die ansichten der principienwissenschaft über die allgemeinen faktoren des lautwandels wesentlich zu modificiren sein. Paul sieht die eigentliche ursache der veränderung in der gewöhnlichen sprechthätigkeit, bei welcher dem einzelnen immer ein bestimmtes mass individueller freiheit bleibe. Die bethätigung dieser individuellen freiheit wirke zurück auf den psychischen organismus des sprechenden, zugleich aber auch auf den organismus des hörenden. Durch die summirung einer reihe minimalster verschiebungen in den einzelnen organismen ergibt sich dann als gesammtresultat die verschiebung der usuellen lautbildung. Diese verschiebung könne aber nicht wohl zu stande kommen, ohne dass das individuum beeinflussung von andern individuen erfahre. Die hauptperiode dieser beeinflussung sei die zeit der spracherlernung im kindlichen alter, die vorgänge bei der sprach*erlernung* seien die wichtigsten ursachen für die sprach*veränderung*. Der akt der sprachübertragung von einer generation auf die andere, nächstfolgende, wird für die lautverschiebung verantwortlich gemacht. Die consequenz ist eine immerwährende ununterbrochene kleine und kleinste veränderung in der erzeugung der mundartlichen laute; nach generationen summiren sich diese kleinsten grössen zu einer akustisch und psychisch fassbaren umwandlung. Eine solche auffassung ist fremdartig, schon deswegen, weil sie die einzelnen vorgänge isolirt und die lauterzeugung zu sehr in das interesse des individuums rückt. Die lauterzeugung ist ein psychophysischer vorgang. Sie ist allein abhängig von der function der sprachorgane und deren wechselbeziehung zum bewusstsein. Übereinstimmung der lauterzeugung oder mit andern worten eine in sich überstimmende bei allen angehörigen gleichmässige mundart ist nur denkbar bei identischem bau und identischer *function der organe*. Da nun aber so viel wir wissen, die sprachorgane des homo sapiens auf der ganzen erde ein und dieselben sind, kann die verschiedenheit der sprachen nur auf verschiedenheit der *function* derselben beruhen, kurz *die verschiedenheit der muskel- und nerventhätigkeit involvirt die unterschiede der mundarten nach ihrer rein lautlichen seite*. Wir können nur behaupten, identische lauterzeugung hänge von identischer function der die schallbildenden und schallmodificirenden körper beherrschenden organe (muskeln) ab. Soweit die identität der muskelfunction reicht, ziehen wir die grenzen einer mundart, eine lautveränderung ist nur denkbar, wenn in den *functionsorganen* eine veränderung eintritt. Weiter darf meiner meinung nach die vorsichtige abstracte deduction nicht gehen, die beobachtung des thatsächlichen sprachlebens hat das letzte wort. Fernere bestätigung oder widerlegung erwartend, wage ich die auf meinem arbeitsfeld gewonnenen resultate auszubeuten, in der hoffnung, damit auf andern dialectgebieten die beobachtung anzuregen.

Ich habe §§ 141. 193 in chronologischen tabellen zusammengestellt, wie sich die (nach der schriftlichen überlieferung) vollzogenen lautveränderungen auf die jahrhunderte verteilen. Die betr. zahlen kann ich samt und sonders nicht als der datirung der thatsächlichen ereignisse entsprechend halten, sondern glaube nicht bloss, dass die ansätze um grössere zeiträume zu spät, sondern auch, dass die verschiedenen lautveränderungen einander noch viel näher zu rücken sind, so dass in einer reihe von jahrhunderten eine allmähliche aber radicale umwandlung der lauterzeugung sich vollzogen hätte, die sowohl für consonantismus als vocalismus eine verschiebung der articulationsstellen und articulationsarten mit sich gebracht. Die ursache hiefür haben wir nach dem vorhin bemerkten in einer veränderung der muskel- (und nerven-?) function zu suchen. Einzelne muskeln, vormals wahrscheinlich mit strafferer energie thätig, haben an intensität der spannung verloren, andere gewonnen, muskelstränge, die vordem in activität gewesen, sind ausser dienst gesetzt und haben ihre function an andere abgegeben, folglich sind die passiven organe wie kehlkopf, zunge, kiefer und lippen anders dirigirt worden. In solchen vorgängen spielt sich die lautgeschichte ab, sie bringt weder fortschritt noch verfall, naturgesetze können durch culturbegriffe nicht einmal erläutert, geschweige definirt werden. Nun geht aus §§ 141. 193 hervor, dass seit dem 14. jh. überhaupt keine veränderung der lautbildung nachgewiesen werden kann, mit andern worten, dass seit 5 jahrhunderten der schwäbische lautstand sich überhaupt nicht mehr verändert hat; und ich bezweifle nicht, dass die stabilität desselben in noch ältere zeiten zurückreicht. Dieses merkwürdige ereigniss der sprachveränderung darf nun aber nicht isolirt gehalten, sondern muss in den zusammenhang der stammesgeschichte gestellt werden. Wir wissen, dass der Schwabenstamm im dritten jahrhundert aus seinen nördlichen wohnsitzen in die Neckargegenden eingewandert ist. Was liegt näher als mit dieser veränderung des wohnsitzes die veränderung der mundart zu combiniren? So meine ich denn und wage zu behaupten: unter dem veränderten himmel, bei verändertem luftdruck, unter gänzlich anderen boden- und lebensverhältnissen hat sich (in Darwin'schem sinne) die physikalische function der sprachorgane den neuen verhältnissen im lauf der jahrhunderte angepasst, soweit, in strengster auffassung, identische function der betr. organe vordem vorhanden gewesen, soweit dieselben äusseren factoren gewirkt haben, hat sich dann auch dieselbe mundart von der nachbarschaft abgesondert. Ins detail diese hypothese zu verfolgen, ist nicht möglich, für mein begrenztes wissen steht derselben nichts im wege und ich betrachte sie vorerst als eine schöne bestätigung der weltansicht von der entstehung der arten (mundart, stamm). So lange die äusseren bedingungen für unser volksleben dieselben sind und bleiben ist nicht einzusehen, dass die mundart sich verändern, die function der ausübenden organe wechseln könnte. Die ansicht von der fortwährenden verschiebung der lautbildung bei der übertragung der lautform von generation zu generation hat vorerst die erfahrung gegen sich. Möchte doch meine darlegung der lautveränderung und ihrer ursachen recht eindringlich an weiteren mundarten geprüft werden.

Sicher ist jedenfalls auch für den strengsten schriftgläubigen, dass seit jahrhunderten die articulationsstellen eingenommen sind, welche die mundart heute zeigt, meine darstellung bringt hiefür mathematisch zuverlässige zeugnisse in menge. Fraglich könnte nur noch sein, ob auch die articulationsart von heute seit jahrhunderten existirt, die zweifel können aber schon deswegen nicht bestehen, weil ich gerade die innersten merkmale der articulationsarten (wie verlust des stimmtons, accent, melodie) im zusammenhang uralter veränderungen habe feststellen können. Im ganzen ist der nachweis des alters der mundart wohl der erste im zusammenhang gegebene, doch vgl. Germ. 25, 17. Noreen, Grundriss der germ. philologie I, 431. Weinhold, Die deutschen in Schlesien s. 214, von den anschauungen Adelungs Wörterb. d. hd. mundart. s. VI. VIII. Magazin II, 2, 32 nicht zu reden.

Die mechanische erklärung der lautverschiebung schliesst in sich eine mechanische deutung der lautgesetze. In der verständigung über diesen begriff hat es seitdem immer an ausreichendem, thatsächlich beobachtetem material gefehlt. Namentlich ist durch einen schon in sich unmöglichen kosmopolitischen standpunkt verwirrung gestiftet worden. Ich lege jetzt in meiner darstellung eine reihe von sog. lautgesetzen vor, die für jeden unbefangenen klarheit in das problem bringen werden. Die schwäbische nasalirung ist ein vorgang, der sämtliche in betracht kommende fälle betroffen hat, ein lautgesetz, für welches keine einzige ausnahme beizubringen ist, in allen (bekannten) fällen ist, wie ich annehme im 12. jh., in der verbindung von vocal und nasal nasenresonanz des vocals eingetreten. Es ist mir auch gelungen § 16 dieses gesetzes in seinen folgen auf die ursache zurückzuführen. Wenn ich mit der annahme recht habe, dass die nasalirung der vocale auf einer historisch eingetretenen contraction des musculus glossopalatinus beruht, kann vernünftiger weise kein mensch an der ausnahmslosigkeit des gesetzes und seiner mechanischen deutung zweifeln. Genau dasselbe gilt von dem wegfall der lippenrundung bei *ö* und *ü* (§ 140, 1), von dem quantitäts- (§ 122) und dem assimilationsgesetz (§ 192), die beiden letzteren aufs engste zusammengehörig. Aber wenn in diesen beiden fällen die historischen belege für die gesetzmässigkeit stark decimirt sind, lässt sich an ihnen besonders instructiv lernen, dass im sprachleben nicht bloss mechanische kraft und wirkung sondern auch psychische bewegungen sich damit zu unlöslicher einheit verbinden. Vermöge des mechanischen vorgangs der muskelbewegung constituirt sich ein lautgesetz aus allen lautformen, bei deren erzeugung die betr. muskelbewegung beteiligt ist. Diese beteiligung setzt aber vollständige identität sämmtlicher sprachelemente voraus, wo diese identität nicht vorhanden, darf von vornherein der eintritt des lautgesetzes überhaupt nicht erwartet werden. So entstehen vielfach, selbst bei einem und demselben wort nicht bloss sogenannte satzdoubletten, sondern eine vielleicht unendliche reihe verschiedener formen, durch deren existenz der statistische nachweis des lautgesetzes insofern gefährdet ist, als durch die concurrenz des bewusstseins und der gedächtnisskraft nicht alle formen gleich lebenskräftig sind.. Die sog. analogiebildung besagt folglich nichts anderes, als dass im verlauf der sprechthätigkeit die menge des gedächtnissstoffes reducirt und ohne erkennbare regel bald die eine bald die andere form von dem günstigen loos der erhaltung betroffen wird. Die mechanische gesetzmässigkeit der lautbildung und lautveränderung (lautgesetz) kann nicht streng genug von den sekundären bewusstseinsfunctionen geschieden werden, aber einem durch innere und äussere gründe gewährleisteten lautgesetz seinen gesetzmässig mechanischen charakter bestreiten zu wollen, weil eine bald grössere bald geringere masse von wortformen dagegen zu sprechen scheint, nur weil man die verschiedenheit der bedingungen nicht bedacht hat. heisst die grundlagen des sprachlebens verkennen.

Die sog. hd. lautverschiebung möge zur illustration dieser ansichten beigezogen werden. Im voraus sei bemerkt, dass dieser process nur provinciell verfolgt werden kann, dass jede einzelne mundart denselben selbständig und eigenartig durchgemacht hat. Es trägt durchaus nicht zur klarheit bei, wenn man sich hierzu des bildes von der wellenbewegung bedient. Um zum verständniss dieser erscheinung zu gelangen, wäre in erster linie erforderlich, die constitutiven sprachfactoren derjenigen periode zu kennen, die als mutterschoos der folgenden zu betrachten ist. Zweitens ist es unzulässig, wo es sich um die erklärung handelt, die verschiebung einer geringen zahl von consonanten zu isoliren oder gar jeden einzelnen consonanten für sich zu betrachten. Schon die gleichzeitigkeit der belege z. b. für die ahd. monophthongirung und anderer vocalischer erscheinungen sollte daran gemahnt haben, dass in jenen grauen zeiten veränderungen über die hd. stämme hingegangen sind, deren zusammenhang nicht auf ein paar consonanten eingeschrumpft werden darf. Methodologisch empfiehlt es sich daher, den bereich eines sog. lautgesetzes von vornherein möglichst umfassend zu nehmen (z. b. assimilation § 126. § 194), und die schicksale einzelner laute auf die triebkraft einer wurzel zurückzuführen, deren säfte sich mannigfach am lebensbaum der sprache verzweigen. Die veränderung in der activität z. b. der zungenmuskulatur involviert nicht bloss eine verschiebung in der articulation der consonanten sondern auch der vocale. Beim heutigen stand unseres wissens ist es völlig ausgeschlossen, dass wir in die geheimnisse der phonetischen processe eindringen, welche zur radicalen umwälzung unserer hd. muttersprache geführt haben, aber es kann uns vorerst auch genügen, den weg, der zum ziele führt, in der perspective zu haben. Besonders wichtig scheint nun aber schliesslich, was ich § 168 über accessorische wirkungen (sandhierscheinungen; *pf-* aus *f-*) behauptet habe. Es bedarf also vielfach eindringender voruntersuchungen, dass wir gewisse elemente erst abziehen müssen, um die producte zu erhalten, die als directe schösslinge des lautgesetzes zu betrachten sind.

Ausser diesen hypothetischen erörterungen, die ich als unwillkürliche reflexbilder meiner arbeit gebe, habe ich wenig hinzuzufügen. In der behandlung des quellenmaterials war es besonders interessant in den ältesten denkmälern, den glossensammlungen des 10.—12. jahrhunderts zu verfolgen, wie sich verschiedene schichten sprachlicher ablagerungen über einander geschoben haben. Die chronologische sonde wird, auf weiteren gebieten verfolgt, viel zur klarheit in der auffassung der überlieferten ahd. sprachformen beitragen. Die auswahl des handschriftlichen materials ist eine zufällige. Ich habe ausgenützt, was mir auf der Stuttgarter öffentlichen bibliothek an sicheren schwäbischen texten des mittelalters zur hand war; manche verdienten eingehendere besprechung, zu der ich hoffentlich bald musse finde. Die urkunden des Stuttgarter Staatsarchivs habe ich, wie man meinen könnte, stiefmütterlich behandelt — die rechtfertigung wird meine darstellung selbst bringen. Die zusammenhängenden denkmäler localer herkunft liefern weit wertvolleres material als die früh in der formel erstarrten schriftstücke der kanzleien, eine erfahrung, die sich seit einiger zeit auch bezüglich anderer probleme geltend gemacht hat. Dass ich mich stets mit peinlicher strenge an die überlieferten formen gehalten, braucht nicht erst bemerkt zu werden; bezüglich der urkunden war für mich Paul, Germ. XX, 86 massgebend.

An neueren dialectformen habe ich gesammelt, was ich erreichen konnte, und gebe mich der hoffnung hin, alle lautschattirungen der schwäbischen mundart sei es an diesem oder jenem orte verzeichnet zu haben. Einzelne unebenheiten der darstellung, die vielfach sehr schwierig gewesen ist, bitte ich zu entschuldigen.

Was ich über flexionserscheinungen und thatsachen der wortbildung gesammelt habe, ist in die lautstatistik verwoben, ich glaube nicht, dass ich eine wissenswerte thatsache aus diesen gebieten versäumt habe. In diesem sinne habe ich mir erlaubt meine darstellung als geschichte der schwäbischen mundart zu bezeichnen, wenn ich auch mundart vorwiegend in dem specifischen sinne des wortes genommen habe und sehr viel mehr darunter verstehe als mein buch bringt. Soweit flexionslehre und wortbildung in das gebiet der syntax fallen, bin ich an ihnen vorübergegangen, weil es für die probleme des satzbaues und der satzfügung an den grundlegenden principien der geschichtlichen entwicklung fehlt, auf die mein augenmerk stets gerichtet war. Ich kann aber auch nicht verschweigen, dass, so viele texte ich gelesen habe, es mir unmöglich wäre, ein einziges datum z. b. für den verlust des einfachen präteritums beizubringen.

Unter herzlichem dank an E. Sievers, dessen umsichtige sorgfalt ich bei der correctur zur seite haben durfte, sowie an die beamten der kgl. öffentlichen bibliothek und meinen stets willigen freund, herrn Archivassessor Dr. E. Schneider in Stuttgart, schliesse ich mit dem dringenden wunsch, dass von seiten der fachgenossen auf andern dialectgebieten ähnliche studien zur geschichte unserer muttersprache angeregt und unterstützt werden möchten.

Marburg i. H., November 1889.

Friedrich Kauffmann.

QUELLEN.

Wirtembergisches Urkundenbuch herausgeg. von dem kgl. Staatsarchiv in Stuttgart. Stuttgart 1849—1889. 5 Bde.

Fürstenbergisches Urkundenbuch. Tübingen 1877—85. 5 Bde.

Urkundenbuch der stadt Augsburg herausgeg. von Chr. Meyer. Augsburg 1874—78. 2 Bde.

Ulmisches Urkundenbuch im auftrag der stadt Ulm herausgeg. von F. Pressel. Erster Bd. Stuttgart 1873.

Urkunden von Bebenhausen in der Zeitschrift f. gesch. des Oberrheins 14, 205. 15, 85.

Urkunden von Engelthal ebenda 16, 122. 17, 85. 18, 110.

Sammlung altwürttembergischer Statutar-Rechte herausgeg. von A. L. Reyscher. Tübingen 1834 (Alpirsbach, Anhausen, Balingen, Bebenhausen, Blaubeuren, Böblingen u. a.).

Alemania, zeitschrift für Sprache, Litteratur und Volkskunde des Elsaszes, Oberrheins und Schwabens herausgeg. von Dr. A. Birlinger. Bd. I—XVII, 1. 2. Bonn 1874—89. Enthält texte aus den verschiedensten zeiträumen.

Pactus et Lex Alamannorum Mon. Germ. Leg. V, 1 ed. K. Lehmann. Hannov. 1888. Die deutschen wörter s. 169 f. und bei Graff, Diutiska I, 334 ff. hss. 8.—9. jh.

Deutsche glossen aus Weingarten (A) ed. Graff, Diutiska II, 40 f. 8.—9. jh.

Augsburger glossen Ahd. gl. I. II. Germ. XXI, 1 ff. Ende des 10. jh.

Prudentiusglossen (A) aus Augsburg ed. Steinmeyer Zsfda. 16, 3. 79 ff. Ahd. gl. II, 478 ff. a. 1012—1014.

Schenkungsurkunde von Augsburg ed. Massmann, Die deutschen abschwörungs-, glaubens-, beicht- und betformeln vom 8. bis 12. jh. Quedlinburg und Leipzig 1839. s. 62. 189. a. 1070.

Zwiefalter glossen Ahd. gl. I, 299 ff.; II, 49. hs. 11. jh.

Schlettstädter glossen ed. Wackernagel Zsfda. V, 318 ff. Ahd. gl. I. II. hs. aus dem ersten viertel des 12. jh.

Weingarter Reisesegen MSD² s. 11. 282. hs. 12. jh.

Prudentiusglossen (B) aus Stuttgart Ahd. gl. II, 489 ff. hs. 12 jh.

Meinloh von Sevelingen (bei Ulm) MSF. s. 11 ff. 2. hälfte des 12. jh.

Heinrich von Rugge (bei Blaubeuren) MSF. s. 96 ff. urk. a. 1175 bis 1178. Er. Schmidt: Reinmar von Hagenau und Heinrich von Rugge. (QF. IV.) Strassburg 1874. H. Paul Beitr. II, 487 ff.

St. Ulrichs Leben ums jahr 1200 in deutsche reime gebracht von Albertus, herausgeg. von J. A. Schmeller. München 1844. (Augsburg).

Gottfried von Neifen ed. M. Haupt: Die lieder Gottfrieds von Neifen. Leipzig 1851. - W. Uhl: Unechtes bei Neifen. Göttinger Beiträge zur deutschen Philologie IV. Paderborn 1888. Urk. a. 1234–1255.

Ulrich von Winterstetten (bei Biberach) ed. J. Minor: Die leiche und lieder des schenken Ulrich von Winterstetten. Wien 1882. Urk. a. 1239 (1241).

Schwäbisches Verlöbniss MSD[3] s. 246. 622 ff. hs. 13. jh. (Augsburg).

Zwiefalter Benedictinerregel (ZBR) cod. theol. et phil. 230 in 4° der kgl. öff. Bibliothek in Stuttgart. hs. 13. jh.

Deutsche Predigten des 13. jh. herausgeg. von F. K. Grieshaber. Stuttgart 1844. s. 83—91. hs. mitte des 13. jh.; vgl. Beitr. XIV, 518.

Das Stadtbuch von Augsburg, insbesondere das stadtrecht vom jahre 1276, herausgeg. von Ch. Meyer. Augsburg 1872.

Der Schulmeister von Esslingen MSH. II, 137–140. Urk. a. 1279—81. Germ. XXXIII, 51.

Albrecht von Haigerloch MSH. I, 63. a. 1295 erschlagen.

Deutsche Franciskanerregel des 13. jh. herausgeg. von A. Birlinger. Germ. 18, 186 ff. (?).

Weingarter Predigten cod. ascet. 86 in 4° der kgl. Hofbibliothek in Stuttgart. Vgl. Mone, Anz. VII, 393. Wackernagel: Altdeutsche predigten s. 258 ff. F. Pfeiffer: Altdeutsches übungsbuch s. 182 ff.

Die hs. enthält ferner: de signis misse. de tribus impedimentis. sermo de mortuis. über die sieben todsünden. 14. jh.

Nota der statt zů Horuw herkommen ed. L. Schmid: Geschichte der Pfalzgrafen von Tübingen. Tübingen 1853. Urkundenbuch s. 247 ff. mitte bis ende des 14. jh. Ebenda s. 499 ff.:

Herrenberger Erneuerung a. 1383.

Lehenbuch, Graf Eberhard des Greiners von Wirtemberg ed. Schneider, Vierteljahrshefte 1885 s. 113 ff. a. 1363—1392.

Deutsche Reichstagsakten ed. Jul. Weizsäcker u. a. Bd. I–IX. a. 1376–1431.

Cod. theol. et phil. 54 in 4° der kgl. öff. bibl. in Stuttgart a. 1391 im kloster Reute geschrieben, enthält:

1) Dis sint dú zehen gebott die der ewig gott gebotten ha^v^t.
2) Hie vahet an ain tractat von dem erwirdigen hohen sacrament des fronliches.
3) Stammtafel der priester und könige des alten Testaments bis auf Christus.

Cod. theol. et phil. 72 in 4°[1]: Hie vahet an Adams bůch. a. 1400. Von derselben hand:

Cod. theol. et phil. 74 in 4°: Hie vahet an das bůch von den hailigen altvâtern.

Tristrandts Geschichte cod. palat. 346 fol. in Heidelberg. Wahrscheinlich a. 1403 geschrieben. Lichtenstein, Eilhart von Oberge. (QF. XIX) s. XI f.

Cod. bibl. 28 in 4° der kgl. Hofbibliothek, enthält ein Deutsches Psalterium (voran geht eine underwysunge geistlicher menschen). a. 1417 in Reutlingen geschrieben.

Cod. theol. et phil. 45 in 4° enthält: 1) Dis bůch saget von den zehen botten gottes. 1423 finitus est iste liber. Cappellanus altaris sancte anne in ecclesia parrochiali bôblingen siti. qui me scribebat iohannes flôtzer nomen habebat nacionis de malmshaim. 2) betrachtung vor der non. 3) ain nútz lere. 4) auslegung des auszugs nach Egypten. 5) Merkent hie vsserlesnun gaistlichun warnung: Betli schůlmaister in der samlung ze Rútlingen.

Ein schoen alt Lied von Grave Friz von Zolre dem Oettinger und der Belagerung von Hohen Zolren (herausgeg. von Lassberg 1842). a. 1423 geschrieben, verf. Conrad Silberdrat aus Rottweil.

Cod. bibl. 33 fol. Hie vahet an die ordenunge mit episteln vnd ewangelien durch das iar. Wer diss bůch findet sol es pfaff petern von wyle geben. a. 1426.

Cod. theol. et phil. 144 fol. Die XXIV alten oder der guldin tron der minnenden sel ains demůtigen brůder otten von passôwe. Scriptus est liber iste per me petrum rappen vel rúmellin de herrenberg. a. 1427.

Cod. poet. et phil. 23 fol. Vocabularius latino-germanicus scripsit F. Victor Nigri de Veldkirch Mon. Wibling. a. 1442. Vgl. hiezu cod. poet. et phil. 27 (Spengler scolaris Stůtgardia).

Cod. theol. et phil. 17. Incipit historia ecclesiastica. Daniel de Bondorf scripsit hunc' librum. a. 1445.

---

[1] So lange nichts bemerkt, befinden sich die handschriften auf der kgl. öff. bibliothek in Stuttgart.

Die Chroniken der schwäbischen städte, Augsburg 2 bde. (= Die Chroniken der deutschen städte 4. u. 5. bd.). Leipzig 1865. 1866. Glossare von M. Lexer.

Cod. breviar. 55 in 4° gebete von verschiedenen händen a. 1447.

Cod. poet. et phil. 29 fol. Vocabularius (deutsch lateinisch) des Jacobus Troinger. Completus est liber iste scilicet vocabularius seu abcdarius per me Johannem Werner de Urach ordin scti Benedicti in Zwifelten. a. 1448.

Cod. theol. et phil. 18 in 8° a. 1448 enthält 1) gespräch zwischen meister und jünger 2) von dem sacrament des frohnleichnams 3) leben der altväter.

Das goldene Spiel von Meister Ingold herausg. von E. Schröder. Strassburg 1882 (Elsäss. Litteraturdenkm. III). hs. a. 1450 in Augsburg geschrieben.

Cod. bibl. 35 fol. Deutsches Plenarium aus Ulm stammend, auf der innenseite des deckels der eintrag: mein sun kristofel Zeller ward geboren . . 1450 . mein tochter petternella Zellerin . . 1452. Ausser dem plenarium enthält der starke band vielerlei erbauliches; am ende von zweiter hand einen psalter mit gebeten.

Cod. breviar. 51 in 4° Wildberg. a. 1454? enthält 1) passion 2) gebete von verschiedenen händen.

Cod. bibl. 18 in 4°: deutscher psalter; geschrieben von Math. Böblinger a. 1455.

Hermann von Sachsenheim: Mörin, der goldene Tempel, Jesus der arzt herausgeg. von E. Martin (Lit. Ver. no. 137) Tübingen 1878. Sprachliche sammlungen s. 40—45.

Otto Rulands Handlungsbuch (Ulm 1442—1464) herausgeg. von K. D. Hassler (Lit. Ver. no. I, 4) Stuttgart 1843.

Cod. herm. 24 fol. der kgl. Hofbibliotheck in Stuttgart: Nicolaus de Lyra psalterium Germanice; Weingarten 1470.

Liederbuch der Clara Hätzlerin (a. 1471 zu Augsburg geschrieben) herausg. von C. Haltaus. Quedlinburg und Leipzig 1840.

Heinrich Mynsinger: von den Falken, Pferden und Hunden, herausgeg. von K. D. Hassler (Lit. Ver. no. 71). Stuttgart 1863. a. 1473 von der Clara Hätzlerin goschrieben.

Ein Spiel von St. Georg herausgeg. von B. Greiff. Germ. I, 165 ff. Augsburg 1473?

Cod. med. 15 fol.: de naturis rerum. Petrus königschlacher rector scholarum et prothon'r opidi wallsee transtulit hunc librum de latino. a. 1475.

Cod. breviar. 12 in 4°: gebete (aus der familie Waldburg - Kirchberg stammend) vgl. Uhland, Volkslieder s. 1035. a. 1476.

Cod. theol. et phil. 63 fol.: Von den XXIV alten . geschrieben von jörg wölfflin von röttenbach seinem „besondern gûten gúndern peter rieder von Oberndorff“. a. 1477.

Niclas von Wyle Translazion (von K. Fyner Esslingen 1478 gedr.) herausgeg. von A. v. Keller (Lit. Ver. no. 57) Stuttgart 1861. Weiteres in cod. palat. germ. 101 zu Heidelberg.

H. Nohl: Die sprache des Niclaus von Wyle. Heidelberg. diss. 1887.

Hans Schneiders historisches Gedicht auf die Hinrichtung des Augsburger Bürgermeisters Schwarz a. 1478, herausg. von C. Hofmann, Sitzungsber. d. Münch. Akademie 1870, I, 500 ff. Ebenda weiteres von v. Liliencron. Vgl. ferner:

Alte hoch- und niederdeutsche Volkslieder herausgeg. von L. Uhland. Stuttgart und Tübingen 1844. (u. a. Val. Holl's hs.)

Die historischen Volkslieder der Deutschen vom 13.—16. jh. gesammelt und erläutert von R. v. Liliencron. 4 bde. Leipzig 1865–1869; vgl. auch Deutsches Leben im Volkslied um 1530. Stuttgart 1885 (= Deutsche Nationallitteratur hrsg. von J. Kürschner, 13. bd.).

Cod. poet. germ. 3 fol. der kgl. Hofbibliothek in Stuttgart enthält:

1) Pontus und Sidonia (bl. 88 beginnt ein zweiter schreiber, der sich am ende Johannes gegenschriber zu Geislingen de Ulma nennt).
2) Friedrich von Schwaben. Am schluss die reime:

Das bûch nam ain endt
Da man zalt die zit behenndt
Von Cristj geburt MCCCC vnd LXXVIII jar
Da ward das bûch vollent gar
An dem pfingstaubent das geschach
Da man den monat mayen scheinen sach
In der núnden stund
Hab ich gerett mit meinem mund
Johannes Lebzelter gegenschriber am zell zu geislingen.

Heinrich Stainhöwel: Aesop (ca. 1480 von Joh. Zainer in Ulm gedr.) herausgeg. von H. Österley (Lit. Ver. no. 117) Stuttgart 1873. Vgl. H. Karg: Die sprache H. Steinhöwels. Heidelberg. diss. 1884.

Des schwäbischen Ritters Georg von Ehingen Reisen nach der Ritterschaft herausgeg. von F. Pfeiffer (Lit. Ver. no. I, 2) Stuttgart 1842.

Cod. theol. et phil. 284 fol. enthält die „geschichten vnd offenbarungen der säligen junckfrowen sant Mechthilt“ a. 1487.

Cod. cameral. 1 fol.: von den puren geschäfften von beger des hochgebornen hern her Eberharten grauen zû Wiertemberg vnd zû Mimppelgartt etc. des eltern gar schlecht getútscht durch den erwirdigen hainrichen Apte des gotzhus Schussenrieth ordes von premonstranr gaistlicher recht lerer. a. 1491.

Cod. theol. et phil. 148 in 8⁰: deutsche Benedictinerregel. Voraus geht ein kalender. a. 1500.[1]

Ordnung der Schmidzunft zu Ulm vom jahr 1505 ed. Seuffer Vieteljahrsh. 1884 s. 265. 1885 s. 59.

A. v. Keller: Erzählungen aus altdeutschen Handschriften (Lit. Ver. no. 51) s. 204. 222. 324. Stuttgart 1855.

O. Schade: Satiren und Pasquillen aus der Reformationszeit. 2. ausg. Hannover 1863 (bd. I no. 5. a. 1525. bd. II no. 14 a. 1521).

---

[1] Weitere undatirte, dem 15. jh. angehörige hss., welche ich benützt habe, sind:

cod. theol. et phil. 50 in 4⁰: „die allerschönste rede von wirdinkait des hailigen sacramentz".

cod. theol. et phil. 66 in 4⁰ regeln über den verlauf des gottesdienstes.

cod. theol. et phil. 68 in 4⁰ auslegung des buches Hiob; am schluss: Ich stúrb denn / ich wayss nit weñ / ich fär / ich wayss nit wär /.

cod. theol. et phil. 11 fol. arzneiregeln; erbauliche tractate.

cod. bibl. 22 in 4⁰: deutsches evangeliarium.

cod. theol. et phil. 184 fol.: Die XXIIII alten. Desgl. no. 286 fol.

cod. theol. et phil. 195 fol. 1) das bůch genant der Beleal. 2) Hanns von Montauilla.

cod. theol. et phil. 236 in 4⁰: deutsche Benedictinerregel.

cod. med. 5. fol.: inventorium oder collectorium cyrurgie.

cod. med. et phys. 29 fol.: von ausgebrantten wassern und kreuttern. von dem harm u. a.

cod. breviar. 56 in 4⁰: gebete an Maria.

cod. theol. et phil. 19 in 8⁰ enthält geistliche stücke. bl. 27ᵇ ff. von ainem gaistlichen krutgårtlin; vgl. auch Uhland volkslieder s. 1038.

cod. breviar. 27 in 8⁰ gebetbuch.

cod. poet. et phil. 30 fol. deutsch-latein. vocabularius. Vgl. no. 49 in 4⁰.

cod. poet. et phil. 69 in 4⁰: deutscher psalter; Elblin von Eselsberk (d. i. Hermann von Sachsenheim?).

cod. theol. et phil. 5 in 8⁰ erbauliche tractate.

cod. theol. et phil. 11 in 8⁰: Von den siben letsten worten vnsers lieben herren; gebete.

cod. ascet. 207 in 4⁰ der kgl. Hofbibliothek in Stuttgart: episteln. predigten; eine zweite hand: von waʳren tugenden. von der beichte; unterschrift: schwester Irene von Oᵛgelspúren.

cod. ascet. 78 fol. der kgl. Hofbibliothek in Stuttgart: sermones materna lingua.

Cod. ascet. 87 in 8⁰ der kgl. Hofbibliothek in Stuttgart enthält einen gesundheitskalender; regel der schwester sant Claren; erbauliche stücke. a. 1522.

Urkunden zur Geschichte des schwäbischen Bundes 1488 bis 1533 herausg. von K. Klüpfel (Lit. Ver. no. 14. 31) Stuttgart 1846. 1853.

Rotweiler stadtrecht a. 1545, vgl. A. Birlinger, Sitzungsber. d Münch. Akademie 1865, II (anhang). Herrig's Archiv 38, 307. 312. 40, 223.

Zimmerische Chronik herausg. von K. A. Barack. 2. verb. aufl. Freiburg i. B. und Tübingen 1882. a. 1566 abgeschlossen. Über die sprache bd. IV, 340 ff. Alem. XV, 79 ff.

Reimchronik Herzog Ulrich's von Württemberg und seiner nächsten Nachfolger (bis 1571 reichend) zum ersten mal herausg. von E. v. Seckendorff (Lit. Ver. no. 74). Stuttgart 1863.

H. J. Breuning's von Buchenbach Relation über seine sendung nach England im Jahr 1595, mitgeteilt von A. Schlossberger (Lit. Ver. no. 81). Stuttgart 1865.

Heinrich Julius Herzog von Braunschweig: Dramen herausg. von L. Holland (Lit. Ver. no. 36) Stuttgart 1855. s. 74. 138. 304. 455. 747.

Der Winokalheyrath ed. A. Bartsch Alem. XVII, 69. 184. ende des 16. jh.

cod. ascet. 66 in 4⁰. Die hs. stammt aus dem Kloster St. Peter in Weilheim (sub castro Teck) und enthält zu anfang eine deutsche chronik des klosters, dann lateinische stücke und schliesslich eine deutsche Benedictinerregel. a. 1595.

Reisen und Gefangenschaft Hans Ulrich Kraffts, aus der originalhandschrift (1616 vollendet) herausg. von K. D. Hassler (Lit. Ver. no. 61). Stuttgart 1861.

Schwäbische Einladung zu einem Fastnachtsscherz a. 1617 DM VII, 488. Alem. XI, 49. Dazu „ein schwäbisches lied der schwäbischen bauren bei einem fürstlichen aufzug von G. R. Weckherlin vgl. Gödeke's ausg. s. 327 f; ebenda „Von dem Schwaben Hans Latzen".

Comödien von J. R. Fischer: Letste Weltsucht vn̄ Teuffelsbruot Ulm 1623.

Des Teuffels Tochter die h. zahlwucherey. Kempten 1624. Vgl. Bolte, Alem. XV, 97 (Der schwäbische dialect auf der bühne).

Zwei alte Lieder in oberschwäbischer Mundart aus einem um 1633 gedruckten flugblatt, mitgeteilt von F. Stark. DM IV, 86—114. Vgl. ferner VI, 232. Uhland, volkslieder s. 990. Alem. XII, 177.

Geistliches Volksschauspiel im Schwarzwalde (Schiltach a. 1654), herausg. von E. v. Kausler Germ. XII, 206 ff. Beachte auch die schauspiele von J. M. Gall (1658 1672), von denen Bolte Zsfda. XXXII, 5 ff. berichtet.

Schwäbisches Hochzeitsgedicht aus Augsburg stammend Alem. VIII, 84. (Origines Pomeranicae von M. Rango, Colb. 1684).

Klag eines schwäbischen Bauren ed. Bolte, Alem. XVI, 33. ende des 17. jh. Weiteres Alem. II, 159. 265. IX, 118. XVI, 239. DM VII, 411.

Dialectproben finden sich ferner in Adelungs Mithridates (1809). Radlof's sprache der Germanen (1817). Firmenichs Völkerstimmen. Frommanns Deutschen mundarten und anderen sammlungen.

An dialectdichtern kommen in Betracht: J. V. Sailer (1714—1777), K. B. Weitzmann (1767—1828), G. F. Wagner (1774—1839), J. Nefflen (1789—1858), Dreizler, Rapp, Seuffer, Knapp, Grimminger, K. und R. Weitbrecht; vgl. F. Pfeiffer, Zur Litteratur der schwäbischen mundart DM I, 242 ff. H. Fischer: Über den schwäbischen dialect und schwäbische dialectdichtung. Vierteljahrsh. 1884 s. 130 ff.

Ältere schwäbische Literatur hat v. Stälin, Wirtembergische geschichte I, 617. II, 756 ff. III, 754 zusammengestellt. Vgl. ferner:

Ph. Strauch: Pfalzgräfin Mechthild in ihren literarischen beziehungen. Ein bild aus der schwäbischen Literaturgeschichte. Tübingen 1883.

INHALT.

I. PHONETIK.

ALLGEMEINES.

§ 1. Der s a t z ist nicht bloss die wichtigste, sondern fast auch die einzige erscheinungsform der lebenden mundart. Einzelne wörter existiren gewöhnlich in der funktion von sätzen (wortsatz), soweit nicht, wie etwa beim sprechen lernen der kinder, auch der isolirte wortkörper sein dasein hat.

§ 2. Das s c h r i f t b i l d des satzes: *drkɪəę̧əxtǫkę̧štrt-rǫkəkšnitə* = der knecht hat gestern roggen geschnitten, genügt nun keineswegs die, allein massgebliche, g e s p r o c h e n e form desselben kennen zu lernen; denn derselbe satz kommt je nach situation mit ganz verschiedener klangwirkung zu gehör (mundartliche rhetorik). Man vergleiche z. b *drkɪəę̧·əx-¦tǫ· | kẹ·štrt | rǫ·kə | kšni·tə* als nachdrückliche bekräftigung des aufgestellten behauptungssatzes, mit *drkɪəę̧·əxtǫkẹ:štrt¦ rǫ·kəkšni:tə* im sinne des einfachen berichtes oder aber mit besonderer hervorhebung des subjekts (der knecht und kein anderer) *drkɪəę̧·əxtǫkę̧štrtrǫ:kəkšnitə;* wenn die tatsache der tätigkeit angezweifelt wird: *drkɪəę̧əxt‘ǫ·kę̧štrtrǫ:kšnitə*, ebenso kann jeder einzelne begriff gegen alle übrigen besonders zur geltung gebracht werden. Gänzlich verschieden ist die klangfarbe des satzes bei verwunderter frage: *drkɪəę̧·əxtǫ-kẹ:štrt rǫ·kəkšni:tə?* Diese veränderungen lassen sich auch am einzelnen wort erkennen: *wi·lę̧lm* (Wilhelm) als antwort auf die frage nach dem Namen lautet wesentlich verschieden von dem als vocativ gerufenen *wi·lę:lm!* Die obigen „sätze“ sind als einheitlich zu betrachten wie das einzelne „wort“.

§ 3. Die lautzeichen (buchstaben) sind stets dieselben, wechselnd ist nur die verteilung des nachdrucks (ictus durch ·, nebenictus durch : ausgedrückt, nachdruckslose silben bleiben unbezeichent)· und eine gewisse musikalische modulation verschieden in der höhe und in der dauer.

§ 4. Jeder satz hat mindestens einen, meist mehrere hervortretende icten, um die sich die weniger nachdrücklichen teile der rede gruppieren. Danach zerfällt der satz gemäss der anzahl seiner icten in gruppen, die sprechtakte genannt worden sind, vgl. Sievers Phonetik[3] s. 205 ff. In unserem fall (§ 2) besteht die erste satzform aus 5, die zweite aus 2, die dritte nur aus einem einzigen sprechtakt u. s. w. Die innere gliederung der takte ist variabel; teilweise fällt der takt mit dem zusammen, was wir wort nennen wie im ersten beispiel, teilweise besteht er aus mehreren wörtern, wie in den übrigen. Die takteinteilung wechselt nicht nach phonetisch-grammatischen, sondern nach rhetorischen bedürfnissen.

Anm. Den icten vorausgehende, selbst nicht nachdrückliche teile der rede, sind als auftakte zu betrachten, z. b. *dr* in *dr knę·əxt*, oder *dr knęəx* in *dr knęəxtǫ·* (s. o. § 2).

§ 5. Nicht das wort, sondern der takt ist somit die phonetische einheit. In folge von intensitätsverschiedenheit der hervorhebung ergibt sich eine abstufung innerhalb des taktes. In dem takte: *drknę·əxtǫkę:štrt* unterscheiden sich einerseits *dr*, *tǫ* und *kęštrt* von *knę·əx* an nachdruckstärke, andererseits aber auch unter sich selbst, indem *kę:š* etwas mehr nachdruck zu haben pflegt als *dr*, *tǫ* und *trt;* diese sind nachdruckslos, *kę:š* hat nebenictus, *knę·əx* den hauptictus; ebenso verhält sich *rǫ·* gegen *kšni:* und *kə*, *tə*; *knę·əx rǫ·* sind stark, *kę:š kšni:* mittelstark, die übrigen schwach.

§ 6. Gemäss dieser abstufung gibt es nachdrucksgrenzen, welche einzelne teile des taktes gegenseitig abtrennen und so entsteht die silbe; in dem takte *drknę·əxtǫkę:štrt* sind die einzelnen silben: *dr knęəx tǫ kęš trt.*

§ 7. Durchaus verschieden von dieser auf den druckverhältnissen der exspiration beruhenden abstufung ist die **m u s i k a l i s c h e m o d u l a t i o n**, wenn man *drkɹəę·əx-tǫkę:štrt rǫ·kəkšni:tə* z. b. mit der verwunderten frage *dr kɹəęəxtǫkę:štrt rǫ·kəkšni:tə?* vergleicht. Auch im aussagesatz macht sich ein wechsel des (musikalischen) **t o n s** nach höhe und tiefe geltend:

 in der frage: 

Den tiefsten ton tragen die nachdrücklichen *kɹəę·əx rǫ·*, den höchsten *kę:š kšni:*, etwas tieferen *dr tǫ trt kə tə.* Der **i c t u s** ist vom **t o n**, die **t o n s i l b e** von der **e x s p i r a t o r i s c h e n** silbe zu scheiden, und wie wir starke, mittelstarke und schwache silben kennen gelernt haben, finden sich hier **h o c h t o n i g e**, **m i t t e l t o n i g e** und **t i e f t o n i g e** silben, wobei zu beachten ist, dass keineswegs die exspiratorisch starke silbe mit der musikalisch hochtonigen zusammenfällt.

§ 8. Eine dritte vergleichung des akustischen eindrucks der silben ergibt die verschiedene **d a u e r** derselben. *kɹəęəx* dauert im aussagesatz merklich länger als *kšni, kęš;* diese selbst wieder länger als *tǫ trt rǫ kə tə* die abstufung ist auch eine **q u a n t i t a t i v e** nicht bloss exspiratorische und musikalische, und man unterscheidet **l a n g e** (*kɹəęəx*), **h a l b l a n g e** (*kęš*) und **k u r z e** silben.

§ 9. Innerhalb der silbe, die einem wechsel des nachdrucks, der betonung und der dauer ausgesetzt immer noch ein mannigfaltiges ist, hebt sich ausser den **p a u s e n** ein lautendes von einem oder mehreren mitlautenden elementen ab; das erstere ist der **s o n a n t**, die letzteren bilden die **c o n s o n a n t e n** der silbe z. b. in *kɹəęəx* ist *ę* sonant, *k, ɹə, ə,* x, sind die consonanten; in *trt* ist *r* sonant, die beiden *t* die begleitenden consonanten.

§ 10. Aus diesen elementen, (sonant, consonant, pause), baut sich die silbe, der takt, der satz, die sprache auf; sie sind die **e i n z e l l a u t e** und als solche die kleinsten phonetischen grössen. Sie unterscheiden sich von einander wie die einzelnen silben, nach klang, nachdruck, betonung und dauer.

PHONETISCHE BESCHREIBUNG DER EINZELLAUTE.

§ 11. Einteilung: Abgesehen von ihrer function bei der silbenbildung (sonanten und consonanten) zerfallen die laute der mundart in die beiden gruppen der sonoren und der geräuschlaute. Die ersteren sind stets stimmhaft, die letzteren überwiegend stimmlos, nur bei wenigen ist stimme und geräusch verbunden wie bei *(j) r, l.*

Anm. Als stimmlose sonore (vgl. Sievers[3] 72 f. 175 anm. 6.) pflegt man jetzt die homorgane aspiration vor vocalen aufzufassen (*h*-laute) z. b. *hiə* (hier) wäre in stimmloses *i* mit gehauchtem einsatz + stimmhaftem *i* + *ə* aufzulösen.

A. DIE SONOREN.

1) DIE VOCALE.

a. MIT NASENVERSCHLUSS.

§ 12. Vocale höchster zungenstellung: a. Vorderes gebiet: die *i*-laute.

Die seitliche zurückziehung der mundwinkel ist fast unmerklich; die vorderzunge liegt breit vorgeschoben hinter den untern schneide- und eckzähnen, die ganz wenig hinter der linie der oberzähne zurückstehen; der mittlere zungenrücken bildet die enge, die sich vom untern alveolenrand bis zur höchsten höhe des harten gaumens hinzieht, so dass nur eine sehr beschränkte ausflussöffnung bleibt. Dies die artikulation für das äusserst geschlossene *i* in den diphthongen *əi* und *ui*, mit etwas geringerer spannung der zunge wird das lange *ī* gebildet, während beim kurzen offenen *i* die zunge schlaffer wird, was eine senkung derselben und geringe erweiterung der ausflussöffnung zur folge hat. Die von Winteler K. M. s. 97 beobachtete rinne am hinteren zungenrücken wird beim offenen *i* noch tiefer ausgehölt.

b. Hinteres gebiet: die *u*-laute werden mit geringer vorstülpung der lippen gebildet; diese sind sich bis auf einen elliptischen spalt (ca. 3 mm. breit) genähert, der durch heben des unterkiefers entsteht. Mit der zurückziehung der zunge scheint auch die geringe rückwärtsbewegung des unterkiefers zusammenzuhängen; die zungenspitze liegt am zungenbändchen (ebenso Winteler s. 98) ziemlich compact, der zungenrücken gegen den weichen gaumen, die engenbildung schliesst mit dem gaumenbein ab. Die zunge ist nicht so straff gespannt wie bei *i* und demgemäss die enge nicht so ausgeprägt. Dem äussersten *i* steht das äusserste *u* in *əu* gegenüber, beim langen *ū* wird die spaltöffnung der lippen etwas breiter, die sich beim offenen kurzen *u* noch mehr vergrössert (ca. 0,5 cm), gleichzeitig erfolgt allmähliche abflachung des hinteren zungenrückens.

Anm. 1. *əu* als interjection zum ausdruck des schmerzes (in höchster steigerung inspirirend gebildet) bricht mit einem bilabialen *w* ab; ganz ähnlich geht in *əi* (als negation, namentlich bei kindern) das äusserste *i* in (langgezogenes) *į̄* über, zuweilen mit starkem reibegeräusch, um den eindruck des trotzes zu machen.

Anm. 2. Der kehlkopf steht bei *u* kaum merklich niedriger als bei *i*.

Anm. 3. Es ist darauf zu achten, dass *u* je nach umgebung mehr oder weniger offen klingt; so ist *u* in *bukl* (rücken) weniger offen als in *tsukr*, auch zwischen *luft* und *lušt* macht sich ein leiser unterschied bemerkbar.

§ 13. Vocale mittlerer zungenstellung: a. Vorderes gebiet: die *e*-laute: Von der stellung für *i* ausgehend, nehmen die lippen die ruhelage ein, gleichzeitig senkt sich der unterkiefer. Die zungenspitze liegt abwärts gebogen hinter den unterzähnen, die zungenmasse ist schlaffer geworden, der im hinteren mundraum liegende rücken leicht verflacht und etwa um ebensoviel wie der unterkiefer gesenkt, die engenbildung endet unmittelbar hinter den alveolen; zungenfläche und gaumendach begrenzen einen röhrenförmigen communicationsweg. So entsteht das geschlossene lange *ẹ̄*. Beim kurzen *ẹ* senkt sich der unterkiefer nebst unterlippe etwas mehr, die zunge ist noch um einen grad schlaffer, der canal zwischen zunge und gaumen etwas weiter geworden; der laut ist demgemäss offener als die länge (mittleres *ẹ*).

b. Hinteres gebiet: die *o*-laute: Die elliptische lippenöffnung ist in verticaler richtung etwas weiter als bei *u*, die vorstülpung unterbleibt; die zunge senkt sich von der *u*-stellung aus, was eine leichte hebung der zungenspitze im gefolge hat. Von dem langen geschlossenen *ọ̄*, unterscheidet sich die kürze *ọ* durch eine horizontale erweiterung der lippenöffnung (mittleres *ọ*).

§ 14. Vocale tiefster zungenstellung: a. Vorderes gebiet: die *ę* (*ä*)-laute: Die länge *ę̄* wird mit eclatanter seitlicher auseinanderziehung der mundwinkel gebildet, unterkiefer nebst unterlippe senken sich, gegen *ẹ̄*, um eine stufe, so dass die zahnreihen beinahe 1 cm. auseinanderstehen, die erschlaffung der zunge geht gleichfalls weiter, die zunge flacht sich ab und senkt sich, so dass der raum zwischen gaumen und zunge sehr breit wird. Bei der kürze *ę* macht sich kein unterschied der artikulation bemerkbar.

b. **Mittleres bis hinteres** gebiet: die *a*-laute: *a* im diphthongen *ae* ist merklich verschieden von den übrigen *a*-lauten. Die beiden klangfarben entsprechen der *i*- resp. *u*-basis Wintelers, man hat sie auch als helles und dumpfes *a* geschieden. Um von dem letzteren auszugehen, so verweise ich über das verhalten von kiefer und lippen auf *ę*, der unterkiefer steht um ganz wenig weiter zurück. Die zunge ist in ihrem hinteren teil gegen den weichen gaumen hin leicht gehoben und zwar die zungenränder mehr als die mitte, so dass je nach dauer oder energie der articulation eine bald mehr bald weniger tiefe mulde entsteht; die zungenspitze berührt die unteren alveolen. Das helle *a* in *ae*, dessen existenz wohl nur durch die verbindung mit *e* bedingt ist, hat diese muldenförmige gestalt der zunge nicht und die wölbung der zunge reicht etwas weiter nach vorne (aber nicht mid-back).

Anm. Süddeutsches *a* ist bereits von Storm richtig als low-back erkannt, vgl. Sievers[3] s. 95. 98. Das mitteldeutsche *a* Vietor's ist von dem weniger offenen (mittleren) schwäb. wesentlich verschieden.

c. Hinteres gebiet: die *ǫ*-laute: Die höhe der zungenwölbung ist dieselbe wie bei *ę* und *a*, die unterscheidenden merkmale geben die lippen- und zungenarticulation ab. Die unterlippe schiebt sich vor, nicht ganz so stark wie bei *ǭ*, dio öffnung zwischen den lippen ist, seitlich wie nach der höhe, (ca. 1 cm.) gegen *ǭ* erweitert, zunge in compacter masse möglichst zurückgezogen; die zungenfläche zeigt eine tiefer als bei *a* ausgehölte muldenform, die zungenspitze steht hoch. Der kurze laut ist offener als die länge.

Anm. 1. Durch eine coronale aufbiegung der zungenspitze lässt sich die klangfarbe immer mehr verdunkeln, so wird ein '*ǭ*' gebildet, das als interjektion mit der bedeutung des abweisens verwendet wird.

Anm. 2. Die lippenrundung bei palataler vocalarticulation ist weggefallen; unter den *e*, *i*-qualitäten vereinigen sich demgemäss auch die etymol. *ö*, *ü*-laute. Es ist indessen hervorzuheben, dass die mundart in einem bestimmten falle die rundung resp. energische vorstülpung der lippen noch verwendet, wenn nemlich dieselbe als geste wirken soll; so ist lippenrundung bei dem meist inspirirend gebildeten *ǭ*' der fuhrleute (zuruf an die pferde stehen zu bleiben), und als aufmunternde geste energische vorstülpung bei '*ü*' („vorwärts!") üblich. Das wesentliche ist hier die lippentätigkeit als geste, die zu der regelmässigen vocalarticulation hinzutritt.

§ 15. Reductionsvocale. „Eine bestimmte vocalstellung wird nicht eingehalten, daher denn auch das lautproduct keine besondere verwandtschaft mit einem bestimmten vocale hat." Sievers[3] s. 173. Ich unterscheide im schwäb. drei klangfarben (*u*, *a*, *e*-basis): 1) In der verbindung *r* + consonant treten in satzpause gleitlaute hörbar hervor z. b. *sarək* (sarg), damit identisch ist *ə* in den diphthongen *əi* und *əu*; der laut gehört dem hinteren gebiet an, die zunge steht beträchtlich höher als bei *a*, doch niedriger als bei *u* (ohne lippenrundung): 2) ein deutlich *a*-haltiges *ə* das sich vor *r* entwickelt: *miər* mir, *ǫət* ort u. a. 3) *ə* als rest der mhd. endung *-e(n)*; wahrscheinlich liegt ein lässig articulirtes *e* zu grund. Der laut ist offener als 1, geschlossener als 2, andererseits aber auch quantitativ verschieden.

b. NASALVOCALE.

§ 16. Nach den untersuchungen von Czermak, Wien. sitzungsber. XXIV, (1857) s. 4 ff. ist festgestellt, dass sich das gaumensegel bei der bildung der „reinen vocale“ keineswegs gleichmässig verhält, sondern dass verschiedene grade des nasenverschlusses sich constatiren lassen. Der weiche gaumen hat für jeden vocal nicht nur eine bestimmte wölbung, sondern erleidet auch verschiedene spannung, wonach der verschluss der nasenhöhle am straffsten ist bei *i* und *u*, dann folgen *o*, *e*, *a*. Damit hängt zusammen, dass im schwäb. nasalirte *i*, *u* zu *ẽ õ* geworden sind, indem zunächst ein weniger fester verschluss der nasenhöhle, eine lockerung der muskelspannung eingetreten ist, vgl. Czermak s. 8. (im alem. wo im allgemeinen straffere muskelspannung herrscht, sind nasalirte *ĩ ũ* bewahrt). Dazu kommt ein weiteres. Beim öffnen des nasenverschlusses zieht der musc. glossopalatinus, der vom vorderen gaumenbogen in die zunge verläuft, das velum nach vorwärts. Die contraction dieses muskels hebt die zungenwurzel (vgl. Winteler s. 16), was auf die entsprechenden zungenstellungen für reine vocale eine verschiedenartige wirkung ausübt. Vocale mit tiefster zungenstellung (wie *ę ǫ*) erfahren in folge dessen bei öffnung des nasenverschlusses erhöhung, vocale mit höchster zungenstellung (wie *i u*) erniedrigung des timbres, d. h. offene vocale werden geschlossener, geschlossene offener; im ersten fall tritt eine hebung, im zweiten fall senkung der zunge begleitend ein, beide formen sind das mechanische resultat der bewegung des gaumensegels, die eine zurückziehung der zunge im gefolge hat.

§ 17. Das schwäb. kennt danach nur *ã ẽ õ* nebst *ə̃*, unter denen sich sämtliche einfache vocalqualitäten vereinigen. *i* + nas. > *ẹ̃* (+ nas.); *u* + nas. > *ọ̃* (+ nas.); die offenen laute *ę ǫ* werden zu den geschlossenen *ẹ̃ ọ̃*. vgl. *k̄ẹ̃nt‘* kind, *họ̃nt‘* hund, *hǫt* er hat (mhd. hāt) aber *họ̃nt* sie haben (mhd. hānt); *fī̃rnẹ̃m* vornehm (mhd. vürnaeme) etc.

§ 18. Wenn Storm engl. Phil. s. 37 vermutet, die öffnung der nasenhöle sei bei den süddeutschen nasalvocalen nur eine schwache, so trifft dies für das schwäb. nicht zu. Gaumensegel nebst zäpfchen haben die stellung wie beim ruhigen atmen, das zäpfchen liegt leicht auf der zunge auf. Der grad der nasalirung ist demnach ein sehr hoher. Bei der kürze macht sich die nasenresonanz akustisch weniger geltend als bei der länge vgl. *dẽn* dünn und *dē̃n* diesen.

Anm. Meine beobachtungen haben dasselbe ergeben, was Storm s. 38 über die französischen nasalvocale sagt (von dem verschiedenen vocaltimbre abgesehen). Bell, Visible Speech s. 47 nimmt eine „guttural contraction" an, von Sweet erläutert als „contraction of the pharynx"; Handbook s. 211 zieht Sweet dies zurück, und setzt gleichfalls nur „a greater lowering of the uvula" an.

2) HALBVOCAL *j*.

§ 19. Die zungenstellung hat dieselbe höhe wie bei *ę*, nur articulirt ein etwas weiter zurückliegender zungenteil, die transcription *ẹ̯* (= consonant. *ẹ*) wäre demnach gleichfalls berechtigt; es fehlt jede spur von reibegeräusch, doch tritt es zuweilen bei nachdrücklichem *jǭ* (ja) begleitend ein.

Anm. Nicht identisch mit dem halbvokal *j* ist *i̯* als zweiter component des diphthongen *əi̯*, § 12 anm. 1.

3) DIE LIQUIDEN.

§ 20. Zur bildung der l-laute zieht sich die zunge ihrer längenaxe nach zusammen, die zungenspitze steht höher als die übrigen teile und berührt aufgebogen die hinteren oberzähne; der exspirationsstrom streicht an den zungenrändern (laterale exspiration) und zwar (individuell verschieden) teils auf einer teils zu beiden Seiten. Die klangfarbe ist durch den folgenden oder vorangehenden vocal bedingt, das timbre des isolirten lautes ist neutral, doch dem gutturalen character näherstehend als dem palatalen.

Anm. In der verbindung dentaler oder gutturaler verschlusslaut + l entwickelt sich ein lateraler reibelaut, da die zunge noch während des verschlusses die l-stellung einnimmt, durch welche der luftstrom hindurchstreicht, ehe die stimmhafte l-bildung beginnt.

§ 21. Die r-laute. Sie entstehen entweder durch schwingungen der vorderzunge oder des zäpfchens, die erstere bildungsweise ist aber so gut wie allgemein.

1) Das zungenspitzen -r: Die zunge ist gehoben, vorne dünn verflacht und schwingt im vorderen teile, intermittirend stark rollend hinter den oberzähnen.

2) Das zäpfchen -r; Die hinterzunge ist gehoben, so dass das zäpfchen leicht aufliegt, die schwingungen desselben bringen das intermittirende geräusch hervor. Es ist eine reihe von schattirungen bis zum x-ähnlichen reibelaut hörbar; in der regel ist der laut stimmhaft.

Anm. Die l und r laute kommen sowohl in sonantischer als in consonantischer function vor. (vgl. auch bereits Schmeller, ma. Bayerns s. 111 anm.)

4) Die NASALE.

§ 22. Zu einer verschlussbildung an den lippen (*m*), hinter den oberzähnen (*n*), oder am harten oder weichen gaumen (*ŋ*) tritt öffnung und resonanz des nasenraums, (vgl. § 16); die laute sind stets stimmhaft. Das nähere § 25—27.

Anm. *n* und *m* fungiren als sonanten wie als consonanten.

B. DIE GERÄUSCHLAUTE.

§ 23. Die laute entstehen im ansatzrohr teils durch verschluss- teils durch engenbildung und zerfallen danach in verschluss- und reibelaute.

Anm. So lange der verschluss dauert tritt pause ein; da dieselbe bei sämmtlichen verschlusslauten in identischer weise nur nichtlautend sein kann, ist deren verschiedenheit auf die dem verschluss vorausgehenden übergangslaute (die durch die verschiedenheit des jeweiligen resonanzraums bedingt sind) zurückzuführen.

§ 24. Die verschluss- und reibelaute (stimmlos) haben das gemeinsame, dass die geöffnete stimmritze ein exspirationsstrom passirt, der im mundraum hemmung erfährt. Nicht mehr für die reibelaute wohl aber für die verschlusslaute ist dieselbe nach dem grad der muskelspannung der verschlussbildenden organe abgestuft, dem zufolge eine mehr oder weniger energische explosion erfolgt, die nach ihrer intensität messbar ist. Es sind im schwäb. dialect zwei intensitätsstufen bei den verschlusslauten zu unterscheiden: 1) mit energischer muskelspannung — fortes, 2) mit geringer spannung — lenes. Bezüglich der reibelaute haben bereits Fulda und Nast im Teutschen sprachforscher I, 159 ff. die sachlage richtig erkannt: „f hat keine grade." s. 159. „Wer hört den unterschied zwischen den *rosen* und den *grossen*?" s. 161.

Anm. 1. Der versuch mit der wassersäule in einer glasröhre von 7 mm. durchmesser ergab bei den lenes ein sehr constantes steigen des wassers um ca. 1 ½ cm; während die explosion der fortes ca. 2½ cm. steigung zeigte. — Über die unterscheidung von lenes und fortes ist Winteler Ker. ma. s. 21 ff. zu vergleichen nach dessen definition der unterschied ein vorwiegend quantitativer wäre, indem nach s. 27, „die articulationen, welche lenes erzeugen, in demselben augenblick wieder aufgegeben werden, in welchem sie ihre culmination erreicht haben. Bei der Bildung der fortes verharren die sprachwerkzeuge fühlbar in ihrer culminationsstellung". Dasselbe gilt für den schwäb. dialect. Es muss aber dazu genommen werden, was Winteler s. 28 beifügt, dass der unterschied zwischen lenes und fortes „in der empfindung eines verschiedenen nachdrucks in der exspirations- und articulationsmusculatur" begründet liegt. Die verschiedene quantität bei lenis und fortis ist nur eine mechanische folge der entsprechenden muskelspannung.

Anm. 2. Definitive werte lassen sich für die einzelnen consonanten so wenig als für die vocale aufstellen; es ist sehr zu beachten, dass die articulation, namentlich was energie der muskelspannung betrifft, stets von dem wechsel der psychischen affecte des satzinhaltes abhängig ist. Mildzärtliche stimmung wird den gesammten consonantismus auf geringere articulationsspannung reduciren, energisch losbrechender affect hat straffere muskelspannung im gefolge — psychophysische prozesse von mechanischer gesetzmässigkeit. Das zärtliche *k̄ōmbiəblę* (komm bübchen) im munde der mutter (auf hohen noten gesprochen)  wird sehr bedeutend schwächer articulirt als das höhnisch mit verhaltenem zorn drohende *k̄ōm* | *piə* | *plę*.  Diese natürlichen mittel der volksmässigen rhetorik (vgl. § 2.) verdienen die grösste beachtung.

Anm. 3. Von wichtigkeit ist der zuerst von A. Heusler, der alemanische Consonantismus in der mundart von Baselstadt s. 24 ff.

aufgestellte begriff, „neutraler“ laute: „treffen zwei oder mehr stimmlose laute zusammen, so erhalten ihre articulationen eine gewisse mittlere intensität, kräftiger als die der lenis, etwas schwächer als die der fortis. In der schrift ein besonderes zeichen für sie zu verwenden geht aus praktischen rücksichten nicht wohl an, obgleich es wünschenswert wäre“.

§ 25. 1) Labiale: a) Verschlusslaute: die lippen schliessen sich labio-labial, wobei die oberlippe etwas energischer zu articuliren pflegt als die untere, bei kürzester dauer des verschlusses und hauchloser explosion entsteht lenis *b*, die mit *p* bezeichnete fortis hat nur wenig andauernderen und etwas energischeren verschluss. Eine gehauchte fortis (aspirata) tritt selten in fremdwörtern, im sandhi und in satzpause auf: *pʿ*. In absolutem anlaut ist die articulation der lenis um ein minimum gespannter als intervokalisch; *p* in *sp*, *šp* ist umgekehrt etwas reducirt, ohne mit anlautendem *b* zusammenzufallen (neutral).

b. Reibelaute: 1) beim *f* sitzen die oberzähne auf der unterlippe, der unterkiefer liegt zurück, und es entsteht zwischen den lippen eine sehr schmale öffnung etwa wie bei *u*.

2) Durchaus verschieden davon wird *w* stimmhaft, rein bilabial, in der regel ohne geräusch gebildet; (vgl. Ickelsamer bei Müller, quellenschriften s. 128 *w*, wie man in ein hayss essen blåst) der unterkiefer schiebt sich vor; häufig wird nur eine ganz flüchtige stimmmodulation hörbar, die von der beschaffenheit des folgenden vocals abhängig ist. Winteler s. 32.

c. Der labiale nasal *m* hat bilabialen lippenverschluss.

Anm. In der verbindung *pf* wird durch vorausnahme der *f*-articulation auch *p* labiodental gebildet.

§ 26. 2) Dentale: a. Verschlusslaute: die zungenspitze articulirt postdental für lenis *d* und fortis *t*; aspirirte fortis *tʿ* ist selten in fremdwörtern, und tritt in satzpause und sandhi ein.

b. Reibelaute: 1) bei *s* bleiben die lippen in der ruhelage, der unterkiefer schiebt sich vor, so dass sich die zahnreihen leicht berühren; die vorderzunge liegt ziemlich flach hinter den untern eck- und schneidezähnen; der mittellinie der zunge entlang befindet sich eine leichte rinne; die grösste enge ist an den obern alveolen.

Anm. Die africata *ts* entsteht meist bei combinirter articulation, wonach *t* mit dem zungenblatt postdental und *s* bei gleichzeitiger krümmung der zunge nach abwärts gebildet wird.

2) Bei *š* (sch) stülpt sich die unterlippe nach vorwärts. Die zahnreihen verhalten sich wie bei *s*, dagegen steht der zungenkörper höher, die engenbildung findet am harten gaumen statt, die zungenspitze ist stark zurückgezogen, die rinne der zunge um etwas energischer als bei *s*.

c. Nasal: der dentale nasal *n* unterscheidet sich von den verschlusslauten nur durch die nasen-resonanz.

§ 27. 3) Gutturale: Die mundart unterscheidet palato-velare (vor oder nach vokalen des hinteren gebiets) und palatale (vor oder nach vocalen des vorderen gebiets) verschluss- und reibelaute: lenis *g*, fortis *k*, aspirata *k*ᵏ, reibelaute x, *x*. Das timbre ist abhängig von den übergangslauten. In einem falle wie *gãrəəwę̄·ək|kī̃* .... (*k|k* bedeutet die in den *k*-verschluss fallende pause) gehe hinweg, ich ... ist der verschluss des *k* deutlich palato-velar (dunklere gleichlaute) dagegen die öffnung zum *i* rein palatal, so dass velarer verschluss mit palataler öffnung entsteht: während der pause hebt sich die vorderzunge zum harten gaumen nach vorwärts resp. im umgekehrten falle senkt sich die zunge gleichzeitig mit der contraction für die palato-velaren, es findet palataler verschluss und palato-velare öffnung statt. Vgl. *di·kondẽ·n* (dick und dünn).

a. Verschlusslaute. 1) Palato-Velare: Die zunge ist ihrer längsaxe nach contrahirt, womit wohl zusammenhängt, dass eine ziemlich starke wölbung entsteht, bei der die zungenränder tiefer liegen als die mitte, die lösung des verschlusses erfolgt auf der grenzstelle zwischen hartem und weichem gaumen.

2) Palatale: Der verschluss findet am harten gaumen statt, bei der färbungsprobe ergibt sich gegen die palato-

velaren ein abstand der explosionsstellen von ca. 1 cm.; die zunge ist breit im vorderen mundraum gelagert, wie bei den vocalen des vordern gebiets.

b. **Reibelaute**: Im gegensatz zu den verschlusslauten besitzt die mundart, 1) rein velares x (*ach*-laut), 2) palatovelares x nach *u*, 3) palatales *x*; der abstand der engenbildungsstelle für palatales *x* (*ich*-laut), von der für x ist beträchtlicher als bei den verschlusslauten, sie liegt an der wölbung des harten gaumens. In fällen wie *qəxis* eichenes (velarer einsatz, palataler absatz), nimmt die vorderzunge während der x-articulation an der lautbildung teil, so dass die ausflussöffnung an palataler stelle mündet.

c. **Nasale**: Der articulationsabstand für palatovelares resp. palatales *ŋ* stimmt mit dem der verschlusslaute überein.

Vocal-Tabelle.

Zung. stellg.	Vorderes gebiet.			Hinteres gebiet.		
	geschl.	mittl.	offen.	geschl.	mittl.	offen.
hoch.	(ə)*i* ī		ĭ			
mittel.	ẹ̄	ẹ̆				ə
nieder.			ę̄ ę̆		ā ă	*a* (*e*)
	Gerundete vocale.					
hoch.				(ə)*u* ū		ŭ
mittel.				ọ̄	ọ̆	
nieder.					ǭ	ǫ̆

Consonanten-Tabelle.

Artic. stellg.	Verschlusslaute (stimmlos).	Reibelaute. stimmhaft.	Reibelaute. stimmlos.	Nasale. (stimmhaft.)	Liquiden. l-laute.	Liquiden. r-laute
Labio labiale	*b p* (*p‘*)	*w*		*m*		
Labio dentale	*p*(*f*)		*f*			
Dentale.	*d t* (*t‘*)		*s š*	*n*	*l*	*r*
Palatale.	*g k k‘*		*x*	*ŋ*		
Palato-Velare	*g k k‘*		x	*ŋ*		*r*
Laterale.			(*tl kl*)			

Anm. Entsprechend den nasalvocalen (§ 16) hat die mundart auch nasalirte consonanten. Sie finden sich nur in unmittelbarer nachbarschaft von nasenresonanz, welche auch die timbres der verschluss- und reibelaute des mundraums leicht afficirt; die articulationsstellen bleiben fest: vgl. z. b. *kŋuək‘* genug; *witn* willst du ihn: *epmiət‘* nicht müde; *rękxnə* rechnen u. s. w. Die exspiration für den betreffenden verschluss- oder reibelaut teilt sich in mund- und nasenstrom (bei verschlusslauten ist nur die explosion nasal) der letztere in einheitlicher verbindung mit dem exspirationsstrom für den nasalen consonanten (*n ŋ m*).

C. DIPHTHONGE.

§ 28. Die absoluten werte, welche für die einzellaute aufgestellt sind, gelten nur bedingterweise für lautcomplexe, indem sich in der verbindung die articulationsstellungen nähern.

§ 29. Die diphthonge zerfallen wie die einfachen vocale in 1) reine, 2) nasalirte.

1) reine diphthonge: *ae ao ui; əi əu; ęə iə ǫə uə* (*ęə*).

2) nasalirte diphthonge: *ãẽ ãõ; ǫ̃ə̃ ẽə̃*.

Sämmtliche reinen diphthonge kommen nasalirt vor und sind in diesen vier typen vereinigt nach den § 16 f. entwickelten gesetzen.

§ 30. 1) *ae, ao, ui.* Was die ersten componenten betrifft, so vgl. über *ae* § 14 b, *a* in *ao* ist das gewöhnliche (mittlere) *a*; für offen *u* in *ui* ist die engenbildung leicht nach vorne verschoben. Die zweiten componenten entsprechen am nächsten den betr. geschlossenen längen, nur scheint die zunge nicht ganz so straff zu sein. Der weg der zunge zur bildung von *ae* ist vorwärts und aufwärts, der unterkiefer hebt sich allmählich; bei *ao* dagegen wird die zunge gespannter und schiebt sich nach hinten aufwärts, doch in sehr geringem abstand, häufig wird die zungenlage dieselbe bleiben und werden nur die lippen für *o* functioniren. *ui* entsteht durch verschiebung des gewölbten zungenrückens in der weise, dass die *u*-wölbung sich verflacht und die vorderzunge die höchste wölbungsstelle übernimmt, der unterkiefer senkt sich leicht.

2) *əi*, *əu*. Über *ə*, vgl. oben § 15, über *i* und *u* vgl. § 12 a. und b. Für *əi* schiebt sich die zunge aus gutturaler articulation nach einer „high-front-stellung" der abstand der componenten ist der grösste. Dies hat zur folge, dass die übergangslaute bei diesem diphthongen eine wichtige rolle spielen; ziemlich deutlich scheint mir ein offenes *i* anzuklingen. Für *əu* kommt ausser der lippenthätigkeit nur die hebung der hinterzunge nach aufwärts in betracht.

Anm. Nach Sievers[3] 98 wäre *ə* high-back-narrow, nach meiner beobachtung ist es entschieden offener als das armen. *ẹ̊*.

3) *iə*, *uə*; *ęə*, *ǫə*. Die zunge bewegt sich für *iə* diagonal nach rückwärts und es findet eine merkliche senkung des unterkiefers statt. Bei *uə* senkt sich die zunge vertical, der unterkiefer macht die bewegung mit und die lippen öffnen sich. Von *ę* zu *ə* ist die bewegung ähnlich wie bei *iə*, nur dass die zunge schon für *ę* tiefer steht. Für *ǫə* ist characteristisch die energische zurückziehung der unterlippe, die bewegung der zunge ist sehr minimal nach vorwärts gerichtet. Auch die *ə*-laute der vier diphthonge sind paarweise verschieden. Während *ə* in *ęə*, *ǫə* nahe an *a* anklingt als eine zwischenstufe zwischen *ə* (in *əi* *əu*) und *a* ist das *ə* in *iə* *uə* von derselben klangfarbe wie *ə* für mhd. -*e*(*n*) vgl. oben § 15.

Anm. 1. Auf diese letztere gruppe von diphthongen bezieht sich die beobachtung von Sievers[3] s. 143, 199, dass die süddeutschen *iə*, *uə* etc. zum grossen teil zweisilbig seien. Sie sind entschieden zweisilbig in takt- oder satzpause, aber ebenso entschieden einsilbig im taktinnern; vgl. *hi-ə* aber *hiəsix* (hier-hiesig); *bu-ə* aber *buəbə* (bube: buben); *ǫ-ə* aber *ǫəle* (ei : eilein) etc.

Die nasalirten diphthonge geben zu keinen besonderen bemerkungen anlass; die nasenresonanz gilt für beide componenten in gleicher weise.

Anm. 2. Über die quantitäten der einzelnen componenten vgl. § 35 f. Die ersten componenten der reinen und nasalirten *ae*, *ao*, *ui*, *əi*, *əu* sind kürzer als die in *ę̨ə*, *iə*, *uə* und diese kürzer als *ǫ* in *ǫə*; die erste gruppe hat hochtonige zweite componenten, die namentlich in pausastellung dehnung erfahren, aber auch im taktinnern länger sind als die den silbengipfel tragenden vorausgehenden sonanten.

DIE EINZELLAUTE ALS SATZELEMENTE.

§ 31. Die diphthonge haben zur functions- oder combinationslehre übergeführt, welche die attribute der einzellaute zu untersuchen hat, die sich mit ihnen bei der bildung von silben, takten und sätzen vereinigen.

Anm. Alle veränderungen des lautwandels im weitesten sinne werden erst in der (grammatischen) lautlehre besprochen werden, hier kommen nur die formalen categorien in betracht.

§ 32. Die articulationsbasis. Die lippentätigkeit ist im schwäbischen lebhaft, aber nicht energisch; die mundöffnung (kieferabstand, mundwinkel) im durchschnitt sehr beträchtlich; der unterkiefer steht auffallend hinter dem oberkiefer zurück, die horizontale vorwärtsbewegung desselben ist im ganzen gering; die anspannung der zunge ist mittleren grades, die verbreiterung derselben überwiegt die zusammenziehung; das gaumensegel ist in reger tätigkeit, überhaupt das hintere gebiet des mundraums bevorzugt; wie bereits Mor. Rapp, Physiologie I, 171 „die mundart der Schwaben dem allgemeinen character nach guttural“ genannt hat.

§ 33. Vocaleinsatz. In der gewöhnlichen rede ist durchweg der leise einsatz üblich, d. h. „erst nachdem die Stimmbänder zum tönen eingestellt sind, setzt die exspiration ein“ Sievers 130 f. Den festen einsatz kennt die mundart als eines der mittel emphatischen nachdrucks; das dem vocale vorausgehende knacken im kehlkopf ist sehr deutlich. Schon Rapp, Physiologie der sprache I, 166,

267 hat als beispiel dafür die negation *'ã·'ã* : (entschiedenes „nein") angeführt, bei geschlossenem mund als *'m·'m*: zu transcribiren, der erste einsatz ist im gegensatz zum zweiten fortis. Derselbe ist namentlich leicht bei jeder verwunderten, nachdrücklichen, vocalisch anlautenden frage zu beobachten z. b. *'ī?* (ich?) u. a. Den gehauchten einsatz („die exspiration beginnt bei noch geöffneter stimmritze") hat die mundart bei *'ã:'ã·*, bei geschlossenem mund *'m:'m·* als bejahungsinterjection, sie ist identisch mit *'ã·'ã* : was das substrat anlangt, der unterschied der bedeutung beruht nur auf der verschiedenheit des einsatzes, vgl. Heusler a. a. o. s. 126.

Vocalabsatz: In takt- oder satzpause pflegen auslautende vocale auszuklingen, und zwar ist im schwäbischen je nach affect der leise oder stark gehauchte absatz üblich; vgl. *kẽndlẹ'* (kindlein) oder *'ọ'* interjection der verachtung u. a.

§ 34. Ein- und absatz der consonanten. Während die spiranten nur mit leisem ein- und absatz zur verwendung kommen, ist der eintritt des festen einsatzes bei verschlusslauten an bestimmte etymologische bedingungen (assimilationsvorgänge im sandhi) geknüpft, wird aber häufig auch hier vernachlässigt. Das nähere in der grammatischen darlegung. „Man erkennt blos den ansatz, den die zunge nimmt um es (neml. *d* als syncopirten artikel) hervorzubringen, an der grösseren entschiedenheit, mit welcher in diesem falle der anfangslaut des wortes vernommen wird." Schmeller, Ma. Bayerns s. 91. 98. Vgl. *'tẹ̄k* die tage, *'kẽə* gegeben, *'põndə* gebunden, doch daneben durch ausgleichung *dẹ̄k*, *gẽə*, *bõndə* u. a. Gehauchter absatz ist bei den verschlusslauten am takt- oder satzende die regel; vgl. *ə sakẹpfl* (ein sack äpfel) mit *ọ̃ə sak'* (éin sack) u. a.; die lenis geht in diesem fall in die aspirirte fortis über *gẹ·ldoəgu·ət'* (geld und gut) oder: *dẹ̄·rọkẹ·lt'* (dér hat geld).

Anm. Diese aspiration betrachte ich als rein mechanischen vorgang. Bei der beschaffenheit unserer vocalbildung, vermöge welcher folgender consonant nicht derselben silbe angehört, vielmehr eine neue silbe mit dem consonanten ansetzt, kann die öffnung des verschlusses nur eine gehauchte sein. Durch die aspiration ist aber wiederum die fortisqualität bedingt.

§ 35. Quantität. Für die beurteilung der quantitäten ist von grösster bedeutung die stellung des wortes im satze. Der sonant einer und derselben silbe hat eine wechselnde zeitdauer, je nachdem dieselbe im satzinnern oder am satzende steht, Sievers s. 222.

§ 36. Die quantität der vocale. Im schwäbischen sind 6 verschiedene grade der zeitdauer leicht zu unterscheiden. Die geringste dauer hat der stimmton bei dem ə-laute (vgl. § 15) in *sarək̇* (sarg) und von hier aufsteigend wächst dieselbe bis zu den überlangen vocalen. Dazwischen sind anzusetzen lange, halblange, kurze und halbkurze vocale. Die langen vocale des schwäbischen entsprechen ungefähr der schriftdeutschen länge in satzpause, die übrigen quantitäten erhält man durch allmähliche verlängerung (überlang) oder kürzung.

überlang.	lang.	halblang.
frūxt frucht.	*jūgət* jugend.	*əū*
k̇īš kirsche.	*bīrə* birnen.	*krọ̄mbīrə* kartoffeln.
mẹ̄xt möchte.	*wẹ̄lər* welcher.	*āxtsẹ* 18.
sā sagen.	*bādə* baden.	*mitāg* mittag.
krā̊k krank.	*krā̊kət* krankheit.	*ā̊·s* (*dəgānts*) als ganzes.
fọ̄l voll.	*kštọ̄lə* gestohlen.	*sọ̄!*
blọ̄ṕ blau.	*ọ̄bət̊* abend.	*ọ̄ə* ei.

kurz.	halbkurz.	überkurz.
wulle wollen adj.	*gŭ·gūḱ* kuckuck!	
britr brett.	*bĭ*: (*gọ·t*) bei gott!	
drẹšə dreschen.	*ĕ* ich.	
baxə backen.	*'răṕ* herab.	
hāml hammel.	*'ā̊· ā̊*: nein.	
bọt́ bote.	*ọ̆*: (*wa·ə*) o weh!	
họt' hat.	*jŏ*: (*jọ̄·*) ja ja.	
fārə fahren.	*arbət* arbeit.	*sarək̇*.

Anm. Zahlenmässig liesse sich das verhältnis, wenn wir überkurz mit 1, halbkurz mit 1,5 etc. bezeichnen, ausdrücken: 1 : 1,5 : 2 : 2,5 : 3 : 4. d. h. die zeitdauer für die überlänge ist etwa 4 mal so gross als für die überkürze. T. Tobler im Appenzell. Sprachschatz s. XXVII unterscheidet kurz, sehr kurz, mittellang, lang, sehr lang (mittellange dauer ca. $^1/_5$, lange ca. $^2/_5$ secunden.) In Schlesien länge: kürze wie $1^1/_2$: 1 (Ztschr. f. d. phil., IV, 330 ff.).

§ 37. Quantität der consonanten. Lange consonanz ist im schwäbischen (im gegensatz zum aleman.) auf verschlusslaute beschränkt; zudem sind sich fortis und lenis merklich genähert vgl. § 24. Lange verschlusslaute entstehen ferner durch etymologische veränderungen (syncope), doch machen sich auch in diesen fällen ausgleichungen geltend. Das hauptgebiet der dehnung von dauer- und verschlusslauten steht unter dem zwecke des nachdrucks vgl. imperative wie *kǫm* (komm!), *laof*, *max*, *štręk* etc. Beitr. II, 564.

ACCENTUIRUNG.

§ 38. Der accent ist teils exspiratorischer (ictus), teils musikalischer (ton) beschaffenheit; die erstere beruht auf der energie der exspiration, die letztere stellt die tonbewegung der stimme dar. Vgl. §§ 5 ff.

§ 39. Es ist eines der wesentlichsten merkmale des schwäbischen wie alem. überhaupt, dass die ictussilben d. h. die expiratorisch starken silben den schwach geschnittenen accent tragen, der stark geschnittene ist nur als rhetorisches hülfsmittel üblich.

Anm. 1. Damit steht das § 36 entwickelte quantitätsystem in zusammenhang, in sofern die als kurz resp. lang, überlang bezeichneten silben unter dem einfluss dieses accents sich (gegen die mhd. stufe) gedehnt haben, vgl. Sievers s. 197. Ferner ist damit die erklärung gegeben, warum das schwäbische das sogenannte „Wintelersche Silbenaccentgesetz“ (Sievers s. 196) nicht kennt; und ebenso liegt hier die ursache für den svarabhakti-vocal *ə* in *arəm*, (arm) etc. vgl. Sievers 197. 198, wonach durch den schwach geschnittenen accent eine „verschiebung der silbengrenze“ bewirkt wird.

Anm. 2. Während das bühnendeutsche in nominaler composition z. b. marktplatz auf dem ersten glied den stark geschnittenen, auf dem zweiten den schwach geschnittenen accent mit herabgesetzter expirationsenergie (sog. nebenton) verlangt, fällt diese unterscheidung im schwäbischen weg; die beiden silben unterscheiden sich vielmehr nur ganz minimal nach dem grade der exspirationsstärke, schwach geschnittenen accent tragen beide.

§ 40. Die betonung bewegt sich innerhalb sehr geringer intervalle, so lange die rede den ruhigen conversationscharacter bewahrt und zwar gilt als durchgreifendes gesetz, dass die schwach geschnittene, exspiratorisch-starke ictussilbe den tiefton trägt, der zu der mittelstarken resp. schwachen silbe hin zu einer etwa 2 töne höher gelegenen note aufsteigt: *šiflè* (schifflein); in dem momente, wo die musikalisch höher betonte silbe einsetzt hat der ton seine höchste höhe erreicht (die auf den ictusvocal folgenden consonanten haben demgemäss höheres timbre), um im verlauf derselben wieder rasch zu sinken. In fällen des auftakts z. b. *mæ̃mā̃·* (mein mann) setzt das *m* von *mæ̃* hoch ein (sehr deutlich in der tonhöhe von *m* in *mā̃·* verschieden), der ton sinkt und bleibt fast ganz eben. Die betonungsweise ist demnach nur gradweise von einem fragend gesprochenen *sågèn*? verschieden (vgl. Mor. Rapp, Physiologie I, 172.).

Vereinigt sich dieser steigend-fallende ton auf einer und derselben silbe, so kann zweifel entstehen, ob nicht zweisilbigkeit vorliegt, wie faktisch in worten wie *árə̀m*, *sárə̀k*, *kírìx* etc. (vgl. § 39 anm. 1), unter dieser betonung die svarabhaktivocale in satzpause entstanden sind. Andere durchaus analoge fälle sind *'r fál't* (er fällt); *'r kóm̀t* (er kommt) wie sie, noch zuweilen, auch bei uns gehört werden. Vollständig identisch mit dieser betonung ist die der schwäbischen diphthonge *əi, əu*. Der erste component *ə* trägt den (musikalischen) tiefton bei schwach geschnittenem silbenictus, der ton steigt auf seine höchste höhe bei einsatz des *i, u* um dann wieder zu fallen: *wə̀ìt* ist ebenso wie *fál't*, *kóm̀t* etc. Endlich ist, in weniger ausgeprägtem masse, diese „zweigipflige" betonung bei den überlangen vocalen die regel: *jǭ; frū̂xt; ę̌nt* (ernte) u. a.

Anm. 1. Die „halblangen" vocale sind in mittelstarken silben unter einfluss des (musikalischen) hochtons entstanden (§ 36). Die „überlangen" haben sich in folge des tongesetzes aus den langen in satzpause entwickelt.

Anm. 2. Die tieftonigkeit der ictussilben gibt der mundart den character tieferer stimmlage im gegensatz zu den norddeutschen mundarten. Vgl. Kräuter D. M.[1] VII, 329.

Anm. 3. Das wesen der schwäbischen betonung ist bereits von M. Rapp, Physiol. I, s. 172 f. richtig erkannt. „Das mittlere Schwaben

[1] Die deutschen mundarten. Bd. I—VII, hrgeg. v. Frommann.

spricht zuverlässig mit keiner oder doch kaum bemerkbaren modulation. Geht man südlich so wird man alsbald jene eigentümliche modulation wahrnehmen, die lebhafter und kecker wird, je mehr man sich der Schweiz nähert.... Bewegt man sich dagegen von dem angegebenen punct aus nördlich, so wird man im übergang zum rheinpfälzischen dialekt eine von jener verschiedene aber eben so markirte modulation hören, ein mehr weichliches wiegen der stimme, eine sanft abrollende senkung, unbestimmt musikalisch etwa  zu bezeichnen, während das andere etwa  (vgl. IV, 262) lautet.... vgl. auch Kräuter D. M. VII, 329.

SATZMELODIE UND SPRECHTEMPO.

§ 41. Satzmelodie und sprechgeschwindigkeit der mundart sind die wichtigsten mittel der volksmässigen rhetorik. Die abstufungen gelten der grossen mannigfaltigkeit der stimmungen und affecte.

a. Satzmelodie d. h. wechsel der tonhöhen im satzzusammenhang.

Die ruhig berichtende erzählung bewahrt den mit dem ersten ictus einsetzenden tiefton in ebener gleichmässigkeit auf allen stärkeren silben, die intervalle zu den schwachen silben bewegen sich als maximum innerhalb der beiden nächsthöheren noten z. b. 1) ausgangs Februar ist der Neckar herausgekommen: *ə:usgãᵊsfẹ̄·bruwar* | *išdrnę̣·krrəuskō̆:mə*

 dagegen 2) und da haben sie halt müssen springen und laufen: *ondǫhõntsehalpmiəsəšprẽ·ᵊəə̃*. *ontla·ofə*  oder 3) es ist über drei fuss hoch gewesen: *šišī·br* | *drəi* | *šu·əhaoksæ̃* 

4) und das alte mütterchen gehört auch dazu: *ondẹsalpmi·ətrle*| *dẹskaerta·odrtsuə* 

b. Sprechtempo: Im allgemeinen muss das tempo als langsam bezeichnet werden.

Satz 1 hat mit geringer pause nach dem ersten sprechtakt eine dauer von 3 secunden. Satz 2 dauert dagegen mit pause nur 2 secunden. Satz 3 gleichfalls 3 secunden. Dagegen satz 4 nimmt 5 secunden in anspruch, wobei die beinahe eine secunde anhaltende pause nach dem ersten sprechtakt eingerechnet ist. Weitere beispiele: *õndqišə lē·pksǣ* | *õndəwu·rə̃m* | *õndəkra·p* und da ist ein löwe gewesen, und ein wurm und ein rabe = 4 secunden. *nǭhǣnimiəsə dǭ·bləibə* dann habe ich müssen dableiben = 2 secunden. *õndǣneshē·mə tę·rfsiet́ õəm* und ohne das hemd dürfe sie nicht heim = 3 secunden. *dqišəsǫldā·ksǣ* | *dęərišę:ftrãnəwa·srgãwə̃* | *mqmə̃hqpā·dəkēnə* ‖ *õndqsēndrəimę̄·dleksǣ diəhõnda·obā:dət́* ‖ *õndõ·ənedəfõ* | *hodə̃mguədēnsa·okfalə* | *õndęərqtrnǫshē·mədēntwēnt́* da ist ein soldat gewesen, der ist öfter ans wasser gegangen, wo man hat baden können; und da sind drei mädchen gewesen, die haben auch gebadet, und eine davon hat ihm gut ins auge gefallen (gestochen) und der hat er dann das hemd entwendet = 17 sec. (‖ pause von ca. 1 sec.)

SILBENTRENNUNG.

§ 42. Regelmässig wird im satzzusammenhang (vgl. § 5 f.) gebunden, d. h. einfache consonanz zwischen zwei vocalen gehört stets zur zweiten silbe (lenis wie fortis): *ro-kə* roggen, *lęəbi-kon-daot́* lebendig und todt. *bǣ-ni* (bin ich) u. s. w. Auch mehrfache consonanz wird zur folgesilbe gezogen: *ra·-šdāk* rasttag, *šta·-pflę̄k* stadtpflege, *mi-tnāxt* mitternacht, *wī·-ksaet* (hat der) wirt gesagt, *wəi-psləit́* weibsleute, weiber u. a. In der wortcomposition, wird aber häufig die silbentrennung nach grammatischen rücksichten geregelt.

Anm. Die art der silbentrennung ist abhängig von der art des vokalischen (und consonantischen) ein- und absatzes, zum andern von der beschaffenheit des silbenictus. Der mangel des spiritus lenis (vgl. Vietor s. 188) und der schwach geschnittene accent sind für die schwäbische manier ausschlaggebend, die folge ist ein „spalten" der wörter, wie es an der bekannten stelle des Renner (v. 22218) von Hugo von Trimberg heisst: *Swâbe ir wörter spaltent.*

§ 43. Die constitutiven factoren der lautbildung, vgl. § 32. Die laute nebst ihren attributen, wie sie im vorstehenden besprochen sind, müssen in der physiologischen constitution der sprachwerkzeuge ihre begründung und erklärung finden. In den ersten kinderjahren werden die einzelnen laute erlernt; sobald für dieselben feste bewegungsgefühle sich entwickelt haben, findet eine reflexartige, jedenfalls unbewusste reproduction derselben bei jedweder sprachäusserung statt; das bewegungsgefühl ist durch den nervenapparat dem bewusstsein vermittelt, indem die bewegungen der lauterzeugenden organe feststehende empfindungen hervorrufen. Diese bewegungen nebst begleitenden empfindungen wiederholen sich unbewusst in stets identischer weise. Diese identität ist der ausdruck einer psycho-physischen gesetzmässigkeit.

Der druck, unter dem bei affectloser rede der exspirationsstrom von den lungen ausgetrieben wird, ist im schwäb. dialect nieder, messungen, so weit ich sie anzustellen vermochte, sind § 24 mitgeteilt. Im vergleich mit md. mundarten erscheint das sprechtempo langsam; die musculatur des kehlkopfs wirkt mit geringer energie (daher der stimmlose consonantismus), wie dies ferner aus der tatsache der kleinen tonintervalle und des schwach geschnittenen accents ersichtlich und bestätigend gilt dasselbe von den muskeln des ansatzrohrs, denn nur bei herabgesetzter activität wird umfang und beschaffenheit der schwäbischen fortes, sowie das fehlen der gerundeten vocale des vorderen gebiets begreiflich, wie wir auch in diesen verhältnissen die treffendste erklärung der schwäbischen nasalvocale finden.

II. STAMMHEITLICHE VORBEMERKUNGEN.

§ 44. Stammesgrenze. In den jahren 250—275 n. Chr. geb. durchbrechen die Alemannen (von Baumann, Forschungen z. d. Gesch. XVI s. 223 ff. mit den Semnonen identificirt, die ursprünglich an der Spree sesshaft gewesen sein sollen) den römischen grenzwall und nehmen die Neckargegenden (Decumatenland; über die ältesten bewohner Württembergs vgl. Paul Friedrich Stälin, Geschichte Württembergs I, 1 s. 3 ff. Gotha 1882) in besitz (*barbarus Nicer* Paneg. 170, 9), an der obern Donau sitzen Juthungen, (*pars Alamannorum* nach Amm. Marcellinus XVII, 6, 1.) die mit dem jahr 430 verschwinden, vgl. Baumann s. 230 ff. An ihrer stelle treten Alemannen und, gleichbedeutend, Sueven auf, die aber offenbar von den Sueven Ariovists (Caesar, bell. gall; vgl. auch Strabos notiz IV, 6, 9 die Donau entspringe in der nähe der Sueven) zu unterscheiden sind: *regio illa Suauorum ab oriente Baibaros habet, ab occidente Francos, a meridie Burgundzones, a septentrione Thuringos, quibus Suavis tunc iuncti aderant etiam Alamanni ipsique Alpes erectos omnino regentes* Jordanes de or. act. get. cap. 55. (indessen soll diese geographische notiz nach Baumann s. 239 f. späteres einschiebsel eines copisten sein) Cap. 12 lässt er die Donau *in Alamannicis arvis* entspringen, wie Ausonius epigr. V, 3 *mediis Suebis*. Nach der sog. schlacht von Zülpich a. 496 wurden die mittleren Neckar-, Kocher-, (*Francorum legibus subjacet* urk. a. 1024), Jagst- und Taubergegenden, die späteren diöcesen von Worms, Speyer und Würzburg zum Frankenreich gezogen und verloren ihren alemannischen namen; die Franken dringen bis in die gegend von Calw, Leonberg, (*Heimbodesheim* [Heimsheim] *in confinio Franciae et Alemanniae* a. 965 Mon. Germ. I, 627) Marbach, Murrhard (*siluam circa monasterium Murrehart . . . in pago Murrechgowe et Chogengouwe . . . per confinia Francorum et Sueuorum* a. 1027 Mon. Boica 31, 304), Ellwangen. Das Frankenland, zu welchem der nördliche teil von Württemberg gehörte, erscheint unter den namen Francia Teutonica, Austrifrancia, am häufigsten Francia orientalis, weiter östlich Franconia.

Die ostgrenze der Sueuen bilden Lech und Wernitz: *super Lechum fluvium qui Alemannos et Baioarios dirimit.* a. 787. *in fines Alamannorum et Beiweriorum ad flumen, quod appellatur Lech* Mon. Germ. SS. I, 173. 43, u. a. *hinc iterum ad flumen Werinza in vadum Rintgazza hinc ad fontem, ubi due provinciae diuiduntur Sueuia quidem et Franconia* urk. von 1053, bei v. Stälin I, 222 anm. 4. Nach Gerhards Vita Oudalrici liegt Augsburg *in provincia Alamannorum* Mon. Germ. SS. IV, 387. 399. 401. Baumann a. a. o. s. 245 ff. Die nördl. grenze zog, Feuchtwangen und Ellwangen einschliessend, auf dem Welzheimer Wald hin, weiterhin fiel die grenze der herzogtümer mit der des späteren bistums Constanz zusammen: Murrhard gehörte zu Würzburg, Marbach war bereits speierisch, Dizingen zwischen Constanz und Speier geteilt, Heimsheim und Hirschau (*monasterium Hirsaugia situm in provincia quae dicitur theutonica Francia* a. 1075 Mon. Boica 29, I, 191) speierisch; an der Oos treffen Constanz und Strassburg zusammen und diesem flüsschen folgt die grenze zur Murg an den Rhein; einen detaillirten grenzlauf mit angabe der nördlichsten ortschaften des alemannisch gebliebenen württembergischen landesteils, nach der kirchlichen abgrenzung des Augsburger und Constanzer sprengels findet man bei Paul Friedrich Stälin a. a. o. s. 65 f. anm. Westwärts greifen die Alemannen aus bis an die Vogesen und den Jura, südwärts bis zum St. Gotthard.

§ 45. Stammesname. Der name des landes war Alamannia, doch damit bereits seit dem 4. jhd. Suevia zusammengeschmolzen, vgl. Baumann s. 242 ff. Aus der fülle der von Baumann beigebrachten zeugnisse seien hervorgehoben: bei Gregor von Tours hist. Fr. II, 2 *Suebi id est Alamanni*, geograph von Ravenna IV, 26 *patria Suavorum quae et Alamannorum patria*, ähnlich bei Paulus Diaconus hist. Langob. II, 15. III, 18. *Suauia que nunc Alamannia dicetur* Fredegar contin. c. 23 *quia mixti Alamannis Sueui partem Germaniae ultra Danubium, partem Raetiae inter Alpes et Histrum partemque Galliae circa Ararim obsederunt, antiquorum vocabulorum veritate servata ab incolis nomen patriae derivemus et Alamanniam vel Sueviam nominemus. Nam cum duo sint vocabula unam gentem significantia priori nomine nos appellant circumpositae gentes, quae Latinum habent sermonem, sequenti usus nos nuncupat Barbarorum.* Walafr. Strabo, Monum. Germ. II, 3. (vor a. 837) vgl. dazu die glosse *Alamannus suab* Ahd. gl. II, 391, 52. 520, 37. 550, 52. Otto von Freising hat dann bereits Mon. Germ. XX, 357 f. die definition: *Quare quidam totam Teutonicam terram Alemanniam dictam putant omnesque Teutonicos Alemannos vocare solent, cum illa tantum provincia id est Suevia. a Lemanno fluvio vocetur Alemannia populique eam inhabitantes solummodo vocentur Alemanni.* Soweit unterschieden wird, sind die Alemannen mehr auf der westseite den Rhein hinauf, die Sueven mehr östlich und im Binnenlande gedacht, vgl. Zeuss, Die Deutschen und ihre Nachbarstämme s. 316.

Anm. Im namen Alemannen scheint es mir doch am zutreffendsten mit bezug auf die bekannte stelle Agathias 1, 6 *ξύγκλυδές εἰσιν ἄνθρωποι καὶ μιγάδες, καὶ τοῦτο δύναται αὐτοῖς ἡ ἐπωνυμία* (nach Asinius Quadratus ca. 250 n. Chr.) den ausdruck der Gesammtheit zu sehen, vgl. Uhland, schriften VIII, 15, ff., die von Baumann s. 224 ff. vorgetragene deutung aus alah + man ist unzulässig, vgl. Alem. VII, 261 ff. Sueven sind die schläfrigen, vgl. Wackernagel Zs. f. d. A. VI, 260. Uhland a. a. o. s. 73 ff., 58 ff. Zs. f. d. A. XXXII, 407 ff.

Literatur: C. F. v. Stälin, Wirtembergische Geschichte I, 115 ff. Uhland, Schriften zur Geschichte der Dichtung und Sage VIII, 3—23. Birlinger, Alemannia I, 88 ff. Weinhold, Alem. Gramm. s. 3 ff. Baumann, Schwaben und Alamannen, ihre herkunft und identität in den Forschungen zur deutschen Geschichte XVI, 217 ff.

§ 46. Heute ist der Alemannenname nur noch „historische erinnerung“, von rein ethnographischem standpunkt aus wäre die bezeichnung Schwaben auf die Elsässer und Nordschweizer auszudehnen. Das Elsass war jedoch schon unter den Merowingern vom übrigen Alemannien losgerissen und zum selbständigen herzogtum erhoben worden vgl. *Alesaciones* Fredegar IV, 37 (erste nennung des namens); seitdem steht Alsatia dem stammlande gegenüber: so unterscheidet denn z. b. Seifried Helbling III, 210 ff. IV, 739 ff. *Elsâzen, Swâb und Rînfranken.* Der Breisgauer Mathias von Neuenburg ist der erste, der Schwaben durch den Schwarzwald begrenzt sein lässt und die Rheinalemannen als Rhenenses zusammenfasste, später „Oberrheiner"; auch Jak. Wimpfeling, epistola de inepta et superflua verborum resolutione in cancellis 1503 unterscheidet *in Helvetia id est Alsatia et in Germania ultrarhenana, quarum partes, sunt Ortonavia et Brisgowia*; von den *Suevi* ist erst fernerhin die rede, Vierteljahrshefte X, 45 ff. Birlinger, Alemann. Sprache rechts des Rheins s. 205. Die Alemannen in der Schweiz südwärts bis Zürich u. St. Gallen wurden bis ins 15. jahrhundert zu den Schwaben gerechnet, wie es auch ihrem eigenen stammheitlichen bewusstsein entsprach. Allein seit der gründung des schwäbischen bundes, dessen spitze sich besonders gegen die eidgenossen richtete, war der Schwabenname zu einer politischen bezeichnung ausgeartet, mit der die „Schwizer" nichts gemein haben mochten. Es ist also eine „schmälerung des schwäbischen stammgefühls" eingetreten, wie es Baumann genannt und a. a. o. s. 254 ff. durch zeugnisse belegt hat. Constanz rechnet Hermann von Sachsenheim in der Mörin 5695 zum Schwabenland; im gegensatz zu Basel.

Als das eigentlich schwäbische kernland gilt nach heutigem sprachgebrauch nur Württemberg, und es ist dies auch insofern berechtigt, als sein anteil an schwäbischem land und volk numerisch der grösste und das schwäbische element hier zu dominirender, selbständiger entwicklung gekommen ist. Und diese entwicklung war mächtig genug sogar die anwohnenden Franken sich zu einem guten teil zu assimiliren, so dass heute die südlichsten bewohner des alten fränkischen herzogtums sich als Schwaben betrachten und allüberall unter diesem ehrennamen (vgl. Zs. f. d. A. VI, 259 ff.) cursiren; ein bezeichnendes characteristicum ist schwäbische kirchen- schul- und amtssprache in diesen landschaften, von der auch die mundart nicht unberührt geblieben. Der politische verband hat das stammheitliche element überwältigt. Die grafen und herzoge von Württemberg haben sich in nordwestlicher richtung ausgedehnt; während Öhringen, Künzelsau, Mergentheim, Crailsheim, Gerabronn, Gaildorf dem fränkischen kreise verblieben, im westen reichte der schwäbische kreis bis Karlsruhe—Bretten—Wimpfen (schwäbische reichsstadt), von da ging die grenze durch die altwürttembergischen ämter Neuenstadt und Möckmühl, trennte die hohenlohischen fürstentümer ab, schloss die reichsstadt Schwäbisch Hall ein, die grafschaft Limpurg aus und umfasste noch die probstei Ellwangen und die Öttingischen herrschaften (im süden wären noch Vorarlberg sowie Lichtenstein einzurechnen). Im grossen ganzen deckt sich heute der bereich des Schwabennamens mit dem umfang dieses alten schwäbischen kreises; Calw, ursprünglich auf fränkischer seite, liegt bereits für das mittelalter *„in Swaben lant“* vgl. MSH. II, 98. Roethe, Reinmar von Zweter s. 179. 219; aber Ladislaus Suntheim in seiner „Chronicken“ berichtet *„die von Haylprunn vnd Wympffen wellen nit Swaben sein“*, Vierteljahrshefte 1884 s. 127.

§ 48. Scheidet man vom alten schwäbischen kreis im nordwesten die fränkischen stammesangehörigen aus, so bliebe für die schwäbische mundart ein auch historisch begründetes festes gebiet, das ausserhalb Württembergs den bair. kreis Schwaben-Neuburg (bairisch Schwaben) einbezieht. Mundartlich ist dasselbe aber nur zum teil einheitlich. Ein südlicher streifen, den wir nach dem vorgange Hebels als alemannisch bezeichnen wollen, hebt sich durch wesentliche merkmale ab (§ 52, 3); für eine entwicklungsgeschichtliche untersuchung ist in erster linie ein einheitliches element erforderlich. Unser territorium ist demnach nördlich von der Frankenlinie begrenzt, umfasst Württemberg südwärts bis zum anklingen alem. besonderheiten, von ost nach west zieht es sich vom Lech bis an die landesgrenze gegen Baden, vgl. die der abhandlung Baumanns beigegebene karte. Der steile nordabhang der Alb trennt das schwäbische Ober- und Unterland, mit einem schulterminus zuweilen [Mor. Rapp, A. Birlinger] auch als Niederschwaben bezeichnet. Das erstere wird ebenso natürlich durch die Donau in Alb und Oberschwaben geteilt; die Schwarzwälder, bewohner des oberen Neckartals bilden in landesüblichem sprachgebrauch eine vierte gruppe für sich. Auch sprachlich heben sich die Unterländer, Schwarzwälder, Albbewohner und Oberschwaben gegenseitig ab, teils im wortschatz, teils in lautformen; selbständige gesetze lassen sich aber für keine der gruppen aufstellen, so dass etwa von entsprechenden unterdialecten geredet werden könnte. Vorstehendes meist nach v. Rümelin, Das Kgr. Württemberg II, 1 s. 1 ff. Stuttgart 1884.

§ 49. Schwäbische sprache. Soweit im mittelalter von *swœbisch* als sprachbezeichnung die rede ist, kommt ihm gleichfalls die weitere bedeutung des stammnamens zu, so im Renner des Hugo von Trimberg v. 22218 (s. o. § 42), bei Heinrich dem Teichner: *künde erz niuwan swœbisch machen nach der lantsprach uf und ab* (vgl. Paul, gab es eine mhd. schriftsprache? s. 14). MSH. III, 56 (vgl. Zs. f. d. A. VI, 258): *daz under rat dir swœbisch melt, din Diutisch ist uns ze drœte* (auf den Marner bezogen), weiteres bei Wackernagel, Literaturgeschichte² s. 158 anm. 7. A. Socin, schriftsprache und dialecte s. 108. 116. 180. 281 ff. 326 ff. 536. Birlinger A. S. s. 205. Mit dem beginn der grammatischen reflexion wird der schwäbische dialect in unserem heutigen sinne gefasst, so bei Felix Fabri, Niclas von Wyle, Aventin, Fabian Fragk, Ickelsamer, Meichssner, Hieronymus Wolf, Wolfgang Lazius, Konrad Gessner, Albert Ölinger, Sebastian Helber, Scioppius, Schottelius u. s. w., wie aus den im verlaufe der darstellung mitgeteilten notizen zu ersehen ist.

§ 50. Im gegensatz zum schriftdeutschen wird die schwäbische aussprache bereits ausgangs des 15. jahrh. als besonders plump angefochten, ausser den unten folgenden belegen (§ 53. 139 u. a.) von Jakob Wimpfeling, bezüglich der aussprache des lateinischen (vgl. auch Alem. II, 278 ff.), Idoneus Germanicus 1497: *exprimatur vocalis quaelibet suo simplici ac discreto sono non tamquam duae sint instar diphthongi neque more balantum acute nimis ut Suevi et Catti Cheruscique aut ut Maguntiaco Francofurtiaeque et Hassiae finitimi solent. Inde enim perpetuus error, inde fit ut nonnulli Germanorum alioquin docti a barbaris praecipue Suevis praeceptoribus seducti nomen hoc „causa" sine diphthongo et „casus" cum diphthongo tum pronuntiare tum scribere videantur; ceteraque multa invertunt ut „lego legis" et similia quae non per e vocalem sed per alienam quandam diphthongon ai vel ei rusticissime ridiculosissime exprimunt*; weiteres Alemannia XII, 44 ff. Johannes Altenstaig (aus Mindelsheim) im Vocabularius (Argentor. 1509): *secundum nostram linguam, qui a quibusdam rudes crassilingues et duriloqui Sueui dicimur et judicamur et habemur*; vgl. ferner Kluge von Luther bis Lessing s. 52 ff. J. H. Meichssner, handbüchlin (Tübingen 1538) bl. v.: *Aber am Ryn vnd in den landen da die spraachen etwas subtiler vnd mit ringerer arbeit vsszusprechen sind etc. Unnd dwyl in allen teutschen landen an keiner art die sprach so reyn das nit etwas missgebruchs darinn gefunden werd, so ist zu raten, das man guter exemplar war neme, wie man deren yetzo vil im truck findt.* Vgl. auch Alem. IV, 151. Feste zeugnisse für eine auch in Schwaben geltende schriftdeutsche aussprache liegen in der Zimmerischen chronik vor: *mit demselbigen Spannier macht des graven von Zimmer diener einer, ein kleins alts knechtle hiess Hans Kolb gleich kuntschaft, wiewol jener wenig deutsch, diser aber kein andre sprach dann sein Schwebisch konte*, ähnlich III, 417, 32. II, 367, 28. Direct unterscheidet unser landsmann Hieron. Wolf die pronunciatio elegans der gebildeten von den crassissima vitia der mundart; im übrigen s. Burdach, Die Einigung der neuhochdeutschen Schriftsprache s. 13 f.

§ 51. Die ältesten notizen über suevische sprache stehen bei Tacitus, Germ. cap. 43. 45. *Marsigni et Buri sermone cultuque Suevos referunt;* von den Aestiern: *ritus habitusque Suevorum, lingua britannicae propior.* In historischer zeit gliedert sich das suevisch-alemannische territorium sprachlich in vier mundartengruppen: hochalemannisch (innere Schweiz), niederalemannisch (nordwärts vorgelagert, mit dem schwäbischen und elsässischen übereinstimmend in der verschiebungsstufe von anl. *k-*, inl. *-kk-*, vgl. Winteler Ker. Ma. s. 60. Heusler s. 51 ff.; mit dem hochalem. in der nicht-diphthongierung von mhd *ī*, *ū*, *iu*, das südliche Baden, den südrand Württembergs, die Bodenseegegenden, Allgäu und Voralberg in sich begreifend; von Baumann als rhein- und südschwäbisch bezeichnet a. a. o. s. 277), schwäbisch, elsässisch. Die schwäbische gruppe grenzt sich folgendermassen ab: Im Osten scheidet der Lech oberhalb Augsburg bis zum einfluss in die Donau als alte stammesgrenze schwäbische und bairische mundart (rechts *enk*, links *ui*, *uib* = euch; rechts *is*, links *išt* = ist u. a.), grenzorte sind fernerhin nordwärts Monheim, Öttingen, Dürrwangen, Dinkelsbühl; gl. Weinhold, Bair. Gramm. s. 5. Die nordlinie gegen das alte Frankenland biegt westwärts um und zieht sich etwa über Dankoltsweiler (unterhalb Ellwangen) nach Haid, Frickenhofen, Rudersberg, Poppenweiler, Ludwigsburg, Gerlingen, Döffingen, Alt- und Neu-Bulach, Simmersfeld, Schwarzenberg an die landesgrenze gegen Baden (näheres bei P. F. Stälin a. a. o. s. 65 f. anm. Alem. II, 270). Die westgrenze gegen das alem. sprachgebiet fällt mit der politischen grenze Württembergs bis nach Schramberg zusammen; kennzeichen des schwäbischen bilden hier vorzugsweise die diphthongirten mhd. *ī*, *ū*, *iu*. Die südgrenze geht von Schramberg nach Rottweil, Wehingen, Tuttlingen, Waldsee, Leutkirch, Kempten vgl. die detaillirten angaben bei Baumann a. a. o. s. 264 ff. (nebst karte); ganz Voralberg sowie das oberste Lechtal (Walser), ebenso das quellgebiet der Iller sind alem.; das weitere Lechtal sowie das Thannheimer tal schwäbisch. Hauptkennzeichen ist wiederum vom wortschatz abgesehen der stand der diphthongirung und die in folge der schwäbischen nasalirung eingetretene veränderung der vocalarticulationen, im consonantismus die bewahrung der etym. langen reibelaute.

Anm. 1. Die vorstehend angegebenen grenzlinien sind provisorisch, eingehendere resultate sind von den karthographischen arbeiten H. Fischer's und G. Wenker's zu erwarten. — Die ansicht, wonach dialectgrenzen überhaupt nicht existiren, wonach es nur grenzlinien einzelner lauterscheinungen gebe, eine mundart sich erst umgrenzen lasse, wenn eine überwiegende majorität zusammenfallender, gleichbegrenzter lauterscheinungen constatirt sei, was nach seitheriger erfahrung nur sehr vereinzelt zutrifft — diese ansicht lässt ausser acht, dass die characteristischen merkmale einer mundart viel weniger in den einzelnen lauten, als in constitutiven factoren wie accent, betonung, quantität u. a. liegen, die nur viel zu wenig erforscht sind. Die nordlinie gegen die rhein- und ostfränk. dialecte (alte stammesgrenze) wird sich auf grund der wort- und satzmelodie in ihrem alten verlaufe herstellen lassen vgl. angaben in den oberamtsbeschreibungen wie Backnang s. 62: Übergang ins fränk. zwischen Murr und Lauter; „grenze so scharf, dass man in einem ort noch ganz die schwäb. in einem 1/2 stunde entfernten andern ort die annähernd fränk. sprechweise findet". Besigheim s. 40: „Schon bei Bietigheim treten einzelne spuren der feinen singenden fränk. mundart hervor". Welzheim s. 43: „Die ma. hat etwas jüdelnd singenden ton, der fränk. anklang ist". Hall s. 43: „Südwestl. schlägt das schwäb. merklich vor". Gaildorf s. 40: „Die ma. nähert sich im südl. teil mehr der schwäb". Öhringen s. 43: „Die ma. unterscheidet sich durch singende weichere betonung wesentlich vom schwäb." Ludwigsburg s. 36: „Die ma. verrät in Markgröningen und Bissingen leise spuren des fränk." Marbach s. 53: „In den waldorten macht sich fränk. sprechweise geltend". Leonberg s. 30: „Die ma. nimmt in den grenzorten etwas vom Pfälzerdialect an". Vaihingen s. 32: „Leichter übergang ins fränk. bez. pfälz." Nagold s. 43: „Die ma. nähert sich im osten dem breiten unterländer dialect, im übrigen verwandtschaft mit dem fränk." etc. Auf diesem altfränk. boden ist im übrigen in folge des politischen übergewichts schwäb. laut- und wortschatz mächtig eingedrungen (fränkisch-schwäbischer mischdialect, vgl. Brackenheim s. 90: „Die schwäb. ma. ist durch den übergang ins pfälz. gemildert". Crailsheim s. 120: „An der südgrenze ist einfluss des schwäb. zu verspüren; die katholiken sprechen mehr schwäb. als die evangel."); vgl. H. Fischer, Vierteljahrshefte 1881, s. 132 f. Rapp DM. II, 104.

Anm. 2. Die schwaben im ausland halten in der regel zäh an ihrer heimatlichen art und sprache fest, dies scheint besonders zu gelten von den schwäbischen colonien in Westpreussen, die in den jahren 1770—80 eingewandert und sich auf 13 orte in den kreisen Kulm und Thorn verteilen.

§ 52. Merkmale aus den nachbardialecten. 1) Aus dem angrenzenden Rheinfränkisch: Das hervorstechendste ist die auf zweigipfliger (fallend-steigender) silbenbetonung beruhende sog. „singende" sprechweise, die sich in vocal. nachschlag von *i* oder *u* geltend macht: *klē*ⁱ klee, *e*ⁱ*sl* esel, *bē*ⁱ*s* böse; *bro*ᵘ*d* brod, *ho*ᵘ*f* hof, *bo*ᵘ*də* boden u. a. *i* und *u* bleiben vor nas. intakt: *Haelbrunn* Heilbronn, *gšpunə* gesponnen, *kīnd* kind etc.; *i* vor *r* > *ä*: *kärich* kirche, *härš* hirsch, *wärt* wirth *ë*; > *a*: *walt* welt, *špak* speck, *drak* dreck; mhd. *ī*, *iu* ist durch *ae*, mhd. *ū* durch *ao* vertreten: *waet* weit, *maos* maus; mhd. *ou* > *ā*: *frā* frau, *bām* baum, *i glāb* ich glaube; derselbe laut für mhd. *ei*: *wāch* weich, *flāš* fleisch; *g* nach vocal, *r* und *l* ist reibelaut: *drāchə* tragen, *sāchə* sagen, *bärch* berg, *ilchə* (schwäb. *ilgə*) lilien; ebenso *b*: *awər* aber, *mər hawə* wir haben, wie *šwalwə* schwalben; *nd* > *nn*, *ld* > *ll*: *kinnər* kinder, *wällər* wälder, *hemmər* hemder etc.; vgl. *die bach.* Oberamtsbeschreibung von Heilbronn s. 60 ff. Mergentheim s. 137 ff. Neuenbürg s. 42. Neckarsulm s. 115 ff.; vgl. auch Alemannia XVI, 69. 157.

2) Aus dem ostfränkischen: über betonung s. u. 1); *a* erscheint als *ǭ* in *glǭs*, *dǭl*, *kǭlt*, *ǭrm*; vor nas. *ǫ* oder *u* *mǭn* (mann), *kūm* kamm, *lūm* lamm, strichweise auch diphthongirt: *mãu* mann, *sound* sand etc.; mhd. *uo* > *ou*, umlaut *ęi*: *moutr* mutter, *fouss* fuss, pl. *fęiss*; mit dem letzteren ist mhd. diphth. *ie* zusammengefallen: *hęi* hier, *dęib* dieb; mhd. *ei* > *ā*: *flāš* fleisch. Diminutivsuffix sing. *-li*, plur. *-lich*: *madli*, plur. *madlich* mädchen, *häffəli* pl. *häffəlich* kleiner topf etc.; ausl. *-i* in *sunndi* sonntag, *lębdi* lebtag; *əyuəti frā* eine gute frau; *alti laet* alte leute; zu beachten *it* für *ist;* *härlə* grossvater, *frālə* grossmutter. — Für mhd. *ī*, *iu*, *ū*, *g* und *b* gilt dasselbe wie u. 1). Oberamtsbeschreibung von Crailsheim s. 120 ff. Mergentheim s. 137 ff. Künzelsau s. 133 ff. D. M. VII, 389 ff.; vgl. auch dialectprobe D. M. III, 533 (Öhringen).

3) Aus dem angrenzenden alemannischen: Die wesentliche differenz zwischen schwäb. und alem. liegt einesteils in der gesteigerten druckstärke der exspiration (straffere muskelspannung), anderenteils in der mannigfaltigeren, grössere intervalle umfassenden betonung (modulation) des letzteren, factoren, welche den lautstand scharf vom

schwäb. abheben. Mhd. *ī*, *ū*, *iu* nur ausl. und vor vocalen diphthongirt; *ō ē* bewahrt (?), lippenrundung bei *ü*, *ö* nebst zugehörigen diphthongen wenigstens strichweise. Nasalvocale finden sich, aber ohne die charakteristischen veränderungen des timbres wie im schwäb.: *gsī̃* (mhd. *gesīn*) gewesen part. (Tuttlingen — Spaichingen — Wehingen — Rottweil — Schramberg; in Oberndorf, Schömberg bereits *ksǣ̃*), dieselben verlieren sich indessen gegen süden, und sind z. b. schon im angrenzenden Allgäu nicht mehr vorhanden: *bā̃* bahn, *tsīs* zins, *šū̃* schon, *bui* bein (Birlinger A. S. s. 104 f.). Schliesslich sei auf die bewahrung velarer gutturale in der nachbarschaft palataler vocale im alem. hingewiesen. Die ursprüngliche, organische Zusammengehörigkeit des schwäb. und alem. wird im folgenden wiederholt zu tage treten (für die ältere zeit ist z. b. das stadtbuch von Schaffhausen 14. jh. Alem. V, 1. 201. VI, 228 oder die Kemptener chronik. Alem. IX, 186. X, 29 von interesse). Vgl. Uhland, schriften zur geschichte der dichtung und sage VIII, s. 11 ff. Baumann a. a. o. s. 261 ff. Oberamtsbeschreibung von Spaichingen s. 110 ff. Oberndorf s. 79. Rottweil s. 107. Tuttlingen 154 ff. Ravensburg s. 27 f. Leutkirch s. 44. Laupheim s. 39.

Anm. Die älteste mir bekannte gegenüberstellung des alem.-schweizerischen und schwäbischen findet sich bei Felix Fabri (Baumann s. 262): *mos enim est in Suitensium locutione, ut, ubicunque Suevi utuntur a ipsi dicunt e et ubi Suevi habent e Suiceri habent i, ut in plurimis.* Die hauptstelle ist bei Konrad Gessner, Mithridates fol. 37: Nach mitteilung des pater noster in lingua germanica communi vel heluetica folgt: *Huic* (der schweizersprache) *et Suevica in plerisque similis est, nisi quod pro u vocali longa profert au et pro i longo enunciat ei et pro diphthongo ei habet aliquando ai, pro ü vero eu pro a in verborum infinitivis ponit å, in quibusdam contra. Verba quaedam plenius effert ubi nos consonante aliqua vel syllaba abjecta syncopen facimus cum alibi tum in plurali numero; et in iisdem ubi Helvetii d vel t addunt, ipsi omittunt. Verbum habeo aliter formant. Aphaereses quasdam faciunt, ubi nos plene proferimus et pauca quaedam vocabula prorsus a nobis diuersa habent cum alia tum rerum praesertim substantiva ut animalium quorundam stirpium* etc. Daran schliesst sich eine liste von schweizerwörtern denen *sueuis et aliis quibusdam germanis usitata* gegenüberstehen, um die hervorgehobenen unterschiede zu illustriren. Ferner bei W. Lazius a. a. o. *hodiernam Helvetiorum lacusque Bodmanici accolarum linguam habere cum veteri Suevorum similitudinem.*

Nam quo nostra tempestate Suevi in Rhaetia ac Wirtembergia idiomate utuntur, Alemannorum fuisse crediderim, qui et ipsi Suevorum gens una fuerat, sed rudior paulo ac magis silvestris barbaraque. Equidem hodie Suevorum lingua, qua in Rhetiis ac Wirtembergia homines passim utuntur, mangnanimitatem quandam veterem illam gentis ac plane virilitalem demonstrat: adeo voces verbaque omnia ex imo pectore cum sonus vehementia ac emphasi quadam singulari efferuntur. Vgl. Baumann a. a. o. s. 262.

4) Aus dem angrenzenden bairischen: die betonungsweise ist von der des alem. sprachgebiets principiell verschieden und nähert sich der fränk., indem beide hohe stammsilbenbetonung zeigen (fallende, nicht steigende intervalle); so erklären sich wohl auch eine reihe lautlicher übereinstimmungen mit den fränk. dialecten: mhd. *a* > *ǫ*: *mǫkst* magst, *grǫd* gerade; mhd. *ei* > *ā*: *ā̃nər* einer, *tsārə* zeigen, *wāst* weisst; davon verschieden *sę̄st*, *sę̄t*, *gsę̄t* (mhd. seist, seit, geseit) sagst, sagt, gesagt etc. mhd. *au* > *ǭ*: *frǭ* frau, *kǭfə* kaufen, *glǭb* glaube; mhd. *ī*, *iu* > *ae*: *blaem* bleiben, *glae* gleich; *laet* leute, *daetš* deutsch; mhd. *ū* > *ao*: *haos* haus, *baoə* bauer; mhd. *ō* > *ou*: *houch* hoch, *štrou* stroh. Assimilation von *-gen* > (*g*)*rə*: *šaogrə* schauen, *biərə* biegen, *gsęrə* segnen; labial + *en* > *m*: *gęm* geben, *a'm* (mhd. *ūfn*) auf den; vocalisation von *l* > *i̯*: *hǫi̯s* hals, *šui̯* schule. Diminutiva auf *-l*: *bissl* bisschen, *bladl* blättchen. *ēs* ihr, *eək* euch. Schmeller, Die Munda. Bayerns, München 1821. Oberamtsbeschreibung von Ellwangen s. 176 ff. Neresheim s. 86. Bavaria II, 2, 812.

Anm. Eine interessante vergleichung des schwäbischen mit dem bairisch-österreichischen findet sich bei Wolfgang Lazius (1557) de gentium aliquot migrationibus etc., vgl. Socin Schriftsprache und Dialecte s. 267 f. Aventin in seiner baierischen Chronica vom jahr 1526–1533 (Frankfurt 1566): *a es sprechen diesen ersten buchstaben die Baiern also auss dass er mehr dem o gleich ist denn dem rechten a so die Schwaben und Wahlen reden. Die Bauren auff dem land vnd ulmerischen Schwaben gemeiniglich sprechen die fünff růffer gar grob auss dass auff das o lautet.* Konr. Gessner, Mithridates bl. 39: *Bauarorum lingua Sueuicae similis est, sed etiam crassior, ut audio: crassissima in Austria uel aliqua eius parte.*

§ 53. Innerhalb des schwäbischen gliedert sich die mundart in eine grössere östliche und eine kleinere westliche Hälfte nach der entwicklungsform des alten diphthongs *ai*: westlich der linie Ludwigsburg, Stuttgart, Nürtingen, Tübingen, Gomaringen, Burladingen, Stetten ist derselbe zu *ǫə*, östlich zu *ǫẹ* geworden; die grenze fällt nach H. Fischer, Zur Geschichte des Mittelhochdeutschen s. 5 anm. 1 ungefähr mit der aus dem 13.–16. jh. bekannten zwischen den beiden Constanzer Archidiaconaten Schwarzwald und Alb zusammen; vgl. ausserdem ders. Über den schwäbischen Dialect und die schwäbische Dialectdichtung, Vierteljahrsh. 1881 s. 139 ff. Innerhalb der östlichen hälfte teilt sich das bairisch-schwäbische (auch ostschwäb. genannt) ab, die linie geht dem Illertal entlang, lässt Ulm und Gmünd links, Aalen, den südöstl. teil des Oberamts Gaildorf und Ellwangen rechts und trifft im Oberamt Crailsheim auf die Frankenlinie, vgl. Fischer am letztgen. ort s. 133 f. Oberamtsbeschreibung von Neresheim s. 86. Crailsheim s. 120. Ellwangen s. 184.

Die lautverhältnisse sind behandelt von Birlinger im Augsburger Wörterbuch in den einleitungen zu den einzelnen buchstaben, sowie in der oberamtsbeschreibung von Ellwangen s. 184—199. Besonders bemerkenswert sind: *ā* > *ao* gemeinschwäb. *ǭ* (z. b. *dao* da); *ē* > *ẹə*, *ō* > *ǫə*. *-rm*, *-rn* < *-rə* (*ārə* arm, *wūrə* wurm, *kǭrə* korn etc.) u. a. Bezüglich des wortschatzes sei auf *aftermontag* Aalen, oberamtsbeschreibung s. 148 Ellwangen s. 176, hingewiesen.

Das gebiet des westschwäbischen umfasst eine durchaus einheitliche mundart, mit landschaftlichen schattirungen, die bunt aber nicht durchgreifend genug sind um „dialectgrenzen“ festsetzen zu können. Auf den grenzgebieten machen sich merkliche übereinstimmungen mit den nachbarmundarten fühlbar; es gilt dies im besonderen für das „schwarzwaldschwäbisch“ (schon Zim. chron. II, 367, 28 *sprücht er uf sein guet schwarzweldisch*), das bis in die nähe von Tübingen hin einzelnes mit dem alem. gemein hat. Birlinger Ks. Zs. 15, 191 ff. nennt das land von der Alb bis zum Schwarzwald und von Rottweil bis an die fränkische grenze Niederschwaben, welches er in alt- und neu-württembergisch scheidet; jenes spricht *kwẹə*, dieses *ksǣ* (gewesen), jenes *du*, dieses *dəu* etc.; auch im Augsburg.

wörterbuch's. IV nimmt er die wasserscheide des Neckar und der Donau als sprachgrenze, ohne tatsächlich begründete anhaltspuncte.

Anm. Der folgenden darstellung liegen die lautformen und satzverhältnisse der mundart von Horb zu grund, mit der ich seit jahren in folge verwandtschaftlicher beziehungen meiner familie vertraut geworden bin. Meine heimat ist Stuttgart, dessen mundartlicher typus in vielen einzelheiten abweicht; das wichtigste ist, die in unsern nördlicheren strichen noch weitergehende erschlaffung im spannungsgefühl der muskelthätigkeit. Um das specifisch südschwäbische zu treffen, muss ich straffer articuliren. Horb ist ein kleines württembergisches oberamtsstädtchen mit etwas über 2000 einwohnern; unter 48° 26′, 43″ 26° 21′ 2″ in den vorbergen des Schwarzwalds am Neckar gelegen. Es gehörte zum alten Nagoldgau, war bischöflich-constanzisch, fiel 1805 an Württemberg, früher war es hohenbergisch und seit 1381 österreichisch gewesen. Über römische niederlassungen vgl. das kgr. Württemberg I, 148 f. Die bevölkerung ist beinahe durchweg katholisch, der ackerbau spielt die hauptrolle, wenn auch seitdem Horb eisenbahnknotenpunct geworden, das gewerbe grösseren aufschwung genommen hat, hand in hand gehen hiermit beeinflussungen des idioms von norden her, welche gerade im handwerkerstand fruchtbaren boden finden. Im übrigen vgl. Beschreibung des oberamts Horb, herausgegeben vom topographisch-statistischen bureau. Stuttgart 1865. Das Kgr. Württemberg III, 302 ff. — Was mir teils persönliche erfahrung, teils vorliegende druckwerke an schwäbischen dialectformen lieferten, ist möglichst vollständig verzeichnet, so dass ich hoffen kann, sämmtliche schwäbischen lautschattirungen vereinigt zu haben. Wenn für die betrachtung der sprachzustände von ganz besonderem werte ist, die idiome einzelner gesellschaftskreise gesondert zu halten, so verstehen wir unter mundart gemeinhin die umgangs- und verkehrssprache der bäuerlichen gesellschaft, deren eigenart eben in unreflectirter nachahmung beruht und im directesten gegensatz zur „gewählten" sprache steht. Aus bäuerlichen kreisen stammt denn auch mein material in erster linie, die angestammte mundart ist in denselben so lebenskräftig als je und, wie wir versichern können, von äusserst stabilem character.

§. 54. An grammatischen arbeiten über den schwäbischen dialekt sind mir folgende bekannt geworden:

Schwäbische Idiotismen in den „Beiträgen zur critischen Historie der deutschen Sprache" 1737. Bd. 5, s. 277—86, weiteres im Journal von und für Deutschland 1785—89.

F. K. Fulda und J. Nast: Der teutsche Sprachforscher. 1. und 2. theil. Stuttgart 1777.78.

J. C. Adelung: Milthridates II, 204 ff. (woselbst weitere ältere Literatur).

Hupfeld: Über den historisch-grammatischen Werth der besseren deutschen Volksmundarten. Jahrb. f. Philologie und Pädagogik 9, 361 ff. (1829).

Geyler: Die deutsche Declination mit Rücksicht auf den schwäbischen Dialect. Reutlingen 1835.

J. C. Schmidt: Schwäbisches Wörterbuch. 2. aufl. Stuttgart 1844.

D. Kuen: Oberschwäbisches Wörterbuch der Bauernsprache. Buchau 1844.

M. Rapp: Grammatische Übersicht über den schwäbischen Dialekt. Physiologie der Sprache I, 171. IV, 118. vgl. DM. II, 102.

F. Lauchert: Lautlehre der Mundart von Rottweil und Umgegend. Progr. von Rottweil 1855.

J. Haug: Darstellung der schwäbischen Laute und Biegungsformen nach dem Dialect von Wurmlingen bei Rottenburg a. N. Magazin für Pädagogik 1860. s. 202.249.

L. Th. Knaus: Versuch einer schwäbischen Grammatik für Schulen. (Mundart von Nellingsheim bei Rottenburg). Reutlingen 1863.

Fr. Reiser: Beiträge zum schwäbischen Sprachschatz. Progr. von Hechingen 1864.

A. Birlinger: Die Augsburger Mundart. Augsburg 1862. — Wörterbüchlein zum Volksthümlichen aus Schwaben. Freiburg 1862. — Schwäbisch-Augsburgisches Wörterbuch. München 1864. — Die Sprache des Rottweiler Stadtrechts. Sitzungsberichte der Münchener Akademie 1865. II. vgl. Herrigs Archiv 38,309; weiteres in Ks. Zs. XV. XVI.

M. Jocham: Die (bairisch-) schwäbische mundart. Bavaria II, 2, 812.

L. Baumann: Schwaben und Alemannen. Forschungen zur deutschen geschichte. XVI, 261.

A. v. Keller: Die mundart in „Das Kgr. Württemberg“ II, I, 166, vgl. DM. I, 131. DM. II, 467. Tübinger programme von 1845, 1854.

H. Fischer: Über den schwäbischen Dialect und die schwäbische Dialectdichtung. Vierteljahrshefte 1884 s. 130 ff. vgl. ferner Zur Geschichte des Mittelhochdeutschen Prgr. von, Tübingen 1889.

A. Vogelmann: Aus dem wortschatz der Ellwanger mundart. Vierteljahrshefte 1886, s. 154, 247. 1887 s. 40. Vgl. Magazin für Pädagogik 1886, 1887.

F. Lauchert: Die ältere Sprache von Messkirch Alem. XV, 79 ff.

Reiches material in den Oberamtsbeschreibungen (herausgegeben vom kgl. statistisch. typographischen bureau), deren hauptsächlichste bereits genannt sind.

III. LAUTSTATISTIK.

ERSTER TEIL.

VOCALISMUS.

§ 55. Die v o c a l e der mundart sind:

1) einfache a) r e i n e vocale: *ū, u; ọ̄, ọ; ǭ, ǫ; ā, a; ę̄, ę; ẹ̄, ẹ; ī, i; ə.*

b) n a s a l i r t e vocale: *ō̃, õ; ā̃, ã; ē̃, ẽ; ə̃.*

2) diphthonge a) r e i n e diphthonge: *ae, ao, ui; əi, əu; uə, ǫə, ęə, iə, (ǫe), ẹə.*

b) n a s a l i r t e diphthonge: *ãẽ, ãõ; ẽə̃, õə̃; (õẽ).*

§ 56. Ausgehend von der anschauung, dass während der ahd. und mhd. sprachperiode e i n e a u s g e b i l d e t e s c h r i f t s p r a c h e nicht vorhanden gewesen (vgl. den anhang), sondern dass die landschaftlichen differenzen in der sprache der einzelnen denkmäler zum ausdruck gekommen sind, wird die untersuchung auf die lautform basirt werden, welche die zu eingang verzeichneten literarischen denkmäler des Schwabenlandes (eventuell Alemanniens)[1] aufweisen. Es ist anzunehmen, dass die mundartlichen verschiedenheiten zwischen alem. und schwäb. vor 1200 noch nicht in der schärfe wie heute entwickelt waren.

---

[1] Im folgenden kurz mit ahd. mhd. bezeichnet.

Anm. Die discussion über die existenz einer mhd. schriftsprache kann noch nicht als abgeschlossen betrachtet werden. Die historische erforschung der einzelmundarten hat als eine ihrer vornehmsten aufgaben zu prüfen, ob sich die betr. lautverhältnisse zwanglos auf die sprachformen, wie sie in mhd. epoche für die betr. örtlichkeit supponirt werden, zurückführen lassen; und die möglichkeit „negativer instanzen" muss offen bleiben. In erster linie wird festzustellen sein, welcher lautwert den buchstaben der ahd. und mhd. sprachdenkmäler zu vindiziren ist; vgl. den anhang: Die schriftsprache.

CAP. I.

DIE VOCALE DER STAMMSILBEN.

§ 57. Die stammsilbe entspricht im allgemeinen der exspiratorisch starken ictussilbe. Da die starken silben wesentlich andere nachdrucks- und tonverhältnisse haben als die mittelstarken und schwachen silben, dürfen die vocale der letzteren nicht damit confundirt werden. Die ictussilbe hat den schwach geschnittenen accent und ist tieftonig; gemäss der übereinstimmung des schwäb. mit dem alem. wird diese accentuirung bereits in ahd. und mhd. periode geherrscht haben.

Anm. Im folgenden wird zunächst eine constatirende übersicht der entsprechungen der stammsilbenvocale gegeben; die durchgreifenden lautverschiebungen (quantitätsgesetze, nasalirung etc.) werden unten im zusammenhang behandelt.

A.

§ 58. 1) mhd. *ă* ist als *a* erhalten in: *šat* (mhd. schadet > *schat* nicht *schât*, *gelat* nicht *gelât* wie in den ausgaben; z. b. Neifen 12, 29 (Haupt). 51, 16. 19. Hätzlerin 59, 12 was schatt das dir. Benecke zu Iwein 2190. Lachmann zu Iwein 2190. 7654.); *šarpf* (mhd. scharpf) scharf; *narət* (mhd. narreht) närrisch; *hakə* inf. (mhd. hacken); *gatər* (mhd. gater, ahd. gataro) gitter; *fatr* (urk. 1298 *vatter*. Fürstenberg. urk. I, 289 a. 1284 etc.) vater; *ratz* (mhd. ratz, ratze) ratte; *kapf* (davon das denominative ahd. chaphēn, mhd. kapfen) eine höhe mit umsicht; *štapfl* (mhd. staffel, stapfel) staffel; *hašpl* (mhd. haspel); *akšt* (mhd. ackes) axt; *šaldə* (mhd. schalten) stossen, schieben; *'nap̄* hinab; *'rap̄* herab; *tsaplə* (mhd. zappeln); *kfalə* gefallen, 3. sg. *kfalt* gefällt vgl. Mörin 2597 *gevalt*: *bald*, 3148 *gevelt*; *šnarxlə* (mhd. snarcheln) schnarchen; *garbə* (mhd. garben pl.) fruchtgarben; *krap̄* (mhd. rappe + partikel ge- wie in *kštǫrk̇* storch, *kštǭr* staar, *kšwęlmle* schwalben u. a., vgl. unter *k*) rabe; *makt̄* mhd. maget) magd; *k̇apl* (mhd. kapelle, mlat. capella); *kšpas* spass; *kjakt̄* (mhd. gejaget) gejagt u. a.

2) Bei folgendem nasal (*n*, *m*, *ŋ*) entsteht kurzer nasalvocal *ã*: *ãnt̄* (mhd. ande schmerz) sehnsüchtig; *hãmpf* (mhd. hanef, hanf); *ãŋl* (mhd. angel); *hãnəfiəs* pl. (mhd. hanenvuoz, dagegen Mynsingers. 78 *haanenfuss*) hahnenfuss (unkraut); *hãmpfl* handvoll; *nãmə* (mhd. name, namme) namen; *hãml* (mhd. hamel); *rãntsə* (mhd. rans) ranzen, wanst; *špãnə̃* (mhd. spannen); *k̇ãm* kamm; *šrãnt̄* (mhd. schranne) bank; *wãməs* (mhd. wambes) wamms; *dãn* (mhd. tanne); *i štãnt̄* (auch inf. *štãndə*) ich stehe, vgl. Hätzlerin 76, 23 *ich stand* u. a.; *gãŋə̃* inf. gehen (mhd. gangen) ist aus Gmünd bezeugt u. a.

§ 59. 3) mhd. *ă* ist zu *ā* geworden: *hāl*, *hālə* (mhd. hal) widerhall, widerhallen; *krās* (mhd. gras); *dāk̇* (mhd. tac); *wāgə* (mhd. wagen); *ābr* (mhd. aber); *šāt̄* (mhd. schade, schad in unsern denkmälern sehr häufig) schaden, *hās* (mhd. hase); *gābl* (mhd. gabel); *fādə* (mhd. vaden); *nāxt̄* (mhd. naht) aber *tsnaxtsə* abends; *kšlāxt̄* (mhd. geslaht) weich, lind; *prāxt̄* (mhd. praht) pracht; *āsl* (mhd. ahsel); *ās* (mhd. ahse); *kwāsə* (mhd. gewahsen); *flās* (mhd. flahs) *gādə* (mhd. garten); *wādə* (mhd. warten); *šwāts* (mhd. swarz); *mādr* (mhd. marder, mader); *k̇ādə* karten; *āš* (mhd. ars), etc.

4) In der nachbarschaft von nasalen tritt *ā̃* ein: *mā̃* (mhd. man); *k̇ā̃* (mhd. kan); *gā̃s* (mhd. gans); *brā̃t̄* (mhd. brant) brand; *krā̃k̇* (mhd. kranc); *dā̃ts* tanz; *ā̃nə̃* (mhd. ane) grossmutter; *lā̃m* (mhd. lam) matt, abgestanden (von getränken), lahm; *krā̃pf* (mhd. krampf); *dā̃pf* (mhd. dampf); *ā̃pl* lat. ampulla; analog: *nā̃s* (mhd. nase, bei Ulr. Krafft s. 116 *nansen*; ebenso *nā̃səwəis* neugierig in tadelndem sinne, vgl. Zarncke, narrenschiff s. 461, 47); *sā̃t̄* (mhd. sant) sand, in Tuttlingen noch neutr.; *nā̃xt* (s. o. *nāxt*) nacht; *i mā̃* (mhd. ich mac), *dəu mā̃št* du magst etc.

Anm. 1. In den einzelbelegen für den eintritt dieser dehnung herrscht auf dem schwäb. dialectgebiet grosse verschiedenheit. Südwärts von Horb gegen das alem. hin treten die kürzen immer häufiger auf, so dass z. b. Rottweil: *malə* (molere), *wagə* (currus), *adl*, *badə*, *gabl*, *hasə*, *magə*, *sagə*, *šlagə*, *wasə* u. a. hat vgl. Lauchert S. 3; Birlinger A. S. s. 45 f.; andererseits dehnungen; *šāltə*, *ālte*, *gārbə*, *bālt*, *ārbət* (arbeit), *wārm* (aus Trossingen), Birl. s. 46 f. Besonders häufig gedehnten vocal hat das ostschwäb. (bair.-schwäb.): *bāx*, *fās* (fass), *säts* (satz), *räts* ratte, *hāml*, *kāmr*, vgl. Birl. augsb. wb. s. 3, *sāk* sack, *fāl* fall, *märkt* markt, *kām* kamm, Ellwangen, oberamtsbeschr. s. 185; die lieder von 1633 D. M. IV, 86—114 schreiben *saackh* sack, *haals*, *baart*, *kaalb*, *haalb* u. a. vgl. D. M V, 405. Weinhold al. gr. s. 34. 78. Zim. Chron. *haab*, *überfaal*, *unfaal*, *zufaal*, u. a.; dagegen *nammen* (masc. name), vgl. Mörin 4053 *stamm* : *namm* ebenso *all* : *zall* 859. *tag* : *sack* 2941. *tal* : *fall* 4043. Fürstenberg. urk. I, 268 *nammen* a. 1280. Engeltal urk. a. 1416. 1421 u. ö. Breuning s. 35 *haagh* (gebüsch als umzäumung), Reimchronik: *waal* 126. *haab* 157. *haan* 157. *baan* 1. 53 u. ö. Mynsinger s. 57 *ains haanes*. s. 49 *orhaan* (auerhahn), danach § 58, 2 *haanenfuss*. Hätzlerin: *tragen* : *frāgen* : *clagen* 15, 77. die *haanen* 22, 56. *haan* 260, 52. Dagegen *nabel* : *zabel* (imp. zapple) 263, 349.

Anm. 2. Niclas von Wyle, Translationen s. 351 f.: ain yetklicher consonant gezwifaltiget über schlecht vnd gibt siner stimme zů ain stercke vnd ist ain gross vnderschaide wo er ainig steet vnd wo zwifaltig: disen brief las ich lass, an dinen hof hoff ich ze kommen, vs vnd vs vss trurigem herzen, ich sach daz din sachh wolt gůt werden. min minn vnd liebe. in disen schriften ir mercken mügen den vnderschaid diser worten hof hoff, las lass, vs vsz, sach sachh, minn min. vgl. auch Nohl s. 17 ff. Kolross, Enchiridion (bei Müller, Quellenschriften s. 73): baad (bad neutr.), ofenloch : offen, hoff : hoof, stilt : gestillt, still : lőffelstil, sparren : sparen, farren : faren.

§ 60. mhd. *ā* hat im schwäb. mannigfache entsprechung: mhd. ābend > *ǭbət* (Horb), *aobət* (Baar, östl. Schwaben); mhd. jāmer > *jǭmr*, das denom. *jǣmərə* weist auf ein **jãõmr*, wie *ãõ* regelmässig in *gãõ štãõ lãõ* sich findet (gān, stān, lān); beachte *mõ*: *mãõ* (mhd. māne) mond. In der regel wird angenommen, mhd. *ā* sei zu *ǭ* geworden, es gilt dies aber nur sehr bedingterweise. Um alle heutigen lautgestaltungen zu erklären, genügt diese annahme nicht. Auch Birlinger A. S. s. 54 ist der Ansicht, dass „*ao* früher allgemeiner in gebrauch gewesen ist, weil man seine spuren immer wieder trifft". Was nun die denkmäler und urkunden anlangt, so wird in denselben der fragliche laut durch a, aᵛ, oᵛ, au, ou, seit dem 15. jh. auch å,ä ő,ö wiedergegeben, vgl. Weinhold al. gr. s. 85. 52. 89. Denkm.[2] 480 zu Tobiassegen 119. Paul mhd. gr.[3] § 112. Ich führe aus den von Horb stammenden urkunden an: *haut* 1317. *ansprauch* (*anspraͦch* 1330). *haut* 1323. *haͮn. naͮch. aͮn. waͮren* 1327. *haͮn aͮn. waͮr. iaͮr* 1333. *haun. waurn. haur. vaulandes. aun. verstaun. haunt. waur. iaur* 1335. im Herkommen von Horb: *rautt. laussen. avn. aubentz. havn. stavn. mavss. gethavn. gavn. schauff.* Weil urk. 1295 *graͮffe. haͮt. aͮn. jaͮr.* Reutlingen urk. 1307 *aͮne.* 1310: *aune. haut. gaun. staut. raut. suaugers* (schwager). Engeltal urk. 1388: *hoͮn. raͮt. hoͮnt. maͮss. gaͮt. aͮn. gaͮnt. staͮnt. begaͮn. aͮbent. staͮt. haͮt. waͮrhait.* 1383: *altaͮr. jaͮr. aͮn. ansprāͮch. gaͮnt.* 1397: *gaͮt* und *goͮn.* 1430: *nauch. haut. gaut. laussen. maussen.* 1431: *haͮt. gaͮn. braͮchwisen. gelaussen. aubend.* 1513: *strauss.* etc. etc. Durch die, wenn auch seltenere graphische übereinstimmung mit altem ou ist für diese Schreibung der diphthong *ao* gewährleistet: *aͮch* = auch 1481; eine urkunde vom jahr 1368 schreibt zwar *ze kouffent, aun* ohne, *staut* (mhd. stāt), *haun* (mhd. hān), *haut* (mhd. hāt), *getaun*; dagegen 1397 *koͮffen. hoͮn. gaͮt. oͮch. goͮnd. jaͮr.* 1398 *oͮch. goͮnd. goͮn.* u. s. w. Weinhold s. 90 kennt *groͮf. schloͮff. moͮss.* Danach glaube ich, dass sich unter bestimmten quantitätsbedingungen mhd. ā im schwäb. auf dem ganzen gebiet zu aǫ entwickelt hat.

Anm. Auf dieses *ao* beziehen sich die *ao aw* bei Schade, Satiren und Pasquille II, 120, 11: ich hab in (prof. Lemp in Tübingen) zwar wol kent vor XXIIII jaren, lebt er noch der alt sophist mit den wirtenbergischen vocalen *au, ai, ei, ao, aw,* („ein schöner dialogus" a. 1521?) vgl. auch bd. I, 31 *hernach : gach,* s. 30 *gauch : auch,* s. 36 *schaf : ablaf* (ablauf).

§ 61. Der heutige stand ist nun folgender: In Horb (wie auch gemeinschwäb.) ist 1) in einsilbigen wörtern von der form mhd. *ā + n* *ã̄o* mit nasalirung eingetreten: *'tã̄o* (mhd. getān); *lã̄o* (mhd. lān); *štã̄o* (mhd. stān); *gã̄o* (mhd. gān, die *ā*-formen sind die allein gültigen; MSF. 183, 13 kann demgemäss unmöglich in einem jugendgedicht Rugges stehen, wie E. Schmidt a. a. o. s. 59 will); *hã̄o* (mhd. hān); *ã̄o* (mhd. āne) ohne, *mã̄o* (mhd. māne) mond; *rã̄o* (mhd. rān reimt auf wolgetaͮn Hätzlerin 111, 50, doch vgl. Beitr. XIII,

216) schlank; ebenso *jao* (mhd. jā) in der gegend von Göppingen, Germ. 30, 124 f. vgl. dazu Arkiv f. nord. Filologi III, 237 *jo* reimt auf *sō* Tristrant 15ᵃ und findet sich sonst wiederholt, doch auch *ja*: *nauch*; cod. bibl. 35 *jaᵉ*; cod. theol. 240 *jau*.

2) ein- und mehrsilbige wörter von der form mhd. *ā* + *m*, *n* erscheinen mit *ō̃*: *jō̃mr* (mhd. jāmer) heimweh; *sō̃mə* (mhd. sāme) samen; *krō̃m*, *krō̃mtə* (mhd. krām) daneben *krão(m)* kramwaare (in der bedeutung von reisgeschenk cod. phil. et theol. 74); *ō̃m* (mhd. āme, urk. Tübingen 1436 *am*, mlat. ama) ohm als mass für flüssigkeiten; *mō̃net* (mhd. mānot) monat: *špō̃* (mhd. spān) span, *kštrō̃mt* gestreift (zu mhd. strām streif).

Anm. 1. *o* vor nasal ist in den schwäb. denkmälern reichlich vertreten vgl. urk. 1365 *geton. gont. on* aber ebenso *koff* (kauf). 1391 *begon*. 1399 *on*. 1483 *hon. verston. hond. abston*. 1488 *geton*. 1510 *lon*. Mörin: *lon. ston. geton. hon. argwon*. Aesop: *geton. mon*. (mond). *hond. gon. arkwon. bronberstuden*. Reimchronik: *vergon. verston. hon. jomer*. Zim. chronik: *somen. lon*. etc Über den diphthong. wert dieser schreibung vgl. unter *ō*; vielfach auch mit den anm. 5 erläuterten, übergesetzten puncten z. b. Tristrant: *bestōn* neben *beston*. *gōn* etc. *ōch* : *ouch geton* : *getōn* : *getaᵉn* etc.

3) In allen andern fällen entspricht *ǭ* (oder *ǫ*):

a) *ǭbət* (mhd. ābent) abend; *blǭṕ*, *grǭṕ*, *lǭṕ* (mhd. blāw-, grāw-, lāw-) blau, grau, lau; *hǭkə* (mhd. hāke) haken; *gǭt*, *štǭt*, *lǭt* (mhd. gāt. stāt, lāt); *brǭxt* (mhd. brācht) gebracht; *mǭs* (mhd. māse) fleck; *blǭtr* (mhd. blātere) blatter, blase; *dǭpə* pl. (mhd. tāpe) finger, hand; *klǭftr* (mhd. klāfter) klafter; *nǭxpr* (mhd. nāchgebūr) nachbar; *špǭt* (mhd. spāte adv.) spät; *wǭfə* (mhd. wāfen) wappen: *šwǭṕ* (mhd. Swāp) Schwabe; *ǭdr* (mhd. āder) ader; *ǭtr* (mhd. nāter) natter (zu dem schwund von *n* vgl. *ǭdem* neben *nǭdəm* (mhd. ātem) athem; *ašt* neben *našt* ast, etc.); *krǭdə* (mhd. gerāten) glücklich ausfallen; etc.

Anm. 2. Nach horb.-schwäb. *mākső̃mə*, *ę̄lmāgə* vgl. *Hartman der ōlmage; Kūnen des ōlmagen* Ulm urk. 1312. *ōlmag. magsam. magsaᵉt* cod. med. 5; *ōlmagen* cod. med. 15; erweist sich die ansetzung von mhd. māge, ahd. māgo mohn als unrichtig, dem worte gehōrt ä, vgl. Beitr. VII, 517.

b) ursprünglich langes *ǭ* (= mhd. *ā*) wurde in einigen

proklitisch gebrauchten wörtern zu *ǫ* gekürzt: *jǫ* (mhd. jā); *nǫ* (mhd. nā) nachher, dann; *hǫš*, *hǫt*, (mhd. hāst, hāt); *dǫ* (mhd. dā) da; *hǫ* (mhd. hā) interj.; *jǫkəle* (dim. zu mhd. jākob).

Anm. 3. Im alem. ist *ǭ* die vertretung von mhd. *a*: *hǭbər* haber, *šwǭrz* schwarz, *bǭrfis* barfuss etc.; während mhd. *ā* als *ǭ* erscheint; *dǭ* da; *jǭ* ja; *šlǭfə* schlafen: *štǭt* steht: *štrǭs* strasse etc. D. M. VII, 454.

Anm. 4. Auf schwäb. boden gelten im ganzen die obigen aufstellungen. Oberhalb Rottweil in der Baar herrscht *ao*, *ãõ* vgl. Spaichingen oberamtsbeschr. s. 112: *gaubə*, *aubəd*, *gaud*, *laud*, *štaud*, *gauⁿd*, *hauⁿd*, *lauⁿd*; wie dies auch den oberschwäb. liedern von 1633 eigen ist z. b. *jauhr* jahr, *graufa*. Stickelberger s. 29 ff. Das hauptgebiet dafür ist aber heute das ost.-schwäb. In dem „colloquium sponsorum“ Alem. VIII, 84 f. steht: *laun*, *haun*, *dernau*, *daurmit*, *haut*; so auch jetzt: *dernao*, *jaor*, *špaot*, *šwaobə*, *štaot*, *laot*, *gaot*. vgl. Birl. Ausgb. wb. s. 5. Bavaria II, 2, 821. D. M. VII, 391. Der herzog von Braunschweig hat in den (gemeinschwäb.) partien des bauern Conrad die schreibung *hoat* hat, *schwoager* schwager, *haun* (mhd. hān), *laun* (mhd. lān) in den letzteren fällen auch *ou*, wobei *oa* wahrscheinlich *ǭ* transcribiren soll, so dass ausgangs des 16. jahrhunderts die entwicklung als beendet erscheint. Über *au* für *ā* in andern mundarten vgl. Zs. f. d. ph. III, 343 ff. DM. III, 92.

Anm. 5. Ausser den bereits gegebenen belegen (§ 60) nenne ich aus urkunden von Ulm: 1295 *graᵛve*. 1296 *haut*. *aune*. *nauch*. 1298 *gitaun*. *haunt*. *aune*. *nauch*. 1299 *nauch*. *darnauch*. *staut*. 1302 *graufe*. *grauf* (7 mal), aber auch *grave*. *graven* und dazu vgl. umgekehrte schreibung wie z. b. *laffen* (laufen) wie *straffen* a. 1430 Reichstagsakten IX, 462. Zahlreiche belege im Lehenbuch des grafen Eberhard. Georg von Ehingen *hapt* s. 25 (haupt). Augsburg 1283 *raut*. 1295 *gefraugt*. 1300 *gefrouget*. 1331 *gelauzzen*. 1334 *haut*. 1335 *haun*. 1342 *laut*. 1345 *strauzze*. *strauzz* etc. In der Augsburg. chronik von 1126—1445 *jaur*. *grauf*. *dau*. *baubst*. *sprauchen*. *aubentirig*. *wau*. *praucht*. *aubent*. *gaun* etc., vgl. Lexer, glossar zu band IV, s. 360; in der chronik von 1368—1404 findet sich zuweilen statt *au* (für *ā*) *å* in der hs. A (s. u.). Der Augsburger Schneider reimt *geschaut : rât*, wie *laun : getaun*; vgl. ferner bei Ingold *rab* (raub) 27, 19. *weyrach* 29, 5 (*rauch* 29, 6 ebenso *rauch* rache 30, 18. 53, 32). *laffen* (laufen) 72, 17 part. *gelaffen* 43, 30, vielleicht auch *zam* zaum 60, 11 und sonst zahlreiche *au* = *ā*: *strauff*. *schauffhürt*. *plausst*. *fraugt*. *verlaussen*. *taun* (gethan) etc. vgl. Schröder ausg. s. XII. Zahlreiche belege bietet Mynsinger und das liederbuch der Hätzlerin: *entschlauffen*, vgl. *schlauffen : erchauffen* 48, 17 *saᵛmen* (und ebenso *paᵛm* 91, 207. *raᵛchuas* 212, 265. *getaᵛn*. *aubent*. *da : graw* 206, 9. *gelauffen : waᵛffen* 263, 325. *zaun : straun : taᵛn* (gethan) 262, 216. *ÿach : gaᵛch* (gauch) : *naᵛch* 5, 39, vgl. v. Liliencron, volkslieder II, 132 ff. 303 ff. Noch in der Schmidzunft von Ulm 1505: *claurlich. thaun* (gethan). *haut. gestraufft. laussen. aubent. gaun. wauffen.* In diesem zusammenhang erklärt sich auch, was Wimpfeling über die aussprache von *causa* und *casus* tadelt vgl. oben § 50.

Hermann von Sachsenheim in der Mörin: u. a. *houn. getoun. braucht. kraum. haut. staut. gaut. oun. goun. Swaub. hernauch : Auch* (Aachen) 2353. *getoun : woun* (wān) 2379. *moun* (mond) 3254. *da : graw* 3165. : *blaw* 3681. *daw : blaw* 2191. etc. In Steinhöwel's Aesop: *laussent. haut. getaun. schauf. laust. aussen. oun. staun. wau. zuogaub. schmauch. kaut* (kāt koth) s. 165. *kautigen* s. 55. *rautgeb. haust. getoun. ploun. gnaud* etc. Im spiel von St. Georg: *rauch. autem. fauhen. wauffen. aun* (neben *oun, an, on*). *raut : gelaubt* 189. *kristenglaben : beraben* 181. *urlab* 179. *lafft* 176. *laffent* 175 etc. Reimchronik: *hernach : auch* s. 2, 86. *pfaltzgraf : auch* s. 5. *volbracht : auch* s. 19. *Lindaw : da* s. 52. *Lauffen : straffen* s. 154. die *Fautten : geraten* s. 159. Aus Ruland vgl. *haun. haut.* (*tauffel*) etc. ferner *kafft* neben *kaufft* (gekauft) s. 2. 4. *ach* (auch) s. 6. *Agspurg, Augspurg* s. 7. *sam* s. 17: *sawm* s. 16 etc. Zim. chronik IV, 344: *aubent. aucht. gauben. grauf* etc. Mone, schauspiele II, 136 *erlaubet : aubet.* Die ältesten belege liefert der schwäbische schreiber in Grieshabers predigten bl. 73ª ff. (vgl. Beitr. XIII, 469. XIV, 518 f.): *haut. haun. genaud. staut. waur. aun. gaun. staust. faucht. straus. ungaus. iaur. wau. rautent. lau* u. a.; auffallend ist, dass *au* auch wiederholt für *ă* begegnet: *auremmůt, arenmůt* s. 83. 85. *gestaunden* s. 85. *fauren gelaussen* s. 87. 89. *berenhaurt* s. 87. *rochfaus* s. 88. — *fas* s. 87. *staut. gauden;* auf lautlicher übertragung beruhen wahrscheinlich die prät. sing: *gaub. baut*, vgl. *bauten. saus.* Im übrigen ist auf diphthongirung von *ō* zu verweisen.

Dass *au* für *ā* nicht specifisch auf das schwäb. beschränkt ist, ergibt sich aus Weinhold § 52 z. b. Mone schauspiele I. 143 ff. (aus einer St. Galler hs. des 14. jhds.) I, 273 ff. II, 131 ff. Gute frau Zs. f. d. a. II, 385 ff. Walther von Rheinau's Marienleben, Niclas von Wyle u. a. Der ursprüngl. thurgauische Wolfdietrich DVII hat *frāge*: *Bouge. wāge : oge* (auge). *rache : gouche* u. a. (Heidelberger hs. no. 373) DHb IV, X. vgl. auch Steinmeyer Altdeutsche Studien s. 65 ff.

In den von mir benutzten schwäbischen handschriften findet sich *au* für *ā* sehr häufig: Tristrant: *laut. wau. oᵛn haust. berautten : kemnautten. laussen : straussen. begaut : bestaut* etc., doch auch *stachen : brauchen. vahten : gedauchten.* cod. phil. et theol. 54 : *auss* (prät. ass). *naᵛdelstich. slaᵛff* etc. no. 72: *iaᵛmertal. gaᵛn. gaᵛst. aᵛn. daᵛ. naᵛch* etc. vgl. auch *Sant pāls* (Paulus) cod. ascet. 78 u. ö. Aus dem vielfach verbreiteten usus *a : ā* zu reimen (worüber der „Anhang“ zu vergleichen) erklären sich reimbindungen wie Mörin: *nacht : braucht* 425 *stat : haut* 599. *braucht : macht* 1137 *Swaub : hab* 1771. *bestaund : and* 1929 (vgl. *and : land* 2416). *was : auss* 2793. *bass : auss* 3897. ähnl. im lied von Zolre. Im Tristrant gehören dieselben offenbar der ursprünglichen, niederdeutschen fassung an: *getaᵛn* : *man*. *man* : *hān*. *kan* : *hān*. *nacht* : *bedaucht*. In älterer zeit sind diese reime auf unserem gebiet spärlich, vgl. Meinloh *man* : *getān* 13, 23. 28. In den zweifellos ächten stücken von Rugge findet sich kein derartiger reim, *hān* : *kan* 103, 33. *erkan* : *stān* 103, 36. *naht* : *gedāht* 109, 19. *man* : *hān* 109, 34 sind wahrscheinlich elsäss. Ebenso wenig gesichert ist bei Neifen: *gar* : *klār* (vgl. Uhl s. 74); *mīn* : *dahin* ist zwar nach der mundart correct (doch vgl. Uhl s. 108 ff.) ebenso *kindelîn* : *hin* beim Schulmeister, doch trifft dies nicht zu bei *mîn* : *sin* : *hin* : *in* 12, 83. In der Zim. chron. *ich bin* : *ein* IV, 239, 41. *fein* : *hin* IV, 243, 17 u. a. worüber § 77. (im übrigen vgl. Weinhold al. gr. s. 383. Lachmann zu Iwein 2112. Wilmanns Zs. f. d. a. 16, 119 u. a.)

Graphisch ist noch zu bemerken, dass neben *au*, *aᵛ* auch formen wie *ä*, *á* ausserordentlich häufig sind, meist vom umlaut *ä* (d. i. *ẹ*) unterschieden, so z. b. im Tristrant, woselbst *á* bezeichnung für umgelautet *a*, *ä* = *au*,*aᵛ*; vgl. Weizsäcker Deutsche Reichstagsakten I, LXXVII: die beiden puncte in schräg von links unten nach rechts oben aufsteigender richtung sind aus *e* entstanden; sie kommen auch in wagrechter richtung vor, gewöhnlich ohne durchgeführten unterschied von der bedeutung der schrägen richtung. s. LXXIX: ᵘ in *aᵘ* *oᵘ* löst sich in dieselben schrägliegenden puncte auf. Vgl. Fürstenberg. urkb. s. XV f. Germ. VI, 478 f. Vgl. im Tristrant: *truchsäss*. *stättiglich*: adv. *spät*. *kämen*: ind. prät. *kämen*. *län* : *ergän*. *wau* : *wä*. *waur* : *wär*. *braucht*: *brächt* etc. indessen wird von bl. 58 ab *ä* durch *aᵛ* ersetzt.

Anm. 6. Unter gewissen quantitätsbedingungen hat sich auch mhd. *ă* + *n* zu *ãõ* entwickelt: *hãõf* hanf, *hãõfə* den hanf einernten (Balingen und anderwärts, vgl. DM. VII, 336); daneben auch *hō̃f*, *hō̃fə* und *hãmpf*; *gãõs* gans, *sãõft* sanft, *rãõft* ranft Birl. Augb. Wb. s. 342. DM. VII, 32 ff. 333 ff.

E.

§ 62. Das schwäb. besitzt an *e*-lauten: *ẹ* *ẹ̄* *ę* *ę̄* *ẽ* *ẽ̄*. Besonders wichtig ist die scheidung zwischen *ẹ* und *ę* (geschlossenes und offenes *e*). Über die orthographische bezeichnung der beiden lautfarben in ahd. periode vgl. Braune ahd. gram. § 28 anm. 2; im mhd. Weinhold al. gram. §§ 12 ff. Ohne bezeichnung des umlauts sind noch: *Altstadi*. *Mothari* 752. *Harinperti* 758. *Nortstati* 760. *Uuintharius* 763. *Akipert* 786: *Ekipert* 786. *Agino* 786: *Ekino* 786. *Ragingaerus* 769: *Reginbald* 786. *Agineshaim*. *Ackiolt* 770. *Warilandi* 772. *Hariman* 773. *Agylolfus*. *Ragynolfus* 776.

Isanhario. Asthari. 778. *Uuassingun* 786: *Ekilolf* 786. *Harioldus* 806; doch bereits *Herifrido* 771 u. a. Die urkunden schreiben meist *e* für beide laute, selten findet sich *ae*: Augsburg 1277 *laesent. saehent. saelben. raehte. gaeben. laeben. zaehenden.* 1282 *waerden. liehtmaesse.* 1298 *gaeltz. saelb* u. a. Gomaringen 1300 *saͤhent. laͤsen. gegaͤben.* Ulm 1428 (Reichstagsakten IX, 205 u. a.) *weͣrben. weͣrden. begeͣrten.* 1427 *wihenneͣhten*, vgl. Nohl, Niclas von Wyle s. 35. Schmeller, St. Ulrichs leben s. XXI. Für die ahd. zeit wird (offenes) *ë* in all den fällen angesetzt, für die idg. *e* (sogen. gebrochenes *ë*) zu erschliessen ist, während der geschlossene laut dem aus *a* entstandenen, umgelauteten *e* zuerkannt wird. Die reime der mhd. dichter bestätigen diese ansetzung im grossen und ganzen, wenn sich auch eine reihe von modifikationen bemerkbar macht. Für die mundart ist nun aber vollends nicht mit dieser einfachen regel auszukommen, da sehr häufig *ę* als umlaut von *a* und *ẹ* an stelle von *ë* erscheint.

§ 63. Die frage ist behandelt von Franck Zs. f. d. a. 25, 218—225 und von Luick Beitr. XI, 492—517; vgl. Beitr. XIII, 393 f. 588. XIV, 163. Während der letztere immer noch davon ausgegangen ist, dass die verschiedenheit der klangfarbe durch die folgende konsonanz bedingt sei, wonach gewisse gruppen den offenen oder geschlossenen laut „begünstigen“, hatte bereits Frank darauf aufmerksam gemacht (s. 224 f.), dass die chronologie des umlauts in betracht zu ziehen sei. Braune hatte beitr. 4, 540 ff. (vgl. auch ahd. gram. § 27 anm. 2) festgestellt, dass auf obd. gebiete gewisse konsonanten und konsonantenverbindungen den umlaut verhindert haben. In späterer zeit ist hier eine jüngere umlautung eingetreten, (daher auch vielfach in den betr. fällen obd. noch *a* geschrieben wird, vgl. Weinhold in Wackernagels altd. pred. s. 463) und während die erste umlautsperiode *ẹ* ergeben hatte, war das resultat des jüngern lautwandels *ę*. Diese beiden perioden sind sehr streng zu scheiden. Von besonderem interesse sind hier die ortsnamen, ich nenne aus dem württemb. urkundenbuch: *Cachinga* (Gächingen) I, 407 a. 760. *Hahingun* I, 34

a. 786. (Hęchingen); *Sparewaresekke* II, 399 dagegen *Sperweresecche* III, 477 a. 1192 (Spęrberseck); *Nallingin* II, 252 a. 1188 ff. (Nęllingen); *Marchelingen* I, 160 a. 861 (Męrklingen); *Schalkalingin* I, 373 a. 1127 (Schęlklingen); *Arcingin* 1225 etc. etc.; vgl. Birlinger A. S. s. 51.

Anm. 1. Dieselben urkunden, welche *ae* für *ë* bezeugen, geben *e* der zweiten umlautsperiode gleichfalls durch *ae* wieder vgl. Augsburg 1284 *aelliu. wihennaechten.* 1286 *aekker.* Ulm 1310 *ågker.* Tübingen 1293 *aekkern.* Horb 1327 *ågkern.* 1345 *æker.* Ulm 14?0 *wågen. råte.* usw. vgl. bei Mynsinger: *lätten. wäschen. äschen* (asche) ebenso *gärstinmel. pällen* u. a. Keller, erzählungen 324, 25 *fläschen* (flasche) doch Zim. chronik: *fleschen. deschen* (tasche). *eschen* (asche). Besonders wichtig ist die aufzeichnung des stadtrechts von Augsburg a. 1276: *almæhtigen. geschæfde. schædelichen. wælhisch. gærbtiu. bæche. mægeden. næphe. mæntel. hæfen;* lauter umlautsfälle, in denen heute der offene laut gesprochen wird, vgl. ebenda für ë: *wærbent. vergæzzen. wærdent. enpfælhe. gebræsten. ræht. antwærk. læderer. lodæwber. læbendik. stælent. sælber.. spræchen. geschæhen. gewæsen. næben. kærn. gærsten* u. a. Mit demselben zeichen wird auch der umlaut von *ā* wiedergegeben: *tæte. bræche. phlæge. næme. stæte* u. a. Dagegen vergleiche man die schreibungen: *eltesten. hete. reden. hebent. welh. setzet. sleht. erbenne. becken. schenket. zwelf. gesten. wellent. gemerket. secken. scheffel. ephel. tregt. gense. melt* u. a. [ganz vereinzelt *reht. knehte. gelten*] und ebenso für *ē*: *herren. herschefte. mer. lehen. sele. ehalten.* In der Zwiefalter Benedictinerregel: *alrstercstiu. eltrin. gisterkit. krenki. sleg* (plagas). *serpfir. giselbe* (ungenta). *erzini* (medicamina). *geste. epphil. di ermirne* (pauperiores) u. a. Weingarter predigten: *tægelich. almæhtig. væterlich : nezze. zwelf* etc. *æ* auch in *gestætiget. sundære. genæme.* Wie auf andern dialectgebieten finden sich auch bei uns einige *ei* für *e*: Zwiefalter glossen: *flozsceif* (wegen *scif : scef?*). *sceinchit. breindon. brotbeiccerin.* Weingarter glossen: *sceincha : scenchun.* (ebenda *speteir* serotinus. *herifluhtigei* desertores.) *cheistiga. cheilla. in eillente.* Schletstädter glossen: *ingeiltist. heirberg. cheimph. weige*; vgl. auch *truhtsaizo* u. a. Zs. f. d. a. V, 522; in Grieshabers predigten *sailig.*

Anm. 2. Seit dem 14. jh. begegnet *ö* für *ę* sehr häufig z. b. urk. 1301 *gehöbt* (gehabt). 1307 *schoffel.* 1336 *schöffel. scheffel.* 1314 *hėrt.* (hart) 1338 *zwölf.* 1380 *zwölf.* 1420 *öwiges.* 1426 *öwenklich. zwölff.* 1480 *wölche.* 1501 *wöllen. schöffel. wölcher* u. a. Engeltal urk. 1433 *tröschen.* 1488 *söchs. vierzöhen.* Herkommen von Horb: *swöster.* Augsburger chronik von 1126—1455: *hörtzog. schlöge. mör. stöiten. ödel. umbkört. schnöe.* Doch auch *örtrich. Wirtenbörg;* vgl. Lexer im glossar IV, 367. Glatt durchgeführt ist der unterschied bei Ulr. Krafft: *öltern. vötter. möer* (mare). *unerwört. erzöllt. gögen. sötzen.*

rödlich. mötzyer. wölchem. böth. wölle. dösto. klöpper. vmb zöhen uhre. kötlin (kette). *röden. zwölf. böste. untter dössen. lögtt. gefösg. hörberg. erlödigt. lödig. schwöster. kössel. schöpfen. bölder. hörbst. hördt* (hart), durchweg an stelle von heutigem *ę*; vgl. auch *fǒlsen* cod. phil. et theol. 68.

Dieser gebrauch ist in vollständiger übereinstimmung mit Seb. Helber, syllabierbüchlein ausg. von Roethe s. 18 f. „Die dritte (aussprache des *e*) ist etwas dicker und langsamer dan die erste weise und findet sich in denen wörtern, welliche von andern worten herkommen, die an stat des *e* ein *a* gehabt, weliches *e* in etlichen landen mit ihrem *ae* geredt und geschrieben oder wie ir *oe* ausgesprochen wird" (d. i. offenes und geschlossenes umlauts *e*). Von den folgenden beispielen treffen für den schwäbischen dialekt nicht alle zu, doch z. b. unter *ǎ*: *kleglich. fehig. Schwebin. schetzen* u. a. „volgen exempeln das ausgesprochene *oe* anlangend": *schwertzen. kreftig. schmeler. erger. herter. belder. stecken* usw. vgl *œpfel* oder *epfel* s. 23.

§ 64. Da nun bereits in der ersten umlautsperiode in analogen fällen der umlaut keineswegs gleichmässig unterblieben ist, sondern die denkmäler schwankungen aufweisen, sind wir berechtigt, bei einer mundart, welche die beiden e-laute scheidet, nach dem heutigen bestande den damaligen umfang des umlauts zu erschliessen, und diese resultate haben (möglicherweise) als charakteristika des altschwäbischen zu gelten.

§ 65. 1) Geschl. *ę*, vgl. die belegsammlung § 63: a) *hęrt* (ahd. herti, got. hardus) hart; ebenso *gert* (ahd. gardea, kertia bei Braune ahd. gram. § 210) gerte; *ępfl* (ahd. ephil Ahd. gl. I, 550, 44. den *ǒpfel* [sg.] Mörin 1987) apfel, äpfel; *psętse* besatz; *węlə* wollen vgl. beitr. IX, 563 ff.; *k̇ęt* (ahd. gihebit) gehabt vgl. Beitr. IX, 520; *bęt* (ahd. betti, got. badi) bett; *gęltšǭf* nicht trächtige schafe, vgl. Graff I, 197. Schmeller I, 903 f. Kluge etym. wörterb. s. 109. Schmid schwäb. wörterb. s. 217. Birlinger A. S. s. 51. DM. II, 345; *šmęltsə* (ahd. mhd. smelzen) schmelzen; *bęsr*, *bęšt* (ahd. beȥȥiro, beȥȥist) besser, best; *štękə* (ahd. stecken, got. *stakjan) stecken; *fęlt* er fällt; *sęk̇* (got. sakkus, mhd. sac, segge) säcke; *bęldr* comp. zu bald, früher, dazu das abstractum *bęlde* frühe zeit, Aesop s. 129 noch: *daz du belder gaust* (rascher); *wętsə* (ahd. wezzen, vgl. got. hwass scharf) wetzen; *ęrgr* comp. zu arg = schlimmer; *tswęlf* (ahd.

zwelif, got. twalif) zwölf; *štęrke* abstractum zu stark, die stärke; *hęrbšt* (ahd. herbist, ags. hærfest) herbst; *tsęrə* (ahd. zerren) zerren; *węte* (ahd. wetti) pferdeschwemme; *gęlt* (ahd. gellita, mlat. galeta) gelte, vgl. *wassergelt* cod. poet. 30; *gelten* cod. ascet. 78; *hęl* (ahd. hella) hölle; *šęlfə* (ahd. scelive, mhd. schelfe) schale von früchten; *šmękə* (ahd. smekken) schmecken, riechen; *knęlə* (causativ zu knall, Aesop s. 129 *mit der knellenden gaisel*) knallen; *hęfə* (ahd. heffo) hefe; *bęk* (ahd. becko) bäcker; *blętr* (ahd. bletir, *bletir* ZBR.) blätter; *ešt* (ahd. esti) äste; *kęlbr* (ahd. kelbir, vgl. Braune ahd. gram. § 27 anm. 2) kälber; *kręftə* (ahd. krefti) kräfte; *ęrp* (ahd. erbi) erbe; *kwęrmə̄* (ahd. wermen) warm machen; *krętsə* (mhd. *geretzen, vgl. ratzen mhd. wb. II, 1, 584) kratzen; *dęxr* (mhd. decher) dächer; ebenso *fęsr* fässer (nach analogie von *blat*: *blętr*); *ęltr* (ahd. eltiro, vgl. Braune a. a. o.) älter; *sę frkęldə* (mhd. erkelten) sich erkälten, ebenso *kęlde* (ahd. kalti, *kelti, mhd. kelte: *zelte* Lanzel. 8541 W.) kälte u. a.

b) Dehnung ist eingetreten (vgl. *meer. heer* Ehingen s. 13. 22; bei Niclas von Wyle: *reeden. weeren. meer. heere. zeer*, Nohl s. 22 f.) in: *ę̄rn* (ahd. ero, vgl. airin Braune § 26 anm. 4) hausflur; *bę̄r* (ahd. beri) beere; *ę̄gę* (ahd. egī) instandsetzung des ackers; *šrę̄k* (mhd. schrege, vgl. schragen) schräg; *brę̄fr*, *brę̄fę* zu brav, comp. bräver, abstract. „bravheit"; *ā̃rę̄gə* anrühren, vgl. Aesop s. 238 *anzeregen*, Zarncke, Narrenschiff s. 463, 152; *pflę̄gl* (ahd. flegil, mlat. flagellum) flegel; *lę̄p* (ahd. lewo) löwe, vgl. Beitr. XII, 207 ff.; *hę̄bə* (ahd. heffen) heben, halten: *ich heb dich nit* Aesop s. 46. *den hasen nit heben mochtent* s. 118; über die schwache flexion vgl. Ritter von Stauffenberg anm. zu 669. 777 (Jänicke; Altdeutsche Studien. Berlin 1871); *lę̄gə* (ahd. leggen) legen; *tsę̄lə* (ahd. zellen) zählen; *klę̄sr* gläser (vgl. oben zu *fęsr*); *wę̄st* (ahd. wehsit) wächst; *ę̄lent* (ahd. elilenti) elend; *šmę̄lr*, *šmę̄le* (ahd. smelir; smali mhd. smele) schmäler, schmalheit; *wę̄lə* (ahd. wellen) wählen; *hę̄r* (ahd. heri) heer; *šwę̄rə* (ahd. swerien) schwören; *šę̄lə* (ahd. schellen) schälen; *šlę̄k* (ahd. slegi) schläge; *dę̄t* (mhd. dert, vgl. Flore 1451 dert: erwert. Gute frau 1850. 2940. Grimm, Gram. I[3] 141) dort, Mörin

4958 u. ö. *dört* (doch nie im reim, vielmehr *dort : ort* 4995 u. ö.); Tristrant *dört*. cod. phil. et theol. 78 *dôrt*.

Anm. Über daneben bestehende kürzen in denselben wörtern, vgl. Birlinger A. S. s. 52; DM. VII, 181 ff.; Lauchert s. 6.

§ 66. 2) Umgelautetes *a* erscheint dagegen als *ę* in folgenden fällen (vgl. die belege § 63):

a) *gęrbə* (ahd. garwen, vgl. Braune a. a. o.) gerben; *bęrbl* Barbara; *kętr* Katharina (urk. 1353 *kætrinen*); *hęrp* (mhd. harwer, herwer) herb; *dęrš* (ahd. darft) darfst; *fęštə* (mhd. vasten) fastenzeit; *hęxl* (mhd. hachel, hechel) hechel, nebst ableitungen *hęxlə*, *hęxlər*; *ęšə* (mhd. asche, esche) asche; *węšə* (mhd. waschen, weschen) waschen, aber *wę̄š* (ahd. wesca) wäsche; *ęxt* (mhd. ehte, vgl. *echt : brecht* Mörin 3039 *echt : gebrecht* 2831) acht 8, vgl. Weinhold al. gr. s. 307. Grimm Gram. 1, 279 (neudruck); *bęx* (gegen ahd. behhi) bäche; *bęlk* (ahd. palgi) bälge; *męxtix* (ahd. mahtig) mächtig; *nęxtə* (ahd. nahtim, mhd. nehten) dat. pl. = nächten = vergangene nacht; *ęlę* (= ahd. alliu, nicht = elliu) alle, ebenso *ęls* = mhd. alleȥ durchaus; u. a. Hierher gehört wohl auch *erbət* arbeit, (vgl. Joh. Schmid, idg. vocal. II, 479) vgl. *erbet* Fürstenberg. urkb. I, 319 aus dem 14. jh. *erbeit* in der Stuttgarter hs. des Marienlebens von Walther von Rheinau (a. 1388) u. ö.

b) Mit dehnung: *bę̄s* (ahd. basa; basen, bassen im Herkommen) base; *flę̄se* (mhd. vlehsîn) flächsern; *klę̄xtr* (mhd. gelehter) gelächter; *ãōmę̄xtix* ohnmächtig, vgl. *aumechtig* cod. poet. 30; *nę̄xt* (mhd. neht Mörin 3032) vergangene nacht, vgl. Weinhold al. gr. s. 240; *nę̄gəle* (mhd. negelîn cod. poet. 30 u. ö.) nelke (zu nagel); *wę̄gə* (mhd. wägen vgl. urk. Augsburg 1283 *uf wægennen* [vgl. 1282 *gadem*: plur. *gaedemer*]. Reutlingen 1310 u. a.) pl. von wagen; ebenso *wę̄gnər* wagner; *hę̄fnər* (mhd. havenære) töpfer; *gę̄də* gärten; *tswę̄l* (ahd. dwahila) handtuch u. a.

Anm. 1. Unter diese kategorie mit *ę*, *ę̄* fallen alle wörter mit sogenanntem angelehntem umlaut. So ist es zum morphologischen prinzip geworden, den plural vom sing. durch umlaut zu unterscheiden: *dā̃k*: *dę̄k* [Augsb. chron. 5, 481 *täg*. Germ. 17, 90], vgl. *wald* pl. *wäld* (Balingen). *nā̃m* : *nę̄mə* name, namen (ostschwäb.) und solche bildungen haben dann auch zuweilen alte umlaute verdrängt, so dass *ę* an stelle von *ẹ* getreten ist: *šlāk*: *šlẹk* aber auch *šlęk*; *bęx* bäche: ahd. behhi vgl. hierzu Germ. 34, 112 ff.

Ferner weisen fast alle diminutiva auf *-le* (mhd. *-līn*) *ẹ* als umlaut auf. Hier konnte der umlaut erst eintreten, nachdem in den meist dreisilbigen wörtern der mittelvokal durch assimilation zu *i* geworden war, vgl. Braune a. a. o. anm 4; vgl. oben *nẹ̄gəle* nelke: nagel, dagegen dim. *nẹ̄gəle* kleiner nagel; *krẹ̄gle* : kragen; *flẹ̄dle* : fladen: *sak* : dim. *sękle* aber plur. *sęk* u a.

c) Mit dieser annahme, dass die zweite umlautsperiode a zu ę gewandelt hat, steht besonders im einklang, dass der erwiesenermassen spätere umlaut von *ā* ein *ę̄* ergeben hat (mhd. schreibung ae, æ). So auch in der mundart: *štę̄t* (mhd. stæte, ahd. stāti) langsam; *lę̄k* (mhd. læge) abschüssig; *nę̄xe* (mhd. næhe, ahd. nāhī) nähe; *wę̄r* (mhd. wære, ahd. wāri) wäre; *dę̄xt* (mhd. gedāht) gedacht, nach dem indicat. verwendeten optat. prät.; *zę̄'* (mhd. zæhe, ahd. zāhi) zähe; *rę̄s* (mhd. ræȥe, ahd. rāȥi) scharf; *hę̄s* (mhd. hæȥe) kleidung; *hę̄lēŋə* (ahd. hālingun) heimlich; *klę̄b* (mhd. lā, læw bei Pfeiffer, mystiker I, 283. lâwekait cod. phil. et theol. 54; ahd. lāo, lāwer) lau (umlaut, weil alter u-stamm, vgl. Noreen anorw. und altisl. gramm. § 334 anm. 1); ebenso mit der partikel ge- gebildet, ist *gę̄dr* zu mhd. āder (ahd. *giādiri > geäder Hätzlerin 180, 43) geäder, speziell das adersystem am handgelenk; *kę̄s* (lat. cāseus); *sę̄lix* vgl. z. b. *myn vatter sâlig* Engeltal 1416; *rę̄dix* (mhd. rætich, ahd. rātih aus lat. rādix) rettig; *gę̄* (mhd. gæhe, ahd. gāhi) jäh; *šwę̄r* (mhd. swære) schwer; *'lę̄r* (mhd. lære) leer; *lę̄kl* (urk. 1430 lägel u. ö.) kleines fässchen, vgl. *ain legellen mit wasser* cod. phil. et theol. 74; u. a.

Anm. 2. Reime wie *kæle* (qual) : *sêle. hêre* : *wære. sêre* : *wære*, *swære* wie sie auf alem. gebiet vorkommen (z. b. Walther von Rheinau vgl. Vögtlin s. 25 28) sind mir auf schwäb. boden nicht begegnet, im Heidelberger Tristrant gehören dieselben offenbar der ursprünglichen fassung an: *hēr* : *wēr* (wāre) u. a.

Anm. 3. Die verbindung *-æj-* in den verben mhd. *sæjen*, *mæjen*, *næjen*, *dræjen*, *wæjen*, *kræjen* säen, mähen, nähen, drehen, wehen, krähen hat sich zu *-aeę-* entwickelt. Für das alem. sind die *j*-formen zu grund zu legen, wie sich aus der erhaltung des *j* als *g*, *k* ergibt. Es ist unter steigender betonung **sę̄ⁱjə* entstanden, dessen stammsilbe sich zu diphthongischem *ęi* mit verkürzung des sonanten entwickelt hat vgl. Weinhold, mhd. gram. § 90. *j* war nur vor folgendem vokal möglich, nicht im prät. oder part. prät. So heute noch im schweizerischen. Winteler s. 76. 165 schreibt *mæ̨jə* mähen aber *kmät*, vgl. cod. bibl. 22 *sâget : gesavt*. Im alemann. (vgl. Stickelberger Ma. von Schaffhausen s. 32) lauten die formen: *mę̄ijə, nę̄ijə, trę̄ijə, wę̄ijə, chrę̄ijə*, anderwärts *maijə, naijə; majə, najə,* wie im alem. *ę̄i* = *-egi-* erhalten geblieben, so auch hier.

Demnach haben wir in schwäb. *saęę̂ə, maęę̂ə, traęę̂ə, kraęę̂ə naęę̂ə* die fortsetzung der antevocalischen *ę̄i* zu erblicken. Die präterita lauten *ksę̄t, kmę̄t, 'trę̄t, 'krę̄t, knə̨̄t'* etc. doch ist associativisch der diphthong eingedrungen: *ksaet, kmaet*, wie auch umgekehrt die infinitive etc. den einfachen laut aufgenommen haben: *sę̄'ə, mę̄ə', trę̄'ə, nę̄'ə, krę̄'ə.* Da intervocal. *j* vor hellen vocalen (wie alem.) zu *g* geworden ist, sollten die *ę*-formen **saegə, *maegə* etc. lauten; unter deren voraussetzung die part. prät. *ksaekt* (gesät), *kmaekt* (gemäht), *traekt* (gedreht), *kraekt* (gekräht), *knaekt* (genäht) entstanden sein müssen, vgl. Knaus s. 33. Birlinger, A. S. s. 112. DM. VII, 391.

Die entwicklung des diphthongs *ęi* stimmt mit der von *-ei-* aus *-egi-* überein. In der Zim. chron. *seien. dreien;* im stadtrecht von Rotweil s. 36 *segen* (säen). *übermaigte.* Mörin *nit kregt der han. kret dü henn* 5200. Tempel *dreyen : weyen.* Aesop *seyen* (säen) s. 106. *geseyet* s. 206. *weyet* s. 190. *kreyen* s. 197. *getreyt* s. 271. *neyen* s. 333. Ingold *wâget* (weht) 13, 33. Reimchronik *getreht* (gedreht): *geseidt* (gesagt) 145. *trewstůl* (drehbank) s. 146 (bezügl. *ew* vgl. § 71 u. a.). Hätzlerin *durchwäht : durchsträt* (-streut) s. 234. *gedraigunga* (tornaturas) bereits in den Weing. glossen. Handschriftlich: cod. phil. et theol. 54 *geseigete. geseiget*: inf. *sâgen* (säen). no. 68 *säwten* (säten). cod. bibl. 22 *sâget. seigent.* cod. med. 5 imper. *neye* u. a vgl. unter *j*.

§ 67. Die nasalirung hebt den unterschied zwischen offenem *ę* und geschlossenem *ẹ* dahin auf, dass *ę* + nas. mit erhöhung des vocals in gleicher weise *ẹ̃* als resultat ergibt, wie *ẹ* + nas. a) *pfẹ̃ndle* (mhd. phantlīn und dim. von phanne) kleines pfand und kleine pfanne: *brẽnə* (mhd. brennen oder brinnen? in älterer zeit hat auf unserem gebiete das starke verbum vielfach gegolten z. b. *brinnen: sinnen: minnen* Winterstetten 28, 59; *ich brinne* Weingart. pred. prät. *bran.* cod. phil. et theol. 68: *prinnet.* no. 74 *brinnen* u. ö. dazu in der heutigen mundart part. prät. *brõnə*); *dẹ̃ŋlə* (mhd. tengele, vgl. ahd. tangol hammer) hämmern (speziell sicheln und sensen); *hẹ̃ndl* (junge pluralbildung zu handel) streit; *hẹ̃mət* (ahd. hemidi) hemd; *hẹ̃ŋkə* (ahd. henken);

hę̄ml pl. zu hammel; *dę̄nis* (mhd. tennīnez neutr.) tannen; *tsę̄mə* (mhd. zesemen, vgl. Fürstenberg. urkb. I, 317 a. 1293—94. *zemen* cod. phil. et theol. 72. *zesâmen* no. 74. *tzemen* cod. med. 29. *zemen* cod. breviar. 55 u. cod. ascet. 78) zusammen; *šwę̄nts* (mhd. swenze) schwänze; *sę šę̄mə̃* (mhd. schemen) sich schämen; *ẽ̄ndrēs* Andreas, vgl. *St. Aendres* Ulm 1297. Tübingen 1297. *Enderes* cod. theol. 5; u. a.

b) *gę̄s* (mhd. gense) gänse; *ę̄nẽ* (mhd. ene) grossvater, vgl. *min eni sâlig* urk. 1461. Herkommen: *eny, enny und anen.* gen. *enis oder anen. aenes und anen*; *eni oder anen* in Herrigs archiv 38, 211. *äni* Zim. chron. IV, 7, 33. Beachte hierzu (nach Burdach, Einigung der nhd. schriftsprache s. 3) bei Friedrich Riederer, spiegel der waren Rhetorik a. 1493: „als in diesem land Brysgow sprechen wir *grossuatter*, vnd übern schwarzwald *eny*. [Hier sprechen wir dochterman: in etlichen landen sprechen sie ayden]“; *kšẽ̄kt* (mhd. geschenkt); *dẽ̄kə* denken; beachte auch die formel *sdẽ̄·ktmr kãõm* ich erinnere mich kaum noch u. ähnl., worüber Zarncke, Narrenschiff s. 445, 28 zu vergleichen; *sbrẽ̄dələt* es riecht brandig; *ę̄mt* (mhd. empt urk. 1383 *ämt*, part. des verbum *geemdet*, vgl. mhd. wb. II, 21, zu āmāt gehörig) zweites heu; *mę̄dix* (mhd. mæntac z. b. Tristrant u. a. mæntac aus *mānintac) montag; *frtwę̄nə̃* (mhd. verwenen) verwöhnen; *fīrnę̄m* (mhd. fürnæme) vornehm; *bę̄k* (mhd. benke) bänke; *trę̄kə* (mhd. trenken); *dę̄pfə* (mhd. dempfen); *hę̄tšix* (mhd. hentschûch, so Eilh. Tristr. H. 4638 ff. mit hentschüchen Ruland s. 22) handschuh(e); *špę̄* (mhd. spæne) späne; *ę̄mẽ* (ableitung von mhd. āme ohm?) imi, bereits Ulm 1298 *imin*; *ymy ymmi* im Lehenbuch; Reimchron. s. 64 (falsche Transskription?) u. a.

§ 68. Die lautverhältnisse des schwäb. führen zu der annahme, dass die regel von den umlauthindernden konsonanten für dieses teilgebiet des obd. dahin zu modifiziren ist, dass, wie obd. überhaupt vor *r* + kons. (nicht *-rw*), germ. *h* schwankungen auftreten, dieser wechsel sich auch auf *(ht), hs, l* + cons., (*hh* = germ. k?) erstreckt, vgl. *węrmr* : *dęrš* (darfst): *hęrp*; *šlęxt* (ahd. slehit): *tswę̄l* (ahd. dwahila); *męxt* (ahd. mahti oder mohti? möchte): *nęxt*; *węst* (ahd. wehsit): *flę̄se* flächsern; *kęlbr* (ahd. kelbir): *ęlle* (ahd. alliu) s. o.; vgl. ferner *Scarcingas* 791: *Scercingas* 785. 805. 817. 843. *Hertinc* 842. Die ursache dieser unregelmässigkeit ist darin zu suchen, dass meist durch systemzwang sich im einen fall der nicht umgelautete vocal gehalten hat, während bei andern kategorien der umlaut eingetreten ist. Bezüglich des umfangs bildet das altschwäb. die mitte zwischen dem obd. und dem fränk. gebrauch.

Anm. Analogische umlaute der späteren zeit sind die conjunctivformen: *mecht* (machte) Mörin 1542. 2436. plur. *mechten* 3156. 4532. *es schet* (schadete) 2693. *ich segt* 4145.

§ 69. Auch in den entsprechungen für mhd. *ë* (= idg. *e*) herrscht in der mundart durchaus keine einheitlichkeit. Der für die mhd. zeit vorauszusetzende lautwert *ę* setzt sich in der mundart fort, während aber für das *e* der zweiten umlautsperiode keine weitere entwicklung sich konstatiren lässt, tritt für *ë* auch diphthong. *ęə* auf, was zu der annahme führt, dass schon im 12. jahrh. *ë* und *ę̧* (aus *a*) verschieden gewesen sein müssen.

1) *ë* ist zu *ęə* geworden: *knęəxt* (mhd. knëht); *gęəl* (mhd. gël) gelb; *lęədr* (mhd. lëder) leder; *nęəbl* (mhd. nëbel) nebel; *šwęəfl* (mhd. swëvel) schwefel; *węək* (mhd. wëc) weg; *šmęər* (mhd. smër) schmeer; *męəl* (mhd. mël) mehl; *sęəgis* (ahd. sëgansa, seges cod. poet. 30) sense; *šęəf* (ahd. schëf, vergl. Lauchert s. 8) hülse der erbse; *gęəbə* (mhd. gëben) geben; *štęər* (mhd. stër) widder; *sęəxtsk* (mhd. sëhzec) sechzig, ebenso *sęəxtsę̄* 16; *dęər* (mhd. dër); *fęədr* (mhd. vëder) feder; *bęər* (mhd. bër); *węəbr* (mhd. wëbære) weber; *węə(r)tix* (mhd. wërctac) werktag; *lęəbə* (mhd. lëben) leben; *klęəgə* (mhd. gelëgen) gelegen; *kręəbə* (kreben Hätzlerin 85, 60) rückenkorb; *štęəre* (mhd. stërre) cas. obl. stern; *tsęəx* (mhd. zëche) zeche; *hęər* (mhd. hër) her adv., die sonst rein alem. form *har* ist bei Winterstetten 3, 68 im reim zu *gevar* belegt, doch vgl. bei demselben *her : ger* 8, 63; *ęəbə* (mhd. ëben) eben; *štęək* (mhd. stëc) f. stiege; *nęəbə* (mhd. nëben) neben u. a. Vgl. bereits in der Mörin *eass wir. ob das bescheach* 4204 (*allmeachtig* 6039 ist schreibfehler?); Tempel *freamde mear* 289; vgl. Mörin *mear* (mähre): *hear* (her) 523. *hear : mer*

1845. *wear : swer* 847. *mer : wear* 1295. *ger : hear* 917. *wear : her* 1699. *mear : gefer* 1773. *entemear* (zeitungsente?) : *swer* 2197; die entwicklung des *a*-lautes vor *r* ist dem vor *i* in pausastellung analog (§ 75, anm.), doch beachte die willkür der schreibung. Der diphthong ist direct bezeugt durch Hieronymus Wolf a. a. o. s. 322: nec scribat Wirtebergicus *meat* pro hydromelite. s. 323: *ea* Sueuicus diphthongus est plus *mear*. aliter certe sonat quam cum dico *der vnser* etc.

2) mhd. *ë* ist als *ę* erhalten: a) *šęrp̌* (mhd. schërbe) scherbe; *bręť* (mhd. brët) brett; *ępis* (mhd. ëtewaȥ) etwas, ebenso *ępr* (mhd. ëtewer) jemand; *šęldə* (mhd. schëlten) schelten; *sęlp̌* (mhd. sëlp); *ęsə* (mhd. ëȥȥen) essen; *ksęsə* (mhd. gesëȥȥen) gesessen; *hęlfə* (mhd. hëlfen) helfen; *męrkť* (lat. mercatus, vgl. Zarncke, narrenschiff s. 300, 118. Augsburg. Prudentiusglossen *mercat* forum, urk. 1482 *merckt-prunen*) markt; *bętlə* (mhd. bëtelen) betteln; *hęl* (mhd. hël) hell; *flękə* (mhd. vlëcke) fleck, kleines dorf; *węftsǩ* (mhd. wëfse) wespe; *'lęftsǩ* (mhd. lëfse) lippe; *špęǩ* (ahd. spëc) speck; *ǩęǩ* (mhd. këc, quëc) kühn; *gęldə* (mhd. gëlten) gelten; *lętə* (mhd. lëtte vgl. Walther von Rheinau *lëtten : knëtten* 101, 6. 48. *lätten* bei Mynsinger s. 66 f.) letten, lehm. Gehört hierher *lęts* schlimm, verkehrt, vgl. *lez und übel* Mörin 2884. *letz hand* (linke) Zim. chron.?

b) *rę̄p̌* (mhd. rëbe) rebe; *ǩę̄fr* (mhd. këvere) käfer; *ę̄šə* (anord. ertr) erbsen; *fę̄sə* (ahd. fësa) korn (dinkel) u. a. Erst im 15. jh. begegnen reime wie *mer* (mähr) *: ber* Mörin 5819. *recht : brecht* 1637. 1827. Hätzlerin: *geäder : leder* 180, 43. *her : wär* 184, 91. *beger : wär* 184, 133. *lär : her* 261, 146; weiteres u. 1); § 72.

3) mhd. *ë*, erscheint als *ȩ* vgl. Beitr. XIII, 393 f. XIV, 163, wo gezeigt wird, dass hier eine art umlaut vorliegt, wonach *i* der ableitungssilbe *ę* zu *ȩ* gewandelt hat; vgl. Paul, Beitr. XII, 548 f.: a) *šwȩštr* (got. swistar, mhd. swester z. b. Hartmann von Aue, Gregorius 449 f. swester : vester) s. auch Grimm Gram. I, 280 (neudruck) vgl. ahd. swister, in der mischform (suffixübertragung) swëstir dürfte *ȩ* entstanden sein vgl. Flore 242 *vester : geswester* (geschwister); *gȩštrt* (got. gistra-) gestern vgl. Grimm a. a. o.; *ȩ* ist wahrscheinlich von der

ableitung ahd. *gestrīg* schwäb. *gęštrix* auf das simplex übertragen, vgl. ostschwäb. *gęštix* gestern; *sęks* (got. saihs) sechs (ebenso *sękst* sechster), aber *sęəxtsk*, *sęəxtsę̄* s. o.; vgl. im stadtrecht von Augsburg 1276 *sehs* aber *sœhzik. sœhzehen.* Ulr. Krafft *söchs. söchste* aber, *sechzig*; das geschlossene *ę* in *sęks* führe ich auf die alte *i*-declination des zahlworts (vgl. ahd. *sehsim, sehsiu* = schwäb. *sękse*) zurück; vgl. dazu die heutigen flectirten *ə̃mə sękse sībəne rõm* (ungefähr zwischen 6 und 7 uhr) etc. und die urk. *sehse* 1296. 1336. *sibeniv* 1307. *nüni* 1389 u. a.; vgl. Birlinger A. S. s. 176 f.

b) *lędix* (anord. liþugr, mhd. lidic vgl. Fürstenberg. urkb. I, 218 (a. 1265). 268. 270) unverheirathet; *ę̄bə* (got. ibns) eben, flach, ebenso *ę̄bə̃ne* ebene (ahd. ebani, ebini); *ę̄þ* (as. ef, mhd. obe?) wenn, ob.

Anm. Schwankend als fremdwörter im dialect sind *hęlm, hęlm,* (got. hilms) helm, je nach distrikt (vgl. Grimm a. a. o. I, 279), zu beachten ist indessen cod. phil. et theol. 54 *halm* helm einer glocke. Ebenso *šęlm* zu mhd. schëlme? Nach Notkers *indrascantin rinde* Graff, sprachsch. V, 264 liegt für *dręšə* neben *dręšə* (mhd. drëschen) dreschen alte stammabstufung zu grunde, beachte das schwache part. prät. *'tręšt* gedroschen; über *węlr* welcher vgl. Beitr. XI, 496; vgl. auch *ętlix* aus mhd. *ëtelih*; *bęsə* neben *bęəsə* besen aus ahd. *besimin* zu nom. sg. *bësamo*, dazu *pfęršix* (aus persicum) pfirsich vgl. *pfersich* cod. med. 15. cod. poet. 30. Die reime *west* (wusste): *est* (äste) Hätzlerin 183, 9. *west*: *gest* 194, 7 erklären sich wohl aus dem opt. prät. *west* (aus ahd. *wësti*), vgl. Mörin 2269 *west : best* vgl. *ich wisti gern*: *ich westi gern* cod. theol. et phil. 11.

§ 70. In der stellung vor nasal wurde *ę* > *ę̃*, *ęə* > *ę̃ə* erhöht: a) *rę̃ə̃* (mhd. rëgenen) regnen; *nę̃mə̃, nę̃əmə̃* (mhd. nëmen) nehmen; *gę̃nə̃* (mhd. gënen) gähnen; *dę̃m* (mhd. dëm) dem u. a.

b) *brę̃əmə̃* pl. (mhd. brëme, vgl. *bremen oder fliegen* cod. phil. et theol. 74) bremen; *nę̃ə* (mhd. nën für nëmen) nehmen; *gę̃ə* (mhd. gën für gëben) geben; ebenso *sę̃ə* (mhd. sëhen) sehen; *kšę̃ə* (mhd. geschëhen) geschehen; *tsę̃ə* (mhd. zëhen) zehn; *dę̃ən* (mhd. dën, alem. dien) den; *wę̃əm* (mhd. wëm, wiem) wem u. a. Hierher gehören die zahlreichen *ie* der denkmäler für *ë* vor nasal, z. b. urk.

niemen 1295. 1298 etc. 1427. 1439. 1488; *wiem* 1439. 1483. (Lienhart 1489.); Aesop *niement* s. 4. *dienen* s. 5. *wiem* s. 52. Georg *wien* 174. Hätzlerin *wien* s. 135. *wiem* s. 171. Bereits im Schwäb. verlöbniss *niemet*. Handschriftlich: Tristrant häufig *niemen* inf. nebst zugehörigen formen. *dien. wien.* (Für den dat. pl. *dien* liegt bekanntlich alte diphthongirung auf alem. boden voraus, vgl. Braune ahd. gram. § 287 anm. 1, i.). Inf. *niemen* auch cod. phil. et theol. 54 u. a. cod. breviar. 55: *sienhen* (sehen). *diem niemen* u. a.

Anm. 1. Es ist eine der allgemeinsten wirkungen der schriftsprache auf die mundart, *ęə* durch *ẹ̄* zu ersetzen; andererseits scheinen die einzelnen gegenden vielfach abzuweichen, so finden sich in der oberamtsbeschreibung von Balingen weitere *ęə* : *fęəld*, *fęəl*, *šęələ*, *šteərbə*. *gęəldə*, *šęəldə*, *tręəfə*, *šnęəǩ*, *ãǒǩęəǩ* u. a. Der wechsel ist dem der verschiedenen quantitäten in verschiedenen landschaften vergleichbar § 59 anm. 1.

Anm. 2. Aus Balingen und Tuttlingen melden die oberamtsbeschreibungen s. 136. s. 163, dass *ęə* durch *ja* vertreten ist (accentverschiebung, vgl. in Basel *tsədjǭdəre* zu St. Theodor Heusler, der alem. kons. s. 89, *Joder* (in Vorarlberg) DM. IV, 324 anm.): *bjaxr* becher, *jabr* jemand, *jabəs* etwas, *jassə* essen, *jagrt* (mhd. ëgerte), *jadepfl* erdäpfel, vgl. Birlinger A. S. s. 61. Vgl. auch *jeassa* (essen). *jeanstle* (ernstlich) aus Ehingen (O. A. Riedlingen) Alem. II, 266.

Anm. 3. Zu § 69, 3 bemerke ich, dass *ë* als *ę* resp. *ęə* erhalten ist in: *nę̄št* (mhd. nëst) nest; *brę̄šthaft* (zu mhd. brësten) zerbrechlich, *drkwęste* der bewusste; ebenso in den fremdwörtern *fę̄šť* (lat. festum) fest, *rę̄šť* rest.

Anm. 4. Verallgemeinerung der stammform vor folgendem *i* weisen auf: *bilə* bellen, vgl. prät. *pilten* cod. pal. 101; *frwīslə* verwechseln; *briť* brett (nach dem plural *britr* ahd. **britir*, nicht *brëtir* wie Paul Beitr. IV, 415).

§ 71. Mhd. *ẹ̄*. Dieser laut ist durch kontraktion aus germ. ai entstanden, im auslaut und vor *h*, *r*, *w*; vgl. noch *Uualgaero*. (*Liutgęrus*). *Amalgaer*. *Maerolt* 758. *Ragingaerus Rihgaerio* 769. *Otgaer* 782. *Gaersoinde* 797. *Gaerhart* 805. Das schwäb. hat dafür *ẹ̄* *(ę̄)* oder *ae*. Die laute *ẹ̄* und *ę̄* (also *sẹ̄le*, *sę̄le*) verteilen sich so, dass der geschlossene laut dem katholischen Süden, der offene dem evangelischen Norden eigen ist, doch hat auch dieser eine anzahl *ẹ̄* bewahrt. Da der diphthong *ae* auch für altes ęü (*hae, gae* = heu, gau) erscheint, wird ahd. mhd. ẹ sich zu ẹ̄ᶦ und dann weiter zu *ae* entwickelt haben, vgl. die bei Weinhold al. gr. §§ 36. 89 verzeichnete schreibung ē für öu.

§ 72. 1) Mhd. ẹ̄ ist schwäb. durch ẹ̄ vertreten: *ọ̄mk̇ẹ̄rə*, *aek̇ẹ̄rə* (mhd. kēren) um-, einkehren; *bek̇ẹ̄·rə* (nordschwäb. *bekẹ̄·rə*) bekehren; *ẹ̄št* (mhd. ērst), nordschw. *ẹ̄ršt*, *ẹ̄ršt* erst; *mẹ̄re* mehrere; *ẹ̄r* (mhd. ēre), nordschw. *ẹ̄r* ehre; *lẹ̄rə*, *lẹ̄rər* (mhd. lēren, lērære), nordschw. *lẹ̄rə*, *lẹ̄rər* lehren, lernen (weitverbreitet auf alem. gebiet), lehrer; *sẹ̄r* (mhd. sēre), nordschw. *sẹ̄r* sehr; *ẹ̄ᶦ* (mhd. ē) ehe, nordschw. *ẹ̄ᶦ*, *ẹ̄ᶦ* *sẹ̄l*; (mhd. sēle), nordschw. *sẹ̄l* seele, so auch die reime *lēre : begere* Hätzlerin 9, 19. *begeren : mēren* 21, 49. *bekœrst* Grieshaber pred. s. 87.

2) *ae* liegt vor in: *aešt* (mhd. ērst) erst; *saeᶦ* (mhd. sē) see; *frtlaenə* (mhd. verlēhenen), lehnen, entlehnen; *aeᶦaltə* (mhd. ēhalten) dienstboten: *eehalten* urk. 1483. Aesop s. 220 u. ö.; *šlaeᶦ* (mhd. slēhe), schlehe dazu *šlaeəbluəšt* schlehenblüte; *waeᶦ* (mhd. wē) weh; *maeᶦ* (mhd. mē) mehr; *k̨laeᶦ* (mhd. klē) klee; *haeᶦərle* (mhd. *hērlin) geistlicher herr, pfarrer, vgl. Wackernagel, altd. pred. s. 339; *sael* (mhd. sēle) seele, namentlich in beteuerung; *aef* Eva; *k̨laert* (mhd. gelērt) gelehrt, gelernt; *tsae* (mhd. zēhe) zeh. Diese lautform bezeugen bereits die reime der Reimchronik *hew : mer* (l. mē > *mae*) 108. *Zabergew : see* (> *sae*) 138; vgl. auch dem heutigen *wae* (wehe) gemäss bei Hieron. Wolf (a. 1578, R. v. Raumer ges. sprachw. schr. s. 322) *auwai auwai* pro *uæ ouæ*.

Anm. 1. Rapp DM. II, 107 führt den nordschwäb. ẹ-laut für mhd. ē auf den einfluss sächsischer prediger der reformationszeit zurück; doch vgl. anm. 2: ostschwäb. *ẹə*. Winteler s. 124. Es verhält sich die sache so, dass nordschwäb. in ictussilbe ẹ̄ zu ẹ̄ geworden, in nebensilbe die alte qualität bewahrt ist vgl. *bek̇ẹ̄rə : ō·mkẹ̄rə*. Aus der fremde sind aber sicher eingedrungen formen wie *wardt : gelart* (gelehrt) Mörin 5731 (heute noch in der umgangssprache); *unbewart : unbekart* Tempel 843. *verkart* cod. pal. 101. *kartin*. *kart* prät. neben *kert* cod. phil. et theol. 45 (zweimal ist mir die schreibung *kort* begegnet).

Anm. 2. Aus dem fastnachtsscherz DM. VII, 488 führe ich an: *airwirdiga*, *haira*, *gotssail*, *laira*, *Paiter*, *mai*. Die oberschwäbischen lieder haben: *aunsailig*, *graetta* (Grethe), ebenso Weckherlin s. 327, *aehvolk* eheleute. Auch beim Herzog von Braunschweig *hair* herr, *varairet* verehrt, *einkaere* einkehren u. a. — Auch das colloquium sponsorum Alem. VIII, 84 hat *gelairt*; es stimmt dies aber nicht zum heutigen sprachgebrauch, indem ostschwäb. ē zu *ęə* geworden ist, vgl. Schmeller, Ma. Bayerns s. 47, 193. Birlinger Augsb. wb. s. 180: *klęa* klee, *sęala* seele, *męa* (mhd mē) u. a. ebenso Ellwanger oberamtsbeschreibung s. 187. In der Baar (Trossingen) herrscht *ẹi*: *ẹi*ᶜ (mhd. ē); *mẹi*ᶜ (mhd. mē) und ebenso an der nordöstl grenze gegen das bair.-fränk.: *rẹich* reh, *šnẹi* schnee, *ẹiər* ehre etc. vgl. DM. VII, 392.

Anm. 3. In der stellung vor nasal zwei beispiele: mhd. wēnec schwäb. *wẽnix*; mhd. zwēne schwäb. *zwẽ* zwei.

Anm. 4. Mhd. *e* ist wie ē behandelt in den wörtern: *fãẽštr* (al. *fẽə̃štr*) fenster, *kšpãẽšt* gespenst, *drãẽsə* schnauben (vgl. Alem III, 70 f.), *hãẽke* verbalabstractum zu henken, *dãẽkə* denken, *mãẽš* mensch (Baar) u. a.; ostschwäb. *gãẽs* gänse (sg. *gãõs*).

Anm. 5. Die stufe *e*, *ei* ist in den denkmälern zu belegen, ich verweise namentlich auf Waags darstellung der orthographie der Vorauer handschrift Beitr. XI, 81 ff. a. v. stell., vgl. auch noch z. b. leir für lère im gedicht von der siebenzahl 4, 9 Denkm.[2] 455 Braune, ahd. gram. § 43 anm. 7. Kögel, literaturbl. 1887, sp. 108.

In ZBR: *eiwigon* 2ᵃ. *leir ich* 2ᵇ. *hin keire* 2ᵇ. *leiren* (docere) 10ᵇ. *eirren* (priore) 20ᵇ. 55ᵃᵇ. 58ᵇ. 59ᵇ 60ᵃ; dasselbe besagt offenbar *é* bei Grieshaber bl. 73ᵃ ff. *geleit: léti.* (vgl *daháme* u. a.) ebenso *bekért. schœn. gehéren. gehérent*; neben *meir.* urk 1426 *seilen.* Gehört hierher aus den jüngeren Prudentiusglossen *clehibere* (l. chleibere)? doch vgl. DWb. 5, 1068. Schletstädter glossen *heirro.* Diese lautentwicklung scheint mir die wiederholte schreibung *e* für *ei*, *öü* zu erklären

J.

§ 73. Die mundart unterscheidet kurzes (offenes) und langes (geschlossenes) *i*, es kommt nicht nasalirt vor; *i* + nasal wird vielmehr zu *ẽ*.

§ 74. Mhd. ĭ ist 1) als *i* erhalten: *britr* (ahd. *britir) pl. bretter, auch sg. schwäb. *brit*, dim. *britle*, vgl. *wegen der britternen wand* Zim. chron. IV, 11, 20. *pritt*, *pritter* 36, 17. 18; *bilə* (mhd. bëllen) mit übertragung von *i* (aus 2. 3. sg. präs. vgl. *bilt* Ingold 27, 4); *riflə* (mhd. riffeln) durchkämmen (hanf); *šmite* (mhd. smitte) schmiede; *gipsə* (ahd. *giwisōn, intens. zu ahd. gëwōn) athem holen; *mište* (ahd. mistina) misthaufen; *rip* (mhd. rippe) rippe; *kirbe* (mhd.

kirchwīhe) kirchweih; *kšmisə* (mhd. gesmiʒʒen) geworfen; *visə* (mhd. wizzen), dazu part. *kwist* vgl. gewist Zim. chron.; *wirft* (mhd. wirfet) wirft; *sixl* (mhd. sichel); *hits* (mhd. hitze); *šif* (mhd. schif neben schëf, so auch in unsern denkmälern z. b. cod. ascet. 78) schiff; *ilgə* (lat. lilium) lilien; *kitsle* (mhd. kitzelīn) zicklein; *klitsix* (zu mhd. gliz) glänzend; *rikle* (zu mhd. rīhe, gerigen mhd. wb. II, 703, *riccilin* Ahd. gl. I, 404, 12 ff.) kleiner strang (garn oder seide u. a.); *birk* (mhd. birke) u. a.

2) Dehnung ist eingetreten in *bīr* (mhd. bir) birne; *kšīxt* (mhd. geschichte); *plībə* (mhd. beliben) geblieben; *tsīl* (mhd. zil) ziel, auch termin z. b. für den wechsel der dienstboten vgl. Zarncke, Narrenschiff s. 304, 28; *fīx* (mhd. vihe) vieh; *wīs* (mhd. wise) wiese; *wīt* (mhd. wirt); *wīdə* (mhd. wide) strang aus geflochtenen weiden, vgl. cod. poet. 29: *widböm oder wid vnd rüttel da man körb mit machet oder reben bindet*; Osthoff M. U. 4, 97 f.; *sībə* (mhd. siben) sieben; *kwīs* (mhd. gewiss); *tsīl* (mhd. zil); *wīkt* (mhd. wigt) wiegt, hat gewicht; *šmīt* (mhd. smit) schmied; *tsfrīdə* (mhd. vride) zufrieden; *sī* (mhd. sī) sie; *špīlə* (mhd. spiln) spielen; *tsībl* (mhd. zibele, cod. med. 5 *ziblen*; lat. caepulla) zwiebel; *pšīs* (mhd. beschiʒ) betrug, vgl. Zarncke, Narrenschiff s. 446; *wīflə* (mhd. wifele) mit der nadel verweben; *tsīfr* (mhd. zifer) geziefer; *kīš* (mhd. kirse, lat. cerēsia) kirsche; *gīxtr* (pl. zu mhd. giht) krämpfe; *i gīb* (mhd. ich gibe) ich gebe; *kīfə* (mhd. kifen) kauen, vgl. Kluge etym. wb. s. 168.

Anm. Länge wie kürze werden in der regel durch *i* wiedergegeben, sehr häufig durch *y* z. b. urk. 1412 *wysen. wys. by. antonyen.* 1431 *dryssigosten.* 1439 *wythwen. ynniemen.* 1474 *mystens. mystes.* 1488 *by. wysen* (wiesen). *myn.* 1510. *fry. verlyhen. wys. wyter. zyt. vlyss.* Meichssner im handbüchlein beschränkt *y* auf die länge und Gottsched, Deutsche sprachkunst (1757) berichtet s. 37: in Schwaben lehret man die knaben *x, ey, zett* sagen. Ganz vereinzelt ist unter einfluss der reichskanzlei *ie* geschrieben worden: urk. 1460 *wiesan.* 1464 *wiesun*; Niclas von Wyle: *siebenden. fried. spiele* Nohl s. 22 f. doch findet sich diese schreibung bereits im Augsb stadtrecht von 1276 neben *i*: *geschrieben. geliehen. begriefen. nieden*; sowie in St. Ulrichs leben, vgl. Schmeller, ausg s XXI f.

§ 75. 3) Vor nasal a) *trẹŋkə* (mhd. trinken); *fẹŋər* (mhd. finger); *dẹn* (mhd. dā inne) drinnen; *sẹnt* (mhd. sind *sent* Aesop s. 358. Ruland s. 2); *hę̄ndr* (mhd. hinder) hinter; *lę̄nt* (mhd. linde vgl. Ulm 1430 D. Reichstagsa. IX, 486 *lind oder herte*) weich, geschmeidig; *wę̄ərt* (mhd. wingarte) weinberg; *brę̄ŋə* (mhd. bringen); *fršę̄nt* (mhd. schindet) er schindet; *dr hę̄ndərə* vgl. Aesop s. 80 *hinderen* = *arsbake*; *špę̄nə̃* (mhd. spinnen) spinnen; *šlę̄m* (mhd. schlimm, bei Ulr. Krafft *schlem*).

b) *kę̃* (mhd. kin) kinn; *tsę̃* (mhd. zin) zinn; *ę̃n* (mhd. in) ihn; *ę̃m* (mhd. im) ihm; u. a.

Anm. 1. *i* vor *r* wurde in pausastellung zu *iə* in *miər* (mhd. mir, wir) mir, wir; *diər* (mhd. dir); *iər* (mhd. ir) ihr, vgl noch Birlinger Augsb. wb. s. 242 f.; im zusammenhang der rede erscheinen *mīr*, *dīr*, *īr*, vgl. Beitr. XI, 304; Grimm gr. I, 294. Diese erscheinung ist sehr alt vgl. ZBR. *ier* 26ª, 42ª, 57ᵇ, 61ª. Grieshabers pred. *dier*. *wier*. Weingarter pred. *wier*. cod. herm. 24 *dier*. cod. brev. 55 *mier*. *dier*. cod. ascet. 78 *ier*. *dier*. urk. Ulm 1281 *ier*. 1303 *wier*. Aesop *ierem* s. 4 u. ö. *ain gyer* (geier) s. 184. Mörin *dir : vier* 1131. Ehingen *mier*, *wier* häufig. Ingold *wier* 32, 2. Georgspiel: *ir* : *schier* 175. *dir : schier* 181. St. Ulrichs leben *mir : schier* 93. 542. *wir : schier* 536. Hätzlerin *dir : zier* 60, 20. *mir : schier* 131, 47 Zim. chron. *schier* : *mir* IV, 214, 22. *bier*, *pier* (birne, mhd. bir), danach *bierenbaum*. *bierenstil*. cod. brev. 15 *bierenmost*. Formen wie *stiern* (stirne). *gebiert* in cod. med. 15 (vgl. ebenda alem. würm = wirm wärme). *wiert*. *gebiert*. *veriertt*. *begierd*. *stierbt*. cod. cameral. 1. bezeugen den einfluss des benachbarten alem.; dürfen nicht als schwäb. gelten.

Anm. 2 *i* für *ai* im sg. prät. der ablautenden verba der *i*-reihe beruht auf übertragung von den pluralformen und ist bereits zu beginn des 15. jh. nachweisbar vgl Tristrant *zwain* : *schin* (leuchtete) bl. 65ª. doch *zwain* : *schain* 66ª. *begriff* 77ª. cod. theol. et phil. 17 *ritt* (neben *rait*). no. 185 *belib*. *traib*. u. a.

§ 76. Mhd. ī wurde zu *əi* diphthongirt, vor nasalen wird *əi* zu *ãẽ*. a) *bəi* (mhd. bī) bei; *šrəiə* (mhd. schrīen) schreien, weinen; *wəinę̄xt* (mhd. wīhen nächten) weihnachten; *wəidə* (mhd. wīde) korbweide s. o. § 74, 2; *rəitr* (mhd. rīter) sieb; *həirə* (mhd. hīen) heiraten; *ləit* (mhd. līt) er liegt, danach auch inf. *ləigə* liegen; *fəitix* (mhd. vīrtac) feiertag; *wəil* (mhd. wīle) zeit, auch als conjunction, aber noch in der alten bedeutung von „während, solange“ z. b. *wəil sedǫ gę̄sə hõənt* so lange sie hier gegessen haben; *rəisix* (mhd. rīsech) dürre zweige, reis; *kləiə* (mhd. klīe) kleie; *gəit*, *gəišt* (mhd. gīt, gīst) er gibt, du gibst; *fəigl* (mhd. vīel, lat. viola) veilchen; *bəil (bəigl)* (mhd. bīl, bīhel) beil; *šəit* (mhd. schīt) scheit; *əixə* eichen von gefässen vgl. *yche* urk. 1438. *ycher* im Herkommen; *špəilə* (mhd. spīwen) speien; *ləilix* (mhd. līlachen, Ahd. gl. II, 480, 78 vgl. leylach bei Mynsinger) leintuch; *bəik* (mhd. bīge, beig Zim. chron. II, 472, 23) strues; *səi* imp. (mhd. sī) sei, *biš* imperat. ist aus Aalen bezeugt, vgl. ulmisch *biss* cod. bibl 35. cod. herm. 24. cod. as|c e|t. 78; *kšwəi* (mhd. geswīe) schwägerin; *kəiə* (mhd. gehīen) 1) gereuen, 2) werfen vgl. Germ. 16, 78; *tsəit* (mhd. zīt) zeit fem., in Weingart. pred. u. a. fem. neben neutr.

b) *ksaẽ* (mhd. gesīn) gewesen; *šnaẽdə* (mhd. snīden) schneiden; *maẽ* (mhd. mīn) mein; *haẽt* (mhd. hīnte) heute, *həit* (mhd. hiute), Ulm 1407. 1409 (D. Reichstagsa. VI, 206. 463) *hútbitag*, jetzt meines wissens nur noch in der Schweiz lebendig, in Tuttlingen '*hitie* den heutigen tag über; *laẽnẽ* mhd. līnin) leinen; *kraẽnə̃* (mhd. grīnen) weinen; '*naẽ* mhd. hinīn) hinein; *waẽ* (mhd. wīn) wein u. a.

Anm. 1. Belege für die diphthongirung gehen in Augsburg bis ins ende des 13. jahrh. zurück: urk. 1283 *meins. meinem. meinen. zeiten. bey. freylich. beleibe. Seybot. Seyfrid. seinem.* 1283 *leit. seit.* 1283 *geit. sein. vreitage.* 1285 *meinem.* 1285 *die weil.* 1288 *seindt. seiner. leichen. villeicht. zeit. dreyen. sei. herein. drey. bei. erleiden. beweiset.* 1288 *schreiber.* 1295 *güetlein.* Im 14. jahrh. nehmen die belege sehr stark ab z. b. 1345 *wil. lip. min. sin. belib.* Dagegen widerum Augsb. chron. von 1126 - 1445 *kingreich. seim. bey. zeyt. reich. weil. streyt. weyben. schreybt. geyt. wein. Sweytzer* u. a. Horb urk. 1460 *zeytt. weytter. geweist. weisen. frytag.* 1463 *zeyt. zeytten. weys. weisen.* 1464 *leyt. geyt* neben *git. lit. weys. weysen.* 1464 *weyss. zeytt.* 1465 *weyss.* 1477 *bey.* 1478 *weysen. steyglin.* 1481 *zeyten. meine. meiner. drey. seyend.* 1477 *weyse.* etc. vgl. Germ. 24, 76. (a. 1472). Nach der mitte des 15. jahrh. findet sich zuwelien *ẏ ï ij* geschrieben: *wẏter. zijt.* Stets ist aber der neu entstandene diphthong orthographisch von dem alten *ai* geschieden, vgl. in J. H. Meichssners handbüchlin (Tübingen 1538) bl. V, bei Müller s. 160: im land zu Swaben schreibt man die *weisen* hern vom Raut haben die *waisen* pfleger geordnet . . item. ains. zway. ailffe. zwaintzige. Wolfgang Lazius de gentium aliquot migrationibus etc. 1557 (Socin, schriftsprache und dialecte s. 267 f): quando *ei* diphthongo Suevi utuntur, Austriaci *ai* loco illius usurpant diphthongum.

Anm. 2. Anlässlich der form *ksaẽ* (part. prät vgl. bei Wolfgang Lazius a. a. o. nec illud ignorandum est, Suevos ac praecipue interiores clausa finali uti *gsyn* pro eo, quod exteriores *gewesen* dicunt;

vgl. Birlinger A. S. s. 191 f.) ist zu bemerken, dass dieselbe nur noch im süden des schwäb. sprachgebiets gilt (so auch DM. IV, 99), im norden herrscht *kwęə* gewesen. Ob in der älteren zeit *gesīn* dem gesamtgebiet des alem. zugehört hat, ist nicht mehr festzustellen, da die form viel seltener auftritt, als ihre heutige verbreitung ahnen lassen könnte, und sie in der regel *gewësen* neben sich hat und zwar überwiegend, vgl. im Lanzelet *was gesin* 1325. 2789. 4307. 4925. 5701. 6821. Niclas von Wyle hat *gewesen* (wohl schriftsprachlich) daneben *gesin* 308, 10.; ebenso Ehingen *gesin* s. 2: *gewesen* s. 7. Georgspiel öfter *gsein*. Reimchronik *ist gesein* (*gsein*): *wein*. s. 3 vgl. s. 9. *hertzogin* : *gsin* s. 14. *Rhein* : *gsin*. s 14. *gewesen* : *gelesen* s. 5 u. ö. Auch in einer augsburg. hdschr. des 15. jahrh. *gesin*. neben *gewest* Germ. 13, 76. Urk. 1327. 1365. etc. *gewesen*. Rottweil 1400 (Deutsche Reichstagsa. IV, 138) *gewesen sind*. Engeltal 1488. *sig gesin*. Mone schauspiele I, 288. 290. 299. 302 u. a. *gesin* dagegen 290 *gewesen* : *genesen*. Winterstetten *bin gewesen* : *erlesen* 19, 25, dagegen bei Walther von Rheinau *was gesin* : *guldin* 88, 33. : *din* 100, 14 etc. Handschriftlich: cod. phil. et theol. 54: *ist gesin. wår gesin.*: *wær gewesen*. no. 68: *ist gesin*; *was gesin* : *bin gewesen*, *ist gewesen*. no. 72: *wår nit gůt gesin. das der mensch allain wer gesin*: *ist gewesen. wær gewesen* : *wær gesin* (in einem satzpaar). no. 74: *was gewesen* : *wår*, *bin gesin*. cod. theol. et phil. 11. *ist gesin*. no 184: *wer gesin* : *wer gewesen. sőlt gewesen sin*: *was gesin*. no. 195: *ist gewesen* : *were gesein*. cod. ascet. 78 *sig gesin* : *werest gewesen*. So auch in dem alem. (nicht schwäb.) Ritter von Stauffenberg *was gesin* : *sin. gewesen*: *genesen*. Aus all diesen belegen ist klar ersichtlich, wie wenig verlass auf diese flexionsformen in frage der heimatsbestimmung; Jänicke's versuch den Wolfdietrich D Niederschwaben zuzuweisen (DHb IV, IX) ist folglich unstatthaft.

c) In der verbindung mhd. $\bar{\imath}$ + *s* hat sich nasaldiphthong entwickelt in folgenden fällen: *læ̃s* (mhd. līse) leise, ungesalzen vgl. DM. VII, 357 f. *leins* cod. poet. germ. 3. *linse* leniter bereits in ZBR 16[a]; vgl. ferner Mone schauspiele II, 206 *zewîs*: *linss* 563 (15. jahrh.); Keller erzählungen *leinss* 325, 17. Zim. Chron. *leins*; dagegen Mörin *līs*: *Pelīs* 3057. Hätzlerin *reys* : *leys* 18, 16. *weiss* : *leys* 20, 4; hslich.: Tristrant: *lyns*; *dæ̃sl* (mhd. *dīsel neben dīhsel vgl. Braune ahd. gramm. § 154 anm. 4; Beitr. VII, 196) deichsel; *tsæ̃sle* (mhd. zīslin vgl. zinslin Zim. chron. III, 366, 25. DM. VII, 343.) zeisig; so nun auch *tsæ̃štix* (mhd. zīstac) Dienstag vgl. DM. VII, 379, Andresen Zs. f. d. a. 30, 415 ff. Germ. 19, 428 ff. Tuttlingen *tsəištik*. Urk. sehr häufig *cinstag* z. b. Entringen 1298. Horb 1482 etc.,

Lehenbuch. Horb 1533 *zeynnstag*. [die ostschwäb. benennung ist *aftrmḗtix* vgl. *aftermontag* urk. Augsburg 1342. Schmidzunft von Ulm 1505. cod. bibl. 35: *aftermåntag*]. (Vgl. noch *ǣse* eisen bei Birlinger A. S. s. 105. 106 wie *ynsen* cod. poet. 30). Die Nasalirung ist nur in diesen isolirten nom. eingetreten; in andern ī + s enthaltenden wörtern mit mehr oder weniger ausgedehnter sippe ist sie nicht zu konstatiren, doch vgl. *ǣ̃s* eis wie schon cod. poet. 30 *ins : isenkrut*. cod. ascet. 78 *ynss*; ich nehme an, dass sie sich nur in geschlossener silbe entwickelt hat, daher in Horb niemals *ǣ̃se* eisen, nicht *rǣ̃six* (vgl. oben a), sondern nur *rəisix* (danach auch *rəis*), stets *wəisagə* etc. (siehe die reime bei Schmeller I, 1513).

§ 77. In einzelnen unten näher zu erörternden fällen ist mhd. ĭ wie ī behandelt und diphthongirt worden: *fəil* (mhd. vil) viel; *mrei, məi* (?) Marie; ebenso *fey* bei Birlinger A. S. s. 62 vieh. Häufiger ist diese erscheinung bei folgendem nasal: *bǣ̃* (mhd. bin) ich bin; *fǣ̃f* (mhd. finf) fünf; *hǣ̃* hin, dahin, caputt, vgl. cod. ascet 78: *der schne ab dem veld schmiltzet . . das ist ein zaichen das der winter hin sy*; *fǣ̃lə* (aus lat. femella, mhd. vimel) die weiblichen hanfstengel ausraufen; *lǣ̃sə* (mhd. linse) pl. linsen; *tsǣ̃s* (mhd. zins) zins; *bǣ̃s* (mhd. binȝ) binse; *fǣ̃štr* (mhd. vinster) finster; *kwǣ̃št* gewinnst, gewinn; gehören hierher *wǣ̃lə* (vgl, *fǣ̃le*; mhd. winelen, Aesop s. 71 *winheln*. Mynsinger s. 60 *wynhelt*.) wiehern; *bǣ̃le* biene (mhd. bin)?

Anm. 1. Im falle der pro- oder enclise wurde stammhaftes *i* zu *e* geschwächt: *ę* (mhd. ich); *mę* (mhd. mich) u. a.

Anm. 2. Das ostschwäb. kennt die diphthongirung alter kürzen nicht, vgl. Ellwanger oberamtsbeschr. s. 187. Grosse ausdehnung hat dieselbe in Balingen: *wǣ̃tr* winter, *trǣ̃kə* trinken, *hǣ̃dələ* himbeeren, *wǣ̃kl* winkel, *wǣ̃kə* winken, *hǣ̃kə* hinken, *fǣ̃k* fink u. a. Oberamtsbeschr. s. 139. 148. — *feinff* beim Herzog von Braunschweig. In den liedern von 1633: *veil* viel; aus den urkunden: *feimf* = fünf 1528. *zeinsst* 1528. 1530 = zinst; 1536 *zeinss briefflin. zeinst*. 1544 *feunfft* 5. cod. theol. 146 *feunsternuss*. etc.; bei Haselberg finden sich die reime *pfeil*: *zeil* (= ziel) 55, 56. *vil* (l. *veil*): *seul* (= säulen) 355, 356. Vgl. in der Zim. chron. *bein* (bin). *hein* (hin). *veil* (viel) I, 18, 5. III, 135, 15. *zeil* (ziel) IV, 218, 23. *ich bin : ein* IV, 239, 41. *fein : hin* IV, 243 17.

O.

§ 78. Mhd. *o*, *ō* erscheint in der mundart als *ǫ*, *ǭ*, *ǭ̃*, *ǭ̆*, *ǫ*, *ǫə*, *ao*, *ā̃o*.

1) Mhd. *ŏ* ist als *ǫ* bewahrt; *bǫt* (mhd. bote) bote; *gǫt* (mhd. got); *hǫlə* (mhd. holn) holen; *mǫkl* (mhd. mocke) kindername für kuh; *mǫšt* (mhd. most); *šǫx* (mhd. schoche) heuhaufen; *fršǫpə* (mhd. verschoppen) verstecken; *kšǫldə* (mhd. gescholten); *wǫlfl* (mhd. wol veil) wolfeil; *tsǫgə* (mhd. gezogen) gezogen; *bǫš* (mhd. bosche vgl. *rōsenbosch* cod. theol. 5.) busch; *fršrǫkə* (mhd. erschrocken); *dǫlaorət* (mhd. *tolōroht) taub; *rǫs* (mhd. ros) pferd, nordschwäb. wird das pferd *gəul* genannt, die bezeichnung *phârit* z. b. cod. phil. et theol. 72 ist selten, dagegen bei Mynsinger allgemein; *hǫpfə* (mhd. hopfe) hopfen; *tsǫpfə* (mhd. zopfen) die haare kämmen vgl. Schmeller II, 1145; *klǫtsə* (mhd. glotzen) stieren; *hǫkə* sitzen; *pšnǫtə* (mhd. besnoten) knapp; *hǫldr* (mhd. holder vgl. DM. II, 48. cod. med. 5) hollunder; *trǫfə* (mhd. getroffen); ebenso *klofə* (gelaufen) vgl. *geloffen* Aesop s. 71. *gloffen* Reimchron. s. 138. *geloffen* Keller, erzählungen s. 224, 9 (a. 1524). *verloffen* urk. 1438. Tristrant: *entloffen*; *krǫt* (mhd. krote, *die krotten* Aesop s. 263. *krot* cod. phil. et theol. 74.) kröte; *gǫš* mund vgl. Schmeller I, 952; *ǫpšt* (mhd. obeȝ) obst; *nǫdə* noten u. a.

2) mhd. *ŏ* ist gelängt worden in: *fǭl* (mhd. vol) voll; *wǭl* (mhd. wol) wohl; *dǭp*', *dǭbə* (mhd. dā ob, obene) droben; *klǭsə* (mhd. gelosen vgl. Grimm gr. I, 856 [Neudruck]) gelesen, Jänicke zum Ritter von Staufenberg 675 weist *gelosen* in v. Liliencron, histor. volkslieder I, 13, 69 a. 1298 nach (die änderungen Haupts oder des herausgebers 1, 13. 20 sind unbegründet), die *o*-stufe (= *l* son.) ist dieselbe wie z. b. ags. dropen Beów. 2981 gegen sonstiges ags. drepen vgl. Sievers Beitr. X, 283, vgl. nhd. gepflogen, ahd. gehellen: mhd. gehollen. mhd gelechen: gelochen vgl. Beitr. VII, 110. *gebrosten* cod. phil. et theol. 74; *kštǭlə* (mhd. gestolen) gestohlen; *ǭdr* (mhd. oder); *fǭkl* (mhd. vogel); *hǭs* (mhd. hose) hose; *dǭlə* (mhd. tol, ahd. dola kanal) mistjauche;

ǭf (mhd. oven) ofen; *frštrą̈blt* (mhd. strobelen) part. prät. struppig; *k̄ǭx* (mhd. koch); *sǭl* (mhd. sol) sohle; *trǫk̄* (mhd. troc) trog; *dǭxtr* (mhd. tochter); *kfǭxtə* (mhd. gefochten); *hǭf* (mhd. hof); *bǭt̄, bǭdə* (mhd. boden) boden; *hǭl* (mhd. hol) hohl u. a.

3) Nasalvocal ist eingetreten in der stellung vor *n, m*: a) *fǫ̃m* von dem; *knə̃õmǝ̃* (mhd. genomen) genommen; *ǫ̃ŋkl* onkel u. a.

b) *fǫ̃̄* (mhd. von); mit vorwärts wirkender nasalirung *nǫ̃̄* (mhd. noh) noch.

4) In meist einsilbigen wörtern entwickelte sich mhd. *ŏ* vor *r* zu *ǫə* (analogisch auch auf mehrsilbige übertragen?). Der übergang des geschlossenen zum offenen *ǫ*-laut wird auf rechnung des *r* zu setzen sein, vgl. Vietor s. 203 f. Heusler, Alem. cons. s. 86. *k̄ǫən* (mhd. korn); *mǫən* (mhd. morne vgl. morn und übermorn cod. ascet. 78 u. ö.) morgen; *dǫər* (mhd. tor) thor (in urkunden auch *tair* geschrieben, weil *ai* gleichfalls *ǫə* ergeben hatte); *hǫən* (mhd. horn); *tsǫən* (mhd. zorn); *ǫət* (mhd. ort); *dəfǫər* (mhd. dā vor) aber im satzzusammenhang *fǭr, fǫr* vor; *frjǫərə* gegohren (mhd. gejësen ist neubildung, ahd. *gijoran); *wǫərə* (mhd. worden); *kšwǫərə* (mhd. gesworn) geschworen; *štǫərk̄* (mhd. storc) storch; *bǫərər* (zu mhd. born) bohrer; *fǫədərə* (mhd. vordern) fordern u. a. Da sich in andern durchaus analogen wörtern diese diphthongirung nicht findet, so ist anzunehmen, dass sie nur unter bestimmten tonbedingungen eingetreten ist und für die einzelnen fälle doppelformen anzusetzen sind, die spurweise noch erhalten (vgl. oben *fǫər, fǫr*), meist aber zu gunsten der einen aufgegeben wurden. So sind zu beurteilen: *sǫrk̄* (mhd. sorge); *bǫrk̄* (mhd. borc) borg; *kǫrp̄* (mhd. korp) korb; *hǫrp̄* (mhd. horwe) Horb; *mǫrgə* (mhd. morgen); *kštǫrbə* (mhd. gestorben); *frwǫrgət* part. prät. (mhd. erworget) erstickt u. a. vgl. Birlinger Augsb. wb. s. 357.

Anm. 1. Im sog. nieder (nord)-schwäb. ist dieser lautwandel nicht eingetreten, hier ist *ọ* auch vor *r* geblieben: *kọrp̔ Họrp̔ sọrk̄ bọrk̄ mọrgə tsọrn bǭrər štọrx* u. a. — Im Baier. hat sich *o* in dieser stellung zu *a* weiter entwickelt. — Dem in der Balinger gegend für *ǫə* eintretenden *ja* (vgl. § 70 anm. 2) entspricht *wa* für *ǫə* vgl. *wanƀə* ordnung, *wargl* orgel, *dwarf* dorf, ebenso in folge der identität der laute *walfe* (aus *ǫəlfe* mhd. ailf) elf, *waiər* eier.

Anm. 2. Schon die oberschwäb. lieder von 1633 DM. IV, 86 ff. schreiben *soarga*, *moarga*, *foadra*, *doarff*. Dasselbe bedeuten schreibungen wie *vair* (vor). *sairg* (sorg) cod. breviar 55 vgl. unter *uo*, *ai*.

§ 79. Die entsprechungen für mhd. ō aus germ. *au* (vgl. *Automarus* 752. 758. *Autmanno* 772. *Aoto*. *Aotahar* 769. *Otger* 782 u. a. Lex. Alam: *morthtaudo*. *morttodo*) sind folgende:

1) Es erscheint *ǭ* in: *flǭts* floss; *sǭ* (mhd. sō) so; *hǭtsik* (mhd. hōchzīt) hochzeit; *frǭ* (mhd. frō) froh; *frǭləixnām* (mhd. vrōnlīchnam) frohnleichnam, der nasal ist lautgesetzlich geschwunden, vgl. Birlinger A. S. s. 107; u. a.

2) Vor nasalen als *ō̃*: *krō̃* (mhd. krōne); *bō̃* (mhd. bōne) bohne; *lō̃* (mhd. lōn) lohn; *frō̃* (mhd. vrōne) frohndienst.

3) Als *ao*: a) *aoštərə* (mhd. ōstern) ostern; *flaots* s. o. *flǭts*; *graos* (mhd. grōȝ) gross; *flao* (mhd. vlō) floh; *aor* (mhd. ōr) ohr; *šraodə* (mhd. schrōten) schroten; *štrao* (mhd. strō) stroh; *laos* (mhd. lōs) loos; *raot* (mhd. rōt) roth; *braot* (mhd. brōt) brot; *raosə* (mhd. rōsen) pl. rosen; *lao* (mhd. lō) gerberlohe; *frao* (mhd. frō) s. o.; *traoštl* (danach mhd. drōstel) drossel; *šlaos* (mhd. slōȝe) schlosse; *blaos* (mhd. blōȝ) bloss; *raor* (mhd. rōr) rohr; *naot* (mhd. nōt) not; *traošt* (mhd. trōst) trost; *daot* (mhd. tōt) tod; *hao* (mhd. hō) hoch, danach auch *haotsik* s. o. *hǭtsik*; *klaoštr* (mhd. klōster), kloster; in Balingen u. ostschwäb. noch *knaot* (mhd. genōte) oft. u. a.

b) vor nasal als *ã̄õ*: *šã̄õ* (mhd. schōne adv. zu schœne) schon; *krã̄õ* vgl. oben *krō̃* krone; *lã̄õ* (oben *lō̃*) lohn u. a.

§ 80. Auch mhd. ŏ erscheint diphthongirt: a) *frfraorə* (mhd. erfrorn); *frlaorə* (mhd. verlorn) verloren; es kann keinem zweifel unterliegen, dass diese formen auf die verlorenen präterita **fraor* (mhd. vrōs, vrōr), **frlaor* (mhd. verlōs, verlōr) zurückzuführen sind.

b) *dã̄õrət* (mhd. donret) donnert; *dã̄õštix* (mhd. donrestac) donnerstag; weitere belege siehe unten anm. 1.

Anm. 1. Schon in ahd. periode findet sich für *ō* auf bairischem gebiet die schreibung *o^v* vgl. Denkm.[2] 545. 582. 616., Weinhold bair. gramm. s. 103, mhd. gr. s. 83, Braune ahd. gramm. § 45 anm. 5., Beitr. XI, 123. 143. 153. An dieser letzten stelle meint Waag „lautliche bedeutung sei kaum anzunehmen", dem ich mich nicht anschliessen kann. In den urkunden von Horb finde ich 1424. 1427. 1465 *sto^{v}sst*; 1435 *abgelo^{v}set. no^{v}t*; 1511 *clousters. stoussent. ousterhalden*; 1528 *lou^{v}ssung*; 1535 *lousung*; 1544 *routen*, *groussen*, umgekehrt häufig *koffen* kaufen; 1334 *vnlougenbere.* 1335 *vnlogenbar*; vgl. Ulm 1295 *gekofet. kofe.* 1296 *verkophet.* 1297 *verko^{v}fet.* etc. etc. a. 1431 (Reichstagsakten VIII, 621) *der von Côlne houptman und unser hoptman die baide ain gemainer houptman.* Der wechsel der schreibungen beweist den diphthongischen wert des buchstaben *o* (vgl. die zahlreichen *o^v*, *ou*), der auch über die schwäb. grenzen hinausreicht z. b. in der Weingarter Liederhandschrift: Meinloh: *o^{v}ge* neben *oge* wie *grossen*, *vrowen*. Rugge: *zoberliste.* In der Reimchronik *lauffen : koffen.* Ich halte diese schreibung für durchaus den lautlichen prozessen angemessen. *ō* hat sich zu *o^u* und dann gemeinsam mit altem mhd. *ou* zu *ao* entwickelt vgl. die unten folgenden übereinstimmenden zeugnisse. Der herzog von Braunschweig schreibt noch *lous*, *groussen*, aber *naut*; Weckherlin s. 327 f.: *graussa*, *schaun*, *fraw* (ebenso *aw* = auch), *straw*, *rawt*, *brawt*; ebenso im Fastnachtsscherz DM. VII, 488: *schaun*, *awra*; in den liedern von 1633: *kaont* (kommt), *schaont* (schont), *vaon* (von), *saond* (sont = sollen); *fraoh* fro u. a. Belege aus älterer zeit sind ausserordentlich häufig vgl. Grieshabers pred. *gebo^{v}t. ferbout. lo^{v}n. lo^{v}nen. lo^{v}nunde. gro^{v}ssen. do^{v}t. do^{v}de. do^{v}r. do^{v}ren. o^{v}ren* (doch auch irrtümlich auf kurzem *o*: *o^{v}fne. go^{v}t*). Urk. Esslingen 1291 *fro^{v}nhove.* 1292 *gro^{v}z. Bo^{v}nlanden* ebenso wie *ko^{v}fenne. o^{v}ch.* 1295 *clo^{v}stirs. fro^{v}nhoves. bro^{v}tc.* Weil 1295 *no^{v}tdúrftig.* Reutlingen 1310 *clouster. toud.* Bebenhausen 1309 *lo^{v}si.* Engeltal 1417 *lo^{v}s.* 1421 *clo^{v}ster. toud. grouss. oustertag.* 1433 *bo^{v}nen.* 1483 *houhen.*

Nach § 61 anm. 2 ist *ā* vor nas. häufig *o* geschrieben, wofür ausser *au* (vgl. § 61) auch *o^v* erscheint, wir haben demnach lautlichen zusammenfall der diphthongirung von *ā* und *ō* zu constatiren; vgl. urk. Engeltal 1421 *la^{v}n* (masc. lohn). 1417 *ho^{v}n* (= hān). *ho^{v}nt.* etc. und sind berechtigt für die einfachen schreibungen *ā*, *ō* gleichfalls diphthongische aussprache anzusetzen. Schneider reimt demgemäss *nat* (noth): *rat* : *hat. auch* : *flach* (floh). *rot* : *not* wie *geschaut* : *rat* vgl. § 61. Im spiel von St. Georg *kron* : *getan* 178 etc. *schon* : *kron* 179. *gan* : *schaun* : *getan* 187. *vergat* : *tod* 181 *rat* : *tod* 183; ebenso Zim. chronik *hat* : *not* IV, 217, 46, ebenda *lon* (lassen): *schon.* In der Mörin: *houn* (hān): *schon* 55. *hon* : *schoun* 1585. *houn* : *schoun* 1971.: *don* (ton) 446. *not* : *gedrot* (gedrâte) 270. *kron* : *getoun* 345. 2019. vgl. *geton* 671. 761. *stoun* : *schon* 1293. Hätzlerin: *don* (ton): *ha^{v}n* 30, 47. *fro* : *da* 226, 43. *mon* : *don* 264, 23. Reimchronik *schon* : *vergon* s. 3. u. a.

Wie *a*ᵛ, *au* für *ā* so ist auch *ou* für *ō* nicht auf Schwaben im engeren sinn beschränkt vgl. in den alem. von Mone herausgegebenen schauspielen I, 287 *scho*ᵛ*s* : *gross*. I, 293 *gross* : *blo*ᵛ*s*. I, 295 *lo*ᵛ*n* : *mo*ᵛ*n* (mond, māne) ebenso I, 298 *empfa*ᵛ*n* : *lo*ᵛ*n* (lān). *spa*ᵛ*t* : *braut* (brot) I, 301. ferner *toud* : *nout* II, 131 ff. *toud* : *rout* II, 139. daneben *toud* : *not*; *tod* : *nout* v. 307. 341.

In der Mörin: *beschowt* : *drout* (drohte) 667. *toudt* : *nott* 749. *toud* : *rot* 817. *zoch* : *roch* (rauch) 4965. *gouch* : *ouch* 1481. 2207. dagegen *goch* : *ouch* 183. 1171. 1329. *goch* : *zoch* 329. 1667.: *hoch* 3363. dagegen *ouch* : *zoch* 1427.: *hoch* 3551. *loff* : *kouff* 1623. *ousterspil* 2860. *gestoussen* 5467. 5471. *gross*: *stous* 5503. beachte *frow* (frau): *strow* (stroh) 5805. Tempel: *droust* 333. *troust* 1135 (trost). *toun* : *kron* 945. *ton* : *hon* 1001. In Steinhöwels Aesop sehr häufig: *houch* s. 6. 97. *stoussest* s. 52. *stousset*. *floug*. *schouss* s. 62. *gebout* s. 68. *sckous* s. 139. *du tour!* s. 193. *halbtoutten* s. 215. *schamrout* s. 241. *flouch* s. 257. *groussen* s. 265. *nout* s. 283. *brout* s. 312. *bloussem* s. 322. *houchzytlich* s. 351; die lautliche identität mit dem alten diphthong bezeugen die schreibungen *aur* (ohr) s. 225. 256. *auren* s. 238. 265. 268. daneben *ouren* s. 346. in der Reimchronik *noth* : *Vaut* s. 144. *straw* (stroh) s. 159. Handschriftlich: Tristrant: *boushait*. *zo*ᵛ*ch*. *grouss*. *flous* wie *loub*. etc. *o*ᵛ*ren* cod phil. et theol. 50. Wie *ä á* für *a*ᵛ (§ 61 anm. 4), so findet sich neben den erwähnten schreibungen *ö*, *ó* z. b. bei Niclas von Wyle, in Steinhöwels Aesop (vgl. *erroutet* s. 60. *errötet* s. 81. *gökelman* s. 70. *köffen* s. 42. *böm* s. 78) Tristrant: *nöt*. *emböt*. *gröss*. *louss* : *gröss* u. a. (dagegen *wólt*. *sölt*. *schónsten* u. a.), von bl 54 ab verschwindet *ö*, dafür tritt *o*ᵛ ein: *gro*ᵛ*s*. *no*ᵛ*t*. *to*ᵛ*d*. doch am schluss wieder *ög* (auge) wie *ören*. Dass diese puncte aus übergesetztem *e* entstanden sind, belegen noch die Weingarter predigten *brősmo*. *schőze*. *hőch*. *verstőzen*. *brőtis*. cod. phil. et theol. 72 *lo*ᵛ*n*. *kro*ᵛ*n*. *blo*ᵛ*ssen* wie *to*ᵛ*ff* (taufe). cod. med. 15. *troust*. *oustnortwind*. *schouss*. *toud* etc. Besonders interessant in cód. theol. et phil. 146: *hauch*. *auren*. *clausterlút*. *clauster*. *austern*. *hauffart* (ebenso wie *haupt*. *auch*. etc. *naudlen*. nadeln u. a.).

Anm. 2. Im bair.-schwäb. ist die entsprechung für mhd. *ō* (wie ou) *ǫə* vgl.: *ǫər* ohr; *dǫət* tod; *rǫət* roth; *brǫət* brot u. a. (ebenso *ǫək* auge). Birlinger Augsb. wb. s. 360. Ebenso im Ellwangischen z. b. *štrǫə* stroh vgl. die oberamtsbeschreibung s. 188. Das alem. dagegen scheint das alte (vorauszusetzende) *ǫu* bewahrt zu haben: *štǫusə* (mhd. stōȥen), *rǫutwīl* (mhd. Rotwil) Rottweil, *rǫut*, *ǫuštərə* ostern u. a. vgl. Birlinger A. S. s. 85 ff.

Anm. 3. Vgl. auch die schwäb.-latein. *naos* für nos, *naoštr* für noster bei Fischer Hechinger latein in den Vierteljahrsheften 1885, s. 232 ff.

U.

§ 81. Die entsprechungen für mhd. u (ū) sind: *u*, *ū*, *əu*, *āo*, *ō*, *ŏ*. Es gelten folgende regeln:

1) mhd. *u* ist *u* geblieben: *sušt* (mhd. sus) sonst; *rutšə* (mhd. rutschen) hinabgleiten; *rupfə* (mhd. rupfen zu raufen) ausraufen; *štupfl* (mhd. stupfel) stoppeln; *wulę* (mhd. wullīn) wollen; *šult* (mhd. schulde) schuld; *trukə* (mhd. trucken, *trucken brott* cod. phil. et theol. 54) trocken; *ruke* (mhd. ruggīn) aus roggen; *šukə* (mhd. schucken) stossen; *bu̜kl* (mhd. buckel) rücken, ähnl. bildung *buk̄* = ausbiegung, buckel; *supfə* (mhd. supfen) schlürfen; *butsə* (mhd. butze); *nus* (mhd. nuȥ) nuss; *krukə* (mhd. krukke) krücke; *trux* (mhd. truhe) truhe; *dul* (mhd. tule, mhd. Wb. III, 11 lat. (mone) dula vgl. cod. poet. et phil. *ain tul* monedula) dohle; *hutsl* (mhd. hutzel) getrocknete birne; *fuks* (mhd. vuhs) fuchs; *k̄utlə* (mhd. kutel, vgl. Bezzenbergers Beitr. X, 300) gedärme; *duft* (mhd. tuft) thau, reif; *muštr* (lat. monstrum); *nuštr* (lat. [pater] noster) u. a.

2) mhd. *ŭ* ist gedehnt worden; *dūr* (obd. mhd. dur) durch; *dūn* (mhd. turn, turne cod. theol. et phil. 195) turm; *štūb̄* (mhd. stube z. b. cod. theol. et phil. 54.) stube; *šlūxtə* hopfenranken, -stengel vgl. Schmid schwäb. Wb. s. 467 f. (ahd. *sluchti- idg. sl̥qti- im ablautsverhältnis zu griech. λεπτός schlank, zu schlingen gehörig vgl. schlunchta·ast aus dem Oberinnthal DM. III, 319); *jūt* (mhd. jude) jude; *frūxt* (lat. fructus) frucht; *k̜lūf* (ags. clufe) stecknadel vgl. Schmeller I, 1327; *tsūpr* (mhd. zuber, Augsburg urk. 1282. *zuber*, *zuberlin* cod. poet. 29. *zuber* cod. med. 5.) vgl. Kluge etym. wb.; *rūf* (mhd. ruf, Sievers-Tatian schreibt fälschlich rūf) kruste einer wunde, krätze; *lūge* (mhd. luc, lüge) lüge; *sūxt* (mhd. sucht); *dūšt* (mhd. durst); *šūts* (mhd. schurz) schürze; *k̄ūts* (mhd. kurz) u. a.

3) Vor nasalen tritt senkung zu *ō ŏ* ein: a) *hōər* (mhd. hunger); *dōnə* (mhd. dāundnen [urkundl.] vgl. ahd. undenān) drunten, ebenso *ōnə*, dagegen *ǫndə* (mhd. unden) unten; *k̄ōnšt k̄ōnt* (mhd. kumst, kumt) kommst, kommt;

šõŋəkə (mhd. schunke, schunken Zim. chron. I, 13,35 im ablautsverhältniss zu schinken; *wõndr* (mhd. wunder); *põndə* (mhd. gebunden); *kfõndə* (mhd. gefunden); *kšprõŋə* (mhd. gesprungen), analog. *brõŋə* gebracht Weinhold al. gr. s. 390; *brõntsə* pissen vgl. brunczet Aesop s. 46. harnend oder brunczend cod. med. 15. *krõm* (mhd. krump) krumm; *sõn* (mhd. sunne, der sunn Mörin 422. Tempel 912. (die sunn Mörin 441. 1691) der sunne cod. theol. 5.) sonne; *prõnə* (mhd. brunne) brunnen; *lõŋə* (mhd. lunge); *sõmpf* (mhd. sumpf) u. a.

b) *sõ̃* (mhd. sun) sohn; *pfõ̃t* (mhd. pfunt) pfund; *drõm* (mhd. drum) langes stück vgl. Kluge etym. wb.; u. a.

Anm. Belege für diesen lautwandel sind zahlreich und gehen weit zurück: Zim. chronik IV, 343 *gefonden. bronnen. gonst. komer. kontschaft. kromm. sommer. son.* Reimchronik *oniuersitet* s. 13. *onordnungen* s. 26 ebenso *onrecht. oncristenlich. kom : vmb vnd vmb.* s. 18. ebenda *vernommen : jungen : gesungen* s. 21. *sonntag.* s. 18. *bronen* s. 53 u. ö. Ulr. Krafft: *klumppen, klomppen. sonnenvndergang. vmb sonsten.* Ruland: *raitong.* Ehingen *gewonnen.* s. 20. Hermann von Sachsenheim im Tempel *überwonden : stunden* 587. *son : davon* 625, demnach sind als orthographische versuche aufzufassen Mörin *darvon : des kaysers suon* 5276. *davon : suon* 5359. *stuond.* (stunde): *verwund* 693. *: pfund.* 5759. (über *sun : tuon* vgl. unter *uo*). In Steinhöwels Aesop: *sonder* s. 5. *wonder* s. 41. *der sonnen* s. 46. *überwonden* s. 59. 71. *verwondet* s. 248. *wonsch* s. 254. *mondrer* (munterer) s. 297. *somer* s. 343. *sond.* s. 348. Hätzlerin *chomen : die stummen* 89, 81. *chomm : stumm* 132, 139. *frumen : vernomen* 133, 229. Spiel von St. Georg: *kommer. kompt : schlund* (l. kont.) 185. vgl. Mone, schauspiele I, 143 ff. II, 134. Urkundlich: im Herkommon: *kompt. konntschafft.* urk. 1365 *nachkumen.* 1326 *nachkomen.* 1412 *nauchkomen.* etc. 1372 *tůn kont.* 1348. 1416 u. ö. *donrstag* (sonst *durnstag*). 1417 *ingenummen.* 1421 *kummen.* 1439 *from.* 1497 *sonntag* etc. Alem. XIII, 282 ff.: *belonong. bildong. ordnong. vernonfft. verwondern. hongrigen. gesonden* u. a. Handschriftlich: inf. part. prät. *kumen.* cod. phil. et theol. 54. ebenda *kůment : koment. kůmet.* no. 72 *benůmen : vernomen.* cod. bibl. 33 *son.* cod. bibl. 22 *soⁿn. sůn.* cod. theol. 5 *kůmen. volkůmenhait : volkumenhait : komenden.* no. 63 part. prät. *kumen. volkomosten : volkumen. sonnen : sunnenglast.* no. 144 *din glick din wonn. sunn : sonnen.* cod. med. 5 *wond. wonden. sonnen. sonnenwirbel* (wegwart, gira solis). cod. breviar. 55 *son. kumen* (part. prät.). cod. ascet. 78 *krom̄ : krum̄. kompt : kumpt. sunnen vffgang : vnd der sonnen nidergang* u. a.

§ 82. Mhd. *ū* wurde im schwäb. diphthongirt und

erscheint als *əu* vgl. Kolross, Enchiridion, Müller, quellenschriften s. 70): Es würt aber ouch in Schwaben vnd sunst an vilen orten das *au* gebrucht, da an etlichen enden allein das *u* geschryben wirt. Ickelsamer, Teutsche Grammatica (Müller a. a. o. s. 141. 129 anm. 57): Hie zu Augsburg (al. die Swaben) nennet man (den buchstaben *u*) in den teutschen schůlen fast ungeheuer als awawau ungereimbt zwar genůg, wie wol ich disen kauderwelschen namen also versteh, das es drey *u* sein auf grob schwäbisch (oder mehr Wirtembergisch) *au* genennet.

1) *dəu* (mhd. dū) du, vgl. Osthoff M. U. 4, 272 f. 351, Birlinger A. S. s. 183; *səu* (mhd. sū) schwein; *krəut* (mhd. krūt) kraut; *həus* (mhd. hūs) haus; *pəur* (ahd. gibūro) bauer; *səubr* (mhd. sūber) sauber; *krəusik* (zu mhd. grūs grausen) adv. sehr, stark; *štrəus* (mhd. strūʒ) blumenstrauss; *həufə* (mhd. hūfe) haufen; *əuxtaldə* (zu mhd. ūcht vgl. urk. 1351 in der vhtat bidem stige) vgl. Birlinger K. Zs. XV, s. 203 anm.; *məukənęšt* (ags. mūcga haufe) obstansammlung von kindern vgl. Birlinger a. a. o. s. 271; *bəušt* (mhd. būsch) wulst zur unterlage beim tragen auf dem kopf; *səul* (mhd. sūl, saul Zim. chron.) säule; *krəubə* (mhd. gerūwen) klagen u. a.

2) als *ɑ̃õ* vor nasalen: *kɑ̃õm* (mhd. kūme) kaum; *brɑ̃õ* (mhd. brūn) braun; *flɑ̃õm* (mhd. phlūme) flaum; ebenso *dɑ̃õmɔ̃* (mhd. dūme) daumen; *pflɑ̃õmɔ̃* (mhd. pflūmə) pflaumen; *rɑ̃õmə* (mhd. rūmen) räumen, doch vgl. unter *ou*. So ist wol auch zu verstehen *hōn*: *busūn* (*hɑ̃õ*: *posɑ̃õ*) Mörin 5035. *zon* (zaun > *tsɑ̃õ*) Aesop s. 335. *bron* (braun > *brɑ̃õ*) Ruland s. 20. Reimchron. s. 53. *kom* (kaum) cod. phil. et theol. 45. 17. u. ö. dem lautwert von *o* entsprechend §. 80 anm. 1.

3) In einzelnen fällen scheint mhd. *ū* durch *u* vertreten zu sein: *uf (ūf)* (mhd. ūf) auf, nebst ableitungen wie *'nuf* hinauf, *'ruf* herauf; ebenso in den ableitungen von mhd. ūʒ aus wie *dus* draussen; *'usə* aussen, neben *əus* = *ūʒ*, wie *əuf* = ūf; so erscheint auch neben *dəu dū dŭ*. Dieser wechsel beruht auf ablautserscheinungen, indem ūf, ūʒ etc. sich in pro- oder enclitischer stellung zu uf, uʒ schon sehr

früh verkürzt haben, und auf diese verkürzten formen sind die obigen nicht-diphthongirten zurückzuführen.

Anm. Was die zeit des eintritts dieser diphthongirung betrifft so vgl. unter *ī* § 76 anm. 2. Aus dem Augsb. urkundenbuch constatire ich: 1280 *ouz. housfrowen. tousent.* 1283 *hůs.* 1283 *haws. hawses. bawen. tawsent.* (mhd. *ou* = *au*) 1283 *Múlhausen. tausent.* 1283 *ouz. house. hus. ouf. ouz. huse. bowen. tousent.* 1284 *tausent* (sonst *ū*). 1284 *bowen. bowe. gebowen. tousent.* 1285 *tousent.* 1285 *auskomen. tousent.* 1286 *sichhous. housfrowen. ouf. ouz. tousent.* 1286 *houses. house. oufgeben. tousent.* 1288 *haussfrau. aussetzigen. hauss. auss. herauss. verbauen* (durchgeführt). 1290 *drouzz. ouf.* 1300 *ouf. nachgebouren. mour. gebouwen. darauf. mourer. stainhous*; und mit diesen formen durchaus übereinstimmend im Schwäbischen Verlöbniss (13. jh.) *ouzvart. ouf* und wie oben *hůs*, so *zůn*, *ze gelůtenne;* bereits in den Augsburger glossen *trout* amicus, *truoton. huofon* acervatim. *huoffonte* (exaggerans Denkmäler² s. 586. XXVII). Im verlaufe nehmen die diphthonge sehr rasch ab z. b. 1345 *gotzhus. bowen. bowe.* 1345 *hus. anbawen. murer* etc. Engeltal 1416 *ouff.* Horb 1481 *haws. auf.*

§ 83. In der stellung vor nasal wurde mhd. *ŭ*, meist in einsilbigen wörtern, wie *ū* zu *ãõ* gewandelt: *ãõs* (mhd. uns), *ãõsr* (mhd. unser) in der Baar u. ostschwäb. umgelautet *ãẽs*, *ãẽsr*; *nãõ* (mhd. niwan: nun wie newære: nur vgl. Paul mhd. gramm.³ § 337 anm. 2) nur, Schmeller I, 1707. 1749 f.; *k̄ãõšt* (mhd. kunst); *dãõšt* (mhd. dunst); *dãõštix* (urk. 1293 dunstage) donnerstag; *brãõšt* (mhd. brunst); ferner in dem präfix *un-* vgl.: *ãõgęsə*, *ãõtrõnkə* ohne gegessen, ohne getrunken zu haben, *ungedrunken* Grieshabers pred. s. 86. *vngaz* Weingart. pred. *vngessen vnd vntruncken* cod. poet. germ. 3; *ãõtsīfr* (mhd. unzifer) ungeziefer; *ãõklik̄* unglück; *ãõk̄ǫštə* unkosten; *ãõkrāt̄* ungerade, *ãõkwīs* ungewiss u. a., vgl. urk. Engeltal 1416 *aᵛngevårlich.* Mörin *ounbewart* 1701. *oungessen* 5079. (*ongerumptes* 1716); *mãõkəlisprãõ* (schweiz. *munkəlibrū*, Bachmann s. 26 f.) dunkelbraun; gehört hierher auch *mãõtsə* jammern (vgl. *muts* name für katze)? *kšpãõšt* (mhd. gespunst) gespinnst; *ãõšlik̄* (mhd. unslit) unschlitt.

Anm. 1. Die entwicklung des präf. un- ist schwer zu verfolgen, da offenbar sehr früh lautliche anlehnung an die präposition „ohne" eingetreten ist vgl. *ohne yessen. ohne yeredt. ohne ersucht. ohne genadet* Zim. chron. *angessen. antrinken* in der maget krone v. 44. *oncristenlich. onrecht. onordnungen* Reimchronik s.26. *onzallichen* cod. breviar. 12. *onküschen. onwissenhait. onsubre. onzämpte. onedel. ontrú.* cod. med. 15. *onwissent. onbekant. a^v nzüganklich. a^v nstrauffenlich. a^v nwidersprechenlich* cod. breviar 55.

Anm. 2. *wur, wüšt, wüt* werde, wirst, wird sind formal die unumgelauteten optat. prät., welche präsentische function angenommen haben: vgl. *du wurst* Keller, erzählungen 206, 23. 29. Reimchronik *wust* s. 117. *vr : wur* s. 110. 180. u. ö. *wurt* bereits im Herkommen. *wurde : burde* bei Winterstetten 1, 9 (nebst Minors note). Für woche erscheint schon mhd. wuche schwäb. *wux*; vgl. Stickelberger s. 48; *wüst* = wüsste bei Birlinger Augsb. Wb. s. 417. Hätzlerin *lust : gewest* 91, 189.

Anm. 3. Aus dem Bair.-Schwäb. verzeichnet Birlinger Augsb. wb. s. 342: *õsər* unser, *kõšt* kunst, *brõšt* neben *brãõšt*, *zõf$_t$* zunft u. a. Danach sind die im Schwäb. neben *ãõ* bestehenden formen mit *õ*, also *õns* uns neben *ãõs*, *k̄õnšt* neben *k̄ãõšt* etc. nicht auf einfluss der schriftsprache zu setzen. Auch im ellwangischen sind die diphthonge nicht üblich, Oberamtsbeschreibung s. 187. Grosse ausdehnung haben dieselben dagegen in Balingen und umgebung *štãõpf* strumpf (vgl. Kluge etym. wb.); *lãõp'* lump; *fãõkə* funken; *dãõ̦kl* dunkel; *trãõkə* getrunken; *k̄ãõ̦kl* kunkel u. a. Oberamtsbeschr. s. 147. Damit ist zu vergleichen der reim *trauncka: gwauncka* getrunken, gewunken in den liedern von 1633, die danach in der gegend von Balingen zu lokalisiren sind, doch werden auch aus Aalen formen wie *k̄ãõkə* (mhd. gehunken) gehinkt, *kwãõkə* gewinkt berichtet. — *aunser* findet sich auch beim Herzog von Braunschweig, Weckherlin schreibt *gaunst* gunst, *aunsern* unsern.

Ö.

§ 84. Das schwäb. kennt im gegensatz zu einzelnen gebieten des alem. diesen laut nicht. Weinhold al. gr. s. 19 f. 75. 77. belegt den wandel von *ö* zu *e* bereits aus dem 13. jahrh. In den denkmälern des 15. jahrh. erscheint umgekehrt nicht selten *ö* für etym. *ę*. Die entwicklung des lautes ist in die der *ę*-reihe übergetreten.

1) Der umlaut von mhd. *ǫ* erscheint danach als *ę*: *šęxle* (dim. zu schoch) heuhaufen; *ręk̄* (mhd. röcke); *knęp̦fle* (mhd. knöpfelin) dim. zu knopf; *hęltsle* dim. von holz; *k̄ęxe* köchin; *będe* botin; *fręš* (mhd. vrösche); *bękle* (mhd. böckelin) böcklein, ebenso pl. *bęk̄* böcke; *kšpęt* (mhd. gespötte) gespött u. a.

2) Dehnung des vokals hat *ę̄* ergeben: *ę̄fə* (zu mhd.

oven) öfen; *ẹ̄l* (mhd. öl) öl; *hẹ̄le* (ahd. holī) höhle; *hẹ̄f* pl. zu mhd. hof; *fẹ̄kl* pl. zu vogel u. a.

Anm. 1. In Grieshabers pred. *gehérent. geheren.* ferner urk. Augsburg 1288 *neten* (nöten). *gehert.* Horb 1301 *gehöbt* (gehabt). 1314 *hért. hérent. létigs silber.* Ulm 1308 *hérent.* vor 1465 *hefen* neben *hófen.* Hätzlerin *hörest: cherest* 26, 6. *dem hörsten: ersten* 133, 195. *mer: hör* 135, 119. *erlöschen* 132, 87: *leschen* 135, 129. Lexer glossar zu den chroniken 4, 367: *kepfen. seldner. kelen.* 5, 451: *hecher. gehert. zersteren.* Ehingen *ell* (öl) s. 20. *krenen* s. 9. *herner* s. 22. Mörin *kerb* (körbe) 2947. Aesop: *wöllest. öwig. löwen. verköret. störkere.* Keller's erzählungen: *beser* 223, 9. *besewicht* 325, 30. *zepf* (zöpfe) 328, 2. Mone schauspiele II, 131 ff. *erleset. erlest. heschten* (höchsten). Schneider *hert* (hört). *remisch. besser* (böser). Ulr. Krafft: *gelest.* Ingold: *naslecher* 12, 22. *recken* 67, 30. Reimchronik: *schen. nennen: kennen* (können). Breuning *wönig* s. 9. Zim. chronik IV, 343: *ablesen. bese. dechterle. geherig. gekrent. heher. heren. lecher. schen. zersteren*; umgekehrt: *böst. köttin. öpfel. schörpfe* etc. handschriftliche *ö* für *e* häufig im Tristrant *verdörbte. dört. gesellen: wöllen. ergötzen: setzen.* vgl. *in derffern* cod. theol. et phil. 63. *bese geschwer* cod. med. 5. *schen, schenes. pessen* cod. med. et phys. 29. u. a. vgl. § 63 anm. 1. An umlautsbezeichnungen nenne ich: urk. 1292 *woelueli. hoerent.* 1293 *hófe.* 1307 *vógt.* 1430 *órter.* 1483 *són. sóne.* Lehenbuch: *dórfer, dórflin. tóhtern. hóltzer.* Ingold *hóltzer. dóchtern.* Aesop *bock: dry bök* s. 186. etc.

3) Vor *r* ist ein diphthongisches *ẹə* entstanden: *ẹət* örter; *wẹətle* wörtchen; *mẹəšl* mörser und *mẹətl* mörtel (zu lat. mortarium); *hẹənle* hörnchen u. a.

Anm. 2. In diesem letzteren fall wäre nach § 78,4 *ẹə* zu erwarten, *ẹ* ist jedenfalls unter dem Einfluss von 1) entstanden. In Wurmlingen bei Rottenburg und Balingen ist *ẹə* üblich vgl. Haug s. 211.

§ 85. Umgelautetes mhd. *ǭ* ist durch *ẹ̄*, *ẹ̃*, *ae*, *ãẽ* vertreten:

1) *kẹ̄rix* (mhd. gehœrec) was man leicht hören kann, reichlich, eine andere bedeutungsentwicklung liegt vor in Aesop s. 345, wo es von einem narren heisst: *do er aber etliche tag gehörig waʒ gewesen* = vernünftig (hören und verstehen), ganz ebenso heute noch; *kẹ̄rt* (mhd. gehœrt) gehört ebenso *hẹ̄rə* hören; *hẹ̄xr* (mhd. hœher) höher; *kẹ̄l* (mhd. kōl neben kœl vgl. kôl cod. phil. et theol. 74) kohl u. a.

2) Vor nasal: *šẹ̃*, *šẹ̃nr*, *šẹ̃št* (mhd. schœne, schœner, schœnest); *lẹ̃* (mhd. lœne) löhne.

3) Der diphthong erscheint in denselben wörtern: *kaert* (gehörig), *geseidt* (gesagt): *gehert* Reimchronik s. 159; *haerə* hören (dagegen in Horb nicht *kaerix*); *haexr* höher; *baes* (mhd. bœse); *flaetsə* (vgl. mhd. vlœȝen) flössen; *laesə* (mhd. lœsen) lösen; *kraešt* (mhd. grœȝest) grösste; *flae* (mhd. vlœhe) flöhe; *blaet* (mhd; blœde) blöde, fadenscheinig; *raede* (mhd. rœte) röte; *naedix* (mhd. nœtec) nötig; *raeštə* (mhd. rœsten) u. a. Schreibungen wie *die blöwden jungfrowen* cod. phil. et theol. 68 sind selten.

Anm. 1. Da sowohl *ę̄* als der umlaut von mhd. *ou* den diphthongen *ae* ergeben haben, ist nicht auszumachen, ob mhd. *œ* zu *ę̄* geworden und dann die diphthongirung eingetreten ist, oder ob *ae* direkt an das oben § 79 anm. 1 erschlossene *oᵉ* anzuknüpfen ist; das letztere halte ich für wahrscheinlicher.

4) Der nasalierte Diphthong *ãẽ* findet sich in *šãẽ*, *šãẽnr*, *šãẽšt* vgl. oben 2.

Anm. 2. Im Bair.-Schwäb. ist das korrelat von mhd. *œ* > *ę̄ə*: *rǫət* rot comp. *rę̄ətr* röter; *hǫəx* hoch comp. *hę̄əxr* höher; *flǫə* floh pl. *flę̄ə* u. a. vgl. Birlinger Augsb. wb. s. 362. Ellwanger oberamtsbeschr. s. 188.

Anm. 3. *hairstu* (hörst du), *hair* (höre) u. a. beim Herzog von Baunschweig; *ghairat* im Fastnachtsscherz; *hair*, *gehairt* in dem hochzeitsgedicht Alem. VIII, 84 f. gegen die heutige mundart, vgl. § 72 anm. 2.

Ü.

§ 86. Analog dem übergang von mhd. *ö* > *ę* (§ 84) ist mhd. *ŭ* in der gleichen Weise wie *i* gewandelt worden. Weinhold al. gr. s. 25. 76 belegt, dass bereits im 13. jahrh. in den denkmälern *ü* zu *i* geworden war. Die entsprechungen sind demnach:

1) Mhd. *ŭ* ist als *i* erhalten in: *fir* (mhd. vür) für; *ibr* (mhd. über) über; *klik* (mhd. gelücke) glück; *triknə* (mhd. trückenen) trockenen; *bišəle* (mhd. büschel) büschel; *krišt* (mhd. gerüste) gerüst; *hite* (mhd. hütte) hütte; *filə* (mhd. vüllen) füllen; *dirkə* türken; *tipflt* (zu mhd. tupfen) getupft; *ditle* (zu mhd. tutte, dim. tüttelin) weibliche brust; *mikəle* (vgl. Bachmann s. 48 f.) ein bischen; *mitšəle* (mhd. mütschelin) kleine mutschel; *kəits* (= kein nütze vgl. Zim. chron.

s. IV, 230, 29: *wo haut und har kain nutz ist, da wurt kain guter belz*) nichtsnutzig; *sifix* (mhd. *süffec) was leicht, angenehm zu trinken ist; *dir* (mhd. dürre) dürr; u. a.

Anm. Urk. 1337. 1427. 1437 etc. *súben*. 1439 *zwúschent*. 1464 *gilt*. 1501 *verkinden*. Ehingen: *herfillet* s. 6 *iber*. *vszgerist* (-gerüstet) s. 10. *iber*. *vir* s. 11. *hoffyesünd* s. 14. *gebürg* s. 15. *hiniber* s. 20. *hibsch* s. 28. Aesop: *würde*. *würt*. imp. *würff*. *fünsternus*. *schwümen* (*schwimend*). *tüsch*. *unglig bekimerst*. *verknipffe*. *frimkait*. Mörin: *über*: *zwiber* 318. *wirt*: *hürd* 365. *wirt*: *gebürt*. 5399. Keller, erzählungen: *zind* 325, 29. *finden*: *anzunden* 325, 31. Mone, schauspiele II, 131: *sind*. *sinden*: *binden*. *Christ*: *brist* (brüste). *iber*. *glick*. II, 136 *enzind*. Schneider: *verkinden*. *gelickes*. Augsburg. chron. von 1126—1445: *kingreich*: *kinig*. *kürchen*. *schült*. *fül* (viel). *Zirch*. *püchsenschitzen*. Ingold: *glickrad* 13, 9. *wirffel* (häufig). Ulr. Krafft: *iber*. *tüsch*. *gespritzt*. *glüdern*. *wüchtigen*. *schückt*. *schüff*. *früsche*. *brigel*. *geblindertt*. *erzirnet*. Reimchronik: *glickh*: *geschicht*. *firstinen*. *geschitz*: *nitz* (nütze) Breuning: *schüff*. *wüllkommen*. *schückte*. *gewüsse*. Zim. chron. IV, 344: *hünder*. *hürte*. *kürche*. *müsthaufen*. *schüfflin*. 343: *anzinden*. *binin*. *blindern*. *dick* (tücke). *erfillen*. *erwinscht*. *ibel*. *kibel*. *sind* etc. Handschriftlich: cod. phil. et theol. no. 45: *vermúsl* (vermischt). no. 68: *bürdin*: *birdinen*. *winschen*: *wúnschen*. *fir sich*. *birg* (bürge). cod. med. 5: *schissel* u. a.

2) Gedehntes *ī* ist eingetreten: *fīre* (mhd. vürhin) vorwärts; *ībrše* (mhd. über sich) aufwärts; *kībl* (mhd. kübel); *mīle* (mhd. mülin) mühle; *ībl* (mhd. übel); *šīrə* (mhd. schürn) schüren; *štīrə* (mhd. stürn) stöbern; *dīr* (mhd. tür) thüre; *flīkl* (mhd. vlügel) flügel; *bīšt* (mhd. bürste); *frtsīnə̃* (mhd. erzürnen) zornig machen u. a.

3) Wie mhd. *i* ist *ü* vor nasal zu *ẽ*, *ę̃* geworden: a) *tsę̃ndə* (mhd. zünden); *sę̃mə̃re* (mhd. sümmerīn Herrenb. Ern. 1383 *simry*, *sümri*; vgl. *ceina l sumberi* (Steinmeyer liest *sumber*) in den Weingarter glossen, *simeri* bereits im Lehenbuch) simri; *kę̃mix* (mhd. kümin, kümel) kümmel; *dę̃nt* (mhd. dünne) dünn; *šprẽə* (mhd. sprünge); u. a.

b) *bę̃ne* (mhd. büne) bühne; *sę̃* (mhd. süne) söhne; *kę̃nix* (mhd. künec) könig.

4) zum dipthong *æ̃* ist *ü* entwickelt in: *wæ̃š* (mhd. ich wünsche); *bræ̃štix* (mhd. brünstec) brünstig: vgl. *mæ̃štr* münster bei Birlinger Wb. z. volkstüml. s. 68; in Balingen

u. a. *štæ̃pf* strümpfe; *kæ̃ftix* künftig; in der Baar und ostschwäb. *æ̃s* (mhd. unsich) uns, ebenso *æ̃sr* unser u. a.

§ 87. Die länge von mhd. *ü* bilden die lautzeichen mhd. *iu* oder *ú*, *ů*, *ui*, die häufig auch an stelle der etymol. kürze verwendet werden, vgl. z. b. Fürstenberg. urkb. I, 289 a. 1284 *sivne* (söhne). *kivnden* (künden). *Fivrstenberch. livzel. gebivrte* wie *ze stivre. gebivttet. verlivzet.* Rottweil 1400 (D. Reichstagsa. IV, 137) *uinser. frúntlich. úwer. úns. kúnig. úch. bedúrfent. kurfúrsten. getrúwint.* 1409 (a. a. o. VI, 626) *frůnde. iwern. úbel. iuch.* etc. etc. In Grieshabers predigten *súnde. kúnc. fúrchten* wie *lút* leute; andrerseits *wiurcin.* Lehenbuch: *drẃ* (3). *nůn. fůnf. stúrbe. schiur: schẘr* (scheuer). *húser. úber. lút.* Lied von Zolre: *uiber. luitzel. huibscher. luit* (leute). *huiser. vinsz* (uns). *zuicht* u. a. In denselben sind zwei etymologisch durchaus verschiedene werte zusammengefallen: 1) ist mhd. *iu* vertreter des umlauts von *ū*, 2) setzt mhd. *iu* den alten diphthong *iu* fort, der nach bestimmten gesetzen mit mhd. *ie* wechselt, z. b. mhd. *hiuser* (pl. zu hūs) häuser; *liuchten* leuchten zu *liecht* licht u. a. Für die entsprechungen des mhd. *iu* ergeben sich auf dem gebiete des schwäb. auffallende differenzen. In Horb ist:

1) Mhd. *iu* (= ahd. *iu*) durch *ī* vertreten: *šīr* (mhd. schiure, ahd. sciura) scheuer; *fīr* (mhd. viur, ahd. fiur) feuer; *knīp* (mhd. kniu, kniuwes, ahd. kniu) knie, davon *nākn̥iblə* (mhd. *kniuwelen, ahd. kniuwilōn) niederknien; zu inf. *friərə*: *mi frīts* (3 sg. präs. mhd. vriuset, ahd. friusit vgl. chiesent: chiusist Schletstädt. gl.) mich friert es; *tsīt* (mhd. ziuhet, ahd. ziuhit) 3. sg. präs. er zieht; *sīt* (mhd. siudet, ahd. siudit) 3. sg. präs. siedet; *līkt* (mhd. liuget, ahd. liugit) er lügt; *krībə* (mhd. geriuwen, ahd. geriuwan) gereut part. prät.; *šprībr* (mhd. spriuwer, ahd. spriuwir; sgl. *spriv* Prud. gl.: pl. *spriuir* Schletst. gl.) spreu, spreuer, folglich muss *drī* (mhd. driu, ahd. driu) drei als neutr. erklärt werden.

Anm. Zu einer zeit, da bei den übrigen längen in der schreibung der diphthong längst durchgeführt, begegnen noch 1530 urk. *stüer*, *schüer*.

2) Mhd. *iu* (= ahd. iu, ū) ist wie mhd. ī zu *əi* diphthongirt: *əiþ* (mhd. iuw, ahd. iu) euch, ebenso *əibr* euer; *ləit* (mhd. liute, ahd. liuti) leute; *dəiər* (mhd. tiure, ahd. tiuri) teuer; *nəiþ* (mhd. niuwe, ahd. niuwi) neu; *həiər* (mhd. hiuwer urk. Tübingen 1304) in diesem jahr; *krəits* (mhd. kriuz, ahd. chruzi) kreuz; *ksəiftsət* (part. prät. zu mhd. siuften, ahd. sūftōn) seufzen; *knəisle* knüstchen (dim.; *knūs in grammat. wechsel zu mhd. knūr); *brəiər* (mhd. briuwe, briuwære zu ahd. briuwan) bräuer; *ləidə* (mhd. liuten, ahd. lūtten) läuten (von mhd. līden = leiden nicht verschieden; aus diesen und ähnl. veränderungen erklären sich auch die nach analogie der *i*-reihe abgelauteten *klitə* geläutet wie gelitten; *kšiə* gescheut; *kriə* gereut, *'tišə* getäuscht u. a.); *ləire* (mhd. liure, ahd. lura) schlechtes getränke; *əi* auch in dem sekundär gedehnten *mr špəits* man spürt es (mhd. spürn, ahd. spuren, vgl. in der Zim. chron. inf. speuren, ich speur IV, 232, 31). Bei wortformen, in denen umgelauteter und nicht umgelauteter vocal neben einander bestehen, ist durchweg *əi* üblich: *həisr* (pl. zu mhd. hūs) häuser; *məis* (pl. zu mhd. mūs) mäuse, dim. *məisle* auch als kosenamen für kinder, so bereits meisle Zim. chron. III, 366, 35; *ləis* (pl. zu mhd. lūs) läuse; *krəidr* (pl. zu mhd. krūt) kräuter; *həit* (pl. zu mhd. hūt) häute u. a.

3) Vor nasal tritt nasalvocal ein und mhd. *iu* ergibt *ǣ̃*, wie mhd. ī + nas: *frǣ̃t* (mhd. vriunt) freund; *nǣ̃* (mhd. niun) neun nebst ableitungen; *rǣ̃s* (mhd. riuse, ahd. rūsa, vgl. rüns od' körblin da man visch mit vacht cod poet. 29) reuse mit spontaner nasalirung wie bei ī + s § 76 c.

4) Progressive nasalirung zusammen mit verkürzung des vocals hat mhd. sniuzen schneutzen zu *šnẽ̜ntsə* und mhd. niwihtes (> *niutes > *nüts, im Allgäu die unflectirte form nint, nünt neben nünz DM. IV, 5) nichts zu *nẽ̜nts* gewandelt (vgl. cod. phil. et theol. no. 72. 63: núncz. urk. Dornstetten 1400 núntz. Engeltal 1421 núntz. núntzit. Horb 1442. Reutlingen 1310 nivtes. nütes); ältere formen sind nivzenit 1302. nihtesniht u. ähnl.

Anm. Als ältere schreibung begegnet *eu* Augsburg urk. 1280 *Beurer*. *Eùlentaler*. *geziùge*. 1283 *trew*. *gezewgen*. *leut*. 1283 *gereut*. *[bedeu]*. 1284 *Eulentaler*. 1288 *treuesten*. *leith* (4 mal = leute). *gezeugen*. 1291 *heuser*. 1294 *neunzigesten*. 1299 *naeun*. Ulm 1287 *gezeug*. 1297 *leut* etc. Augsburg 1345 *fiůr*. *stiur*. *lůten*. *geziug*. Augsb. chron. von 1126—1445 *teuschen landen*. *steur*. *Reytlingen*. *leut*. *hüsser* (häuser), Lexer glossar s. 368 *kreicz leid* (leute). Zim. chron. *umbzeint*. *freintlich*. *feir* (feur). *leit*. *their* u. a. umgekehrt *eulen*. *reuchlich*. *schleuchen*. *steugen* etc. urk. 1481 *freuntschafft*. *trewn*. 1501 *leittet* (läutet). *leitten* (leuten). 1513 *zeugknus*. 1513 *amptleit*. 1533 *von neuwem* etc. cod. med. et phys. 29: *feichtikait*. *feichte*. *seibertt*. *leitteret*. *beteitt*. *deitsch*. Aesop s. 39 *heut*. *üch*. *veruntrüwen*. *rütet*.

§ 88. Das gemeinschwäb. hat mhd. *iu* teils wie in Horb als *əi* bewahrt, teils aber abweichend zu *ui* oder *u* entwickelt. Auch in Horb selbst tritt *ui* auf, ist aber nur im munde der geringen protestantischen bevölkerung üblich, wie sich *ui* auch über den ganzen (protestantischen) Norden und Bairisch-Schwaben (überhaupt westlich der Isar nach Schmeller, Ma. s. 59, 260) erstreckt: *sui* (mhd. siu) sie (horb. sī); *dui* (mhd. diu) die; *knəui* (mhd. kniu) knie; *tsuix* (mhd. ziuh) ziehe, imperat.; *fuiər* (mhd. viur) feuer; *šuiər* (mhd. schiure) scheuer; *nui* (mhd. niuwe) neu; *drui* (mhd. driu) drei; *luikšt* (mhd. liugest) du lügst; *nuist* niest; *uiər* euer, wie *uix* euch u. a. Nasalirt ist das oberschwäb. *nŏets* nichts, vgl. um nuytz cod. brev. 55. naintz cod. theol. 146.

Urk. 1295 *Luitfrid*. 1310 *huit* u. a. *ui* ist besonders im Spiel vom hl. Georg und bei Mynsinger (d. h. ostschwäb.) vertreten, vgl. im ersteren: *trui oder vier* 172. *verluirt* 174. 175. *huit* 175. 179. 180 u. ö. *ich verluir* 176. *verluirstu* 184. *fluichstu* 186. *beschluisst* 188. daneben auch *eu* vgl. *gebuit*, *gepeut*, *gebeutest*; *ich gepuit*: *leut* 188. Mynsinger: *zuicht*. *empfluigt*. *truift*. *trui*. *drui*. *fluigt*. *fruindtschaft*. *fluisset*. *stuibt*. *verluirt*. *fuir* neben *fewr*, vgl. ferner Lexer glossar zu den chroniken 4, 395: *fuir*. *tuiffel*. *bezuigen*. *tuirin*. *zuig*. (Mone schauspiele I, 178 ff. II, 137 ff. 205). Ebenso in dem gleichfalls ostschwäbischen cod. theol. et phil. 195: *druihundert*: *die drey Indien*. *zuihet*. *fluisset*. *nuisset* aber *leute*. cod. med. et phys. 29: *tzuich*. *tzuicht*. *guiss*. *fuir*. *nuiset*. *fluisset*. *suid*. *verluist*. *schuib*.

fluigen (plur.) dagegen *teutsche. feichtikait;* ebenso *feur. fleust. scheub. treuf* u. a.

In Rottenburg nebst umgebung (z. b. Nellingsheim, siehe Knaus) heranreichend bis in die nähe von Horb (Ergenzingen, Sulzau, Eckenweiler, Remmingsheim, Bieringen u. a.) und andererseits bis Balingen und den westlichen rand Hohenzollerns herrscht abweichend *ū: ūp̄* euch, *ūbər* euer; *nūp̄* neu; *lūkšt* lügst; *knəūbə* knien; *drū* drei neutr.; *tsūxt* zieht; *fūr* feuer; *šūr* scheuer; *šprūbər, kšprūr* (sprúwer cod. phil. et theol. 54) spreuer; *frlūrt* (ZBR. verlivsit) verliert; *knəūp̄* knie; *sfrūrd me* es friert mich; *sfrdrūst me* es verdriesst mich u. a; nasalirt *nōnts* nichts.

Anm. 1. Was die denkmäler betrifft, so spricht der schwäb. bauer beim Herzog von Braunschweig *huit* heute, *lüigt* lügt, *froindt*, freund. Weckherlin hat als Stuttgarter: *suy* sie, *duy* die, *uyare* euere, *froindly* freundlich, *froind* freunde; die Lieder von 1633 *nuintz, von nubam* von neuem, sonst durchweg *ui.* In den von Birlinger DM. V, 259 veröffentlichten stücken findet sich: *zuch* ziehe in Nr. 1, dagegen im zweiten (aus Rohrdorf bei Horb stammend) *drī* drei, *drīmǫl* dreimal. Vgl. Seb. Helber, syllabierbüchl. ed. Roethe s. 31 f. Volgen wörter mit jenem *ev* wellliches sonst also *eu* gedrucket wirdt: an dessen stat etliche nach irer aussprach nur *u* vnd *uw* haben ... die bei den gemeinen Donawischen auf jre eigne weis ausgesprochen werden, gleichsam *oi* bei mererem teil, bei andern *ui:* daher dan vorzeiten nit allein Leutbrand, Theudrich, Theudwald etc. sondern auch Luitbrandus, Luitbaldus, Luitfrid gedruckt worden.

Anm. 2. In ahd. zeit erscheint die schreibung *ui* für den ansetzenden umlaut von *ū*, vgl. Braune ahd. gr. § 42 anm. 1, vereinzelt auch für den diphthong. laut, ebenda § 49 anm. 2. Noch seltener tritt schon in den ältesten quellen *ū* auf: *zūhit* bei Kögel, über das Keron. Glossar s. 22, häufiger in der späteren zeit s. Braune a. a. o. anm. 1. Aus dem würtemb. Urkundenbuch führe ich folgende schreibungen an: Riutilinga 790, 824. Rutelinga 961. Rutilingen 1245 Reutlingen; Nuihusen 1122. Nivinhusin ca. 1130 Neuhausen bei Urach; Niurtingen 1046. Nuirtingen 1228 Nürtingen; Griubingaro 861. Griubingen 1184. Gruibingen 1209. 1241 Gruibingen bei Göppingen; Nuinburc 1101 Neuburg bei Ehingen; Stiuzzelingun 797. Stuzzilingen 1116. Stüzelingin 1185. Stuiszelingen 1242 Steusslingen bei Ehingen; Tufenhuluwe 1152. Tiufenhulwe 1183. Tuphenhuliwe 1234 Tiefenhülen bei Ehingen; Puron 850. Biurron 1130. 1251 Beuren bei Sigmaringen; Luitgardis 1145 u. a. Weingarter glossen B: siula. zuimili. ruimun. stuirnagele: stiuruodera. riusa (gurgustium). fuilnissida. gluira (vinacia). gizuiga. dahshuiten bezeugen den zusammenfall von *-iu-* und *u*-uml.;

ebenso Schletstädter glossen: mivsi. hivffun, hivffiltrun. ziunin. nuiar (Steinmeyer liest niuuar). Prud. gl: heristuiron (stipendiis). Die betr. laute sind zu keiner genauen fixirung gekommen.

Anm. 3. Abgesehen von der lippenbeteiligung entspricht der zustand in Horb dem alem. *für* feuer, *drĭĭ* drei, *chnĭĭ* knie aber *nöü* neu, *öü* euch u. a. vgl. Stickelberger s. 40 f. Rätselhaft ist der gemeinschwäb. optat. prät. *brīxt*, pl. *brīxtət*, brauchte, brauchten.

Anm. 4. Aus den urkunden von Horb gebe ich folgende Formen: drúzehen hundert. drú. dú die. gezúge zeuge. lúte leute 1305. crúces 1347. drivzehen 1348. zúg 1358 (zeuge). núntzig neunzig 1394. schúren (scheuer) 1389. núntz (nichts) 1442. frúnde 1456. schüren (scheuer). creütz 1481. leitten (leuten) 1501. stüer (steuer), schüer (scheuer) 1530 u. a. —

KAP. II.

DIE DIPHTHONGE.

§ 89. Der diphthong ist die verbindung eines sonantischen mit einem konsonantischen (sonoren) element, in engerem begriff werden darunter die verbindungen zweier vocale befasst. Für den sonantischen componenten des diphthongs bestehen durchaus dieselben grundbedingungen wie für jeden stammsilbenvocal derselben quantität und qualität, nicht aber für den konsonantischen bestandteil, der unter ganz andere exspirations- und tonverhältnisse gestellt ist. Demgemäss ist auch die lautliche entwicklung dieser letzteren eine total verschiedene gewesen. Am besten würden sie mit den vocalen mittelstarker oder schwacher silben zusammenbehandelt, an deren besprechung ich auch die allgemeinen erörterungen des lautwandels derselben knüpfen werde.

§ 90. Die diphthonge der mhd. periode, die dem heutigen bestande des schwäb. zu grunde liegen, sind: *ai (ei)*, *ou* nebst umlaut *öü*, *ie*, *uo*, *üe*.

Anm. Unter *öü* vereinige ich die sehr stark wechselnden transcriptionen des umlauts von mhd. *ou*, vgl. Weinhold mhd. Gram. s. 88.

EI.

§ 91. Mhd. *ei* schliesst sich an das aus germ. *ai* entstandene ahd. *ei* an, über dessen lautwert Braune a. a. o. § 44 anm. 1 zu vergleichen ist. Mit der zeit hat sich die lautverbindung weiter entwickelt, wie sich dies auch aus der schriftlichen wiedergabe erkennen lässt; vgl. aus dem württemb. urkundenbuch: Uuicohaim 763. Laimavga. Tailo 769. Agineshaim 770. Ailingas 771. Hoolzaim. Laibolfi. Louphaim. 778. Althaim. 785. Reothaim. Diripihaim. Haimo 786. bereits Rihheil 778. Ceizman 782. Lantheida 790. Dirboheim 791. Steinharto 797. Uualaleicho 797. Muliheim. Teiningas 817. Ortleib 868. Dorinhein. snesleiphi 1099 etc. etc. Lex Alam: haistera hanti. laiti, laidi, laitihund. nasthait; in den alten glossen aus Weingarten: heimprunc. gipreitit. kazueiot. einwigi. gipeitit. uuaganleisa. (e in helison). Augsburger glossen: beinseggon. kileiti. kiuuoneheit. kisceidenne etc. (e in helisont. uuechi. stengeiz damula). Prudentiusglossen: eittriga. heiza. ceinun. seiton etc. doch bereits ainuigen. laidaz. spaichone (und e in semigun (nectaream). urtelda. eginis. mestrot. vuechi). Zwiefalter glossen: erdleim. veiziti. heigr. einhurno etc. aber waidiburigi. zaichin (und widerum e in helisont auguriamini). Weingarter glossen: anchweiza: anchwaiza. traip. ain. cainun. staingaizen u. a. rehgeiz. beinberga. geilla. segilseilen u. a. ei und ai ungefähr in gleichem verhältniss (e in stainmezila, stainmezelen: staimaizelen. suezanch. follestentero: follaist. unrenez); Schletstädt. glossen: laider. maist. greiffonten. raitrihtil. marhstaine. stainen. aiche. aichillon. gaizza. tubstain, wohl als jüngere formen, neben den älteren einwigi. zagaheit. heiger. reib. gneit u. a. (e in egkinent (uindicent). cennint (acuunt). hetirero, daneben auch a: wezcistan. tagewada. follast u. a. Zsfda. V, 322.) In den jüngeren Prudentiusglossen überwiegt gleichfalls noch ei: keiselon. seiton. pemeindon. zeinnon. leich u. a. dagegen laichin. (e in clennan gracili). Weingarter reisesegen: heim. heiligin; dagegen im Schwäbischen Verlöbniss überwiegend ai: ain. ainer.

aigen. waide. swaige. Entsprechend in den urkunden: Eichilberg 1215, Aichilberg 1232 ff. Raidenwang 1236. Stainhulwe 1247. Heigirlo 1225, Haigerloch 1237. Staeinhouen 1241. Hornstaein 1252. Steiga 905. Speichingas 791. Spaichingin 1222. Mulhiheim 817, Mulhaim 1241. Vuisinstaig 1228. Haigingen 1208. Aicheim 1143. Aichaim 1150. Kirchain 1200. Staine 1209. Westirhein 1101. -hain 1236. Aichain 1187. Danach ist der übergang von *ẹi* < (*ai* resp.) *ae* mindestens noch ins 11. jahrh. zu setzen. Parallel mit diesem wechsel der qualität scheint eine quantitätsveränderung gegangen zu sein. Notker schreibt *éi* d. h. kurzen sonanten, während die schwäb. entsprechung *ǫə* auf ein gelängtes *āi* (*āe*?), vgl. *êi* Germ. I, 444 f. zurückgehen muss.

Anm. 1. Die schreibung *ai* ist in den denkmälern schwäbischer herkunft constant. Schon in ZBR. gibt es kaum eine ausnahme: *maister. arbait. trachait. aische. ainich. hailic gaist. claine. stain. gebrait. waisdv. haize. laiter* etc. Erst im Lehenbuch und bei Hermann von Sachsenheim begegnen *ei* neben *ai*, *ay* vgl. Mörin *heiss : bayss* 417. *verlaich : bleich* 1119. *traib : bleib* 2211; im Tempel ist *ei* fast allgemein: *meisterlich. bescheiden. heiden* doch *aingebornen* 755. *wais* 585; im Jesus wiederum *ai*. Noch in der Zim. chron. *ai* fast immer für *ei*, einzelne *ei* neben *ai* aber bereits in urk. von Ulm 1295 *eigen. Stokheim.* 1302 *gileidegut.* Augsb. stadtr. von 1276 *eins, ains. gemeinlichen. eit, maineide.* In der späteren zeit gilt *ei* für den aus *ī* entwickelten diphthongen. Die hs. des Georg von Ehingen hat sonst nicht bekannte *ā* neben allgemeinerem *ai* : *hochmāster*, *hochmaister. hailtum, hāltum. tagrāsz. klāder. gehāss. hādisch. eingetālt. rāsigen. bād. arbāt. vortāl. brāt* vgl. *ā* für *-egi-* § 93.

Anm. 2. Von wichtigkeit sind folgende zeugnisse: Seb. Helber, syllabierbüchl. ed. Roethe s. 24 f: Der diphthong *ai* oder *āi* ist gemein denen Landen, die ich hab Donawische genennt. Nun erstlich: Wan die Donawischen (Baierisch-Österreichisch und Schwäbisch) nach irer Landen aussprach die nechstvolgende wort mit *ei* schreiben, so wöllen sie etwas anders damit anzaigen, als wan sie dieselben also mit *ai* schreiben und drucken *laib. glaich. waichen. waise* etc.

J. Kolross, enchiridion 1530 bei Müller, quellenschriften s. 69: *ai* oder mit dem zwifachen und langen *y ay;* vnd werden der glychen wörter mit den *ay* fürnamlich in Schwaben geschriben, dann in andern landen würt gemeinlich *ey* für *ay* gebrucht.

Niclas von Wyle 1478 bei Müller, quellenschriften s. 15 f. so haben sich vnser våtter vnd dero altfordern in Schwa'ben ye weltñ her bis vf vns gebrucht in Irem reden vnd schriben des diptongons *ai* für *ei burgermaister* schribende nit *burgermeister*, *nain* vnd nit *nein*, *flaisch* vnd nit *fleisch* etc. Aber yetz garnaᵛch in allen schwebischen cantzlien der herren und stetten schribent die schriber *ei* für *ai*, *burgermeister* sprechende vnd nit *burgermaister*, *wysheit* vnd nit *wyshait*: daz ain grosse vnnütze endrung ist vnsers gezüngs dar mit wir loblich gesündert waᵛren von den gezüngen aller vmbgelegnen landen das vns yetz laidet vnd fremdes liebet. Ich bin bürtig von Bremgarten vss dem Ergôw: vnd hab mich anefangs als ich herus in Swaᵛben kam grosses flysses gebruchet, dz ich gewonte ze schriben *ai* für *ei*. Aber yëtz were not mich des wider ze entwenen, wo ich anders mich andern schribern wôlt verglychen, das ich aber nit tůn wil. Vgl. Zarncke, Seb. Brant's Narrenschiff s. 273 f. 275 f.

T. Tobler, Appenzell. Sprachschatz s. 32 anm. (Rhenenses *eyer*: Suevi *ayer*). Konrad Gesner, Mithridates s. 37 (a. 1555) Sueuica pro diphthongo *ei* habet aliquando *ai*. Albert Ölinger (Strassburg 1574) bei Socin a a. o. s. 259 *ei* vel *ey* hujus diphthongi loco Suevi utuntur *ai* vel *ay*. Namentlich zu beachten unser landsmann Hieronymus Wolf de orthographia Germanica ac potius Suevica nostrate (Augsburg 1578) bei von Raumer, Gesammelte sprachwissenschaftliche schriften s. 324: *ai* est suevica diphthongus ut *ainer*, crassiores Suevi ita pronunciant, ut haud sciam an scribi possit fortassis per *oa*, aliquo modo exprimi potest *oamer* (l. oaner), vgl. Burdach, Einigung der nhd. schriftsprache s. 4 anm. 6. s. 11 f. anm. 15.

§ 92. Mhd. *ei* (= *ãi*, *ãe*) erscheint als *ǫə* *(ǫe)*, vor nasalen als *oə* *(o͞e)*:

1) *gǫəsl* (mhd. gaisel) peitsche; *šlǫəpfə* (mhd. slaipfen) schleppen, schleifen; *šprǫəte* (verbalabstr. zu mhd. spraiten) ausbreiten; *sǫəpf* (ahd. saipfa) seife; *wǫəsə* (mhd. waiʒe) weizen; *tswǫə* (mhd. zwai); *lǫətr* (mhd. laiter) leiter; *wǫəs* (mhd. waiʒ) ich weiss; *štrǫex* (mhd. straich); *gǫəšt* (mhd. gaist); *flǫəš* (mhd. flaisch); *hǫəsə* (mhd. haiʒen) heissen; *ḳlǫət* (mhd. klait) kleid; *dǫək* (mhd. taic) weich vom obst, teig; *ǫəs* (mhd. aiʒ, ayss cod. poet. 29.) geschwür; *lǫeb* (mhd. laib) laib; *frtlǫədət* (mhd. erlaidet) entleidet; *ǫə* (mhd. ai) ei; *dǫəl* (mhd. tail); *fǫəl* (mhd. fail) feil; *ḳlǫəx* (ahd. keleich Beitr. IX, 336. glaich cod. poet. 29. cod. med. 5) gelenk u. a.

2) Vor nasal: *no͞ə* (mhd. nain); *ko͞ər* (mhd. kainer) keiner; *mo͞ən* (mhd. maine) ich meine; *ho͞ə, ho͞əm* (mhd. haim); *što͞ə* (mhd. stain); *o͞əm* (mhd. aim) einem; *lo͞əm* (mhd. laim) lehm; *loənə̃* (mhd. lainen, lainet sich cod. med. 15) lehnen; *ro͞ə* (mhd. rain) rain; *kmo͞ət* (mhd. gemainde), *klo͞ə* (mhd.

klaine) klein u. a., daneben hat eine andere, schwache vocalstufe existirt vgl. urk., 1296 *klinnen und grossen*, dem schweiz. chlī entsprechend; *ain clin lyden* cod. phil. et theol. 68. *clinen. clin und gross* no. 11.

3) Vor folgendem vocalischem anlaut ist mhd. *ei (ae)* zu *ǫeę̣* geworden, wobei mit *ę̣* der stimmhafte übergangslaut bezeichnet wird (= j): *ǫə* (ai), plural. *ǫeę̣er* (mhd. aier); *mǫeę̣ər* (mhd. maier); *rǫeę̣ə* (mhd. raie) reihe, reigen; *mǫeę̣ə* (mhd. maie) Mai nebst ableitungen: *mǫeę̣əkēfr* maikäfer; *mǫeę̣əblę̄əmle* maiblümchen u. a.; *bǫeę̣ər* (mhd. baier) Baier. In *ǫeę̣ər, mǫeę̣er, bǫeę̣ər* kann auch *ę̣* fehlen und an seine stelle tritt leise gehauchter absatz von *e: ǫę̣ər, mǫę̣ər, bǫę̣ər.*

Auf einem grossen striche des ostens (§. 53) ist mhd. *ai* durch *ǫe* vertreten, vor Nasalen *o͠e: tswǫe, sǫef* (s. o. *sǫəpf*), *gǫesl, wǫetsə* (s. o. *wǫəsə*), *lǫetr, wǫes, gǫešt* u. a. ebenso: *no͠e, k͡o͠enr, ho͠em, što͠e, lo͠emə* (mhd. leime) s. o. *lõəm, rõə* etc. vgl. auch Birlinger Augsb. wb. s. 248 *(oi)*, Ellwanger Oberamtsbeschr. s. 189 *(åe)*; es ist nicht daran zu denken, dass *ǫe* gegen *ǫə* auf rechnung des schriftdeutschen *ae* = mhd. *ei* zu setzen wäre, vielmehr liegen hier verschiedene tonstufen vor.

Anm. 1. Auch der Herzog von Braunschweig lässt seinen Conrad *oinmal* (= *ǭę*) sagen; ebenso bei Weckherlin: *koin*, *elloin*, *moinet* (einmal *oam* in Fastnachtsscherz); ebenso den heutigen bair.-schwäb. verhältnissen entsprechend im Hochzeitsgedicht Alem. VIII, 84 f.: *moynung, wois, schulthois.* — Einfluss der schriftsprache liegt wohl in dem nicht rein mundartlichen *k͡ǫesər* kaiser vor.

Anm. 2. Für die chronologie dieses lautwandels ist von interesse, dass in einer urkunde von 1441 *fair* (4 mal). *fairmals* vormals, 1460 mehrfach *tair* = tor geschrieben wird, vgl. *tair* im stadtrecht von Villingen Fürstenb. urk. I, 316 ff., da nach § 78,4 die lautverbindung *o* + *r* gleichfalls zu *ǫə* geworden ist („umgekehrte schreibung") — bereits 1293 *jair* (d. i. *jǫər*) jahr, vgl. § 78 anm. 2. Ebenso sind die „*ai* für *uo*" bei Weinhold al. gr. s. 83. Birlinger A. S. s. 67 (wo auch weitere belege für *ai* = *ǫə* vor *r*), Birlinger Augsb. wb. s. 362 f. zu beurteilen. *uo* + nas. ist gleichfalls wie *ei* + nas. zu *ǫ͠ə* geworden; Birlinger wittert „niederrheinisches gepräge", vgl. Lobgedicht des buchhändlers Haselberg aus Reichenau auf die stadt Cöln in den Annalen des hist. vereins für den Niederrhein XLIV, s. 171 (Nörrenberg). Weitere Belege sind Ingold *tayrhait* (torheit) 54, 20 und ebenso zu beurteilen *frainleib* (= frōn-) 52, 8. *raych* (roh) 63, 2. urk. Augsburg

1405 *tainprost* neben *tůmprost* D. Reichstagsakten II, 662 f. Bereits 1326 urk. *haint* (d. i. hōͤnt) 3. pl. präs. haben; 1340 *hain. hain wir. gehain. ich hain*, vgl. *haint* cod. herm. 24. Häufiger sind diese schreibungen in der Heidelberger Tristranths: *sain* (sühne). *taind* (thun). *raym* (ruhm). *staind* (mhd. stuond), vgl. Engeltal 1421 *tain* (thun).

Anm. 3. Mhd. *ei (ai)* erscheint in *ǫlf* elf, *hǫlgə* heiligenbilder als *ǫ*, aus *ǫə* reduziert.

§ 93. So übereinstimmend in den normalisirten ausgaben mhd. texte die schreibung von mhd. *ei*, einerseits = germ. *ai*, andrerseits = ahd. *-egi-* durchgeführt ist, so streng sind beide laute gerade auf schwäbischem boden gesondert zu halten. Dem secundär aus *-egi-* entstandenen diphthonge entspricht nicht *ǫə* (= germ. *ai*) sondern *ae*: *saešt*, *saet*, *ksaet* (mhd. seist, seit, geseit) sagst, sagt, gesagt; *traešt*, *traet* (mhd. treist, treit) trägst, trägt; *aedęks* (ahd. egidehsa, mhd. eidehse) eidechse; *maedle* (mhd. meitlin) mädchen, *mẹ̄dle* ist aus fremder, fränk. mundart eingedrungen, vgl. bereits in der Zim. chron. und den alten volksliedern *medlin*.

Anm. 1. In den schwäb. denkmälern ist dieser diphthong denn auch von dem ältern consequent geschieden, indem derselbe allgemein nicht durch ai (vgl § 91), sondern durch *ei*, *(aei)*, sehr selten *ai* widergegeben wird, vgl. ZBR *vfgleit. leitust* (posuisti) doch auch *gilait*, *vorgisait*. urk. Ulm *vorgeseiten*. 1293. 1295. 1297. Augsburg 1295 *saeit ich. gesaeit. saeiten*. Reutlingen 1307 *leitan*. Horb 1295 *widerlait*. 1305 *unversait*. Horb 1338 *angeleit*. 1383 *seitten;* im Herkommen *seytt*. (aber *ze layd* etc.); Ulm 1428 *beseit*, D. Reichstagsakten IX, 158; *seit* s. 134. *sͤeit* s. 205. Augsburg 1429 *seit* a. a. o. s. 339. In den Weingarter predigten ei in *seit. treit. angeleit*, gegen ai in hailigen etc. (*sait* bei Pfeiffer in no. XII ist druckfehler, dagegen steht in der 2 predigt *saite; seist. treist. geleit* : *ain* etc. cod. phil. et theol. 54 no. 68: *geleyt. verseyt*. no. 72: *geleit. seit*. no. 74: *geseit. leiten*. cod. bibl. 33: *seit*. etc. cod. poet. et phil. 23: *treit*. cod. theol. et phil. no. 11: *geseyt* (: *gesagt*). no. 45: *seit. geseit. leiten* no. 144: *seit. geleit*. no. 184: *leyt. geleit. treyt. seit*. cod. herm. 24: *treist. seit*. cod. med. 15: *geseit* etc. Im reim gebunden, aber in der schreibung auseinandergehalten sind die belege aus cod. ascet. 86: *frazhait : saeit* cod. breviar. 55: *tret : berait. miltikait : geseit. frashait : widerseit* (ebenso andere substant. auf *-hait*). *torhait : vertret*. etc. *treit. seit*. cod. ascet. 207: *treitt. geseyt*. u. a. Lied von Zolre: *geleit. seit*. u. a. (nur unter sich reimend) Mörin: *leit* (legt): *ayd* 379. *aid : fürgeleit* 1911. *seit : underschaid* 3511. 5625. *geseit : geleit* 5547. In dem liederbuch der Hätzlerin sind wiederholt die betreffenden wörter nur unter sich gereimt: *trait : gesait*

4, 31 *gesait : gelait* 64, 2. *gelaitt* : *saitt* 113, 5 (doch *gesait : laidt* 90, 163. *anlaitt : gemait* 262, 243), vgl. auch die schreibung *ä* (§ 91, anm. 1) *gesätt* : *trätt* 170, 209 ebenso bei Mynsinger *trätt.* s. 5. 90. *geiaid* (jagd) s. 89; bei Ruland *getædingt* s. 12. vgl. dazu Fischer, Zur gesch. s. 16 f. Weinhold, bair. gram. s. 54. In Grieshabers predigten 73 ff. *furgeleit. geleit.* (aber *hailegun* etc.), gewöhnlich indessen *léti. gesét. sétun;* in dem ostschwäb. cod. bibl. 35 *set. tret*, ebenso cod. theol. 5. Im Georgsspiel: *du traist*: *er haist.* 181. *gesait : lait* 183, aber *gelait* : *gesait* 185. *treit* 182. Reimchronik *seidt*: *hingeleidt* s. 472 sowie die übrigen § 66 anm. 2 aufgeführten belege, vgl. handschriftlich Tristrant: *geleit : beclait.* ebenso *geseit* : *maid. geseit*: *clait* (klagt). Das problem behandelt im zusammenhang H. Fischer, Zur geschichte des mittelhochdeutschen, progr. von Tübingen auf den 7. märz 1889. Die betr. formen mit *g* sind vor dem 15. jh. selten, beachte Reimchronik s 190 *glegt* : *erschreckht.* cod. med. et phys. 29: *gelegt. sagt. legt. tregt.*

Rugge bindet im abgesang 96, 25 ff. *treit : seit;* zudem durch satzpause von dem in derselben strophe sich findenden *sælekait* : *gerait* getrennt, so wenig wie bei Meinloh von Sevelingen findet sich eine directe bindung *-egi-* zu *ei*, diese thatsache entscheidet ohne weiteres gegen Erich Schmidts versuch Reinmar 184, 18 ff., woselbst sich *leit* : *bereit : seit* finden, Rugge zuzuweisen (Reinmar von Hagenau und Heinrich von Rugge s. 59 f.), vgl. auch 191, 31 *breit : leit : seit* a. a. o. s. 68 f. Gottfried von Neifen reimt *seit : geleit*, dagegen in dem gedicht 23, 8 ff. (Haupt) *hingeleit : dast leit* unter lauter rührenden reimen; Uhl, Unechtes bei Neifen s. 178 ff. hält das lied 38, 26 für unecht, bestätigen könnte dies der reim *heide : meide : reide*, ebenso *treit* : *gemeit* 43, 27 (Uhl s. 137 ff.), doch findet sich auch an anderer stelle *reide : meide.* Winterstettens leiche binden die verschiedenen *ei* nicht, dagegen in den liedern: *arebeit : treit.* 18, 28. 25, 3. *herzeleit* : *treit* 24, 23 *kleit : treit* : *herzeleit* 26, 6. *breit: kleit : an sich geleit : ist geseit* 22, 5. *breit* : *kleit* : *treit* 38, 7. *verseit* : *treit* : *leit* : *kleit* 63, 29. *leit* : *breit* : *geseit* 67, 8 doch auch *geleit* : *verseit* 31, 33, man vergesse aber hiebei nicht, dass Winterstettens reime auch sonst von der mundart abweichen; *angeleit* : *breit* : *kleit* etc. beim Schulmeister.

OU.

§ 94. Mhd. *ou* (germ. *au*), dessen lautwert für unsere gegenden als *ǫu* anzusetzen ist, hat sich zu *aǫ* gewandelt (vor nasalen zu *ãõ*), in der verbindung *ou* + *m* ist *ǭm* (*õm*) entstanden. Die schreibung *ou* ist durchaus die regel; ostschwäbisch *au:* Augsburg urk. 1280 *kaufft. Auspurger. ouch.* 1282 *auh. Baumgarte.* Ulm 1295 *auch. kauffes.* 1297 *cauft.* 1299 *kaufenne. auch*, ebenso Augburger stadtrecht von 1276, Hätzlerin etc. vgl. Kolross, enchiridion (Müller, quellenschriften s. 70): doch schrybt man an vil enden (vnnd sonderlich in Schwaben) *au* da andere tüdtschen *ou* schryben. Die älteste form des diphthongs ist *au:* Laimaugavvilare 769. Linzgauuia 771. Uuolalaup 778. Uuitigauuuo. Linzgauginse. Auuuo 790. -gauuue 805. 817. 820. Laubia 820 u. a. doch schon Louphaim 778. — gouwe 938. Hohenouwa 938. Loufen 1003. Die alten glossen aus Weingarten: zaupargascrip. Augsburger glossen: ni uircoufa. bitrouch. armbouch. zoubar. glouuar. wie *e* für *ei*, so begegnet hier bereits pinpom (= *ou*). Prudentiusglossen: touuegun. ovgivanvn. Zwiefalterglossen: choufscalg. armbouga. troumrechare. soum. surougker. in loubin. heribo^v^chan; mit *o͘* (wie *o*^v^ für *uo*) pv̊chinin (nutibus). firzv̊birota (fascinauit), beachte strv̊min *l* hellestromin. Dieselbe orthographie in Weingarter glossen B: suomare. gesuomi. chuofan. lůba. halsbůch. armbůch. sagabům; sons t*ou:* houbet. wechelterboum. armpouga. louba. bego^v^golota. o^v^csalbe (al. ogilsalbe); *o* für *ou* bieten ferner die Schletstädter glossen: chofit. tokina. hobit; umgekehrt folougi (al. fologi) raritatem; im übrigen *ou:* firlouginta. choufan. ougpente etc. Im Weingarter reisesegen bereits frauwi; im Schwäbischen Verlöbnis: frovwen und ebenso *ou* für *ū* vgl. § 82 anm. Fernerhin wird die schreibung *o*^v^, *o* für *ou* sehr häufig, so dass volle übereinstimmung mit etym. *ō* herrscht, vgl. § 80 anm. 1. z. b. cod. phil. et theol. 54: *och erlobt. hobt.* no. 68: *hopt.* no. 72: *globend.* no. 74: *globen;* häufiger ist *ö*, *ȯ* z. b. cod. theol. et phil. 17: *husfrö. ögen: ogen* (ebenso *töd. blöss. grōss* u. a.).

1) *ao* (mhd. ouch) auch; *haobə* (mhd. houwen) hauen; *ao* (mhd. ouwe) au, vgl. *Innaop̣* urkundl. *Immenouwa* u. a. Imnau ortsn.; *aok̇* (mhd. ouge) auge; *k̇aofə* (mhd. koufen) kaufen; *laofə* (mhd. loufen) laufen; *k̦laobə* (mhd. gelouben) glauben; *frao* (mhd. vrouwe) frau; *šaop̣* (mhd. schoub) strohbüschel; *šlaof* (mhd. sloufe) schleife; *daop̣* (mhd. toub) taub; *daogə* (mhd. tougen) taugen u. a.

2) *bōm* (mhd. boum) baum, ebenso *bōwol* baumwolle, davon abgeleitet *bōwile* aus baumwolle gemacht, vgl. *bonwol* bei Ulr. Krafft; *trōm* (mhd. troum vgl. tram, tramet cod. med. 15) traum, davon das verb. *trōmə* träumen; *sōm* (mhd. soum) saum; *tsōm* (mhd. zoum, zom im Herkommen) zaum; hieher gehört auch *štrōm* (vgl. mhd. stroum, ahd. stroum, anord. straumr) strom, welche lautform in die schriftsprache gedrungen ist; möglicherweise ist ebenso *rō, rōm* rahm zu beurteilen nach ags. *ream*, mhd. *roum*, danach müsste mhd. *râme* als „umgekehrte schreibung" gelten, da *â* + nas. gleichfalls zu *ō* geworden war (vgl. auch die schreibung *strâm* für strom Beitr. XI, 300. Augsburg 1429 *Reinstrûm. Reinstram* (D. Reichstagsakten IX, 339), vgl. *sûmig* Ulm 1423 (ebenda VIII, 264); *stram* häufig in der Reimchronik des Küchlin städtechron. 4, 333 ff. *strum* (strom): *zun* in Metzen hochzeit, Lassberg, Liedersaal III, 404, 245. Weinhold s. 79 *bame, zam*). Ferner ist in der mundart mhd. *û* + *m* mit *ou* + *m* zusammengefallen: *dōmə* (mhd. dûme) daumen; *pflōm* (mhd. pflûme, lat. prunum; mhd. phlûme, lat. pluma) pflaume, flaum; *frsōmə* (mhd. versûmen) versäumen; *rōmə* (mhd. rûmen) räumen; *šōm* (mhd. schûm) schaum; [alem. bair.-schwäb. *gōmə* (mhd. goumen) hüten]. Alle bisher genannten wörter haben neben dem langen vocal kurz *ǫ*, also *bǫm*, *sǫm*, *dǫmə*, *pflǫm*, *pflǫmə*, *frsǫmə, əusrǫmə, šǫm [gǫmə]* u. a. Diese kürzung ist sekundär. Weinholds, al. gr. s. 43. 50 aufgestellte meinung, germ. *au* sei auch vor *m* wie vor den dentalen zu *ō* geworden, ist durch die überlieferung nicht gestützt und erklärt die heutigen zustände nicht, denn gerade dann wäre *ąǫ* zu erwarten.

Ich glaube vielmehr, dass die reduktion des diphthongen ganz dieselbe ist, wie wenn mhd. *â* + nas. durch *ąǫ* neben *ǭ* vertreten ist; der grund dafür wird sich bei den quantitätsgesetzen ergeben.

Anm. 1. Unter diesen gesichtspunkten sind die von Grimm Gr. I, 298 (neudruck) gesammelten reime *û* + *m* : *ou* + *m* zu betrachten; so erledigt sich auch die schreibung *schoum* für schûm u. a. vgl. Weinhold mhd. gr. s. 72. 76.

Anm. 2. Auch im alem. ist diese eigenartige entwicklung eingetreten, vgl. Stickelberger s. 55. Pfeiffer, Freie forschung s. 124.

Anm. 3. Im ostschwäb. (bair.-schwäb.) ist mhd. *ou* (auch vor nicht-nasal) zu *ǭ* geworden, vgl. Birlinger Augsb. wb. s. 361; Bavaria II, 2, 816; Ellwanger oberamtsbeschr. s. 189.

Anm. 4. Der nachweis dieser reducirten formen ist mit schwierigkeiten verknüpft, weil nach § 80 anm. 1 der lautwert von *ō* resp. *ā* nicht einheitlich bestimmt ist. Sicher scheinen mir zu sein folgende belege aus Steinhöwels Aesop, in welchem etym. *ō* besonders häufig durch ou vertreten ist (§ 80 anm. 1), die hierhergehörigen fälle aber mit o geschrieben werden: *som* (imp. säume) s. 41. *böm* s. 78. *nestbom* s. 95. *schomend* (schäumend) s 99. *getromet* s. 47. *versomnus* s 54. *somet* s. 321. *zom* s. 143 = *zam* s. 129, doch auch *traum. getraumet. boum* Zu beachten sind die reime bei Mone, schauspiele II, 134 (a. 1494) *sūmen :kummen. komen* : *samen* (säumen). *fürkumen* : *versumen*, welche in *ǒ* zusammenfallen, vgl. urk. 1421 *summen*. 1501 *versumpt*. 1510 *ongesompt;* und in der Reimchronik *vernomen : somen* (säumen) 111. *komen* : *somen* 115. In der Mörin wird nach *tromen* 3245. *zom* 5211, *kraum : traum* 483 vielleicht als *krǒm* : *trǒm* zu interpretiren sein (vgl. § 61, 2), mit kürze: *kumm* (kaum): *tum* 5457, vgl. Aesop s. 314 *kom* (kaum). Dasselbe gilt eventuell für Hätzlerin 29, 40 *traᵘm : nam gaum*, vgl. *chomt* : *versaᵘmbt* 252, 53. *traᵘmbt* (rtäumte) 6, 13. *saᵘm* (imper.) 20, 59. *daᵘmen* 25, 8. *paᵘm* 91, 207. *zaun : straun* (strom): *taᵘn* (gethan) 262, 216. Ehingen s. 27 *domen* (daumen); bei Ruland s. 16 *sawm*: 17 *sam*. Ingold 60, 11 *zam*. Georgspiel *sampt* 187; belege für *bom* sind ausserordentlich häufig, z. b. urk. a. 1483 *stellbom*. 1544 *öpffelbom. bierbom*. Zim. chron. *bom. pom. abrummen* I, 137, 9. Gleichbedeutend sind wohl auch die schreibungen im Tristrant: *somen* prät. *samte. sumnus*; daneben *raᵘmen : rumen*.

ÖU.

§ 95. Mhd. *öü* vertritt den umlaut von *ou*, das teils ererbt (= germ. *au*), teils erst durch die westgerm. konsonantendehnung aus *aṷ* + *i̯* entstanden ist (wie in mhd. *höü*, *göü* u. a.). Es ist anzunehmen, dass *ǫ̈ü* zu *ęi* geworden und von da aus sich zu dem heutigen *ae* gewandelt hat; an dieser entwicklung haben auch die mhd. *ęi* anderen ursprungs teilgenommen, vgl. § 66 anm. 2. § 93.

1) *daefe* (mhd. *töüfe, ahd. toufī, vgl. tæuffin Augsb. stadtr. s. 244. 259. Zim. chron. kindteufete. teuf, teufe. inf. deufen.), taufe vgl. *daefə* (mhd. töüfen) taufen: *štraebe*

(mhd. ströuwe) streu; *ƙaefr* (mhd. köufer) käufer; *fraeƭ* (mhd. vröude) freude; gehört hieher *kraele* in der formel *ikā ƙoə kraele mae* (d. i. ich kann nicht mehr) und ist zur deutung Aesop 1. 48. 258 *die füsslein krölet* (pedes pertractet) anzuziehen? *hae* (mhd. höu, ahd. houwi, got. hawi) heu; davon abgeleitet *haebət* zeit der heuernte, vgl *im hŏwet vnd in der ărnd* Engeltal 1421; *gae* (mhd. göu, ahd. gouwi, got. gawi) gau, gäu vgl. Reimchronik 138 *Zabergew: see* (d. i. sae § 72), *hew: mer (l. mae)* s. 108. *šaexə* (mhd. schöuchen, causat. zu schiuhen) scheu machen, ebenso verbalabstr. *šaexe; traebə* (mhd. dröuwen) drohen, Reimchronik *geseidt: getreit* (gedroht) s. 168, wie *gleidt* (gelegt): *zerstrewt* s. 165; *geseitt: verdeutt* (verdaut) Keller, Erzählungen 224, 28; *baekə* abgeleitet von *baokə* (ags. beacen, ahd. bouhhan) trommeln, pauken; *raebr* (mhd. röubære) räuber; *fraele* mhd. vröuwelin).

2) Vor nasalen tritt nach analogie von § 94, 2 *ẹ̄* ein: *bẹ̄m* sgl. *bōm* (mhd. böume, *bem, pem* bei Lexer glossar zu den chroniken 5, 451); *sẹ̄m* (mhd. söume) pl. zu *sōm* saum; *tsẹ̄m* (mhd. zöume) zäume, *abzemmen* Zim. chron. I, 293, 11; *trẹ̄m* (mhd. tröume); die zugehörigen verba pflegen dagegen nicht umzulauten.

Anm. Wie *o* vertreter von *ou* (§ 80 anm. 1), so wird für *öü* häufig *ö* geschrieben, vgl. zu den belegen aus der Reimchronik: *zerströt : gefröt* s. 159. Aesop: *gö. göu.* s. 38. *erzögen* s. 53: *bezöuget* s. 161. *lögneten* s. 46 (urk. 1334 *lögete*). *sögen* (säugen) s. 117. *iunkfrölin* s. 299. Mörin: *öglin* (äuglein) 2327. *verdöwet : erfröt* (l. *verdöut : erfröut* mit Martin) 2641. Ehingen: *fröd* (freude) s. 11. *zöcht* (zeigte) s. 12. *gezögt* s. 13. Zim. chron: *frölin* IV, 216, 18 al. *fröwlin*; *fröden* IV, 218, 3 al. *freud. leignen.* Im liederbuch der Hätzlerin entsprechend der lautentwicklung von *ā* (vgl. § 61, anm. 4) *erfrät. erfreut. fräden* freuden. *fräen : dräwen* 17, 38. *fräen: in dem mayen* 183, 19. *zersträen* zerstreuen, vgl. *durchwäht : durchsträt* s. 234. Ingold: *ungelåblich* (unglaublich) 25, 20. 30. *låffel* (läufer) 37, 26. Georgspiel: *ungeläbig* s. 190. *ö* ist aus *ŏ* entstanden vgl. Weingarter predigten: *frŏde.* cod. phil. et theol. 54: *frŏd. glŏbig.* no. 72: *frŏd.* u. a.

IE.

§ 96. Mhd. *ie* geht teils auf ahd. *ē*, teils auf ahd. *eo*, das mit *iu* in wechsel stand, zurück. Bereits im anfang der ahd. periode sind wahrscheinlich beide diphthonge zusammengefallen. Die entsprechungen der mundart sind demnach:

1) mhd. *ie* ist zu *iə* geworden: *fiəxt* (mhd. viehte) fichte; *fiəntl* (mhd. vierden teil) viertel, ebenso *fiər* vier; *siəx* (mhd. siech) siech; *biər* (mhd. bier) bier; *štier* (mhd. stier) ochse; *liədrlix* (mhd. liederlich z. b. cod. theol. et phil. 54); *liəb̥* (mhd. lieb) lieb; *hiə* (mhd. hie) hier; *liəxə* (ahd. liohhan, mhd. liechen) die flachsstengel aus dem boden rupfen, vgl. Alem. II, 265; *liəxt* (mhd. liecht) licht; *šiər* (mhd. schiere) beinahe; *kriəbə* (mhd. griebe) reste von ausgeschmolzenem speck; *tsiəx* (mhd. zieche, ahd. ziaha aus griech. θήκη) bettüberzug; *briəf* (mhd. brief zu lat. brēvis) brief; *diəb̥* (mhd. dieb); *biəgə* (mhd. biegen); *siədə* (mhd. sieden); *siə, diə* (mhd. sie, die; *šiəkə* (zu mhd. schiec) schief gehen.

2) Vor nasal ist mhd. *ie* zu *ẹ̃ə̃* gewandelt: *nẹ̃ə̃mə̃t* (mhd. nieman) niemand; *nẹ̃ə̃nə̃* (mhd. nienen, vgl. Weinhold al. gr. s. 240 f.) nirgends; *kẹ̃ə̃* (mhd. kien) kien; *dẹ̃ə̃nə̃* (mhd. dienen) dienen. Das alter der nasalirung lässt sich nach den schreibungen *ie* vor nas. für etym. *ẹə* § 70 bestimmen.

Anm. 1. Nordschwäb. ist für *šiəkə* (s. o. 1.) *šẹ̃ə̃kə* üblich; ebenso wenig klar ist mir die nasalirung in dem formelhaften *hẹ̃ə̃tsə*, *dẹ̃ə̃tsə* (diesseits, jenseits) einiger nachbarorte von Horb, in Tuttlingen *hẽə̃ts*, *dẽə̃ts*; *hẹ̃ə̃tsə* möchte ich am ehesten auf mhd. *hiezuo (vgl. verbindungen wie hie ze heime u. a.) zurückführen mit „spontaner“ nasalirung, *dẹ̃ə̃tsə* (= mhd. *da zuo) hat sich ihm nach rein „lautlicher“ analogie angeglichen (vgl. ahd. *hinont*, *enont*, in der Zim. chron. *hienzu*, *hiendurch*; in Balingen *hẽə̃nə*, *dẽə̃nə*, Rottweil *hẹ̃nə*, *dẹ̃nə*).

Anm. 2. Über *iə* aus *i* vor *r* vgl. § 75, anm. 1.

Anm. 3. *dẽə̃št* dienst kann nicht auf mhd. dienst zurückgeführt werden; ob ein ahd. mhd. *diunist, *diunst (oder nicht vielmehr *dēnst* vgl. *dēmüetic*) vorauszusetzen ist mit altem suffixablaut (*o* : *i*), ist nicht sicher. *deinat* = gedient findet sich auch in dem colloq. spons., Al. VIII, 84 f. Aesop s. 64 *denstbarkeit* neben *dienstbar*. *denst* Mone, schauspiele I, 143, cod theol. et phil. 5. Vgl. nordschw. *dẽnšt*.

Anm. 4. Nur noch restweise kennt die mundart: *iəts* (mhd. ietze) jetzt und *iədr* (mhd. ieder) jeder. Keller im Kgr. Württemb. II, 1, 168 bemerkt: „in einzelnen eigennamen spricht das volk noch das alte *ie* : *iətəburg*, *iətəhausen*" (officielle schreibung dieser ortsnamen je-). *iəsẽŋə* (officielle schreibung Jesingen).

Anm. 5. Die älteste form des diphthongs ist *eo*: *Deothado. Uuolfleoz* 752. *Theotbald* 769. *Deotperdi* 771. *Teotperga* 776. *Deotuino* 778. *Deotholt* 782. *Reothaim* 786. *Leodrabach* 786. *Deotingun* 786. *Teotingas* 792. *Teotinga* 793. *Deoto* 797. *Deotburga*. *Deotperti* 802. *Deotlind* 803. *Theothart* 839. *Theotpert*. *Theoterat* 868. u. a. [*eu* in *Teutolfo*. *Teutrude*. *Teuteario* 772. *Teutberto* 773]. Die alem. *iu*- regel (Braune ahd. gram. § 46) vor *i*, *u* oder labial resp. guttural gilt auch fürs schwäbische: *Liutgerus* 758. *Liutrades* 769. *Leubo*. *Leupagde* 772. *Leutberto*. *Leutpaldo*. *Leubino* 773. *Liuphilda*. *Liupuuara*. *Liutolfi* 786. *Riutilinga*. *Liutberti*. *Liutprandi* 790. *Liubilo*. *Liuparat* 797. *Herliup* 809. *Manaliub* 838. Für die entwicklung des aus *ē* entstandenen diphthongs ist das material der natur der sache nach spärlich, vgl. *Welandi* 772, im folgenden sind die fälle nicht mehr zu scheiden. Weingarter glossen: *liupliho* aber *uuinileod*. Augsburger glossen: *liub*. *fleozze*. *cheosinte*. *in cheolon* (trieribus). *hintergriogigi* (tergiversatione). *niot*; auffallend *ei* für *ie* : *neiron*; *e* in *eringrez*. Prudentiusglossen: *miose*. *iouvederemo*. *liubi*. Zwiefalter glossen: *stiufmůter*. *tiuffi*. *liuba*(?) aber *neorin*. *eringreez* (l. *-greoz*?). *steokila*? *meoter*? *kiweorota*. *firmeotton* neben *uirmietton* (locauerunt), ebenso jüngeres *ie* in *chielon*; beachte *zeagal*. In den späteren Weingarter glossen wohl durch schreibfehler (s. o) *missenezen* abutamur; merkwürdig ist aber die fernere übereinstimmung mit den Augsburg. glossen in *ei* für *ie* : *zeirda*. *steinzun* (l. steizzun). *greizin*. *speigela*. *cheil*. *zeigal*. *breiuelin* (vgl. *ou*, *o*ᵛ für *uo* derselben hs.); *rietachil* (saliunca). *spienent*. *chiel*. *underbrieuida*. *dienestman*; aber *hundefliuga*. Besonders stark vertreten ist *eo* noch in den Schletstädter glossen: *uuinileod*. *cheosindo*. *ueo*. *fleozze*. *theochscenchil*. *uzskeoth*. *eowederhalba*. *neorin*. *deozzint*. *fleod*. *irkeozzint*. *reotachil* u. a. daneben *io* : *dionot*. *piost* (lac novum). *liodirsazo*. *einfeori*. *umbifiort* (circumferantur)? vgl. Zsfda. 5, 322. *ie*: *wiegun*. *hinderchriegi* (tergiversatio). *rietgras*. *mies*. *thiech* u. a. *stiefmůter* aber *stiuphater*. *kiliube*. *liublicho*. *tiuffer sněo*: *vntieffiv furch*. *chiesent*. *chiesin*: *chiusist*. *lancsiuht*; *e* in *pitrekin*. *widirchregi*. Noch im Augsburger stadtrecht von 1296: *diupstal*. *diuppinne*. *diublich*. *diubiges*, aber *diebe* neben *diube*. Urk. 1326 *stůfmůter*. *důpstal*: *diep* cod. theol. et phil. 54. *diepstal* no. 74 u. a. Die zwischenstufe *io* ist sehr selten: *Stiozaringaz* 776. *Diotinco* 786 neben *Diadoldo*. *Dietolfo*. *Thiotfrid*. *Thiotburuch* 838; schon 834 *Rietheim*. *Thietinga* 882. *Dietfurt* 1099. *Diezenhaldun* 1100.

UO.

§ 97. Mhd. (ahd.) *uo* ist die diphthongirung von germ. *ō*, die lautung im schwäb. ist *uə*, nasalirt *ọə̃*.

1) *fuəs* (mhd. vuoȝ) fuss, aus dem (alten) konsonantisch flektirten dat. pl. mhd. vuoȝen ist gebildet *fuəsnət* fussende am bett; *tsuə* (mhd. zuo) zu; *tswuə* fem. (mhd. zwuo, vgl. ZBR. *zven brůder: an mile odr zvo. zven roche vnd zvo cappin.* Georgspiel s. 176 *zwuo töchter.* Aesop s. 51 *zwuo suw.* Mörin 1928 *rwo: zwo* 2363 *darzuo: zwuo*) zwei fem.; *kruəbə* (mhd. geruowen) ruhen; *muətr* (mhd. muoter) mutter; *duəšt* (mhd. tuost) thust; *kəuek* (mhd. gnuog) genug; *wuər* (mhd. wuor) wehr (ablaut wōr-, war-; alter os/es-stamm vgl. *wier* Schmeller II, 980 f. u. a.); *buəbə* (mhd. buoben) buben; *štuəl* (mhd. stuol) stuhl; *guət* (mhd. guot) gut; *fuətr* (mhd. vuoter) futter; *suəxə* (mhd. suochen) suchen; *wuəšt* (mhd. wuost) ungeordneter haufen; *bluəšt* (mhd. bluost) blüte; *ruəs* (mhd. ruoȝ) russ; *šuə* (mhd. schuo[ch]) schuh; volksetymologisch ist *ãomuəsə* (un + musse) ameisen umgedeutet vgl. *aumais* cod. poet. 30.

2) Vor nasal: *dǫə̃* (mhd. tuon) thun; *blǫə̃m* (mhd. bluome) blume; *hǫə̃* (mhd. huon) huhn.

Anm. 1. Nach den eigennamen im würtembergischen urkundenbuch ist bezüglich der schreibung des diphthongs im altschwäb. folgendes festzustellen:

In der 2. hälfte des 8. jhs. ist *o* nachweisbar: *Rotmundus. Rotperto* 752. *Mothari* 752. *Rotperti* 758. 785. *Rodulfo. Roding* 773. *Odalharto* 778. *hoba* 786. 799. 802. (*Rodpret. Rodker* noch 842.) Kurze zeit findet sich hierauf *oa*: *Hroadbertus* 763. *Roadharto. Moathelmus* 769. *Hroadhoh* 778. *Toromoatingun* 786 (*Tormuatinga* 793. *Dormuotinga* 1056). *Oadaluuart. Roadhohi Roadhelmus* 817. *Hartmoati* 838 und noch vereinzelter einige *uo*: *Uotmar* 770? *Ruodolfo* 772, dazu wohl auch *Routmanno. Huoldrich* 769? *Buoso* 786. (*Hruodininga* 836 vereinzelt). Die gewöhnliche form ist aber *ua* bereits im 8. jh.: *Tuato* 770. *Ruadingo* 778. *Hruadoni* 782. *Ruadker* 786. *Ruadprehti* 791. *Ruadger* 792. *Ruatfridi. Ruatmanni. Hruadheri. Uadalhart. Uadalrîh* 797. *Ruathart* 802. *Ruadingus* 802. 803 *Buachihorn* 839. *Ruadpert* 868 etc. In den glossen aus Weingarten (Ahd. gl. II, 82 ff) 8.—9. jh.: *sohunga. missauorum. uuotenter. ungavori. arhrorta.* Die aus dem ende des 10 jh. stammenden Augsburger glossen Germ. 21, 1 ff zeigen bereits *uo*: *irchuolant. zuoquemo. argluoit* etc. doch *cruannosate* (virides sationes); *uo* ist durchgeführt in den gleichfalls aus Ausgburg stammenden Prudentius glossen (1012—14) Ahd. gl. II. 478: *gruoni. huohc* etc. Zwiefalter glossen (11. jh.) Ahd. gl. I, 299 f: *gluotphanna. stiufmůter. můma* etc. doch beachte *tuilla. tuillilin* (heute *duələ*): aber auch noch *gitua*. Weingarter glossen (12. jh.) Ahd. gl. I, 303: *chuales. missitua*, gewöhnlich *fuoter. zithbuoch. ůhsina* etc.; hier finden sich auch häufigere o^v = *uo*: *bo^{v}hcstabon. frouges* (antelucani). *go^{v}tes. sto^{v}l* etc. vgl. urk. Rotweil um 1099: *Ro^{v}tmannus. Vlo^{v}rin. Vo^{v}zin. Ro^{v}dolfus. Cho^{v}no. O^{v}dalricus. Cho^{v}nradus. Bůchbahc.* Schlettstädter glossen (12. jh.) Ahd. gl. I, 727 ff: *kinůg. kituost. flůk* (aratrum) etc. (doch auch *woaffanti* limphatico more), wiederholt noch *ō* vgl. Zsfda. V, 321 *gnokint* suppetunt. *pflogis. stonte. spunniprodir, ua* in *tuahhon. dua. muatirra.* u. a. Prudentius glossen (12. jh.) Ahd. gl. II, 489 ff: *uohaldan. huota* u. a. Weingarter reisesegen (12. jh.) MSD² s. 11: *guotiu*. Schwäbisches Verlöbniss (13. jh.) MSD² s. 246: *hantscuohe. stuol. huot.* etc., weiterhin wird meist *ů* geschrieben, vgl. Weinhold s. 90; ebenda aus dem 16. jh belege für *ue*, doch schon Ulm 1308 *gesuechet. ungesuechet. wůr* (mhd. wuor) wehr. Ulr. Krafft *zue. stuel. fuess* neben *tuoch. rhuo. ruodern. zuo.* Zim. chron. *uo* seltener, häufiger *ue*. Zuweilen finden sich auch noch die formen o^v z. b. ZBR *gero^{v}chind. go^{v}ten* und ebenso wiederholt in dem fem. des zahlworts zwei z. b. Ulm 1307 *zwo^v* (l. *zwuo* so z. b. in der Augsb. chron. u. a. siehe oben). Weckherlin schreibt noch *gnuog. luog, kuo, verduot* u. a., ebenso die lieder von 1633. Auffallend ist die nicht seltene schreibung *o* für *uo* vor nasalen, z. b. *tŭn : son* (sühne vgl. sain § 92 anm. 2) Hätzlerin 149, 133. Ingold: *plomen* 20, 16 neben *plůmen* 20, 18. Georgspiel *rom* s. 188, ebenso Reimchronik s. 128, ebenda *blom. thon. rhom* (ruhm); ähnl. bei Ulr. Krafft. Ich nehme an, dass diese schreibung auf monophthongischer aussprache beruht, wie sie wohl im zusammenhang mit der kanzleisprache sich verbreitet hat und z. b. auch heute noch in sog. gebildeterer dialectform üblich ist. So erklären sich reime und orthographie der Mörin: *sun : tuon* (d. i. *sõ̃ : tõ̃*) 789. *stuond* (stunde) : *verwund* 693. *stuond : pfund* 5759. *stůnd : tuond* 3063. *dar von : des kaysers suon* 5276. 5359; auch Hätzlerin *tůn : won* 285, 17 dazu die schreibung *thon* (thun) bei Ehingen s. 5. 8 u. ö.; urk. 1479 *tond* (thun) u. a.

Anm. 2. Für die chronologie der nasalirung sind von wichtigkeit die „umgekehrten schreibungen" *ai* für *uo* vor nasal, da *ai* + nasal in der gleichen weise wie *uo* + nasal *ǫ̃* ergeben musste (also *thǫ̃* = *huon* = *haim*); daher die reime: Hätzlerin *tůn : hain* (heim) 252, 83. Reimchronik *plům : als ich main* s. 49. *blom : allain* s. 52. *hon : haim* s. 108. *thaim* (dom) : *dahaim* s. 111. Tristrant: *taind: bestůnd. tůn : raym*; vgl. bereits im Lehenbuch *hůnstiur* = *hainstiur. tůn : haim : gemain* v. Liliencron, volkslieder III, 195. Siehe oben § 92 anm. 2.

UE.

§ 98. Der umlaut von mhd. *uo* ist im schwäb. zu *iə*, vor nasal zu *ę̃ə* geworden:

1) *kriəft* (mhd. gerüefet) gerufen; *miəs* (mhd. müeʒe) er müsse; *k̑iə* (mhd. küe) kühe; *biəxr* (mhd. büecher) bücher; *niəxtr* (mhd. nüechtern) nüchtern; *k̑iəxle* (mhd. küechelin) küchlein; *p̑iədə* (mhd. behüeten) behüten; *šniər* (mhd. snüere schnüre; *miədr* (mhd. müeder) mieder (mhd. muoder: müeder wie oben § 97, 1 *wuər : wier*); *friə* (mhd. früeje) früh; *wiəšt* (mhd. wüeste) wüst, hässlich vgl. Zarncke, Narrenschiff s. 407, 58; cod. theol. et phil. 195: *das sind gar wüst leute; priə* (mhd. brüeje, flaischbrü Aesop s. 221.) brühe; *kriəbix* (mhd. gerüewig) ruhig; *priəl* (mhd. brüel) flurname; *k̑iəfr* (mhd. küefer) küfer; *driəs* (mhd. drüese) drüse; *kmiəs* gemüse; *bliə* (mhd. blüejen) blühen; *miət* (mhd. müede) müde; in folge des zusammenfalls im präsensvocal bei verben wie *šiəsə* (schiezen) und *biəsə* (büezen) konnte auch zu letzerem ein part. prät. *bǫsə* (gebüsst) gebildet werden u. a.

2) Vor nasal: *kr̨ę̃ə* (mhd. grüene) grün; *hę̃ər* (mhd. hüener) hühner; (*hę̃ənə̃* tönen, heute, wie es scheint, nicht mehr lebendig geht auf mhd. **hüenen* ahd. **huonen*, die nicht zu belegen sind, zurück, es steht im ablautsverhältnis zu lat. *cano* und zeigt dieselbe stufe wie mhd. *huon* huhn vgl. Kluge, etym. wb. s. 126 f.).

Anm. 1. Die urkunden geben den umlaut durch *ů*, *ü* wieder: Esslingen 1292 *hůnre*. 1430 *fürend*, ebenso 1440 etc. *ie* für *üe* urk. Augsburg *pfriendt* 1288. *folluierend* 1439. *gieter*. *gietern*. *widerriefen* vor 1465. Engeltal *wiest* 1483. *gietter* (mhd. güeter) güter. *mieh* (mhd. müeje) mühe 1513; und 1530 als „umgekehrte schreibung" *füertel* (mhd. viertel). *abgüeng* (abginge), vgl. Weinhold s. 88. 90.

Sehr beliebt ist in älterer zeit die schreibung *ue*, *ů* für die umlautsform von *uo*, so z. b. in der Mörin: *suess*. *fuess*. *pfruend* : *tuond* etc. Ruland: *fůssen*. *behůten* etc. Vgl. hierzu Seb. Helber, syllabierbüchl. ed. Roethe s. 33 f.: Jene wörter, die ihren ursprung haben aus den wörtern, welliche mit *uo* oder *ue* gedruckt wẹrden, die werden von Donawischen und Höchst Reinischen mit *úe* (d. i. üe) ausgesprochen vnd gleich wohl nit allzeit also sonder auch also *ů* gedrucket. Analog der schreibung *o* für *uo* (§ 97 anm. 1), begegnet *ö* für *üe* vor nas.:

Hätzlerin *plömlein* 9, 17. 36, 13. 19: *plümelein* 76, 44. *grönem* 15, 58: der reim *gröne : schöne* 82, 7 (bekanntlich häufig bei Hans Sachs z. b. Keller V, 178, 7) bestätigt schriftdeutsche monophthongische aussprache (vgl. § 97, anm. 1). Georgspiel *könner* (kühner) s. 185. Mynsinger *grönen* 41. *grön* 42. Ehingen *stönde* s. 8. Vgl. Reimchronik *grenes* (grünes) s. 53 neben *griens* s. 54. Ruland *grien* s. 17, 20. *grin* s. 26. Handschriftlich bereits Tristrant *sȯn* (sühne). *könen; kůn. versůnen : kůne* (ebenda *komer* kummer).

Anm. 2. Belege für entrundung des diphthongs sind in den denkmälern häufig: zuerst in Grieshabers pred.: *riement* s. 87. 90, ferner im Lehenbuch : *an dem grienen donderstag*; in den Augsburger chroniken von 1126—1445 (vgl. Lexer glossar): *fiessen. gieter. hiettet. pfriend* (bereits urk. 1288.). *rierig. grien. miest. stiend. schlieg* etc. Ingold: *kienlich* 27, 17. Georgspiel : *riefet. miessen. betriebt. fiessen. kie. mieterlein.* Hätzlerin umgekehrt *rümen* (d. i. *riemen*) *: nyemant* 218, 33 (vgl. *niemen* Ruland s. 19). Bei dem Augsburger Schneider: *sich fiegt : kriegt. wiet* (wütete) : *geriet. gietter.* In Keller's erzählungen s. 222 ff (a. 1524) *gefüegt* : *kriegt. embietten* : *hietten.* Mone, schauspiele II, 131 ff (a. 1494): *gemiet. behiet. griess. brieder. fiess. betriepten. rierent. biecher. fiessen* : *schliessen. verfierer.* Aesop: *zůfiegen* s. 64. *hiet* s. 338. Mörin: *gestüel : kiel* 813. *gestiell*: *kiel* 863 *schlueg : krieg* 4531. Mynsinger: *vf den hyetten* s. 94. Ehingen *mie. gieter. mieste. betriebt. ieben. verviegt* (verfüegen). *frieling. gemiet. verhiet. miessig. brieder. fieren. siessisten. frie. unriewiger. geschüebt* : *fischschiepen.* Ulr. Krafft: *grienen. gefüel. auffhüelt. lüesz. miessen. miede. tiechlein.* Reimchronik: *brieder. hie : prie.* etc. Zim. chronik *riefen. riewig. brie. fieren. hieten* etc. etc. Handschriftlich: Tristrant: *biess ich* 76ᵃ. *kienhait* 127ᵃ. *miessent. biechern. ain wiest ellend wyss* cod. theol. et phil. 68. *versien* (versöhne). *hieter* (hüter). *der siben rief* (rufe) cod. breviar 12. *tiechern. hietten* cod. med. 5. cod. breviar. 55: *ich fier. pliempt. betriepten. sies. giettich. bliemlen. grien.* cod. med. 15: *gemiet. gemietes.* cod. med. 29: *kiellet. piecher. trieb. glieget* (glüht) u. a.

Anm. 3. Nach den opt. prät. der 6. ablautenden classe wie *farn : fůr: füere* (vgl. noch in Tuttlingen *grüöb. wüöš. trüök* s. oberamtsbeschreibung s. 162, woselbst weitere opt. prät. anderer ablautsreihen, vgl. auch Birlinger A. S. s. 193 Weinhold al. gr. s. 389) sind im ostschwäb. auch optative schwacher verba gebildet worden, vgl. *siek* sagte, *miex* machte. Der älteste beleg ist *schied* (schadete) bei Schade, Satiren und pasquillen I, 31, 143.

ÜBERSICHT DER ENTSPRECHUNGEN.

§ 99. Von dem heutigen bestande der mundart aus vereinigen die schwäb. stammsilbenvocale im einzelnen folgende laute der mhd. periode:

a = mhd. *ă* § 58, 1.
ã = mhd. *ă* + nas. § 55, 2.
ā = mhd. *ă* § 59, 3.
ā̃ = mhd. *ă* + nas. § 59, 4.
ę = mhd. *e* (aus *a*) § 65, 1, a. mhd. *ë* § 69, 3. mhd. *ö* § 84, 1.
ẽ = mhd. *e* + nas. § 67, 1. a. mhd. *ë* + nas. § 70, a. mhd. *i* + nas. § 75, 3, a. mhd. *ü* + nas. § 86, 3, a. mhd. *iu* + nas. § 87, 4.
ę̄ = mhd. *e* (aus *a*) § 65, 1, b. mhd. *ē* § 72, 1. mhd. *ö* § 84, 2. mhd. *œ* § 85, 1.
ę̄̃ = mhd. *e* + nas. § 67, b. mhd. *ē* nas. § 72, anm. 3. mhd. *ë* + nas. § 70, a. mhd. *i* + nas. § 75, 3, b. mhd. *œ* + nas. § 85, 2. mhd. *œ* + nas. § 67, b. mhd. *ü* + nas. § 86, 3, b. mhd. *öü* + nas. § 95, 2.
ẹ = mhd. *e* (aus *a*) § 66, 2, a. mhd. *ë* § 69, 2, a.
ẹ̄ mhd. *e* (aus *a*) § 66, 2, b. mhd. *œ* § 66, 2, c. nebst anm. 2. mhd. *ë* § 69, 2, b.
i = mhd. *i* § 74, 1. mhd. *ü* § 86, 1.
ī = mhd. *i* § 74, 2. mhd. *ü* § 86, 2. mhd. *iu* § 87, 1.
ǫ = mhd. *o* § 78, 1.
ǫ̃ = mhd. *o* + nas. § 78, 3, a. mhd. *u* + nas. § 81, 3, a. mhd. *ou* + nas. § 94, 2.
ǭ = mhd. *o* § 78, 2. mhd. *ō* § 79, 1.
ǭ̃ = mhd. *ā* + nas. § 61, 2. mhd. *o* + nas. § 78, 3, b. mhd. *ō* + nas. § 79, 2. mhd. *u* + nas. § 81, 3, b. mhd. *ou* + nas. § 94, 2.
ọ = mhd. *ā* § 61, 3, b. mhd. *o* § 78, 4.
ọ̄ = mhd. *ā* § 61, 3, a.
u = mhd. *u* § 81, 1. 83, anm. 2. mhd. *ū* § 82, 3.
ū = mhd. *u* § 81, 2. mhd. *iu* § 88.

əi = mhd. *ī* § 76, a. mhd. *i* § 77. mhd. *iu* § 87, 2.
əu = mhd. *ū* § 82.
aǫ = mhd. *â* § 61, 1, anm. 3. mhd. *ô* § 79, 3, a. 80, a. mhd. *ou* § 94, 1.
ãǫ̃ = mhd. *â* + nas. § 61, 1. *a* + nas. § 61 anm. 5. mhd. *ô* + nas. § 79, 3, b. 80, b. mhd. *ū* + nas. § 82, 2. *u* + nas. § 83.
aę = mhd. *ê* § 72, 2. mhd. *æ* § 85, 3. mhd. *öü* § 95, 1. mhd. *ei* (-*egi*-) § 93. mhd. -*æj*- § 66 anm. 2.
ãę̃ = mhd. *e* + nas. § 72 anm. 4. mhd. *ī* + nas. § 76, b. mhd. *ī* (+ *s*) § 76, c. mhd. *i* + nasal § 77. mhd. *æ* + nas. § 85, 4. mhd. *ü* + nas. 86, 4. mhd. *iu* + nas. § 87, 3.
iə = mhd. *i* (+ *r*) § 75 anm. 1. mhd. *ie* § 96, 1 nebst anm. 4. mhd. *üe* § 98, 1.
ǫə = mhd. *o* (+ *r*) § 78, 4. mhd. *ai* § 92, 1.
ǫ̃ə̃ = mhd. *ai* + nas. § 92, 2. mhd. *uo* + nas. § 97, 3.
ęə = mhd. *ë* § 69, 1. mhd. *ö* § 84, 3.
ę̃ə̃ = mhd. *ë* + nas. § 70, b. mhd. *ie* + nas. § 96, 2. mhd. *üe* + nas. § 98, 2.
ęə = mhd. *ö* (+ *r*) § 84, 3.
ǫe = mhd. *ai* § 92, 3.
ǫ̃ẽ = mhd. *ai* + nas. § 92, 3.
uə = mhd. *uo* § 97, 1.
ui = mhd. *iu* § 88.

KAP. III.

DIE VOCALE DER NEBENSILBEN.

§ 100. Von der entwicklung des vocalismus der ictussilben ist die der nebensilben d. h. der mittelstarken und schwachen silben streng geschieden (§ 5 f). Ausser der differenz an nachdruck und quantität, besteht auch eine solche der betonung (§ 7. 40). Daraus folgt, dass aus ursprünglich identischen qualitäten ein der klangfarbe nach gänzlich verschiedener laut entstehen musste, wenn in nebensilbe die nachdrucksverhältnisse niedriger, die quantität geringer, der musikalische ton höher war als in ictussilbe. Der hochton der nebensilbe ist in der mundart, was man gewöhnlich nebenton genannt hat, derselbe ist nicht an eine bestimmte stelle des wortes fixirt, sondern wechselt je nach der gruppirung der exspiratorischen icten im satzgefüge.

1) IN DER WORTCOMPOSITION.

§ 101. Es ist bereits § 39 anm. 2 hervorgehoben, dass der erste teil einer nominalen zusammensetzung den ictus trägt, dass aber der „nebenton" des zweiten glieds, weniger ausgeprägt an nachdruck als an tonhöhe, davon wesentlich verschieden ist. Es ist unrichtig, wenn Weinhold al. gr. s. 288 von einer „überhaupt vorhandenen neigung" spricht, den „zweiten compositionsteil zu betonen".

§ 102. Vom heutigen bestande aus zerfallen die composita in zwei categorien je nachdem der zweite bestandteil in seiner beziehung zum betr. selbständigen wort bewahrt geblieben, oder dem gedächtniss das bewusstsein der wortfügung entschwunden ist. In *markplats* marktplatz ist dem sprachgefühl die composition geläufig und es besteht enger anschluss an das simpl. *plats*. Es ist dagegen unmöglich, ein wort wie *fiəntl* viertel, in seine bestandteile vierden teil zu zerlegen, *fiəntl* wird vielmehr als einheitliches wort empfunden. Für die sprachgeschichtliche beurteilung ergibt sich daraus, dass die rein lautliche entwicklung der compositionsglieder nur in diesem zweiten fall eingetreten, dass für die erste categorie die entwicklung des simplex massgebend gewesen ist. Die zweite categorie ist demnach hier auszuschliessen, für sie gelten die gesetze der stammsilbenvocale vgl.: *hānəfuəs* (mhd. hanenvuoȥ) unkraut gegen *bǫrfis* (mhd. bārvuoȥ) barfuss; *wəinēxt* weihnachten gegen *fāsnət* (mhd. vasnaht) fastnacht; *mitāk* mittag gegen *mēdix* (mhd. mēntac) montag u. a.; ebenso hat sich durch anlehnung an *dāk* gehalten *waedāk* (mhd. wētage) eig. schmerz, jetzt zum fluchnamen geworden; *hаušuә* hausschuh gegen *hę̄ntšix* (mhd. handschoch) handschuh; *hǫpfәgātә* hopfengarten gegen *wę̄әrt* (mhd. wīngarte) weinberg; *faštәtsәit* fastenzeit gegen *haotsik* (mhd. hōchzīt) hochzeit; *šnitlaox* (mhd. snitelouch) schnittlauch gegen *knǭblix* (mhd. knobelauch) knoblauch, bei Birlinger A. S. s. 87 *schlittla* (= *šlitlә*) schnittlauch); *brāobę̄r* (mhd. brāmber) brombeere gegen *ęrpr* (mhd. ërtber) erdbeere u. a.

Weitere composita sind: *hā·ḳlatә* (mhd. hac einfriedigung und latte); *ę·lskmāx* (mhd. alleȥ und gemach) eig. sehr bequem, allmählich; *gę·ltšǭf* nicht trächtige schafe; *fīršpritse* feuerspritze; *ba·tsәšmęltsr* bezeichnung für einen verschwender; *hę̄·bk̄ętәm* haltekette vorn an der deichsel; *ę̄·lmāgә* (mhd. ölmagen) eig. ölmohn, mohn; *wīsbǭm* (mhd. wisboum) wiesbaum; *ę·wәil* (mhd. alle wīle) synon. *ę·lbǫt* immer; *ī·brtswęrx* (mhd. übertwerch) quer; *ra·otę̄ne* (mhd. rōttennīn) von der rothtanne; *krō·mbīr* (mhd. *grundbir) kartoffel; *mi·špę̄әl* mistgabel: *šu·ufǭḳl* uhu; *k̄u·ḳlfuәr* (mhd. goukelvuore volksetym. umgedeutet); *ę·šәkrǭ* aschgrau; *wę·trlǫәxә* (zu mhd. weterleich blitz) wetterleuchten; *mu·škәtnus* muskatnuss; *mā·gәwae* magenweh; *krō·nәwīt* kronenwirt; *mę·әtsәnęәpl* märznebel; *k̄iәbriәštr* erste kuhmilch nach dem kalben, vgl. Kluge etym. wb. s. 30. Schm. I, 1215; *ão·tsīfr* (mhd. unzifer) ungeziefer; *flō·mbęt* flaumbett; *ā·brtswәik* (mhd. aberzwīc) nebenzweig; *lę·әdrhǭs* lederhose u. a.

In der zweiten categorie alter composita ist das schlussglied vollständig in die entwicklungsreihe der suffixableitungen (§§ 104 ff) übergetreten; den process dieses vorgangs erläutert Paul, Principien der sprachgeschichte[2] 291 ff.

2) ABLAUTSERSCHEINUNGEN IN STAMMSILBEN.

§ 103. Innerhalb des sprechtakts (§ 4 ff) gruppirt sich um die starke ictussilbe eine anzahl nebensilben, die teils aus ableitungs- und flexionssilben, teils aus stammsilben bestehen, welche vermöge ihrer syntaktischen beziehungen sowohl als nachdrückliche wie als schwach accentuirte satzteile fungiren, die sog. en- und procliticae. Dieser wechsel in nachdruck und betonung beeinflusst die lautform dieser wörter und es entsteht ein lautwechsel der mit dem sogenannten ablaut wesensgleich zu sein scheint. Im schwäb. sind zwei gruppen vorhanden; die eine charakterisirt sich durch einen wechsel der quantität, ohne veränderung der vocalstellung. in der zweiten ist neben quantitativer differenz auch eine qualitative veränderung eingetreten. Die gebräuchlichsten fälle der mundart sind:

1) a. *'nā* : *'nap'* hinab.
'rā : *'rup'* herab.
wās : *wa* was.
ābr : *abr* aber.
wīdr : *widr* wieder, wider.
ībr : *ibr* über.
gẹ̄̃ : *gẹ* (mhd. gēn inf.)
wọ̄l : *wol* wohl.
sọ̄ : *sọ* so.
jǭ : *jǫ* ja.
nǭ : *nǫ* (mhd. nā) dann.
mǭ : *mǫ* (mhd. wā) wo.
fǭr : *fǫr* vor.
ūf : *uf* auf.
fọ̄̃ : *fọ̃* von u. ähnl.

b. *nãọ* : *nọ̃* noch (mhd. noh)
nãọ : *nọ̃* (mhd. nun) nur.
hãọ : *hǫšt, hǫt* (mhd. hān hāst), pl. *hõnt*.
lǭ : *la* (mhd. lā) lass imp.
'nəus : *dus* (mhd. hinūʒ : dā ūʒ)

c. *miə* : *mẹ̃* mühe (mhd. müeje).
miəsə : *mẹsə* müssen.
muətr : *mọtr* mutter.
mọ̃ə(n) : *mọ̃n* ich meine.
tsue : *tsu, tso* zu.
muəs : *mọ̃[mr]* muss (man).
kọə̃(n) : *kọ̃n* kein.
guəde : *gọdə* guten (morgen, abend).

Durch b) wird das alter dieser erscheinung bezeugt, wonach bereits vor der periode der diphthongirung ein wechsel zwischen länge und kürze bestanden haben muss; in c) ist reduction des diphthongs eingetreten.

2) *ī* : *i* : *e* ich.
miər : *mir* : *mər, mr, mə* mir, wir.
ẹər : *ẹr* : *ər* : *r* er.
siə, sī : *se* : *s* sie.

mī : *mi* : *me* mich,
ãōs : *ons* : *əs*, *is* uns.
dəu : *du* : *də* : *d* du.

diər : *dir* : *dər* : *dr* dir.
dī : *di* : *de* dich.
iər : *ir* : *ər* : *r* ihr.
əix : *ix* (*i* = *i* und = *ə*) euch.
sich : *se* sich.
ọɜn : *ẹ̃n* : *ən* : *ə*, *n* ein, einen.
ọɜm : *ẹ̃mə* : *əme* : *mə* einem.
ọɜrə : *ərə* : *rə* einer (fem.)
dǫ : *dǫ* : *də* (*dr*) da.

dę̄s : *dęs* : *əs* : *s* das, es.
ę̄̃m : *ẽm* : *ɜm* : *m* ihm.
iər(*ə*), *īrə* : *ərə* : *rə* ihr dat. sg. f.
ę̄̃n : *ę̃n* : *ə*, *n* ihn.
ẹ̄̃ne : *ẽn* : *ɜne*, *nə*, *n* ihnen.
dęər, *dę̄r* : *dęr* : *dr*, *də* der.
dẹ̃ɜm, *dẽ̄m* : *dẹ̃m* : *ẽm* : *m* dem.
dẹ̃ɜn, *dẽ̄n* : *dẹ̃n* : *də*(*n*) den.
dęərə, *dę̄rə* : *dęr* : *dr* der. dat. sg. f.
diə. *dī* : *de* : *də*, *əd* : *d* die.

Die erste columne enthält die **nachdrücklichen**, die zweite die **nebentonigen**, exspiratorisch mittelstarken, die dritte (vierte) die **unaccentuirten** formen; die differenz zwischen schwund des vocals und *ə*-stufe wie in *mər* : *mr*, *dər* : *dr*, *də* : *d* u. a. beruht auf einem unterschied von ton und nachdruck, der bedeutend geringer ist als der abstand von den nebentonigen bildungen, streng genommen darf nur die schwundstufe auf (absolute) nachdruckslosigkeit zurückgeführt werden.

Anm. 1. Die **enclitischen** formen waren bereits in mhd. zeit reducirt: z. b. *gruoz* : *tuoz* (= es) Rugge 109, 2. 4. *twanger* : *swanger* Neifen 17, 19. *wirs* (pejus): *mirs* (= mir es) : *dirs* Flore 1164 (anderes in der anm.). 5802 *genāhen*: *vāhen* (= vāhe in) 4276; vgl. Sommer zu 812 Lachmann zu Jwein 2112. 5428. *kusten* (= ihn): *brusten* Erec 5756. *mūoter* : *hūoter* (= ir) 10119 em. von Lachmann. *bruͦder* : *zu dir* Mone, schauspiele II, 199 (15. jh. Donaueschingen). *muͦter* : *tuͦt dir* Hätzlerin 260, 35. Grieshabers predigten: *wies* (wie es). *er wellz* (wolle es). *ins* (ihnen es). *wenners* (wenn er es). *sis* (sie es). *ingeganen* (ihnen entgegen). *so falt em* (ihm). *cerfuͦrtem*; beachte ferner *des wasser* s. 89 *des kindelin* s. 85. *dest* (das ist) s. 85. Urkundlich habe ich *des* (für das seit 1282 gefunden, vgl. noch *dermit* 1295. *sime* (si ime) Schwäb Verlöbniss; MSD[2] 238. 611.

Anm. 2. Bereits in der Zwiefalter benedictinerregel ist die reduction des diphthongs bei dem unbestimmten artikel *ain* nachweisbar vgl.: *an wenec* (paululum). *ans andirn*. *am andern*. *anieclicher*. *an vihe*. *an wrm nit an mensche*. *an glori*. *an salter*. *an lietkerze*.

als an vater. ani mazze winis. an anderz (aliud). *ă cappun vnd ă roch. ă matte vnd ă vilzi. au eltirn* (seniorem). *ă gast. ă ewart*; ebenso *nahanander. underanander.* Vgl. urk. *vnder anander* 1283 Tübingen. 1284 *mit anander. uf enander.* 1292. 1293 *mit enandir. zů unander* 1299. *mit anander* 1305. *anander* 1339. *mit anander* 1350. *mit enander* 1430; ebenso im Herkommen von Horb. Die schreibung *en, an* für *ain* habe ich in urkunden seit 1270 wiederholt getroffen. Dass diese *a, e*-schreibungen den reducirten vocal ə wiedergeben, wird unten gezeigt. Treffende belege liefert die schwäbische partie in Grieshabers predigten: *am man sin kint* (einem) s. 89. *an dages anar bredige. ans dages. foram alter. an engel. an gelichnust. an gelichsner. am iegelichen sunder. an ander kunc. an urkunde. an kint ald an man. dest* (das ist) *an schoen spruch* s. 85 (ganz ebenso heute im dialect); vgl. handschriftlich: *enander* cod. theol. et phil. 54. 74. 17. 144. cod. bibl. 28. u. a.

3) DIE ABLEITUNGS- UND FLEXIONSVOCALE.

§ 104. Dass hierunter auch einzelne isolirte composita zu behandeln sind, wurde § 102 bemerkt, ausserdem fallen hieher die mittelstarken und schwachen formen der en- und procliticae § 103 und die zweiten componenten der diphthonge § 89. Die endsilbenvocale des schwäb. sind: *i, ẹ, ẹ̃, ə, ə̃.*

Anm. Die nebensilbenvocale der lehn- und fremdwörter der mundart bleiben unberücksichtigt. — Ganz vereinzelt habe ich in Horb *a* der endung bei sehr ausgeprägtem nebenictus in *šẹlfats* obstschale (mhd. schelve) gehört, gemeinschwäb. ist auch hier durchaus *šẹlfəts* vgl. schäluetz *l* hülse cod. poet. 30. Im bair.-schwäb. sind nach Birlinger Augsb. wb. s. 358 superlative auf -ost erhalten?: zobergost zu oberst, untergost etc. vgl. auch A. S. s. 160.

§ 105. *i* der endung erscheint vor palatalem *-š -s -x (k)*:

1) für mhd. *i* in der ableitung *-iš* = mhd.-isch, vgl.: *šwẹ̄biš* (mhd. swæbisch); *wīdəbẹrgiš* württembergisch; *prəisiš* preussisch; *jīdiš* (mhd. jüdisch); *hǫrbəriš* in der art von Horb u. a.

Anm. 1. Teilweise liegt sicher mhd. *-esch* zu grund (*swābeschen* im Schwäb. Verlöbniss), doch vgl. Weinhold al. gr. s. 226 f.

2) für mhd. *ī* im flect. neutr. singularis des suffixes *-īn*: *buəxis* (mhd. *buochīnȥ) buchenes (sonst *buəxẹ*); ebenso *dẹ̃nis* zu mhd. tennīn, *šwẽ̄nis* zu mhd. swīnin, *wulis* zu mhd. wullīn wollen u. a. Ebenso im genetiv von eigennamen auf *-lẹ* (mhd. -līn): *šẹrtlis* (*həus* etc.), *rueblis* (sonst *šẹrtlẹ*,

raeblę) u. a. Nordschwäb. ist auch vor *s* durchweg *ę* üblich. Da nun in der mundart von Horb z. b. auch gebratenes > *prǭtis* (vgl. *bachus, baches* gebackenes in der Zim. chron.) lautet, darf *i* nicht als directe fortsetzung von mhd. *ī* betrachtet werden, sondern *i* muss unter dem einfluss von *s* secundär aus *ę*, *ə* entstanden sein.

Anm. 2. Die vorliegende lautform setzt die bekannte mhd. regel voraus, wonach -e hinter liquiden und nasalen in nebensilbe syncopirt wird, vgl. aus ZBR dat. sg. *aigem*: fem. *aiginr*; im Augsburg. stadtrecht von 1276: *līnim* (leinenem). *aichim*. *offem*; chroniken 5, 472: *schweinis*. *rinderis*. Analog zu den zahlreichen dat. sg. *mīm* (meinem) die allerdings auf unserem gebiet nicht nachweisbaren, wohl aber im benachbarten alem. häufigen proclitischen *mis* (meines) z. b. Weingarter liederhs. Aesop: *mit güldim sattel* s. 93. *vmb empfanges guot* s. 353. Mynsinger: *mit zerlauffem speck* s. 69. *mit sweinym smaltz* s. 73. *alsvils sweinis speks* s. 72. Reimchronik: *aiges lob* s. 106. *seide wat* Schade, Satiren I, 31, 139. *haidisch* : *hädinisch* Ehingen s. 17. 21. u. a. Handschriftlich: *mit vf gespannem gemût. von gestolem gůt* cod. theol. et phil. 54 (ebenda *staininú herczen*). cod. med. 15: *mit gesottem wasser*. *mit guldin bůchstaben*. cod. theol. 5: *an zwain stainen taffeln*. cod. ascet. 78: *sechs stainy gelten oder staininú vass* u. a.

3) *i* der 2. sg. optat. seltener indic. der verbalflexion ist auf dieselbe weise zu deuten: *kǫ̃mišt* kommst, *maxišt* machst, *rę̄xništ* rechnest, *gaəišt* gehest; *hōlíš* holest, *hętišt* hättest, *wę̄rišt* wärest, *wīstišt* wüsstest, *dę̄dišt* thätest, *sǫtišt* solltest u. a.; daneben syncopirte formen; vgl. die nichtsyncopirten optat: *sölist*. *wólist*. *sigest*. *lebest*. *wúrkest*. *verdienest*. *machest*. *niemest* u. a. cod. theol. et phil. 63. 144. *lebist*. *wúrkist* 184. *nemist*. *sigist*. *bekenist*: *bekantist*. *versumist* u. a. cod. ascet. 207.

4) auch in *sę̄əgis* sense (mhd. segense) vgl. seges cod. poet. 30 ist *i* aus *e*, *ə* vor *s* entstanden und ebenso werden *bǫrfis* barfuss (vgl. parafuozzi Schletst. gl.); *šuldis* (mhd. schultheiȝe) zu beurteilen sein, in welchen worten die diphthonge zunächst zu *e*, *ə* reducirt wurden (vgl. oben § 103 *ẽn* mhd. *ein* u. a.). In mhd. *ëteważ*, *abelāȝ* wurde *a*, *ā* zu *e*, *ə* geschwächt (vgl. nordschwäb. *ępəs*, *ępəs*) und es entstand gleichfalls *i* : *epis*, *aplis* wie auch die enclit. form von mhd·

uns zu *is* wurde, ebenso in dem isolirten genet. *muətr gǫtis* (mutter gottes).

Anm. Weitere isolirte genetive sind die adverbialen: *sjǭrs*, *sdāks drīmǭl* im jahr, am tag dreimal: altertümlich ist ferner *nēnts lǫəts* kein leid. Sonst hat sich gen. *-s* nur noch erhalten in possessivischen wendungen wie *srō·səwīts krištle* Christian des rosenwirts sohn, *skrəitswītsdǫxtr* die tochter des kreuzwirts: *ikaer sbękə ēndrēslis anəkędrlis mędle* ich gehöre der tochter der Anna Katharina der tochter des bäckers Endres u. a. In Tuttlingen wie *sfatrs* so auch *smotrs*. In Balingen sollen diese gen. formen nicht üblich sein statt *sfǫ·gtsbuə* > *drfogtbuə*. *dburgəmǫəštrmari*, *dkarlekarlē* u. a.

5) Nicht weniger unursprünglich ist *i* der ableitung *-ix* (die in Horb mit *-ik* wechselt). Mhd. rīsech reis ist zu *rəisix*, mhd. latech zu *ladix* lattich geworden; *uo* in mhd. hentschuoch, hendtschuch Heidelberger Tristrant. Zim. chron. III, 581, 9. händtschuch Breuning s. 49. handschuh wurde wohl zu *o*, *ə* reducirt und dieses letztere durch den folgenden palatal zu *i* gewandelt > *hentšix*, ähnl. *knǫblix* aus mhd. knobelouch knoblauch; ein analoger vorgang ist für *-tach* < *-dix*, (*-dik*) anzunehmen in den wochentagsnamen: *mēdix*, *tsaēšdix*, *daošdix*, *frəidix* etc. sowie den ableitungen *fəidix* feiertag, *lęptix* lebtag und ganz entsprechend ist mhd. līlach lein- tuch durch *ləilix* vertreten. Eine eigentümliche übertragung dieses suffixes hat stattgefunden bei *haotsix*, *haotsik* (vgl. hauzig Alem. VIII, 84 mhd. hohzit); *kšwištrix* (mhd. geswistride urk. 1334. 1352. 1368 dagegen Blaubeuern 1381 *geschwisterige* (Statutarechte s. 309), vgl. Weinbold al. gr. s. 224.) geschwister, *geswistertig kind* cod. poet. 29. *geswistrit* cod. breviar. 51, die nebenform *gewistergit* im Herkommen. Fürstenb. urkb. I, 319. cod. breviar 56. cod. poet. 30. Ebenso *die gefettrig* (*pfettreich* III, 136, 24) Zim chron. von mhd. geveteride; *aošlik* (mhd. unslit) unschlitt; und zweifellos hat sich die productivität dieser ableitung auch auf die sonst unerklärlichen *mū·six* musik, *krōnix* chronik etc. erstreckt; vgl. ferner § 157 anm. 3.

Durch diese beispiele ist auch die richtige auffassung der adjectiva auf *-ix*, *-ik* (mhd. -ic) festgestellt: *šuldix* (mhd. schuldic) schuldig; *lęəbix* (mhd. lebig cod. med. 15, neugebildet vom verb. *lęəbə*) lebendig; *fēdix* (mhd. vertic) fertig; *grəusix* (mhd. grūsic); *kwīxtix* (mhd. gewichtic) schwer an gewicht; *lẹdix* (mhd. ledic) ledig, unverheiratet; *luštix* (mhd. lustic) lustig; *sifix* süffig; *klitsix* (mhd. glitzic) glänzend u. a. Die suffixform -ec ist mir nur ganz vereinzelt begegnet; der auslautende consonant wird bei der lautverschiebung zur besprechung kommen. Ebenso ist *ix* (mhd. iuch) euch als enclitische form zu erklären (aus **əx*) s. o. § 103, 2. Für die entstehung aus *ə* + *x* sind besonders vom belang formen wie *k̄irix* kirche, *milix* milch, *lẹrix* lerche, *kẹlix* kelch u. a. wenn damit solche wie *arək̄* arg, *sarək̄* sarg, *arəm* arm, *bẹrək̄* berg u. a. verglichen werden, vgl. § 15.

Anm. 1. *i* in 2, 3, 4 ist merkmal des südschwäb.; gemeinschwäb. ist *e* (2), *ə* (3. 4) üblich.

Anm. 2. Auch in fremdwörtern ist vor *s* der reductionsvokal zu *i* geworden, vgl. *brisi·ləšpẹ̄* (brasilienspähne) fernambukholz, *t̄ōmis* Thomas u. a.

§ 106. Schliessendes -*n* der nebensilben ist geschwunden, demnach geht schwäb. *ẹ* der endung zurück:

1) auf mhd. *ē* in *nẹ̄mẹ nẽmẽ* (mhd. nimme Mörin 3012 aus niht mē) nicht wieder; ausserdem die nebentonige form des mhd. inf. *gēn* gehen, die als *gẹ*, (*gẹ̃*) in präpositionaler proclise erhalten ist (s. o. § 103) z. b. *gẹbā·də* um zu baden u. a.

2) auf mhd. -*ēm* der flexion, die folglich auf unserem gebiet auch in mhd. periode *ē*- qualität bewahrt hatte, demnach lautet auf *ẹ*:

a) die 1. pl. opt. wie ind. präs., die bekanntlich sehr früh durch eine form vertreten sind (vgl. Braune § 307 anm. 6. Weinhold al. gr. s. 337. 340 f.) z. b. *mir k̄ōmẹ* wir kommen (ind. u. opt.), ebenso *gẹəbẹ*, *gaŋẹ*, *wisẹ*, *dẹrfe* (dürfen), *wẹlẹ* (wollen), *hẹ̄bẹ* (haben), analogisch auch *səiẹ* (seien, sind) u. a.

b) der dat. pl. der pronominalen flexion (teilweise auch in die nominale gedrungen): *fọlẹ* (dat. pl. den vollen), *blẹ̃ndẹ* (blinden), *graosẹ* (grossen), *guədẹ* (guten), *buəxənẹ* (buchenen), *lẹəbixẹ* (lebendigen), *diəfẹ* (tiefen) u. a. Diese charakteristische endung ist an die dativformen der pronomina neu angetreten, die demnach lauten: *dēnẽ*, *dēənẽ* (*den* betonte form, *denen* im Herkommen; Schade, Satiren I, 35, 301. Zim. chron. etc.; (*ēnę* (wie nhd. ihnen).

Anm. *ē* der 2. sg. opt. präs. ist nach § 104, 3 zu *i* geworden.

§ 107. 2) a) mhd. -ī, -i: *kirbe* (mhd. kirchwī) kirchweihe, *jak̄ōbe* Jakobi (jakobustag), *geọrge* Georgi, *madēne* Martini, *jūne* Juni, *jūle* Juli und danach analogisch auch *jóāne* Johannis, *mixẹ̄le* Michaelis, vgl. ferner *e* im diphthong *ǫe* = mhd. *ei* § 92, 3.

b) mhd. *iu* der endung ist mit *ī* zusammengefallen und heute gleichfalls durch *e* vertreten: *α*) im nom. sg. fem. der adjectivflexion: *graose* (mhd. grōziu) grosse, *gẹəle* gelbe, *guəde* gute, *bluədixe* blutige etc.

β) im nom. acc. pl. neutr. derselben flexionsweise und von hier aus auf masc. und fem. übertragen (vgl. den zusammenfall mit dat. pl. § 106, b) : *fãẽfe*, *ẹxte*, *tswẹlfe* (mhd. finfiu, ëhtiu, zwelfiu) fünf, acht, zwölf etc. als zeitangabe; *ãõsəre* unsere, *baese* böse, *krəusixe* schreckliche, *ãõguəde* ungute, verdorbene, *haoxe* hohe u. s. w.

Anm. Durch übertragung ist diese endung auch an stelle von (nom. acc. pl.) mhd. *-en* der schwachen flexion getreten: *graose* wie *de graose*, *de graešte* die grossen, grössten u. s. w. Nach Schmeller, Ma. Bayerns s. 55, 231. 32 zwischen Lech und Inn noch beim neutrum *sechse*, bei masc. u. fem. *sechs* etc. ebenso *goudə*. *goud* (Nab).

§ 108. c) -e vertritt heute mhd. *-īn* (über den schwund des nasals vgl. § 105, 2.)

α) der stoffadjectiva : *səide* (mhd. sīdīn) seiden, *flẹ̄se* (mhd. vlehsīn) flachsen, *klẹ̄se* (mhd. glesīn) gläsern, *hiltse* (mhd. hülzīn) hölzern, *wule* (mhd. wullīn) wollen u. v. a; ebenso die heutigen substantiva : *gulde* (mhd. guldīn) gulden, *sẽməre* (ahd. sumbrīn) simmeri.

β) der diminutiva auf *-līn*: *fraele* (mhd. vröüwelīn) fräulein, *fẹ̄gəle* (mhd. vögelīn) vöglein, *kẽntle* (mhd. kindelīn) kindlein, *bẹxle* (mhd. bechelīn) bächlein, *pfẽntle* (mhd. phennelīn) pfännchen, kleine pfanne, *mẽntle* männchen etc. etc.

Anm. 1. Dass die bekannte vorliebe der mundart für diminutivbildungen in alte zeit zurückreicht, bezeugen formen wie *siechteglin* (zu *siechtage* krankheit) cod. breviar. 58; bei Winterstette :

belgelin 19, 17. *müeterlin* 21, 10. *liedelin* 27, 29. *fröudelin* 56, 34. *minnerlin* 65, 37 u. a.

d) ebenso ist ausl. mhd. *-in* zu *-e* geworden in den adverbialcompositis mit *-hin*, welche die anlautende aspiration verloren haben (folglich ist in *α*) u. *β*) zunächst quantitätsreduction eingetreten): *fīre* (mhd. fürhin) hervor, *nǫxe* (mhd. nāchhin) hernach, *dūre* (mhd. durchhin) hindurch, *ābe* (mhd. abhin) hinab, vgl. abhin urk. 1423. cod. theol. et phil. 195: XVII staffel abhin bas ist die krippe, *āne* (mhd. anhin) dahin, vorwärts, *əufe* (mhd. ūfhin) hinauf, ebenso *əuse* hinaus, usshin urk. 1483. Alem. VIII, 197, *æ̃ne* hinein u. a. vgl. Schmeller I, 1516. Ma. Bayerns s. 175. 396 f. Weinhold al. gr. s. 291. Zs. f. d. ph. IV, 380. DM. VI, 348.

e) es ist demnach nicht zu entscheiden, ob in den femininen ableitungen mhd. *-in*, *īn*, (vgl. Weinhold al. gr. s. 441.) an deren stelle die mundart gleichfalls *-e* zeigt, ursprünglich mhd. kurzer oder langer vocal vorauszusetzen ist: *fræ̃nde* (mhd. vriuntin) freundin, *kēnixe* (mhd. kunigin) königin, *fište* (mhd. vürstin), *będe* (mhd. bötin) botin, *wīde* (mhd. wirtin) ebenso *kęxe* köchin, *pəire* bäurin, *milxəre* milchfrau, *hēntləre* händlerin u. v. a. Jedenfalls ist nom. sg. *-inne* (wie z. b. bei Neifen und Winterstetten durch den reim gesichert) nicht dem dialect gemäss, vgl. künigin: bin Neifen 40, 25. vogellin: min: künigin 52, 25 (vielleicht unecht). Winterstetten: sin: trostærin 7, 24. 25, 30. trostærin: schin 8,81. din: trostærin 46, 14. Auch beim Schulmeister: (sinne : triutærinne gegen) fin: min: maistærin; vgl. den Anhang.

Anm. 2. Die plurale lauten: *fræ̃ndənə* freundinnen, *kęxənə* *hēntlərnə* u. s. w. vgl. anm. 2. § 110, 4.

f) mhd. *-in* (*-īn*? vgl. Braune ahd. gr. § 213 anm. 3.) nicht *-en* bildet folglich die grundlage für: *lūge* (ahd. lugin, lugina, mhd. lugin, gewöhnlich lugen) lüge, *mište* (mhd. *mistin) misthaufen, *mīle* (mhd. mülin) mühle, *kuxe* (mhd. kuchin) küche, *kise* (mhd. küssin) kissen.

Anm. 3. Die endungen mhd. *-en* : *-in* sind als satzdoppelformen zu fassen. Die plurale lauten gleichfalls auf *-ənə* : *lūgənə*, *mištənə*, *mīlənə*, *kuxənə* (ebenso analog. *štūbənə* stuben) etc. und es ist demnach nicht ausgeschlossen, dass *-e* des singulars nach analogie der unter *e*) aufgeführten feminine entstanden sein könnte; vgl. luginen Reimchronik s. 84. Zim. chron. (ebenda analog. prugginen).

g) die endung *-e* zeigen auch die von adjectiven oder verben gebildeten abstracta: *faešt̄re* (ahd. vinstrī, mhd. vinster, vinsterīn) finsterniss, *štẹrke* stärke, *raede* röte, *hae'e* höhe, *giəde* güte, *brǫəde* breite, *šwẹxe* schwäche, *daefe* taufe, *štraebe* streu, *šprǫəte* das ausbreiten, *ēndrẹ̄šte* am anfang vgl. Ulm 1430 (D. Reichstagsa. IX, 490) in der erstin, *psẹtse* besatz an einem kleidungsstück u. a. In der mhd. literatur erscheint in der regel an dieser stelle *-e* als ausgang, mit dem die heutige form nicht identisch sein kann.

Anm. 4. Ursprünglich lautete der nom. sg. *-ī* (*i*), gen. dat. acc. sg. *-īn*, bei den von verben abgeleiteten substantiven auch nom. sg. *-īn*. Der nasal ist analogisch in den nom. sg. eingeführt worden. Die bei den mhd. dichtern auftretenden *-e*-formen sind das resultat der abschwächung des nominativischen *-ī*, *i*; vgl. Paul mhd. gr.[3] § 126 anm. 3.

h) da ausl. *-x* in nebensilbe geschwunden ist, wird

α) mhd. *-lich* gleichfalls zu *-le*: *frəile* (mhd. vrīlich) freilich; *hǭəle* (mhd. hainlich) heimlich, traulich; *wẹrle* (mhd. wærlich) fürwahr (vgl. *wunderbarli* Zim. chron. u. a.). Im gegensatz zum bair. dialect ist auf unserem gebiet (wie bei *-īn* > *in* s. u. c.) hier sehr früh verkürzung eingetreten, vgl. die reime bei Winterstetten: ich: sich: mich: gerich: ungemenlich. ich, dich: minneclich; dagegen entwīchen: herzeclīchen u. a. Schulmeister: dich: sicherlich u. a. vgl. den Anhang.

β) ebenso haben sich in enclitischer stellung entwickelt: *ẹ* (mhd. ich) ich; *sẹ* (mhd. sich) sich und in den zusammensetzungen *firše* (mhd. für sich) vorwärts; *hēntrše* (mhd. hinter sich) rückwärts; *ībrše* (mhd. über sich) aufwärts (vgl. Winteler s. 137); *dẹ* dich, *mẹ* mich.

γ) aus en- oder proclitischer function müssen auch *nẹt* (mhd. niht) nicht, *ẹt* (mhd. iht) nicht erklärt werden.

§ 109. Schwäb. *-ẽ̹* der endung entsteht aus *-e* bei vorangehendem nasal, vgl. *laẽnẽ* (mhd. līnīn) leinen (§ 108, c, *α*); *krẽənẽ* (mhd. grüeniu) grüne (§ 107, b) u. a. (in der regel nicht besonders bezeichnet); *ẽnẽ* grossvater vgl. Zim. chron. äni, eni; *ẽmẽ* imi (vgl. Ulm 1298 imin kornes); ausserdem findet es sich als ableitungsvocal des suffixes mhd. *-inc, ing* > *ẽŋ* und da diese suffixform vermöge der überzahl der fälle mhd. *-unc*, *-ung* verdrängt hat, auch an dessen stelle: *dībẽŋə* Tübingen, *sẹ̄mərẽŋə* Sigmaringen, *dǭnẽŋə* Donningen etc.; *pfẹnẹ̃ŋ* (mhd. pfenninc) pfennig; *wəisẹ̃ŋ* (mhd. wīsunge) weisung; *qədnẹ̃ŋ* ordnung, *klqədẹ̃ŋ* kleidung, *mǭənẹ̃ŋ* meinung, *šẹtsẹ̃ŋ* schätzung, *friəlẹ̃ŋ* frühling etc., aus den älteren denkmälern weiss ich diese suffixübertragung nicht zu belegen.

Anm. 1. Zu beachten ist, dass auch *ẹ̃* für *ẹ* sich findet unter bestimmten bedingungen der satzfügung, wenn z. b. *ẹ* (= ich) an ein auf nasal endigendes wort sich anschliesst: *bæ̃nẹ̃* bin ich, *wẹ̃nẹ̃* wenn ich u. a., doch ist hier der gebrauch schwankend, häufig tritt in dieser stellung analogisch nasenverschluss ein, was auch für *ẽ* aus *-e* in *læ̃ne*, *krēəne* etc. gilt.

Anm. 2. Wie die bewahrung des nasals beweist, ist mhd. *-inc*, *-unc* > *ẽŋ* nicht als ableitungs- sondern als compositionsteil entwickelt (wie *-šaft*, *-ʻaft*, *-iš* u. a.), so dass heutẹ immer noch neue zusammensetzungen gebildet werden können. — mhd. -unc ist auch im alem. durch *-iŋ* ersetzt worden vgl. Stickelberger s. 57.

§ 110. *ə* als endsilbenvocal ist nach dem phonetischen werte § 15 besprochen; es vertritt

1) mhd. -en: *baxə* backen; *ǭbət* abend; *qədəlix* (mhd. ordenlich) ordentlich; *bīrə* birnen, *bīrəbōm* birnbaum vgl. birenboum Aesop s. 224. 327; *gādə* garten; *haobə* hauen; *jūgət* jugend; *sagət* (mhd. sagent) sagen 2. 3. pl. präs.; *krǭdə* geraten; nach analogie dieser flexionsformen sind auch veränderungen in die anomala eingedrungen z. b. *hōənt* (statt hōnt) sie haben (mhd. hānt) u. a; inf. *gů̃n* gehen, part. prät. *getů̃n* (gethan) in cod. med. 5 deuten auf inf. **gā-en* (statt gān), *getā-en* (statt getān) und stellen umgekehrte schreibung dar (vgl. § 97 anm. 2), letzteres entspricht heutigem *'toə̃* gethan; *sībə* sieben; *tslẹ̄sət* (mhd. ze lësenne, ze lësende) zu lesen; *trukə* trocken; ebense ist *-em* zu *-ə* geworden in *braesəle* dim. zu brosamen (mhd. brōsemlīn vgl. die alten tôdemlich, vntôdemlich cod. phil. et theol. 72. tôdemig, vntôdemig no. 74.); vortonig *əwẹk* hinweg vgl. ZBR. inwecga (discede). Nasalirt ercheint *-ə̃* bei vorangehendem nasal: *sẽŋə̃* singen, *nẹ̄mə̃* nehmen, *kōmə̃* kommen, *kẽnə̃* kennen, *frtwẽnə̃* verwöhnen, *tsẽmə̃* (mhd. ze semen) zusammen u. a.

2) mhd. *-e*, das durch folgende consonanz gedeckt ist: *dãõrət* (mhd. donret) donnert; *k̓ǫlət* (mhd. geholet) geholt; *narət* (mhd. narreht) närrisch; *əs* (mhd. eȥ) es; *ãõsəre* (mhd: unsere); *bišəle* (mhd. büschelin) büschel; *haebət* (mhd. heuwet) zeit der heuernte; *psǫfə̃nə̃* flect. (mhd. besoffen-) besoffener (nasal. wegen des folgenden nasals); *wadət* er wartet; *bę̜tlət* er bettelt (mhd. bëtelet); *klīfərət* geliefert u. s. w.

3) auch andere ableitungsvocale wie -diphthonge sind in dieser stellung unterschiedslos zu *ə* geworden vgl.: *ə̃nã·nt* einander; *ə̃mǭ·l* einmal; *wiənə̃* wie ein; *ę̜rbət* arbeit; *əlõənik*, *əlõə* allein; *krãkət* krankheit; *wǭrət* wahrheit; *fəulkət* (mhd. fūlighait) faulheit; *kwõnət* gewohnheit u. v. a.; *hõəmət* (mhd. haimuot) heimat, das alter dieser abschwächung wird aufs treffendste belegt durch *hainmat* cod. theol. et phil. 63: *haimat* no. 184: *haimhait* no. 144, einerseits die schreibung *-a-*, andererseits die einsetzung des suffixes *-hait* ist nur denkbar, wenn beide in *-ət* zusammengefallen waren; *õəməts* (mhd. ne waiz wā ze?) irgendwohin; *jǫkəle* dim. zu Jakob; *ãnəle* dim. zu Anna; *dəbəi·* (mhd. dābī) dabei u. ähnl.; in *sībənənãẽtsk̓* u. ähnl. ist *ə* reduction von *und* (mhd. siben und niunzig); *gǫtlō·bədãŋk* gott lob und dank; *mə* (mhd. man) man indef.; *də* enclit. form von du; *fãsnət* fastnacht; ferner die ortsnamen auf- *heim* z. b. *altə* Altheim bei Horb; *pləidlsə* Pleidelsheim; *dǫərnə* Dornhan (-han aus-haim; -a- als reductionsvocal wie oben) u. a.; *'ǫpfə* Hopfau bei Sulz etc. etc. Dasselbe gilt für die vollen vocale der ableitung und flexion in ahd. und mhd. periode, wie sie § 111 ff dargestellt sind z. b. *nẽə̃nə̃* nirgends (mhd. nienan, niena), *õnə̃* (mhd. undnan) unten, *brǭxət* (mhd. brāchot) zeit der brache und ebenso beruhen zweifellos nichtsyncopirte participia wie *frtsǫəxnət*, *kmaxət*, *'tãẽnət*, *frwãndlət* etc. auf den mhd. verzaichenot, gemachot, dienot, verwandelot (resp. -ut).

4) von besonderem interesse ist *-ə-*, das unter bestimmten bedingungen des satzzusammenhangs mit *ę* wechselt (vgl. § 106 ff.) Während mhd. buochīn zu schwäb. *buəxę* geworden ist, tritt in den flectirten formen, in denen sich die accentuirung verschoben hat, *ə* ein: *buəxə̃nę* buchene,

goldəne goldene; *k̄exənə* köchinnen (sg. *k̄exe*); *fræ̃ndənə* freundinnen zu *fræ̃ndę*; *mištənə* misthäufen zu sg. *mištę*; *lūgənə* lügen zu sg. *lūgę*; *k̄isənər* kissen sg. *k̄isę*; vgl. auch *ęlę* alle aber *ęləmǭl* allemal, *ęləwəil* alleweil, immer u. a.

5) secundär ist *ə* entstanden als svarabhakti zwischen *r* + cons.: *arək̄* arg, *štarək̄* stark, *wurəm* wurm, *šturəm* sturm, *warəm* warm, *hęrəbšt* herbst, *hęrəp* herb, *nęrəf* nerv; betr. des übergangs in *i* vgl. § 105.

Anm. 1. Svarabhaktientwicklung ist in den ostschwäb. denkmälern reichlich nachweisbar; ich führe an: urk. Ulm 1270 *keren* (kern). Augsburg 1328 *helem*. 1337 *kerens*. 1345 *keren*. Stadtrecht von 1276 *sturen- gloggen*. Chronik von 1426—1445 *Ulem. steren. turen. koren* (vgl. Lexer, glossar 5, 451: *garen. geren. keren palem. warem. zoren*). Ingold: *geren. zoren. doren*. Hätzlerin: *horen. zoren. geren: ēren* 90, 141. *dieren* (plur. *diernen*. 279, 13. 22). *begeren : morgenstern* 27, 34. *koren : verloren* 75, 4. *ich erzüren : zürnet* 90, 104. 107. *hiren. doren*. Aesop: *turen. geren. doren. horen. koren*. Ruland: *Ulem. czwirens* (zwirn). Tristrant: *zoren. geren* u. a. vgl. anm. 2.

Eigenartig ist svarabhaktientwicklung bei anlautender doppelconsonanz: ZBR *kenethe* (seruos). *kiniwe* (genibus) Urk. Ulm 1282 *zewige. zewene*. 1293 *zewei*. 1296 *zewainzeg*. Ulm 1297 *ziwelph*. 1298 *ziewa. ziewan* (2). *verafelin* (frevel). 1302 *Phelunsteten* (al. Phlunsteten). 1303 *Pherunsteten*. 1305 *beriefe. berief. zewolfbotten. schelahter* (slahter). *gescheriben. zewen*. 1305 *berief. koloster* (kloster). 1318 *zewai. berief*. 1325 *zewölf*. 1326 *zewai. tewing* (zwing). *entzewúschen. zewene*. Engeltal 1318 *berief*. H'orb 1315 *pheleger*. Bei Ingold *geling* 12, 33: *glingen* 9, 30. 13, 1. Hätzlerin: *gelatt* (glatt) 136, 190: comp. *geletter* 180, 23. Im Tempel des Herrmann von Sachsenheim: *gelancz* 666; bei Niclas von Wyle *caronick* (chronik) s. 221, 14. In der heutigen sprache besteht hiefür kein anhaltspunct, doch verweise ich auf *cherut* kraut, welches Stalder, Landessprachen der Schweiz aus dem sprachverwandten Thurgau nachweist; vgl. ferner Braune ahd. gramm. § 69 anm. 5.

Ob die svarabhaktientwicklung der denkmäler die ältere vorstufe der jüngeren perioden darstellt, kann nicht bewiesen werden, ist aber wahrscheinlich vgl. Lex. Alam: buric zuruft (neben zurf). marach (neben march). Wirt. Urkbuch: Beffindoraf. doraphc. Operindoraf. Entinesburugo 769. Sedorof. Wildorof 786. Toromoatingun 786 (: Tormuatinga 793). Berachtcozus. Pirihteloni 785. Perahtoltus 790. 791. Berahtolti 797 (vgl. Bertoltipara 782). Dorinhein 1099.

Augsburger glossen: haruc (nemus): harca (nemora). chulupt (emunctoria). giuuerpf: giuuerafon. in furihen. durih. halibe. anakifolohnen. sorigsamiu: sorecsamiu. garauuaren. ubirgarauui. marauui. araki. blauarauuero. spirdirinte. phuluvuili. durech. duuerehi (per oblicum).

Prudentiusglossen A: harephan. areger. durec. durich. svarama. eittir: eittriga.

Zwiefalter glossen: karauua darama. waraf. garawi. snarachin. palawig. durich. waidiburigi. gelewi. weuel.

Weingarter glossen B: gechenetenin (l. chn-). gadimili. durich. pesima.

Prudentiusglossen B: scarefi. hulusun (siliqua). arigu. anl.: garabinti (exsculpens). carazot. pechananter.

Schletstädter glossen: furihtit, forihton. milichi. duris (vgl. in den Prudentiusglossen B thuresa). kariwiren. gikarawan. stariche. suerimen. berige. sarapphiu. thuerahes. (induerich). falauuu. falaua. araki. marawi. bifalah. ubirkarawi. faravvono. scilaf. kiwaremit.

Anm. 2. Vor dentalen ist r syncopirt worden, doch liegt die stimmtonentwicklung zu *ə* zwischen *r* + cons. zeitlich vor der syncope. Im ostschwäb. nemlich ist im gegensatz zum westen des schwäb. gebiets auch in der verbindung *r* + *n ə* entstanden, *n* aber nach allgemeiner regel abgefallen: *k̄ǫərə* korn (westschwäb. *k̄ǫən*), *tsǫərə* zorn, *hīrə* hirn, *štīrə* stirn, *gārə* garn, *gę̄rə* gern, *dǫərə* dorn, *k̄ę̄ərə* kern etc.; vgl. Schmid Schw. wb. s. 397. Birl. Augsb. wb. s. 367, bis nach Vorarlberg vgl. DM IV, 325; belege aus alter zeit siehe anm. 1. Das ostschwäb. hat anscheinend die form des nomin., das westschwäb. dagegen die der obliquen casus, in denen keine svarabhakti eintrat, verallgemeinert, vgl. anm. 1. Die erscheinung ist im übrigen sehr alt, vgl. bei Braune ahd. gr. § 69 anm. 4: choron korn, horen horn u. a. Allgemein schwäb. ist *dūrə* mhd. turm, turn (daneben *dūn* aus den cass. obl.).

Anm. 3. Gleichmässig mit den endsilbenvocalen haben sich die zweiten componenten der mhd. diphthonge *ie*, *uo*, *üe*, in nachdrucksloser stellung zu *ə* entwickelt > *iə*, *uə*; aus ai ist (vgl. § 92) teils *ǫe* (ebenso *ou* > *ao*), teils *ǫə* geworden, je nach dem nachdrucksgrade, unter welchen *i* zu stehen kam. Vgl. ebenso ostschwäb. *ęə* (aus *ęi*), *ǫə* (aus *ǫu*). Sehr merkwürdig ist, was über ähnliche dinge im südschlesischen G. Waniek, Zum vocalismus der schlesischen mundart (Bielitz 1880) s. 12 berichtet: z. b. *ou* wechselt mit *əu* bei einem und demselben worte, je nachdem dasselbe im satze einen schwächeren oder stärkeren ton hat z. b. *route rəusa* rote rosen (nicht weisse), *rəute rousa* (nicht tulpen) u. a.

Anm. 4. Zum wechsel zwischen formen mit *ə* und mit syncopirung desselben (z. b. *arfl* : *ęrfəle*) vgl. den abschnitt „syncope".

Anm. 5. In einsilbigen wörtern mit der auslautsverbindung vocal + *r* hat sich bei pausastellung ein *ə* gebildet, das mit den vorausgehenden vocalen zum diphthongen resp. triphthongen verschmolzen ist. Das alter dieser erscheinung geht aus §§ 78 anm. 2. 92 anm. 2 hervor: *miər* wir, mir, *diər* dir, *iər* ihr; *ęər* er, *węər* wer, *dęər* der (doch sind diese wegen *ϱə* = *ě* zweifelhaft); *dϱər* thor, *fϱər* vor, analogisch auch in *frjϱərə* gegohren, *bϱərər* bohrer; *pəuər* (pl. *pəurə*) bauern, *səuər* sauer (mhd. sûr), *'təuert'* (mhd. getûrt) gedauert, *məuər* (aber *məurər*) mauer; *raoər* rohr; *dəiər* (mhd. diure) theuer, (comp. *dəirər* theurer); *męər* meer, *węər* wehr *waər* waar (auch für vieh gebräuchlich), *faər* imp. fahre; *uər* uhr etc.; doch ist zu beachten, dass von den flectirten formen der einfache laut häufig eingedrungen, er ist in *šīr* scheuer, *fīr* feuer zur regel geworden. — Die lautgruppe *uə* in *uər* uhr ist von *uə* aus mhd. *uo* z. b. *wuər* (mhd. *wuor*) nicht verschieden, die laute sind überhaupt mit den diphthongen *iə*, *ęə*, *ϱə*, *ęə* zusammengefallen und auch *dəiər* (mhd. diure) ist von *wəiər* (mhd. wîher, lat. vivarium) lautlich nicht zu trennen, vgl. die reime bei Haupt, Wien. sitzgsber. 71, 141 f.

Anm. 6. Diese selben diphthonge mit *ə* als zweitem componenten bleiben unverändert, wenn ein *-ə* der flexion antritt: *tsiə* (mhd. ziehen > *tsiə-ə*), *friər* (mhd. früejer) comp. früher, *de ꝁiə* (mhd. küejen) den kühen, *tšuə* (mhd. schuohe) die schuhe, *trϱə* (mhd. reihen) die reihen pl, vgl. Winteler s. 116. Die silbengrenze liegt in diesen fällen (vgl. § 30, 3) zwischen dem ersten und zweiten componenten, die assimilation von *ə* + *ə* > *ə* ist ebenso wie die von consonantgruppen zu beurteilen.

Anm. 7. Was die schreibung der denkmäler betrifft, so findet sich beim Herzog von Braunschweig für *ə* > *a* geschrieben: *zieha* ziehen, *dussa* draussen, *hieta* hüten, *saga* sagen, *zessat* zu essen, zuweilen auch *e*: *varairet* verehrt, *aunser* unser, *kairet* kehret u. a. Auch Weckherlin hat *a*: *da* den, *liebar* lieber, *hipscha* hübsche, *luogat* luget, *mar* encl. wir, *wellat* wollen, *bsoffa* besoffen etc. ebenso bei Joh. Rud. Fischer und in den liedern von 1633: DM IV, 86 ff. *soarga, moarga, foadra, abromma, lainlacha, pfeiffa, -o* s. 96 ff. u. s. w. und damit stimmt auch Alem. II, 159 ff. sowie das hochzeitsgedicht Alem. VIII, 84 f.: *neaba* neben, *saga, lieba, wera, koma*, einmal *o* (häufig Alem. 13, 282 ff.) in *dantzo* wie auch zuweilen bei Weckherlin *hayro* neben *hayra* herren, *gschtöckot*: *gschtöckat, blöckot, ditlo* überhaupt im schliessenden refrain vgl. in der oberamtsbeschreibung von Horb s. 46. „Ein singender ton begleitet die frage und eine starke dehnung die vorletzte silbe des schlusswortes, wie auch beim gesang die letzte strophe meistens mit anhängung eines *o* oder *a* am letzten wort sehr gedehnt wird.“ Ich konnte nichts näheres darüber in erfahrung bringen, diese manier scheint nicht mehr üblich zu sein, doch vgl. bei Winteler, Kerenzer ma. s. 229: ein *o* wird beim rufen einer person dem nennenden worte angehängt: *fatər-o muətər-o tīs-o* (Matthias). Es sind dies die letzten reste des interjectionellen mhd. *-ā*, das an imperative, seltener an substantive und adverbien angehängt werden konnte vgl. *hilfa. wāfena. neina* bei Gottfried von Neifen (vgl. Haupt zu 8, 3). Winterstetten: *lāza. hœra. wāfena.* Aesop: *losa knab*

s. 49. 61. (vgl. *retta io retta io* Decam. s. 128). Hätzlerin: *wacha* 31, 16. 40. *morda* 192, 80. *richta* 219, 22. *schencka* 261, 163. *lega* 261, 164. *Metza* 260, 32. vgl. bei Seifrid Helbling XIII, 130 f. (nebst anm.): *laza rumbelieren, daz ist ein swæbisch krie* (vgl. auch I, 455 ff.).

Nach Birlinger Augsb. wb. s. 342 u. a. soll im bair.-schw. bisweilen reines a für -en gesprochen werden. Wie schon § 15 bemerkt ist der laut stark a-haltig.

4) DIE ENDSILBENVOCALE DER AHD. UND MHD. PERIODE.

§ 111. Während Behaghel in dem aufsatz „Zur frage nach einer mittelhochdeutschen schriftsprache" Basel 1886 (festschrift der universität Basel zum Heidelberger jubiläum) die behauptung vertreten hat, dass im schwäb. dialect, wie überhaupt innerhalb des alem. sprachgebiets die ursprünglich quantitätslangen ahd. endsilbenvocale *ā, ī, ō, ū* noch in die mhd. sprachperiode hinein ihre articulationsstellung bewahrt, nicht wie die kurzen zu *e* geworden seien, habe ich in den Beiträgen bd. XIII, 464 ff. nachgewiesen, dass bereits in ahd. periode (bei Notker) wechsel der quantität für die fraglichen endsilbenvocale bestanden hat, demgemäss eine beträchtliche anzahl derselben von der abschwächung zu *-e* gleichfalls betroffen werden musste; wie denn auch in den denkmälern in der regel „volle" endvocale neben „geschwächten" auftreten, soweit dieselben nicht allgemein *-e* -formen zeigen. Ich behandle hier die geschichte der endsilbenvocale im zusammenhang.

§ 112. Ohne spuren in der späteren sprache hinterlassen zu haben, sind die ortsnamenformen auf -as (vgl. darüber Beitr. XIV, 115 ff.) ausgestorben: *Duringas* 752. 786. *Ailingas* 771. *Burichingas* 773. *Stiozaringaz* 776. *Scercingas* 785. 805. 817. *Scarcingas* 791. *Tunningas* 786. *Speichingas* 791. 802. 803. *Teotingas* 792. *Aldingas* 802. *Potingas* 802. *Teiningas* 817. *Thanchingas* 846; daneben begegnen gleichbedeutende formen auf *-a* nach Kögel wohl richtig pluralgenitive des namens der bewohner mit auslassung von marca, villa, heim u. dergl. (Beitr. XIV, 114): *Meringa* 790. *Riutilinga* 790. *in pago Purihdinga* 791. *Eindeinga* 793. *Tormuatinga* 793. 1056. *Faffinga* 793. *Hruo-*

dininga 836. *Bissinga* 861. 904. *Thietinga* 882. *Phisgina (l. -inga)* 1005; dagegen *Pachinchoua* 758. *Patinhova* 838. *Hardhusa* 882. 994. (*Talahusun* 786. *Nuihusen* 1122) sind dat. sg. Ferner *Dirboheim* 791 gegen *Diripihaim* 786. *Uuicohaim* 763 dagegen *Britihaim* 782. Die heutigen bildungen beruhen auf den offenkundigen dat. plur.: *Deotingun* 786 (vgl. oben *Teotingas* 792. *Thietinga* 882). *Hahingun* 786. *Uuassingun* 786. *Mereingun* 786. *Toromoatingun* 786 (oben *-inga* 793. 1056). *Pisingun* 786 (oben *Bissinga* 861. 904). *Stiuzzelingun* 797. *Uuahhingun* 817 später *-in*, *-en* z. b. *Homessingin*. *Cimberin* 1099. *Plochingin* 1157. *Arcingin* 1225 etc. *Blochingen* 1146. *Griubingen* 1184. *Gruibingen* 1241. *Nuirtingen* 1228. *Zimmeren* 1246. *Cimmirn* 1251 etc. *Diezenhaldun* 1100. *Purrom* 786 : *Purron* 850 : *Burrun* 1163. *Biberburgun* 708. *Frumaron* 838. — Vgl. ferner die dat.-locative: *Altstadi* 752. *Nordstati* 760, pluralisch *Erfstetim* 805; *in oborostin doraphe* 769 dagegen ohne flexion des nomens: *Operindoraf* 769. *Obarindorf* 782 (Beitr. XIV, 105 ff). *-in* als gen. sg. schwacher decl. steckt wohl in den ersten gliedern von *Beffindoraf* 769. *Perihtilinpara* 786 (vgl. *Bertoltipara* 792. *Perahtoldespara* 792. *Bertoltespora* 803). *Essindorf* 797. *Taugindorf* 805. *Heistilingauue* 805 (ebenso *Agineshaim* 770. *Rammesauua* 790. *Entinesburugo* 769 mit starker flexion). Nom. sg. auf *-o* ist reich vertreten in koseformen wie *Tailo* 769. *Tuato* 770. *Leubo* 772. *Huito* 778. *Heimo*. *Lotto*. *Puolo*. *Abbo*. *Buoso* 786. *Pebo*. *Petilo* 797. *Liubilo* 797 (*Baldila* 790). *Bollo*. *Poto* 802 *Ruado* 839; vgl. auch *Hitta vel Hildiberga* 776. Die fem. *jō*-stämme enden auf *e*: *Leupagde* (d. i. *haide*). *Teutrude* 772. *Blitilde* 772. 773. *Volflinde* 772. 773. *Trudlinde* 772. 773. *Rigtrude* 773; wohl mit lat. endung *Lantheida* 790. *Teotberga* 776. *Deotburga* 802. In elsäss. urk. begegnen im 8. jh. häufig *-hildis*, *-lindis*, *-trudis*, *-gardis* etc. (Socin Strassburg. stud. I, 253) bei uns *Liupredis* 1129. *Luitgardis* 1145. *Livgardis* 1299. *Lutgardis* 1300.

§ 113. In den Glossensammlungen ist der sachverhalt folgender:

Die alten glossen aus Weingarten zeigen in unbetonten silben widerholt *a*: *zaupargascrib. za piuuerienne. apuhera. farslizzana* (scisso). *ungauori. ungareh. ungaliho*: *gilih. kastaldis. kauuahsti. kahalote. kazueiot. kafrumita. katretan. kaieritiu* aber auch *kiriban. kisehanlih. gipreitit. arhrorta. aruuintot. az. ō* der ableitung in *crimmor* (sevius). *kahalote. kazueiot. mahont. aruuintot* gegen *topentes. infrāget. pisaget.* In den Augsburger glossen ist *gi- ki*; *uir-* allgemein, ebenso *irchuolant. irdiges* aber *arpalctos*: *irbelgen*: *erbalc. argluoit. ar* begegnet neben *-er* im nom. sg. masc. der adjectiva: *ungeglagotar. glouuar. caragar. houirohtar. gectilosar* (lasciuus). *surougar*, ebenso *cullentar* neben *chullenter* Zf. (coriander); ferner in den conjunctiven: *ni uircoufa* (non ueniet). *niguuina* (non expetat). *durheleitta* (lustret). *neozamas. grabas*; ebenso für *ē*: *firmeldat. altat* (antiquatur); für *ō*: *gizuirnat* doch vgl. *kimarchot. gilabot. giiagotemo. forscont. gibezziron.* etc., sowie *dunclor*, *suntigosto*. Die abschwächung der endungen bezeugen die *i*- schreibungen: *lopin* aber *kilobot. inphahin. guuinnint. biscerigin. kitribiner. bidenchin. suntirikiz.* In den Prudentiusglossen sind *ge-*, *er-*, *fer-* (z. b. *fermeldet*) in überwiegender majorität, *gi-*, *ir-*, *fir-*, *zir-* sind seltener, doch beachte *i* in *grimmin. ritzinte. skabit. eittir* wie auch in *kuoti. liubi. slaffi* (socordia). *gruoni.* Neben den *-on* formen: *rosgarton. clibon* (lappis). *polzon. seiton* (fidibus) ist *-un* häufiger: *cheminatun. ceinun. slingun. scuzelun. rintun. cholpun. gertun. ovgivanun. farhurnun*; ebenso in den adj. *touuegun. semigun* (nectaream). Das comparativsuffix *-ōr* ist abgeschwächt in *areger* (nequior) vgl. *zaten*: *zaton. kiringilichez*: *laidaz.* Zwiefalter glossen: *ki-*, *gi-*, *fir-*, *ir-* neben *er-*; *undirn. galstir. wochir. subir. stiurnagile* aber *zeagal. atimblast. neorin. ubirladinen. grawin* (canos). *in loubin. wingartin. wrdin. tragabetti mit goldo bilegit. tuchari*, *folgari*: *luginare*, *troumrechare*, *hamirslagare* u. a. *tiuffi*, *chorbili vel ceinnili* aber *in der chûlin. a-* vocal in *ni kiwitpreittan* (von vulgarent). *wisant. o*: *puozwirdigora. furiburtigor. uirmietton*, *firmeotton* (locauerunt). *chunnizalon* (genealogiis). *latton vel sparron. chielon. crafphon.* inf. *werdon. u*: *in trogun. brecitun. fesun. scuzzilûn.*

Weingarter glossen B: neben gewöhnlichen *gi-*, *ir-*,

fir- wiederholt *ge-*; *reginboga. grimmir. hazist. drati* (tornauit). *dichi: diche* (silvas). *in der uestin: ueste. unvesti. durri. churci. unsemfti. dechi* u. a. *polstari: polstare. chellari. bechare. hauanare. chancelare. morsare. e: demo hersten sto*ᵛ*lsazen. in demo garten. wechelterboum. wafenhus. aphel. hinnenfure. werdent. plasent. slaffen. durichstachen. gesteren unde egesteren. derbez, unrenez: kibrachotaz. o: lattono. pispoteton. biuilton. tunichost. fladon. bo*ᵛ*hcstabon. pluotigon. phellole: phellala. phawon. u: truhun* (capselam). *scibun. mv̊stascun. phlanzun. scenchun. chragun. spizpratun. cainun. spaichun. flozzun. carrun. uelgun. uuagun. mugunneze*; beachte *kalstruntes* (incantantis). *a* hat sich ausgebreitet: *uorasagintar. atam* (athem). *ētagas* (de nocte). *bv̊chamaren: treschamaran. capitulan* (capitulis). *choufan* (commutationibus). *wisanthan* (bubalis). *bisprachont: bisbrachant. flihtast. firmanat. spottant. ladata. anatatan. firflochate. winsat. zeinnan. irrostogata. irnarrast. werda* (conj.). *werdat. wurda. holzwercha* (dat. sg.). *chorba. stuola. pesima. spiliwiba* (gen. pl.). *meriminona. agalheian* (rhamnum).

Schlettstädter glossen: *gi- ki-, zi(r)-, ir-, fir-* fast allgemein, einzelne *ga-* noch erhalten: *ungascowotes. ungalicho. kafrumit. kepetanaz: unkidriuez* (infidum). *a: gikarawan. irchuolant. grawa epphila. lindista. williga. vnreina. vnkilimphlicha. vnbiwollina. hinnan. intwonagen. firsuikage* sonst *kistatoge. machoge. hartat. pisuarat. gimagat. vfcapphante. biguadata. loscatost. kistillaton* u. a. Zs. f. d. a. V, 322; dagegen hat i grossen umfang gewonnen: *manigfaltikiz. magitheit. firlouginta. ethisweo. kistillin* (componere). *plasin* (inflare) *deozzint. helfint* u. a. *bitrokin. ankin* (aculei) sg. *ango. sporin. sibin elin. hasin. nestin. steinin. takin. atinzuhti* (spiramenta). *eidim* (gener). *pluomin. picherin. farin. piscerigin. takisterne. danchis. zi andirero wis. zisamine. kitraginiz. rotiz. bitunkiltir.* etc. e: *gakicen* (in den Weingart. gloss. *irgaccizan*). *unter. kelesuht: khelasuht. wrfzabel. hirte. stukke. casewazzer. kigrabinez. stillez. werdent.* u. a. *o: grimlichor. gnadigor. kidiginor. forihton* (prät.). *trukinot. clagot. machont* etc. *ekidehson. cheuon. aichillon. strazon. emizzigon. purigon. zobirost. kisemino* (concilia). *hello* (erebi). *kiscelito cestinnun* (molles castanee). *cleino scappare* (tenuia uellera). *kisippoto* (confederatas). *u:*

aggun (spicula). *mandilun. twahillun. keuun. warzun. uuilun. eichillun. phannun. scepfarun* (parce). *ravvetun* (requierunt). In den jüngeren Prudentiusglossen ist *ge*, *ke-* bereits das gewöhnliche, *gi-* selten, ebenso *i* der endung: *finfcen- iarigin. laichin. e* häufiger: *schefscalchen. handegen. ture. cleinen* daneben *clennan* (gracili); ebenso *u: undarzaltun. kellun. phannun*; dagegen *o: keiselon. seiton. zeinnon. kevon. heristuiron. cholbon. poroton. pemeindon. stecchelon: stecchelen* (confragosa) u. a. Im Weingarter reisesegen ist *i*, so gut wie allgemein, endungsvocal: *sendi. undi. engili. gisundi. gisendi. offin. bislozin. wagidor. wafindor. guetin. sandi. Ulrichis. hindir. hobi. nebin. wonis. alsi. fridi. wēri. frauwi. heiligin. Cristis. fingirin. funvi. e: segen.* Umgekehrt findet sich *i* überhaupt nicht im Schwäbischen Verlöbniss, von den vollen ableitungen resp. flexionen: *guldin. Swabin. vingerlin. genadich. kuniges. schillinch. phennich. getaniu. elliu. triwon* : *triwe* abgesehen, sind alle vocale zu *e* geworden: *mineme. werdent. frovwen. voget enphahet. Swebenne. siben. swabeschen. in Swaben. wette. stuotwaide. steten. engegen. aigen. gnaden. sprichet. ziweren. sime* (si ime). *hute* (heute). *gewinnent* u. a.

§ 114. Reich vertreten ist -i in der ZBR: *herzin. vatir, vatirs. gewafin. zum erstin. werchin. weckind. horint. habint. cristinhait. ladind. varin. erhabin. zallir. vorhsamir. brůdir. nadil. twahil. tauil. hosin. cappin. der ersti grad. disi selbe. alli steti* (omni loco). *alli stund. di gidanki. ih dahti. tůndi sint. sehs salmi, salmin. der sehte salmi, salme. di trosti.* (solatia). *sorgi alrgroste. alrswarsti sacche, sacchi. als langi* (tamdiu). *der betti* (lectorum). *der nouici*; besonders characteristisch vor *-s*: *gůtis. todis. gotis. sarphis. munsteris. dis vatirs. dis closters. rehtisten. gerihtis. dis herrin. cristis. dienist. gaginwartis. vlaischis. gilustis. widerlonis. gibetis. iungist. immis. nahtis. bannis. winis. nidis. zornis.* Weingarter predigten: *brotis. gotis. gebetis. guotis. flaizschis. fúrnamis. irbarme. vbir. ainin. sinim. minnestin. lebit. ladite. wizzin* etc. etc. doch überwiegen hier bereits die *e*-formen (vgl. auch Alem. V, 98). Grieshabers predigten: *strichist. sclůgist. geltist. gebist. bræchtist. hetist.* cod. phil. et theol. no 54:

wárist. wissist. gebist, neben *lebtest. scháczest. wárest,* ebenda *tátti : tátte, lági*; vgl. die syncopirten *móht. múst. sólt. wólt.* opt. präs. *welli. steli oder robeti. gúti, hóhi, lengi, tieffi, braiti.* no 72: *gegni* (gegend). *gútti. sterki. masslaidi.* cod. bibl. 35 optat. präs.: *vorwesy. anbetty. hútty.* etc. etc. Urk. sehr häufig z. b. Ulm 1297 u. früher. Urk. 1368 *drissigisten.* 1438 *hundertisten. drissigisten.* 1358 *liehtmiss.* Augsburger glossen: *lop* gen. *lopis. follist* (supplementum); in der Augsburg. urk. von 1070 *sinis. wibis. prouiste.* Zwiefalter glossen: *wībis* u. a.

Möglicherweise beruht ZBR *u* für *ō* auf demselben grunde: *leitust. vůrtust. demůtust. obrustiv. zwainzigustun, hundertusten. minnut. horsamut. widerut. aiscut. offinut. bezzirut. spotut. woltun. hortun. saztun. gevragetun. minnunt. gerunt. scouhund. segenunt. wandilunt.* inf. *wandelun. dienun. minnun* etc. (vgl. Beitr. XIII, 470 f.), dagegen stets part. präs. *-ende: vlůchende. minnend. aiscend. wandlend. dienend* u. a. ebenso die optat. präs. *bezzirei. segenei. volgei. irvollei. dienein. segeneigen. ahteigen* u. a. Zu beachten sind die *e*-formen: inf. *dienen. aiscit. gert. begerne. gedient, gedienet. gesegint* (inf. segenun). *gibezzirt* neben *gibezzirut. uazzun: giuazzit. gibannut: gibanntim* u. a; ebenso dat. pl. *wahtun* (neben *wahtin*). *ahslun. vastun. wilun. turun. selun. ougun* (ougen). *orun. eltrun. ewartun. wortun*; übereinstimmend auch gen. dat. sg.: *zungun. scerun. der andrun. vierdun. vunftun. sehstun feri. wocchun* etc. aber ebenso im masc. neutr.: *hundertustun* (neben *-en*). *minrun alter* (iuniore etate). *zin anderun male;* sowie bei den adv. *anderwanun. sunderlingun. allenthalbun.* Ganz ebenso ist der sachverhalt in den von Grieshaber herausgegebenen Deutschen predigten des 13. jhrts., in denen von fol. 73a bis zur sechstletzten zeile von 77a (vgl. Grieshaber I, XVII) ein anderer schreiber thätig gewesen ist als auf den übrigen blättern, dessen sprachformen dem schwäb. dialect zugehören: *begerust. geschaudgudust. dancut. machut. furdrunt. redunt. machutun. dienun. mangelun. ich betun vn wachun.* etc. (Beitr. XIII, 469), doch ebenda *loᵉnen. dienen. in der hailigun messe. in der altun ē* (neben *in der altin ē*), umgekehrt *ans maulus* (einstmals). In den urkunden: 1253 *gevestenut.*

1281 *frowen Annun.* 1281 *vervestinun.* 1287 *hattun.* 1292 *santun. hatun. sahen und hortun.* 1293 *hatun. saztun.* 1305. 1315 *hatun.* 1295 *manun.* 1296 *machvn. giordenut. gidingut.* 1307 *urkundun.* 1325 *geuertigut.* 1287. 1292 *genadun. in der vastun.* 1293 *wisun.* 1287 *ze den hailegun.* 1292 *herrun. wasun.* 1293 *herrun.* 1302 *sunnuntage.* 1315 *Judun. wirtinnun. herrun.* etc. 1283. 1327. 1330 *kirchun.* 1330 *Mariun Magdalenun.* 1341 *obervn kirchun. jegrinun.* 1351 *gassun.* 1362. 1365 *wisun.* 1383 *batstubun.* 1435 *badstuben* noch 1431 *verzaichnut.* 1438 *mitlun.* 1439 *frowun egenantun.* 1449 *dieselbun.* Im Augsburger stadtrecht von 1276: *beschadegut. gelichut. pyrůn* (birnen). *samenun. vigun. geltun. schuldigut.*

Doch ist sehr häufig in den urk. auch *o* geschrieben: Augsburg. stadtr. von 1276: *geschadegot. tagot. unverwandelot.* Urk. 1287. 1292. 1293. 1315 *geurkundot. geuestenot.* 1296 *erbon. garton. herron. wison. egerdon.* 1298 *herron. manode. ahtoden.* 1301 *gesamnoter.* 1302 *herron.* 1303 *erbon.* 1305 *fůsstapphon.* 1315. 1320 *gedingot.* 1318 *besseron. geuertigot.* 1330 *drisigosten.* 1341 *ze hindrost. manode.* 1354 *gewerot. gevertegot. ermanot.* 1358 *fúnfzigosten. nútzlichost. loblichost.* 1362 *nútzlichost.* 1364. 1412 *obrost.* 1420 *zwaintzigosten.* 1430. 1437. 1439 *gewerot.* 1460 *sechzigosten.* 1488 *nútzlichosten.* Weingarter predigten als seltene formen: *gelovbton mit den hirton retton* (redeten). *opherton. infůrton. nidrunt. bredigunt. dienunt. die vollun maze.* Im Herkommen von Horb: *begegnote. zwayntzigosten. gesegnot. hindrosten.* Reichstagsacten IX, 315. 439. 505. 621. a. 1429 *brachot. verzaichnoten. gehaimosten. sichrost.* Steinhöwel's Aesop: *gesamnot* s. 159. 179; die adjective *glaczot* s. 153. *ekot* s. 158. *zinkot* s. 183. *flechtot* s. 316. *monoten* (monate) s. 228: *monet* s. 81. u. a. Bei Ruland *verrechnott* s. 18 neben *gerechnett. funftigosten* (!) s. 23. Im Georgspiel: *gesegnot* s. 180. 189. *gesamnot* s. 189. Ingold: *obrost. gedichtod. lernot. betrachtost. ungeordnote (: ungeordneter). machot (: machet). betrachtot (: betrachtet). petot (: petet). verdampnot. gewaldigot. wonoten (: wonen)* etc. beachte *ich reichsnun* 13,5 : *ich han gereichsnot* 13,6 : *ich wil reichsnen* 13,8. Zahlreich bei Niclas von Wyle (Nohl s. 74. 81. 83), beachte namentlich auch *-ost* in den titulaturen,

Translationen (lit. Ver. no 57) s. 353 ff. Noch Hieronymus Wolf (a. 1578) a. a. o. s. 322 verlangt: nec Suevus (scribat) summum infimum obergost. undergost (vgl. § 104 anm.) Handschriftlich: Tristrant: *jagote: sagote* neben *jagte: sagte.* cod. phil. et theol. 45: *schnôdosten. pingoten, gepingot: gepinget. wisosten. begegnot. süssosten: süssesten.* cod. phil. et theol. 50: *der obrest vnd der wirdigost.* no 54: *obrosten. nidrost: nidrest.* no 184: *wundrot: wundret: wundert. das aller edlost mensch: das edlest mensch* etc.

Anm. Wiederholt begegnet syntactisch falsche verwendung voller endungen z. b. cod. phil. et theol. 45: nom. sg. *sin hailigun sit* (seite). *die andrú alle: die gůttú menschen.* cod. breviar 55: *du gewaltigun Kúngeny. rainú magt, usserwôlten můter. dú raine vsserweltin můtter. von diner göttlichon ôwigú wishait. in den wag diner tieffi endlosun grundlosun min. band der vâtterlichy gůty. die vnmâssigon ôwigú min* (nom. sg.). *von dinr gôttlichú ôwigú wirtschaft. dú vnzalten schar* (nom. sg.).

§ 115. Von anfang an gehen neben diesen volleren vocalformen e seltener i-schreibungen, besonders bemerkenswert ist aber, dass seit beginn des 14. jhdts. in den schwäb. urkunden als allgemeiner endungsvocal *a* erscheint: 1315. 1318. 1359. 1362. acc. pl. *vrowa.* 1327 *gehortan. mit allan rehten. wisan. waidan. schivran. gartan. vertigan. vertigate. an offenan wirten. zwischant. hochan. swestran. hettan. eigenan.* 1330 *vertigan.* 1333 *vrowan. viertal. gewerat. zů disan ziten. zemananne. búrgan. manat. den vorgeschribenan. baidanthalp. aller hailgan tag.* 1336 *ennant. wochan. ze mittavasten. der selan.* 1337 *von unseran wegen.* 1345 *wisa.* 1347 *allan iran. gewerat. frowan. hettan. inan. vertigan. offenan. geuertigat. ze schadiganne.* 1348 *allan. vesan. uertigan. ich globan* (gelobe). 1351 *ich leban.* 1352 *tochtran:* 1350 *tohteren.* 1354 *vertigan. gevorderat. vnšeran.* 1359 *frowan. mit inan. hettan. iran.* 1362. *allan den. gewerat. vertigan. frowa* (acc. pl.) *kouftan. allan. der selan. frowan* (nom. pl.). *den frowen. mutschla* (acc. pl.). *den selan.* 1365 *allen iran. zů disen zitan. gewerat. vertigan.* 1367 *gewerat. hettan. frowan. ze manane. inan.* 1368 *kovftan.* 1400. *von vnsra wegen.* 1412 *vesa: vesan* 1348. 1420 *swestran.* 1426 *weran. ir fordran.* 1430 *vesan.* 1438 *schwestran.* 1460 *ze naht und mornatz* (morgends, vgl. 1430 *mornendes*). *wiesan* 1467 *geschwestran* (dat. pl.)

Herkommen: *dezglichan. die mülina, mülinan, mülinen.* Herrenberg. Ern.: *wisan. múlinan. alle wochan*; vgl. auch bei Niclas von Wyle: *felsan. wisan. witwan. solan. selan. glosan. mainant. a°tmande.* Ruland: *dutzat* (dutzend) s. 7. 27 neben *duzet. dafflan* (tafeln) s. 8. 27. *in ainam feslin* s. 27 Noch in der Zim. chron. (Barack IV, 342): *hebamma. henna. hochzeiterna. kindpetterna* (daneben auch *-ne*, ebenso *neherne. kellerne*). *abar. altar. ana. bachas. sammat. verharrat. wammas* etc. etc. Breuning: *Bleydelsa* (Pleidelsheim) s. 4. 5, ebenda *Michafeldt*; vgl. § 110 anm. 6.

Winterstetten: *Anne : danne.* ZBR.: *vnze in dostra. ostra* acc. pl. *von ostra (von ostrun* daneben*). in ostro. wahta. sela. hohina. sihta* (latera). *wunda. im slaffa* (in somno). Grieshabers predigten: *kircha. mugga. viga. brosema. swalwe* etc. etc. (vgl. dazu die nom. pl. *reban. wisan. selan. vrowan* in der hl. Cecilia Zsfda. XVI, 165 ff., woselbst auch dat. acc. pl. *-an*), dagegen bl. 73ª ff: *ferscmahatun. linat. comant. fer hindan. clainaden. gefolgan. foram alter* (vor dem) etc. Lehenbuch: *von allen rútinan. das viertal. in dri monaden*, sehr häufig *monat* (aus mānot) handschriftlich, z. b. Tristrant; vgl. Alem. VIII, 185 ff. Urk.: *undenan. undnan* 1398. 1412. 1413. *obnan* 1398. 1412. 1413. *obnen* 1427. *hinnan* 1283. *von dannan* 1431. *danon* 1305. *dannen* 1307 etc. etc. Augsburg. stadtrecht von 1276 *: dannan: dannen. swannan. hinnan. innan: innen. hindan.* Ingold: *aussen und innan* 14, 5. *ussan* 17, 31. *obenan, obnan : obnen.* Weingarter predigten: *wannan. von dannen*, ferner die analogieform *dennan* cod. theol. et phil. 54. 72. 74. *wennan* no. 74. *dennan* no. 17. *kan : von dan* Winterstetten 25, 33. cod. theol. et phil. 45: *schwestran : schwestren. ieren gespilan* (dat. pl.). *zwo layttran. mit den schulteran.* acc. *die wundan. mit beschlossen túran.* inf. *bessran.* inf. *wiklan:* prät. *wikloten. nieman.* imp. 2. pl. *niemant* (nehmt). cod. theol. et phil. 54: *zwo hailig wittwan* (nom. pl.): *wittwen, von witwan. die mágdan : von den mágden. vmb beschaiden sachan.* no. 68: *vnder all bürdina: alle birdinen.* no. 72: *all die wundan : all wunden. von dannan. obnan.* inf. *richsnan: richsnet. swestran. tusent weltan. tǒhteran* (voc. pl.). no. 236

von den ostran : ostra : ostern. no. 63: *swestran. alle die edlan.* no. 5: *bosen worten vn werckan.* inf. *neman* (nennen). *dienat. iren arman selen. kupler vn̄ kuplarin. súbnarlaig lút* (siebnerlei). *die andarn. mit bůchan.* cod. bibl. 35: gen. pl. *der brosman. die scharan. monat. sin wundan. vor zwain wochan. von hinan* im reim auf *sinnen. von vnsran vinden. durch die audran.* cod. herm. 24: *bezaichnatt. monat.* cod. med. 15: gen. pl. der *müttra. die versena. näta* (plur. zu nath). *die gampen oder tieffena des wassers.* cod. breviar. 55: *ain núwan spraᵉh in toᵛgnar warhait. ain lutrar brunn. an dinan toᵛd. din hailigan gaist.* inf. *koman. regnan. in die wundan ainer hailigun linkan hand. gemachat. in sinen hailigan tieffan wundan. der hailigan zwǒlffbotten. aller dinr vnmássigon, miltun, vátterlichan, getrúwen, erbarmhertzigun gǔty. min wunda* (acc. pl.): *aller diner wundan. die gǒttlichun miltun erbarmhertzigun gǔtti. zů dem waren gǒttlichan friden. ze uerhútant. ze niemant. die lieben hailigan. von den hailigon sacramentan. in der alten e vnd in der núwan e. erwach all begirda mins hertzen. die seligan seraphin.*

Charakteristisch ist in den seitherigen beispielen wechsel der formen mit und ohne auslautend -n vgl. § 135. Dieses fehlt regelmässig beim gen. pl. in ZBR. (vgl. Beitr. XIII, 478 ff.): *der wahto. lietmottino. vespero. sculdo. siecho selo. růto. uasto. lezzo. der selbo tagzit* (earundem horarum). *der gotlicho scrifht* (diuinarum scripturarum). *der ovgo* (oculorum). *menscho. dultindo. merro. wissago hailgo, hailigo. der dri salmo. der eltro siecho. durstigo. altho. mislicho. andro. armo. richo. botho. nidndo. liswurko. edilo. ewarto. phafo* (dagegen *der phafin*).*namo.* In den Weingarterpredigten: *der brǒsmo* (acc. *brǒsmen*). *siner genadon. wundon: wundin. die sela.* Urk.: 1292 *unserrer herbo vn nahchomendo.* 1293 *der herro. erbo. nahcomendo.* 1296 *der vorgenanto. burgo.* 1296 *vnserre erbo.* 1318 *der búrgo* neben *der búrgen, burgon.* 1360 *frowa* gen. pl. *iena* (irgendwo) cod. theol. et phil. 74. *swero ding od' vnmuglicho* (acc. pl.) cod. theol. et phil. no. 236. cod. breviar. 55: *mit diner grundloso ebermd.* Hier erwähne ich (vgl. Beitr. XIII, 488. Weinhold al. gr. s. 166) auch Ulm 1428 (Reichstagsacten IX, 206) *daz iemans andro.* 1431 (s. 505) *als ieman andro*, vgl. a.

1407 (IV, 160) *ieman andre*. IX, 207 a. 1428 *fúro* (Horb 1399 *fúrohin*). IX, 208 *ieczo*. a. 1483 *dero* neben *deren*, z. b. Aesop s. 184. Ebenso *ieren vil* (ihrer viele) : *iro*. (-*o* wie -*en* bezeichnen nur -ə) *iro begirden* cod. med. 15, ebenda *dero kains*. *desto*, die gewöhnliche, in unsern denkmälern sehr häufige form ist *dester* z. b. Tristrant; cod. phil. et theol. 54.

§ 116. Am misslichsten steht es um die entwicklung von ahd. -ī, da, wie bereits ausgeführt, unsere quellen mit dem *i*-zeichen besonders freigebig verfahren sind. Zu den oben gegebenen belegen vgl. ZBR: *gehorsami. gewonlichi. vili. gedulti. sůzi. demůti. zurni. stati. snelli. hohi. krenki. strengi. grozzi. trunkini. lancsami. kuchi. satti. wihi. uraisi. rothi. bittri. uollikomini. phistri* (pistrino); conj. prät. *virhancdi* (permiserit) wie *gabi* (dederit). *du hulfi. abliezi. widerwichhe. bisehi*, endungslos *gerůht* 28[b] (dignaretur). In den urk. 1292. 1293 *liebi*. 1296. 1326 *ehafti. máhtin. gewaltzami. wirdi*. 1305 *liebi. múli. wurdi. weglosi*. 1298 *schaidgetti* (schadete). *theiten* (thäten) .*schadegeti*. 1299 *duhte*. 1315 *woltin. můstin*. 1317 *múli. mohtin. bockeli*. 1318 *vertigetint*. 1326 *libsenfti. gehorsami. hantfesti. stäti*. 1330 *bockeli*. 1341. *múli*. 1335 *gútlin* 1365 *gútli. müli*. 1358. *múli*. 1425 *segmúli*. 1449 *múlin. gútlin. gútli*. 1488 *Ziegelhúttin*. 1412 *äckerli. söltin*. 1464 *nach der längi*. 1465 *lengi. alli die. userwelti tochter. móchti*. 1333 *tæt vnd nit laisti*. 1335 *gehorty* (indic.). *getruwti. lögete* (leugnete). *sölty. sölt*. 1365. 1367. *fůgti. zugi. neme*. 1327 *vertigate: abgiengi*. 1330 *bedorfetin*. 1337. 1347 *vertigati. wurdi. weri. kœme. tetin. brechin. wolten* u. a. 1460. 1487 *schütti* (Schütteberg bei Horb). Rottweil 1400 (Reichstagsacten) IV, 138): *táti. móhtind. mústind. erwaltind. kusind. hetti d. abtrátind. gelobtind. wárint. enpfundint. wurdint. getrúwint. vernemint*. Grieshabers predigten (bll 73[a] ff): *wærin. beitutin. gebist. wärist. brächtist. welti*, ebenso indic. *léti* (legte). *rochti*; vgl. *an grossi schar. mini o*[v]*gen*. In den Weingarter predigten bereits: *die huntle. in der wůste. von siner vngehorsame. liebe. vinstre. lúge*. cod. theol. et phil. 50: *des brösemlis*. cod. med. 5: *mit tůchlen. bliemlen*. cod. med. 15: *schwini fůsse: swine flaisch*. no. 29: *leine*, *leines; seides tüechlin. äderle. negelen. plettlen. spitzlen.* cod. breviar. 55: *maria unser mittlere vnd vnser fúrsprecherin.* cod. poet. 130: *wengly .o*ͤ*rläply. fúnstly* (fäustchen). *túttli. enkli. webschiffli. rökly. kússi. búni. múli. kuchi. jockele.* cod. ascet. 78: *lieby: liebin: liebe* pl. *liebenan.* Im Herkommen opt. *begegnote: begegnoti. wundeti. gehorti. misshandletint. be, dunckti, beduchti. machtin. begerti. fordreti. schickti. begegnotin. mülin. walkin. trennckin. kämy* u. a. Steinhöwels Aesop: *die kürczy* s. 6. *trägi* s. 39. *becki* (becken) s. 39: *bekin* s. 55. *scherpffin* s. 40. *zwai klaini knäblin* s. 42, vgl. *die märlun* s. 4. wie *mit roten fenlun* Mörin 3263. (Weinhold al. gr. s. 236) *vor kelty* s. 44. *bürdy* s. 48. *ain kuchi buob* s. 49. *fier schwiny füss* s. 50. *schenki* (geschenk) s. 66. *höhy* s. 71. *klainy* s. 72. *lieby* s. 75. *türi* s. 76. *misty* s. 80. *kelty und gefrüri* s. 91. *trübseli* s. 94. *füchslin, welffly* s. 95. *schöny* s. 98. *vily* s. 99. *rossdekin. vor müdy. bürdy* s. 143. *helly* (die helligkeit) s. 152. *ödy* s. 164. *blössy. schwäri. grössy* s. 165. *fremdy* s. 168. *megeri* s. 220. *müli, mül* s. 225. *lügi-lüg* s. 241. *sünly* (söhnchen) s. 229. *erin, ery* (von erz) s. 271. Ebenso *irdin, irdy. wüstin, wüsti* s. 304; vgl. auch *öbrist. grössist. müssist. berürist. da selbist* u. a. Hätzlerin: *mit ärmlen* (ärmchen) 5, 19. 14, 50 u. ö. (*ärmlein* 19, 60) *ärmlin* 20, 2. *hörnlin* 11, 94. *diernlin* 14, 3. *hembdlin* 15, 59. *wänglin* 23, 43. *fräwlin* 23, 82. *prüstlen* 21, 9. *plümlen* 29, 53; *-lin* mit *-len* häufig wechselnd 37, 67 ff. Ruland s. 11 *zwai aichene feslin.* Mörin: *kuche* (küche) 3790. *ain schlauffle* (schläfchen) 3027. *seckle* 2479. *ain wile* 4080. daneben *pfülblin* 3040. *bettlin* 3062. *stüblin* 5822. Die plurale entsprechen den altoberdeutschen *-liu*: urk: 1365 *gůtlīv.* ZBR: *bůcliv. gabiliv,* dagegen Weingarter glossen: *gadimili. snuorliv* (murenulas). *grubeliu. breiueliu. chusseliu.* Schletstädter glossen: *wickiliu* neben *fukilili. haimili.* cod. theol. et phil. 54: *drú stúcklú. die brieflú. turteltúblú:* sg. *turteltúbli. trŏphelú.* no. 72: *drú stúklú. fúnklú:* sg. *stúkli. wúrmli. tŏhterlú. knábelú.* no. 74: *húndlú.* no. 184: *túchlú*; dagegen z. b. no. 11: plur. *zeltlin. küchlin.* cod. med. 15: *drú kämerli. die vässli oder fläschli. pilleli. klainer tierli flaisch.* Mörin: *renklü* 2351. *bluemlü* 3389. 4598. *berlü* 3339. 3911. 4878

u. a. (vgl. Martin zu 2351). Analog bei Ingold: *allü ding. starkü geduld. seinü augen. gelertü krafft. seinü wort. geleichü lieb. heiligü e. grossü ding* (anderü lüt!). Bereits bei Winterstetten heide: beide, vgl. Minor's note zu 6, 18. In der deutschen Franciscanerregel des 13. jhdts.: *durnahtú gruntvestin. unersamiu wirtschaft. andriu. ehaftigiu. elliu. schedelichiu. disi geschrift* s. 194. *geturri* neben *geturre* (opt. prät.), im übrigen nur *der ewigon fröude* s. 186. inf. *bezzeron* s. 193 (sonst *-e-*); *manot, manoden* s. 190. 191. *ahtode* s. 191. Beachte bei Niclas von Wyle nom. *müle* : cas. obl. *mülin. hüle* : *hülin. burdin, burde*: plur. *burden. kettin* pl. *ketten* (Nohl. s. 48 f). Zim. chron.: *fendli. glöckli. güeti. liebi. múli. vinsteri. waichi*, sogar noch *keltin. weitin* : *weite.* wie *hilzin* (hölzern), dagegen: *dierle* : *dierlin. heusle. schwesterle. weible* etc. *beschliessere. liebhabere. spitelmeistere. kuche* u. s. w.

Zum abschluss dieser übersicht gebe ich aus dem mir zugänglichen urkundenmaterial belege für *e* (*i*)- formen: 1281 *brůder. Alhusen. dez selben huses. tůgen kunt. allen. sehent oder hórent lesen. der erberen frowen. gevertiget. ze Wingarten. mit sinem willen. stœte. belibe* (opt. präs). *herren. gebúrte.* 1287 *tvien kunt. der erberen heren. gotes. baidinthalp. waren vñ stůnden.* 1292 *in den dorferen. des selben gůtes. aigenlich. die edelen herren.* 1293 *in echeren. nachomenden.* 1295 *den herren. Bebenhusen. ze koufenne. Altingen. hofsteten. åkkern. wisen. bin gewert. die selben herren. vormales. geltes. messes.* 1296 *allen ir nachkomen. von minen vornanten herren. wern* (gewähren). *sehse vnde nunzeg iar. vor sant marien magdalenen tag. wisen. mit wasen. gehügede. haten.* opt. *solt vn mohte. in wisen. gottes. tusent.* 1296 *gottis. namin. ansehint. horint. lesin. kúnden vnde firiehin. dir trůhsazze. wirtinn. tohtir. von kemnatin. ainmůticlih. habin gebin. vnsir rehte aigin. agkir. mit allir. ehafti. horit. sehzig. silbirs. die vorginantin. habint. vnsir aigin. gottishuse. zi Wingartin. der erwirdigen herin. abbit. vnsir rehtin erbin. solin. gůtis. des gottishusis. sinir rehtir erbon. insigil. an disen offin brief. haissit. zwelfhundirt. warin. vnsir. odir.* 1298 *die wisen maister. mit werken. den herren. sehzech. lôtigez silber. rehtez aigen. an wisen, wasen. bewert. erben. mahten. gezaichent. núnzek.* 1305 *erben. drgssig. boten. der vorgenanten múli. clagen.* opt. prät. *kómin. horten.* 1317 *in oberen dúschzen landen. giselschaft. gezúgnist.* 1314 *den vrouen. gewert. die vrowen. mohten. geirren. mit gûten trúwen. gehenkit.* 1322 *vertigen. ze búrgen. vertigente uere. manen.* 1326 *von gottes genaden. allen graven, phaffen. in allem Swaben* (in ganz Schwabenland). *ze ordenenne. sinen botten. bi siner genôssene* (genossin). *ze kilchen. den richen, armen. disü vorgenantü gût. von allen sälden* (vgl. Wirtemb. urk. I, 290 ff). 1327 *mit gûten tri°wen. mohten. ze vertigenne.* 1347 *kirchen.* 1348 *miner elichen wirtinnen. Agnesen. erben. den frowen. gewert. geirren.* 1350 *tohteren.* 1353 *Kœtrinen miner tohter.* 1362 *kirchen. weri. den frowen. in derselben obrvn samenunge. Livggen selgen miner vorgenanten svester.* 1398 *die Knoblochin.* 1412 *Wernher. Wernherin. habin. möhtin. gelobin. trüwen. vertigen. erbettin.* 1459 *krutgärtlin.* 1481 gen. pl. *schüren. erben.* 1483 *der hailgen junkfroen. gewert. erben. vertigen. begertin* opt. *in eren* etc. etc.

§ 117. Die geschicke der endsilbenvocale, wie sie im vorstehenden dargelegt sind, bedürfen kaum der erläuterung. Beitr. XIII, 495 ff. ist ausgeführt worden, dass die orthographie der denkmäler nur unter der annahme gesetzmässig entwickelter doppelformen sachgemäss sich erklären lässt. In einer und derselben form hat in ahd. periode langer und kurzer flexionsvocal bestanden (vgl. Notker's machōta, machota etc.), die quantitäten wechselten je nach satzrhythmus (verteilung der nebentöne: ma·chō : ta : ma·-chota); die flexionsformen mit „vollen“ vocalen entsprechen den ahd. längen, die „geschwächten“ vocale vertreten die kürzen. Dass die vollen vocale auch in mhd. sprachperiode existirt haben, beweisen die reime der dichter, für unsere territorien kommt allerdings nur bei Heinrich von Rugge *verwandelot: rot* MSF. 107, 13. 14 in betracht. Wir dürfen annehmen, dass dieser reim der aussprache congruent gewesen ist. Die mannigfaltigkeit der schreibungen, wie sie uns seit dem ende des 13. jhdts. begegnet ist, kann aber unmöglich in dem sinne aufgefasst werden, dass die vollen endvocale als o, u, a, i, die geschwächten als -e gesprochen worden wären.

Die seit dem 11. jhdt. in den glossensammlungen auftretenden -a für ältere vocale verschiedenen timbres (s. o.) leiten offenbar eine ähnliche veränderung des nachdrucksIosen endsilbenvocalismus ein, wie die auffallend damit zusammenfallenden -a des beginnenden 14. jhdts. Die auffassung jener älteren -a ist um so mehr erschwert, als wir umgekehrt im lauf der jahrhunderte eine entwicklung älterer -a-vocale in der richtung auf -i hin verfolgen können (vgl. *ga-* : *gi-* u. a.)

Es ist anzunehmen, dass im 10. jhdt. nachdruckslose vocale volleren timbres je nach verschiedenheit der musikalischen tonhöhe, wie sie rhythmus und melodie der gesprochenen sprache involviren, in ihrer klangfarbe gegen u, i, resp. (musikalisch tiefer) gegen a hin verschoben worden sind; die i- und u- timbres sind offenbar das resultat des nunmehr sich geltend machenden tongesetzes (§ 40). mI 12. jhdt. mag dann die definitive veränderung eingetreten sein, welche zum heutigen stand geführt hat. So sehe ich denn in der buntheit der schreibungen des 14. 15. jhdts. einerseits die traditionelle orthographie längst untergegangener sprechformen, aus der periode überkommen, da die „vollen“ vocale noch gesprochen wurden, andererseits moderne versuche den neu entstandenen endungsvocal -*ə*, resp. -*e* wiederzugeben. Die zahlreichen a- schreibungen sind aus dem a-haltigen timbre des reductionsvocals zu erklären. Speciell für die feminina ist plural. -*a*, -*an* nicht als fortsetzung eines ahd. -*ā* zu betrachten, da die flexion nicht mehr die starke gewesen sein kann, gerade für das alem. sprachgebiet sind namentlich die schwachen verwandtschaftswörter characteristisch, vgl. noch später: *alle mütern* Aesop s. 273. *die döchtern* Ingold 17, 22. acc. *all müttren* cod. theol. et phil. no. 188. u. a., wie heute *miətərə*, *dẹxtərə*. So konnten denn nun auch willkürlich die -on -un, -an, -in, -en etc. unter sich confundirt werden, nachdem sie sämtlich in der sprechform *ə* zusammengefallen waren. Typische beispiele geben die belege aus cod. breviar. 55.

-e wird sehr häufig traditionell noch *-i* geschrieben. Dass die schreibungen der aussprachsform nicht congruent gewesen sind, habe ich Beitr. XIII, 500 ff. daraus geschlossen, dass ahd. *-ōn* nur im gen. plur. durch *-o* wiedergegeben worden ist, nicht in den etymologisch gleichwertigen fällen, war doch, wie sich unten ergeben wird, die nasalirung der endsilben bereits vollzogen; vgl. in Grieshabers predigten (Weinhold, al. gr. s. 311) *dristo* d. i. heute schweiz. *drîstə* bei Stalder, landessprachen s. 225, *dristun* cod. theol. et phil. 236. *dreystet* cod. theol. 146, das verhältnis von *dristo* zu *dristunt* ist offenbar dasselbe, wie bei dem in unsern urkunden häufigen wechsel zwischen *yeczo : yeczunt* (wonach letzteres nur eine schreibform wäre), vgl. im Lehenbuch des grafen Eherhart: *iez. ieze. ietzent. ietzo.* cod. breviar. 55: *yetzun.* cod. theol. 146: *yetzen.*

5) SYNCOPE.

§ 118. In zahlreichen belegen fehlen der heutigen mundart compositions-, ableitungs- und flexions-vocale, die in mhd. periode noch überliefert sind, z. b. *hęnt* mhd. hende hände, *muətr* mhd. muoter mutter; *nǫxpr* mhd. nāchgibūr nachbar etc. Das schwinden dieser vocale (syncope, absorption) stellt eine weitere stufe der reduction dar, indem nicht bloss die specifische klangfarbe (wie bei *ə*), sondern die articulation überhaupt wegfällt. Es ist dies nur denkbar, wenn die betr. vocale an nachdruck auf den nullpunkt sinken, was in erster linie von der geschwindigkeit des sprechtempos abhängt. Winteler s. 119 hat schon darauf hingewiesen, dass etwaige hochtonigkeit den schwindenden laut nicht zu schützen vermag, und wir haben auch für das schwäb. nach der allgemeinen tonregel hochtonige lautung der schwachen silben vorauszusetzen. Der eintritt der nachdruckslosigkeit ist an kein formulirbares gesetz gebunden. So wandellos der hauptictus fixirt ist, so schwankend ist die rein rhetorische abstufung innerhalb der sprechtakte, was nebenictus und nachdruckslosigkeit betrifft, und es gilt der satz, dass jede nicht exspiratorisch starke silbe (vor oder nach dem ictus stehend) ihren sonanten verlieren kann.

Anm. Die näheren bestimmungen über die verschiedenen grade des nachdrucks und deren verwendung sind sache der rhetorik. Mehr oder weniger nachdrückliche hervorhebung von nebensilben ist eines der wirksamsten mittel den seelenstimmungen sprachlichen ausdruck zu verleihen. Affekte, die ein bewegtes, rasches sprechtempo involviren, veranlassen eine weitgehende reduction der nebensilben, während eine behagliche ruhe oder zärtliche ergüsse sehr wirksam in langsamerem rhythmus die nebentöne ausprägen und die etymologischen nebensilben bewahren. Auf keinem gebiet ist der zusammenhang zwischen der psychischen gesammtanlage eines stammes und seiner sprache so deutlich zu erkennen als eben hier. Die sogenannte schwäbische „gemütlichkeit“, die der fremde namentlich auch aus der sprache heraushören will, beruht hauptsächlich ausser der modulation der stammsilben auf der accentuation der nebensilben. Vgl. insbesondere den § 119 anm. 2. 3. besprochenen wechsel, z. b. *ə bisle* ein bischen hat in der regel einen ganz andern rethorischen effekt als *əbisələ*, *(bitsəle)*; *gəimraoəbisle* (gib mir auch ein bischen) im tone der entschiedenheit, mit dem der anspruch einer rechtmässigen forderung zum ausdruck kommt, gegen *gəimərаoəbisəle* als zärtliche bitte. In ersterem fall bildet der satz einen einzigen sprechtakt mit dominirendem ictus auf *gəi-* oder *ao*, im letzteren wird das tempo beinahe schleppend und es entstehen die sprechtakte *gəimər* | *ao'ə* | *bisəle*, die zugleich eine musikalisch viel mannigfaltigere tonreihe entwickeln. Graphisch liessen sich die nachdrucksverhältnisse so darstellen 1) ⊥́ . ̀ _ ⊥̀ . _ 2) ⊥́ ⊥̀ ⊥́ ⊥̀ ⊥́ ⊥̀ ⊥̀. Vgl. analoges bei Winteler s. 213. 179. 216 anm. zu 3, 2.

§ 119. 1) Ausnahmslos ist das ungedeckte mhd. *-e* der flexion unmittelbar nach oder vor der ictussilbe geschwunden: *ibax* (mhd. bache) ich bache; *'nap̂* hinab, *'rap̂* herab (mhd. hin abe, her abe); *fašt* (mhd. vaste) fast; *krap̂* (mhd. *gerappe) rabe; *šāt* (mhd. schade) schaden; *mẹ̄xt* (mhd. mehte) möchte; *šrẹ̄k̄* (mhd. schrege) schräg; *gẹ̃s* (mhd. gense) gänse; *dẹ̃əm* (mhd. dëme) dem; *šæ̃* (mhd. schœne) schön; *nǭx* (mhd. nāhe) nah; *hẹrt* (mhd. herte) hart; *hẹl* (mhd. helle) hölle; *k̄irx* (mhd. kirche); *fīx* (mhd. vihe) vieh; *wīs* (mhd. wise) wiese etc. Beachte die pronom. dative: *mæ̃m* (mhd. mīme) etc., aber *əmə* einem (mhd. aime z. b. urk. 1296.) u. a.

Anm. 1. Scheinbare ausnahmen ergeben sich beim nom. sg. der schwachen flexion (mhd. *-e*) z. b. *dr rukə* (mhd. rucke) rücken; *wǫəsə* (mhd. weize) weizen. Diese haben ihr *-ə* aus den cass. obll. *(-en)*; andere wie *dr ǭf* (mhd. oven) ofen, *dr bǭt* der boden u. a. haben *-ə* nach analogie von *šāt* (cass. obll. *šādə*) schaden u. ähnl. aufgegeben.

2) beim ausgang *-er*, *-el* ist *r*, *l* son. entstanden:

a) *akr* (mhd. acker); *fatr* (mhd. vater); *hābr* (mhd.

haber) haber; *wẽndr* (mhd. winter); *k̑ẹ̄fr* (mhd. këvere, këver) käfer; *hẽəkr* (mhd. henker); *britr* (mhd. briter) bretter; *štikr* stücke, *bẹtr* betten, *biəxr* bücher u. a.

b) *k̑apl* (mhd. kappel) kapelle; *štapfl* (mhd. stapfel) staffel; *hāml* (mhd. hamel) hammel; *āmpl* (mhd. ampel, lat. ampulla) lampe; *pflẹ̄kl* (mhd. vlegel) flegel; *šẹ̄kl* (mhd. schenkel); *bišl* (mhd. büschel) u. s. w.

Anm. 2. In nicht nachdrucksloser stellung bleibt *-ə* erhalten vgl. z. b. *ẹ̄mpə:le* dim. kleine lampe; *bišə:le* dim. zu *bišl*; *k̑ẹ̄fə:rle* dim. zu *k̑ẹ̄fr*, aber auch *k̑ẹ̄frlẹ*, *ẹ̄mplẹ*, *ẹkrlẹ* zu acker, *bisle* gegen *bisə:le*, *bitsə:le* ein bischen u. s. w.

3) ganz entsprechend haben sich entwickelt:

a) alte composita auf *-teil*, *-feil*, *-voll*, *-viel* vgl.: *hampfl* handvoll, *mǭmpfl* mundvoll; *arfl* armvoll; *tritl* drittel; *fiəntl* (mhd. vierntail, abgeschwächt *viertal* urk. 1333. 1421); *wọltl* (mhd. wolveil) wohlfeil; *sǭfl* so viel; *wiəfl* wie viel.

b) alte (jetzt nicht mehr als solche gefühlte) zusammensetzungen, deren zweiter bestandteil *-r* enthielt: *nǭxpr* (mhd. nāchgibūr) nachbar; *jǭmpfr* (mhd. juncvrou) jungfrau, jungfer; *ẹ̄mr* (ahd. iomēr, mhd. immer) immer; *wẽərt* (mhd. wīngarte) weinberg; *tsūbr* (ahd. zubar, zwibar vgl. Kluge etym. wb. s. v.) zuber; *ǭəmr* (ahd. einbar, mhd. aimber) eimer vgl. Kluge a. a. o. s. v. Ausserdem fallen hierher die ableitungen auf *-bære*, so weit der dialect sie kennt: Ulm 1428 (D. Reichstagsacten IX, 205) *erbre bottschaft*, ebenso 1431 (a. a. o. s. 643) *erbern botten*; *daəkpr* (mhd. dancbære) dankbar; *k̑ọšpr* (mhd. kostbære) kostbar und ebenso die nom. agentis auf mhd. *-ære* (resp. *-er*): *šnāēdr* (mhd. snīdære) schneider; *mẹ̄dr* (mhd. madære) mäher, mähder; *šuəštr* (mhd. schuochsutære) schuster u. a.

Anm. 3. Auch hier gilt, was in anm. 2. vermerkt wurde, vgl. *arfl* : *ẹrfəle*; *fiəntl* : *fiəndəle*; *jǭmpfr* : *jǭmpfə:rə*, *jǭmpfrle*, *jǭmpfə:rle*; *wẽə:rdr* weingärtner: *wẽərt* etc.

Anm. 4. *r*, *l* ohne vorausgehenden vocal finden sich häufig; ich nenne: Augsburg. chron. 5, 451. 468: *kitl. eitl. schöffl. scheffl. ainr. deifl* (teufel). Aesop: s. 53 *hünr*. Mörin: *minr. ainr.* (*sie spilnd. welnd*). Jesus: *edl* 59. Ruland: *vetr. andr. hundrt. burgr. mistl. patrnostr. püntl. unsr.* Zim. chron: *kachl. capl. erml. seinem enikln* (enkel) IV, 253, 11. *mangl. handln.* Die seit dem ausgang des

15. jhdts. häufigeren schreibungen wie *czaln. zaichn. habn. guldn. glichn. gebn.* etc. weisen auf einfluss der orthographie der allgemeinen reichsgeschäftssprache. Wechsel der schreibung, wie z. b. Rottweil 1400 (D. Reichstagsakten IV, 138 f.): *der untren und der obren stelt: des obern noch des nidern bundes.* Aesop: s. 202 *murmlen* : s. 268 *murmeln* (vgl. *gesamelt. samelt*). Mörin: 5960 *gesegnet* : *segent* 5981. Ruland: s. 7. *dafflen* : *tafeln* s. 19 beruht gleichfalls auf sonantischer function der betr. consonanten.

4) Vor andern consonanten ist *e* (auch als reduction vollerer vocale oder diphthonge) gleichfalls syncopirt worden: *mę̄rkt* (mhd. merket, lat. mercatus) merkt; *dæ̃šť* (mhd. diunist?) dienst; *dr šę̄̃št* (mhd. schœnest) der schönste; *ę̄mť* (mhd. āmāt, üemet) zweites heu; *fiəntl* (mhd. vierdentail) viertel; *šuəštr* (mhd. schuochsutære) schuster; *kšafť* (mhd. geschaffet) gearbeitet; *makť* (mhd. maget) magd; *akšt* (mhd. ackes) axt; *ǫpšt* (mhd. obeȥ) obst; *šať* (mhd. schadet) schadet (3. sg. präs. ind.); *ęls* (mhd. alleȥ) durchaus; *šlę̄xšt, šlę̄xť* (mhd. slehest, slehet) schlägst, schlägt; *aokšt* August (monat), vgl. urk. ougeste 1302. ze mitten ougsten 1323; *haekšť* (mhd. hœhest) höchst; *nękšť* (mhd. næhest) nächst; *lę̄ršt* (mhd lērest) lehrst, lernst; *brę̃əť* (mhd. bringet) bringt; *fršę̃nť* (mhd. verschindet) schindet (3. sg. präs. ind.); *k̄ǫšt* kostet; *kmęlt* gemeldet; *frklǫətə* verkleidete, vermummte; *šnæ̃t* schneidet; *dīšt* dürstet; *krīxt* gerichtet etc, über diese syncopirungen vgl. Pfeiffer, Freie forschung s. 188; *wę̃ə* (mhd. wēnec) wenig; *hęrbšt* (mhd. herbest) herbst; *wirfť* (mhd. wirfet) er wirft; *kəits* (mhd. kein nütze, vgl. Schmeller I, 1776) wertlos; hieher wohl auch *gǫtsik* (mhd. gotes einzic) gesteigertes einzig; *kfrǫkť* (mhd. gevrāget) gefragt; *k̄ǫ̃nšť, k̄õnť* (mhd. kumest, kumet) kommst, kommt; *mõəšt* (mhd. mainest) meinst; *næ̃tsk̄* (mhd. niunzec) neunzig u. s. w.

Anm. 5. Die syncope ist hier fest, abgesehen von den formen der verbalflexion 2. 3. sg. präs. ind. und part. prät. Hier ist durchaus wechsel zwischen syncopirten und nicht syncopirten (-ə) bildungen zu constatiren: *šafišť, šafšť*; *šafəť, šafť*; *kšafət, kšaft*; *kfrǫkť* : *kfrǭgət*; *k̄õnšt* : *k̄õmišt*; *k̄oštət* : *k̄ošt* usw, doch ausschliesslich *šlę̄xšt, šlę̄xť, k̄ǫ̃nť, brę̃əť, wirfť, mǫ̃əšt* u. a. Im übrigen bevorzugt der Schwarzwald gegen das nördl. Schwaben die nichtsyncopirten formen; auch hier wirken die rhetorischen schwankungen des nachdrucks, doch vgl. § 110, 3. Allgemein hat sich im schwäb. *hēmət* (mhd. hemede) hemd mit *ə* gehalten, aber wohl nur durch verallgemeinerung.

§ 120. Dieselbe syncope ist 1) bei den vorsatz-partikeln *ge*,- *be*- und der präposition mhd. *ze* eingetreten. Sie fungiren im sprechtakt teils als auftaktglieder, teils aber wie jede andere nebensilbe im taktinnern, vgl. z. b. *p'i'ətęgǫt* behüte dich gott: *gǫp i'ətę* gott behüte dich.

a) *knuək* (mhd. genuoc) genug; *kfõndə* (mhd. gevunden) gefunden; *klõõ* (mhd. gelān) gelassen; *kštǫlə* (mhd. gestoln) gestohlen; *kwīxt* (mhd. gewichte) gewicht; *ksęl* (mhd. geselle) gesell; *kutr* (mhd. gehuder) etc.

b) *psętsę* (zu mhd. besetze) besatz; *pšəisə* (mhd. beschīȥen) betrügen; *piədə* (mhd. behüeten) behüten; *psǭndrš* (mhd. besunder) besonders; *psǫfə* (mhd. besoffen) betrunken.

c) *tsfǭl* (mhd. ze voll) zu voll; *tslę̄əsət* (mhd. ze lësenne) zu lesen; *ts'ǫrp* (ze Horwe) in Horb; *tsę̄štə* (mhd. ze ērsten) zuerst; *tsfrīdə* (mhd. ze friden) zufrieden.

2) ebenso haben sich die mit *hin*-, *her*-, *hie*-, *dar*- zusammengesetzten präpositionaladverbien entwickelt, sobald sie den ictus auf dem zweiten bestandteil tragen: a) mit hin-: *'nap*, *'nuf*, *'nəus*, *'nãẽ*, *'nã*, *'nǭm*. b) mit her-: *'rap* (*rab* cod. med. 5), *'ruf*, *'nəus*, *'rãẽ*, *'rõm*. c) mit hie-: *'usə*, *'ẽnə*, *'ǭnə* (hie undnen), d) mit da-: *dǭnə*, *dǭbə*, *dẽnə*, (aber *də'ẽnə* da hinten), e) mit dar-: *drdūr* (mhd. dar durch), *drnę̄əbət*, *drẽn*, *drã*, *druf*; und diesen formen analog f) die syncope des artikels: *dãnə* die grossmutter, *twǭrət* die wahrheit, *tǭsə* die hosen, *tfętə* die fettigkeit; *'tęk* die tage; *'tiər* die türe, *'puəbə* die buben; doch auch formen wie *'tkiə* die kühe, *'tgas* die gasse (neben *'kas*, *kas*, *gas*) etc. *s* aus *daz* z. b. *swasr* das wasser, *s'ęəts* das hertz, *ẽnsbęt* in das bett; ebenso *tsõm* (mhd. zuo dem), *bəim* (bi dem), *nǫxm* (nach dem) a. ähnl. sind nur mittelst assimilation des verschlusslauts und folgenden dauerlauts zu gunsten des letzteren zu erklären.

Anm. 2. Im nördl. schwäb. sind die zusammensetzungen mit *da*- nicht erhalten, durch ausgleichung ist vielmehr allgemeines *dr*- eingetreten: *drǭndə*, *drǭbə*, *drẽnə* u. s. w. — Der entwicklung von *dar*: *dr* geht die von mhd. *ver*: *fr* ganz parallel: *frsəufə*, *frkaofə*, *frfraorə*, *frrakərət* u. s. w.

§ 121. Zeitlich am ältesten ist die syncopirung der partikel *ge-* vor sonorlauten (vgl. Braune ahd. gram. § 71. 77):

Augsburger glossen: *guari* (= giwari). *ni guuinna* (von expetat).

Weingartor glossen B: *gobide* (— ga-obide) coloniam. *zantwurta* (in presentiam). *padeguant. gnoȥ.*

Prudentius glossen B: *kebanoto.*

Schlettstädter glossen: *ungrade. gnaden. gnada. gnokint. kunterskeitot.*

Schwäbisches Verlöbniss: *gnaden. ziweren* (ze-). *bit iuch* (bitte).

Mit dem beginn der denkmäler aus mhd. epoche heben auch die belege für die verkürzung der wortformen an, so dass wir in den syncopirungserscheinungen eines der hauptunterscheidungsmerkmale zwischen ahd. und mhd. lautstand zu erkennen haben. Lachmann hat zu Iwein 6514 gezeigt, dass in Hartmanns sprache dreisilbige präterita, deren erste silbe lang ist, in der mitte gerne gekürzt werden; auf die schreibweise der handschriften dürfe man sich dabei nicht berufen (s. 539 anm.): *mērte, tihte, machte, erbarmte, herbergte, erledegte, trūrte, warnte, borgten* und viel ähnliches; nach kurzer silbe: *gelobte, sigte, sagte* anm. zu 7764; *clagte, tagte, bejagte, behagte; lebte, swebte, strebte* anm. zu 617. Vor vocalen sei die „verschlingung des auslauts" sicher, ist aber wie die oben gegebenen belege beweisen, bereits ahd., (vgl. auch Braune ahd. gram. § 61.): *volget ich, erzeiget er, minnet allez, dise ungelernet arbeit;* vgl. zu 7438 *sorg ich, minn ich,* zu 7764 *wæn ich, rāt ich, fuort er, wīst in* etc. etc., *umb in, und er, ān iuch, ān ēre, ān alle, ān angest* etc. (zu 5081), *vārend ist, volgend ist, varend ist, frumend ist, baz dann ir* etc., *ze wizzen ist, ze sagenn ist* (zu 7438). Ohne sprachliche begründung sind dagegen weitere regeln, wie z. b. die 7764 entwickelte einschränkung der kürzung vor einsilbigem versschluss: *jāmert in. wægest ist. mohtens ē* u. a, ebenso unbegründet die zulassung des hiatus in wörtern „deren verkürzung auffiele". Vor consonanten (vgl. auch zu 192) könne man zweifeln, ob *vlēget* oder *vlēgte, volget* oder *volgte, sorget* oder *sorgte* zu schreiben sei: die volle schreibung *volgete, machete, minnete* oder der zugehörigen pluralformen sei streng zu meiden, vor folgendem vocal schwinde *-e* der ableitung: *volgten als* u. a. — Die bekannten verkürzungen *gevangen* (cod. herm. 24 acc. pl. *die gevangen: die gevalnen,* vgl. § 105, 2 anm.) statt gevangenen, *verborgen* statt verborgenen etc. bedürfen sprachgeschichtlich keiner specialregel. Hierher fallen ferner die in der anmerkung zu 6518 aufgestellten *bezzerten, handelten, zwīvelten, verlougenten, entwāfenten, rechenten, wechselten* 7212 (hs. D *wehslten*); in der anm. zu 33 wird *pfingsten* (oder *pfingesten*) zugelassen etc. Weiteres bei Haupt zu Erec 7703. Pfeiffer, Freie Forschung s. 121 ff. Jänicke, Zsfda XVI, 403 u. a.

§ 122. Aus der fülle des materials unserer denkmäler möge folgendes namhaft gemacht werden: Rugge *behuot* (behütet): *guot* 99, 28. vgl. 100, 33. 104, 16. Gottfrid von Neifen: *hat bekleit : leit. wenden : senden : senden* (= *senenden). *verwunt: kunt. ist si gestalt: gewalt* u. a. Während Neifen imp. *belip: wip. trip: lip* reimt, ist nach Minor zu 1, 13 bei Winterstetten imperat. *twinge* (nicht *twinc,* doch vgl. 15, 13) die beliebte form; *laze : straze : maze. scheide: leide. fliehe : schiehe* u. a., bei demselben: *wip: vertrip,* vgl. auch 11, 48. *muot: ist behuot*; beachte *Guote: Uote : muote* 9, 101 dagegen (als alte nominative) *Uot : Guot : tuot* 14, 171, wie *kint : Götelint* 14, 182. *tat : vervat : rat: stat* 12, 111: *vervahet : versmahet* 62, 33. *ich han mich verpfliht: niht* 59, 16. u. a. ZBR: *red. stund. div stim. der bot. div gnad. mit gloͤb. kúnc* (regi). *sun* (filios). *di wind. alle tag. den vrid. dem mund. got* (deo). *di weg. di sund. im gebet. zi dem grund. zim tohd. dir vierd. d*, *end. von der sach. ze himel. der nivnd. die slcg. di hend. gimaind. and erd* (in terra). *der stet. vor der sach. sorg. der vngetriv. von ursach. bild* (exempla). *der gart. vnserm. iuwren. inkain* (nullum). *von aiginr boshait.* dat. sg. *aigem.* gen. *ubilr sach oder mûsiger red. dīm* (tuo). *von inrem. kaim* (nulli) neben *kaime. uz aim. vnder aime. wirt gelait. weckind. wende* (existimantes). *sprechend. ufzestand. wandlend. leir ich. andenr* (intende). *werd* (fiat), überhaupt in 3. sg. opt. *anseh* (aspiciat). *sprech. underlig: underlige. anleg. inpfah. wel. gilub. bith. geb. zua* (lauerit). *stand. vind. niez. trag. scaf. bidurf. uirlies: uirliese. hab*; doch auch *mug: muge. ezze. bisehi. wurke. slaffe. interbe. lebe. haize. zůladi. hingange.* Ferner *glatte* (geladen). *stifthe* (edificauit). *gebrait* (laxantur), *gebraitin. gehorth. gido"t* (digesti). *berait hat. hort* neben *horit. sazt. stummet. lubid* (promittit): *gilupth* (promiserit). *gedemůt. ih hoht. vfgeriht. santh* (misit). *gisante. arbait* (laborat). *ih tet. giscant. werd bihůt. gibet* (oretur). *bitraht. giwiht. zallir. dich* (saepe). *an wenc* (modice). *iez* (jam). *zwar. wolt got. dan* (tunc). *samztac. trurgehen* (contristent). *bezzren. ersamlicst. hohster. ammit: amtin. bilgrin* etc. Urkunden: 1281 *gelobt. irm svn. súln.* 1295 *gelopten.* 1296 *gehept. gib ich. tag. gericht* (dat. sg.). *ze gezaichent. do man zalt.* 1296 *dem abt.* 1298 *apt:* 1287 *abbete.* 1292 *abbet.* 1298 *ze wissend. gezaichent.* 1289. 1293. 1307 u. ö. *gevestent: gevestneten* 1293. 1293 *bezaichent. gepfent.* 1296 *gerett. von der bet. gib ich. vf der burc.* 1287 *gelatte.* 1296 *solt vn mohte. wær* (wäre). 1299 *er verschuld es denne.* 1296 *dorf. manot* (dat. sg.)? 1305 *ih vergih. uf anderm gůt.* 1317 *stæt blibe.* 1299 *mit mim.* 1310 *aim.* 1314 *het* (hatte). *ze ainem kovf.* 1277. 1323 *sogtan.* 1326 *zerkiesende. zenphrômden.* 1341 *hailgen.* 1362 *hailgen. selgen.* 1348 *herbsthúnr. genzklich.* 1354 *dem pfaf.* opt. *abgieng. stúrb. fúr. ze Horw.* 1359 *der gart.* 1412 *bewent.* 1465 *Margret. gemelter weyss.* 1486 *gemelten.* 1488 *bemelten. obgemelter.* 1483 *sant Agten* etc. etc.

Herkommen: *gerett. hingericht ist. gelút* (geläutet) *wirt.* Steinhöwel's Aesop: *erdicht. redt. redten. ritt* (reitet). *getött. verschult. gesitt. entrüst. zuogerichten sessel* s. 59. *verwilten* (verwilderten) s. 156. *findt er. bindt.* Mörin: *sel: Michahel* 357. *heiss* (opt. präs.): *baiss* 417. *pflag: zag* 469. *ich wen: capiten* 491. *geziert: selbviert* 623. *lon : oun* (ohne) 1047. *geschickt:* prät. *blickt* 1053. *der mag* (magen): *tag* 2555. *ir gebiet: schiedt* 5163. *du tuost: huost* (hustete) 5565 etc. Hätzlerin: *in fräden seüfftz, in trauren lach: ungemach* 57, 2. *der winter mit seiner kelt: gestelt* 72, 1. *die deck* 84, 24. *leng* 243, 16; vgl. Tempel: *ir guet* (güte): *blüt* 357.

vol guet: gemüt 533. Ingold: *sterk. kelt. lieb.* Mynsinger: *der mag. der schad* u. a. Vgl. cod. poet. 29: *krepfel od' pfankůch. lebkůch. blům. glock. schlang. stuk. bett. funck oder ganayst* (letzteres auch cod. poet. 30 u. ö.). *woch. bettziech. kast oder lad. schaid. schaid. steck oder pfal. geschirr. gass. lock. wingart. reb. růt oder gert* u. a. cod. pret. 30: *nak. nas. do°m* (daumen). *ripp. ruck* (rücken). *gig l fidel. supp. bůb. muk. rapp. schnepf. swalb. barb. kreps. carpff. krott. weftz. schneck* u. a. cod. med. 15: *der hůst. der mag. die kelt. nach leng vnd nit nach der höhi* u. a. Vor vocal und sonorconsonanten war bereits ahd. die partikel ge- reducirt worden (s. o.), auf demselben standpunkt steht noch ZBR: *glo'b. glaith. garnen. glatte. glo°fen. gwiche. go'git. gluste. vfgleit. guislic. glesin. gendot. gvisse. gahtut. gvonlichun. gnad. girrut. gnami. gnuhsamir. gwnnen. glichez. gwandn. guangadin. gwalt.* u. a; ebenso *be-*: *der bnemid* (personarum). *bnomin. barmunge;* dagegen vgl. cod. bibl. 28: *gwan. glich. griht. gdaht. gbot. gborn. guangen. gburtlichen. btrübt. bgert. bhüt.* Vielfach fehlt nun aber *ge-* auch vor verschlusslauten: ZBR: *werd gert. werd geben. ginget. kundit. trurit, ko°fth. gangin. bosirut. dienut.* Die annahme, dass hier *ge-* im consonantenanlaut assimilirt sei, ist ausgeschlossen wegen particip. prät. wie: *hat lopht. werdin vraget. ufwegin. worden. ingeginlo'fin. anbraht. sprochin. lerit. wihet,* so ist auch im verlaufe, wo namentlich in den urkunden sehr häufig part. prät. wie *braht. komen. gangen. geben. kauft. clagt* auftreten, nicht auszumachen, ob participialbildung ohne *ge-* oder syncope angenommen werden soll: vgl. z. b. urk. 1350 *burte.* 1383 *gburt.* 1479 *purt* (ahd. mhd. burt. geburt gegen Paul Beitr. I, 296). *botten* neben *gebot* cod. phil. et theol. 45. no. 144: *da er gaiselt, gekrützíget ward.* cod. herm. 24: *als ain klaid das die schaben fressen haint.* Noch 1488 part. prät. *fallen.* So auch in der Mörin: *zelt. brochen. clagt. brauten* 2810; *gebrauten* 2493. Bei Ruland: *borgt. kaufft. schickcht.* Ulr. Kraft: *komen. bliben. griffen. zogen.* Zim. chron: *buchen. funden. storben. trofen. trunken. bild* (gebildet), vgl. in dem Augsburg. stadtrecht von 1276: *ain gœrbtiu hut.* Lexer im glossar zu den chroniken 4, 375. 5, 459: *bawen.*

bracht. prennt. prochen. deckt. funden. gangen. gossen. kauft. klaytt. kriegt. tauft. triben. zigen. zogen etc.

Die syncope ist im satzzusammenhang erfolgt, dem schicksal der schwachen silben im innern der wörter entsprechend, vgl. urk. 1277. 1323 *sogtan.* 1296 *gnanten.* 1488 *gschafft.* In Steinhöwels Aesop: *gwerb* s. 34. *ungstalt* s. 338. Mörin: *gstalt* 2969. Tempel: *gbürch* 894. *gbott* 1060 (zweifellos keine sprechformen). Augsburger Schneider: *gfangen. gstift. gschlecht.* Keller, erzählungen: *gfüllt* 324, 25. *gschehen* 326, 12. Ruland: *gwand. gwandschneider. gschickt. gschechen. gschriben. gnommen. gwin.* Reimchronik: *gfunden. gsein. gsotten. gschitz.* Zim. chronik: *gschwindt.*

Analog ist die syncope von *ze: da z Sevelingen* (zweimal) urk. Ulm 1297; vgl. *zemen* (zusammen) cod. theol. et phil. 72. Walther von Rheinau (Stuttgarter hs. a. 1388) 49, 39. 108, 17. 112, 43. u. ö. Ruland: *cz Schpir. cz Nerenberg. cz Franckfurt.* cod. theol. et phil. 17: *Zwirtzburg.* Schneider: *zwegen.* Syncope des artikels: vor vocal bereits ahd. (vgl. Braune ahd. gram. § 287 anm. 2) ZBR: *and erde. and erd. ind twahil* (in palla). Mörin: *dwelt* 3458. *dwecken* 3458. Georgspiel: *d'tor* 172. Reimchronik: *andsonnen* 167. *dschell.* 81. *daus* (draussen). Zim. chron.: *dgens. dwett. dbenk. dweil. dstupflen. dnarren. dinnen* (drinnen). *daussen. doben*, ebenso *hausen. hussen* (bei Hans Sachs: *dwarhait. dhitz. taschen. packen* u. a. *daussen. nab. nauss. rab. rein* etc.); vgl. ferner *nauss* (hinaus) Keller, erzählungen 222, 29. 223, 29. Reimchronik s. 160. Zim. chron. IV, 231, 40.

Für die syncope von be- sind die belege noch dürftiger: seit beginn des 14. jhdts. werden die *bl-* in bleiben allgemeiner: *blibe* urk. 1317. 1326. *bliben* 1327. Mörin: *man psliess* (beschliesse) 2072. Schneider: *pschissen. pschlossen* u. a. *pschicht* v. Liliencron II, 3, 4. Reimchronik *bston* 168; vgl. auch MSD² s. 611.

Anm. 1. Kolross sagt in seinem enchiridion (Müller s. 79): zů dem ersten geschicht die kürtzung von wegen des rhymens. damit die rhymen glyche zaal haben (zu latin syncopa) bschähen. bschorn. zsůchen. hrab. zmachen. wårn (werden). ghretth (geredet).

gsungen. Es geschicht aber disse kürtzung nit allein mit den rhymen sonder auch ... in andrem schryben vnnd reden: bschnitten. bschriben. vnbsähen. vnbschnitten. vngstalt. vngschaffen. vnbholffen. gwünscht. gstopfft für gestopffet. gbett für gebettet. geschütt für geschüttet etc.

Seb. Helber, syllabierbüchlein ed Roethe s. 15 f.: ob gleich wol nit gefunden werden einfache wörter die anfiengen von Bd. bh. bn. bs. bschl etc. jedoch wirdt inn reimschriften vnterweilen jenes e nit geschriben oder gedruckt, welliches zum ersten *b* in gantz geschribenen wörtern gehört: vnbdacht. vnbnomen. vnbsunnen. vmbhegt. wolbschriben etc.

Anm. 2. Der umgekehrte vorgang, dass silbenvermehrung im wortkörper durch anfügung neuer lautelemente einträte, ist nur in folge analogischer processe wirklich geworden. Typisches beispiel hiefür sind die unter einfluss der flexion der schwachen verba gebildeten starken präterita auf -e, die sich auf schwäb. boden allerdings nur spärlich nachweisen lassen und durch die gemeinsprache eingeschleppt sind, vgl. Ehingen: *hielte. begabe. warde. belibe. gabe*; noch in der Zim. chron.: *bewise. bate. anname* neben *starb. sprach* etc. cod. theol. et phil. 17: *schwůre* u. a.

KAP. IV.

DIE GESCHICHTE DES VOCALISMUS.

1) UMLAUT.

§ 123. In einer reihe von einzelfällen weist die mundart umgelauteten wurzelvocal auf, in denen das gemeinschriftdeutsche von heute den umlaut nicht kennt; eine andere serie unterscheidet sich dann umgekehrt durch das fehlen des umlauts.

a) *tsẽmə* (mhd. ze semen, zemen so z. b. bei Walther von Rheinau, Schweizer Minnesängern u. a. vgl. § 67,a) zusammen mit alter suffixabstufung gegen mhd. ze samen, ahd. zi samane, zisamine, zesemene Graff VI, 35 f.); *'tęxt* gedacht nach dem prät. *dęxt* dachte gebildet, welches formell optat. prät. ist (vgl. nhd. *däuchte*); *ęxt, ęxte* acht (mhd. ehte aus aht umgelautet, vgl. Beitr. XIII, 394. Braune ahd. gram.

§ 271 anm. 4; urk. *œhte* 1298 u. ö.); *ę̄ls* durchaus scheint ahd. allis (neben alles) zu entsprechen, wenn nicht beeinflussung von seiten des stammwortes, welches schwäb. *ę* verallgemeinert hat, anzunehmen ist; *mę̄dix* montag (mhd. mēntac, mæntac: aus mhd. mænin, ahd. mānin mond gebildet?); *ę̄mt* zweites heu, im mhd. bestehen die formen *āmāt* und *üemet*, deren letztere *i-* ableitung voraussetzt, welche auch in die erstere eingedrungen zu sein scheint, wenn der umlaut nicht, wie im schweiz. Idiotikon I, 213 angenommen, aus dem verbum *ę̄mdə* übertragen ist; ein ähnlicher vorgang will mir auch für das rätselhafte *ę̄rbət* mhd. erbeit, arbeit; *árbeit* cod. phil. et theol. 74; *erbeit* in der alem. Sant Cecilia Zsfda XVI, 165 ff. Virginal u. a. vgl. § 66,a.) am wahrscheinlichsten werden: ahd. verb. arbeiten, mhd. arbeiten, erbeiten, die aus dem skand. erfiđi zu erschliessende alte suffixabstufung liegt zu ferne; *gę̄r* (mhd. gar) gar, durchaus adv.; ich vermute, dass der umlaut aus dem nicht mehr erhaltenen adj. mhd. *gerwe* (aus dem elsäss. in adv. verwendung bekannt) ins zugehörige adv. gedrungen, wie im adverbialen *hę̄rt* (mhd. harte: adj. herte), sowie bei *fę̄š* in der verbindung *fę̄š gę̄r* beinahe, fast gar (mhd. vaste: adj. veste), nur bleibt im letzteren fall die *ę-* qualität unklar (vgl. *vást* DM IV, 94), wenn dieselbe nicht an *gę̄r* angeglichen. Über das ganze hd. sprachgebiet verbreitet sind die umgelauteten *ę̄šə* (mhd. asche, esche, vgl. *ásch*, *áschen* cod. phil. et theol. 72. 17. etc. etc.) asche; *flę̄šə* (mhd. vlasche, vlesche) flasche; *tę̄šə* (mhd. tasche, tesche) tasche, zu denen sich im schwäb. noch *bę̄s* neben *bās* (mhd. base) base und *bęər* neben *bǭər* (mhd. bāre, bære) bahre gesellen (ebenso nhd. *espe* neben mhd. *aspe*, schwäb. *ašpə*); mir ist das wahrscheinlichste, dass *ę̄šə*, *flę̄šə*, *tę̄šə* pluralformen sind (vgl. *tę̄k*: *tāk* u. a. § 66 anm.), ebenso *fę̄štə* fastenzeit, man hat nicht nötig auf ahd. **fastinnu* nach and. *fastunnia* (Kluge nom. stammbildungslehre § 150) zu schliessen; auch *k̔ę̄l* kohl mag ursprünglich die kohlköpfe bezeichnet haben; vgl. alem. *briədr* bruder sing. Den umlautsvocal in *bę̄s* führe ich auf eine ehemalige koseform mit dim. -i zurück, vgl. schweiz. *bäsi* Winteler Ker.

10*

ma. s. 177 f; dem schweizerischen *bäsi* entspricht dimin. *eni* > *ĕne* grossvater gegen fem. *ănə* grossmutter, vgl. masc. *dęte* pathe, fem. *dǫtə* pathin (in cod. theol. et phil. 30: tötti, totte); mhd. bære mag alter jō- stamm gewesen sein (vgl. dazu MSDenkmäler s. 315); ostschwäb. *nes* nase ist unklar.

Diesen substantiven steht eine anzahl umgelauteter verba gegenüber: *węšə* (mhd. waschen, weschen) waschen, *dęrfə* (Reimchron. Zim. chron. *derffen*. Ulr. Krafft *ich derfe*, 3. pl.; inf. *derffen*) dürfen, *šwętsə* (mhd. swetzen, swatzen, Aesop s. 197 *schweczen*. *geschwecz*) schwatzen, *dēbə* toben. Die erklärung ist hier einfacher, man vergleiche ahd. *wesgistu* (lavas), *wesg mich* (imp.) Graff I, 1080, nehme dazu die möglichkeit eines secundären umlauts im flect. particip *giuuascaniu*, so kann die umlautsform nicht mehr auffallen (subst. *węš* wäsche muss fern gehalten werden), vgl. z. b. *geweschen* cod. theol. et phil. 68. *ich wåsch* cod. bibl. 28. *zů weschende* cod. bibl. 22. u. a. Auf den (morphologischen) umlaut in der 2. 3. sg. präs. ind. führe ich auch *dęrfə* (zu *darf*), *dēbə* (2. sg. *dēbšt* aus *tobist*) zurück, während *šwętsə* als erst mhd. jüngere denom. bildung von dem grundworte mhd. *swatz* (geschwätz) an ähnl. muster sich angelehnt hat; *ęrfl* aus *arfl* (arm voll) nach dim. *ęrfəle*; *ępfl* sg. apfel nach dem plural (s. o. § 65, 1), *ēbr* pos. comp.; *ēbršt* superl. oberst nach superl. oberist (neben oberōst). Mit umlaut erscheint fast durchweg in unsern denkmälern *kemeltier* (kameel) Aesop s. 188. (*camel. kameltier* s. 268). Mörin 496. Hätzlerin 280, 304. cod. theol. et phil. 74. 195. cod. bibl. 35. cod. ascet. 78 u. ö. Bereits in der schwäbischen partie von Grieshabers predigten nachweisbar: *dest an schœn spruch* s. 85. *des kindelin* s. 85. *des wasser* s. 39. cod. ascet. 86: *spilman sin dest vnreht lebin*; aus älterer zeit kaum beizubringen, (vgl. § 103 anm. 1. von zweifelhaften fällen genetivischer construction abgesehen) ist die umgelautete form *dęs* als neutr. des artikels. Der umlaut gehört der ersten ahd. umlautsperiode an, wie die qualität beweist, offenbar in der alten verbindung *thaz ist* > *theist* u. a. (Braune ahd. gram § 287 anm. 1 vgl.

oben *dest*) entstanden; *des* (artikel) liesse sich auf proclitisch *diz* > *des* zurückführen, vgl. § 108, a.

§ 124. b) Der umlaut fehlt in einer grossen zahl von wörtern mit *u* in der stammsilbe. Die mhd. betr. entsprechungen sind im allgemeinen unsicher: *muk̄* fliege, mücke; *kruk̄* krücke; *bruk̄* brücke; *luk̄* daneben *lukę* lücke; *sults* (mhd. sülze, sulze) sülze; *rukə* der rücken, und danach *tsruk̄* (zi rugge gl. Sletst.) zurück; *butə* bütte; vgl. auch die nach § 88 allerdings nicht ganz sicheren, aus Balingen (oberamtsbeschr. s. 137) gemeldeten *dūr* türe, *būštə* bürste (gemeinschwäb. *diər*, *bīšt*), *durr* dürr, *murp*ʻ mürb (gemeinschwäb. *dir*, *mirp*ʻ), ferner *luk̄* locker, *štuk̄* stück, *nuts* nütze; *lūgę* lüge (verdankt vielleicht *ū* mhd. *luc* neben *lügin*), *k̄uxę* küche, *štupfl* stoppel, *pfulbə* pfühl, *trukə* trocken. Eine zweite categorie bilden die schwachen verba: *drukə* drücken, *rupfə* rupfen, *šlupfə* schlüpfen, *supfə* süpfen, nippen, *bukə* bücken (Aesop s. 57 buket sich); *štrupfə* strupfen, *kluštə* gelüsten, *nutsə* nützen; *butsə* putzen, *lupfə* lüpfen. Balingen: *šūrə* schüren, *fūxtə* fürchten, *štūrb* stürbe, *fūrnē̃* vornehm. Dieselbe entwicklung bei *bruədə* brüten, (in Spaichingen *blüət* blutet) *wuələ* wühlen, *sõmə* säumen, *rõmə* räumen; *gõnə* gönnen; *klaobə* glauben, *k̄aofə* kaufen; *šlaof* (mhd. sloufe) schleife, wie bei Ulr. von Winterstetten *erzougen : tougen* 1, 6. u. a. vgl. Paul mhd. gram.[3] § 40 anm. 3. *k̄usə* inf. küssen bewahrte *u* wohl unter dem einfluss von *k̄us*. Über *gulde*, *duldə*, *šuldix* u. a. vgl. Paul a. a. o. anm. 2. Das fehlen des umlauts in beispielen wie *səul* : *səulə* säule, säulen; *səu*, *səubə* sau, säue u. a. *šp*ǭ*t* spät; *šl*ǭ*ft̄* schläft, *l*ǭ*št̄* lässt, *štaošt̄* stösst, *falt̄* fällt u. a.; beruht auf ausgleichung; promiscue werden gebraucht *k̄iəl* : *k̄uəl* adj. adv. kühl; *k̄ọxər* köcher entspricht mhd. *kocher*, ahd. *chohhar* neben *chohhari*.

u) Lachmann zu Iw. 1017 hält für die sprache Hartmanns ein umgelautetes *stücke* für „regelrechter", da sich nicht nachweisen lasse, dass er *stucke* gesprochen habe, wie Gottfried von Strassburg, Ulrich von Türheim oder Konrad (*ich rucke, uf den rucke*), vgl. ferner die anm. zu Iwein 1615. Wie allgemein angenommen wird, unterbleibt der umlaut von u vor ld, lt und schwankt vor nas. + cons., der nicht-eintritt desselben beruht in diesen fällen offenbar auf einer morphologischen übertragung, vgl. bei Ulrich von Winterstetten *bünde: fünde: sünde* 10, 41. 54, 17 neben *sunge: iunge : swunge* 21, 9. 44, 18. *fŭndind : kŭndind* Mone, schauspiele I, 143 ff., doch ist ein sicherer beleg für lautlichen process ostschwäb. *ães, æ̃sr* (uns, unser etc. Birlinger A. S. s. 183.), vgl. urk. Augsb. 1337. 1343. 1345 etc. *v̊ns. v̊nsern*. Die erklärung hat von dem acc. pl. *unsih* auszugehen, der sich auch noch in enclitischem *sę* (aus unsi'h) erhalten hat, z. b. *mr wę̣le se uf də wę̣əkmaxə* (wir wollen uns auf den weg machen) u. a. Vgl. über *sich* aus *unsich* Paul, principien[2] s. 196.

Im grossen ganzen gelten die oben gegebenen unumgelauteten formen für das obd. sprachgebiet überhaupt, der umlaut der schriftsprache hat seine heimat in Mitteldeutschland, wo, wie ich mit andern annehme, der umlaut in seiner weiteren ausdehnung (auf *ā, o, u*) viel früher eingetreten ist als in Oberdeutschland. Nun sind aber bereits § 86 ff. fälle nachgewiesen, in denen umlauts *ü* > *i* auch innerhalb unserer grenzen vorliegt, einige der beispiele sind allerdings in sofern nicht beweiskräftig, als sie lehnwörter aus der gemeinsprache sein können, oder den umlaut allgemeineren morphologischen principien verdanken; ganz sicher sind *fir, ibr, dir, kwits* (: nuts), *sifix, mīle* u. a. sowie die umgelauteten *æ̃s, æ̃sər* uns, unser in der Baar und den östl. gegenden.

Anm. 1. Ich bemerke, dass in unsern denkmälern, welche den umlaut bezeichnen (vgl. § 87), heute nicht umgelautete wörter ohne das umlautszeichen begegnen, z. b. im Lehenbuch: *fůnf. stůrbe. v̊ber : stuk*. Rottweil 1400: *ninser. úns. bedúrfent: von stuck ze stuck. súben stuck* Reichstagsa. IV, 137. Handschriftl. Tristrant: *für. küng. rúst. gelúst, stúrb : erwúrb. fúnd. túr. küssen. kust : brust. trukt. wurden. das stuck. die luck. tunck. lugen* (lüge). *rucke : vngelúcke* etc. etc.

β) so werden wir darauf geführt, innerhalb des flexionssystems die factoren zu suchen, von denen der eintritt des umlauts abgehangen. Vorweg fallen die ahd. ableitungen auf *-in*, bei welchen auf unserem boden die schwächung zu *-en* früher eingetreten sein muss, als die umlautsperiode (dass die schreibung der denkmäler nicht massgebend ist, geht aus § 116 hervor), vgl. *k̄uxe* (aus coquina), *lūge* (aus lugin); bei den *ja*- stämmen wie *rukə* rücken, *štūk̄* stück, adj. *durr*, *murp*ʽ etc. war ableitendes -*j*- in den obliquen casus vorliterarisch geschwunden, eine umlautswirkung konnte demgemäss nur vom nom. acc. sg. ausgehen, die in unserem dialect durch die majorität der nichtumlautenden formen paralysirt wurde (ahd. *rucki*, gen. *ruckes*, dat. *rucke* etc.). Lautlicher eintritt des umlauts ist auf obd. gebiet völlig ausgeschlossen bei den stark resp. schwach flectirenden femininen *jō*- stämmen, wie *bruk̄*, *muk̄* (nom. sg. ahd. *brucka* etc.); es ist mit keinerlei schwierigkeiten verknüpft worte wie *hite* hütte, *sēnd* sünde als importirt zu betrachten. *trukə* neben trocken, *štupfl* neben stoppel (ahd. *truckin* mit suffixablaut zu **trockan*) beruhen entweder auf syncopirten formen (ahd. *truchnaz*) oder auf suffixausgleich (ahd. *trucchenez* wie *trokkenen* Graff V, 512, vgl. österreich. *drikn* trocken, schwäb. verb. *triknə* trocknen, *trüknen* Aesop s. 188). Auch bei den verben nach erster schwacher classe (got. -jan) wie *drukə*, *kaofə* etc. war lautlicher umlautsprocess nur in 2. 3. sg. präs. indic. und in der unflectirten form des part. prät. (ahd. *drucchit*. *gidruchit* Graff V, 253 f.) möglich, da ableitendes -*j*- längst nicht mehr existirte. Folglich ist auch eine form wie *laxə* (ahd. lahhen) lachen einspruchsfrei und Pauls bedenken Beitr. VII, 117 anm. gegenstandslos.

Anm. 2. Die präs. pluralform *deənt* (thun) ist formell optativisch, aber schon früh in indic. verwendung nachweisbar, vgl. *pfrüend : tuond* Mörin 5471. *thüen* bei Schade, satiren I, 29, 97. *tünd* cod. theol. et phil. 54. *diend* cod. med. 29.

Anm. 3. In der heutigen sprache ist umlaut bei der 2. 3. pers. sg. präs. nicht üblich, der vocal der 1. pers. ist festgehalten z. b. *falšt*, *falt* fällst, fällt; *brǭdišt*, *brǫdət* brätst, brät u. s. w. (§ 124, b).

§ 125. Nach den eben entwickelten thatsachen sind sämtliche §§ 66. 84 f. 86 ff. 95. 48. aufgeführten umlautswirkungen zweiter periode zu beurteilen: nur ist es ausserordentlich schwierig im einzelfalle gerade die massgebenden formen nachzuweisen. Es darf als weitreichender gesichtspunct festgehalten werden, dass die zusammengehörigkeit mit andern gruppengliedern im flexionssystem die ausbreitung des umlauts begünstigen musste. Ich meine so. Für den jüngeren umlaut in *gęrbə* (ahd. garwen) braucht nicht bloss die lautliche möglichkeit desselben in *gariwist*, *gariwit*, *gegariwit* etc. zu bestehen, sondern der gerade die verba erster classe mit *e* : *a* in stammsilbe eng zusammenschliessende sog. „rückumlaut“ der präteritalformen, konnte, wenn ich es so nennen darf, einen morphologischen trieb zu gunsten der umlautsformen wachrufen und es ist characteristisch, dass die oben benannten *jan-* verba ohne alten umlaut der präsensformen, vom „rückumlaut“ ausgeschlossen waren. Die psychologische empfindung, welche ein substant. *gelæze* (benehmen) neben dem verbum *gelāzen* (sich benehmen) begleitete, setzt sich leicht in einen sprachlichen (innerhalb der wortbildung tätigen) trieb um, welcher die analogen verbalsubstantiva wie *klaef* (das hin- und herlaufen, vgl. Augsb. chron. 5, 460 *geleuf*), *klę̄xtr* gelächter (ahd. lahter) u. a. durch umlaut characterisirt.

§ 126. In der ersten hälfte des 8. jhdts., wenn nicht schon früher, wurde *a* vor folgendem *i*, *j* zu *ę* umgelautet; einzelne consonantverbindungen scheinen den process, gehemmt zu haben (§ 68). Erst mit dem beginn des 10. jhdts. erfolgte die umlautung dieser restirenden formen vor *i* (nicht vor *j*), die qualität des neuentstandenen vocals war offene (*ę*), wie bei dem jetzt gleichfalls umgelauteten *ā* > *ę̄*; zu derselben zeit werden *u* (> *ü*) *o* (> *ö*) *ou* (> *öü*) *uo* (> *üe*) *ë* (> *ę*) betroffen und die analogischen übertragungen eingeleitet. Möglicherweise hängt mit dieser umlautungsperiode die abschwächung der endsilben-*i* organisch zusammen, wie dies bereits Denkm.[2] s. XXXII vermutet worden ist. Der umlaut beruht auf einer verschiebung der vocalischen articulationen gegen die articulationsstellung von *i* hin, man stellt sich demgemäss den vorgang am einfachsten als eine anticipation der *i*-articulation vor; ein assimilationsprocess, der mit dem regressiven der consonanten in unserer mundart wesensgleich ist, indem stets der folgende den ausschlag gegeben hat. Jene ältere, vorliterarische umlautsperiode, welche nur einzelne *a*- laute erfasst hat, in gleicher weise durch *i* wie durch *j* bedingt, ist vielleicht mittelst mouillirung der folgenden consonanten zu erklären, die (wahrscheinlich nur obd.) beschränkung auf *a* beruht möglicherweise auf der differenz der musicalischen tonhöhe, wenn dieser vocal damals den tiefsten eigenton im vocalsystem gehabt hätte.

Anm. Die verschiedenen erklärungen des umlauts verzeichnet E. von Borries: Das erste stadium des *i*-umlauts im germanischen, diss. von Strassburg 1887, s. 73 ff.

2) QUANTITÄT.

§ 127. Die quantitäten des schwäb. sind § 35 f. dargestellt. Hier soll ihre historische entstehung untersucht werden. Was den zeitlichen eintritt derselben betrifft, so vermag ich den bisherigen ansichten nichts erhebliches hinzuzufügen. Aus der 2. hälfte des 15. jhdts. liegen directe zeugnisse für die geltung gelängter vocale vor, vgl. § 59 anm. 1. 2. § 65, b. Das wichtigste ist die diphthongirung ursprünglicher kürzen, welche länge erfordert, ehe dieselbe stattgefunden hat (§§ 76. 77. 83. 86, 4.); ich glaube, dass die ansicht, welche die dehnung der ictussilben im 13. jhdt. als vollzogen betrachtet, mit den thatsachen am besten sich vereinigt, vgl. Sommer zu Flore 43. Wilmanns Zsda. 16, 119. Steinmeyer altdeutsche studien s. 84 ff. Haupt, Wiener sitzungsberichte 71, 134 ff u. a. Die stammsilbenvocale des mhd. pflegt man nach quantität in lange und kurze einzuteilen; unter der schwäb. überlänge sind z. b. *blǭp̊* (mhd. blāw-) wie *fǭl* (mhd. vol) zusammengefallen (langer wie kurzer vocal) und länge zeigen *jūgət* (mhd. jugent) wie *ǭbət* (mhd. ābend); ebenso vereinigen sich unter der halbkürze *bọt* (mhd. bote) und *họt* (mhd. hāt) u. a; andererseits ist die entwicklung von mhd. *vŏl* > *fōl* eine ganz andere gewesen als die von mhd. *bŏte* > *bọt*.

Für die ausbildung der quantitäten ist von bedeutung 1) die stellung des wortes im sprechtakt (§ 35) 2) die beschaffenheit des exspiratorischen und musikalischen accents (§ 38 ff.). In dem Satze *drhā·fišfǭ·l* der hafen ist voll, verteilen sich die quantitäten umgekehrt bei der fügung *fọlišdrhā·f* oder aber *folišdrhă·f*. Der schwäb. schwach geschnittene silbenictus verträgt sich nur mit offener silbe, „weil für das ende des vocals der exspirationsdruck stark herabgesetzt, im nächsten moment aber für den consonanten wieder erheblich verstärkt werden muss" (Sievers). Ferner eignet der schwäb. betonung tieftonigkeit des stammsilbenvocals mit zur folgenden nebensilbe aufsteigender betonung. Diesen accentuationsformen ist genügt in der stellung *fǫlišdrhāf* d. h. *fọ̀-'liš-*; anders aber am satz- resp. taktende: *drhāfišfǫl*. Hier schliesst die silbe mit *fọ̀*, der antretende consonant *-l* leitet eine weitere silbe ein, die ohne sonanten ist, so dass *-l* sonantisch zu fungiren und gleichzeitig den hochton zu tragen hätte, es entsteht demgemäss *fọ̀- 'l*. Daraus hat sich eine silbe mit zweigipfligem accent (*fọ̀l*) gebildet, die als solche überlang sein muss.

Schliesst die silbe mit verschlusslaut z. b. mhd. *tac* > *dāk* resp. *dāk*, so bleibt der process derselbe, nur fällt die sonantische function des consonanten, die unwesentlich ist, weg: im taktinnern wäre *da- k-* zu erwarten, in taktpause entwickelt sich aus *dà- 'k* > *dắk*; dasselbe gilt für die spiranten: *klās* beruht auf *klà- 's*; *nāxt* auf *nà- 'xt* u. s. w. (vgl. Paul, Beitr. IX, 110.)

Anm. 1. Zur entwicklung eines gestossenen accents wäre nur noch fester glottisverschluss zwischen vocal und consonant erforderlich, dieser ist aber nicht eingetreten, vielmehr schwingen die stimmbänder weiter und darin liegt die physiologische ursache der diphthongirung, vgl. unten § 128 anm. u. a.

Demnach stelle ich die regel auf: Jeder mhd. ictusvocal hat sich in pausastellung zu überlangem vocal (mit zweigipfliger betonung) entwickelt. Da im satzinnern diese dehnung organisch nicht eintreten konnte, ist quantitativer wechsel bei denselben wörtern vorauszusetzen.[1] Dieser wechsel, der in seltenen fällen wie *fǫl*, *fǭl* noch geblieben, ist meist zu gunsten der länge aufgehoben, diese auch im taktinnern eingeführt; hier ergab sich nur die reduction

[1] Ein sehr treffendes beispiel aus dem munde einer älteren frau in Horb, das sich unter meinen aufzeichnungen findet, ist: *ə krixtsmǫiš krīxt*; *krixt* bedeutet nemlich geradlinig verlaufend (die worte geben die definition, vgl. cod. med. 15: *gerichts oder gestracker wyse*), in dem mehrsilbigen *krichtes* (d. i. gerichtetes) ist der kurze vocal erhalten, der in der satzpause zu ī gedehnt erscheint.

des überlangen vocals zum langen, indem der hochton zur folgenden nebensilbe fiel. So sind zu beurteilen: *mā̃* (mhd. man) mann; *krās* (mhd. gras) gras; *wās* (mhd. waȥ) was; *krāt* (mhd. gerat) gerade; *dāk* (mhd. tac) tag; *gār* (mhd. gar) gar, sehr; *šlāk* (mhd. slac) schlag; *hāl* (mhd. (hal wiederhall; *krāp* (mhd. grab) grab; *ērn* (mhd. ern) hausflur; *bēr* (mhd. ber) beere; *ēl* (mhd. öl) öl; *nēxt* (mhd. nëht) abends; *ksā̃ŋ* (mhd. gesang); *nēt*, *ēt* (mhd. nicht, icht); *lā̃ŋ* (mhd. lanc) lang; *bīr* (mhd. bir) birne; *fīr* (mhd. vür) für; *kwīs* (mhd. gewis) gewiss; *tsīl* (mhd. zil) ziel; *šmīt* (mhd. smit) schmied; *wōl* (mhd. wol) wohl; *kōx* (mhd. koch) koch; *šūp* dim. *šīble* (mhd. schup) schub; *fītle* (mhd. vüdelin dim. zu vut) hintern; *trōk* (mhd. troc) trog; *ōp* (mhd. ob); *fōr*, *fōər* (mhd. vor) vor; *dūr* (mhd. dur) durch; *frūxt* (mhd. vruht) frucht; *rūf* (vgl. ahd. hruf) ausschlag; *dūft* (mhd. duft); *tsūxt* (mhd. zuht); *sūxt* (mhd. suht) krankheit; *trȭm* (mhd. trum) ende; *sȭ* (mhd. sun) sohn; *fȭ* (mhd. von); von *nā*, *rā* hinab, herab aber z. b. in Balingen: *abəmbȭ* von baum herab, *abdrlōətr* von der leiter herab u. v. a.

Anm. 2. Man lasse sich durch eine anzahl scheinbarer beispiele nicht verführen, dehnung des vocals auf conto folgender consonanten z. b. *r*, *n*, *x* zu setzen. Die gewichtigen ausnahmen würden unerklärlich bleiben.

§ 128. Die mhd. kürze hat (wie ich glaube) ihre dauer nicht gewahrt, sondern ist um ein minimum gelängt worden zur halbkürze, was gleichfalls durch den schwach geschnittenen accent veranlasst ist, vgl. oben § 39 anm. 1: *baxə* (mhd. bachen) backen; *narət* (mhd. narreht) närrisch; *šaldə* (mhd. schalten) stossen; *kfalə* (mhd. gefallen); *šęlə* (mhd. scheln) schälen; *šẽmə* (mhd. schemen) sich schämen; *klękt* (mhd. geleget) gelegt; *jędəsmǭl* jedesmal; *kjakt* (mhd. gejaget) gejagt; *kšlagə* (mhd. geschlagen); *nãmə* (mhd. name); *fatr* (mhd. vater); *garbə* (mhd. garben) garben; *akšt* (mhd. ackes) axt; *hãmpfl* (mhd. hantvoll); *hãnəfiəs* (mhd. hanenvüeȥe) hanenfuss, unkraut; *bętə* (mhd. bëten) beten; *ęlę* (mhd. ëlliu) alle; *gęsə* (mhd. gëzzen) gegessen; *hędəlę* (mhd. hëtelīn) kleine ziege; *hęrp* (mhd. hërwe) herb; *ęls* (mhd. alleȥ) durchaus; *trẽŋkə* (mhd. trinken) trinken; *tsẽmə* (mhd.

zesemen) zusammen; *hẹ̄mət* (mhd. hemede) hemd; *k̄ẹdəm* (mhd. keten) kette; *wẹtẹ* (ahd. wettī) schwemme; *šmẹkə* (mhd. smecken) schmecken, riechen; *k̄ẹxe* köchin; *britr* (ahd. *britir) plural zu brett; *k̨lik̄* (mhd. gelücke) glück; *sitsə* (mhd. sitzen); *kšnitə* (mhd. gesniten) geschnitten; *hitẹ* (mhd. hütte) hütte; *wọlfl* (mhd. wolveil) wohlfeil; *pọdə* (mhd. geboten) geboten; *tsogə* (mhd. gezogen) gezogen; *trukə* (mhd. trucken) trocken; *dẹde, dọdə* (mhd. töte, tote) pathe, pathin; *wulẹ* (mhd. wullīn) wollen; *kṇ̄ōmə* (mhd. genomen); *dō̃nə* (mhd. dāundnen) drunten etc.

Anm. Vor *-r* und in den verbindungen *r* + cons. hat sich der aufsteigende stimmton der in pausa sich bildenden nebensilbe zu *ə* entwickelt, wie oben *fọ̀ -'l*, so *dọ̀'r* > *dọər*, *fọər* etc.; ebenso *à -'rm* > *arə̄m*, *sarək*, *k̄irix* etc. vgl. § 110, anm. 4: der sonant der stammsilbe ist demnach kurz geblieben; die ostschwäb. *ārə* arm, *wārə* warm beruhen auf einheitlichem *ārm*, *wārm*, vgl. § 130.

§ 129. Durch das syncopirungsgesetz (§ 118 ff) ist eine grosse zahl früher mehrsilbiger wörter zu einsilbigen geworden. Ein teil davon zeigt dieselbe längung, wie ursprünglich einsilbige, ein anderer ist in der reihe der mehrsilbigen geblieben, s. o. § 128. Es ist anzunehmen, dass für die nichtgelängten teils die form im taktinnern, teils die im flexionssystem herrschenden mehrsilbigen formen massgebend gewesen sind, vgl. z. b. *šāt̄* (mhd. schade) schaden; *ẽ(m)*, pl. *ẽmə* (mhd. imbe) immen; *klūf* (mhd. gluve) stecknadel; *fīx* (mhd. vihe) vieh; *wīs* (mhd. wise) wiese; *šrẹ̄k̄* (mhd. schrege) schräg; *mẹ̄xt* (mhd. mechte) möchte u. v. a. Dagegen: *fašt* (mhd. vaste) beinahe (ist in pausastellung kaum denkbar); *krap̄* (mhd. *gerabe, *gerappe) rabe; *hẹrt̄* (mhd. herte); *hẹl* (mhd. helle) hölle etc. etc.; eine regel ist hier nicht zu erkennen, doch überwiegen im schwäb. die formen mit langem vocal.

Es ist nicht möglich alle einzelfälle zur besprechung zu bringen. Ich mache noch auf folgenden allgemeinen gesichtspunct aufmerksam: länge des vocals in mehrsilbigen formen bei mhd. kurzem stammvocal kann nur auf ausgleichung beruhen und zwar 1) innerhalb der flexion 2) innerhalb etymologisch zusammengehöriger gruppen, z. b. *wāl* (mhd. wal) aufwallen beim kochen, danach *frwę̄lə* (z. b. die milch aufkochen lassen) nordschw. *frwęlə*. Die erste categorie ist in der nominal- und verbalflexion von besonderer bedeutung geworden, die letztere in der zusammensetzung und ableitung: *sāgə* sagen, *lādə* laden, *bādə* baden, *fārə* fahren, *lę̄gə* legen, *sīlə* (mhd. schilhen) schielen etc. haben die länge von den einsilbigen formen wie *sāk̄*, *lāt*, *bāt* etc. erhalten, in *nēmə* nehmen, *kōmə* kommen u. a. sind dagegen die gelängten beseitigt oder überhaupt nicht entwickelt worden, vgl. den interessanten gegensatz *sišād* es ist schade : *šatnēnts* es schadet nichts u. ähnl.; wozu die sehr zahlreichen belege für *der schad* (subst.) z. b. cod. theol. et phil. 54. etc. Wenn es *dūre* (= mhd. durchhin) neben *dūr* (= dur, durch) heisst, stammt *ū* von der einsilbigen form, vgl. *gīft* gift : *gīftix* giftig, *wīt* wirt und danach *wīdę* wirtin, dagegen *k̄ǫx* aber *k̄ęxę*.

§ 130. Durchaus schwankend verhält sich die mundart in wörtern von der form mhd. kurzer vocal + consonant + ableitung *-el*, *-er*, vgl.: *k̄apl* (mhd. kapel) kapelle; *štapfl* (mhd. stapfel) staffel; *akr* (mhd. acker); *fatr* (mhd. vater); *gatr* (mhd. gater) gitter; *hāmpfl* (mhd. hantvoll); *k̄āmr* (mhd. kamer) kammer; *hāml* (mhd. hamel) hammel; *āmpl* (mhd. ampel) lampe; dagegen *āpr* (mhd. aber); *mākr* (mhd. mager) mager; *hāpr* (mhd. haber) haber; *wętr* (mhd. wëter) wetter; dagegen *k̄ę̄fr* (mhd. këver) käfer; *šwę̄fl* (mhd. swëvel) schwefel; *k̄ę̄kl* (mhd. kegel) kegel; *k̄ęsl* (mhd. keȥȥel) kessel; *šlę̄ŋkl* schlingel; *hę̄ŋkr* (mhd. henker); *hę̄ml* (mhd. himel) himmel; *beŋl* (mhd. bengel) bengel; *wę̄ntr* (mhd. winter); dagegen *pflę̄kl* (mhd. vlegel) flegel; *ję̄tr* (mhd. jeder) jeder; *šę̄kl* (mhd. schenkel); *ę̄kl* (mhd. enkel); *bišl* (mhd. büschel); *sixl* (mhd. sichel); *špitl* (mhd. spitel) hospital; *šlisl* (mhd. slüȥȥel) schlüssel; dagegen *īpr* (mhd. über); *k̄īpl* (mhd. kübel) kübel; *prīkl* (mhd. prügel); *flīkl* (mhd. vlügel) flügel; *īpl* (mhd. übel) übel; *tsīpl* (mhd. zibel) zwiebel; *mǫkl* (mhd. mockel) name für kuh; dagegen *ǭtr* (mhd. oder); *fǭkl* (mhd. vogel); *dōxtr* (mhd. dochter) tochter; *štupfl* (mhd. stupfel) stoppel; *hutsl* (mhd. huzel); *k̄ūkl* (mhd. kugel) kugel; *tsūpr* (mhd. zuber) zuber; *hōŋr* (mhd. hunger)

u. s. w. Im ostschwäb. *k̄ămr* kammer, *hămr* hammer, *hăml* hammel, *hĕml* himmel. Folgte auf den kurzen vocal doppelconsonanz, affricata oder durch die westgerm. consonantendehnung geschaffene lange fortis, so ist die längung nicht eingetreten, während die belege mit inlautender lenis schwanken; so auch die beispiele mit nasal + cons. wie *kẽ̜əkr* (auch *hẹ̆kr*) gegen *šẽ̜ kl* (*šẽ̜ə kl*), *ẽ̆ kl* (*ẽ̆ə kl*) *hăpfl* neben *hămpfl*, *wẹ̆tr* neben *wẹntr*. In all den fällen, in denen energischer einsatz der folgenden consonanten erforderlich war, machte sich die folgesilbe wirksam geltend, weshalb die dehnung unterblieb, während für die wörter mit lenis oder nasal + cons. einsilbigkeit gegolten hat; innerhalb des satzgefüges musste die kürze sich halten.

§ 131. Es ist eine weitverbreitete ansicht, dass die quantitätsverhältnisse eines der hauptmerkmale zur unterscheidung des schwäb. und alem. abgeben. Dem ist nicht so. Das entwickelte gesetz von der dehnung der einsilbigen wortformen in satzpause hat als allgemein alemanisch zu gelten, eine differenz gegen das alem. besteht nur darin, dass dasselbe in weitrem umfange zu gunsten der kürzen ausgeglichen hat, vgl. auch Baumann Forschungen XVI, s. 262 f.

Anm. Auch innerhalb des schwäb. ergeben sich hervorstechende differenzen in der entwicklung der quantitäten, vgl. § 59 anm. 1. So hat namentlich das ostschwäb. den gedehnten vocal die oberhand gewinnen lassen, weist aber andererseits eine reihe von fällen auf, in denen der alte wechsel sich erhalten hat. Ich führe aus der Bavaria II, 2. 814 ff. an: *sāts*, *šmālts*, *šīf*, *grīf*, *štāl*; aus Birlinger Augsb. wb. s. 3: *bāx*, *nās*, *fās*; s. 241: *fīš*, *dīš*, *brīt* (brett); s. 130 *blāt*, *blẹdr*, (blatt, blätter); s. 342: *lọ̄x*, *frọ̄š*, *bọ̄k*, *štọ̄k*, *rọ̄k*, *họlts* u. a.; s. 416: *lūšt*, *krūšt* (gemeinschwäb.), *klūšt*, *brūk*, *štūk*, *mūk* u. a. Aus der oberamtsbeschreib. von Ellwangen: *ālt* plural *alte*, *fọ̄l*: *volle*, *k̄ọ̄pf*: *k̄ẹpf*, *hāls* : *hăls*, *bāx*, *sāk*, *fāl*, *k̄ām* (kamm), *štrīx*, *bīs*, *pfīf*, *šrīt*, *flūs*, *lūft*, *lūšt*, *būš* s. 185. *rọk*, *họlts* *frọ̄št*, *krọ̄t* s. 188. Auch in der Baar, gegen das alem. sprachgebiet hin, ist der wechsel zu belegen: vgl. *gīp* gib, aber *gimər* gibmir, *gibəm* gib ihm; *hās* : *hasə* oberamtsbeschr. von Spaichingen s. 111. Aus Tuttlingen oberamtsbeschr. s. 153 ff. führe ich an: *bīr* : *birə* birne : birnen; *dīk* dick; *štāl*, *dōtš*, *gīft* (gemeinschwäb.), *lūft*, und so auch in den oberschwäb. lieder von 1633: *saackh*, *haals*, *looch*, *laatz*, *baart*, *kaalb*, *haalb* u. a. Man vergleiche nun dazu auch zusammenstellungen wie Winteler s. 77 ff. Der auffassung von Heusler, der alem. consonantismus in der mundart von Baselstadt, Strassburg 1888 s. 36 ff. kann ich mich nicht anschliessen, wie ich dies in Victors Phonetischen studien II, 33 begründet habe.

§ 132. Das quantitätsgesetz erhält eine directe bestätigung durch kürzung alter längen, welche in den ersten componenten der diphthonge (§§ 137. 138) sowie in mehrsilbigen wortformen eingetreten ist: *uęrle* (mhd. wærlīche) wahrlich, fürwahr; *uẽərt* (mhd. wīngarte) weinberg; *gāmr* (mhd. gān wir) gehen wir; *lame* (mhd. lā mich) lass mich; *uẽə* (mhd. wēnec) wenig. Hieher gehört ferner die reduction der diphthonge in *hǫlgə* (aus mhd. hailigen > **hǫəlgə*) bilderbogen, *hǫlgəpflęəgr* heiligenpfleger ostschwäb.; *ailf*, vgl. ZBR *ailphte*, urk. 1295 *ailf* > *ǫlf* (elf); (*hǫlaos* heillos bei Birlinger A. S. s. 65); *tswāntsk* (mhd. zwainzig) 20, *zwantzig* ist mir zuerst begegnet bei Ulr. Krafft s. 420, ebenso *uas*, *uašt*, *wast* weiss, weisst in Balingen; *nǫxe* (= mhd. nāchhin) nachher, hinterdrein (gegen *nǭx*); *kfrǫkt* (mhd. gefrāget) gefragt (gegen *frǭk*); möglicherweise sind so zu erklären *husə* (mhd. hie ūȝen) aussen, *dusə* (mhd. dā ūȝen) draussen, *fuxtsę* 15, *fuxstk* 50, (dazu *fuft* der fünfte) und endlich gehören hieher (vgl. § 94): *bǫ̃m*, *sǫ̃m*, *dǫ̃mə*, *pflǫ̃mə*, *frsǫ̃mə*, *əusrǫ̃mə*, *šǫ̃m*, *šǫ̃mə*, *flǫ̃m*, (*pflǫ̃m*). Siehe Winteler s. 120 f. s. 84. Kräuter Alem. V, 194. Stickelberger s. 52 ff.

Anm. 1. Über kürzung in der pro- oder enclise vgl. § 103. Für die kurzen vokale der nebensilben ist § 36 kürze angesetzt, die der heutigen alem.-schweiz. (wohl auch mhd.) entspricht. Lange vocale werden in zweiten gliedern von compositis in der regel zu halblangen s. § 36, füge dazu noch *wilpręt* (mhd. wiltpræte) wildbret (*ę* in *bręt* brett ist wenig kürzer), in der regel tritt aber die quantität des simplex ein.

Anm. 2. In diesen zusammenhang ist auch der wechsel zwischen *ęə* und *ę* (= mhd. ë § 69 f.) zu stellen, vgl. *ępis* (mhd. ëtewaz) etwas, *ęsə* (mhd. ëzzen) essen, aber *ręəxt* (mhd. rëcht), *gęəl* (mhd. gël) gelb u. s. w. In Spaichingen, oberamtsbeschr. s. 111: *lęədr*, abor *sęyəs* sense; ich halte *ęə* wiederum für pausenform, die auf längung von *ę* beruht.

3) NASALIRUNG.

§ 133. Nasalvocal in der verbindung vocal + nasal ist eine reciproke oder nur regressive assimilationserscheinung, d. h. die senkung des gaumensegels tritt bei bildung der vocalstellung ein, es bleibt aber die möglichkeit, dass der nasale verschlusslaut entweder erhalten bleibt oder seinerseits total assimilirt wird (durch wegfall des zungen- oder lippenverschlusses) z. b. *krãk̄* krank : *ãŋkə* nacken u. s. w.

1) intervocalisch bleibt der nasal stets erhalten: *ənãnt* einander; *ãne* (= mhd. anhin) voran; *šwãnə* (mhd. swanen) pl. schwäne; *k̄ãnę* (mhd. kan ich) kann ich; *ãnəm* (mhd. an im) an ihm; *ãnə* (mhd. ane) grossmutter; *hẽmət* (mhd. hemede) hemd; *frtu̯ẽnə* verwöhnen; *bẽne* (mhd. büne) bühne; *šẽne* (mhd. schœniu) pl. schöne; *dęke* sg: pl. *dękənə* etc. s o. § 110, 4; *altə* Altheim : *ən altəmər* ein mann aus Altheim etc. vgl. Heusler, alem. cons. § 128; *jǭmr* (mhd. jāmer) jammer; *sǭmə* (mhd. sāmen); *bǭnə* (mhd. bōnen) pl. bohnen u. s. w. Dasselbe gilt auch ursprünglich für den satzzusammenhang, vgl. § 135; in den oberschwäb. liedern DM IV, 86 ff. inf. *schieban vnd schlachta. ah goaslan as wie* u. a.; heute in der regel ohne den nasal, doch beruht hierauf das sogenannte hiatus- *n*; Paul, prinzipien s. 97.

2) auslautendes -m ist nach analogie der fälle, in denen es inlautend wurde, gewahrt z. b. *lãm* (mhd. lam) lahm, matt; *bǭm*, *sǭm*, *trǭm*, *tsǭm* u. a. wie die plurale *bẽm*, *sẽm*, *tsẽm* u. s. w. (doch auch *flǭ* flaum, in Balingen: *bõ*, *sõ*, *trõ*, *tsõ*); *krǭm* (mhd. krām) kram, vgl. *krǭmət*; *ǭm* (mhd. āme) ohm vgl. *ẽme*.

3) im silbenauslaut ist der nasal nach langem oder gelängtem vocal assimilirt worden: a) *šẽ* (mhd. schœne) schön; *bǭ* (mhd. bōne) bohne; *sǭbqərə* samentragende hanfstengel (*sāmborn); *mẽdix* (mhd. mæntac aus mænintac), montag; *rǭ* (mhd. rām) rahm u. a. b) *mã* (mhd. man) mann; *wãšt* (mhd. wanst); *šwã* (mhd. swan) schwan; *k̄ã* (mhd. kan) kann; *gãs* (mhd. gans) gans, *brãt* (mhd. brant) brand; *krãk̄*

(mhd. kranc); *gãts* (mhd. ganz); *dãts* (mhd. danz); *bãk̄* (mhd. bank); *sãt* (mhd. sand); *hãt* (mhd. hand); *krãpf* (mhd. krampf); *blõə* (mhd. bluome), dim. *bleə̃le* (blüemlīn) blümchen (Balingen); *frtwę̃t* verwöhnt; *gę̃s* (mhd. gense) gänse; *dę̃k̄* (mhd. denke) ebenso *dę̃kt* (mhd. *gedenkt) part. prät. gedacht; *tsę̃* (mhd. zin) zinn; *k̄ę̃* (mhd. kin) kinn; *sǭ̃* (mhd. sun) sohn, plural *sę̃* söhne; *fǭ̃* (mhd. von) von; *nǭ̃* (mhd. nun, niwan) nur u. a.

4) wo die dehnung nicht eingetreten (vgl. § 127 ff), ist der nasal geblieben: *mãnə* (pl. zu *mã*) männer; *hãmpfl* (neben *hãt*) handvoll; *rantsə* (mhd. rans) bauch, sack; *pfę̃ntle* (mhd. phentlīn) kleines pfand (vgl. *pfãt* pfand); *hentl* händel (vgl. *hãt* hand); *lẽnt* (mhd. linde) zart, geschmeidig; *dę̃nt* (mhd. dünne) dünn; *k̄ǭ̃nšt*, *k̄ǭ̃nt* (mhd. kumest, kumet) kommst, kommt (vgl. *k̄ãošt* kunst); *põndə* (mhd. gebunden), vgl. *bãt* band u. s. w.

Anm. Hier wie bei den quantitäten finden sich landschaftliche differenzen; von interesse ist der aus Ellwangen stammende wechsel: *wãt* wand aber *went* wände (winde), *hõt* hund, plural. *hõnt* hunde oberamtsbeschr. s. 185; ebenso in Balingen (Baar) oberamtsbeschr. s. 134: *wãt* wand, *hãt* hand, *šwãts* schwanz, aber *wę̃nt*, *hẽnt*, *šwẽnts* etc. Doch ist in der regel eine form massgebend geworden.

§ 134. In wenigen vereinzelten fällen ist nasalvocal progressiv (bei vorangehendem nasal) entstanden: *imã(k̄)*, *dəu mãšt* (die ältere form *maht* hat sich lange gehalten, doch findet sich bereits ZBR *du mahs*. cod. med. 5: *mahstu;* vgl. *machst: nacht. machtu* cod. theol. 19. *du macht : machtu: magst* cod. ascet. 78; s. auch Weinhold al. gr. s. 391), *ərmã(k̄)* ich mag, du magst, er mag, auch inf. *mẽgə* mögen; *nãs* nase und abgeleitet *nę̃slə* näseln; strichweise auch *nãxt* nacht (vgl. Birlinger A. S. s. 48. in Spaichingen *nã"d*); in *nẽnts* (mhd. *niuts) nichts und *šnę̃ntsə* (mhd. sniuzen), nehme ich an, dass bei der kürzung der alten länge *n* sich aus *ẽ* entwickelt hat (vgl. *nẽ"t* in Spaichingen), um so leichter als für -t dentaler verschluss erforderlich war; *nõ* noch; *šnãẽdə* (mhd. snīden) schneiden; *mẽ* mehr; *dr mẽ wę̄ət* der mühe wert; *nẽdr* nieder bei Birlinger Augsb. wb. s. 242. Ich glaube, dass diese erscheinung in einer älteren periode allgemeiner gewesen und bis auf diese wenigen isolirten reste durch ausgleichung beseitigt worden ist, da diese progressive nasalirung wahrscheinlich nur in einsilbiger wortform möglich war.

Anm. In *lǝilix* (mhd. lîlach, lînlach letzteres noch cod. theol. et phil. 45, vgl. Haupt zu Erec 345) leintuch mag assimilation von *-nl-* > *ll* eingetreten sein. Im übrigen ist in unbetonter silbe -n vollständig (ohne nasalvocal hinterlassen zu haben) geschwunden, vgl. *-ǝ* aus *-en*, *-ę* aus *-în* u. s. w; auf diese weise ist auch der proclitische artikel accus. sg. masc. *dën* zu *dęǝ* geworden: *dęǝ rǝitr* jenen reiter u. a. Über die spontane nasalirung in der verbindung *ī* + *s* vgl. § 76 c; ferner Schmeller, Ma. Bayerns s. 116, 554. Vereinzelt findet sich auch *ẽs* es, *ẽsl* esel in Balingen, ebenda *drǣsǝ* (mhd. *dræsen*) schnauben. Dagegen ist mir aus der lebenden mundart keine entsprechung für urkundliche formen wie *kúnschy*, *kúnsche* cod. ascet. 78. *funst*, *fúnstly* cod. poet. 30 u. a. bekannt. Dieselben sind in unsern schwäbischen denkmälern auch verhältnissmässig selten, und specifisch alemannisch; doch reimt bei Sailer *gãõšt* (gunst): *fǝušt* (faust); weiteres bei Birlinger A. S s. 105 ff. Nasalvocal ist nicht eingetreten, wenn der nasal erst durch jüngere zusammenziehung an den silbenvocal gerückt ist, wie in *fiǝntl* (mhd. vierden tail) viertel, *frtlaenǝ* entlehnen (vgl. mhd. lēhnen); dagegen müssen *sẽǝ̃*, *kšẽǝ̃* sehen, geschehen (dasselbe besagen urkundlich *senhen*, *geschenhen*, die sehr häufig sind) aus mhd. sën, geschën entstanden sein.

§ 135. Wichtige belege für den schwund des nasals in schwachen silben sind bereits bei besprechung der endsilbenvocale §§ 115. 116 gegeben. Das grundgesetz, wonach vor vocalen der nasal bewahrt bleibt, gilt auch hier, (vgl. *bętę* botin pl. *bętǝ̃nǝ̃* u. a. § 133, 1) und es ist wohl möglich, die vielfachen schreibungen mit ausl. *-n* unter anlehnung an dieses gesetz der gesprochenen sprache entstanden zu denken; über schriftsprachliche formen wie *habn*, *czaichn* u. a. vgl. § 119 anm. 4. Die orthographie ist gerade in diesem puncte mit vorliebe von der aussprache abgegangen, was zu den absonderlichsten formen geführt hat. Weil eben in unbetonten silben *-n* längst nicht mehr gesprochen wurde, die orthographie aber in einer gewissen scheu vor demselben, es peinlich festgehalten hat, glaubte die ängstliche schreiberseele es je besser zu machen, je zahlreichere *n* sie den endungsvocalen anhängte: vgl. unformen wie *appentöck* (apotheke), *appendeck* (auch bei Heusler, alem. cons. s. 109 f.) bei Hermann von Sachsenheim; Mone, schauspiele II, 184. 192. 193. cod. breviar. 55. u. ö; *hemmentter* (hemden) : *hemedter* Ulr. Krafft s. 283. Mynsinger: *knorrent: knorret* (aus -eht). *wirdinkait*, *świnkait*, *sålinkait*, *ståtinkait*, *sůssinkait; ahtenden* (8) (vgl. *ahtendteil: ahteteil*, *ahteil* im Lehenbuch). *ierin oͤren*, *genaigtin oͤren* (acc. pl.) cod. phil. et theol. 50. no 144: vocat. *minnenden sel: minnendi sel.* cod. ascet. 78: prät. *volgentend. spottenten. ströffenten.* cod. theol. et phil. 11: *gnedenclich.* Im 12. jh. haben bereits formen wie *unliuminthaftigen* Prudentiusglossen A: *unliumithafte* (infames) Zf.: *mammiti* Weingarter glossen gegolten.

An reimen ist bei der vorwiegend prosaischen überlieferung nicht eben viel beizubringen, vgl. Weinhold al. gr. s. 347. 378. Doch beachte Rugge: *vertriben* : *belibe* 100, 35 (Paul, Beitr. II, 512) wie *stunde: gebunden* 101, 27; bei Winterstetten: *herze* : *smerzen* (nicht *smerze*, wie Minor schreibt) 5, 78 vgl. 7, 28. 9, 121. 12, 92. 16, 50. Es dürfen hier auch aus dem verwandten alem. gebiet die bekannten reime, wie z. b. aus der Virginal: 3. sg. präs. *minnet: ir gewinnent* 119, 3. part. *gegrüezet: ir müezent* 330, 3. *ir wizzent:* 3. sg. *izzet* 381, 8. angezogen werden.

Hätzlerin: *schawen: frawe* 168, 11. *überwinden: vinde* 179, 27. *wiche: schlichen* 194, 27. *geuerte* : *gerten* 201, 9. *erhangen: lange* 203, 11. *alle* : *empfallen* 263, 293 (Metzen Hochzeit). cod. ascet. 86: *schame: namen. sv̊nden* : *sv̊nde. ginennet: irchennint.* Urk. *aigellich* (sonst *aigenlich*) 1298. inf. *phende* 1305. *gewine* 1340, ebenda part. *beschehe. in dem zehende iar.* 1. plur. *habe* 1325. *drizehehundert. von Mieringe* (Mühringen) 1336. *drizehundert* 1348. *an dem vorgeschribenne gůt* 1314. *sant Martistag* 1368. 1463. *aiges insigels* 1340. *vol gelades mistes* 1485 (weiteres über diese letzte categorie § 105, 2 anm. Weinhold alem. gr. s. 169.) ZBR: *werki* (operibus). *mit trahinne. salmi* (nom. pl.). *kunig. bilgiri: bilgirin. kuchi. kussi. múli. pfistri.* Herkommen: *niemat* (niemand). Horb 1315: *komet* (3. pl. präs.). Mörin: *gewauppet* 3319. *verleuget* 857, *verlöcket* 893, *er leuget*, *loeget* 1741. 2754. 2013. 2473: *ich lougnen* 5924. *ain wili* 3384; *wile* 4080. Aesop: *von danne* s. 64. (ebenso *niene* z. b. cod. theol. et phil. 72: *nienan?*) *dere* (al. deren) s. 277. *seide wat* Schade, Satiren I, 31, 139. *zini* (von zinn) Augsb. chron. 5, 488. Mynsinger: *grösse. höche. kelte: keltin. lenge: lengin. praite. vaisste: vaisstin. nägele* (nelken): *nägelin.* Ulr. Krafft: *tuechle. mitt vnsern miede pferdtt* s. 11. *die nasse klaider* s. 343. *kuchegeschürr* s. 282. *stainle. seckle. knöpfle. gelttle. brittle. glesle. schiffle.* Zim. chron.: *durchtrunge. hinkomme. sie were, wurde. richte. dierle: dierlin. heusle. kneble. schwesterle. weible. wegele* etc. *beschliessere. liebhabere. hochzeitere. spitelmeistere* u. a. cod. theol. et phil. 54: *kålblin: ain búschelli. bettlin: lempli. lini gewand: ain hårin hemd.* no. 72: *vff der misti* (misthaufen). *krippli. trôpheli. kôrnli. mûterli. túbeli: túbelin. phflåsterlin. fúrin swert.* no. 74: *wåsserli. menschli. weder lini noch wullin. måttli vs binsen geflohten.* Zweifellos sind ursprüngliche verschiedenheiten wie z. b. cod. theol. et phil. 17: *der fúry himel vnd ist fúrin an dem gesicht* lautgesetzlich gewesen; doch ebenda *liny cappen vnd dar vnder stehlin gewand.* cod. poet. et phil. 23: *fäderküssi* (kissen). *fölkli.* cod. theol. et phil. 63: *lemly: krönlin. kindlin.* no. 144: *krönlin: krönli: des krönlis. der fúrin hymel* (: *fúre* in no. 286). *der guldi mund.* no. 184: *daz krônlin: des krônlis.* cod. med. 5: *lini tüch: scheffin* (vom schaf) *leder. ain wylin, bainlin: des bainlis.* cod. breviar. 55: *hilff mir das ich also verhûti richt vnd endin min leben. liebin, liebi. dú raine usserweltin mûtter.* cod. ascet. 78: *dú kindlú: kindly: das kindlin. lemlin: lemlis. liebin: lieby. keltin.* Abstracta wie *liebin, sterkin* werden noch im 15. jh. sehr häufig geschrieben, z. b. cod. theol. et phil. 68. Beachte ferner: *der haidesch maister* cod. theol. et phil. 72, ebenda *richsnet, richset*: inf. *richsnan.* no. 74: *haideschen.* no. 17: *des morges.* cod. bibl. 28: *bezaichet ist.* cod. poet. et phil. 23: *ains kúngs pfalatz* (gewöhnlich *pfallentz,* so cod. poet. 30). cod. theol. et phil. 63 die optative präs: *wir schlaffen, wachen, essen, tringken, sitzen, ligen*: *wir stande, wir gange*; ebenso *daz wir erkenny und minne. wir schwimmy. daz wir komy* cod. breviar. 55. cod. poet. 29: *kúchimaister.* cod. bibl. 35: *aubet* (abend). cod. med. 15: *tuget.* cod. poet. germ. 3: *verwappet* (gewappnet). cod. breviar. 51: *aubetmäl.* cod. ascet. 207: *haideschen. zwirot: zwirend* u. a. Vgl. ferner aus dem 15. jh. Alem. XIII, 282 ff: *wanna* (= wannen). *von wanna. rosokrancz* (rosenkranz). *balmoboum* (palmenbaum). *gedenk mensch dz du aescho syest vnd widerumb zu aescho werdest. mit betto, fasto, singen vnd lesen. mit grossen frôdo. in die hôhe der sonno. morgogauben. morgostern. sonnoschin.* Dagegen halte ich die z. b. aus der Mörin bekannten dat. pl. ohne -n für die allgemeine pluralform (nach nom. gen. acc.): *mit claider* 643. *mit süben sail* 1179, vgl. 975. 1401. 2539. 3421. 3904.

Spätestens im 12. jhdt. ist die nasalirung der endsilben eingetreten, siehe bereits St. Galler Glaube und Beichte MSD[2] s. 222 ff. 598. In stammsilbe bezeugen dieselbe zahlreiche schreibungen seit dem 13. jhdt., es kann keinem zweifel unterliegen, dass in beiden stellungen nur ein und derselbe process wirksam gewesen. Während das schwäb. mit dem alem. noch darin zusammengegangen ist, dass in schwachen silben die nasenresonanz wieder aufgegeben wurde, ist es charakteristisch durch die nasalvocale in ictussilbe von demselben unterschieden.

4) DIPHTHONGIRUNG.

§ 136. In der geschichte des schwäb. vocalismus ist die diphthongirung älterer einfacher vocale das wichtigste ereigniss. Es sind sämmtliche etym. langen vocale von diesem process betroffen worden, nicht bloss *ī, ū, iu,* sondern auch *ā, ē, ō.* Der vorgang ist jünger als die dehnung kurzer vocale, da wenigstens einige derselben die diphthongirung mitgemacht haben. Die belege weisen auf eine besondere entwicklung kurzer vocale in der stellung vor nasal, und so werden wir anzunehmen haben, dass gleichzeitig mit der nasalirung im 12. jhdt. dehnung kurzer nasalvocale unter den § 127 ff. dargelegten bedingungen eingetreten ist. Vereinzelte beispiele erweisen, dass auch vor auslautender liquida die dehnung früher erfolgte, als vor den geräuschlauten. Sehr wichtig ist, dass diese ältesten dehnungserscheinungen dem gesammtgebiet des alemannischen sprachstammes gemeinsam sind, doch zweigt sich das schwäb. in den weiteren schicksalen der gelängten vocale ab, vgl. W. Staub: Ein alemanisch-schweizerisches lautgesetz DM. VII.

Anm. Im schweiz.-alem. ist die diphthongirung von *ī*, *ū*, *iu* an die stellung vor folgendem vocal gebunden, vgl. Winteler s. 122 ff. Stickelberger s. 49 ff. u. a.

§ 137. 1) Bislang ist den vielfachen orthographischen zeugen der diphthongirung von *ā*, *ē*, *ō* kein gewicht beigelegt worden, wogegen die entwicklung der mundarten streitet. Der process mag folgender gewesen sein (§ 127 anm. 1). In taktpause wurde die länge zur überlänge gedehnt, die kehlkopfbewegung während der zweigipfligen betonung (§ 127) ist bei der zeitdauer des überlangen vocals (§ 36) nachhaltig genug, vermittelst des zungenbeins eine mit der hebung des kehlkopfs gleichzeitig erfolgende hebung des zungenrückens zu veranlassen d. h. die aufsteigende tonbewegung auf dem (offeneren) grundvocal setzt sich in den homorganen geschlosseneren vocal um (vgl. die vocaltabelle s. 14): *lǭs* > *lǒ's-* > *lō^us* > *lous* (heute *laos*, wie mhd. *louffen* > *laofə* u. s. w.), ebenso *ā* > *ā°*, *ao*; *ę̄* > *ē^i*, *ei*. Im verlaufe hat sich die ausgleichung nach den mehrfach besprochenen richtungen hin (vgl. § 129) geltend gemacht. Mit der statuirten entwicklung der diphthonge in pausastellung ist aus dem schlesischen zu vergleichen: *dr mǭn ei grouss: der grosse mǭn* bei Waniek a. a. o. s. 43. s. 26 f.

Anm. Mhd. *ā* ist im gegensatz zu den älteren belegen heute bis auf wenige isolirte fälle (vgl. § 60 ff.) durch *ǭ* vertreten. Dass nur die länge (nicht die überlänge) sich zu *ǭ* entwickelt hat, ist durch die entsprechung von mhd. *ai*, *āi* (vgl. Germ. I, 445. Wackernagel, Literaturgesch.[2] s. 155 anm. 3) > *ǭə* bewiesen. Reduction des diphthongen *ao* einerseits (vgl. in Ellwangen auch *ǭk* auge, *lǭfə* laufen u. a.) und weiterentwicklung der nicht diphthongirten einfachen länge *ā* (nicht *ă*) mögen im verein mit den sich anschliessenden ausgleichungen zur verallgemeinerung von *ǭ* beigetragen haben, vgl. noch doppelformen wie *maõ* (mhd. māne) mond, in nächster nachbarschaft von Horb *mõ*. Damit ist gegeben, dass keineswegs sämmtliche aus älterer zeit überlieferten *au*, *a^v* etc. (für *ā*) diphthongischer aussprache entsprechen, in

weitem umfang hat bereits vor jahrhunderten die aussprache ǭ gegolten, wofür die orthographie allerdings kein besonderes zeichen eingeführt hat.

§ 138. 2) Dass *ī*, *ǖ* (*iu*), *ū* gleichfalls von dieser diphthongirung betroffen worden sind, liegt schon in der natur der sache begründet. Es ist bereits § 12 hervorgehoben, dass die zweiten componenten in *əi*, *əu* die äussersten qualitäten darstellen, zu den geschlossenen *i*, *u*, *ü* ist demnach ein diphthongisches element mit noch convexerer zungenwölbung getreten: *iⁱ uᵘ üᵘ*. Man beachte die akustische verschiedenheit der für *ā*, *ē*, *ō* erschlossenen componenten, jene fallen mit diphthongischer geltung nur schwer ins ohr und es hat in alter zeit offenbar dasselbe gegolten, was über heutige diphtongirung von *ī*, *ū*, *ǖ*, aus der Schweiz berichtet wird (DM VII, 199), im übrigen vgl. Mor. Rapp, Physiologie I, 189.

Anm. Ausgangs des 13. jhdts. (vgl. oben §§ 76. 82. 87.) herrschen die diphthonge bereits in Augsburg, wie dies von Baumann, Forschungen XVI, 269 f. beobachtet und für die nachbarorte gleichfalls nachgewiesen worden ist. Merkwürdig bleibt nur die thatsache, dass die diphthonge im laufe des 14. jhdts. wieder verschwinden, um erst in der zweiten hälfte des 15. jhdts. zu bleibender geltung zu gelangen; Weinhold, alem. gr. § 84 86 ff. Die nahe liegende vermutung, jene frühperiode beruhe auf dem einfluss benachbarter bairischer orthographieschulen, ist gewiss zutreffend und fernerhin zu erwägen, dass gerade im ostschwäbischen also in nachbarschaft der bair. grenze, die diphongirung bereits im 14. jh. platz greift, vgl. Baumann a. a. o. s. 270 ff. Die annahme des letzteren, zwei jahrhunderte lang habe die neuerung mit der alten sprechweise gerungen, ist in keinem fall sprachgeschichtlich fassbar; es versteht sich von selbst, dass diese bildliche ausdrucksweise nur für die schreibgewohnheit zulässig ist. Wenn es richtig wäre, dass die neuen diphthonge wie heimatlose unter der ägide der reichsgeschäftssprache über die bair. - österreichischen grenzpfähle gewandert, bis bald da bald dort eine kanzlei sich ihrer angenommen, bis sie von der kanzleistube aus in der volkssprache heimatsberechtigt geworden, dann allerdings wäre ein ähnliches schwanken auch in der lebendigen sprache nicht undenkbar. Dieser allgemein verbreiteten ansicht widerstreiten aber folgende thatsachen: 1) Unsere schwäbischen diphthonge *əi*, *əu*, *ui* sind in ihrer lautung vollständig von den bair.-österreich. *ae*, *ao* (aus mhd. *ī*, *iu*, *ū*) verschieden; bei einer verpflanzung aus dem osten wäre übereinstimmende lautform erforderlich. 2) Das gebiet unserer diphthongirung ist in sich vollständig einheitlich, es

gibt keine sprachinseln, das abgelegene dörfchen ebenso wie die an der heerstrasse gelegene stadt spricht die diphthonge seit jahrhunderten; bei den anerkannt engen verhältnissen des mittelalterlichen verkehrs kann derselbe unmöglich der träger dieses „modeartikels" gewesen sein und umgekehrt gerade an der vielbefahrenen verkehrsstrasse des Oberrheins werden bekanntlich die alten vocale bis heute gesprochen. 3) Unsere mundart hat auch *ā*, *ē*, *ō* diphthongirt. Diese thatsachen werden aufs beste illustrirt durch die von Hermann Fischer, Vierteljahrshefte 1885 s. 229 ff. angezogene aussprache des latein im Schwabenland des 15. jhdts., die unter dem titel „Hechinger latein" sprichwörtlich geworden ist. Wir hören von einem curiae württembergicae cancellarius *crassae pronunciationi assuetus: ceilsissimus et eilustreissimus* noster *praínceips einteilleixeit* und Brassicanus, institutiones grammaticae 1510 tadelt *naos* pro *nos*, *deies* pro dies, *quei* pro qui. Jakob Wimpfeling im carmen heroicum 1495 wünscht, dass die schlechte aussprache der latein lernenden jugend ausgemerzt würde (u. a. vocales tanquam diphthongos), noch Konr. Gessner, Mithridates fol. 42 sagt: non habent illi germani inferiores tam frequenter diphthongos *ei* et *au* pro *i* et *u* longis, quibus Sueui Bauari et alii plerique germani abundant, adeo ut inepti quidam etiam latine *ueinum* et *ausum* pro uino et usu dicere audeant. Man ersieht hieraus, wie allgemein im volke bereits vor ausgang des 15. jhdts. die diphthonge gelebt haben und H. Fischer hat bereits a. a. o. s. 234 den schluss gezogen: jene aussprache zeigt an, dass damals ein widerstreit zwischen der schreibung des deutschen und seiner aussprache in Schwaben vorhanden gewesen ist. Es handelt sich also nur noch um die frage, wie weit zurück die entstehung der diphthonge anzusetzen ist.

Im ostschwäbischen ist um 1470 (vgl. cod. palat. 101.) die diphthongirung vollständig durchgeführt. So auch im liederbuch der Hätzlerin, bei Mynsinger wie bei Ingold. Allein noch in der Schmidzunft von Ulm 1505: *dry. ze sin : sein. rychen. dessglychen. lyhen : leyhen. wyse : weiss, wyeiss. ysen. flyss. schlyffen : schleyffstain. murer : maurer huss. auff. gotzheüsern. getrewlichen. gebeut. nuwer : neuw : ernuyert.* Vgl. in dem gleichfalls ostschwäbischen cod. theol. et phil. 195: *tůtsche teutsche. schreyben. villeucht. saumpt. zeyt. by. tausent. úch: euch. vind. meins. sein. frúnd. wysen. drey. leut. auff* u. a., dagegen ist die diphthongirung durchgeführt in dem ostschwäb. cod. med. et phys. 29: *saurampfer. grausenliche. aus. kreutter. prauchen. fleissiclich. fuir. auff. feichtikeit. sein. speiben. seibertt. leitteret. guiss. nuiset. teutsche. speis. suittet. eissen. treibt. pleyvarb. neues. tzeucht* u. a, während die Zim. chronik noch zahlreiche belege für monophthongische orthographie liefert, vgl. auch Weinhold alem. gr. s. 84 f. 86 ff. Nach all dem ist ersichtlich, wie irrtümlich die bekannte datirung der Augsburger chroniken, welche die veränderung des sprachtypus gerade auch mit bezug auf die neu entstandenen diphthonge um 1500 ansetzen, vgl. Birlinger Augsburg. wörterb. s. 247. Socin, Schriftsprache und dialecte

s. 177. Handschriftlich begegnen wir einzelnen diphthongirten formen bereits im anfang des 15. jhdts.: Tristrant: *pein* 3ª. *rifalein*:*kindelin* 4ª.: *min* 5ᵇ. *raᵉmen das land* 66ᵇ. *mein. sein* 148ª. *reich* 149ª. *meinen aid* 149ᵇ. *weyssen* (zeigen). Besonders auffallend ist aber *laymd* (leumund) als isolirte form, vgl. cod. theol. et phil. 68. (*lůmd* no. 74.) *laind* cod. ascet. 78. Ferner liegen diphthonge vor in Steinhöwels Aesop, bei Ehingen, Ruland, Hermann von Sachsenheim u. a. Kurz für die lautgeschichte ist aus dem schreibgebrauch gar nichts zu gewinnen, er wird uns dagegen später die etappen für das vordringen der schriftsprache innerhalb unserer grenzen liefern.

Äussere zeugnisse fehlen; nach analogie bekannter neuerer wortspiele dürfen wir wohl auch in den worten: *besser ist gaᵉn in das wainhus denn in das winhus* im cod. theol. et phil. 72 diphthongische aussprache vermuten, das wichtigste argument scheint mir jedoch in der entwicklung von mhd. *iu* zu liegen (§ 87 f.). Die diphthongirung dieses vocals muss eingetreten sein, ehe *ū* und *ī* zusammengefallen waren, wofür die zeugnisse noch ins 13. jh. reichen, und so haben wir denn thatsächlich seit ausgang des 13. jahrhunderts eine fortlaufende reihe von belegen für die existenz der diphthonge. Merkwürdig ist nur die consequenz der monophthongen schreibung im gegensatz zu den reichen belegen für diphthongische aussprache von *ā*, *ō*, die sich nur bei einem conventionellen übereinkommen der schreibschulen begreifen lässt. Immerhin ist festzuhalten, dass die erste phase der diphthongirung von *ī*, *ū*, *ǖ* (s. o.) von ganz anderem akustischem wert gewesen ist als die von *ā*, *ē*, *ō*, was gewiss auf die monophthongische schreibung einfluss geübt hat.

§ 139. 3) Da nach der wirkung des quantitätsgesetzes auch alte kürze zur überlänge in pausastellung gedehnt wurde, ist die diphthongirung auch bei etym. kurzen vocalen eingetreten, doch spärlich zu belegen: *fəil* (mhd. vil) viel; *i špəirs* (mhd. spürn) ich spüre es, und von da auf das verbum überhaupt übertragen *špəirə* spüren, vgl. § 87, 2; Birlinger A. S. s. 70 führt noch ein ganz analoges *deyr* dürr (mhd. dür) an und s. 62 *fey* vieh. Wohl aber ist in der stellung vor nasal diphthongirung häufiger: *hā̃ọ̃f* hanf; *dā̃ẽkə* denken; *fā̃ẽf* (mhd. vünf) fünf; *fā̃ẽlə* (mhd. vimlen, lat. *femellare) die weiblichen hanfstengel herausziehen; etc. vgl. §§ 61 anm. 5. 72 anm. 4. 77. 80 anm. 1. 83. 86, 4. Es entspricht nicht dem sachverhalt, wenn Staub DM. VII, 18 ff. diese diphtongirung vor nasal auf rechnung der folgenden spiranten setzt, da sie ebenso vor verschlusslauten belegbar ist (vgl. z. b. a. a. o. s. 380 f) und eben nur auf dem allgemeinen quantitäts- und nasalirungsgesetz beruht.

Wie nun aber bei *ā*, *ē*, *ō* nur vereinzelt gedehnte längen der diphthongirung verfallen, die mehrzahl monophthongisch geblieben, *ī*, *ū* dagegen durchweg diphthongirt worden sind, so ist in Horb in einer anzahl von beispielen mhd. *iu* gleichfalls monophthongisch; die numerische differenz kann also nicht wesentlich sein vgl. § 87.

Anm. Die neu entstandenen diphthonge sind wesensgleich mit den überlieferten *ou*, *ai*, *öü*, *ei*, mit welchen sie der ausgeprägte musikalische nebenton auf dem zweiten componenten (im gegensatz zu *uo*, *ie*, *üe*) verbindet.

5) QUALITÄTSVERÄNDERUNG.

§ 140. Während die mhd. kurzen vocale *a*, *ę*, *ë*, *i*, *o*, *u* (von dehnung, einfluss der nasale, der *r*-laute, diphthongirung abgesehen) keine qualitätsveränderung erfahren haben, wenn auch leichte verschiebung der articulationsstellen eingetreten sein mag, sind dagegen:

1) mhd. *ö*, *ü* in allen stellungen zu *e*, *i* geworden d. h. die function der lippen (rundung, vorstülpung) ist bei energischer zungenwölbung weggefallen. Die frühsten belege fallen ins 13. jahrhundert.

2) die diphthonge wesentlich verändert worden. Über die zweiten componenten vgl. § 110, anm. 3.

a) *ę* in *ei* (= *ē*, *-egi-*) hat sich, wie durch *æi* (§ 66, anm. 2) bewiesen wird, durch *ę̨i* (vgl. ostschwäb. *ę̨ə*) hindurch zu *a* > *ae* gewandelt, und in dieselbe entwicklung ist mhd. *öü* (= mhd. *œ*, *öü*) getreten (s. o.);

b) *o* in *ou* (= mhd. *ō*, *ou*) ist nach entrundung durch *ǫu* hindurch (vgl. ostschwäb. *ǫə*) *a* geworden > *ao*;

c) *a* in *ai* (mhd. *ei*) ist wie *ā* zu *ǭ* geworden;

d) *əi*, *əu* gehen auf *ī*ⁱ, *ū*ᵘ zurück (§ 138).

Alle diese veränderungen müssen noch dem 13. jahrh. angehören. Die gemeinsame veränderung besteht demnach sowohl in ictussilbe als auch in nebensilbe (*-e* früher *i*-, jetzt *a*-haltig) in erweiterung der mundöffnung (senkung des unterkiefers), der eine abflachung des zungenrückens (*ę* > *a*, *a* > *ǫ*, *i*, *u* > *ə*) parallel geht; gewiss hängt auch die entrundung von *o* > *a*, *u*

> *ə* damit zusammen. Der letzte grund der veränderung liegt aber offenbar im musikalischen element (vgl. § 139 anm.) resp. in den kehlkopfbewegungen. Die nebentonigen zweiten componenten sind den ursprünglichen werten näher geblieben *-i* > *-ẹ*, *-u* > *-ọ*, die äussersten *-i*, *u*, in *əi*, *əu* haben sogar ihre timbres bewahrt, die auf anderer tonstufe gesprochenen ostschwäb. *ǫə* (aus *ǫu*) *ę̨ə* (aus *ęi*) zeigen bei der weitergehenden reduction der zweiten, ursprünglichere lautform der ersten componenten in übereinstimmung mit *iə*, *uə* (mhd. ie, uo). Die veränderungen des ansatzrohrs bei den ictustragenden tieftonigen componenten stehen folglich in (nicht mehr aufzuhellendem) zusammenhang mit der tonbildung.

Anm. In der richtung dieser andeutungen ist m. e. sowohl die merkwürdige verschiebung von i^i > *əi*, u^u > *əu*, als auch die noch weniger fassbare entwicklung von *ū̆* > *ui*, resp. *ū* (§ 88) zu suchen. *ui* : *ū̄*, *əu* : *ū* verhalten sich bezüglich der lippentätigkeit gerade umgekehrt; *ū* erscheint aus *ui* monophthongirt.

6) CHRONOLOGIE.

§ 141. Die frühesten belege der verschiedenen qualitäts- und quantitätsveränderungen im vocalismus ergeben folgende übersichtstabelle:

VII.—VIII. jh.	Umlaut von *a* > *ẹ*; diphthongirung von *ō* > *oa*, *ua*; *ē* > *ea*, *eo*; monophthongirung von *ai* > *ē* (im ausl. etc.); *au* > *ō* (vor dentalen).
IX.—X. jh.	*eo* > *io*, *ie*; *ua* > *uo*.
X. jh.	Umlaut restirender *a* > *ę*; *ā* > *ę̄*, *ë* > *ẹ*, *o* > *ö*, *u* > *ü*, *ou* > *öü*, *uo* > *üe*; angelehnter umlaut. Tongesetz. Reduction kurzer endsilbenvocale (*-a* *-i* *-u* timbres). Syncope.
XI. jh.	*ei* > *ai* (resp. *ae*).
XII. jh.	Nasalirung Quantitätsveränderung.

XII. jh. Diphthongirung und qualitätsveränderung von *ā* > *ao* (resp. *ā* > *ǭ*) *ē* > *ae* (resp. *ęi* > *ae*) *ō* > *ao* (resp. *ou* > *ao*); *ī* > *əi*, *iu* > *ui* (?), *ū* > *əu*.

Reduction schwacher endsilbenvocale (> *ə*).

Entrundung von *ö* > *e*, *ü* > *i*.

ZWEITER TEIL.

CONSONANTISMUS.

§ 142. Auch für die historisch-statistische betrachtung zerfällt der mundartliche consonantismus in die zwei natürlichen gruppen:

1) Geräuschlaute (stimmlose verschluss- und reibelaute) *p*, *b*, *f*; *t*, *d*. *s*, *š*; *g*, *k*, x, *x* nebst den entsprechend combinirten affricaten und aspiraten.
2) Sonorlaute *j*, *w*, *l*, *r*, *m*, *n*, *ŋ*.

Articulationsform und articulationsgebiet der ersteren haben in der sogen. hochdeutschen lautverschiebung fundamentale veränderungen erfahren. Das resultat dieses lautprozesses liegt in den heutigen consonantstufen vor. Der ursprünglich stimmhafte palatale reibelaut ʒ ist unter gewissen bedingungen zu halbvocal. j, das ursprüngl. halbvocal. *w* zu *b* geworden: die beiden einzigen fälle, in welchen die gruppen in einander übergegriffen haben. Die veränderungen der sonorconsonanten sind sonst nur accessorischer art gewesen.

KAP. I.

STATISTIK DER GERÄUSCHLAUTE.

§ 143. Mit der einschränkung, welche § 24 anm. 2 gegeben ist, soll der etymologische bereich der articulationsgebiete dargestellt werden:

1) Labiale: *b*, *p*, *p̄*, *f*, *pf*.
2) Dentale: *d*, *t*, *t̄*, *s*, (*ts*), *š*, (*tš*).
3) Gutturale: *g*, *k*, *k̄*, x, *x*, (*h*) (je nach palataler, palato-velarer oder velarer articulation).

1) LABIALE.

B.

§ 144. Die stimmlose lenis *b* findet sich an- und inlautend und vertritt:

1) mhd. *b*: *bæ̃* (mhd. bin); *baes* (mhd. bœse); *baxə* (mhd. bachen) backen; *bọt̄* (mhd. bote); *bigọt̄* (mhd. bîgote) versicherung, im sinne von wahrlich, fürwahr; *buə* (mhd. buobe) bube, junge; *bọš* (mhd. bosche) busch; *bę̄ne* (mhd. büne) bühne, oberer boden; *buəxe* (mhd. buochīn) von der buche, büchen; *dọ̄bə* (mhd. dā oben) droben; *mir hę̄be* (mhd. wir hebeien optat.) wir haben; *halbə* (mhd. halben prädicativ) zur hälfte; *ọ̄bęt̄* (mhd. ābend) abend; *klaobẹ* (mhd. gloube ich) glaube ich; *danę̄əbə* (mhd. da enëben) daneben; *ę·rbət* (mhd. erbeit) arbeit; *trībə* (mhd. getriben) part. prät. getrieben; *fę̄ədərəbiš* federbüsche; *braesəle* (mhd. brœsemlīn) dim. zu brosamen; *brīgl* (mhd. brügel) prügel; *blọəxe* (mhd. bleiche) platz zum wäschebleichen; *ībrše* (mhd. über sich) aufwärts; *brę̄klə* (mhd. brëglen) braten, schmoren; *bluəšt* (mhd. bluost) blüte. Ebenso für syncopirtes *be-* (vgl. § 120, b): *brīxt̄* (mhd. berichtet) beigelegt; *bləibə* (mhd. belīben) bleiben; *blãəə* (mhd. belangen) sehnsucht haben u. a.

Anm. 1. Das in den älteren denkmälern die regel bildende *swebel* z. b. cod. med. 5 ist durch *šwę̄əfl* ersetzt (gramat. wechsel), doch *šwę̄əbl*, *šwę̄əblhęltsle* bei Knaus s. 10; vgl. *schwebelheltzlin* Reimchron. s. 145. *schwebelhölzle* Zim. chron. IV, 8, 14.

2) inlautend *w*: *bi·bī* (mhd. nordschwäb. *wi·wī*), *bi·bīle* (*wi·wīle*) dim. (vgl. mhd. interj. wī bei Winterstetten *ahi* : *owi*. Schulmeister *si* : *ouwi*.) in der kindersprache schmerz einer wunde, vgl. *o be* Hätzlerin 8, 18 u. ö.; *əibəre* (mhd. iuweriu) euere pl., ebenso *eip̄* euch u. a.; *haobə* (mhd. houwen) hauen, hacken; *bəubə* (mhd. būwan) bauen; *səubə* (mhd. sūwen) säue, schweine; *kruəbə* (mhd.

geruowen. vgl. Lachmann zu Iw. 3643) ruhen; *štraebe* (mhd. ströuwe) streu; *kwaebərət* (wohl mhd. *gewēweret) part. prät. dem schmerz ausdruck gegeben, gejammert; *k̄ırbe* (mhd. kirchwīhe. Augsb. stadtr. von 1276. Zim. chron.: kirweihe) kirchweihfest; *farbə* (mhd. varwen) pl. farben; *hǫrp̄* (mhd. Horw, Horb zuerst bei Ladislaus Suntheim, Württemb. Vierteljahrsh. 1884 s. 125 ff.); *'aebet* (mhd. höuwet) zeit der heuernte; *nəibe* (mhd. niuwe) pl. neue; *nā̆'knəibə* (mhd. -kniuwen) hinknien; *daebe* (mhd. döuwe) verdauung, *daebə* verdauen; *špəibə* (mhd. spīwen vgl. prät. sg. spúwete cod. theol. et phil. 74. spien oder kotzen cod. poet. 29) speien; *klǭp̄* (mhd. klāwe) klaue; *knę̄p̄* genau vgl. Kluge etym. wb.[4] s. 110; *pfulbə* federkissen (mhd. pfulwe).

Anm. 2. In *gę̨əl* ist die mhd. nominativform verallgemeinert (*gël*) wie auch in *blǭ grǭ, lǭ*, neben *blǭp'* blau etc., die form der obliquen casus ist nicht erhalten. In *buə* (*bůbe* knabe Augsb. stadtr von 1276. *bůb. bůben* Ingold 60, 2. *bůb* uel *leker* (scurro) cod. poet. et phil. 23), *rā* (herab), *nā* (hinab dagegen ist ausl. *b* geschwunden, in folge von assimilationsprozessen im sandhi; vgl. *agieng* urk. 1354. *agangen* (abgegangen) Ruland 1. 17; Weinhold bair. gram. s. 130. Ebenso ist m. e. für den verlust von *b* in den alten *gīst. gīt* gibst, gibt inf. *gēn* geben u. a. von der imperativform *gip* auszugehen (vgl. Benecke zu Iwein 1597), heute *gəišt. gəit.* 1. sg. *gīni* gebe ich. inf. *gēə* vgl. widergent (reddunt). inf. gen. zigendi. git ZBR. gen urk. 1293. 1338. 1398 etc. git 1338 etc. geist. geit Zim. chron. etc. etc. Die analogen vorgänge bei *muoz laz* u. a. § 152 anm. 1. Dieselbe erklärung hat jedenfalls auch für *hān* etc. (gegen haben) zu gelten vgl. ZBR *han. hant.* etc. etc. Unklar ist mir der wohl allgemein angenommene zusammenhang zwischen *sę̨əl* jener und *sę̨lp'*, die bedeutungsverschiedenheit macht schwierigkeit, vgl. *ōndrsę̨əlrəwəil* unterdessen; *ān sę̨ələm bę̨rk̄* an jenem berg, *sę̨ələmōl* damals, *sę̨lt* dort; verwendungen wie *də wǫeštǫsę̨əl* (du weisst ja selbst) sind nur aus dem ostschwäb. bekannt (westschwäb. *sę̨əlbr*). In Balingen *bīsbō̃* wisbaum.

Anm. 3. Dieser lautwandel ist auch für *ę̨pis* (mhd. ëtewaz, *ëtbaz) etwas vorauszusetzen. *ę̄bix* (mhd. ēwec) ewig ist mir aus Horb nicht bekannt, wohl aber aus der umgegend und südwärts bis Spaichingen. Tuttlingen oberamtsbeschr. s. 155 hat bereits *w* : *ewic, pfulwə, euwər* etc.

Anm. 4. Bereits im Augsburg. stadtrecht von 1276 ist der übergang von *w* > *b* vollzogen, vgl. *gærbtiu. graben tůches. einvarbes. ze smerbe. furben.* Urk Augsburg 1331 *witiben.* 1333 *witib.* 1337 *můsmelbs.* Reutlingen 1307 *Tiubingen.* Engeltal 1388 *Túbinger* : *Túwinger.* 1490 *erbsen.* 1496 *Steynhúlb.* Lehenbuch: *Sperbersegge.* Hätzlerin: *rosenuarber* 74, 18. *milben* 136,

165. Mynsinger *mel* : *melbs* 71 (vgl. anm. 1). *schwalben* 95; ebenso Aesop: *mel* 174: *melbs* 312. *schwalb* 106. *farben* s. 4. *witib* s 49. Fremdartig (bair.) sind: *s'rylwar* s. 146. *bald* (d. i. wald) s. 230. Mörin: *erwarb* : *varb* 2135. *farb* : *garb* (gar) 2209. Ulr. Krafft: *rüebiger* s. 343. *rüebig* 346. *vnriebigen* 346. Zim. chronik: *riebigclich. melbig. bleib* (blei) IV, 200, 9: *pleie* III, 621, 14. In den urkunden ist *b* auffallend selten belegbar, vgl. 1441 *trúbn*. 1460 *gerüplich*: 1510 *geruwiklichen*. 1649 *ebige. gerüebiglichen*. 1499 *ledergerwer. Horb* 1510. 1513. 1528. 1530 etc.: *Horw* 1412. 1488. etc. 1514. *blo* : *gro* Keller, erzählungen 206, 8. *bloen* 18. *ploen* 24. 30.

Handschriftlich: Tristrant: *schwalben. farb. mit melb.* cod. poet. 29: *varwe da mit sich frowen verbend.* cod. bibl. 35: *rosvarben* u. ö. cod. med. 15: *hunges vnd melbs. farbn.* cod. poet. germ. 3: *růbe* (ruhe). cod. med. et phys. 29: *milben. lab* (lau). *speiben. varb. gelb. plabs tuech.* Weiteres bei Birlinger A. S. s. 138 ff. Weinhold alem. gr. s. 120.

3) romanische media *b* und tenuis *p* in fremdwörtern: a) *trībut* tribut, *budi'k* bude; b) *abā't* apart; *de'bo* depôt; *bǫšt* post; *basi'ərə* passieren, sich ereignen; *ə bār* ein paar; *babī'ər* papier; *bǭpšt* (mhd. bābest) pabst; *barī'ərə* parieren; *nabǫ'leõ* Napoleon; *barǫkə* perrücke; *badõ'* pardon; *abǫštla* postel; ebenso vor consonanz: *brəis* preis, der aussprache nach mit *brəis* (mhd. brīse) einfassung z. b. am hemde, identisch; *brẹdik* predigt; *brẹbəriərə* präpariren; *blats* platz; *blǭk* plage; zu *marbl* (aus marmor) vgl. *von marbel* cod. theol. et phil. 195. *marmulis* Ahd. gl. I, 223.

Anm. 5. Urk. 1291 *bedagogo* (Zs. f. gesch. d. Oberrh. 14, 116). Herkommen: *ze ben, bene* : *pene. brobst. banier.* Aesop: *bavian* 47 vgl. § 147, c. u. a. Ulr. Krafft: *abodeckher* s. 345 etc. etc. Handschriftlich: Tristrant: *briss. brisst* (preisst). cod. ascet. 86: *briester.* cod. theol. et phil. 72: *bulfer*, ebenda *belczrők*: dú *port* soll beslossen bleiben. no. 74: *balmboᵘm. buluer.* cod med. 5: *bappir* u. v. a. Weinhold, alem. gr. s. 118.

P.

§ 145. Die unaspirirte fortis *p* ist aus älterem doppellaut hervorgegangen:

1) = *pp, bb* als resultat der westgerm. gemination von *b* vor *n, l, r, j* (vgl. Beitr. XII, 504 ff.): a) vor *n*: *krapə* (mhd. ge- rappen vgl. rapp, rappen Aesop s. 98, 128.) pl. raben; *šuəpə* (mhd. schuoppen) schuppen; *hǭpə* (mhd. häppen)

pl. hippen; *dǭpə* (mhd. tāpen) pl. pfoten; *nəupə* launen, grillen; *šǫpə* schoppen (bier, wein etc.), dim. *šęple*; *supə* (mhd. suppe); *knəupə* knorren (zu mhd. *knouf* gehörig); *lapə* (mhd. lappe) lappen; *šnupət* schnupfen bei Mynsinger schnuppen neben schnupffen s. 54; *štõmpə* der stumpf (Balingen *frštæ̃plt* verstümmelt, vgl. urk. Reutlingen 1310 *stumpen. bestumbeln* verstümmeln); so auch in dem nicht mehr erhaltenen, mit grammatischem wechsel gebildeten fem. *die wülp* (wölfin) Aesop s. 262. *ain wulpinnen* cod. theol. et phil. no. 74; *wãmpə* wanst, *dikwãmpət* dickbäuchig (vgl. mhd. wampe: ahd. wamba Weingarter glossen, dieser form entspricht *wamme* bei Walther von Rheinau [Stuttg. hs. a. 1388], *-p-* beruht auf westgerm. gem.). An verben gehören hierher: *fršǫpə* (mhd. verschoppen, verschoppet, verschopte Niclas von Wyle [Nohl s. 54 f.] vgl. *gelobt: zůgeschopt* bei Schade, Satiren und pasquillen I, 33, 250. *verschoppen* cod. poet. 29. *verschoppet* cod. med. 15.) verstecken; *štǫpə* (mhd. stoppen vgl. verstoppe Aesop s. 113.) stopfen; *gõmpə* (vgl. mhd. gumpe) am brunnen wasser pumpen; *šęps* schief Beitr. XII, 535 ff; *špẽnəwępə* (vgl. spynnenwepp Ingold 32, 18. Mynsinger s. 87. spinnenweppen Reimchron. s. 160. ahd. spinnunuueppi Ahd. gl. II, 364, vgl. weppilich Zf.) spinnweben.

b) vor *l*: *dipl* (nach der redensart *o͡əm də dipl bǫərə*) dummkopf (mhd. tübel zapfen, pflock); *tsaplə* (mhd. zappeln); *trapə, trapl* (?) treppe, stufe; *dǫplət* (vgl. mhd. doppeln paschen) doppelt; *baplə* schwätzen; *bǫpl* einfältiger mensch; so auch in fremdwörtern: *k̄apl* (mhd. kappel) kapelle; *ãmpl* (mhd. ampel, lat. ampulla, vgl. ampellen cod. theol. et phil. 54. no. 68: in der amplen. cod. poet. 30: ampel) lampe.

c) vor *r*: *klępərə* (zu mhd. klappern); *šlapr* eine sorte walderdbeeren;

d) vor *j*: *riṕ*, *ripə* (mhd. rippe, ripp Aesop s. 101.) auch als schimpfwort für ein hässliches weib;

e) roman. geminate in *k̄aṕ*, *k̄apə* mütze.

2) Assimilationsproduct: a) *ępis* (mhd. ëtewaz) etwas § 144 anm. 2; *ępr* jemand (mhd. ëtewer).

b) anlautend (zuweilen noch mit anl. 'gesprochen): *pętət* (mhd. gebëtet); *pǫtə* (mhd. geboten); *plōəmət* geblümt; *patət* (mhd. gebatet) genützt; *paxə* (mhd. gebachen) gebacken; *pəur* (mhd. gebūr) bauer, fem. *pəire* (mhd. gebiurin) bäuerin. Doch tritt vielfach analogische veränderung des anlauts zu gunsten der lenis *b* nach den etym. verwandten formen ein, z. b. *bəut*, auch stark *bəuə* (in Aalen) gebaut. Dasselbe gilt im satzsandhi: *salāpǫš* salatbüschel; *hǫəpērə* (ahd. heidebere Schletst. gl. haidber cod. poet. 30), ebenso *ępirə* kartoffeln (aus erdbir?), in Horb gewöhnl. *krōmbīr* (aus grundbir); *hǫpādət* neben *hǫbādət* hat gebadet; *braopeinəm* brot bei ihm neben *braobəi-*; *sǫpę·tə* (mhd. solt bëten) sollte beten neben *sǫbę·tə*; *bręštaft* zerbrechlich entspricht gebresthafft urk. Engeltal 1421. cod. breviar. 55 u. ö; *ę·pəinəm* (mhd. ihtbī im) nicht bei ihm u. s. w. Ersparung tritt ein beim zusammenstoss identischer articulationen z. b. *ə'alpfōnt* ein halbpfund u. a. Gerade in diesem fall lässt sich zeigen, wie alt assimilationen dieser art sind, vgl. urk. Ulm 1275 *drihalphunt*. Augsburg 1298 *halphunt*. Fürstenberg. urkb. I, 291 a. 1287 *drivzehenhalphunt*. Ebenso *kosper* (mhd. kostbar) cod. theol. et phil. 45. *cospar* cod. med. 15. cod. breviar. 55 wie heute *kǫšpr*; dem heutigen *ęrpr* (erdbeere) entspricht *erp* d. i. *erper* in cod. med. et phys. 29.

3) vor den stimmlosen reibelauten *s*, *š*, *h* und *f* wird neutrale qualität gesprochen (§ 24 anm. 3): *wəipsləit* weibspersonen; *hęrpšt* (mhd. herbest) herbst, *hęrpštə* weintrauben einernten; *tštūpiədə* die stube hüten; *bləipaētǫ* bleib heute da; *a·pfiədərə* abfüttern; *a·pfǫdəgrafierə* abphothographiren, so auch in *pf* § 148.

Das hauptgebiet bilden composita mit *be-*, dessen *e* syncopirt worden ist (§ 120, b): *psętse* fem. besatz; *pšəisə* (mhd. beschīȥen) betrügen; *piədə* (mhd. behüeten) behüten; *psōndr* (mhd. besunder) abgesondert; *psǫfə* (mhd. besoffen) betrunken; *pēp* (mhd. ge-hæbe) fest anschliessend; *psēə* (mhd. besëhen) part. prät. besehen; *pšrəiə* (mhd. beschrīen) berufen; *psǫrgə* besorgen; *pštāō* gestehen, bestehen; *pšnǫtə* ärmlich, elend (wahrscheinlich mit mhd. snœde ärmlich verwandt) vgl. Lexer mhd. wb. I, 221 etc.

Anm. Derselbe lautwert gilt für anl. *p'* in fremdwörtern und ausl. *-p'*, das mit inl. *-b-*, *-p-* wechselt § 146.

4) analog in der verbindung *šp*: *šprǫəte* (mhd. spreite) ausbreitung; *fīršprits* (mhd. sprütze) feuerspritze; *ęšpr* (franz. esparcette) eine kleesorte vgl. Schweiz. Idiot. I, 571 f.: *kšpas* spass; *kšpīlt* (mhd. gespielt); vgl. dagegen *sbęšt* das beste, nach dem muster von *bęšt* u. a.

Ph.

§ 146. Aspirirte fortis *p̄* findet sich, von den erscheinungen im satzsandhi abgesehen: 1) im absoluten (takt-) auslaut als vertreter intervocal. lenis oder hauchloser fortis: *blǭbe* (mhd. blāwe): *blǭp̄* blau; *dǫbə* : *dǫp̄* droben; *Innaop̄* (mhd. Immenouwe) ortsn. Imnau; *'nap̄* (mhd. hinabe) gegen *na·bõnu·f* hinab und hinauf; *ər'ę̄p̄* opt. er habe: *hę̄br* habe er; *krap̄*: *krapə* raben; *wəip̄* : *wəibr* weiber; *i klaop̄* : *klaobi* glaube ich; *triəp̄* (mhd. trüebe) trübe; *farp̄* : *farbə* farben; *štūp̄* (mhd. stube) : *štūbə* stuben; vgl. noch *rõmpõnštõmpãẽ* rumpf und stumpf hin, d. h. total verloren.

2) in fremdwörtern: *p̄ala·št* palast; *p̄aol* Paul; *p̄ǫrtslã* porzellan; *p̄osãonə̃* posaunen; *p̄ak̄* pack, packet; *p̄ult* pult (masc.) etc.

3) in folge der syncopirung von vortonig *be-* bei folgendem *h-* anlaut: *p̄iətegǫt* behüte dich gott, vgl. Denkm.[2] s. 611; *p̄ę̄p̄* (aus mhd. *behæbe, wofür aber nur gehæbe belegt zu sein scheint, vgl. schweiz. = *k̄and* behend Stalder, landessprachen II, 84) fest anschliessend; *p̄ẽnk̄* gehänge; *p̄altə* behalten. Im benachbarten alem. und bair. schwäb. ist hier eine art assimilation eingetreten, wonach der kehlkopfspirant zum (homorganen) lippenspiranten geworden ist: *pfüətə* behüten, *pfaltə* behalten (vgl. die ganz analoge erscheinung der *k*-reihe im schweiz *kxörə* gehören (aus *k̄örə*) u. a. bei Bachmann s. 36); ebenso im bairischen nach Weinhold bair. gram. s. 29. 124.

F.

§ 147. An- in- und auslautend, sowohl altem f (lenis wie fortis) als dem aus *p* entstandenen entsprechend:

a) *fǫər* (mhd. vor); *flaots* (mhd. vlōʒ) floss; *fəil* (mhd. vil) viel; *fæ̃štr* (mhd. vinster) finster; *flę̄kle͂ke* fest nach beendigung des dreschens (aufhängen der dreschflegel); *fīx* (mhd. vihe) vieh; *frǭgə* (mhd. vrāgen); *flękə* (mhd. vlëcke) dorf; *kfalə* (mhd. gevallen); *tfrūxt* die frucht; *tsfǭl* (mhd. ze vol) zu voll. Besonders productiv ist in unserer ma. das präfix *fr-* (mhd. ver-) gewesen vgl: *frbarmə* erbarmen; *fr̥ǫfə* erhoffen; *fr̥rəisə* zerreissen; *frtre͂nə* zertrennen; *fr-šlupfə* sich verstecken; *frtsę̄lə* erzählen; *frtwišə* erwischen; *fršťǫxə* erstochen; *frlaobə* erlauben; *frsəifə* ertränken; *fršlǭfə* verschlafen (vgl. Sommer zu Flore 7437); *frk̃ōmə* begegnen u. a.

b) *daefe* (mhd. töufīn) taufe; *fæ̃f* (mhd. vinf) fünf; *ǫlf*, *ǫlfe* (mhd. ailf) elf; *riflə* (mhd. riffeln) hanf durchkämmen; *wǫlfl* (mhd. wol vail) wohlfeil; *kriəft* (mhd. gerüeft) gerufen; *uf* (mhd. uf) auf; *laofə* (mhd. loufen) gehen, laufen; *šafe* (schaffe ich); *wirf* (imp. wirf); *dęrf* (darf); *hęlfə* (helfen); *t̃ęlfte* die hälfte; *frfraorə* erfroren; *ãōtsīfr* ungeziefer; *fuft* der fünfte, über *fuxtsē*, *fuxtsk* vgl. Beitr. XII, 512; *lęəftsə* (mhd. lëfse) lippe u. a.

c) in fremdwörtern für anl. rom. v, inl. rom. b und v (vgl. Alem. II, 280): *fęrs* vers; *salfę̄t* (ital. salvietta) serviette; *nęrfə* nerven; *līfərə* (liberare) liefern; *fisidiˑərə* visitieren, vgl. visentieren c o d. p o e t. g e r m. 3. Ferner *Safoy*. *Brafant* a. 1431 D. reichstagsa. IX, 585 (ebenda s. 621 *pulver*). *Saphoye, Safoye, Sauoye* bei Niclas von Wyle (Nohl s. 55). *Fenedig* bei E h i n g e n s. 12. R u l a n d s. 19. *Naffera* (mhd. Navarra) E h i n g e n s. 17. *bulffer* c o d. t h e o l. e t p h i l. 11.

A n m. 1. *f* in *əuskseŗflət* abgemagert zu mhd. *serwen* entkräftet werden, ist unbekannten, wohl volksetym. ursprungs, vgl. Schmeller II, 324, grammatischen wechsel zeigt *šrəuf* pl. *šrəufə* (mhd. schrūbe) schraube, siehe Birlinger A. S. s. 143 f.

A n m. 2. Für germ. *f* wechseln *f* und *v* (doch letzteres selten vor cons.) regellos bereits in ältester zeit vgl. W i r t t. u r k b.: fische 763. 778: vische 786. Volcamanno 772. Visculfo 773, sonst überwiegend f. Inl.: Pachinohoua 758. Patinhova 838. Agylolfus. Ragynulfus 776. Laibolfi 785. Dietolfo 786 etc. Hamulfrid etc 773: Ghisalured 805. Uuoluolt 792. 797. Weingarter glossen A: fara. infraget. kafrumita : piuange. missauorum. zuiualtez. ungavori. navigo. Augsburger glossen: biualgen. uiualtra. biuilta. kiuollistit: follist. cheuon. piuengida: pifahen. feldganc etc. Prudentiusglossen A: sceliua. misseuarua. uergeltend: fermeldet. ovgivanun. hanttavala. uirra. fiurgota. zesameneferit u. s. w.: beachte tufstein : tubsteina. Zwiefalter glossen: fertika. veiziti. folpůzza. fesun. cheuar. ualuer. weual. uogulæris. fasge u. a. Weingarter glossen B: unvesti. geuazodes. uelgun. ueltganga. uirdowita. uel. uili. uehest. uiront. uersina. uarentemo. uora. wazeruaz. weuelc. ouane. hauanares. filz. fuoter. fiihtast. fruoja. firmusti. follaist. flegil. fuilnissida u. a. Schlettstädter glossen: fiho. vingiri. volgunga: folgungo. fol: uol. wulvina. cheuon. plauaruer. pifangan. prustfanin etc. Prudentiusglossen B: finf. lozfaz. felsino. umbifart. unuertigen. kevon. zicloueno. Weingarter reisesegen: funf: funvi. vor. Im Schwäbischen Verlöbniss: fri : vri. von. vollen. ouzvart. invart. vurbaz. ze vrummenne. frowen. ze hove. vogel. vingerlin. bevilhe. So nun auch weiterhin in den denkmälern aus mhd. periode, vgl. ZBR: vrumcliche. vride : frid. vragen. uristunge. uliende. ulais. vlizziclig. vunfzigust. uunui. hohuart u. a. häufig ist w geschrieben (vgl. im schwäb. verlöbn. wolwerde): erwllen. wrbringen. wrhten. wurwesen. wunwen. wolkomin. wirzernd u. a. vgl. Weinhold, alem. gram. s. 125 anm. Grieshabers predigten: frede. dafon. for. forcht. fúrchten. fúr. faters. ferdient. fliessen. finden : vinden. Weingarter predigten: vlaiz. givrômidint. uielen. voller gevůret. vinger. fivre. frôde. furben. des wolfes. Herkommen: friden fúr. versigelt. uolgent. anfange. funden. souil. visch. uordern: fordreti: fronwag. flaisch. veruallen : verfallen. fayl : vail. vass : fass u. a.

Urkunden: Liehtenvelt 1281. in velde 1292. 1296: mit felde 1296. uries. vrilich. vrihait. festenunge 1296. brieve. wolfeu. hove. vaznaht. vallen. vogt. vest. brief 1298. viumf 1302: fivnften 1305. vier 1307. fier 1327. 1335. fúnf 1314. 1348. fierzig 1348. faissen 1362. fierndail 1368: vierndail 1463. fordran 1426. vlyss 1510 etc.

Man erinnert sich der worte des Niclas von Wyle (vgl. Müller, quellenschriften s. 15): ir vil schrybent das wort flyss durch ein v daz na^v^ch vnderwysung der ortographie durch ain f vnd nit durch ein v recht geschriben werden mag danne daz v geet niemer in crafft ains f im folge dann ain vocal, sust so oft ain consonant hin na^v^ch geet so belyps es am v vocalis. (Ebenso in Köln. schryfftspiegel, bei Meichssner u. a.)

Pf.

§ 148. In pf vereinigen sich eine reihe im grunde gleichartiger entwicklungen:

1) anl. für *p-* in fremdwörtern, inl. für westgerm. *-pp-*:

a) *pflŏmə* pflaumen; *pfānə* pfanne; *pfānt* pfand; *pfəif* pfeife; *pfōnt* pfund; *pfits* pfütze; *pfǭl* pfahl; *pfluək* pflug; *nāēpflŏmpft* hineingefallen (kräftig); *pflŏmbęt* flaumbett vgl. *pflumfedern* cod. med. 15 (lat. pluma).

b) α) *rupfə*, *ropfə* (mhd. rupfen, ahd. ropfōn Ahd. gl. II, 18. beropffet Aesop s. 258.) ausraufen; *šarpf* (mhd. scharpf) scharf; *kǫpf* (mhd. kopf); *knǫpf* (mhd. knopf), dim. *knępfle* klöse (in Horb auch statt des nordschwäb. *špętslə*); *tsǫpfə* (mhd. zopfen) die haare kämmen und flechten; *štupfə* (mhd. stupfen) stupfen, stechen; *kapf* (mhd. kapf) hoher punct mit aussicht; *supfə* (mhd. supfen z. b. cod. med. 15) intensiv. zu saufen.

β) westgerm. gem. *-pp-* vor *j*, *l*, *n*: *štrǫəpfə* (mhd. streifen, streipfen) abstreifen; *šlǫəpfə* (got. *slaipjan) schleifen; *šrępfə* (mhd. schreffen, schrepfen) schröpfen; *dūrešlupfə* (mhd. slupfen) durchschlüpfen; *štupfl* (mhd. stupfel Aesop s. 95. cod. poet. 30) stoppel; *štapfl* (mhd. stapfel cod. theol. et phil. no. 11: staffel cod. theol. et phil. 195) staffel, treppenstufe; *šnipflə* (mhd. snipfen) klein zerschneiden vgl. *sneflə* KM Winteler s. 237; *'ǫpfə* (mhd. hopfe) hopfen; *šapf* (mhd. schapfe) schöpfgefäss; *krapfə* (mhd. krapfe) gebäck; *šnëpf* (mhd. snëpfe); *sǫəpf* (mhd. seife; seipfe), doch findet sich *-pf-* nur im südwestschwäbischen, sonst *sǫef*, *soəf*.

2) inl. und ausl. für *f* nach vorangehendem *m*: *hampf* (mhd. hanf), *dāpf* (mhd. dampf); *štẽmpfl* (mhd. stempfel, stempel vgl. gestemphet im Augsb. stadtr. von 1276. stempfel cod. poet. et phil. 23. gestempfte gerst cod. med. 15.); *štōmpf* (mhd. stumpf) adj. stumpf; *fẽmpf* (mhd. fünf) meist in der kindersprache; *šẽmpflə* (mhd. schimpfen) spielen.

Die schreibungen sind vielfach ungenau vgl. z. b. bei Mynsinger: *dampf: temffig: tempffen* u. a.

3) die inlautverbindung *-ntf-* ist zu *-mpf-* geworden: *hãmpfl* (mhd. hantvol); *ōmpfrũxt* und die frucht; *āmpfẽnər* an die finger, auch an dem finger; *sẽmpfrbrẽnt* sind verbrannt; *ōmpfōwəitəm* und von weitem. Ebenso *kf* > *pf* vgl. *junkfrou* > *jōmpfr* (*jumpfrau* ist mir nur zu hand aus dem

alem. ritter von Staufenberg 1055 hs. anf. des 15. jhdts.). Ferner im sandhi *-tf-* > *pf: epfəil* (*et- fəil*) nicht viel; *pfiəs* die füsse (d-f); *pfrao* die frau.

Anm. 1. Sehr häufig sind die bekannten: *enphrommet* (entfremdet) urk. 1298 Bebenhausen. *enpfiel* Aesop s. 85. *enpfallen* Tristrant. *empflog* Hätzlerin u. s. w. vgl. Zs. f. d. ph. II, 254. III, 316. Zuerst in den Augsb. gl. *inphahin*, vgl. in der ältesten Augsb. urkunde vom jahr 1070 (bei Massmann, abschwörungsformeln s. 189) *Gumpret*: *Cundpreht* urk 802. *embern* im Herkommen etc. *künpet* (kindbett) Zim. chron. *schampere* Aesop s. 343. *hinper kraut* Hätzlerin 68, 15; dagegen noch *wintpraʷn* 220, 69.

4) *pf* erscheint an stelle von anl. *f-*: *pflękl* (mhd. vlegel) dreschflegel; *pflĕmt* (mhd. er-vlemmen) leichtgeröstet. In anl. p- steckt wahrscheinlich die partikel ge- wie in *pfętšə-kĕnd* (vgl. ahd. *diu giuuassce* [ligamenta] Ahd. gl. II, 200. cod. med. et phys. 29: *pind in mit ainer kindes fetschen wol zů.*) wickelkind aus lat. fascia (got. faskja, mhd. vasche binde), bair. *fätschen* Schmeller II,² 779, schweiz. *fäsch*, *fätsch* auch *gfäsch* Idiot. I, 1097. Ks. Zs. XXII, 136; *in der helle pfres* Mörin 3212; *pfetreich* (d. i. gfettrig gevatterschaft mhd. geveteride) Zim. chron. III, 136, 24; vgl. *pfetter*, *pfetterin* gevatter im Wolfdietrich D VI (hs. ac: göte, götin hs e.); *pfanə* fahne; *pfloz* floss bei Schmeller, Maen s. 93, 454. *pfrau ischt da* Stalder, landessprachen s. 76; *i d pfröndi* (in die fremde) s. 291. *i pfremde* s. 313; *pfar* farre wie cod. theol. et phil. no. 72: wild als ain pharr, vgl. Mannhardt Mythologische Forschungen s. 61 anm. 1. Aus Altheim (bei Horb), Eutingen und Tuttlingen u. a. orten, kenne ich *pfüəs* füsse, ebenda *pfaər*, fem. *farəri* frau pfarrerin (oder *fanneri*?). In Ellwangen *flānə:* gemeinschwäb. *pflĕnə* (mhd. weinen). Weiteres bei Birlinger A. S. s. 144 ff.

Anm. 2. Das hauptgebiet für anl. *pf-* an stelle etymologischer f-laute· ist heute das bairisch-österreichische, vgl. Weinhold, bair. gram. s. 132 f.

2) DENTALE.

D.

§ 149. Die stimmlose lenis entspricht mhd. *d* (aus *þ*) und *t* (aus *d*) und wird gesprochen:

a) anlautend: *dẹt* (mhd. dert) dort; *dəu* (mhd. dū) du; *sdãōrət* (mhd. donret) es donnert; *dẹk* pl. tage; *dõnə* (mhd. da undnen) drunten; *dūr* (mhd durh) durch; *dẽələ* (mhd. tengelen) hämmern, *dõmə* (mhd. dūme) daumen; *daefe* (mhd. töufīn) taufe; *dãesl* (mhd. dīhsel) deichsel; *dẽnt* (mhd. dünne) dünn; *dẹš* darfst; *dọlaorət* (mhd. tol-) taub; *duəš* (mhd. tuost) thust; *dakšt* die axt; *dmīle* die mühle; *drnẹəbət* (mhd. dar enëben) daneben;

b) inlautend: *ǫedəlix* (mhd. ordenlich) ordentlich; *štādl* (ostschwäbisch) scheuer (mhd. stadel); *šnãedə* (mhd. snīden) schneiden); *wīdə* (mhd. widen) weiden; *tsẽndə* (mhd. zünden) leuchten; *liədərix* (mhd. *liederich?) liederlich; *klādə* (mhd. geladen); *gulde* (mhd. guldīn) gulden; *bǭdə* (mhd. boden) boden; *kfõndə* (gegen mhd. vunden); *hẽndərəm* (mhd. hinter im); *wẽəndərš* (mhd. werdent ir ez) werdet ihr es; *šraodə* (mhd. schrōten) aushauen; *waedāgət* (zu mhd. wētage) verflucht; *krǭdə* (mhd. gerāten) gelungen, gediehen; *ləidə* (mhd. liuten) dat. pl. leuten; *aehaldə* (mhd. ēhalten) dienstboten; *fẹdix* (mhd. vertec) fertig; *gādə* dim. *gēdle* (mhd. garten) gärtchen; *hẽndrše* (mhd. hindersich) rückwärts; *šaldə* (mhd. schalten) schieben; vgl. auch ableitungen wie *dwəibəde* das freien, verbalsubstantiva wie plural. *tragədə* trachten, *kǫxədə* gerichte u. a. Birlinger A. S. s. 148. Weinhold al. gr. s. 208 f.

c) in fremdwörtern: *dūn* turm; *jūdə* juden; *dãtsə* tanzen; *dirkə* Türken; *dẹle* (aus agnus dei)medaille Schmeller I,[2] 53; *kā·ndẽnə* kantine; *šā·ndarmə* gendarmen; *dẹbǫ* depôt; *budi·k* boutique; *bāndi·də* banditen; *adẽ·s* adieu; *dəifl* teufel; *du·tswit* (mhd. tout de suite) sogleich, schnell etc.

d) als übergangslaut zwischen dentalen consonanten:

α) *špẽndl* (mhd. spinnel) wie nhd. spindel; *pfẽndle* dim. zu pfanne (mhd. pfenlīn, pfendlin cod. med. et phys. 29, vgl. *brúndlú* [brünnlein] cod. ascet. 207.); *mẽndle* dim. zu mann; dagegen *kẽəle* dim. quendelein (vgl. mhd. quënel). Balingen: *Andl* dim. zu *Anna*.

β) *dẽnde* (mhd. dünne) pl. dünne; *tsōəndə* (mhd. zeinne) korb (got. tainjō); *šrāndə* (mhd. schranne); *kandə* (mhd. kanne, [doch ahd. chanta] kandel Erec 3496 etc.); in der Baar *k̄ēndə* können; *nę̄əmets* (mhd. flect. niemannes) niemand, ebenso in den flectirten infinitiven: *tslę̄əsət* (mhd. ze lësenne) zu lesen; *tšafət* (mhd. ze schaffenne) zu schaffen (über den ausfall von n vgl. § 110, 1). Belege hierfür sind zahlreich. ZBR: ze beraitend (: ze scafen). ze ahtend. ze gehorsamend. ufzigand etc. etc.

γ) *mãētwę̄əgə* (mhd. mīnwegen) meinetwegen, bezügl. t vgl. § 150, 3; *õmīrətwilə* (mhd. um iren willen) vgl. vmb irent willen im prosaroman von Tristrant und Isalde (ed. Pfaff) 195, 14. 199, 18. vmb seinent willen 12, 1. u. a.

δ) *frtlaenə* (mhd. verlēhenen, Heusler s. 109 ver-entlēhenen?) entlehnen, ausleihen; *frtwēnə* (mhd. verwenen) verwöhnen; *frtwišə* (mhd. verwischen) erwischen; *frtlãõ* (mhd. verlān) verlassen; *frtlaofə* (mhd. verloufen) entlaufen, fehlgehen; *frtlǫədə* (mhd. verleiden) entleiden; übertragen in *frdõnaerə* verunehren. Vgl. Winteler s. 48.

ε) *dǭštle* dorsche (dim. zu mhd. torse) Balingen; wohl auch *draoštl* (mhd. drōschel) drossel, doch vgl. mhd. drostel.

ζ) *dõndršlę̄xtix*, *dõndrmę̄six* (mhd. donre-) steigerungswörter; vgl. *k̄erndr* aus carnarium bei Schmid wb. s. 311.

η) *rãntsə* (mhd. rans) wanst; vgl. die schreibung *finst*, *finstu* (mhd. findest) cod. theol. et phil. no. 17; *lę̄əftsə* (mhd. lëfse, lēfczen Aesop s. 225) lippen; *wę̄əftsgə* wespen (vgl. wefczen Aesop s. 211. wefzen. wefzennest Zim. chron.); vor *š*: *mēntšə* menschen, *kwēntšt* gewünscht u. a.

ϑ) möglicherweise ist unter analogen bedingungen wie bei den vorhergehenden fällen im satzzusammenhang -t entwickelt bei: *ę̄nt* (mhd. erne) ernte; *nę̄əbət* (mhd. enëben) neben; *sušt* (mhd. sus) sonst; *bəušt* (mhd. būsch) bausch, wulst; *ãndršt* (mhd. anders); *bū̃št* (mhd. burse vgl. burst Zsfda 16, 438) bursche; *gę̄štrt* (mhd. gester) gestern; *ləixt* (mhd. līch, lycht in der Schmiedezunft von Ulm 1505) leichenbegängniss; *šlaoft* schleife für schläufe (mhd. sloufe).

Anm. 1. An älteren belegen für diese entwicklungen kann ich folgendes beibringen: Augsburg 1288: khünden (können).

anderstwo. 1295 vmb sunst. 1296: ze wissende. ze gezaichent 1298: ze ko͗fende etc. cod. theol. et phil. 54: ze koment. ze uersůnend. Im Augsburg. stadtrecht von 1276: umbesust. sust. einest. Vgl. dann ferner Lexer, glossar zu den chroniken 5, 451: Ãndlin. Andlein. günden. künden. kornschrand. Mynsinger: ünstlit s. 29. årndgesellen (schnitter) s. 94; aber gern : ern Mörin 4221. årnd Engeltal 1421. Herkommen: niemant. schranden. sust. Mörin: künden 364. gunden 965 u. ö. kant, kantten 5096. 2831. Ruland: kanttengiesser s. 34. 35. meintwegen. seintwegen. s. 12. 13. Ehingen: dar nebent s. 8. Aesop: selbest s. 41. akst s. 160. günden s. 48. günder s. 43. vergündet s. 90. gundent s. 217. vergünden s. 218. kündent 271. 72. die indersten rät s. 181. minder s. 201; vgl. Reimchronik s. 144; erinnert: verhindert. Ulm 1431 (Deutsche Reichstagsa. IX, 620): erindert sölte sin worden. Reimchronik: ain mendlin s. 49 u. ö. fendlin s. 50. u. ö. (Decamerone s. 551 nündlein nönnchen). Ul. Krafft khinden s. 14. Zim. chronik: donder (Bopfingen 1431, Deutsche Reichstagsa. IX, 547 dunderstag). kenden. fendli. mendle. schranden. burst (bursche) II, 581, 3. 607, 4. kante, kanten. umb sust IV, 218, 27 (vgl. sonst IV, 221, 8. umbsonst IV, 232, 9). mentsch. wüntscht. Ulm 1428 (Deutsche Reichstagsakten IX, 158) mentschen. a. a. o. s. 206: cristanmentschen. sunst: lust Hätzlerin 221, 51. Handschriftlich: Tristrant: gúnden. inf. sust, sunst. niemant. Hierher gehören wahrscheinlich auch die abstracta auf -núst, dem heutigen -niss entsprechend, die anscheinend in der unflectirten form -t angenommen haben vgl. cod. theol. et phil 54: ainer vinsternúst: in der vinsternisse. zúgnúst etc. cod. bibl. 22: bis zů der ernde vnd in der zit der erne. cod. theol. et phil. 63: gúnder (gönner). kúndent (können). cod. breviar 55: kinden ald wissen. cod. ascet. 78: mentsch: ain jeglicher mensch das zů dem himelrich wil komen der můs etc. Weiteres bei Weinhold alem. gr. s. 140 f. 145 f. 349.

Anm. 2. Durch falsche abtrennung im satzzusammenhang ist -t abgefallen bei *dmak̄* die magd; inf. *firxə* aus part. *kfirxt* gefürchtet; *raešə* rösten, *raeš* (aus rœst = rœstet) gut geröstet, ebenso *raoš* (mhd. röst) rost; *faš* fast, *hoš* hast, *woəš* weisst etc. Wahrscheinlich beruht auf ähnlichen sandhiprozessen (vgl. § 155, 6) der schwund von *d* in der flexion von „werden“ vgl.: *i wūr.* inf. *węrə.* part. *wǫrə*; das alter dieser formen bezeugt Hätzlerin 133, 219 *werden* : *geren* (gern). inf. *wern*, part. *worn*, häufig im Decamerone.

T.

§ 150. Die unaspirirte fortis vertritt:

1) *tt*, *dd* als resultat der westgerman. consonantendehnung: *šmite* (mhd. smitte, Aesop: schmitte s. 158. Hätzlerin: schmitten 146, 68) schmiede; *sprǫətə* (ahd.

*spreittī) das ausbreiten; *latə* (mhd. latte) latten; *hitę* (mhd. hütte); *hętəle* (dim. zu mhd. hatele) ziege; *tsǫtlə* (mhd. *zotteln, zoten) schlendern, synon. *trǫtlə*; *bętlə* (mhd. bëteln) betteln; *kutlə* (mhd. kutel) kaldaunen; *dęte* masc., *dǫtə* fem. (mhd. tote) pate, patin; *krętə* (mhd. *krëtte, kratte) korb; *wętə* (mhd. wetten) wetten; *węte* (mhd. wette) pferdeschwemme; *fęte* (mhd. vët) pl. fette; *bluť*, pl. *blute* (mhd. blutt) bloss vgl. Beitr. XII, 535 ff. u. a.

In consonantischer umgebung wird meist neutrale qualität gesprochen, wie in *trī* (mhd. driu) drei; *trę̄kə* (mhd. trenken) tränken etc.

2) Assimilationen. *α*) *lt* in *wi·təu* (mhd. wilt dū vgl. du wilt ZBR, du wilt: schilt Winterstetten 19, 1.) du witt cod. ascet. 87. willst du; *sǫti* (mhd. solt ich) opt. sollte ich vgl. Weinhold al. gr. s. 395; *wę·tə* (mhd. welt in) opt. wollte ihn; *gętəu* gelt du?

b) *bt* in opt. prät. von haben; z. b. *hętiš* hättest, *hętət* hättet; und part. prät. *kęť* gehabt (vgl. *gehept* urk. Ulm 1293; urk. 1301 *gehôbt*. 1436. 1440. 1453 etc. *gehept*. *gehet* neben *gehept* Zim. chron.); vielleicht auch *sęlt* (aus mhd. selbt?) dort.

c) *gt* in *sǫtə* (mhd. so gitān, urk. 1323 sogtan) solch, flectirt masc. *sǫtər*, fem. *sǫte*, neutr. *sǫtis*.

3) *ge* + anl. *d-*, *t-* (selten noch mit *'t*): *tõəkt* (mhd. gedunket) getunkt; *trapt* (mhd. getrapt) getrabt (geräuschvoll einhergehen); *tāõ* (mhd. getān) gethan; *trībə* (mhd. getriben) getrieben; noch seltener bei substantiven oder adjectiven durch verschmelzung des artikels: *'tõmə* die daumen; *'trikəne* die trockenen; *'tībẽrər* die Tübinger; *'tĩnle* die türmchen etc.

4) assimilationen im sandhi: *hǫtəurət* hat gedauert; *hǫtęər* hat der; *hǫtęk̃* hat die egge; *na·tāõ* hinabgetan; *raotẽnis* rottannenes; *sẽntsālt* sind bezahlt vgl. sen czalt bei Ruland s. 2.

Anm. Vgl. bereits *handruhin* (al. *hant-dr-*) manicis Weing. gl. *ingeiltist* (damnabis). *inchedin* (respondere) Schletst. gl. *gebrottenen* (aus-*broct-*) Prud. gl. B.

5) an exspirations-intensität wie -dauer zwischen lenis und fortis liegend:

a) in den verbindungen *ť* (§ 151), *ts* (§ 152), *tš*: *ǩętšix* schwammig, nicht consistent; *hẽtšix* (mhd. hentschuoch) handschuh; *wītšaft* (mhd. wirthschaft); *gęltšǫf* nicht trächtige schafe (§65, 1, a); *tštā̃ŋə* die stangen;

tf: *tfāsnət* die fasnacht; *tw*: *twəibr* die weiber, (ausserdem § 149, d, γ.)

tl: *bętləidə* abendgebetläuten; *ętlixe* (mhd. ëtelīche) einige vgl. noch § 149, d, δ.

b) *št*: *dāǒštix* (mhd. durnstac) donnerstag; *fǣštr* (mhd. vinster) finster; *ǩonštao* kommst auch; *nǭštęť* Nordstetten; *štupfl* (mhd. stupfel) stoppel; *štraebe* (mhd. ströuwe) streu; *šẽšte* schönste; *fīštlixr* fürstlicher; ebenso *st* in *hǫəstęť* heisst nicht; *wǫəstęər* weiss er; *fr̥rəistōəm* zerreist einem;

ft: *fuft*(*e*) fünfte; *kriəftōəǩǫlət* (mhd. gerüefet) gerufen und geholt;

kt: in satzzusammenhang *kriəkt* bekommen, *ā̆tsaekt* angezeigt, *fr̥r.kte* todte pl.;

xt: *šlūxtə* hopfenranken (§ 81, 2); *nāxtuf* nacht auf; *xt*: *kšīxtə* (mhd. geschichten); *mẽxti* möchte ich.

Anm. Wie allgemein auf alem. boden, ist in der 3. pl. prät. nach analogie der indic. präsensformen -t angetreten; den ältesten beleg bietet *spienent* (intenderunt) der Weingarter glossen. ZBR: *s hint. tatint* etc. etc. Im 15. jhd. dringen die gemeinsprachlichen formen ohne ausl. -t ein, vgl. z. b. im Aesop: 3. pl. präs. bedürfen. tragen. stellen. werffen. müssen: müssendt. tötend. schwygent. redent. lebent etc. 3. pl. prät.: fürten. hetten. sandten. erhorten. mainten. frassen. zerrissen. waren. kamen. giengen. besorgten. hetten: warent. saeztent. hettent. fiengent. griffent. beschowtent. fundent. sprachent. lachtent. sahent. maintent u. a. 2. pl. imperat.: wellen. werden. fliehen. keren. merken; vgl. auch warumb kriegen ir: beschirmend. behaltend etc. cod. bibl. 35: sächent: gesächen. gehorten. giengen. funden. kament. vielent. taᵛten. braᵛchten. kertten. u. s. w. da die vogel singẽ vn die plůmen springẽ vnd die prúndlú klingèt vnd die båchlú rinnent cod. ascet. 207; vgl. Weinhold al. gr. s. 344.

In der 2. sg. präs. ist der antritt von -t noch nicht vollzogen (vgl. Weinhold al. gr. s. 334. 340. Braune ahd. gram. § 306, anm. 4) in ZBR: růws. inphluhes: vliest. zůnimis. widergibis. anvahist. du has: hasdu. du bis. waisdv; ebenso wenig in den opt. antwurtes. gangis, und den pluralformen: 1. pl. varin. garnen. vragen. horin. biten. 3. pl. begrifen. redin. geben u. a. Auf schwäb. gebiet ist auch an die 3. sg. *wais* das -*t* der regelmässigen verba angetreten, vgl. bereits Meinloh von Sevelingen: alremaist: er waist 14, 23; belege sind sehr häufig doch mir erst seit dem 15. jh. zur hand, vgl. Mörin 2423 u. ö. Schade, Satiren I, 29, 77. Reimchronik s. 150 u. ö. Zim. chron. Handschriftlich: Tristrant: das waist crist etc. Urk. Ulm 1414 (D. Reichstagsakten VII, 272).

Für das 15. jh. sind als durchgangsformen für die jüngere festsetzung der 2. sg. prät (die bekanntlich westgerm. aus dem optat. entlehnt ist, mit anderer vocalstufe als 1. und 2. pers.) formen auf -t charakteristisch, die offenbar nach dem muster der präteritopräsentia gebildet sind (vgl. du maht etc).: Mörin: *du gebt. trunkt. giengt. truegt. sprecht. fund. bezwengt* u. a. (Martin zu v. 539); bereits Tristrant: *du sächt.* cod. theol. et phil. 72: *du flühd* (flohest). no. 74: *wa wert du* (warst). *kämd.* cod. bibl. 78: *du viengd.* cod. breviar 12: *du empfälcht. trůgt. sprǻcht.* 56: *du gebärde. anseht. kempt.* 51: *du esst. sprächt. legd. stünd. giengt. fundt. vielt. gäbt. anseht. enpfiengt.* cod. theol. et phil. 63: *du wert* (warst) no. 144: *wǻrd.* cod. breviar. 55: *empfiengt. trůgt. geberd. erzúgt. bestünd* etc. Vgl. Birlinger A. S. s. 195 (woselbst weitere literatur.) Weinhold al. gr. s. 342.

Th.

§ 151. Tenuis aspirata erscheint auslautend für inl. lenis und fortis oder im sandhi:

a) *bǫt* (mhd. bote); *doənt* (mhd. tuont) 3. pl. thun; *ęnt* (mhd. ërnde) ernte; *kõnšt* (mhd. kumest) kommst; *hert* (mhd. herte) hart adv.; *jūget* (mhd. jugent) jugend; *nāxt* (mhd. nacht); *ksaet* (mhd. geseit) gesagt; *wīt* (mhd. wirt masc. und mhd. wide) wirt, weide; *õnt* (mhd. und); *šult* (mhd. schulde); *wit* (mhd. wilt) willst; *kęt* (mhd. gehebt) gehabt; *alt* (mhd. alt) alt; *hãt* (mhd. hant) hand; *kšwẽnt* (mhd. geswinde) schnell; *ǭbət* (mhd. ābend) abend; *tšpǭt* (mhd. ze spāte) zu spät; *šmīt* (mhd. smit) schmid; *šāt* (mhd. schade) schaden; *pfõt* (mhd. pfunt); *šnəit* (mhd. snīdet und snīet) schneidet und schneit; *sdwəpmrã·nt* (zu mhd. ande) ich habe sehnsucht nach u. a.

b) *tãnt* die hand; *tẽml* die hämmel; *tiəf* die hufe pl.; *tęlftə* die hälfte; *tǫpfə* die hopfen; *tǫrbər* die einwohner von Horb; *õntæ̃t* und heute; *sẽntalt* sind halt; *ętiə* nicht hier; *kræ̃štuət* grösste hut; *waltǫən* waldhorn; *rǭtəus* rathaus. In schwachen silben fällt die aspiration weg.

c) in gelehrten fremdwörtern: *tę* thee; *titl* titel; *telę·kt* dialekt u. a.

Anm. Die frage nach der herkunft dieses aspirirten lautes (in übereinstimmung mit der schriftdeutschen aussprache) ist sehr schwer zu beantworten. Dass derselbe bereits im 16. jahrh. gesprochen worden sei, ist möglich, darf aber nicht aus dem unzulänglichen nachweis Alem. II, 280 geschlossen werden. Ich vermute, dass unsere schriftdeutsche aspirirte aussprache von anl. *t* aus Niederdeutschland stammt (*t* = hd. *ts*).

S.

§ 152. In dem *s*- laut, mittlerer intensität, ist mhd. *s* und ȝ zusammengefallen:

a) *ãos* (mhd. uns); *baes* (mhd. bœse); *gǫəsl* (mhd. gaisel); *klǭsə* gelesen § 78, 2; *sušt* (mhd. sus) sonst; *səubə* (mhd. sûwen) säue; *ksãẽ* (mhd. gesîn) gewesen; *sęəgis* (mhd. sëgense) sense; *kwāsə* (mhd. gewahsen); *āsl* (mhd. ahsel) schulter; *morksə*, *naxtsə* morgens, abends; *wīsbōm* (mhd. wisboum); *fāsnət* (mhd. vasnaht) fastnacht; *kwīs* (mhd. gewiss); *fęrsə* (mhd. vërsen) ferse; *psǫfə* (mhd. besoffen) betrunken; *fəripsə* übertünchen. Ebenso in der affricata *ts* vgl. (§ 150, 5 a): *tsę'* (mhd. zæhe); *tsǫgə* (mhd. gezogen); *šwętsə* (mhd. swetzen) schwatzen; *'actsik* (mhd. hôgezît) hochzeit; *męts* (mhd. merze) März; *fiərtsk* (mhd. vierzec) vierzig; *hęltsle* (mhd. hölzlîn) dim. zu holz; *āxtsē* (mhd. ahtzehen) achtzehn; *kūts* (mhd. kurz); *šwāts* (mhd. swarz) schwarz; *mętsk* (mhd. metzige) schlächterei; *tswē*, *tswuə*, *tswǫə* (mhd. zwêne, zwuo, zwai); *tswēl* (mhd. twehele) handtuch; *tswilix* (mhd. zwilh Augsburg. stadtr. von 1276. zwen zwilichin seck Mörin 4802. zwilch cod. poet. 30.) zwilchtuch; *gəits*, *gəitsix* etc. (mhd. gît, gîtig) geiz vgl. gycz Aesop s. 289, doch reimt im schauspiel von Schiltach (a. 1654) noch *geit*: *zeit*; *bratslə*, *bratslt* vgl. prastlen (ostschwäb. *braštlə*) neben pratzlen in der Zim. chron. pratzlett cod. med. 29; *wātsə* (mhd. wancze cod. bibl. 28) wanzen; *tswętšk* zwetsche; *tsləipneə* (mhd. ze lîbe nëmen) zu sich nehmen; *tsdaot* zu todt; *tsakr* (mhd. ze acker) zum acker; *rętsə* (ahd. rezzôn) ablautsform zu reitzen; *brętset* (ahd. brezita) bretzel; *blęts* (mhd. blëz) lappen; *frtswatslə* verzweifeln (vor ungeduld). Ebenso im satzzusammenhang: *hǫtsi* hat sie, *õntsi* und sie; *tsae* die see; *mitsãẽm* mit seinem; *wītšəus* wirtshaus; in *rantsə* (mhd.

rans) wanst ist -t- übergangslaut vgl. § 149 d. *η*; in *tsirē·ŋkə* syringen ist der syncopirte artikel fest geworden, vgl. *tsūsan* dim. *tsūsəle* Susanna, so auch *dǫ·tilk* Ottilie (vgl. Weinhold al. gr. s. 142); *dipsdęke* ipsdecke, plafond. Ferner *šləijəts* schleife auf dem eis; *šęlfəts* (mhd. schelve) fruchtschale vgl. § 104 anm.; *nę̄əmets* niemand ist ursprünglich genetiv (aus mhd. niemannes) jetzt aber für alle casus verwendet, wie schon Zim. chron.: niemandts als nom. IV, 203, 40; als acc. IV, 242, 44.

b) mhd. ʒ: *hę̄s* (mhd. haeʒe) kleidung; *dus* (mhd. da uʒ) draussen; *wǫəsə* (mhd. waissen cod. theol. et phil. 72) weizen; der alte wechsel zwischen westgerm. *t*:*tt* spiegelt sich in *gǫəs* ziege: *gitzle* junge ziege; *bəisə* beissen: *bitsle*, *bisle* bisschen; *ępis* (mhd. ëtewaʒ) etwas; *rę̄s* (mhd. raeʒe) scharf, unvergohren von most und wein; *drəisk* (mhd. drīʒec) dreissig; *gęsə* (mhd. gëʒʒen) gegessen; *gęsle* (dim. zu mhd. gaʒʒe) gässchen; *šuldis* (mhd. scultheiʒe) schultheiss; *wǫəst* (mhd. waiʒ + t) 3. sg. weiss; *srē̃ŋət* (mhd. eʒ rëgnet); *wętr* das wetter; *məs* man es; *oəs* eins, erste zahl beim zählen, sowie *oəsətswāntsk* 21 etc. vgl. urk. ains vnd drissig 1367, ains vnd núnczig 1391, dagegen ainen vnd zwainzig pfennig 1333.

Anm. 1. ʒ ist geschwunden in wortfügungen wie *muəmr*, *mōmr* (muoz man) vgl. die alem. wir mun. si munt (Eggenliet) Birlinger A. S. s. 190; *lamę* (laz mich) z. b. *lamegā̃* (lass mich gehen) aber stets *lasbləibə*, *lasgā̃*. In Grieshabers predigten: lau mich. Rugge nie: verlie 100, 15. hie : lie 105, 16. (spricht gegen Er. Schmidt a. a. o. s. 70 lieʒ : stieʒ 194, 23), bei Winterstetten: la mir, la mich: laz eʒ 21, 19 u. a. Ebenso in *ōəmə*, *ōəməts* irgendwohin aus naizwa, naizwa ze (= ne waiz wā) vgl. nayssma (irgendwo) cod. theol. et phil. 68. naisswas, naiswan Zim. chron. naiswan urk. 1473. neisman Reimchron. s. 158 (neizwie, neizwaz im Lanzelet, Erec u. a. Haupt zu Erec 7990). Weinhold al. gr. s. 301. DM. III, 217: anl. *n*- ist im satzzusammenhang zur vorausgehenden silbe gezogen; (der umgekehrte vorgang hat zu formen wie *našt* ast geführt). Wie schwäb. *gwęə* (an der oberen Iller *gwęəxə*) gewesen zu erklären ist, weiss ich nicht; *gewen* bereits Liedersaal I, 615, 3; vgl. ferner Schmeller, Ma. Bayerns s. 147 f. 356 anm.

Anm. 2. Das im grammatischen wechsel mit *r* stehende *s* ist in der mhd. periode aufgegeben worden: *friərə* (mhd. friesen), *frliərə* (verliesen), noch ZBR verlivsit. Ehingen: verlieren, erfriern: jubiliern Mörin 2179. appeliern: verliern 2403. Tempel 530 verliesen. Tristrant: verlöss im reim; im innern des verses verlör; so auch inf. verliesen : verlieren. wir verlieren cod. theol. et phil. 45. inf. verlieren cod. theol. et phil. no. 54. 74 u. a *was* (war) hat sich lange gehalten, (auch sind neubildungen im plural erfolgt vgl. *wir, sie wasen* neben *waren* Augsb. chron. 5, 479. DM. VI, 407, 22. cod. med. 5 *sie wassent* : *warent.*) *war* bei Ehingen s. 14. Die ursprünglich nur dem fem. zugehörigen, dann aber auch ins masc. eingedrungenen *-rr-* formen bei dem zusammengesetzten pronomen dieser (vgl. Grieshabers pred. in dirre welt : disem) sind aufgegeben, vgl. aus Balingen und Tuttlingen: *dīsərpfar* der vorige pfarrer. *dīsədāk̄* übermorgen Birlinger A. S. s. 185.

Š.

§ 153. *š* vertritt mhd. *sch* (ahd. *sc*) und mhd. *s* vor *t, p, w, l, m, n* und nach *r* (in diesem falle auch für mhd. ʒ):

1) *pšəisə* (mhd. beschīʒen) betrügen; *šit̄* (mhd. schütt) getreidemass, korb (vgl. Schmeller II², 488 f. s. schoett) *šǫx* (mhd. schoche) heuhaufen; *šarpf* (mhd. scharpf) scharf; *fršǫpə* (mhd. verschoppen) verstecken; *šęərməus* (mhd. schër) maulwurf; *šīr* (mhd. schiure) scheuer; *šrəiə* (mhd. schrīen) weinen; *kwǣšt* (mhd. gewünscht); *bǫš* (mhd. bosche) busch; *fršrǫkə* (mhd. verschrocken) erschrocken; *šiər* (mhd. schiere) beinahe; *draš* was zum dreschen ausgebreitet liegt; *k̄šəit̄* (mhd. geschīde) schlau, verständig; *kšękət* (mhd. schëckeht) bunt; *gǫš* (mhd. gosche) mund u. a.

2) a) *štōə* (mhd. stain); *uoštərə* (mhd. ōstern); *gukišt* (mhd. guckest) schaust; *mošt* (mhd. most); *mište* (mhd. misten) misthaufen; *sušt* (mhd. sus) sonst; *bišt* (mhd. bist); *iš(t)* (mhd. ist); *wiəšt* (mhd. wüeste) hässlich. Ebenso vor -k in dem fremwort *mu·škətnus* muskatnuss; = ʒ in *samštix* (mhd. samʒtac) samstag. *s* ist bewahrt, wenn die verbindung *-st-* nicht ursprünglich: *drsękst* (vgl. noch urk. 1292 sehtehalbe. sehst 1296 sehsthalb 1421. etc.)

b) *šprẽəə* (mhd. springen) laufen; *šprits* (mhd. sprütze) spritze, aus Ellwangen und Brackenheim wird ein etym. wohl gänzlich verschiedenes *štritsə* spritzen belegt vgl. Birlinger A. S. s. 126; *špǭt* (mhd. spāte) adv. spät; *ęšpr* wilder klee; *kšpas* spass; *fęšpr* (mhd. vesper) nachmittagsgottesdienst, vesperbrot.

c) *šwānə* (mhd. swane) schwan; *kšwēnt* (mhd. geswinde) schnell; *šwǭp* (mhd. Swāp) Schwabe;

d) *šlẽnkl* schlingel; *šlǫəpfə* (mhd. sleipfen) schleifen; *slae'ə* (mhd. slēhen) schlehen; *šləux* (mhd. slūch) schlauch;

e) *šmite* (mhd. smitte) schmiede; *šmęltsə* (mhd. smelzen) schmelzen; *kšmisə* (mhd. gesmiȝȝen) geworfen;

f) *šnǣdə* (mhd. snīden) schneiden; *šnalə* (mhd. snalle) schnallen pl.; *šnarxlə* (mhd. snarcheln) schnarchen; *šnuər* (mhd. snuor) schnur, kordel;

g) *α*) *ībrše* (mhd. über sich) aufwärts; *firše* (für sich) vorwärts; *'ẽndrše* (mhd. hindersich) rückwärts; *õndrše* (mhd. under sich) abwärts; vgl. Zim. chron. undersich übersichIII, 105, 34 wie heute *tsõndršetsibrše* (das untere zu oberst, durcheinander), ebenda hündersich. übersich. Hätzlerin: deine augen würff nit über sich 251, 86. Mynsinger: über sich sehr häufig s. 5. 7. 22. 34. 63. 79. 86. 88 etc. vndersich s. 56. 64. hinder sich s. 68. 91. Ingold: hinder sich 27, 19. über sich 84, 7. Niclas von Wyle: under sich 28, 17. Aesop s. 264: für sich nit hinder sich (vgl. auch obsig, niedsig DM VI, 400). Handschriftlich: Tristrant: under sich. hinder sich. cod. med. 15: hinder sich. cod. breviar. 55: under sich u. a. Zur bedeutungsentwicklung s. Paul, principien[2] s. 195 f. Zarncke, Narrenschiff s. 317, 4. *witršhəisr* die einwohner von Wittershausen; ebenso *tsẽmršwānər* von Sigmarswangen; *psõndrš* besonders; *wəitrš* weiter; *kīšə* (mhd. kirsen) pl. kirschen; *ūšl* Ursula (ausfall von r s. u.)

β) *wẽəndrš* werdet ihr es; *ãndrš* (mhd. andereȝ) anderes; *hīš* (mhd. hirȝ) hirsch; *ęšə* (mhd. grdf. erȝen, andd. erit u. a.) erbsen.

3) assimilation von ȝ + *š(t)*: *dəufriš* (mhd. friȝȝest) du frisst; *wǫ'əšãõ* weiss schon u. a.

4) In der verbindung *tš*:

a) in *hẽtšix* (mhd. hentschuoch) handschuh, durch composition entstanden; ebenso im sandhi: *tštãəə* die stangen;

tšēšte die schönsten; *tšult* die schuld; *tšpǫt* (mhd. ze spāte) zu spät; nach syncopirung des ableitungsvocals in *dəitš* deutsch.

b) mhd. *-tsch-*: *rutšə* (mhd. rutschen) vgl. stainrutsche cod. poet. germ. 3; *bitsch* (mhd. butsche) wassergefäss; *mutšl*, plur. *mutšlə* (die muttschelfresser Reimchron. s. 81. mutschel Zim. chron. mutschellen Germ. 17, 89. mutschla urk. 1362. mutscheln cod. poet. 29.) gebäck; *dętše* tappen vgl. tättschet er her uȝ in Metzen hochzeit Liedersaal III, 413, 576 vgl. tascht Hätzlerin 262, 282; *gutš* pl. *gutšə* kutsche (gutschen Breuning s. 5. 15); *gəutšə* schaukeln (gautschen Zim. chron. II, 464, 8. in Balingen *gaetsə*.)

c) aus sk: *pfętšə* (mhd. fascia vgl. Weinhold, bair. gram. s. 163) wickel § 148, 4; *rētšə* (mhd. retschen Zim. chron.: ahd. raskizcin scintillare Schletstädter glossen) schwatzen, raisonniren, vgl. auch Zarncke, Narrenschiff s. 375, 16. Beachte *šmatskə* schmatzen aus mhd. smackezen u. a. vgl. Winteler Beitr. XIV, 455 ff. Weitere etym. unklare formen: *tswętškə* zwetschen, *bętšnas* durch und durch nass, gleichbedeutend *pflętšnas*; *frtętšə* durchprügeln, zusammendrücken; gehört hierzu vertökzen bei Seifrid Helbling XV, 410. tökzen: weckzen (= *watšlə*?) XV, 235? vgl. Schmeller² I, 489. ostschwäb. *frdętšlə* verschwenden; *dętš*, *dǫtš* (vgl. DM III, 11, 10.) plur. kuchen; *pflätš* unförmlicher lappen, tuch; *blętšə* (vgl. DM III, 11, 22) krautblätter u. a.

Anm. 1. Unklar ist mir auch die herkunft des *-t-* in *dr lętšt* (mhd. leste z. b. bair. lest Schmeller, Ma. Bayerns s. 159, 688) der letzte, im Herkommen: *letzten. letzsten*; wahrscheinlich ist das substantivum *diu letze* (abschied) von einfluss gewesen, vgl. *an der letz* (= zuletzt) Augsburg 1430 (Deutsche Reichstagsakten IX, 490). Ulm 1426 a. a. o. VIII, 493 *letste*. 1427 a. a. o. IX, 125 *zůletste*. Augsburg 1428 (s. 205) *letste*: 1430 (s. 492) *lesten*. (s. 486) *letzste*. Bopfingen 1431 (s. 586) *lest*. Ulm 1431 (s. 614) *letste*. Tempel 567: *der lest*: *gest*. Handschriftlich: Tristrant: *zůletst*. cod. herm. 24: *zů dem letsten*. cod. breviar. 55: *lesten. letsten*.

Anm. 2. Über die entstehung von *š* aus *sk* wird unten gehandelt. Die entwicklung von *st* > *št* ist für den inlaut früh bezeugt, wenn, wie ich glaube, Notkers *wunsta* neben *wunscta* (wünschte); *mista* neben *miscta* (mischte), *wista* neben *wiscta* (wischte) u. a. nur unter dieser annahme befriedigend zu erklären sind, vgl. auch *firmusti* (al. firmusketin) attrittis Weing. gl. Dafür spricht besonders, dass gerade diese schreibungen äusserst zäh sich in unsern aufzeichnungen gehalten haben. Bekannt sind aus alem. dichtwerken z. b. Lanzelet: *gemisten* 163. *wunste* 270: *wunschte* 1114. *vleiste* 1174. *briuste* 1927. *wuste* (wischte) 2208 vgl. *künsten* : *wünsten* 3151 W. u. a. *wunst* : *wúnschen* cod. theol. et phil. 54; bereits im Lehenbuch *einen wald heizzet der Vorschst.* Vgl. noch in der Mörin: *aist* (heischt): *allermaist* 3151 vgl. Anz. XI, 108? *lascht* 4214. *hübsche* : *hübste* 2223, *allerhübste* 2189. Hätzlerin: *gewunst* 279, 31. *erwunst* : *prunst* 132, 125. *wüst* (wischte) 128, 71. *gemist* 148, 94. Mynsinger: *vermist* : *vermischet. ungelest* s. 66. *west* : *wescht* cod. med. 29. Bei Steinhöwel: *lest*, *ungelest*, *gemist* (Karg s. 29); Niclas von Wyle (Nohl s. 60): *zůletscht* (so auch cod. med. 5). *gemaitescht. gespenscht.* Zim. chron: *gelest. gemüst* (gemischt). *wünst. erwüst.* Vgl. ferner urk. 1293. 1295. 1303. 1314 u. ö. *gaischlichen.* 1305 *gaischelichen.* Dasselbe besagen wohl schreibungen wie *gaislichen* ZBR (öfter). *gaischlichen* bereits in Grieshabers pred. s. 87. 90, ebenda *leste. gaischlich* cod. theol. et phil. 5 u. ö. Urk. 1423 *ernschlicher.* Hätzlerin: *vast* : *tascht* 262, 281. *vast* : *erlascht* in Kellers erzählungen 326, 1. Ruland: *faschten* s. 1. *bater noschter* s. 2. *mischtlin* s. 2. 5. 6. Ingold: *mischt* 40, 29: *mist. verluscht* 50, 23. Reimchronik: *gerischt* (gerüstet): *gemischt* s. 92. 93.: *ist* s. 113. *tausch* : *fauscht* s. 148 (vgl. *füst* : *getüscht* Mörin 3575). *nascht* s. 118 (ast). Zim. chron.: *bischtum. angetascht.* Vgl. ferner handschriftlich Tristrant: *lischte* 7ᵃ. *lischt* neben *list*, ebenso *leste* (löschte): *weste* (wusste); doch auch *enwúschten* (wussten nicht): *listen* (heute nicht reimend). Schwaben sind demnach wol auch mit den worten Albert Ölingers (bei Socin a. a. o. s. 279) gemeint: *s* apud Helvetios et alios effertur sicut *sch* : *fasten. stand. fürsten* legunt *faschten. schtand. fürschten* etc.

Urk. 1287 *schweher.* 1288 *schwehren.* 1295. *schwere*, *schweren.* 1308 *geschlæhte.* 1320 *schlahte.* 1327 *abschlahen.* 1285. *Stoltzhirsch* : 1295 *Stolzhirs.* Engeltal 1421: *anderschwaᵛ.* 1467 *geschwestran.* Ferner Ulm 1431 (Deutsche Reichstagsakten IX, 614. 620): *anschlege. anschlahen. slachen. verschlossen. swárnússe. ratslagunge. anslags. verslossen.* Herkommen: *uerschwigen. abschlahen. schniden.* Hätzlerin: *schmaragkt* 220, 37, ebenso *schmaragten* bei Niclas von Wyle. *schmaragd* Aesop s. 176. *schmarackh* bei Ulr. Krafft s. 123. Mynsinger: *hirschhorn* s. 76: *hirsshorn* s. 77. *instlit* (unschlitt). *mustgatnuss.* Ingold: *muschgatlin. anderschwa. ersch* (er es) 53, 33. *dirsch* (dir es) 68, 23. Ehingen: *perschonen* s. 8. *Jschpanien* s. 12. 16 u. ö. *Damaschgo* s. 13. Ruland *Schpir* (Speier) s. 2. Aesop *hirs* : *hirsch* s. 168. *flaisch*: *gaist* Alem. 14, 113 u. a. Weiteres bei Weinhold alem. gr. s. 155 ff.

3) GUTTURALE.

G.

§ 154. Die lenis (palatovelar und palatal) findet sich nur an- und inlautend, der alten media entsprechend (über *j* > *g* siehe unten):

1) anlautend: a) *gãts* (mhd. ganz); *gae* (mhd. göu) gäu; *gǭt* (mhd. gāt) geht; *gãõ* (mhd. gān) gehen; *gãə* imp. geh; *gǫt* (mhd. got); *gulde* (mhd. guldīn) gulden; *gəul* pl. *gəil* (mhd. gūl) gaul, gäule; *gādə* (mhd. garten); *gǫəsl* (mhd. gaisel; *gafə* (mhd. kaffen, vgl. gaffen Mone schauspiele I, 160, 485. nachgaffer Hätzlerin 49, 3. gaffen cod. ascet. 207) u. a.

b) *gęštrt* (mhd. gestern); *gẽs* (mhd. gense) gänse; *gilt* (mhd. gilt); *gẽə* (mhd. gën) geben inf.; *gę̄dle* dim. gärtchen; *gęr* gar (vgl. § 123); *gęsə* (mhd. gezzen) gegessen; *gęəštə* (mhd. gerste) u. s. w.

2) inlautend: bei der stellung zwischen vordern und hintern, oder hintern und vordern vocalen ist für die explosionsstelle stets der folgende vocal massgebend:

a) *jūgət* (mhd. jugent); *tsǭgə* (mhd. gezogen); *aogə* (mhd. ougen) pl. augen; *māgə* (mhd. magen); *frǭgə* (mhd. vrāgen); *frwǫrgə* (mhd. erworgen) ersticken; *kriəgə* bekommen; *õmegãõ* (mhd. umbegān) umgehen; *ləigə* liegen; *ęrgər* comp. ärger; *kštīgə* (mhd. gestigen) gestiegen; *bigot* bei gott; *tsi·gār* cigarre; *sõndigǭbət* sonntagabend; *hę·rgǫt* (mhd. hërre got);

b) *fęšgę̄r* fast gar, beinahe; *ęge* instandsetzung des ackers; *sāgi* sage ich; *sęəgis* (mhd. segense) sense etc.

Anm. Die inf. *sā* sagen, *trā* tragen. *šlā* schlagen, ebenso part. prät. *'trā* getragen, *kšlā* geschlagen, ferner *imã*, (*dəu mãnst*) ich mag sind mir nicht ganz klar. Ich vermute, dass auch hier -*g* bei auslautstellung im satzzusammenhang in folge von assimilationswirkung geschwunden ist (wie in ostschwäb. *kᵊnuə* genug), vgl. die analogen fälle § 152 anm. 1. Die alten mhd. *līst*, *līt* (aus ligist, ligit) entsprechen den heutigen *də ləist*, *'rləit* du liegst, er liegt und haben auch die kürzere form part. prät. *klęə* gelegen nach sich gezogen.

K.

§ 155. Die fortis *k* (unaspirirt) wird gesprochen:

1) für mhd. -kk- (gemeingerm. wie westgerm. gemination):

a) *lǫkə* (mhd. locke) locken pl.; *bǫkõiəgǫəs* (mhd. boc) bock (und gais); *rǫkə* (mhd. rocke) spinnrocken; *flękə* (mhd. vlëcke) flecken, dorf; *štǫkõmbuə* (mhd. stoc) stock (und bein); *rikəle*, *rikle* (dim. zu mhd. ric) heftel faden; *bukə* pl. aufbiegungen, dazu *bukl* rücken; *bikə* (mhd. bicke) hacke vgl. *bikl*; *dręk*, abgeleitet *drękix* (mhd. drëc); *drukə* (mhd. trucken) trocken; *hẽkə* (mhd. henken); *fršrǫkə* (mhd. erschrocken); *lak* (vgl. ags. wlæcce) lau [die worte verhalten sich in noch nicht aufgeklärter weise wie hacken: hauen, keck: lat. vivus, engl. black: blau u. a.]; *šlukə* (mhd. slucken) schlucken; *'ǫkə* sitzen; *kšękət* (mhd. schëckeht) buntscheckig; *špęk*, *špękix* (mhd. spëc) speck, adj. speckig; *šlękə* (mhd. slëcken) nebst ableitungen (wie *šlękər*, *šlękix*) naschen, vgl. Zarncke Narrenschiff s. 405, 77., *šmukə* (mhd. smucken) anschmiegen;

b) *baokə* (mhd. bouke vgl. boucker trommler Mörin 2368) pl. kesseltrommeln siehe Zarncke, Narrenschiff s. 464, 7, inf. *baekə* trommeln; *brǫkə* (mhd. brocke) brocken; *mǫkəle*, *mǫkl* (dazu *mǫkix* unbeholfen) kindername für kuh; *bakə* (mhd. backe) backen, wangen; *štęəkə* (mhd. stëcke) stecken; *tsękə* (mhd. zëcke) zecken pl.; *šnǭkə* (mhd. snāke) schnaken; *nakət* (mhd. nacket) nackt; ostschwäb. *drak̄* (mhd. tracke) drache, gemeinschwäb. *drax* (vgl. Birlinger A. S. s. 111), letzteres aus den denkmälern nicht belegbar; *gukə* (mhd. gucken vgl. Zarncke, Narrenschiff s. 317) schauen; *klik̄* (mhd. gelücke) glück; *dike* (mhd. dicke) pl. dicke; *frrękə* (mhd. verrecken) verenden; *dǫkə* (mhd. tocken) pl. puppen; *fršrękə* (mhd. verschrecken) in schrecken setzen; *štuk* (mhd. stucke) stück; *akr* (mhd. acker); *drukə* (mhd. drucken) drücken; *štękə* (mhd. stecken) einstecken; *sak*, pl. *sek* (mhd. sac); *k̄ęk* (mhd. këc) mutig; *rukə* (mhd. rucken) rücken; *se frrakərə* (zu mhd. rac straff?) sich abmühen; *wikə* (mhd. wicke) fem. wicken;

2) für mhd. *gg* (daneben gleichwertige schreibung *kk*): *məukənęšt* versteckte obstansammlung (dazu *se mukə* sich regen?); *rǫkə* (mhd. rogge, rocke) roggen; *klǫkə* (mhd. glocken, cod. theol. et phil. 54 gloken) pl.; *šnękə* (mhd. snëcke, snëgge) schnecken pl.; *həukə* pl. eulen, habichte etc. ʒ ursprünglich in grammat. wechsel zu *w*, vgl. *huwenloch* (heute *həukəlǫx*) urk. 1305; *hǭkə* (mhd. hāken); *šlẽnkl* schlingel vgl. schlankl vagabund DM. V, 203. II, 186, 19; *rukə* (mhd. rucke, rugge) rücken; *mukə* (mhd. mucke, mugge) pl. mücken; *ãəkə* (mhd. anke, ancken Hätzlerin 146, 96) genick, nacken (vgl. got. halsagga); *frmurklət* (zu mhd. murc morsch) zerknittert u. a.

Anm. 1. Ob *hęks* hexe aus dem älteren *hazzesa* resp. aus *haggazussa* der glossen hervorgegangen, weiss ich nicht, vgl. *hęktz* Aesop s. 326 (lehnwort?).

3) inl. nach consonanz für westgerm. *k*: *drẽəkə* (mhd. trinken); *dǫrklə* (mhd. torkeln) taumeln; *dõəkə* (mhd. tunken) eintauchen; *mę̄rkt* (mhd. merket) markt; *markə* (mhd. marke pl. marken; *k̄ãõkl* (mhd. kunkel z. b. cod. theol. et phil. 54. 72) kunkel am spinnrad; *õəkə* (mhd. unke) unken; *sẽəkə*, part. *ksõəkə* (mhd. sinken); *krãk*, *krãkət* (mhd. kranc, krancheit); *štęrke* (mhd. sterke) stärke; *ęwerk* (gegen ahd. āuuirihhi, āuuirchi vgl. mhd. werc) werg; *węrk̄* (mhd. wërc) werk; *dẽkə* (mhd. denken); *štǫrk̄* (mhd. storc, cod. poet. 30. cod. med. 15: storck storckn.) storch; *dalkə* (mhd. talgen?) kneten, vgl. *dalkət* was sich kneten lässt, klebrig, weich, weichlich; ebenso *milk* (milch, in Spaichingen und anderwärts vgl. Birlinger A. S. s. 109).

Anm. 2. *k* (unaspirirt) ist, wie ersichtlich, auch aus der alten lautfolge *-kh-* in *-kheit* entstanden. Die substantive auf *-kət* sind im dialekt äusserst selten. ausser *krãkət* krankheit, wäre nur *fəulkət* faulheit (mhd. vūlecheit) zu nennen; die von Paul Beitr. VI, 556 ff, gezogenen schlüsse sind demnach auch von dieser seite nicht gut begründet; vgl. fernerhin Ks. Zs. XXII, 119. Zarncke, Narrenschiff s. 316. In Grieshabers predigten bl. 73ᵃ ff.: *rehtekait. ungestúemkait. baremherzcekait.* ZBR.: wie *krankait* (daneben *kranchait*) so *gitikait. rainekait. můzzikait. lutirkait. wirdikait. zithikait. giturstikait*, seltener *blůchait. statichait* wie *swachait.* Hierher gehören auch namen wie *Důrnkein. Horkein. Hepfikein* im Lehenbuch.

4) anl. *k*- vor consonanz doch mit reducirter, neutraler

intensität: *kʋę̨əxt* (mhd. knëht); *kʋọxə* (mhd. knoche); *kʋiə* (mhd. knie) dazu *kʋīblə* knien; *krəut* (mhd. krūt) kraut; *klõə̃* (mhd. kleine); *klae* (mhd. klē); *kləiə* (mhd. klīe) kleie; *klǭftr* (mhd. klāfter); *krõm* (mhd. krumb) krumm; *klǫət* (mhd. klait); *klę̨əbə* (mhd. klëben) u. a.

5) dieselbe reducirte fortis ist aus *g*, sowie syncopirtem *ge-* vor *r*, *l*, *m*. *ʋ*, *w*, *s*, *š*, *f* entstanden (über *k̄* vgl. § 156, 2):

a) *krās* (mhd. gras); *kruəbə* (mhd. geruowen) ruhen; *kriəft* (mhd. gerüefet) gerufen; *krāt* (mhd. gerade) gerade und grad (gradus); *krẽə̃* (mhd. grüene) grün; *kruəp̄* (mhd. gruobe) grube; *krõmbīrə* (mhd. grundbirn) kartoffeln; *krəusik̄* (zu mhd. grūs) grausig, steigerungsadv.; *krap̄* (mhd. *gerappe) rabe;

b) *klǫəx* (mhd. gelaich) gelenk; *klọsə* gelesen; *klādə* (mhd. geladen); *klãõ* (mhd. gelān) gelassen; *klọk̄* (mhd. glocke); *kləi* (mhd. gelīch) gleich; *klaobə* (mhd. gelouben) glauben; *klūf* (mhd. gluve) stecknadel; *klẽntr* (vgl. glender Hätzlerin 194, 38) geländer.

c) *kmiət* (mhd. gemüete) gemüth; *kmaxət* (mhd. gemachot, gemachet) gemacht; *kmõə̃t* (mhd. gemaint).

d) *kʋəuək̄*, *kʋəuə* (mhd. genuoc) genug; *kʋəõmə* (mhd. genomen) etc.

e) *kwīs* (mhd. gewiss); *kwāsə* (mhd. gewachsen); *kwīxtik̄* gewichtig u. a.

f) *ksãẽ* (mhd. gesīn) gewesen; *ksaet* (mhd. geseit) gesagt; *mǫrksə* morgens; *gǫrksə* würgen vgl. gorgsen cod. poet. 30; *ksəiftsət* (mhd. gesiufzet) geseufzt; *ksẽə̃* (mhd. gesehen) sehen, das sehvermögen bezeichnend, vgl. z. b. ZBR: *daz ouge nit gesah vn nit or gehorth*; Mynsinger s. 52. 55: *erplindet ist vnd nit gesicht. so wirt er gesehen.* cod. theol. et phil. 54: *so gesehent zehen menschen*; *ksõʋəkə* (mhd. gesunken); ebenso *ksā·fr*, *ksa·fē:re* Xaver.

g) *kšīxt* (mhd. geschichte); *kšriə* (mhd. geschrien); *kšnarxlət* (mhd. gesnarchlet) geschnarcht; *kšlǭfə* (mhd. geslāfen); *kštǫlə* (mhd. gestoln); *kšpas* spass; *kšękət* (zu mhd. schëckeht) scheckig; *kšpīl* (mhd. gespil) gespielin, kameradin;

h) *kfęrt* (mhd. geverte) bespannter wagen; *kfalə* (mhd. gevallen); *kfrǭgət* (mhd. gevrāget) u. a.

Anm. 3. *ge-* resp. dessen vertretung *k-* begegnet wiederholt bei wörtern, welche in der älteren sprache nicht mit diesem präfix nachweisbar sind, vgl. oben *krap'*, *kšpas* (vgl. der gspass. die gspäss Germ. 17, 87. 89), *kštǭr* staar, *kštǫrk* storch, *kšpatz*, *kšpętsle* spatz, sperling; *kšwęlmle* schwälbchen (hat bei vogelnamen *ge-* die bedeutung des zusammenseins in schwärmen?); *krẽəl* (mhd. ringel), *kšwẽndl* schwindel, *ksaft* saft, *kšpīrə* spüren, *kšmękə* schmecken; *kšprūr* spreuer (in Balingen), ebenda *kfurfuəs* der vorderfuss (mhd. vürvuoz), *kšnęl* schnell; *kšteif* steif. Vgl. auch an fremdwörtern: *kšpatsiərə* spatzieren, *kšẽniərə* geniren, *kštudiərə* studieren, *kšlāf* sklave. Die entstehungsweise ist mir nicht klar, vgl. aus der älteren sprache: mit dem glinggen, mit dem gerechten fůs Mynsinger s. 34. 65. Ingold: glingen seiten 9, 30 u. ö. den rechten fůss 12, 34. die *gerechten* glider 12, 35. ebenda die *glingen* : *linggen* 13, 5. Hätzlerin: *mit der glinggen* 277, 85 ff. cod. bibl. 35: so wisse nit *die glink hand* waz die *gerecht* tů. zů der *rechten* siten vnd zů der *gelinken*. cod. med. 15: zů der *gerechten* oder *lincken* syten; cod. theol. et phil. 195: *zů der linken vnd zů der gerehten hand*; vgl. *glenga* Alem. 8, 84. Hierher gehört doch wohl auch *glencz* (lenz, frühling) Aesop s. 179. Augsb. chron. 5, 463 u. a. im *glenz* urk. 1466. cod. ascet. 87. cod. poet. 29 (ver *glentz*). Hermann von Sachsenheim, Tempel: diner gnauden *glentz*. Sowohl die belege für *glink*, *gerecht* als die für *glentz* sind fast ausschliesslich ostschwäbisch.

6) die volle fortis entsteht im satzgefüge durch assimilationen wie: *'klębt* (mhd. geklëbt), auch mit *kl-*; *šta'knəçəxt* stadtknecht; *šmīknəçəxt* schmiedgesell; *maksāē* magd gewesen; *klęksāē* gelegt gewesen; *weiknəuək* weit genug; *aokfalə* auge gefallen; *mikęə* mitgeben u. a. Vgl. bereits gl. K. *kihankriffon* (: *kihantcreifon*) Ahd. gl. I, 266; ZBR: *wir gloᵉfin* (curritur). *wir gisant* (dirigitur). *wir gangin. wer gebin*; ebenso *wir braht* (offertur). *haigisant* (= heige?) direxerit.

Anm 4. Ebenso erklärt sich *vercket* (fertigte aus *fertget) bei Ehingen s. 16. 17 neben *abgefertigt* s. 25. *vercken* neben *vertigen* Engeltal 1488, *fęrkə* fertigen ist heute ostschwäbisch und im benachbarten alem. besonders verbreitet. Dasselbe gilt für das ostschwäb. *mickten* (mittwoch) urk. Augsburg a. 1412. cod. bibl. 35, heute *miktə*. Für die erklärung ist von dem vielfach belegten *midichen* mittwoch z. b. Augsburg urk. 1295. *mitchun* 1334 auszugeben (in *-ten*, *-tə* steckt vielleicht die reducirte form von *tag*); *kain* aus *dehein* ist offenbar desselben ursprungs. Neben *Lútgardis* 1300 bereits 1297 *Livggart*. 1299 *Livgardis*. Wahrscheinlich beruht auf demselben process *Stůgarten* 1316, wie heute *štuəkərt* aus *Stuotgarten* (Stuttgart) assimilirt, vgl. in der chronik des Ladislaus Suntheim (1498—1503 entstanden) *Stuotgardia* in teutsch *Stuogartten* (Württemb. Vierteljahrshefte 1884, s. 121).

Kh.

§ 156. 1) Germ. *k*:

a) im silbenanlaut wie silbenauslaut vor oder nach gutturalem vocal herrscht palato-velare verschlussöffnung: *k̄aofə* (mhd. koufen) kaufen; *k̄ǫnt* (mhd. kumt) 3. sg. präs. kommt; *k̄uə* (mhd. kuo) kuh; *k̄ǫ̃ər* (mhd. kainr) keiner; *k̄ǫən* (mhd. korn); *k̄ǫpf* (mhd. kopf); *štǫrk̄* (mhd. storc) storch; *daŋk̄* (mhd. dank); *falk̄* (mhd. valke); *mark̄* (mhd. marke) mark; *krāk̄* (mhd. kranc) krank; *štark̄* (mhd. starc) stark. Ebenso in fremdwörtern wie: *k̄apl* (mhd. kappel) kapelle; *k̄āmr* (mhd. kamer) kammer; *k̄ap* (mhd. kappe) mütze; *k̄ūts* (mhd. kurz) u. a. Für altes *kw-* in *k̄ęk̄* (mhd. këc) mutig; *kẽəle* quendel dim. (mhd. quenel); *k̄ęəkə* quecken, unkraut.

Anm. An belegen für die entwicklung von *qu* sind anzuführen: Augsburger glossen: quecbrunni. zuoquemo. acquemon. Weingarter glossen: biquam. Schletstädter glossen: unterquemo inchedin (respondere). ueltchenela (serpillum). kenula (serpilla). cherdir. quirnilberi (corna). Prudentiusglossen B: chenu (anus). Ich halte die formen mit erhaltenem *w* nicht für dialectgemäss, sondern fremdwortlich oder wenigstens rein orthographisch; wie im alem. dialekt überhaupt (vgl. Weinhold. alem. gr. s. 185 f. Braune ahd. gram. § 107 anm. 2) ist dasselbe in alter zeit geschwunden, näheres vermag ich nicht festzustellen. Formen mit *qu* wie *queckhsilber* bei Ulr. Krafft gegen *coksilber* bei Mynsinger s. 26. *kocksilber* s. 43. 50. 82. *quennel oder künlin* s. 49. *erquicket* Hätzlerin 138, 54: *erkück* 287, 4. *erkickten* Aesop s. 43. *keklich* s. 44. *erkūket* s. 128 gegen *erquicken* Mörin 4647. *quintlin* Aesop s. 314 *quīt* Mörin 2112. *queit* Hätzlerin 50, 16: *quitt* 58, 10. 193 (heute *k̄ i t̄*), sind eindringlinge aus der gemeinen schriftsprache des 15 jhs.: der dialect kennt offenbar nur *k̄*. Beachte ferner *das chit*, *kit* (das heisst) cod. ascet. 86. *kecksilber* (: *quecksilber* cod. med. 5). *erküken* cod. poet. 29. *qvatember* cod. bibl. 35. Vgl. auch elsäss. *k̄ęltə*, schweiz. *k̄ilt, kiltgang*, in dem Münsterthal *gweltə* spinnstube DM IV, 12. dazu ahd. chwiltiwerch urk. 817. Graff IV, 654.

b) innerhalb einer silbe mit palatalem sonanten findet palatale explosion statt: *k̄irbe* (mhd. *kirwe) kirchweih; *k̄ęlte* (mhd. kelte) kälte; *k̄ęən* (mhd. kerne) kern; *k̄īšə* (mhd. kirsen) pl. kirschen; *k̄ẽna* (mhd. kennen); *k̄iə* (mhd. küe) kühe; *k̄ędəm* (mhd. ketene) kette; *k̄ẽndle* (mhd. kindelīn) kindchen; *męrk̄* imp. merke; *drẽŋk̄* imp. trinke etc.

2) anlautend als vertretung von *ge* + *h-*: a) *k̄əiə* (mhd.

gehīen) werfen; *k̄ǫlət* (mhd. geholet) geholt; *ufk̄əufət* (mhd. ufgehūfet) aufgehäuft; *k̄aebət* (mhd. gehöuwet) heu eingeheimst; *k̄aert* (mhd. gehœrt);

b) *k̄ęt* (mhd. gehebt) gehabt; *k̄ilfə* pl. gehilfen; *k̄iədət* (mhd. gehüetet) gehütet etc.

3) auslautend a) = etym. *g*: α) *frǭk̄* (mhd. vrāge); *luək̄* (mhd. luog) sieh imp.; *arək̄* (mhd. arc) arg; *knəuək̄* (mhd. genuoc) genug; *burk̄* (mhd. burc) burg; *węək̄* (mhd. wec) weg; *dāk̄* (mhd. tac) tag; *tsiək̄* imp. zieh;

β) *šręk̄* (mhd. schrege) schräg; *lęk̄* (mhd. laege) abschüssig; *bęrk̄* (mhd. berc) berg; *bęlk̄* (mhd. belge) bälge; *šlęk̄* (mhd. slege) schläge; *fędik̄* (mhd. vertec) fertig; *tswəik̄* (mhd. zwīg) zweig; *mętsk̄* (mhd. metzige) schlächterei;

b) = etym. *kk*, *gg*: α) *sak̄* (mhd. sac) sack; *štuk̄* (mhd. stucke) stück; *guk̄* (mhd. gucke) schau; *klǫk̄* (mhd. glocke);

β) *dick̄* (dicke) dick; *klik̄* (mhd. gelücke) glück; *sęk̄* (mhd. secke) pl. säcke; *k̄ęk̄* (mhd. këc) mutig; *rek̄* pl. röcke; *špęk̄* (mhd. spëc) speck u. a.

Ch.

§ 157. Nach § 27 sind 3 verschieden gelegene reibungsstellen zu unterscheiden, die laute entsprechen im auslaut germ. *h*, inl. westgerm. *-hh-*, im übrigen verschobenem *-k* nach vocalen:

1) *ba*xə (mhd. bachen) backen; *la*xə (mhd. lahhen); *klǫə*x (mhd. gelaich) gelenk; *nā*x*t* (mhd. naht) nacht; *ręə*x*t* (mhd. rëht) recht; *šǫ*x (mhd. schoche) heuhaufen; *siə*x (mhd. siech) schimpfwort; *duə*x (mhd. tuoch) tuch; *brǭ*x*t* (mhd. brāht) gebracht; *štǫrə*x (mhd. storech) storch; *ā*x*tsē* (mhd. ahtzehen) 18; *tru*x, *tru*xə (mhd. truhe, vgl. druhi Prud. gl. A. truhun Weing. gl. B. truch: spruch Mörin 1197. vier truchen, trüchlin Aesop s. 304) Beitr. XII, 524; *'iə*xə (mhd. hüechen ?) -klingen.

2) *šlū*x*tə* hopfenranken (vgl. § 81, 2); *wu*xə (mhd. wuchen) pl. wochen; *brəu*xə (mhd. brūchen) brauchen; *šləu*x (mhd. slūch) schlauch; *fu*x*tsē*, *fu*x*tsk̄* 15, 50 vgl. Beitr. XII, 512; *frū*x*t* (mhd. vrucht).

3) *'ẽtšix* (mhd. hentschuoch) handschuh; *nẹxe* (mhd. næche) nähe; *rīxtə* (mhd. richten); *šẹxle* dim. zu *šọx* heuhaufen; *fīx* (mhd. vihe) vieh; *k̄irx* (mhd. kirche); *šlẹxt* (ahd. slehit), die einsilbige, heutige form ist aus alter syncope zu erklären, vgl. bei Aesop schlechst s. 52. schlecht s. 56. schlecht Ingold 21, 25. Hätzlerin 146, 58. 169, 82. 86. schlöchst Georgspiel s. 186 u. a.) schlägt; *klẹxtr* (mhd. gelehter) gelächter.

Anm. 1. Ausl. *-g* entspricht x in *jāxt* jagd (aber *jagə* jagen, ostschwäb. *kjaext* gejagt; in Balingen, Tuttlingen *jaixə* jagen, imp. *jaix*); sowie in den nord- und nordostschwäb. (Ellwangen, Neresheim vgl. Fischer Zur gesch. s. 16.) *drẹxt*, *sẹxt* trägt, sagt (3. sg. präs.). Die adjectivendung *-ig* zeigt in Horb schwanken, die verschiebungsgrenze scheint hier den nördlichsten punkt erreicht zu haben: *šuldix*, *šuldik̄*, schuldig; *tsəidix*, *tsəidik̄* zeitig; *krəusix*, *krəusik̄* grausig. Analog in den wochentagen: *mẽdix, mẽdik* montag; *dāo͡štix*, *dāo͡štik*' donnerstag etc., sowie in folge von übertragung in den adjectiven auf *-lich* : *ẹrlik* ehrlich; *nadirlik* natürlich etc. neben *-lix*; vgl. *lustliker* Ahd. gl. I, 306, 53. *quekilik* I, 318. 12 (?)

Anm. 2. *ch* vor *s* in auslautstellung ist lautgesetzlich geschwunden vgl. *dāe͡sl* (ahd. dīsla: dīhsala) deichsel; *wẹ̄st* wächst, daher wohl auch gewuohs: suoss Mörin 2835; *wīslə* wechseln vgl. verwichseln urk. 1430 (Beitr. VII, 195); *āsl* (mhd. ahsel) schulter; *bīs* büchse; *buəštābə* buchstaben vgl. bereits ZBR; cod. theol. et phil. 54 bůstaben; *nẹ̄štə* nächste vgl. Mörin 3706 zuom nesten. Ruland nest s. 27. 28; ebenso hǒst höchst cod. theol. et phil. 72; *wās* wachs vgl. was im Augsb. stadtrecht von 1276. *lass* (lachs) Mörin 3724; *flās* flachs; *ọ̄s*, *ọ̄sə* ochs. Ebenso in unbetonter silbe vor *-t*: *net*, *et* nicht; nit urk. 1293. 1305. 1327. 1333 etc. [*it* in der bedeutung „nicht" in Grieshabers pred. Fürstenberg. urkb. I, 253 a. 1276 (Achalm). cod. theol. et phil. 74. Aesop s. 58 waist du itt? vgl. s. 60. 106]. Ferner im suffix *-oht*, *-eht* > *ət* vgl. *dikaorət* mit dicken, tauben ohren, gleichbedeutend *dọlaorət*; *drẹkət* schmutzig, in stärkerer nebensilbe ist *x* erhalten z. b. *ōə̃tsẹxt* einzeln vgl. urk. Weil 1295 ainzechtigú. ainzehteclich (gleichbedeutend mit ainlizzig Reutlingen 1310). einzæht Augsb. stadtrecht von 1276. Vgl. bei Mynsinger: felset. knorret. Zim. chron.: langoret. Aesop s. 153: glaczot. cod. poet. et phil 23: drieggecht. drywinkellecht. no. 11: ain torete red. cod. poet. 29: winckelet. ecket. vgl. Birlinger A. S. s. 152. Weinhold, al. gr. s. 210 f. Gehört hierher helen : beuelhen Tristrant 6b? Den schwund von *-h* nach *l* belegt der reim *holn : beuoln* Mörin 3031. Aus proclitischer verwendung ist *nǭ* (mhd. nāch vgl. Zarncke, Narrenschiff s. 293, 1) nachher zu erklären, ebenso *nǭ* noch, *dǭ* doch, wie die bekannten *ao* auch, *mī*, *dī*, *ī* (mich, dich, ich), *se* sich. In der alem. nachbarschaft (z. b.

Spaichingen) ist *-ch-* auch in ictussilbe vor *t* syncopirt, vgl. *rę̄ət* recht, *nā̃t* nacht, *winę̄də* weihnachten, *bītə* beichten (in Tuttlingen letzteres kathol.; *bīxtə* evangel.). *štrǭə* plur. *štrę̄ə* streich in Balingen (und weiter südwärts) erklärt sich wahrscheinlich als lautgesetzliche form in der composition vgl. *übertua* (übertuch): *bua* Alem. II, 266; ebenda *dbeü* (die bäuche); gemeinschwäb. ist *kləi* gleich, sogleich. Weiteres bei Birlinger A. S. s. 124.

Hierher gehört ferner der schwund von *x* in der ableitung *-lich* (§ 108, h), gemeinschwäbisch nur in *frəile* freilich; *wę̄rle* wahrlich, sonst aus dem ostschwäbischen bekannt: *rę̄dle* redlich; *ẽndle* endlich; *frbę̄rmle* erbärmlich; *fæ̃dle* (aus feinlich) adv. fein; westschwäbisch (wenn überhaupt ächt volksthümlich) *-lix*. Vgl. ostschwäb. *hẽntšə*: westschwäb *hẽtšix* handschuh.

Anm. 3. Analogische umbildung liegt jedenfalls vor in den substantiven: *kẽmix* (camīnum) kamin vgl. Ahd. glossen I, 606. 721 chumich; ebenso *kẽmix* kümmel (aus cuminum, bereits Mynsinger kümich s. 55. cod. med. 5 kumich); *haotsix*, *haotsik* hochzeit; *aõšlik* unschlitt; lautlichen grund hat *x* in *ę̄six* essig (aus *atecum für acetum) und in *kę̄fix* (mhd. kevige aus cavea) käfig; kefit Rotw. stadtrecht s. 53 ebenso kemit (kamin) Herrig's Archiv 38, 341. cod. poet. 29 (kemit od bachoffen).

§ 158. Der ursprüngliche reibelaut ist anl. vor vocalen zum hauchlaute (') geworden, der von dem gehauchten einsatz der vocale nicht verschieden ist, vgl. § 33:

1) *'æ̃* (mhd. hin); *'olə* (mhd. holen); *'ãmpfl* (mhd. hantvol); *'usə* (mhd. hie uȝen) hier aussen; *'õəm* (mhd. haim); *'iə* (mhd. hie) hier = in dieser stadt, diesem dorf; *ā'ę̄bə* abheben; *štrao-'itte* strohhütte; *dǫ'õnə* da drunten; *ae'alde* (mhd. ēhalten) dienstboten; *sixl'ẽke* fest nach beendigung des fruchtschneidens; *s'ẽmət* das hemd.

2) in unbetonter silbe ist *h* geschwunden (vgl. Weinhold al. gr. s. 195) d. h. leiser einsatz des vocals eingetreten: *ābe* (aus mhd. abhin) hinab, vgl. urk. 1467 gen Egelstal abin etc. § 108, d; *ma'dildə* Mathilde; *ę̄brart* Eberhard; *krãkət* (vgl. kranckait. schalckafften cod. herm. 24 u. ö.) krankheit; *faulckət* faulheit; *wǭrət* wahrheit; *kwõnət* gewohnheit u. a. Weiteres in ZBR: innertalb. uzertalb. allentalbun. menschait etc. Namentlich im satzgefüge: *mərõnəksẽə* wir haben gesehen u. a.

3) intervocalisch ist *-h-* schon sehr früh geschwunden: *sę̄* (mhd. sën) sehen; *kšę̄* (mhd. geschën) geschehen (ebenso *sīt* 3. sg. sieht; *kšīt* geschieht); das eindringen des *n* in die stammsilbe (vgl. die sehr häufigen schreibungen wie *senhent* 1318. *ansenhent* 1333. *senhent* 1335. 1338. 1358. *ansenhent. verienhen* 1348. *vergenhent. senhent* 1391 *beschenhen* 1453 u. a. Handschriftlich: *senhen* cod. theol. et phil. 11. *geschienhen* no. 17. *beschienhen ist. geschienchn. besienchn* [über ie § 70, a] cod. med. 5) zeugt für das alter der heutigen formen; ich fasse die urkundl. schreibungen als contaminationen aus der sprechform *sen* (aus sehen) und der überlieferten schriftform *sehen* etc.

Anm. 1. *'ęərdepfl* kartoffel (Geislingen) vgl. ahd. herdfiur Ahd. gl. I, 302, 32 (neben erdfuir) sind composita mit *herd* (erde): *h* ist volksetymologisch in *'ãntwęrk* aus *antwerk* (nach hand) vgl. *antwercke* urk. 1299. *antwerc* (arte) ZBR. Fürstenb. urk. I, 317. cod. theol. et phil. 54. 72. *handwerk* (kriegsmaschine) Augsb. chron. 5, 463. *hantwerk* im heutigen sinne cod. med. 5. Jac. Grimm, gram. I, 156 f. anm. *aischen* noch urk. 1405 (D. Reichstagsa. II, 735); *ich aisch* Georgspiel s. 187, dagegen (wol aus der reichssprache) a. 1426 a. a. o. VIII, 493 *haischet. haischen.* 1428 a. a. o. IX, 185 *haischen.* 1430 s. 438 *gehaischet.* vgl. *haischet* cod. theol. et phil. 72. cod. med. 15; doch bereits Ahd. gl. I, 573, 13 expetit giheschot. eiscot. Vgl. cod. breviar. 12: so aisch mich vnd haiss mich komen. Wolfdietrich D VII, 54, 4 nebst anm. woselbst heischont a. 1275 aus Freiburg nachgewiesen. In Ellwangen soll noch *ąešə* gesprochen werden. Urkundliche schreibungen auch auf unserem gebiete wie *onore. hedeficiis. hacolabus. Hisinberto* 773. *harboninse* 785. *Anshelm. Hanshelmini* 785. *hibidem. eredis. eredum. hactum. ic* (= hic) 786. *apeat* (habeat) 797. *heluho* Zf. (tragelafum) Ahd. gl. I, 366, 9. 367, 13. *his* (glacies) Schletst. gl. *hobi* Reisesegen. ZBR.: *huns* (nobis) *hahtend. gihath*; umgekehrt *ertiu* (dure). helffenbaininen cod. theol. et phil. 184. helffand cod. med. 15. u. a. (vgl. Weinhold al. gr. s. 193. Beitr. VII, 126 anm.) erkläre ich aus der verschiedenheit deutscher und romanischer aussprache unter der annahme, dass der vocaleinsatz bei etym. anl. *h-* weniger stark gehaucht als im deutschen gewesen, seltenere spätere formen wie *herbo* (eben) 1292. *haigenshaft* 1293 sind wohl ohne belang. Damit dürfen aber die schreibungen *her-* für präf. *er-* nicht zusammengeworfen werden, die auch auf unserem boden als fremdlinge vom Rhein her(?) seit der mitte des 15. jhdts. begegnen: z. b. 1483 *herkouffen. herpuwen. herwachsn. herbetten* (urk. 1412 *erbettin*); Mörin: *hersluog* 1019. *herloben* 1595. *herdauchte* 1773. *herbermt.* 2049 u. ö. Ehingen hat es besonders häufig: *herloben. herhuob. herschlagen. herfarnen. herlangen.*

herobern. herlaupt. herfarung. herschossen. Zim. chron.: *hermessen.* Handschriftlich: cod. theol. et phil. 11: *herhören.* no. 63: *herschlagen.* cod. breviar. 55 (zweite hand): *herlossen. herhôre. herfrôwen. herwerbest.* Ferner Holtzmann, der grosse Wolfdietrich (hs A) s. X. Schade, Satiren und pasquillen. III, 239. John Meier, Jolande s. 47. Jac. Grimm. gram. I, 188. 437. Birlinger A. S. s. 117; vgl. bereits Ahd. gl. I, 714, 27 *herbarmida?*

Anm. 2. *h* zwischen vocalen ist sehr früh hauchlaut geworden resp. geschwunden, vgl. Weinhold, al. gr. s. 196 ff. ZBR.: *weler, welen, weliv, svele, swelr* (daneben urk. *welherlay* etc.) formen, welche bereits ahd. nachweisbar sind, vgl. Braune ahd. gram. 292 anm. 1. Beachte urk. *Teuteario* 772. *Homessingin* 1099. *Honburc* 1099. *Hohenouua* 938: *Honowe* 1206. 1219. *Honberc* 1217. *fihlot : kefielotero* Prud. gl. B. Ferner ZBR.: *bischit* (contigerit, euenerit): *bische* (perveniat); *uliehen* : *vliest*; im silbenauslaut ist -ch bewahrt: *nahuolgen* (:*navolgen*). *beschiht. bisiht. uorhte. bihtun. liht. reht. naht. lahter. marhte. gimarht* etc. Die schreibung mit *h* ist in diesen fällen bis um die mitte des 15. jhdts. sehr verbreitet: urk. rehte. bishah ebenso -lih, -bah 1296. sehzech. rehtez. braht. mahten. æhte (8). næhsten 1298 etc. schlahte. wehsel. beschiht. rihten 1326. sehzehen. reht. môhten 1337. tohtermã 1335. reht 1348. 1351 noch 1412 reht. uffzerihten. Engeltal 1433: wehst. flahs. wehsel. rehten. sehsten: sechsten tail. frúhten.

h ist umgestellt in der schreibung: egidesha Weing. gl. B. huosal (l. uohsal). gelesuth (l. suht). Schletstädt. gl.: chneth. Schwäbisches Verlöbniss immer rethen. rethe. Zwiefalter Benedictinerregel: kenethe (knechte). vorth. gerithe. reth. slathunge. slath. lieth. bedruth. washe (proficiat). nishnit. sesh. haten = ahten. gihat (consideretur) u. a. vgl. Weinhold. alem. gr. s. 137.

Sehr häufig ist *vich, vichs* urk. 1421 etc.; bei Aesop: *vich. fichknecht* s. 168; in folge von ausgleichung bei Neifen und Winterstetten: *hō:sō*, dagegen bei Winterstetten *reht : erspeht. spehen: jehen* vgl. Weinhold al. gr. s. 198 f. In schreibungen wie *zechenden* (10) urk. 1296: *zenhen : zenhenden* 1318, vgl. *zen* 1297. *ich verziche* 1296 : *verzihe* 1298 u. a. ist *-ch-* ohne lautliche bedeutung; orthographisch übertragen von der auslautstellung, vgl. z. b. bei Aesop: *beschicht. : beschehen, beschechen, geschechen*; ebenso *enpfachen.* Mynsinger: *roche ayr* s. 56. *czächen taig* s. 66.

In ZBR stehen auch *dur* neben *durh* (vgl. Braune ahd. gram. § 154 anm. 3), *nit* für nicht; in unbetonter satzstellung ist *h* geschwunden: *inertalb. usertalb. allentalbun. menschait* u. a. [Doch beachte *liet* (lumen). *liete* aber auch *liech. wrtend* (timentes). *ufritend. brat. virsût*, die doch vielleicht lautliche bedeutung haben vgl. § 157 anm. 2.] Dieser process scheint bereits vorliterarisch eingetreten zu sein, urk. schreibungen der ältesten zeiten werden sich nicht anders deuten lassen, vgl. *Blitilde* 772. 773 (aus-hilde). *Matildeo* 1129. *Mahtilt* 1296 dagegen *Liuphilda* 786. *Hoolzaim* 785. *Eicheim* 1129 (sonst heim). *Pirihteloni*

785: *Piriteloni* 786. *Perahtoldesparo* 792: *Bertoltespara* 782. 803. *Perahtoldes*: *Peratoldi* 805; ebenso in den zahlreichen compositis auf *-bert* neben *-berht*, *-breht* (die unter anlehnung an das simplex sich gehalten haben): *Isanberto* 769. *Isanbert* 792: *Isanpreht* 802. 805. *Ruadprehti* 791. *Ruadpert* 868. *Wolfberti* 769. 778: *Uolfbreht* 791. etc. *eboeuue* Prud. gl. B. (vgl. *ebihouui. ebhouue* Augsb. gl.) ebenda *poseite*. Vor *s* fehlt *h* in *giuasota* (coma) Prud. gl. A. vgl. *phasreidi* (capillatura) Zf. *haseneta* (l. hahs-) Weing. gl. B. Ferner *chirwahti* (st. chirh- encenia) Weing. gl. B. vgl. *chiruuarta* Ahd. gl. II, 342. Ebenso ist *ch* geschwunden in *kirwyh* cod. theol. et phil. 66. *kirwichin* cod. poet. 29; analog in dem ostschwäb. und alem. *mil* (milch) z. b. *gaissmil* cod. med. 15 (aus milich, kirich). *tswil* zwilch. Hiatusfüllend: *irbluhit* Weing. gl. B. *drahanti* Prud. gl. B. ZBR: *tůhe. scrihit. sco*ᵛ*hunt. sihen* (: sien sunt). *niderstro*ᵛ*hit*, *strohit: stroit. vihint. vrihim* u. a.

Anm. 3. In früher zeit ist *h* an auslautend *-t* getreten (vgl. Weinhold alem. gr. s. 139). Prud. gl. A: agath. (gispizhtiu?). Zwiefalter glossen: inchebisoth. firroth (feriæ)? gruoth. toboth. ersmith (erarius)? verimůthi. Weingarter glossen B: houbeth? chebesoth. proth. unwilloth. huberlith (al. uberlit operculum). halswerth. zithbuoch. (wisanthan?) Schletstädter glossen: rath. blath. uzskeoth. gartleoth. fneschoth. uerith (navigium); doch auch thunst. thiuffi. Zwiefalter Benedictinerregel: durfth. glaith. laith. zith. maisterscefth. rath. nith. gehorth. scrifth. biraith. gibiuth. tath. santh (misit). noth. bihůth. gůth. lufth. koᵛfth. giwalth. gilupht: gilubd. lopth. sith. bith. hůth. Seltener auf den inlaut übertragen: luthun. uasthen. hivthe. stifthe. strithend. gebothin. demůthi. kunfthi. zwelfthe. luthiri. sithe. liuthe. dulthe. althin. Dasselbe besagen wol: tohd. scrifht. lopht (permisit). wunfhte: wunfte. senhfti; nach p: loph.

ZBR kennt *h* auch in reichem masse als dehnungszeichen (vgl. Jac. Grimm gram. I, 372. Weinhold al. gr. s. 199 u. a.) vielleicht von th aus, das mit ht wechselte (oder waren formen wie *anvaht*, *anvah* massgebend?) vgl. ziht. zihte. sihta (latera). raht(e). ohre. eh (he). můht. anliht (incumbit). hůhte. ehre (here. erhe). vrih (libera). hozihten. ihle (hile). noht. giht (dederit). gilaht. toht (vgl. oben tohd).

Zur zeit der deutschen urkunden scheinen diese schreibungen nicht mehr üblich gewesen zu sein, doch vgl. Bebenhausen 1309 aith (eid). Nunmehr tritt die *h*-setzung bei formen des verbums thun auf: 1295 inf. thůn. 1298 thůn. theitin, besonders characteristisch aber erst für das 15. jh.: 1483 thůn. 1488 thůnd. bisthumb. thůn cod. med. 5. 29. cod. cameral. 1 (ebenda auch *thier*). cod. theol. 240. (ebenda fúrstenthům). cod. brev. 51. In der Zim. chron. dann auch: thal. thatt. their. thier. thurn neben thun.

Es ist nicht unmöglich, dass sich in th der usus der älteren zeit (vgl. th für d § 162) fortsetzt, es scheint aber die vorwiegende beschränkung auf auslautsstellung doch die aspiration der auslautenden tenuis (wie in heutiger sprechform) anzudeuten.

CAP. II.

DIE LAUTVERSCHIEBUNG.

§ 159. Beträchtliche zeit vor dem auftreten unserer schriftdenkmäler hat sich in eigenartiger abstufung innerhalb der volkssprache der hochdeutschen stämme jene merkwürdige veränderung des consonantensystems zu vollziehen begonnen, vermöge deren an stelle von verschlusslauten reibelaute (oder affricaten) und umgekehrt; an stelle stimmhafter stimmlose consonanten getreten sind und in deren weiterem verlaufe sich eine reduction der exspirationsintensität ergeben hat. Im folgenden soll ein bild der consonantenstufe unserer älteren und ältesten denkmäler gegeben und der einzelne typus in beziehung zum heutigen lautstand gesetzt werden. Ich bemerke gleich zu eingang, dass es für die beurteilung der orthographie sehr wichtig wäre, festzustellen, ob sich die orthographie auf schwäbischem territorium als natürliche ausdrucksform der schwäbischen laute, oder ob sie sich in den verschiedenen perioden unter dem einfluss verschiedener nicht schwäbischer schreibmuster entwickelt hat, wonach die buchstaben überhaupt nicht direct mit den schwäbischen lauten verglichen werden könnten. Die aufgabe ist jedenfalls, die orthographie vorerst von der schwäbischen lautgeschichte aus aufzuklären.

I. Die Dentalen.

§ 160. a) Tenuis. Von den zweifelhaften formen des Pactus und der Lex Alam. *litus*, *letus* höriger (neben *lisa*, *lesa*); *taxaca*, *taxaga* (von R. Schröder zu ahd. *zascōn* rapere gestellt); vielleicht auch *minofledus*, *minoflidus* kleinbesitzer (wenn *fledus* einem ahd. *flezi* entsprechen sollte), sind unverschobene tenues nicht mehr zu belegen, vgl. bereits im Pactus: *stelzia*. in der Lex: *zuruft*, *zurf*, *zurfo*, *curffodi* (anord. óđaltorfa. ags. óđelturf); *markzand*.

Die schreibung *c* für die verschobene affricata ist häufiger zu belegen (sowohl vor hellen als dunkeln vocalen): urk. *Scercingas* 785 ff. 843; noch 1099. 1251 *Cimberin*. *Cimmirn*

1246 *Zimmeren. Hoolzaim* 785. *Ceizman* 782. *Stiuzzelingun* 797. *Stiozaringas* 776. *Linzgauuia* 771. *Scuzna* 771. *Uuolfleoz* 752. *Berahtcozus* 785.

Weingarter glossen A: *zaupargascrip. za. zalliche. zuiualtez. kazueiot. az.* Dagegen: *farslizzana. spriuzzant. uuezzistein.*

Augsburger glossen: *cin. cinsare. leidicit. bicellen. cuge* (ductu) aber auch *zuo. kizuvirnetemo. zoubar. giziuc. gesgizita. flanzara. polz. trizzigiarigmo. lauuiz uuazzer. uzzenprast.* etc. Dagegen *chezila. uzcome. ezichfaz. guz. binuz.*

Prudentius glossen A: *celtin. chucilot. ceinun. cuispaltigemo. cuibiziken. zaten. zanga. hazasa. nezen* : *nazta. gispizhtiu. torrezit. smelzit. holz. ritzinte. roz* (= rotz) dagegen *rozzeger*; ebenso *giscliz* (discidium). *stoz. floz. laidaz. bismizena. agaleizer. flizigo. firuuazeno. scuzelun*; dagegen *aruzze.*

Zwiefalter glossen: *bicihti. becigin. ceinnili. zeagal. zouber. zuo. thobizunga. polza. filz. blez. scitwrz. gremizunga. muniz. churbiz. puozwirdigora. chezila : chezzila. veiziti. lozfaz. fůzdruho. vzinspanin. pinizze. hornuzza. folpůzza. angweizzo. hůrrulazza* (prostituta). *steinbozzilo. scuzzilůn. in chozzen* (penulam).

Weingarter glossen B: *cin. cinsare. cisamin. cainun. churci. suntscace* (peculio). *giziuchaften. zeinnan. zuht. irgiccazan. spizpratun. filz. phlanzun. neze. bůza. anchweiza. churbeza. chezil. hazist. wazeruaz. geuazodes. geslizunge. gisuozte. gnoz. reiz* (scribebat). *scripmezere. gibezerunga. mandalnuz. underlaz. derbez. floszun;* dagegen *bizzo, magebiscede* (tortura) al. *-biz-. ginoscaft* (*flozskef z* aus *s* corrig.); man vergleiche dazu Otfrids *so uuas so. so was ser. so was ses. so uuas siez* Kelle II, 367.

Schlettstädter glossen: *gakicen. zehonta l ceohonta* (reficientes). *cir-. phephirceltin. chucilonde. chnorcin* (nodis) *zagaheit. wrfzabel. zuigta* (uellit). *phlanzara. emizzigon. ubermezziki. fleozze. deozzint. gaizza. agaleizzi. chezziles* etc. *trifeorscozan* (triquadrum). *trizigiarikimo. drozinta. scenkiuaz. kipůztiro. raskizcin* (scintillare).

Prudentius glossen B: *finfcen chinnecene. citigen. uilekezalemo. zuhtigen. churzlicho. plezlicho. carazot* (l. chr-). *bozzon. hazzesa. kecozenum. lozfaz. uurmazig.*

Noch im Schwäbischen Verlöbniss: *gecimbere.*

In der Zwiefalter Benedictinerregel begegnet dann bereits *s* für den reibelaut (neben *z*, *zz*, selten *sz*): *was. wels* (quod). *das. bis. dis. hassen. wissag. vlissiger. wisze.* Für die affricata neben regelmässigem *z* auch *c* z. b. *hercen.* Grieshabers predigten: *fas*, *fasse. lies. us. hies. haist. es. dis. drisec. wasser. wissen. gro°ssen* u. a. Urk. 1265 (Fürstenberg. urk. I, 218 ff) *das. heiscen. wiscentlich. schultheisce. gesescen* (vgl. die analogen schreibungen in Weing. gl. B.). 1267 *kniebůz*: *kniebůs* (Kniebis). 1272 *samstage.* 1280 *swas. dis. schultheisse.* 1281 *sessehaft. uswendig. hiessen.* 1295 *swas. messes. das.* 1296 *besessen. wissende. dis. haissit. ginos.* 1305 *fůsstapphon. drissig* etc. etc. Umgekehrt 1284 *verliuzet.* 1285 *Walterez. Sifridez. geltez.* 1295 *waz* (war). *des gůtez.* 1296 *allez rechtes. waz.* 1298 *allez dez rechtez. dez gottezhus. Eberhartez. vaznaht* etc. etc. Etwa gleichzeitig erscheinen nun auch belege der verschiebung von ahd. *tw-* > *zw-*: ZBR: *zwa* (lauet). *gizwahnen*: *twailla. twahil*; aber *gizuengit.* Augsb. stadtrecht von 1276 noch *twanchsal. hantweheln* (chron. 5, 464 *hantzwehl*); im Lehenbuch *Zwerhen berge.* Mynsinger s. 68 *überzwerchs* u. a. urk. 1427 *überzwerchen.* cod. med. 5 *überzwerch.* Die gewöhnliche schreibung der älteren zeit ist *tw-*, in Schletstädter glossen *kituang* neben *kiduing. pidvinkit. induerich*: *durihtuerihi. thuerahes*; daneben aber auch bereits *zuingint.*

§ 161. Die lautliche taxirung der schreibungen ist sehr erschwert. Ohne weiteres klar sind die *c*- schreibungen, welche anl. und inl. an stelle älterer *t*- resp. *-tt-* die affricata (*ts*-) bezeugen; dass dieser lautwert auch für *z* nach consonanten gilt, bestätigt *chnorcin* der gl. Selest. Zweifelhaft bleiben demgemäss 1) inl. *-zz-*, *-z-* in fällen wie *wezzistein, hazzesa (hazasa)*, *rozzeger* u. a. Dass *-zz-*, *-z-* den lautwert der affricata darstellen können, beweisen *chozzen* (penulam) Zf. *nezen* Prud. gl. A. *neze* Weing. gl. B. *hazzesa*, *hazasa* muss, wenn auch reibelaut nicht unmöglich ist, unentschieden bleiben, um so mehr als nach ags. hæȝtesse assimilation vorausgegangen ist, vgl. ahd. *haggazussun* Ahd. gl. II, 706. Für *wezzistein*, *rozzeger* darf wohl sicher nach den jüngeren formen affricata angesetzt werden. *leidicit* Augsb. gl. *gakicen* Schletst. gl. sind für *torrezit, irgiccazan* (*l. irgaccizan*) Weing. gl. ausschlaggebend (Braune ahd. gr. § 159 anm. 4.), bei *geraiczet* in cod. theol. et phil. 54. *raiczn* cod. med. 15 ist die affricata durchgeführt, den wechsel zeigen noch *geraisst* : *geraitzet* cod. bibl. 28. *raissend* : *raitzend* cod. theol. 5. *raitzung: raisset* cod. ascet 207. *glissent : gliczent* cod. theol. et phil. 68. *waissen* (weizen) no. 72. cod. bibl. 22. *wais, waissenmel* cod. poet. 30.

2) ausl. *-z*. Kögel's behauptung (Literaturblatt für germ. und rom. Philol. 1887 no. 3) *-t* sei (wie *-p*, *-k*) in auslautstellung zur affricata verschoben worden, hat auf andern dialectgebieten vieles gegen, auf unserem boden nichts für sich. Einmal fehlt die schreibung *-c*, die inlautend in *scace* Weing. gl. B. erscheint.

Nach meinen ausführungen Beitr. XII, 512 ff ist im silbenauslaut etymologisch lange consonanz gekürzt worden, wonach wir ahd. ausl. -ȝ (d. i. reibelaut) erwarten sollten und ich wüsste nicht, was einer schreibung *guz* (fususio) neben *struz* (strutionem), *sloz* neben *floz* den reibelaut beizulegen entgegen wäre. Doch halte ich die frage damit nicht für erledigt, nehme vielmehr an, dass in einem falle wie *scaz : scace* (vgl. Notkers *biz : bizze* u. a. Braune ahd. gram. § 160 anm. 4) schon frühzeitig die affricata auch in die auslautstellung gedrungen ist, so in *roz* Prud. gl. A. *blez* Zf; vielleicht ist sie auch in *floz* bereits aus dem verbum (*flœtzen*) wie in der heutigen sprache (*flaots*) fest geworden, wie dieser process in den bekannten von Kögel angezogenen schweizerischen wortformen in grösserem umfang sich abgespielt hat. Auslautend *-t* ist überhaupt unverschoben auf unserem gebiete in *antlit*, welches bis ins 16. jh. als normalform zu gelten hat, die form mit verschiebung ist offenbar durch die gemeinsprache importirt: *antlit* cod. theol. et phil. no. 54 (daneben *antlicz*). no. 68. 72. 74. 63. 240. cod. poet. 29. cod. herm. 24. cod. med. 29. cod. breviar. 51. *antlút* cod. bibl. 18. cod. ascet. 78. cod. poet. 30. cod. med. 15: *antlitt* plur. *antlitter*. *antlitz* in cod. theol. et phil. 11. *antlütz* cod. bibl. 35 (neben *antlút*);

ein reim wie *antlüzze: nüzze* bei Winterstetten kann demnach unmöglich der mundart gemäss sein.

Anm. *st, ht, ft, tr* sind unverschoben. Bezüglich des letzteren ist zu beachten: Schletstädter glossen: *unkidriuez* (infidum); dagegen später sehr häufig *try* (3). *trit* (3.) z. b. cod. theol. et phil. 11. no. 17: *erdrankt. drúbsal. verdraib. endran;* als ain *drúwer* her (treu). *drú. driben.* cod. med. 15: *drinken.* cod. poet. 30: *dro*ͤ*m. drank. draben. dröglin. drinker. driben. dropfe. drurig. drub. drucken* (trocken) u. a. § 166.

3) Für den inlaut ist das regellose schwanken zwischen *z, zz* beachtenswert, besonders characteristisch ist die fast allgemeine *z*- schreibung nach langem wie kurzem vocal in Weing. gl. B. im gegensatz zu Zf. und Schletst. gl. Was den lautwert betrifft, so glaube ich nach dem stand der dinge im benachbarten niederalem. (*ęssə* ëȥȥen mit langem reibelaut), dass auch im schwäb. *-t-* ursprünglich zu einer langen reibelautfortis wurde, deren articulationstelle vielleicht etwas mehr gegen die alveolen verschoben war als bei dem rein dentalen *s*- laute; der unterschied der articulationsstellen kann aber nur sehr gering gewesen sein; bedeutender war die quantitätsdifferenz (vgl. Braune ahd. gram. § 160). Für diese auffassung ist besonders geltend zu machen, dass die frühsten belege für *-s-* schreibung im auslaut auftreten, (Weinhold alem. gr. s. 153), wo quantitative reduction eintreten musste vgl. bei Neifen: *gras : naz : daz* 48. 19 ff. Winterstetten: *dōz : kōz : grōz : genōz : blōz* 3, 17.

§ 162. b) Media. In ältester zeit bestehen *t, d* neben einander (vgl. Denkmäler[2] s. XVII); in den glossensammlungen ist die verschiebung zu *t* die regel, *d* ist sehr selten, wird aber in den jüngeren quellen, stetig anwachsend, häufiger. Wirtemberg. Ukb.: *Godafridus : Gotefridus. Automarus. Canstat* 708. *Mothari. Altstati : Altstadi* 752. *Nortstati* 760. *Erfstetim* 805. *Autumaro* 758. *Tailo. Aotahar* 769. *Autmanno* 772. *Otker* 786. *Roadharto. Fateri (?). Lantulfi* 769. *Hartker* 771. *Ratbergane* 772: *Radbergane* 782. *Baturihc* 778. *Bertolti* 782. *Perahtoltus : Perahtoldi* 791. *Perahtoldespara* 792. *Althaim* 785: *Aldingas* 802. *Talahusun* 786. *Emhilt* 786. *Liuphil-*

da. Plitilde 773. *Hiltibreht* 797. *Hiltirih* 806 *Lantheida* 790. *Uualtharii* 797. *Steinharto* 797. *Taugindorf* 805. *Liutpold* (etc.) 838. *Hartmoati* 838. *Theoterat. Ortleib* 868. *Thietinga* 882. *Deotingun* 786. *Teotingas* 792. *Theotinc* 805 etc. Dagegen die schreibung mit *d: Duringas* 752. 786. *Wichardo* 769. *Valdulfo* 773. *Hildiberga sive Hitta* 776 (vgl. *Livgge* koseform zu *Livggart*, beide beisammen urk. 1362). *Diadoldo: Dietolfo* 786. *Uualdram. Ludimar (?)* 786. *Harioldus* 806. *Hardhusa* 882 u. a. Vgl. auch die lateinischen: *eteficiis* 797. *Langobartorum* 806 dagegen: *pradis. peditus. inlusdro* 752. *capud. rogidi. pedimus* 776. *repedit. dradicione. adque* 785 u. a.

Lex Alam. *laiti, laidi, laitihund. hanti, handi, henti. morthtaudo, morttodo. tautragil?*

Weingarter glossen A: *gipreitit. topentes. katretan. uuotenter. skuntan. aruuintot.*

Augsburger glossen: *kiuntirsceitoter. tuncli* (caligine): *dunclor. gichnetin. hinter. altat. kistatoge. herter. kitigi. potiscaf. lentipraton. kinotit. suntigosto. suntirikiz. gitarnti. piscoltin* etc. Geminirt: *petti* (thori).

Prudentius glossen A: *rosgarton. touuegun. zaton. gertun. ateile. rintun. otaga. snitelouc. anigiteta* etc. Doch sind die wiederholten *t-* aus *þ* § 165 zu beachten. Bereits *vndvr.*

Geminirt: *eittriga. eittir. gotopeti* (pulvinar).

Zwiefalter glossen: *fertika. schafhirti. scolti. hintir. giwntan. lantfrida. unkientoten. plintirce. sitoloso. tuchari. witihoppha. tuillilin. brotbeiccerin. gitua. gota. militou. tam* (dammula). *toboth.*

th: *thobizunga. wermůthi.* d: *lendibraton. undir. linda. niulendin.*

Geminirt: *kiwitpreittan. kirottaz. firmeotton. betti. latton.*

Weingarter glossen B: *tobezunga. rotemo. tuchil. harten. gisoten. witehopha. antwurta. turila. snitelin. tageroti. irbutes* (afferes). *butila. protpechan. poten. petelunge. pluotigon. tinctihorn* (atramentarium). *notigunga.*

th: *houbethloch. wirth. proth. zithbuoch. unwilloth. uberlith. wisanthan.*

d: *damili* (vgl. *tam* Zf). *sculda. underlaz. hinder. niulende. sundirbare. hundesfliuga. wurda* (würde). *sundiriga. wendelstein. gebundelin.*

Geminirt: *sprattun* (regulam). *lettiga erda. mitti: mititagolichemo*, vgl. *pispoteton: spotten. betichamerare. lattono. hutta.*

Schlettstädter glossen: *takisterne. tunst. bitunkiltir. unterquemo. hantprahti. ougpente. herti. ratfraga. kitigi. todleod. truhtsaizo. kituost. tiuffer. stiuphater. stiufmůter. choronte. chosonte. tobonte. tokina (o = ou). otakkar. creta* (kröte). *petahus. pletir. zi trenchin trip* (potum age).

th: *uzskeoth. uerith. rath. blath. thunst. thiuffi. ethisweo.*

d: *sculdig. arwindot. chucilonde. iuchilonde. claffonde: claffontero. zuizzirondiu. cheosindo. hinder. dobend. scindilun.*

Geminirt: *slegibatta. kiscutta. chutte* (agmine). *pette.*

Prudentius glossen B: *eteilo. citigen. seiton. sluntan. hantfaz. houbetpant. partunberc* (Apennin). *snitelinc. lutro. tuten. ture. huota. ingetuo. unuertigen. garabinti* (exsculpens).

d: *handegen. undarzaltun. dribit.*

Geminirt: *gebrottenen.*

Weingarter Reisesegen: *sendi. hindir. undi. gisundi. (sigidor. wagidor. wafindor?) sandi* (St.). *gidan.* Daneben *mit. got. gut. guotin.* Dagegen im Schwäbischen Verlöbniss: *getaniu. hute. steten. hantscuohe. munt. gewaltigen. stuot. swert. huot. antwurtet.*

d: *unde.*

Geminirt: *wette.: wete, erwete. bit iuch* (bitte euch).

§ 163. Für die historische betrachtung muss hier gleich die verschiebungsstufe von þ angeschlossen werden.

c) Reibelaut þ.

Wirtemberg. Urkb: *Gotefridus* 708. *Deothado* 752. *Beffindoraf. Operindoraf. oborosten doraphe* 769. *Obarindorf* 782. *Sedorof. Wildorof* 786. *Odalharto* 778. *Uadalhart. Uadalrih* 797. *Ruadolf* 797. *Ruadingo* 778. *Hruadoni* 782. *Ruadprehti* 791. *Ruadger* 792. *Ruadker* 786. *Roding. Rodulfo* 773. *Rodperti* 785. *Hruadheri* 797. *Ruadcunt. Ruadmunti* 809. Dagegen: *Rotmundus. Rotperto* 782. *Rot-*

perti 758. *Ruatfridi. Ruatmanni* 797. *Ruathart* 802. *Drudbert. Hadumar* 782: *Trudbert* 806. *Adalbert* 786. *Hadubertus* 763. 802. *Deotperdi* 771. *Deothoh* 782. *Dietolfo. Diadoldo. Diotingo* 786. *Deoto* 797. *Deotburga. Deotbertus* 802. *Deotlind* 803. etc. *Baldmunt* 778. *Paldeberti* 790. *Reginbald* 786. *Baldila. Pald* 790. *Fridirit* 786. *Amulfrede* 772. *Herifrido* 771. *Wolffrido* 769. *Heidcauue* 805. 817.

Die schreibung *th* findet sich: *Theotbald* 769. *Theothoh* 778. *Theotinc* 778: *Dheotinc* 805. *Dheotuuic* 809. *Theotberti* 817. *Theotnand. Theothold* 827. *Theotpert* 868. *Thiotburuch. Thiotfrid* 838. *Theothart* 839. *Theotmarus* 846. *Theotpert. Theoterat* 868. *Thietinga* 882. *Rothfrid* 813. *Rothwilo* 1158. *Thrutberti* 797: *Trutbertus;* zu beachten *Thalahaim* 776. Dieselbe ist demnach die jüngere und offenbar gleichwertig mit *t*, ausser den bereits genannten in: *Trudolfo. Teutrude. Teutolfo. Teuteario* (nach Teutonicus?). *Trudlinde* 772. *Tridlinde* (l. Trud-). *Rigtrude. Teutberto* 773. *Teotperga* 776. *Teotingas* 792. *Geroldistorf* 1099.

Lex Alam: *morthtaudo. zand.* Weingarter glossen A: *odo. uuerde. uuiderort. uuinileod.* Augsburger glossen: *erdchegil. -phuir. diccho. firmeldat. dinc. irdiges. drisgiufili. bidenchin. baldi. dar. hegidrusi. dechest. kidiomotit.*

th: *thistiles*, aber auch *ithslahtigi. ithslaht. t* in *magitheide. trizzigiarigmo.*

Geminirt: *feddah.*

Prudentius glossen A: *distilin* nobon *tistil. drubi. umbedrangont. dana. dara. uuidahe. o͑halden. fermeldet. durich. iouvederemo. dicchi.*

t: *uuart* (wurde). *tulten. tanches. torrezit.*

Zwiefalter glossen: *erdleim, -fiur. durich. pilidpurch. waidiburigi. innadiri. innodili. westnordroni. in kidulte. derrest. darama. fledermus. gundfano. bisundan. redinondi. goldo. fůzdruho. droa.*

th: *thinge*, aber auch *thobizunga*; vgl. *thornstuda* neben *tornstuda. ersmith.*

t: *atimblast. brutgeba.*

Geminirt: *fetdacha.*

Weingarter glossen: *durri. wider. dahiner. dienest. gedraigunga*, dagegen *truhun. dechi. danche. dichi. pildebuoch. erdephil. federach. padeguant. uburguldes. demo. dinchuse. diche. durich. dwerwen* (obliquis). *dehsala. handruhin* (hantdr-). *gidulti. hulda. drati* (tornauit). *goltsmide. werda. ladata.*

t: *atam. triskelin. trester? ertpruste.*

Schlettstädter glossen: *kiduing* etc. (§ 160). *heidebere. dingman: tincman. hegidrûsi. todleod. dionot. liodirsazo. deozzint. duris* (anord. ags. þurs). *dorf. decchest. danchis. dreschot. dreskunge. baldi. piliden. durihdihan.*

t: *trizvinilingo. trifeorzcozan. trizigiarikimo. pitacte. magitheit.*

th: *theochscenchil. gartleoth thiganheit* (emeritum). *thonewengi. thunst. manoth.* u. a. (vgl. § 158 anm. 3), aber ebenso *thruenti* (fidus). *thuruh : durih. thuerah : durihtuerihi.*

Geminirt: *cleddun.*

Prudentius glossen B: *kedigenin. anchunden. uuida. leides. uohaldan. dolest. werdent. drahandi.*

th: *mit then listen. thuresa.*

Geminirt: *cletto.*

Deutsche glossen (XII. jh.) Diutiska II, 71 f: *tharre* (torrorium).

Weingarter Reisesegen: *dir. dich. diz. du. daz. fridi.* Schwäbisches Verlöbniss: *da. der. dem. den. des. waide. oder. gedinge. widembuoche. werde. guldin. muntadele.*

t: *mit ten. golt. (th = ht: rethen. rethe). mit ten* auch in den Weingarter pred; ebenda *von ten vnden.* cod. herm. 24: *haust tu. waist tu.*

§ 164. Dass bereits bei beginn der urkundlichen belege der reibelaut zum verschlusslaut geworden war, geht nicht bloss aus der überwiegenden majorität der *d-* resp. *t-* schreibungen, sondern ganz eclatant auch aus den erst später anwachsenden *th*-formen, deren nicht spirantische geltung durch den wechsel mit *t* sicher gestellt ist, hervor. Die von Braune gegebene datirung, wonach das alem. den umsatz von *th* zu *d* in der zweiten hälfte des 8. jhdts. vollzogen habe (ahd. gram. § 167 nebst anm. 2.), trifft nicht zu, um so weniger als das (nicht eben sehr umfangreiche) material unserer urkunden, die namensformen, bei denen sich eine historische schreibung zähe festzuhalten pflegt, die verschiebung als abgeschlossen zeigen; *t* für *th* als schreibfehler zu betrachten, wie Braune a. a. o. anm. 9 will, kann ich mich nicht entschliessen.

§ 165. Um die wende des 7. und 8. jhdts. oder noch früher mag die verschiebung des reibelauts erfolgt sein. Zu dieser zeit muss aber die verschiebung der westgermanischen media vollzogen gewesen sein; andernfalls wäre die verschiedenheit in der schriftlichen widergabe der resultirenden laute nicht zu begreifen. Dass der heutige zustand, wonach etym. *d* und *þ* nicht mehr zu scheiden sind, noch nicht geherrscht haben kann, ist ohne weiteres klar; dass der buchstabe *d* nicht mehr den stimmhaften verschlusslaut darstellte, lehren nicht bloss die *t* sondern auch *d* im schwäbischen latein vgl. *pradis. peditus. dradicione. inlusdro* u. a. (s. o.) Man möchte danach acustische gleichwertigkeit des roman. *t* mit schwäb. *d* vermuten. Es fragt sich, wie sich dazu altschwäb. *t* verhält. *th* darf nicht verleiten eine aspirirte tenuis (wie heute in der schriftdeutschen umgangssprache) vorauszusetzen, da ja *th* in der regel das zweifellos unaspirirte *d* vertritt. Es bleibt demzufolge nur die annahme einer qualitativen verschiedenheit, dass *d* einen weicheren, *t* einen härteren laut bezeichnete. Die mannigfachen vertauschungen der beiden zeichen seit der ältesten zeit lassen ahnen, dass die differenz nicht gross gewesen sein kann, namentlich scheinen die lautqualitäten in der stellung vor consonanz vollständig identisch zu sein vgl. *Hartker. Rotmundus : Hardhusa. Ruadmundi.* u. a. Ich bin der ansicht, dass noch in ahd. periode eine weitere verschiebung etwa im 9. u. 10. jh. (vgl. Kögel Beitr. IX, 313) stattgefunden hat, welche nicht auf *nt >nd, lt >ld* und ähnl. eingeschränkt zu werden braucht, vermöge welcher thatsächlich auch in den übrigen stellungen *t* und *d* in (heutiger) lenis zusammengefallen sind, vgl. *tuncli* neben *dunclor* in den Augb. gl. *tistil* neben *distil* in den Prudentius gl. A. *Furentouua* 875: *Furindave* 1228. *Tuzzilinga* 888: *Duzelingen* 1181. *Tuwingin* 1092: *Duingen* 1139. *Muntinga* 854: *Mun-*

dingen 1208. *Truhtolfinga* 949: *Truhdoluingen* 1161, doch umgekehrt *Dagoluinga* 793: *Tagelfingen* 1113 u. a. Derselben verschiebung mag auch eine reduction der geminirten laute zur heutigen fortis zugehören, wie der wechsel der schreibung zwischen *t* und *tt* z. b. in den Weingarter glossen andeutet, beachte auch schreibungen wie *nohturfte* ZBR. *noturft* urk. 1310, sowie die analogen *k: kk, g: gg, b: bb,* wie sie unten folgen.

§ 166. Diese vorgänge vorausgesetzt, ist die überlieferung in den jüngeren denkmälern verständlich, vgl. Rugge: *behalde: bezalte: walde: manigvalde* 110, 27. *winter: hinder* bei Wintersteten 7, 23. In der Zwiefalter Benedictinerregel zeigt sich einerseits reduction alter geminate in *er bitet. wir biten* wie *gesotin,* andererseits doppelschreibung in *gibotten, zitte,* offenbar entstanden aus dem überlieferten schriftbild (z. b. *bitten*) im gegensatz zu der aussprachsform (*biten*) und danach auf die überlieferten schriftformen mit einfachem *t* übertragen. Hier die ersten vorboten der seit dem 13. jh. wuchernden schreibmanier, vgl. urk. 1281 *vetters.* 1284 *gottes. vatter. stette. bette.* 1287 *stetten.* 1293 *gottes. bette.* etc. etc.; beachte bereits 1298 *livtte. wortten.* 1314 *zinsttag.* 1319. 1348 *stette* (mhd. stæte) u. a.; ganz vereinzelt ist 1276 *goddis. godde* Fürstenberg. urkb. I, 252 f. Eine besondere lautliche bedeutung hat die doppelschreibung nicht, wie dies Heusler alem. cons. s. 37 zu begründen sucht. Dass auch für den auslaut keineswegs eine strenge regel bestanden hat, mögen aus der grossen fülle von material folgende formen belegen: ZBR: *mund: munt. tohd. vierd. end. irvullend. sprechend* etc. *ahtod: ahtot. sculd. red. hend. wort. kint. milt. brant. wirt. wirt. gnat. lit. brot.* u. a. Den lautlichen zusammenfall von *d* und *t* bezeugen: ZBR: *waisdu. bekerd. bisihd. tritte* (tercium). *milten* neben *munder. totin.* Vgl. urk. Ulm 1277 *dohterman. dag.* 1292 *Tůnowe.* 1296 *tusent.* Reutlingen 1296 *dage. dagen.* Hausen 1297 *iar und dak. samsdag. dag.* Bebenhausen 1309 *der eldest. důn. dag.* 1327 *dochterman.* 1336 *trisecke* (30). *dacke* (tag). 1368 *fierntail:* 1463 *vierndail.* 1402 *gůtem dage.*

Grieshabers predigten bl. 73ᵃ ff: *doͤt. des dodes.*

alle dage. drůc. det. doᵘgenbuch. richdum. triten dach: driten dac. dûent, gedaun, dûn. diefel. Schon in den Weingarter pred. ist wie später *betivten* die regelmässige form; *dot, dotsúnd: totsúnd. was dûstu.* cod. theol. et phil. 45: *dochter. zwôlffden* cod. theol. et phil. 50: *dot. danczen: táncz* cod. theol. et phil. 54. Augsb. chron. von 1126—1445: *toneret. dötten* (taten). Lexer, glossar 4, 366. 5, 450: *drat. drenken. dett. dochter. dinth* (tinte). *dod. deifl. dieff.* Mörin: *endrüwen. endrü. dunckel.* Tempel: *dürne* (türme). Spiegel: *tumen: dummen. drurens. dal. dag. dieff. drug.* Aesop: *track: drack* s. 5 (drache). *getichtet: gedichtet* s. 5. *betütte* s. 6. *techern* s. 106. 250. *det* s. 170. *turst. tiech* s. 202. *tubphus: dubphus* (taubenhaus) s. 336. *tröworten* s. 90. *tröwen* (drohen) s. 130: *gedretten* s. 142. *trometen: drometen* s. 249, vgl. Augsburg 1405 (D. Reichstagsa. V, 660) *pfiffern und dromattern. dúrhútern.* Ruland: *schribdafel* s. 1. *dafflen* s. 7. *dochterman: tochterman* s. 25. *duot* s. 14. *tuczet* s. 15: *ducet* s. 23. Ehingen: *ains dails* s. 3. *disch. dürkisch* s. 7. *deglichen* s. 12. *dochter* s. 13. *dantzen* s. 15. *dotten* s. 23. *duoch* s. 28. *Dunnisz* (Tunis). *dod* s. 26. *Dütschland* (das adj. ist mir aber in unsern denkmälern fast nur mit anl. *t-* begegnet z. b. Ulm 1430 (D. Reichstagsa. IX, 437): *uff sant Johanns baptisten tage genant in Tútsche sunnwenden.* cod. theol. et phil. no 17: *gen tútschland: dútzschenlanden.* no 195: *tútsche. teutsche.* cod. med. 29: *teutsche (deitsch).* cod. ascet. 207: *tútsch* etc. etc. Doch urk. 1317 *in oberen duschzen landen* (vorderösterreichisch synonym mit *Obroswaben* 1314, *in obern Swaben* Augsb. urkb. I, 313 a. 1336). Ingold: *tochter: dôchtern. det. dônt, dônent.* Georgspiel: *dochter: töchter.* Hätzlerin: *getroschen* 49, 47. *trynn* (drinnen) 63, 3. *tannen: dannen* s. 171. Schneider: *drew. det. dieffel. vndat. drinckt. driben. dot.* Mynsinger: *daig* s. 76. *duncken* s. 95 etc. (vgl. auch Nohl, Niclas von Wyle s. 57). Zim. chron: *dag. dat. daub. dauschen. dechterle. disch. dodt. dor. gedraumet* u. a. Handschriftlich: Tristrant: *tegen. truckt. tumm. tunck* (dünke). Beachtenswert ist die in unsern denkmälern ziemlich constante schreibung *tach* (dach z. b. cod. theol. et phil. 54. 74. 240 u. a. *tachfenster* cod.

poet. 30. cod. ascet. 78, vgl. Winterstetten 37, 27. Ebenso *tusent* (1000) cod. theol. et phil. 72. *dussent* cod. bibl. 22. *dusent* cod. theol. et phil. 17. *dusent: tusent* no. 63. cod. phil. et theol. 68: *try* (3). *dochteren.* cod. theol. et phil. 11: *ich tere* (dörre). no 17: *dag: tag. dor. verdilcken. dů* (imper.). *das maist dail. dochter.* no 63: *do°genbůch. dugend. dáglich.* no 195: *den tulmätschen.* cod. med. 5: *tiech, diech* (schenkel). cod. poet. 30 *diech.* Weiteres bei Weinhold, alem. gr. s. 141 f.

II. Die Labialen.

§ 167. a) Tenuis. Wirtemb. Urkb.: *α*) Unter den ortsnamen findet sich anlautend *f-* an stelle vom heutigen *pf-*: *Faffinga* 793 (Pfäffingen). *Frumaron* 838 (lat. pruna). *Frunstet* 842. Dagegen *Pphlumor* 1227 (Pflummern). *Phora* (Pfohren) 856, ebenso *Phisgina* (Fischingen) 1005.

β) *Beffindoraf. Operindoraf. doraphe* 769. *Apfalaga* 769. *Obarindorf* 782. *Sedorof. Wildorof* 786. *Sedorf. Essindorf* 797. *Erfo* 786: *Erfstetim* 805. *snesleiphi, snesleifi* 1099.

Augsburger glossen: *α*) *gluotphanna. rostphannun erdphuir. phal. fellol* (palliolum). *inphahin: antfanchlich. flanzara. phuluuuili. phetinare.*

β) *uuafan. werfenne. anagivurfido. craffon, craffilin. cofphilin.*

γ) *crof. potiscaf. ruoph. unarph, giuuerpf: giuuerafon.* Beachte: *grephti. chulupt: cluft* der Zwiefalter glossen. In der Augsburg. urk. (Massmann s. 189) a. 1070: *phruonde.*

Prudentiusglossen A: *citerpfin* (plectrum). *harephan. saphes* (saft). *slaffi* (socordia). *irscaffaner.*

Zwiefalterglossen: *α*) *erdfiur. gluotphanna. phedimi,* vgl. *phasreidi* (capillatura).

β) *schafhirti. kiscaffoten. choufscalg. choppha. chraphin, crafphon. witihoppha. stiufmůter. ziwrfidi. tiuffi. widirchramfero. chiffun. affen. affaltirinen. opphirfaz. bisouftit.*

γ) *slaf. gelph. crof. warf: waraf. flozsceif* (l.-scef). *rif* (pruina).

Weingarter glossen B.: *α*) *phant. phister. phellole. phawon. rostphanna. phlanzun. pfederare. pfosotin.*

β) zerwurfes. irro'fent. affina. wafenhus. choufent. ciphun. offani. slaffen. cefmanna. stampha. sarpho. senaphes. scurpha (exentera). Beachte: *stiphta, stiphtit* (machot). *trophizunga. cappho* (gallus) aus lat. cappo verschoben. *opher. stoupha. witehopha. aphel. erdephil. schafestalla.*

γ) croph. warf. chramph. uzwirf. uf. scef. genoscaft.

Schlettstädter glossen: *α) pharafrid* (equus). *phuluili. phlanzara. phannun. phorzeich. phat. phephir. phala. phaiti. phant. flegil: pflegil. flůk: flůkis, pflogishoubit* (dentatia). *flumo* (pruna).

β) inphahit. uuirfit: zirwirphit: undirworphina. helfint: kiholfan. tiuffer. graiffonten. choufan. claffonde. dorf. harfphari. epphila. skepphin. inslupphit. scepfarun. stamphon. stiuphater. stiefmuter. wipphon. oppher. skephili. woaffanti. wipphila. vfcapphante. fichepfile apphol. gilimphlicho. sarapphiu.

γ) naph: napphe. chobf.

Prudentiusglossen B.: *α) phannun.*

β) uuiphelon. scarefi. harfa. schefscalchen. trutscefte.

γ) uuof.

Schwäbisches Verlöbniss: *enphahet. phennich. scaphe. scharpf. ouf. herschepte* gegen *trutscefte* der Prud. gl. B vergleicht sich mit *chulupt* der Augsb. gloss.

§ 168. Kögel, Beitr. IX, 317 ff. hat die ansicht aufgestellt: im alemanischen, wenigsens in St. Gallen, Reichenau, Murbach habe die anlautende affricata eine weitere verschiebung durchgemacht, indem sie zur reinen spirans *f* vorgerückt sei; die wiederum begegnenden *pf* können in alem. denkmälern nicht dem dialekt der schreiber angehören, welcher lautwert den zeichen *ph* beizumessen sei, wissen wir noch nicht. Braune (ahd. gram. § 131 nebst anm. 4) beschränkt „die weitergehende verschiebung des *ph*, *pf* zu *f*" wesentlich auf den hochalem. dialekt. Das material für das altschwäbische ist leider dürftig, allein es ist von vornherein festzuhalten, dass anl. *pf-* erst in den aus dem XII. jh. stammenden Weingarter glossen in *pfederare. pfosotin* neben überwiegendem anl. *ph-* und ausserdem nur noch in den Schlettstädter glossen neben *f* in *flůk: pflogis* und ganz entsprechend *flekel: pflegil* auftritt, im letzeren fall liegt etym. *f-* (lat. flagellum) zu grund. Noch in Rugge's leich (MSF. 98, 18) haben die herausgeber inf. *flegen* (neben *pflegen* 102, 14 u. a.) der Benedictbeurer hs. stehen lassen, ebenda 98, 38 *fiu=pfui*. Dabei halte man sich gegenwärtig, dass unsere denkmäler inlautend wiederholt (mit *ph, pph* wechselnd) die schreibung *pf* verwenden. In der Zwiefalter Benedictinerregel, um die entwicklung der orthographie zunächst weiter zu verfolgen, finden sich: *pfingistin. pfrůnde. pfistri* neben *phingisten. phrůnd. phafin*, wie neben zahlreichen *inphahin* etwas seltener *inpfangin. inpholhin: inpfolhen. sarphis* neben *serpfir.* Mit dem ausgang des 13. jhdts. wird in den urkunden anl. pf häufiger, ph hält sich aber noch bis ins 16. jhdt. Z. b. 1298 *pfafe.* 1293 *gepfent. pfandunge. pfinchswochen.* 1302 *pfunde. pfenninge* neben *phunde.* 1307. 1309 *pfunde. pfeffer.* 1310 *pfund.* 1327 *pfarre* aber *phunt. phenninge. enphangen.* 1347 *pfaffe. pflegern.* 1559 *pfleger.* 1345. 1362 *pfaffe* etc. Vgl. 1314 *philip. phaphen.* 1326 *phaffen. geopherot. phleger. phantsatze.* Noch 1421 Engeltal *vro*ͧ*nd* (pfründe) Zs. f. gesch. d. Oberrh. 16, 124. Aus dem 15. 16. jh. stehen mir dann auch einige belege von *pf* für etym. *f* zur verfügung: *pflegel* wie in den Schlettstädter glossen so in der Mörin des Hermann von Sachsenheim v. 5138, ferner (elsäss.) Zsfda. V, 415, 53 *pflegel* (tribula). Dichtungen des 16. jhdts. (herausgegeben von E. Weller, lit. Ver. no. 119) s. 2 ca. a. 1510. Schade, Satiren und pasquillen: in der göttlichen müle v. 209. 213. im neuen Karsthans II, s. 9, 33. 12, 32. 14, 16. III, 178, 5. 281, 13. Zim. chronik. III, 225, 30. cod. theol. et phil. 23 *pflegel* (tribula), no. 27 *flegel*, no. 29. 30 *pflegel*. Analoge fälle sind: *pfarre* (farren) Herrigs archiv 38, 332 aus Rottweil. cod. theol. et phil. 72: *wild als ain pharr* (farre). *nútz als ain phárit.* cod. poet. 30: *pfarr* stier. cod. med. 15: *pfiffhalter* (ahd. uiualtra) papiliones. Hätzlerin 252, 18 *vf meres pflůt.* Ruland s. 23 *sand Pfilippstag.* Niclas von Wyle s. 277, 16 *zů aim pfenster hervs.* Schade, Satiren und pasquillen II, 6, 29 *uf pflaumfedern* vgl. *flun* Birlinger A. S. s. 100. urk. a. 1315 *in den phufzehenden iar.* schweiz. *pfimmend* (fundamentum) wie bei

Walther von Rheinau u. a. *pfündmunt*. Ahd. gl. II, 327 *pfragenara* (mhd. vragner). Weiteres bei Weinhold bair. gram. § 128 s. 131 ff. alem. gram. § 157. Dass diese schreibungen der aussprache gemäss waren, erheben die § 148 gegebenen belege aus der mundart über allen zweifel. Folglich kann heutiges *pf-* aus vorausliegendem *f-* entwickelt sein.

Der annahme p sei überhaupt im silbenanlaut zu f (nicht *pf-*) verschoben worden, letzteres nicht eine reduction aus älterem *pf*, stehen die zahlreichen *ph-* entgegen, deren lautwert mit *pf-* identisch sein soll. Dass *ph* zuweilen auch mit *f* gleichwertig gewesen sei, ist zugestanden; geht für unser gebiet aus den oben gegebenen materialien schlagend hervor, von anderem abgesehen zeugen unsere häufigen *-pph-* sehr deutlich, vgl. ferner *doraf : doraphe. erdphuir* (sulphur vocatur) : *erdfuir. grephti. stiphtit. phasreidi* u. a. Nach dem stand der dinge wäre es vorsichtiger, in der älteren zeit im allgemeinen *ph* = *f* zu setzen. die orthographie der späten Weingarter glossen lässt bereits ahnen, dass *ph* die affricata darstellt; hier fehlen namentlich die *-pph-* und treten bereits einzelne *pf-* auf. Wenn es möglich wäre, nachzuweisen, warum in der ferneren entwicklung etym. *p* - durch *f-* hindurch in fast allen fällen zu *pf-* geworden, für etym. *f-* nur in einzelnen fällen *pf-* eingetreten ist, könnte man es erst wagen, die alte ansicht zu stürzen und für den silbenanlaut die verschiebung von p > f anzusetzen. Sehr belangreich ist in dieser frage der stand der verschiebung in heutigen ostfränkischen dialecten, in denen anl. f neben pf- besonders hervortritt. Allgemein ist *f-* in *flaum* (lat. pluma), schwäb. *flõm* neben *pflõm* u. a., vgl. Franck, Anz. f. d. a. XI, 19.

Vermutungsweise darf an folgendes erinnert werden: Bekanntlich finden sich nicht bloss in mittel- und rheinfränkischen, sondern auch in oberdeutschen denkmälern unverschobene *p*, die wie Kögel Beitr. IX, 312 meint, nur „aus einer vorlage fränkischer herkunft stehen geblieben sein können". Braune ahd. gram. § 131 anm. 2 sieht darin unvollkommene schreibung für *ph*.

In Pa ist *p* 7 mal verschoben, 4 mal geblieben; in Kb kommen unverschobene *p* vor in worten, die sonst die verschiebung mitgemacht haben: *phlanzare* neben *planzunka* etc. 8 : 8. Voc. St. Galli: *pin. plastar. portun. pharra. phalanza. fhlogreost.* In Ra 4 mal unverschoben, in der Benedictinerregel findet sich weder *ph* noch *pf*, die einzigen belege sind *funt. farra* (Beitr. I, 420). In den Murbacher Hymnen ist entweder *p* zu *f* verschoben (*fade*) oder unverschoben (*pĕch* etc.). Weiteres bei Weinhold alem. gram. § 157. Zu *pant* bei Notker ist noch zu vergleichen *pant* Ahd. gloss. I, 318, 41. *plaster* I, 350, 16. I, 558, 18. 617, 37. *plumari* neben *phlumari* I, 421, 56. *planzun* : *phlanzun* II, 193, 18. etc. vgl. Franz die lat.- roman. elemente im ahd. s. 12 ff. Weinhold alem. gr. s. 117. Braune ahd. gram. § 133 anm. 1; unverschobene *p* in den schwäb. denkmälern und in der mundart § 144, 3 nebst anm. Es ist nicht ohne weiteres abzuweisen, dass die schreibung *ph*- gleichfalls den unverschobenen laut vertritt, wie bereits Kögel a. a. o. s. 313 f sich gefragt, ob es nicht, wenigstens in fränkischen gegenden, eine tenuis mit nachstürzendem hauch ausdrücken sollte.

Auf diese thatsache, dass teilweise in denselben wörtern innerhalb desselben dialectgebiets verschobener und unverschobener laut nebeneinander existirten, musste hier hingewiesen werden. Wenn, wie ich glaube, die verschiebungsstufe von anl. *p*- nicht *pf*- sondern *f*- gewesen, kann eben darin ein fingerzeig gesehen werden, wie es gekommen ist, dass die entwicklungen von etym. *f*- und etym. *p*- nur in vereinzelten fällen in jüngerem *pf*- zusammenfielen. Ich sehe in dem anlautenden *pf*- eine compromissbildung aus anl. *p*- und anl. *f*-, nicht in dem sinne wie Kögel a. a. o. dieselbe auf dem pergament sich vollziehen lässt, sondern als ausgleichungsprocess in der gesprochenen rede. *fant* neben *pant* > *pfant*. Dass die anl. *pf* aus etym. anl. *f*- auf sandhierscheinungen beruhen, geht aus § 148 hervor; gewiss kommen dieselben auch für etym. *p*- in betracht und bilden eine zweite quelle für heutiges *pf*-.

Ich glaubte diese vermutungen über die geschichte von

anl. *pf-* nicht zurückhalten zu sollen, hier will ich nur noch daran erinnern, dass bis in die heutige sprache sich einzelne *f* = lat. *p* gerettet haben: schweiz. *feich* = lat. panicum DM VII, 335 (oder fenicium? vgl. Graff, ahd. sprachschatz III, 526); *facht* (neben *pfacht*), *fächte*, *fächter* u. a. (aus lat. pactum) Tobler, Appenzell. sprachschatz s. 173. *finnig, fenkəl, fād* bei Winteler Ker. ma. s. 43. 83 f. Wie die schreibung *pf-*, ist die affricata im silbenanlaut für vorausliegendes *p* eine jüngere erscheinung, sie ist mitunter auch für etym. *f-* eingetreten. Die tenuis ist entweder zu *f-* oder überhaupt nicht verschoben (lehnwörter), diese doppelformigkeit meist in der lautcontamination *pf-* aufgehoben worden. Sowohl etym. *f-* als auch *f-* aus *p-* hat sich im satzgefüge (folge von assimilationsprocessen vgl. *ent- fāhan* > *empfāhen* u. a.) zu *pf-* gewandelt. Ich nehme an, dass im 12. jhdt. diese verschiebungen zur ruhe gekommen sind, in der mhd. periode scheint der stand der dinge wie heute gewesen zu sein.

§ 169. Inl. *-pp-* (über dessen herkunft vgl. Beitr. XII, 504 ff) ist zu *pf* geworden, die gewöhnliche ältere schreibung der altschwäb. denkmäler ist *-pph-*. Vielfach ist noch der wechsel zwischen einfacher und doppelter consonanz an der verschiebungsstufe zu erkennen: *snesleifi, snesleiphi* urk. 1099 gegen heutiges verb. *šloępfə* schleifen. *craffon, craffilin*: *chraphin, crafphon* vgl. Beitr. XII, 525 (heute *krapfə*); *affaltirinen: aphel, erdephil ; apphol, epphila.* (*-ph-* = *pf* noch in cod. theol. et phil. 54: *enphahet. opher. schôpher. geophfren.*). Ebenso ist vielleicht in *naph: napphe* gesetzmässiger wechsel zu sehen; vgl. *crof, croph* gegen *chobf* nach den inlautsformen, älteres **chof* steckt vielleicht in *chofphilin*. *-pph-* zeigt auch durchweg *oppher, opphirfaz*; dass der in den ältesten denkmälern belegte wechsel (vgl. noch ZBR *offrei* 43ᵇ. cod. bibl. 28 *offrent das opfer*) zwischen *-ff-* und *-pf-* auf lat. offerre resp. *obferre beruhe, ist sehr unwahrscheinlich, vortrefflich fügen sich sämtliche formen zu lat. operare (nach Wackernagel), vgl. *oprod* neben *opfrodon* Em. gloss. bei Wüllner, das Hraban. glossar s. 91 f.

§ 170. a) Auch hier bestätigt sich demnach Kögels ansicht nicht, wonach ausl. *-p* zur affricata hätte werden müssen (s. § 161) vgl. *potiscaf. slaf. scef. rif. uf. uuof* u. a; nach dem früher erörterten kann es folglich keinem bedenken unterliegen, den einfachen reibelaut auch in formen wie: *ruoph. croph. naph* zu erkennen.

b) intervocal. wird nach kurzem vocal in der regel *ff* (*fph. ph*) geschrieben: *irscaffaner*, nach langem vocal *f: uuafan. choufent*, seltener *ff: greiffonten. tiuffi. bisouffit* u. a. und *ph* in *stoupha. scaphe* u. a. in ZBR ist *f* durchaus das gewöhnliche: *gewafin. begrifen. anrůfent. loᵛfende. scafendn. helfende. scafend. scůfen. scafit. grifit. sarfiu* etc. Ebenso auslautend: *vf. scrifth, scaf. refsut. umloᵛf. bischof* etc. *ff: slaffe* (somno). *offenan. waffin : wafin. bigriffen. offinun. griffil.*

Anm. *bidurfen* 17ᵃ. 37ᵃ. 46ᵃ. *zwelfe* 18ᵃ (*zwelui* 24ᵃ) in übereinstimmung mit *giworfen. helfind.* (*scafendn : scauendn*) etc. in ZBR bezeugen bereits den lautlichen zusammenfall von etym. *f* und dem aus *-p-* entstandenen. Vgl. auch neben *lefesen : leuesn, leues. reuessend : reffisut, girefsut. slevclic* (tepide) etc. in übereinstimmung mit *wunven* (5) neben *vunfzigust. brieue. zuiuil.* urk. 1295 *brieffe.* Herkommen: *zu hoffe. hofe* u. a. Im allgemeinen ist aber doch die schreibung intervocal. *-u-*, ausl. *-f* festgehalten z. b. urk. 1295 *froᵛnhoues: : froᵛnhof.* 1292 *brieve: brief* 1295. 1296 etc. 1298 *brieve. hove. wolfen. brief.* 1327 *fronhof: widemhôve*; vgl. auch bei Walther von Rheinau *brief : lief* 217, 21 etc. etc. Noch Zim. chron. *hof : hove*, neben *an höffen.*

Dass die schreibung *-ff-* nichts anders als *-f-* (also nicht etwa fortis gegen lenis) besagt, bezeugen parallelen wie urk. *brieffe* 1295: *ufertdag* 1299.

c) eine ähnliche controverse, wie für die verschiebungsstufe im anlaut, gilt für die stellung nach liquiden (und nasalen). Zweifellos ist einfacher reibelaut entstanden bei svarabhaktientwicklung, die bereits vorliterarisch eingetreten ist: *doraf, doraphe; dorof. harephan. waraf. scarefi;* die verschiebung ist genau dieselbe wie zwischen vocalen vgl. *scnaphes.*

Affricata ist überliefert in: *giuuerpf* neben *giuuerafon. citerpfin. sarpho* (Weingart. glossen B) wie *sarapphiu* (gegen *scarefi* Schlettstädter glossen) und *scharpf* (Schwäb. Verlöbniss).

f: *dorf. Erfo. werfenne. unagivurfido. ziwrfidi. zer-*

wurfes. uuirfit. helfint. kiholfan. widirchramfero. uzwirf. harfa. ph: *uuarph. gelph. stampha. scurpha. chramph. wirphit* (neben *wirfit*). *undirworphina. stamphon. gilimphlicho.* fph: *harfphari.*

Affricata nehme ich in anspruch 1) für die folge *-mf-*, *-mph-*, da hier jedenfalls verschiebungsproduct *-pf-* entstanden, bei der lautfolge $m + f$ lippenverschluss eingetreten ist. Die auch in schwäb. mundart begegnende schreibung *-nf-* z. b. *cisaminachunfta* Weing. gl. B. besagt zweifellos dasselbe, z. b. *kenfo* neben *kempfo*, *-nf-* ist nur schriftsprachliche auflösung der lautfolge *-mpf-*, vgl. *infahan (intfahan)*, *impfahan* (bei Braune ahd. gram. § 126 anm. 1 gegen § 123 anm. 1). ZBR: *schimflihtiu. lo°fscinpfi. scunflihti. senfte. widerkenfe* (rebellio). cod. theol. et phil. 74: *kanpf solt kånphen.* urk. 1302 *viumf* (5): 1305 *fivnften.* 1314 *fúnf* etc. Weingart. pred.: *fúmf. inpfromidit.* Singulär ist die schreibung *enuand* (empfand) cod. theol. et phil. 54. *entpfintlichait. entpfahen* cod. med. 15.

2) für die formen von *scharpf*, *sarpf*, ebenso mit svarabhakti *sarapphiu*, für welche ich Beitr. XII, 505 etym. *-pp-* nachgewiesen habe, der wechsel zwischen *p* und *pp* ist durch *scarefi* belegt; über *gelph* s. a. a. o. s. 505. 518. *harfa, harephan, harfphari* a. a. o. s. 525.

Soweit affricata von der überlieferung nicht direkt, wie in *scharpf* bezeugt ist, kann ich sie nicht anerkennen, sehe also in der schreibung *ph*, ebenso wie in *f*, den einfachen reibelaut. Der annahme, dass ursprünglich *p* nach liquiden zum reibelaut *f* verschoben worden sei, steht die schreibung *giuuerpf* entgegen, denn *citerpfin* ist ein compositum *citer- pfin*, für welches bei Graff III, 339 eine reihe wechselnder schreibungen belegt sind, *pfin* ist aus *-phone* entstellt, vgl. mhd. *antiphin* (antiphone), wie häufig in der Zwiefalter Benedicitinerregel. *giuuerpf* wird nach den belegen bei Graff I, 1039 nicht der aussprache gemäss sein, wie schon *giuuerafon* derselben hs. beweist. Wenn nicht *giuueraf* zu lesen ist, möge auf *muuuerpf* talpa Ahd. gloss. I, 354, 31. *muuuerf* I, 355, 28 hingewiesen sein. Pa, K[a], K[b] zeigen *pf* nach r nur für etym. *-pp- (sarpf, helpfa)*; R[b] entweder svarabhakti oder *f*, seltener *ph*; Hymnen nur *f*, Benedictinerregel *f*, zweimal *ff*. Die schreibung *-pf-* ist ein characteristikum fränkischer orthographie (Tatian. Otfrid VP nicht F), für Isidor hat bereits Braune ahd. gram. § 139 anm. 4 den lautwert von *pf* als (bilabiales?) *ff* erkannt (vgl. ferner Beitr. IX, 159. VII, 118); in Hrab. gl. *uuerphan*, *uuerfant* aber *elpfantpeinum* (!) bei Wüllner s. 17 f. *scharpff : gewarff* Mörin: 5887 beweist nichts, es ist *scharf* zu lesen, wie aus dem reim *scharpff: bedarff* 3505 u. ö. Hätzlerin 42, 3 hervorgeht.

Die verschiebung von *p* nach *l*, *r* zu *f* ist also nicht durch *pf* hindurchgegangen, sondern der heutige stand ist zugleich auch der ursprüngliche.

§ 171. b) Media. Die schreibung wechselt zwischen *b* und *p*, ohne dass eine regel sich aufstellen liesse, wie es im allgemeinen bei der dentalen media im gegensatz zum alten reibelaut möglich war: Wirtemb. urkb: *α*) anlautend: *Biberburgum* 708. *Pachinchoua* 758. *Beffindoraf* 769. *Poto* 770. 802. *Blitilde* 772: *Plitilde* 773. *Burichingas*. *Benzone* 773. *Bertoaldus* 776: *Perahtoltus* 791. *Baturihc* 778. *Bertoltipara*. *Buchilesperc* 782. *Britihaim* 783. *Berachtcozus* 785. *Perihtilinpara*. *Petarale*. *Purrom*. *Puolo* 786. *Buoso* 786. *Purihdinga* 791. *Baldila*. *Paldeberti*. *Pald* 790: *Baldmunt* 778. *Paldeberti* 809. *Berahttoldi*. *Pebo*. *Bernuuic*. *Petilo*. *Pertilo* 797. *paumariis* 797. *Potingas* 802. *Bollo*. *Pertoltespara* 802: *Bertoltespara* 803. *Pertfrid* 806. *Pabo* 838. *Pinesdorf* 843: *Binzdorf* 1246. *Purron* 850: *Burrun* 1163. *Pisingun* 786. *Bissinga* 861: *Pissinga* 904. *Blochingin* 1146: *Plochingin* 1157.

β) inlautend: 1) intervocalisch: *Hadupertus* 763. 786: *Hadubert* 782. *Operindoraf* 769: *Obarindorf* 782. 783. *oborostin* 769. *Ekipert* 771. *Leubino*. 773. *Ebarhart* 776. *Eborini*. *Chuniberti*. *Laibolfi* 785. *Hiltiperto*. *Diripihaim*. *Heriperti*. *Akipert*. *Sikibert*. *Neribert* 786. *Eburinbah* 786. *Eburhardo* 790. *Paldeperti* 790. *Dirboheim* 791. *Hugiberti*. *Pebo* 797. *Nibalgauge*. *Laubia* 820. *Pabo* 838.

2) nach stimmhafter consonanz: *Harinperti*. *Uualperti* 758. *Albuvvinus*. *Isanberto* 769: *Isanpreht* 802. *Lutinbah*

769. *Uualperti* 771. *Ermenberto. Hamulbero* 773. *Reginbald. Uuolperto. Huunperti* 786. *Amalberto* 790.

3) nach stimmloser consonanz: *Rotperto* 752. *Rotperti* 758: *Rodperti* 785. *Fiscbahc* 758. *Rihbold. Hroadbertus* 763. *Entinesburuga* 769. *Theotbald* 769. *Wolfberti* 769. *Deotperdi* 771. *Ratbergane* 772. *Leutpaldo. Radbergane. Leutberto* 773. *Teotperga* 776. *Uualdbert. Uuolfbert* 778. *Lantbert* 782. *Rihperti* 786. *Asbrant* 786. *Hartberti. Ruadprehti* 791. *Uuitberti* 797. *Liutbert* 797. *Trudbertus. Thrutberti* 797. *Deotbertus. Ratbertus. Deotburga* 802: *Thiotpuruch* 838. *Cundpreht. Deotperti* 802. *Ratbertus. Rihbertus. Ricpret* 803. *Suuindpreht* 805. *Helidpreht* 809. *Ruadpaldi* 817. *Rodpret* 842. *Ruadpert* 868.

γ) auslautend: *Uuolalaup* 778. *Louphaim* 778. *Liuphilda. Liupuuara* 786. *Herliup* 809 vgl. *Leupagde. Leubo* 772. *Liuplih* 778. *Manaliub* 838. *Uuolfleip* 805: *Uuolfleibi* 820. *Ortleib* 868.

Assimilirt: *Hupertus* 772. 773. 797 vgl. *Hugiberti* 797. *Liutprandi* 790: *Liuprandus* 1255.

Geminirt: *Abbo* 786. *Lupponis* 790.

Dieselben schwankungen spiegelt das schwäbische latein wieder vgl. *stibulatione* 708. 758 (in derselben urk. als isolirte ausnahme *ovitum* = obitum). *bago* (= pago). *deperem* 771. *nebutes. nebotes* (= nepotes) 776. *nunhcubantes* 785. *bresbyter* 790. *apeat* (= habeat) 797. *culbabilis. scribsi* 797.

Der laut war demnach sicher stimmloser verschlusslaut, unaspirit wie die romanische tenuis; in den folgenden glossenbelegen überwiegt anl. *p*, so häufig wir auch *b* geschrieben finden; letzteres ist intervoc. besonders beliebt.

Lex. Alam. *raupa: rauba. morgangeba. stuba. pulislac. balcbrust. bar. buric;* möglicherweise steckt in *bisont* neben *uesont* (vgl. *wisant* Zf.) noch ein letzter rest ursprünglich spirantischer geltung des *b*-zeichens. Über *drappo* des Pactus vgl. Beitr. XII, 526.

Weingarter glossen A: *heimprunc. piuange. zaupargascrip. piuuerienne. liupliho. apuhera. gipreitit. ampaht. topentes. kiriban.*

Augsburger glossen: *innipurro* (vernaculus). *pinpom. prust. peri. palla. prunna. potiscaf. pret. preiti. petti.*

pleh. lentipraton. prustpein: chinnibeini. polz. para. pezzira: gibezziron. pouga: armbouga. giporgenen. uualhapuh. drupilin (acinum). *upirlit: ubirgarauui. arpalctos.* Dagegen *binuz. beinseggon. blā. baldi. burigen. bidenchin. pifahen* etc. *firbiut. gilabot. ůbida. giuueban. grabas. gioborota. labol. corbilin. halibe. ebono. naba. stabon. zoubar. ebihouui: ebhouue. liub: kiliupti.* Ferner *anacleip. lop* wie *lopis. lopin* neben *kilobot: lobare.*

Prudentius glossen A: *pere. pinesug. plauue. gotopeti. polz. pose. pruc* (paludes). *cholpun. stap* u. a. *betebura* (sacellum). *blehc. bollon. arsbelli. durecboront. bleccina. labal. liubi. tubsteina* etc.

Zwiefalter glossen: *puttikilare (l sceinka). ni kiwitpreittan. puozwirdigora. pilidpuoh. pinizze. plintirce* (cecutiat). *polza. kiplůmoter. půchinin. palawig. rephuon. bitrokiniv. atimblast. armbouga. ubirladinen. liuba. kiunsubirit. thobizunga. waidiburigi. umbihang. lendibraton. kitubila. habich. basa. blez. bara. heribo°chan. brotbeiccerin* (paniticas). *brutgeba. wibgarauui. hintkalb* etc.

Geminirt: *weppilih.*

Weingarter glossen B: *pildebuoch. armpouga. pitrugi. padeguant. pinezen. selpoum. polstare. pasa. plasent. pli. proth. prustweria. protpechan. putilin. tepicha. spizpratun. poten. purgen. prunia. pluotigon. halsperga. pesima. prant. para* etc. *chorp. lop. bechare. bůza. irbluhit. bolz. butila. bo°hcstabon. halsbouch. beinperga. gebundelin. biquam. bruoch. gibure. gibranta. houbeth. wamba. halba. unsubire. ubermorgene. wibzeirda. spiliwiba. uzfirtriben* etc.

Schlettstädter glossen: *pifangan. kepetanaz. purigo. kiparido. petahus. parafuozzi. pirit pluomin. paldi. kipůztiro. piliden. pletir. ougpente. piost* (lac nouum). *kiripan. prustfanin. pret* etc. *ubir. baldi. belliz l pera. wrfzabel. tobonte. ribent. bisprechin. lobin. bal. irburient. tubstain. clobilouch. blauaraero: plauaruer* u. a. ausl.: *ewederhalb. scelb l dreb* (fornice). *liublicho. reib. picleiptiu* aber *kiliubti. trip* (age).

Geminirt: *kisippoto. cleino scappare* (tenuia uellera).

Prudentius glossen B: *pinesuga. pemeindon. pinzina.*

poseite. plezlicho. praton. poroton. hulpoumine. houbetpant. partunberc (Apennin). *bechare. gebrottenen. bolz, bolzon. bozzon. cholbo. eboeuue. imbiz. umbihanga. skebit. zegebiniv* etc. An stelle des geminirten lautes: *gilubiu* (medicamenta).

Weingarter reisesegen: *bislozin. hobi* (= obe). *nebin.*

Schwäbisches Verlöbniss: *palemunt* (*nit* geht voraus). *bevilhe. geborn. vurbaz. widembuoche. habe. siben. Swaben* etc. *Swab, Swabh. ob. herschepte.*

Anm. Braune ahd. gram. § 139 anm. 7 sieht in *-schepte* und analogen fällen ungenaue schreibung für *-pht* d. i. *-ft*. Dafür spricht *chulupt* der Augsburg. und *trutscefte* der Prud. gl. B. *maisterscefth* etc. der Zwief. Bened. regel. — Vielleicht ist *p* vor verschlusslaut überhaupt nicht verschoben worden, wie dies jedenfalls für *t* in den bekannten prät. *satte gesat* (z. b. Erec. Flore. Gute Frau vgl. Lachmann zu Iwein 583) angenommen werden muss; es entsprechen für *p* die *intslupta. scaptin* bei Otfrid V, 10, 26. I, 9, 8. *stoptun* Hildebrandslied 65 (?).

§ 172. Anl. *p-* neben *b* bleibt auch in mhd. periode bestehen. Zwiefalter Benedictinerregel: *propist: brobist.* (*p-* ist geschwunden in *salter*, *salm*). *hůpit* (capite): *ho°bit.* Im auslaut: *hůp. gip. lip. liplich. hat lopht* (permisit). *lop, loph* (laus): *lob. aplaz. werdi gihapt* (teneatur). *vzertalp: allentalbun* etc. Inlautend wie anlautend ist *b* durchaus die regel: *interbe. vblen. gebe. leben. bin. brůdir. berge. bůze. biwert. bedunkit. inblasunge. imbiz. sibende. gilubed* (sponsionem). *allerliebste. bot. bredege. ab. divbstal. urlob, urlop. ib* (si). *trůbzurne* u. a.

Geminirt: *abbit. upig.*

Dagegen urk. Augsburg 1283 *pecken* (bäcker). *prothus. purgaer. purchgraven. prot. prichet. peckenknechte.* 1299 *becken.* Ferner 1305 *prisgŏu.* 1315 *gelobet:* 1295 *gelopten.* 1291 (Zeitschr. f. gesch. d. Oberh. 14, 116) *bedagogo.* 1296 *abt:* 1292 *abbet:* 1298 *apt.* 1296 *gehept.* 1292 *gap.* 1287 *baidúhalp:* 1335 *baidanthalb:* 1347 *nundehalp.* 1326 *babstes. urlup* etc. etc. In der späteren zeit, noch 1483 *puwe. erpuwen* u. a., möglicherweise wieder unter dem einfluss der orthographie der reichsgeschäftssprache vgl. Ulm 1430 (Deutsche Reichstagsakten IX, 391): *gepuret. hochgeporen.* a. a. o. 438

verpunden. s. 484 *pund.* s. 491 *prûfent.* a. 1431 s. 615 *pinden. gepunden.* Augsburg 1430 a. a. o. s. 399 *pottschafft.* 1431 s. 612 *pumeister. pottenlon.* s. 613 *pett* (bitte); doch auch schon 1388 (a. a. o. II, 46 f) *pitten. potten. prande.* 1390 (a. a. o. II, 358) *prief. prewknecht.* Für das ostschwäb. ist überhaupt wie bereits in ältester zeit (vgl. Augsb. gl.) anl. *p-* characteristisch vgl. cod. palat. 101: *prächen* (aber *brûder*). *pin. die hund pilten. pa°m. pett. plind* u. a. cod. med. et phys. 29: *prauchen. gepett. piechern. plettlen. plůtt. pesser. perg. pringen. poden* u. a. Weinhold, bair. gram. s. 124 (einfluss bairischer orthographie?). Herkommen: *bene, pene, ben* (poena). *brobst. banier. badstub. gepunden. gepúlet. geprust* (mangel). *becken. diepstal. vischpanck.* Aesop: *pinen. plůmen. bavian. belcz. puren, purisch* s. 48. 55 (wahrscheinl. aus *gebnren*) vgl. in Kellers erzählungen *aim pauren* 324, 4. *paur* 324, 27. *bloen* 206, 8. 18: *ploen* 206, 24. 30. Mörin: *plon* 4887: *blon* 4936. Ehingen *blatz* s. 20: *platz* s. 23. Hätzlerin zeigt wiederum zahlreichere *p: verpunden. pringt. pald. pild. plick. prüstlen. pleiben. gepain. plüd. prunnen. plůmen* neben *baradeis. Baris.* Weitere zeugnisse für Augsburg bei Lexer chroniken 4, 361 ff. Ruland: *bater noschter* s. 2. *ain bar* (paar) etc. Noch in der Zim. chron. *bapeir. bilger. bochen. bracht. bulver. bleib* (blei) IV, 200, 9 *pleie* (plumbea) III, 621, 14; ebenso *paur. pruck. pei* u. a.

III. Die Gutturalen.

§ 173. Die untersuchung hat festzustellen, ob die verschiebung der tenuis sich ursprünglich auch auf den anlaut und die gemination erstreckt hat, und wie dieselbe im einzelnen bei der media verlaufen ist.

a) Tenuis:

Wirtemberg. urkb. *α*) anlautend: *Canstat* 708. *Cunzo* 763? *Chnuz* 771. 786. *Cherilo* 776. 778. *Chuniberti* 785. *Karlo* 797. *Chrezzingun. Crezzingun. chuuiltiuuerch* 817. *Chiriheim* 764. 960. 974: *Kirihheim* 1003. 1007. 1059. *Chilicheim* 1092. *Chiricheim* 1122: *Kyrcheim* 1215. *Nunchilcha* 1120. *Karamanni* 817. *Karaman* 838. *Kern* 838. *Chunibret* 839. *Chuniberti*

846. *Chresbach* 1075. *Cho°no. Cho°nradus. Chinzechun* 1099. *Kinzichun* (5 mal). *Kaltobrunnin* (2 mal). *Cůnradi. Cůno* 1125—1127. *Kirichperch. Kiricperch* 1129. *chernin* 1129. *Custordingen* 1142. *Kuonradus* 1126—79. *Cůnradus* 1183. *Conradus. Caltiwil* 1220. *Chirichberk* 1116: *Kilhberg* 1237. *Kilcperch* 1240. *Kilperc* 1246. *Clinginstain* 1255: *Glingenstain* 1220. *Keminata* 1258.

β) inl. geminirt: *Neccarum* 708 (2 mal), *Nehhepurc* 793 (?). *Gundachar. Gundachri* 770. *Cundachar* 797? *Fuccone* 778. *Buchilesperc* 782: *Bukelsperc* 1179. *Hacco* 797. 834: *Hakonis* 820. *Friccho* 797. 805 (?). *Recchiandi* 809. *Reckinheid* 797 (?). *Otokar. Erakar. Nekkargauue* 861. *Ueccenhusa* 902. *Uekkenhusa* 905. *Stecchendenberc* 1099. *Rotinakkir* 1116: *Rotenacher* 1173. *Stokka* 1229. *Weckinstain, Wechinsteine* 1241. *Stokerius* 1253: *Stocharius* 1254: *Stockarius* 1255. *Tecke* 1232: *Teche* 1249: *Tecche* 1227: *Tekkche* 1251.

γ) inl. nach cons.: *Scalcomannus* 769. *Folhrato. Franchorum* 771. *Volcamanno* 772. *Volcamaro* 773. *Marhcthala* 776. *Francorum* 778. 786. 792. 797: *Franchorum* 778. 782. 785. 790. 797. *Franghorum* 790. *Erchanberti* 790. *Erchanured* 797. *Ercanpoldo* 797. *Marahtale. Folcholtespara. Antarmarhingas* 805. *Genchinga. Ercanberti* 806. *Antimarchingun. Marahtale. chuuiltiuuerch* 817. *Imidanc. Marcfrid* 838. *Folcharat. Staracholf* 839. *Starcholf* 1125. *Thanchinga. Thanchingas* 846. *marco. Dancholf. Folcmar. Erchendrud. Thenka* 861. *Marchelingen* 861. *Maracha. Erachanharti. Hunidanc. Dancmar* 868. *Schälkalingin. Schelkaling* 1127. *Tiwnschalkingen* 1258. *Frankenhoue* 1152: *Franchenhouen* 1155. *Marcwardus* 1116. 1125. 1129. *Marchwardi* 1126—79. *Marquardus* 1253. *Volcmarus. Marquardus* 1258. *Blankenstain* 1228.

δ) inl. und ausl. nach vocal: *Pachinchoua* 758. *Rihbold* 763. *Takarichi. Huolderich* 769. *Rihgaerio. Waltrihho* 769. *Gundachar. Gundachri* 770. *Cundachar* 797. *Ebrachar* 827. *Rigtrude* 773. *Rihheil. Hadarico* 778. *Fiscbahc. Baturihc* 778. *Rihperti* 786. *Sikirihc* 786. *Uuillirih* 790. *Rihpertus. Sigurihi* 791. *Rihpert. Helmrich* 792. *Uadalrih* 797. *Rihhart. Rihbertus* 802: *Rihhart, Richart. Rihbertus, Ricpret* 803. *Paldarih* 838 u. a. auf *-rih. Rihchinbah. Buachihorn* 839.

Erachanharti. Rachabold. Odalricho 868. *Kirichperch: Kiricperch* 1129 u. a.

Das zeichen *h* ist demgemäss mit der einen ausnahme *Folhrato* 771 nur nach vorangehendem vocal verwendet, im übrigen gehen die verschiedenen kategorien durcheinander.

Pactus: *marcha. caucha.* Lex Ham: *marchzand, markzand, marczan. marach, march. siniscalc. mariscalc, -scalch.*

Weingarter glossen A.: *chuminti* (conquestus). *zalliche. liupliho. gilih. ungaliho. mahont.*

Augsburger glossen: α) *zuoquemo. acquemon. quecbrunni. uircoufa. craffon, craffilin. crouuil. gicastot. anagiclebis. crof. caragac. criffa. chriffon. corbilin. cofphilin. claffon. uzcome. anacleip. clagon, clagot. cliuua. aacambi: achambi. cullentar: chullentar. kanali.* Dagegen: *chuninlihes* (l. *chuninc-*). *chulupt* (emunctuaria). *chezila. chella: kella. erdchegil. gichnetin. chornhus. cheuor. cheosinte. irchuolant. chuenon. chebisod. chneht. cheolon. chinnibeini. churi. bichomint. kichos. chamera. chreftigo. chredemin* (scatere). *zuochrese* (subrepat). *urchunde. widargregilinimo* (ostinato). *ungeglagotar* (inlamentus): *clagon. giglenchis* (conseris). *hintergriogigi.* (tergiveratione) vgl. *hinderchriegi* gl. Selest.

β) *sakkari. locca. quecbrunni. floccon: floccho. facla: fachila. gihacta* (percussi). *diccho. blicchi* (fulmina). *secchil* (sacculum). *anagibicchit: anagipichant* (inpetunt). *stacchil. sacchinten* (statt hs. succhinten exigentibus) vgl. *sachchinten* gl. Selestad. *prunniroche* (torace). *itiruchchit* (ruminat) ? *dechest* (operies). *stechon* (sudes) ?

γ) *gitrancta: gitrunchenemo. tuncli, dunclor. hinterskrenclicho. stenchit, stinchen. auuirchi, firuuirchen. penchi* (*fulchra* d. i. fulcra). *danche. bidenchin. kimarchot. kitrenchit.*

δ) *chuninlihes. pleh, plech. kisprah. ezichfaz. irrechido. feddah. kimachar, gimacho. uualhapuh. bisprechin. kihileiches* u. a. Vgl. *furihen. durih. anakifolohnen* u. a. mit germ. *h.*

Prudentius glossen A: α) *clingelonten. cleinen. clibon. gicrinnoter carcare. clobelouc. ercrachchota,* dagegen *cheminatun. chamari. chucilot. chelcha. chella. vnchrut. cholpun.*

β) *dicchi.*

γ) *mercat* (forum). *tranchus. tunches. scalch. schenchit.*

δ) *kiringilichez. herlihora. lustlicher. cuolichi. blehc. huohc. rihisocht. vuechi. leih. spaichone. helliloch.* Gleichwertig sind jedenfalls: *snitelouc. clobelouc. pruc* (paludes), vgl. *durec*: *durich. lo°c* (flamma) siehe Weinhold, bair. gram. s. 180. 190.

Zwiefalter glossen: α) *chůlin. chouf. chuniglicher. uochunnilinga. churbiz. chielon. chorbili. chullinter. choppha. chezila. chellili. chraphin. cheuar chezzile. kichnet* (massa). *widirchramfero* etc. *cruft. crof. clager. crafphon. calc. quitilonda. hintkalb.* Beachte *zeltgegil* (paxillum: *zeltchegil* Graff IV, 362).

β) *brotbeiccerin* (panificas). *secchil. floccho.*

γ) *scalg. falcho. stork. calc. sceinchit* (propinat). *fleisgmarchat.*

δ) *kimachida. mih. rechare. durichstichit. puoch. bruoch. heribo°chan l zaichin. wochir. fetdacha. habich. tuchari. lericha* u. a.

Weingarter glossen B.: α) *chorp. chragun. chiel. gechenetenu* (=gechn-). *chanzelare. chrowil. chezil. chumelinge. churci. chramph. firchoufit. chellari. chumin. urchunde.* u. a. Dagegen: *uochcalwer. croph. crowila. casewazer. ciphun. crostila. carrun. curbez: churbeza. cappho* (gallus),. *kinnezan.*

β) *dechi* (decke). *intdechenter. dichi. protpechan. luchun. irgaccizan* (hs. irgiccazan).

γ) *sceincha. scenchun* (pincerna). *holzwercha. werchmeister. hinderscrenchiger. marchato* (mercato.) *uurcula? torcla. danche. chalche: gichalctiu. ualcha. scinchun* (tibie). Gehört hieher *anchweiza : angweizzo* Zf.?

δ) *gibachanan. buoch. tuchil. loch. bechare. durichstachen. bo°hcstabon. manliha: manliche.*

Schlettstädterglossen: α) *cheuon. chiesin. picherin. chunni.choufan. cherdir* (viscarium). *chorn. choronte. kant l uirchofit. chumen. chuski. churi. chutte. cheimph* (athleta). *chuoli. kichos. zůchrese. hinderchriegi. chrumbinaso. chra. chnorcin. chneth* (knecht). *bichnata : bignatata? cholbon : kolbon. chicherun : kicherra* (cicer). *cheuun : keuuo. casiwazzer. kundinne kamera. cestinun* (castanee). *unterquemo. quirnilbere: inchedin* (respondere) von anderer hand. *claffonde, claffontero. clobilouch. clagot, biclagoter cleino. cleinimo. cliua. cleo. cleb. cleddun. picleiptiu. creftiloser, crefticlicho. creta. graniche. cruft* (cripta)?

β) *decchest. zuopiccho: anagipiccint. rocchen. flocchizin. inlocchon. screcchot. iukchit: iucchinti: iuchilonde. sachchinten. steccho: stechche. stekkin. sechil* (sacculum). *gismachen. wickiliu: wicchiliu. Otakkar. pracchin = brackin. stukke. hantzukilinga. gakicen. pitacte* (tegeret).

γ) *kimarchot. danchis. uuanchiliger. kitrenchit. theochscenchil. pidenchin. stinchen. kistorchenen. marhstaine. auurchina. scenchil. scenkiuaz: scenchiuaz. bitunkiltir. slegimelc. melckubile: ci melechcubilin: milichi.*

δ) *aich. aichillon. sich. mich. machont. ungalicho. weolichi. stariche.* etc. etc. *wecchilter* (iuniperi) vgl. z. b. *wechilterboum* Zf.

Prudentius glossen B.: *α*) *cheva: kevon. chubolo. anchunden. chinnecene. churzlicho. chust. chenu* (anus). *chirit.* (gemit). *cholbo. chella. pechananter. chleibere* (hs. *clehibere*). *clegon. clennan* (gracili), *cleinen. cletto. ziclouene. clobelouch. inknehta. carazot* (aus cr-).

β) *stechelen: stecchelon. iuchit. stucun* (crustio).

γ) *auurcha. wintrunchenen: tranchus. kescalchta. schefscalchen. marcat.*

δ) *stichet. giuuich* (cede). *gilochitemo. laichin, leich.*

Schwäbisches Verlöbniss: *chuniges: kuniges. chuorichen. chuozal. chorter. canzelare. buoche. ich (nach: nah)* u. a.

Die mannigfaltigkeit der vorhandenen formen, kann erst im zusammenhang mit der *g*-verschiebung beurteilt werden. Ohne schwierigkeit der deutung ist die verschiebung von inl. *k* nach vocalen, wobei nur hervorzuheben ist, dass nach dem zeugniss von formen wie schwäb.: *ręəxt* (recht), wie *węək'* (weg) u. a. die im heutigen alem. noch bewahrte velare articulation (vgl. alem. *ix*, schwäb. *ix* ich u. a.) für verschluss- wie reibelaute auch für unser gebiet vorauszusetzen, die verschiebung ins palatale gebiet in der nachbarschaft palataler vocale jüngeren datums ist.

§ 174. b) Media. Gemeinwestgerm. ist dieselbe jedenfalls spirantisch gesprochen worden, nur in der gemination und in der verbindung *-ng-* herrschte verschlusslaut. Es muss in erster linie festgestellt werden, wann und wie weit die verschiebung zum verschlusslaut erfolgt ist, die beschaffenheit des letzteren kommt erst in zweiter linie in betracht.

Anm. 1. Für *-ng-* begegnet widerholt *-gg-*: *siggulos* 785. *sigculis* 797. *Conniggas* 798: *Conningu* 797. *liggen* (= linken) Griesh. predigten I, 23; vgl. Zsfda. 20, 158.

Folgende schreibungen sind zu constatiren:

Wirtemb. urkundenb.: *a*) anlautend: *Gotefridus, Godafridus* 708. *Lutgęrus. Uualgaero* 758. *Gramavvi* 769. *Cotannivvi. Ragingaerus* 769. *Gundachar* 770. *Cozherio. Hartker* 771. *Callo. Crinberto* 773: *Grimberto* 776. *Cartdiuha. Cundpoldo. Rammackeuui* 778. *Liuzcauuia* 778. *Ceizman. Otgaer* 782. *Berachtcozus. Nandgeri* 785. *Kericho. Cundoloh* 786. *Ruadker. Otker. Linzgauginse* 786. *Ceroldus. Gerolto. Helmcoz* 786. *Cozbertus. Geraldo. Uuitigauuuo* 790. *Gersinda* 790. *Kebasinda* 791. *Cundhartus. Ruadger* 792. *Keilo* 797. *Heidkauge. Cundachar* 797. *Gaersoinde. Nandhker* 797. *Cunduni. Kaganhart. Kerboldus* 802. 803. *Cundpreht. Nidger. Otger* 802. *Cruaningun. Ghisalured. Cundhart. Gaerhart* 805. *Genchinga. Alpker* 806. *Mahtcunde. Uuiligund. Ruadcunt* 809. *Gerharti* 817. *Kisalfridi. Kisalmari. Cundpaldi. Uuolfcoz. Heidcauue* 817. *Nibalgauge* 820. *Cundpret. Heriger* 834. *Keroldo* 838. *Cotalinde. Gerhart* 838. *Cunthart. Germunt. Cundram* 839. *Kaganharti* 846. *Gundwino. Grimoldi* 856. *Griubingaro. Uualahgrim. Otgrim. Gunderun. Gundrud. Adalgund. Engilgart. Giselmunt. Gisalhart. Gerhart. Gozbert. Gozhelm. Giselpert.*

Germunt 861. *Cotesdegan*. *Kisalperti*. *Cozpert*. *Heriger* 868. *Kerhart*. *Hiltigero* 882. *Gebehardi*. *Geroldistorf*. *Gotefridus*. *Gerboldus*. *Gisingin*. *Guntrammus*. *Grûnen Widechen* 1099 etc. etc.

β) geminirt: *Ackiolt* 770. *Ecchiardo* 790: *Eghiharti* 790: *Ecchihart* 805. *Eccho*. *Eckihart* 834. *Eggihart* 861. *Egehart* 868. *Taneccho* 1099: *Tannegga* 1116. *Crauinegge* 1092. *Rugge* 1175: *Ruke* 1181: *Rucche* 1192. *Hecche* 1204. *Ekke* 1229. *Sperweresecche* 1192: *-ecke* 1251: *-egge* 1251.

γ) in- und auslautend: *Magulfus* 708. *Duringas* 752. *Hug*. *Uuicohaim*, *Uuigahaim* 763. *Apfalaga*. *Entinesburugo*. *Takarichi* 769. *Ragingaerus*. *Wichardus*. *Fastranc* 769. *Burichingas*. *Willamundincas* 772: *Willimundingas* 773. *Haghico*. *Radbergane*. *Roding* 773. *Agylolfus*. *Ragynulfus* 776. *Theotinc* 778. *Sighiman* 782. *Woldregi* 785. *Loncobartorum* 785. *Ekino*. *Ekilperti*. *Reginbald* 786. *Rekinhilt*. *Akipert*. *Sikibert*. *Sikirihc* 786. *Agino*. *Ekilolf*. *Ekibert*. *Nagaltuna* 786. *Ratinh* 790. *Reginberti* 790. *Reginharti*, *Reginfrid*. *Sigurihi*. *Uuinburc* 791. *Aginone*. *Uuicharto* 792. *Hugiberti* 797. *Hartuuic*, *Bernuuic*, *Rantuuic* 797. *Kaganhart*. *Uuagolf*. *Reginheri* 802. *Uuagingas*. *Ratinc* 802. *Uuago*. *Sembinuuanc*. *Aginonis*. *Reginoldi*. *Reginger*: *Hugibold* 805. *Fagund*. *Dheotuuic*. *Palduuic*. *Uuilliburc*. *Reginhardi*. *Meginhardi* 809. *Ingoltesuuis*. *Uuicharii* 817. *Taukindorf*. *Sikiharti*. *Reginbaldi* 817. *Ekilolfi* 820. *Sigiram* 838. *Reginfridi*. *Egina*. *Rantuuich*. *Thiotpuruch*, *Hiltipuruch*. *Bernuuicus* 838: *Bernuuigus*. *Meginfrid*. *Sigibert*. *Reginger*, *Reginhard* 839. *Kaganhart*. *Egilharti*, *Egilberti* 846. *Engilgart* 861. *Sicger*. *Sigimar*. *Reginger* 868. *Reginbert* 882; dagegen *Reinwin*. *Reinboto* 1099. *Meingoz* 1129. *Sigeboto* 1253: *Sibotho* 1258. *Isenburk* 1191: *Isenburch* 1246 u. a. Vgl. auch *paco* 773. 785. 792. *rocavit* 785 u. a.

Anm. 2. In ältester zeit begegnen vereinzelt die schreibungen *-ag-* für *-ai-*: *Leupagde*. *Wolfagde*. *Agde*. *Ahalagde* 772. *Volfagde*. *Lobehagde*. *Janogde?* 773. (Elsässische orthographie? vgl. Strassburger studien I, 226.)

Von anderem zunächst abgesehen ergibt sich, dass in der zweiten hälfte des 9. jhdts. im anlaut die schreibung *g* in bedeutender majorität die oberhand gewonnen hat.

Inlautend bilden von anfang an *k*, *c* die ausnahmen. Die seltenen *gh* : *Ghisalured* 805. *Haghico* 773. *Sighimun* 782 sind auf die stellung vor *i* beschränkt Wir beobachten überhaupt, dass *c*, *k* nur sehr selten vor den primären palatalvocalen *ë*, *i* (characteristikum einzelner vielleicht fremder schreiber) gesetzt worden sind: *Kebasinda* 791. *Kisalfridi*, *-mari*. *Taukindorf*. *Sikiharti* 817. *Ekino*. *Ekilperti* 786. *Rekinhilt*. *Akipert*. *Sikipert*. *Sikirihc* 786. *Ekilolf*. *Ekilert* 786. *Ekilolfi* 820. Das normale ist durchaus *-g-*.

Pactus: *caucha*. Lex Alam: *uuirigild*. *uueregeld* vgl. urk. *vveregeldos* 786. *vveregeldo* 817. *morgangeba*, *-gheba*. *pulislac*, *-lach*. *palcprust*. *buric*. *tautragil*.

Weingarter glossen A.: *kelt*. *ga-*, *ka-*, *gi-*, *ki-*. *heimprunc*. *crimmor* (sevius) dagegen *piuangan* vel *pisaget*. *uuaganleisa*. *infraget*. *fhologo*. *einwigi*. *navigo*. *sohunga*.

Augsburger glossen: *α*) *ki-*, *gi-*, *ge-*. *argluoit*. *grinan l glilon*. *glouuar*. *gluotphanna*. *glostat*. *germizzunga*. *gastwissi*. *gerno*. *grephti* *grintila*. *grubas*. *grint*. *guz*. *ungigurtit*. *feldganc* *goculari* (maleficus). Dagegen: *cruannosate* (uirides sationes). *cabolrind* (circinno).

β) *ruchilingun*.

γ) *giiagotemo*. *gelegen* *trogon*. *trugi*. *suntigosto*. *ingagen*. *bitrogen*. *gislagan*. *nagal*, *negil*. *egalun*, *igil*. *irbelgen*. *mago*. *uuagan*. *niunouga*. *ringa*. *erdchegil*. *caragar*. *irdiges* (inpetrabis). *gidigino*. *lugi*. *magitheide*. *firsegiter*. *trizzigiarigmo*. *kiduving* etc. *bitrouchin* (fefellit cum). *armbouch* (braciale): *pouga*. *antfanchlich*. *rudich* (inpetiginem). *kinuhsamen* (steht wie in den Schlettstädter gloss. und ZBR *gnuhsamir* für *kinûhtsamen)*. Dagegen: *suntirikiz*. *uncitikemo*. *araki*. *haruc*: *harca* (nemus, nemora). *secoton* (secuerunt). *dinc*: *dingonti*. *arpalctos*, *erbalc sich*: *irbelgen*. *gilancsamot*. *gizuc*. *feldganc*.

Prudentius glossen A: *gi-* fast allgemein, *ki-* sehr selten: *kiringilichez*. *g-* die regel, ausnahmen: *cuolichi*. *kuoti*. *kirit*. *fronakelt*. *cuibiziken*. *getroc* (portenta). *scuzilinc*. Ebenso in den Weingarter glossen B: *g* allgemein, nur: *kizalo*. *kibrachotaz*. *kalstruntes* (incantantis). *kiahter*. *firkebin*. *crepil* (paxillum).

Beachte *buch* (bug). *huorlinch. osterfrusginch. dinchuse. uzganch. ouchsiunger* (euidens). *halsbouch, armbouch: armbouc. slac. ursprinc.*

Geminirt: *in gewikin* (in competis). *mugun: muggun. einougen.*

Zwiefalter glossen: *α) gremizzunga. gelph. grawin. grefti. gigleifta. grasiwrm. gambrer. gullin* (tinniebant). *brutgeba. wingartin. gelewi* u. a. *karauua: garawi. ki-* allgemein: *gimaht* (uitalia). *gitua. giuntan. kebile. unkikurtiv. kerno. kifti. crint: grindila.*

β) *surouger* (al.- *ougker*). *unkiwikkin.*

γ) *fertika: enstigiv: abunstiga. bitrokiniv. kisegiti. antsegita: sekitin* (retulerint). *bilegit. ekisen* (monstra). *undiruigilota* (interrasilem) vgl. Jac. Grim. gram. I, 157: *underuihilot,* vgl. *kefielotero. fihlot* Prud. gl. B. *fokilon* (aucupio): *uogulæris. steika. neiki. ubirmorkine. steokila. felka. zuobrunkini. thinge. hamirslagare. chuniglicher. trogun. armbouga. waginare. heigr. folgari. becigin. kibagta* (perussi). *puozwirdigora. waidiburigi. hagan. kislugan. umbihang. palawig* u. a.

Schlettstädter glossen: *α) ga-, ka-, ke-, gi-, ki-. girrit. graiffonten. grimlichor. gelt. gnadigor. galm. ingeiltist. gaizza. gartleoth. ungrade. gnokint. wolga* (age). *uzgat. gekarauwan. keront. kelesuht* (al. *khela-*). *kahi. forebikoumit. kitigi. irkeozzint. clesinen* (uitreum).

β) *wegkin, wekkinten* (motantibus), *wekit, kiwekita; wecke* (cuneis). *piualkint* (vendicant)? *zi rugge. eggerinch* (gurgulio). *girigge* (serta). *uggun* (spicula).

γ) *dinghus. dingman: tincman. manigfaltikiz. stungta* (impulit). *zuigta* (uellit). *sorgsami. langsami: lancsiuht. taga. fogil. slegibatta. daringegine: inkekin. egila. egidehsa: ekidehson. riutsegensa. hegidrûsi. hekitubin. egislicha. kiiegit: iagont: iakon. firsekiter. ubirsekit. bilekito. ratfraga. degen. zagaheit. magitheit. kinûg. kiziug. sculdig. ougsunig. kitigi: übermezziki. trizigiarikimo. clebirik kitrugida: trukinot* (mentitur). *takisterne. iunkistin. ankin: ango. ubirfenkida. bidvinkit: kiduing, kituang. prinkinta. piuankiniu. vingiri. volgunga. kidwngin. kifuokida. bitrokin. akileizzi: agaleizzi. heikira: heiger. irhukita. araki. trok. flûk* (aratrum): *pflogis. tolc* (ulcus).

Prudentiusglossen B: *ke, ki: ge, gi. kalsterare. keiselon. kebanoto.*

ingiltet. zegebiniu. garabinti (exculpens). *citigen. unuertigen. zuhtigen. finfceniarigin. zunga. bihugit. intsigilta. arigu. uurmazig. handegen. hantslagota. zagele. urspring. umbihanga. berc. snitelinc.* Beachte *anelit* (= ligit).

Im Weingarter Reisesegen ist *g* allgemein (doch *funfzic*), ebenso im Schwäbischen Verlöbniss ausser: *schillinch. genadich.* Geminirt: *egge.*

§ 175. Die sprachgeschichtliche beurteilung dieser ältesten schreibungen ist ausserordentlich erschwert. Was zunächst den anlaut betrifft, so wird es nach den urkundlichen formen, den fast alleinherrschenden *g*-schreibungen der Augsb. und Weingarter gl., für ausgemacht gelten können, dass die *k*- der übrigen jüngeren glossenhandschriften ihrer älteren vorlage entnommen und restweise sich der umsetzung in moderneres *g* entzogen haben. Im 10. jh. wurde bereits anl. *g*- geschrieben; für den inlaut bilden die Zwiefalter und Schlettstädter glossen mit zahlreichen *k* neben dem sonst regelmässigen schwäb. *g* merkwürdige ausnahmen, die vielleicht auf ursprünglich nichtschwäbische vorlage zurückweisen, vgl. die zahlreichen inl. *k* in bair. denkmälern, der ahd. St. Galler Benedictinerregel und in K[b] (Kögel, über das Keron. glossar s. 110). Im auslaut ist die schreibung -*ch* für Augsburger und Weingarter glossen gleichfalls characteristisch, -*c* findet sich nur in Zf. nicht, -*k* ist eine besonderheit der Schlettstädter glossen.

§ 176. Zur feststellung der lautwerte für verschoben *k* und *g* ist als von einem festen puncte von der verschiebungsstufe der betr. geminirten laute auszugehen. Sowohl für -*kk*- als -*gg*- begegnet die schreibung -*cch*-, vgl. *blicchi. diccho. floccho. decchest* u. a. wie *Ecchiardo. Ecchihart. Taneccho* u. a. Auf keinem dialectgebiet kann aus -*gg*- > *cch* (d. i. *kch*) geworden sein, die übereinstimmung der bezeichnung ist nur erklärlich, wenn -*cch*- = *kk* = *gg* gewesen ist (auch auf fränk. boden vgl. MSD [2] s. XXV. 293. Tatian 88, 7. Braune, ahd. gram. §§ 143 anm. 2. 149 anm. 7. Holtzmann altd. gram. I, 266. 272. 273. Strassburger studien I, 235 f). Dass dies thatsächlich der fall, beweisen mir vollends die parallelschreibungen *-cc-*, *-kk-*, *-k-*, resp. *-gg- -cg-* (vgl. auch mhd. reime zwischen *gg* und *kk* bei Jac. Grimm, gram. I, 374). *-cch-* hat also sicher auf unserm boden den wert eines verschlusslautes; nach den oben verzeichneten schreibungen darf schon für die älteste zeit identität von *-gg-* und *-kk-* statuirt werden: in beiden fällen trat lange gutturale verschlussfortis ein.

Nun findet sich aber auch *-ch-* vgl. *Rotinakkir: Rotenacher. Tecke: Tecche: Teche. dechest* Augsb. gl.: *decchest.* Schlettst. gl. *dicchi* Prud. gl. A: *dichi* Weingart. gl. B u. a. Auch hiefür wird nach dem obigen dem *ch* der wert eines verschlusslautes beizulegen sein, doch ist zu beachten, dass wahrscheinlich in alter zeit noch vielfach doppelformen bestanden haben, die jetzt beseitigt sind, vgl. *facla: fachila* Augsb. gl.? Es ist z. b. an sich unmöglich, für formen wie *sechil, achar, dechest* u. a. affricata resp. verschlussfortis zu erweisen, nach den regeln über den eintritt der westgerm. consonantendehnung war in denselben der einfache reibelaut regel, die heutige lautung kann nur aus andern zugehörigen formen übertragen sein (*achar : akkres* etc.; für die *ch-* schreibungen bei Otfrid, die ebenso aufgefasst werden müssen vgl. Holtzmann, altd. gram. I, 274). Die möglichkeit der geltung von *ch* als verschlusslaut betrachte ich doch als erwiesen. Folglich ist dies ohne schwierigkeit auch auf den etym. *k-* anlaut zu übertragen. Dafür sind geltend zu machen 1) der durchgehende wechsel der orthographie zwischen *ch-, c-*, seltener *k-*.

2) die allgemeine schreibung *cl-*, wofür nicht ein einzigesmal *chl-* begegnet. Diese merkwürdige sonderstellung ist bereits für das fränk. gebiet von Wilmanns-Nörrenberg Beitr. IX, 385 anm. 1. hervorgehoben; sehr häufig ist auch *cr-* neben *chr-*, dagegen bildet *chn-* wiederum die regel. Es ist undenkbar, dass etwa *kl-* hätte unverschoben bleiben können, vielmehr liegt hier ein sehr treffendes merkmal für die allgemeine verschiebungsstufe, das mit allen andern zusammen unwiderlegliche beweiskraft dafür

besitzt, dass anl. *k*- auf unserem gebiete unverschoben geblieben ist. Hier kann gleich angeschlossen werden, dass diese schreibung *cl*- auch die verschiebungsstufe von anl. *g*- sicher stellt: vgl. *ungeglagotar: clagon* Augsb. gl. umgekehrt *clesinen* (uitreum) Schlettst. gl. *cruannosate* (uirides sationes) Augsb. gl. u. a. Die anlaute müssen schon in dieser alten zeit sich so nahe wie heute gewesen sein (neutraler verschlusslaut § 155, 4. 5).

Nachdem diese positionen gewonnen, bleibt vorerst nur noch für inl. *k* nach cons. die verschiebungsstufe festzustellen. *k* ist in dieser stellung zum reibelaut verschoben, wenn svarabhakti-entwicklung stattgefunden hat, ohne dieselbe ist *k* erhalten. Vgl. u. a. *Marcfrid: Marahtale. slegimelc* (Jac. Grimm, gram. I, 150 anm. 158. Sievers, Beitr. IX, 212): *milichi. werc: werah. calc: calah. starc: starah* etc. *stork:* gemeinahd. *storah; štǫrk̄* hat nicht bloss die heutige ma, sondern ist auch durch Steinhöwels Aesop *stork. storken* s. 111. 126. Herman von Sachsenheim, Tempel *storcken: morcken* 583 bezeugt vgl. Germ. 17, 80 *storken.* Augsb. chron. 5, 459 *storggen.* Zim. chron. *stork* u. a. Nach *n* ist in allen fällen *ch* = *k*; letzteres ist wiederholt geschrieben. Nur für den hochalem. dialect gilt auch hier die verschiebung von *-lk, -rk, -nk* > *-lch, -rch, -nch;* in den fällen mit germ. oder westgerm. *-lkk-* etc. ist *-lkch-* etc. entstanden, im niederalem. und schwäb. sind beide categorien in *lk* etc. zusammengefallen.

In- und ausl. nach vocal ist *k* zum reibelaut verschoben, wie dies die schreibungen *ch, h* (auffallend selten *-hh-*) darstellen.

Anm. 1. Die verschiebungsstufe anl. *k*-, inl. *-kk-*, *-lk*, *-rk*, *-nk* intervocal. und ausl. *-ch* hat seitdem als merkmal fränkischer dialecte gegolten vgl. Braune ahd. gram. § 143. Aus Heusler der alem. cons. s. 51 ff. (wozu die verschiebungsstufe in K^b bei Kögel, über das Keron. glossar s. 83 ff. zu vergleichen ist) geht hervor, dass mit dem schwäb. auch das elsäss. und niederalem. zusammentrifft. Die seitherigen annahmen lassen sich nur für das hochalem. aufrecht erhalten. Vgl. Bachmann, schweiz. gutturall. s. 16. 40. Winteler, Ker. ma. s 50. 60 f. DM. VII, 333 ff. u. a. Braune ahd. gram. § 144 anm. 4. Holtzmann altd. gram. I, 270.

Anm. 2. Nirgends tritt so klar wie bei dieser *k*-verschiebung die bedeutung der orthographie hervor. Die von Kögel über das Keron. gl. s. 71 gegebene directive trifft meines erachtens nicht das richtige, weil unsere handschriften vorwiegend copien sind. Sie stellen meist kreuzungen zweier verschiedenen einflüsse während der schreibthätigkeit dar: der schreiber steht teils unter dem zwang eines fremden schreibusus, behält eine orthographie bei, die in anderem district mit ganz andern lautverhältnissen ihre heimat gehabt (für unser territorium hat jedenfalls St. Gallen das vorbildliche muster gegeben), teils wirkt das natürliche streben in der eigenen zunge zu schreiben, die an dem fremden zeichen haftenden fremden laute zu vermeiden, und die individuelle schreibung bricht durch. Eine dritte möglichkeit ist gewiss auch eingetreten, dass nemlich einzelne wörter in fremder lautung aufgenommen worden sind (lehnwörter; dialectmischung), nur lassen sie sich meist nicht mehr constatiren und vom stammheitlichen material sondern.

§ 177. Für die verschiebung von *g* ist bereits inl. -*k*- fortis im geminationsfalle und anl. verschlusslaut, wenigstens vor consonanz, festgestellt und auf eine unterscheidung zwischen *g* vor hellen und dunkeln vocalen hingewiesen §§ 174. 175. Dass die letztere berechtigt ist, geht daraus hervor, dass vor *i* der nebensilbe *g* geschwunden ist, urk. seit dem 11. jh. nachweisbar, die glossen zeigen -egi-, -eki-, -igi jedenfalls in überlieferter schreibung gegen die aussprache. Beachte indessen *anelit* der Prud. gl. = *anliht* ZBR. Urk: *Reinwin*. *Reinboto* 1099. *Meingoz* 1129. *Sibotho* 1258. Vgl. ferner Ahd. gl. I, 328, 29. 352, 28. 331, 14. 390, 26. 420, 40. 699, 49. 706, 36. II, 135, 70. Otfrid F *gileiti* I, 11, 33. V, 20, 108. Dieselbe entwicklung ist in den optat. formen der ursprünglich schwachen -*ōn* verba eingetreten vgl. *machoge* u. a. § 182. In alter zeit haben bereits abgeschwächte formen wie *machege*, *machegi* (Beitr. XIII, 471) bestanden, und darauf beruhen die fälle der ZBR: *můdei*. *volgei*. *segenei*. *masei*. *irvollei*. *temperei*. *bezzirei*. *růwei*. plur: *dienein* (*ahteigen*. *segeneigen* nach den singularen); doch ist nicht ausgeschlossen, dass optat. ohne -*i̯*- resp. -*g*- entwicklung (vgl. Braune ahd. gram. § 310) zu grunde liegen: *machoe* > *machee*, *machei*. Dazu kommen die widerholten -*gh*- vor *i*, die sich aus andern gebieten leicht vermehren lassen, vgl. Weinhold, Isidor ausg. s. 87 f. Socin, Strassburg. studien I, 194 ff. Henning Vocab. St. Galli s. 131 ff. Kögel, Beitr. IX, 303.

Ich nehme an, dass palatales *g* vor *i* sich überhaupt länger als reibelaut gehalten, und später als vor andern vocalen sich zum verschlusslaut verschoben hat. Diese verschiebung hat auch der zweite palatale reibelaut *j*, der vor hellen vocalen mit etym. *g* vollständig identisch gewesen, mitgemacht, aber erst, nachdem derselbe vor gutturalen vocalen, in welcher stellung er zum unterschied von *g* gleichfalls palatale articulation bewahrt hatte, (vgl. ags. *ȝod* gegen *ȝeoc* u. a.) zu *j* geworden war. Der palatale reibelaut existirt heute noch in der endsilbe *-ix* und vor cons. wie in *sẹxt*, *jaxt* u. a. § 157 anm. 1. 2. Vor *i* in schwacher silbe nach palatalvocal ist dieser reibelaut geschwunden: *līt* aus *ligit* wie *bīcht* aus *biiiht*, *bigiht*, vgl. auch *brīdle* dim. zu Brigitte (Tuttlingen). Dagegen vor *i* in ictussilbe ist sowohl für *j* als für *g* stimmlose verschlusslenis eingetreten, wie bereits in älterer zeit für *g* vor den übrigen vocalen sowohl im an- als im inlaut; der wechsel zwischen *g* und *k* der schreibung, wird jetzt um so mehr begreiflich, wenn für *g* noch spirantische aussprache gegolten hat. Möglicherweise erklärt sich so auch die auffällige schreibung *-g-* in (nhd. *feige* ficus) *uigeffli: ficheffele* Ahd. gl. I, 481, 18 (lapastes caricae) Augsb. Vgl. gl. *figono* (caricarum) Ahd. gl. I, 394, 6. 404, 20. ficus *figun* 711, 13. 787, 33. *figboum* Otfrid II, 7, 64: *fichboum* Grieshaber's predigten II, 39. *fichboum*: *figboum* Ahd. gl. I, 516, 57. *uuilda ficpovma*, al. *uich-* Ahd. gl. I, 439, 7. 600, 19. 634, 50. 672, 56. Ich glaube, dass im silbenauslaut spirantische aussprache in der ältesten zeit allgemein gewesen, erst allmählich nach den inlautsformen auch im ausl. verschlusslaut sich festgesetzt hat, vgl. *armbouch : pouga* Augsb. gl. ebenda *bitrouch : bitroginuvirdit* (fallitur). *rudich.* Prud. gl. A: *bŭch. halsbouch. armbouch. ouchsiunger* und jedenfalls besagt, was wahrscheinlich noch viel weiter auszudehnen ist, *c* in derselben hs. (§ 173 *getroc. armbouc. slac*) dasselbe. Man erinnere sich der zutreffenden formen: *wech* Lanzel. 414, ebenda *krac: slac* 4775. *burch : durch* 5523, vgl. Pfeiffer Freie forschung s. 416. Dagegen *sælige: sige* 4569. Iwein *mach* 4098 (vgl. Lachmanns anm.) Armer Heinrich 1264. 1274. *sweich*: *be-*

streich. pflach: geschach Iwein 3473. 4431 (Paul Beitr. I, 375. 382. 539). Der wechsel zwischen *-ix* und *-ik* beruht gleichfalls auf der verschiedenheit der silbenstellung vgl. *palawig: fertika* Zf. *sculdig: manigfaltikiz* etc. Schlettstädt. gl. Danach ferner formen wie *clebirik* resp. *kitigi* etc. Nach *n* ist aber zweifellos auch im ausl. verschlusslaut [aspirirte fortis] gesprochen worden.

§ 178. In den späteren denkmälern ist der heutige zustand überwiegend auch in der schreibung ausgeprägt vgl. ZBR: *kunc. kunt. kamen. kuschi. bikeret. kint. kurze. kuchi. kornin. cappun. acust: achust*; mit svarabhakti in *kenethe* (seruos). *kiniwe* (genibus): *kniv.* Dagegen *chor. willekur: willichur. inkain, (in)kaine, inkaim* etc. sind bereits sehr häufig, vgl. urk. 1292 *dikains. dikainer.* 1296. 1298 *dekainen* neben *kainer* 1287 *dechainiv*; noch 1530 *dehain. werke: werchin. gedenke. bedunkit. gisterkit: stercher. kranken* neben einmaligem *kranchin* 36ª. *trinkindn* etc. neben *trinchins* 39ᵇ. *merchit, merchind. c* im auslaut: *alrstercstiu: sterchirm. wercman. gidanc. volcs. kranc.* Stets *closter. claine, clainstem, clainem* etc. *clagen,* auch *crone. crist. criege* neben *kraft, krankait. knistungi.* Geminirt: *weckind. dicke: dich, dicche. erscrocchen: irscrecht, screchunge* (terror). *accher: acher* (vgl. urk. 1297 *accer.* 1310 *aker*). *zů locchunt*; für *ch* in: *wocchen. siccher. sůcchen. bricchit. iocche* u. a. *roc* neben *roch, roche, rocche* ist zweideutig, da *-c* auch *-ch* vertritt vgl. *zaichens: zaicnunge. sprâc: sprah. noc* (adhuc). *vůztůc. gesac. sic: sih. ic: ih. declac* (lena). *bůc* (codicem). *bůckamer, bůcliv. mugelic, vrauillic, unverzaglic, gemainlic* etc. Demgemäss auch sicher mit reibelaut: *hailic. bedahtic. gaginwertic. unwirdic. manic. vberic. hohvertic. sculdic* vgl. *ainich* neben *ainic. underlich* (subiaceat). *widerwartichiu*; *widerwartic,* doch auch *-g*: *hovertig. uppig. hailig. wirdig. trurig. sculdicgen* etc. *wissag : wissah : wissach : wissac. munich : munic: munih. og : oh. dog* (tamen). *degan* (decanos) : *dechini* (decanias), folglich *strig* (laqueum) = *štrix,* ebenso sind wahrscheinlich die analogen fälle bei Notker (Braune, ahd. gram. § 144 anm. 4) zu deuten. Spätere schreibungen wie *unglig* (z. b. Aesop s. 60) bezeichnen aber sicher den verschlusslaut. Danach scheint es, dass auch *c* neben *g* in *wec: weg. swaic: swigh* (silui). *tac: tag. mac: mag: mach* noch unverschobenen reibelaut darstellen; nach *n* ist ausl. *-c* die regel: *ganc. dinc. gienc: giench. gisanc: gisange. anuanc.* Geminirt: *rucgen.* Übereinstimmend lauten in Grieshabers predigten: *wirdic. genædic. hailic dac: dach* (tag). *drisec. mac* u. a. *dinc. gienc. kúnc: kúnige. ganc* etc. Ebenso anl. *k-: kindelin. ker* etc. gegen *clainer. clainaden. clamm. cranc. creft. cnet* (knecht) u. a., die nicht schwäbische masse hat häufiger anl. wie inl. nach cons. *ch* (*chom: kom. wolchen. volch. merchen* etc. aber *claget*). Für ausl. *-g* gleichfalls *-ch: gelôbich. mach. zornech. spizzich: spizzige. kúnech: kúnege. wirdech bihtich. tach. lach: lack. phlach: phlag. manech: manger. wech. berch* etc.; ebenso *dinch. ganch* u. a. Weingarter predigten: *cham. erchûle. gedenchen. chlaidern. erchennnit. cho^e^ft. chrumben: irkennent. clage. verkiesen. kinthait. chaizer: kaiser. charchær: karcher.*

Im Augsburger stadtrecht von 1276 für *-g: trûch. geswaich. tach: tage. wech: wege. dinch. manich: durftige* etc. (im Lehenbuch: *burch, burchgraben: burklehen: burg*). Ferner *kauflúte. kumt. kamphe. kirchen. schenket. anhenken* etc. gegen *chunt. chomen. bechante. chint. chorn: korne*; beachte *clagen. clager. klainen: chlainer,* mit historischer schreibung, die sich in Augsburg und Ulm (urk. 1294 *chunt: kunt*) unter dem einfluss bair. orthographie (vgl. Weinhold bair. gram. s. 186) sehr lange gehalten hat, vgl. noch aus den Augsburger rechnungen D. Reichstagsakten II, 358 ff (a. 1390—1405): *chomen: komen. Chúntzelman: Kúntzelman.* a. 1417 (a. a. o. VII, 330) *verchúnden: verkúndent.* Im liederbuch der Hätzlerin ist *k-* durchaus die regel, doch beachte: *ich bechenn. chain. verchúnden. chinder. chomen. chauffen. chom̄ kom̄ vnd chom̄ behennd* 192, 95 etc., dagegen auch hier *clagen. claffern. clainen. clingt. clopff. claidt. crefften.* So auch bei Mynsinger: *clain. clainer. claven. clafter. clug. clar. clee. clopffent. cluft. crafft* doch *chomt. chainer. erchennen.* Ebenda *kalch,* kaum gleichwertig *kalg* Aesop s. 71 sowie *balg* s. 231: *balk* s. 220. *zuken: zugt* s. 220, vgl. *verdegt* Ehingen s. 11.

Zim. chron. *keglich* = *keklich* Aesop s. 44. Bei dem Ulmer Ruland: *chauff, chauffen: kauffen. schickn: schikchen: schikhen. geschickt: schickcht. vermerkt: vermerkht: vermercht. markcht. ausschenkchen.* Handschriftlich: Tristrant: *clag. clainet. clain.* Das ostschwäb. anl. *ch-* ist besonders vertreten in cod. palat. 101: *chündig. chaiser. chainen. cham. chreüter. keuschait. kranckhait. kaᵛm. claine. clůg. henckt* u. a. cod. theol. et phil. 54: *chron* : *kron. verflekkent. smakkes. schuldik* : *zornig. dink* : *ding.* no. 68. *clayder. clagen. duntg dich* (dünkt) ebenso *sengt* (senkt); geminirt *tracken* drachen (verschoben *-ch-* ist mir in unsern denkmälern nirgends begegnet). no. 74: *clagent: klainú. leketen. gedrukket. keklich.* cod. bibl. 28: *amblig(g). strigg. erkigg mich*; ebenso *dú mugg* (fliege). cod. poet. et phil. 23: *hauggen* (hacken). *ling hand, lingsitig. drieggecht.* cod. theol. et phil. 11: *schickest: geschigt. ruckin mell* (roggenmehl). no. 17: *clag. claid. clain.*

Ausl. *-g* erscheint im stadtrecht in der regel als *-k: mak: mag. schuldik: schuldic: schuldich. totslach: tosclac: totslak. honik: honiges. drizzik. zwifeltik. ledik: ledic. sæhzik: sæhzigen. tak: tages. burkreht: burchreht: burcreht. wenik, diubik: diubigez* u. a. Vgl. noch in den Weingarter predigten: *manich. buortich* (gebürtig). *kúnic*: *kúnige. ledich: ledic* (sowie auch *essig*: *essich* Aesop s. 54. 55. *keffic* käfig s. 174); anl. *k-* wechselt auch hier mit *ch-*: *kumet: chume* etc.

Herkommen: *bekante. karren. korhern* etc. *costen. clain. cläger. beclagen. kranck. knecht;* im stadtrecht von Rotweil ist dagegen die schreibung *kh-* üblich: *khinder. khünftig. verkhünden*; vgl. bei Ulr. Krafft: *khomen. khinde. khundtschafft. starckh. zuruckh. fleckhen. volckh.* In der Zim. chron. ist *k, c* allgemein, doch an einzelnen stellen noch *chraft. chron. chundig* [ebenso fremdartig sind *auch*: *aug, augen. zaichten. megte* (möchte). *scherchen*], dagegen *sarch* wie *arich* (arg). *gefetterich* neben *-g*; zu beachten *clag. claffer. clafter* u. a.

Anm. Siehe Harsdörfer bei Schottelius ausführl. arbeit s. 206 (vgl. s. 214): nonnulli literam *c* tanquam peregrinam in *ch sch* et peregrinis vocibus tantum retinendam existimant in pure germanicis vero *k* substituunt et sic nostro quidem judicio recte scribunt *Cantzeley. concert* etc. perperam vero *clagen. clar. caal* loco *klagen klar kaal* etc.

Aus dem urkundenmaterial führe ich auf: *kvnt. clage. gecleget. werche. chovfen. geurkundot* 1287. *ze chovfende. nahchomendo. vrchunde: geurkundot. march* 1292. *echeren. nahcomendo* 1293. *ze kovfenne. verkoufet. ákkern* 1295. *kúnden. agkir* 1296, vgl. *aker* 1351. 1362. *æker* 1345. *äckerli* 1412. *acker. achker* 1483 etc. *agger* 1427. *nachkomen. closter* 1296. *schenche* 1296. *shenke. gehenket. ze ko'ffene. akker* 1298. *kranch. werken. ko'fende. ko'fe. marke. ækern* 1298. *erkennen. klain* 1298. *duncket* 1299. *Chůnrat* 1303 (sonst *k*-). *dunche. kuntschaft* 1305. *chovfende. kvnt. choufe. kint. verchoufen. closters* 1315. *nachcomende: nachomenden. kinder* 1315. *bockeli* 1317: *bógkeli* 1330: *bókli* 1336. *Neker* (*Nekers* 1413). *chainer, chaine* 1318: *kain* 1322. *nahkomen. erkiesende. kur. bekrenken. dekainer: dehainer. dikke. verstrikken* 1326. *werke. ágkern* 1327. *kernen* 1333. *burchart. nachkomen* 1338. *kupfersmit* 1358. *crúces. kirchen. karfritage. dvnket* 1362 etc. Für *g* sind nur die auslautsformen bemerkenswert': Ulm: *shuldik. vierzek. zweinzek. geziuk. gerwik* 1270. *Hedewik. geziuch* 1275. *tak: tage. ahzik. dink* 1289. *tach. núnzeg* 1294 u. a. *Dahsberc* 1292. *zewainzeg. núnzeg* 1296. *-ig. burc. tag* 1296. *tag. -burg* 1298. *ewich: kúnftigen. kriec. nunzec* 1298. *nivnzech* 1296. *wirtenberch. mack* (: *mach* 1293 vgl. *macht du : du machst, magst* Aesop s. 63. 64. 69. *zwergs* = *zwerchs* s. 184). *gezivch* 1298: *gezivgen* 1296. *ledic. mac. trisecke* (30). *dacke* (tage) 1302. *zwainzek. drizek* 1307: *drisig* 1335. *drissig. fierzig* 1348. *ledig* 1314: *ledic* 1317. *zinstage: tak* 1347. *pfennig. tag. ansprâchig* 1333: *tak. ansprâchik* 1337. *kilberg. tag* 1338 u. s. w. Nach *n*: *hornunc* 1296. *dinch* 1298: *dink* 1330. *schillinch* 1307. *lanch* 1352. 1365. *agieng* 1354. *undergang* 1427 etc.

Geminirt: *roggen* 1295. 1307. 1337. 1338. 1348 etc. *egge* 1298. 1334 etc. *Elzun der gugglerinun. Liuggart* 1362. *brugg* 1413 u. a. vgl. *ruggen* Mynsinger s. 43, ebenda *schnäggenhüser. vieregget* s. 47. *hauggen* (= *hǫkə*) wie *roggenkorn* s. 63. Zim. chron.: *rugken, ruggen. wegken.* (Aesop *ruken* s. 101 wie inf. *weken* s. 113). *feurwerggen.*

Vgl. Seb. Helber, syllabierbüchlein (Roethe s. 7): gedoppletes *g* lautet wie *k: hag-gen. eg-gen. rog-gen. burg-graf. bug-gel. hinwegg.*

Verschlusslaut hat im ausl. jedenfalls gegolten in *hinwegk* (Herkomen) vgl. *hinwegk: dreck* Hätzlerin 136, 163; ferner hierher gehörig *tag*: *smag* (geschmack) Mörin 431. *gesmakt: gesagt* 3379. *tag: sack* 2941. *schalk: balg* 589: *balck* 1000. *arck: marck* 6073. Dass im ausl. nach *-n-* der verschlusslaut auch auf unserem gebiet selbständige geltung lange bewahrt hatte, beweisen reime wie Rugge *lanc: gedanc* MSF 102, 25. *sanc: gedanc* 99, 35. Neifen: *sanc: danc. umbevanc: kranc.* Winterstetten: *sanc: kranc. dinc: sprinc: sinc: twinc: winc. sanc: blanc* u. a. Mörin: *langk: dangk* 115. *danck: gesanck* 579. *kranck: sanck* 1159: *sangk* 3716. *danck: clanck* 3895. *junck: trunck* 4839 (*trunck: hunck* honig Germ. 17, 88). *danck: ganck* 5439 u. a. Zim. chron. *lang: blank.* Aus der heutigen sprache wüsste ich nur noch das aus Balingen bezeugte *lākwəilig* als bestätigung beizubringen.

§ 179. Für die verschiebung von *sk* liegt der stand der überlieferung, wie folgt: Wirt. Urkb.: *fische* 763. 778. 786: *fisco* 785. *frischiga* 758: *frisginga* 763. 770. 778. 782: *friskinga* 802. 813. *Scuzna* 771. *Visculfo* 773. *Fischahc* 778. *Scrutolf* 790. *Scarcingas* 791 etc. *Phisgina* 1005. *Schamern* 1127.

Augsburger glossen: *faske* (fomenta). *kimiskit. hinterskrenclicho. skine. gimisgen. fronisgen. forsgonti: forscont. erscar. biscerigin. kiscuntido. kiuntirsceitoter. potiscaf. gesgizita* (oscitauit). *drisgiufili. unruisgi. gesgizunga. inhursgido. shcerrunga. schimbi* (erugo). *schelta. scherot.*

Prudentius glossen A: *skabit. scuzelun.. sceliua. irscaffaner. ersceinnen. scalch* u. a. *schenchit;* beachte *giscliz* (discidium).

Zwiefalter glossen: *kiscaffoten. scolti. scermscuuula. scarsah. mûstascon. scuzzilûn. scultsûcho. sciturz. scalg. nuoskin. fasge* (malagma). *fleisgmarchat. schirnon* (scurris).

Weingarter glossen: *mûstascun. scibun. scenchun. scef. suntscace. scripmezere. scinchun. scencho triskelin. osterfrusginch.*

Schlettstädter glossen: *sculdig. sceozzin. scenchil. scenkiuaz. scip. scilaf* (uncus). *kiscoltan. scepfarun* etc. *skephili* (lintres). *kunterskeitot. chuski* etc. *bischerit. fneschot. dreschot: dreskunge. losgen* (delitescere). *fasge: faske* (temperamenta).

Prudentius glossen B: *scarefi. skebit. sciboten: skibahten. gescalchta. scalchen. trutscefte.*

Schwäbisches Verlöbniss: *hantscuohe. scaphe. scaz. scharph. schillinch. herschepte. Swabeschen.*

ZBR: *scrigind. scůf. sceltwort. bescoᵛde. scafendn. scůl. bescaidenhait. irscrecht. maistersceſth. scare. scerun. gescriben. scrifth. mennesc, menscen. unmensclich* u. a. *ualsce : falsgen: valshen. tisgis, tisgen : tische, tissche. gemisgiz* (mixtum). Dagegen: *aische. mennische: mennish: menschen, mensh, mennislic, mennes* ebenso *ulais*: *ulaische. beschiht. schimpflihtin. schundnd. bischirmen. irschine. wischin. schame. bischof. himelscher* vgl. noch *wasscin : wassche aischut : aisschut.* Urk. 1270 Ullm: *aigenshafte. bishoffes shafenne. shuldik.* 1293 *shriber.* 1296 *bishah.* 1298 *shenke.* 1298 *menslih.* 1315 *shaffun. shulthaiz*; noch 1314 *gescriben. vorgescribenne.*

Ein vergleich mit den denkmälern aus verwandten dialecten (vgl. z. b. Braune ahd. gram. § 146. Weinhold alem. gr. 158 ff.) ergibt als die natürlichste annahme, dass in der vorbindung *sk* die verschiebung des gutturals gleichzeitig mit der *k*-verschiebung nach vocalen eingetreten ist; ich nehme mit Braune a. a. o. an, dass zunächst *sx* entstanden. Dieser lautwert ist bald durch *sch, sg (g* als spirant bereits § 177 nachgewiesen) bald durch *sc,* selten *sk* dargestellt worden. Zur zeit, als *s* vor *l m n w* (vgl. § 153) zu *š* geworden, ist dieser übergang auch in der gruppe *sx* erfolgt > *šx,* möglicherweise hängt das verklingen von *x* mit dem von *ch* (§ 177) zusammen.

CAP. III.

STATISTIK DER SONORLAUTE.

J.

§ 180. 1) Anlautend: *jūgət* (mhd. jugent) jugend; *jōŋə* (mhd. jung) jung; *jōmr* (mhd. jāmer) jammer, heimweh; *jǭr* (mhd. jār) jahr; *jūdəkruəp* (flurname); *jǫjǭ·* (mhd. jā jā) verstärktes ja; *jāxt* (mhd. jaget) jagd; *jēkr* (mhd. jeger) jäger; *jašt* (mhd. *jast, synon. gëst) das aufbrausen, in Balingen auch *jęšt*; *frjǫərə* (mhd. *verjorn, dafür vergësen) ausgegohren; *jūxtskə* juch! schreien u. a.

2) inlautend: *kujō·* (franz. coyon, cujon Zim. chron. II, 531, 35 u. ö.) schimpfname.

3) anlautend aus ahd. mhd. silbischem i entstanden in: *jędr* (ahd. iowëdar, mhd. iewëder, ieder) jeder; *jęts* (mhd. ieze ZBR, ebenda bereits *iez* [wie urk. öfter] neben *iezo*, Augsb. 1299 *yezo* später *yezunt*) jetzt. Wann diese lautveränderung eingetreten ist, vermag ich nicht genau festzustellen, da die schreibungen nicht verlässlich sind; trotz des regellosen schwankens zwischen *i* und *y* werden z. b. im Herkommen *yeglicher. yeman. yetweder. yeder* (wie *yenen*). Mörin: *yecz. ye. yemen. yetlich. yederman* u. s. w.; vgl. auch urk. 1490 *yedes. ijetlichen* cons. *i̯* bezeugen; zur vorsicht mahnt der reim: *nye : ye vnd ye* Hätzlerin 280, 141. *ye tieffer vnd ye tieffer* cod. theol. et phil. 68, doch ebenda *nye*.

Anm. Die alten formen *iəts* jetzt, *iədr* jeder sind gleichfalls noch heute erhalten, ausserdem kommen *ęts* jetzt, *ędr* (vgl. urk. 1298 eder) jeder vor; siehe auch § 96 anm. 4. Ich nehme an, dass diese formen ohne anl. *-j-* sich in nachdrucksloser satzstellung gebildet haben, aus der heutigen sprache ist nachdrucksloses *ǭ* neben *jǭ* unter dem ictus directer zeuge z. b. *sęndǫnōnęlǭ* (sind ja doch nicht da) u. a.

Ebenso scheint *g* vor *i*, *e* geschwunden zu sein vgl. schwäb. *ilgə*, bei Hebel *jilgə* (wie im thüring. DM II, 500; mhd. gilge), schwäb. *ips* (*ipsr*, *ipsə*) zu mhd. gips (lat. gypsum) gips; *hā·nsęrk* (Hansjörg, -georg) aber *jęrk* Georg; Balingen: *ęərə* gähren (mhd. jësen); dagegen *jatə* jäten; in den von Birlinger herausgegebenen volksliedern s. 13 *uf ẽənə wisə* auf jener wiese.

§ 181. Vor primären palatalvocalen ist *j* zu *g* geworden:

1) anlautend: *gẹ̄rə* (mhd. gërn) gähren vgl. oben part. prät. *frjǫərə*, dazu *gišt* (mhd. gist) synon. mit *jašt*.

2) inlautend: *ilgə* (aus mhd. giligen) lilien; *ǫ·tilgə* Ottilie (Germ. V, 374); *mẹtsk̄*, *mẹtskr*, *mẹtskə* (mhd. metzie, metzige; metzier, metziger; metzien, metzigen) schlachtraum, schlächter, schlachten; [*ksaekt* gesät, *kmaekt* gemäht u. a. § 66 anm. 3]. Analoge bildungen sind: *səiftskə* seufzen; *blitskə* blitzen, *klitskə* glitzen, *šmatskə* schmatzen (beim essen), *krãõtskə* ächzen vom holz u. a. Vgl. *plitzget* Augsb. chron. (*blitzken* Walther von Rheinau 72, 20). *blitzge* cod. poet. 30 *plitzgen* Zim. chron.; ebenda *pfutzken* III, 121, 10. *statzget* (stottert) IV, 252, 10, vgl. Aesop s. 38 *ain überträge zungen, darumb er ser staczget; iuchtzgen* Hätzlerin 262, 205. Zarnke, Narrenschiff s. 399, 19. *juchtzen* Mörin 3371. *gatzgot* (von der henne) Ingold 44, 22 heute *gakskə*; dem heutigen *gẹkskə* (rülpsen) entspricht *gichsgen* cod. poet. et phil. no. 23, vgl. *gichzen* no. 29. *fəigəle* (aus mhd. vījellīn, dim. zu lat. viola) veilchen, ebenso oberschwäb. *bəigl* (aus mhd. bījel, bīgel) beil.

Anm. 1. Weckherlin hat noch *gilge* lilie (mhd. gilge. cod. med. 5: *rosen vnd gilien*, ebenso cod. breviar. 55), *verherger* (zu mhd. *verhergen*, ahd. *-herijen*) verheerer.

Anm. 2. Vgl. noch *brẹtsgə* (niederschwäb.) neben *brẹtsətə* bretzeln (*brecitun* Zwief. gl.; *brætzcen* Augsburg. stadtrecht von 1276). *lẹəftsgə* lippen; *wẹəftsgə* wespen; offenbar angelehnte formen vgl. Winteler Beitr. XIV, 465 ff.

§ 182. Es ist bereits unter g (§ 177) bemerkt worden, dass die beiden ursprünglich identischen palatalen spiranten (nicht erst wie Braune ahd. gr. § 115. 118 anm. 3 meint nach jüngerer entwicklung) etym. *g* und *j* vor *e* und *i* entweder geschwunden oder in demselben palatalen verschluss-*g* zusammengefallen sind. An material aus der älteren periode gebe ich: Wirt. urkundenb.: *Uuintharius* 763. *Linzgauuia* 771. 778. *Teuteario* 772. *Isanhario* 778 (: *Asthari* 778. *Mothari* 752. *Hariman* 773. *Hruadheri* 797 etc.). *Barioldus* 806. *Laubia* 820. *Laimaugavvilare* 769. *Linzgauginse* 790. *Nibelgauge* 820 (*Leupagde* 772).

Weingarter glossen A: *za piuuerienne. kaieritiu*

(confecta) vgl. *kageritiu* (facta) Schlettstädt. gl. Ahd. gl. II, 93, 50. 91, 1. 85, 7. 97, 1. 105, 3.

Augsburger glossen: *kistatoge. loboige. firsuigoge. ahtogen. intuuonagen. burigen. erburigent, irburigint* (efferunt) wie *waidiburigi* (urbes mansionum) Zf. *biscerigin*, vgl. *giiagotemo* (venatu).

Prudentius glossen A: *iagonte.*

Zwiefalter glossen: *heigr l lericha.*

Weingarter glossen B: *prustweria. prunia*, vgl. *prunige* Ahd. gl. I, 536, 32. *heriunga. cherio* (scopabo) vgl. *chergo* Ahd. gl. I, 602, 38. *fruoja, frouges* (antelucanum) Ahd. gl. I, 557, 39. *gedraigunga* (tornaturas). *purgen* (vades) vgl. Ahd. gl. I, 537, 6. 540, 20. 22. 562, 4 u. a. *gigeten werdent* (purgabuntur), dagegen *vssgeyetten* cod. theol. et phil. 45.

Schlettstädter glossen: *iagont, iakon : kiiegit uuart* (vgl. zu dieser form urk. 1307 *clegt* klagt). *heiger. heikira* (ardea?). *kistatoge. ahtogen. firsuikage. machoye : keroien* (versemus). *piscerigin. irburient* (efferunt). *purigo. pisueriginte* (contestando). *uninkaltoi* (inpunitas). *stia* (ouile).

Deutlich sind die älteren formen mit inl. *-i-*. Inl. *g* ist offenbar den schreibern der betr. glossensammlungen gleichzeitig. Wenn die ersteren sich im verlaufe lange gehalten haben, liegt entweder traditioneller schreibgebrauch oder die gerade im vorliegenden falle auf allen dialectgebieten herrschende ersparniss vor, wonach der übergangslaut zwischen *i* und *e* etc. nicht zur darstellung gekommen ist, obwohl er gesprochen wurde, vgl. bei Notker *ferien : verigen*, ebenso wie in Grieshabers predigten *sundien* (sündigen). *sundien oͤgin* u. a. ZBR: *ahteigen. ordineigen. scrigind, scrige, scriget. bliges* (plumbi). *wir sigen* (simus). *tůge* (vgl. *dieg* Zarncke, Narrenschiff s. 315, 24). *můgit* (afficimur), *můge* (inquietet), *můgen. virgehit* (pronunciet). *bigehende, bigend; begehin, bigiht* (confitebitur). Weingarten predigten: *schergin.* Urkunden: *ich vergiche* 1296. 1298. 1305 etc. *vergehen* 1302. 1338 etc. *tůgen* 1281 : *twien* 1287, vgl. die zahlreichen *bredier : brediger* z. b. 1320. 1347 *predier.* 1348 *bredier* : 1335 *prediger. friges* 1305. 1322. *vrigen. tůge.*

vigent 1326. *genner* (januar) 1298 (ebenso Augsburg 1284). *frúgen* 1330. *aiger* 1336. *túgen. maiger. sigin* 1412. *túgen. maigerinne. metzge. maiger* 1426. *ayger. wiger* 1442 etc. Vgl. noch Esslingen 1292 *sante Gergen tag : Gorien tag* 1338. 1295 *zwayger.* Herkommen: *sig. metzger. gener : yenen,* ebenso Mörin *genem* 2003. *genes* 3646. *genen* 4284: *yen party* 2297. *yenem* 4887. *jener* 4971. Letztere formen überwiegen durchaus als gemeinsprachlich, sehr selten sind solche ohne anl. cons.: urk. 1413 *ensit.* 1496 *ennend* (Reutlingen 1310 *iennend*), möglicherweise gehören diese einem andern dialect (benachbartem alem.), doch vgl. § 180 anm. Rotweil. stadtr.: *segen* (säen). *übermaigte.* cod. theol. et phil. 54 prät.: *sågte. sågetend. någen. någet. spåter oder frúger. blúgend. glúgenden.* optat. *sige.* no. 72: *geságet. blúgent. ich schrige.* no. 74: *mågte* (mühte). *der alt vigent.* cod. bibl. 22: *såget* (prät. *sa^v^test du. gesa^v^t*). *vssgetten. getten das vnkrut us.* cod. ascet. 78: *getten. glüegend.* cod. theol. et phil. 17: *magestat. letzgen* (lectiones). no. 63: *sigest* (seiest) u. ö. cod. herm. 24: *mit dem wind angewåget.* cod. med. 29: *glieget* (glüht). cod. theol. 240: *in ir bliegenden jugent. in giener welt.* cod. breviar 55: *blúgenden.* cod. theol. 146: *vergehen. vergicht.* Mörin: *nit kregt der han, kret die henn* 5200. *ewangelig : swilg* 2179. *als man gicht* 3042. *grogiern* 4891. Aesop: *meczig* s. 53. *meczg* s. 54. *meczger* s. 117. *wa man meczget* s. 131. *abtüge* s. 64. Hätzlerin: *giligen : vertiligen* 76, 6 u. ö. Ingold: *wåget* 13, 33. Mynsinger *lefftzgen* s. 63. Ruland *sandt Gilgen tag* s. 8. *sand Jorgen tag* s. 10. 22, nebenformen *Jori, Jorig, Jörg.* Vgl. noch *gichtig* Herrigs archiv 38, 335 u. a. Weiteres bei Weinhold, al. gr. s. 182 ff.

ȝ ist vor nicht primär palatalen vocalen anl. in alter zeit zu *j* geworden: vgl. *iagon. iāhen : gëhen. ia^u^mer* etc. etc. (davon ausgehend vielfache ausgleichungen). Vor ë, i ist verschiebung zum verschlusslaut erfolgt (ausnahme [?] *genner* januar, so auch cod. ascet. 87. cod. theol. 146) vgl. *vergëhen, gichtig* etc. Unter nicht bekannten bedingungen ist *g* vor *i* geschwunden, vgl. *gi'gen* > *ilgə.*

Inlautend ist ȝ überhaupt nur intervocal. (-nȝ- -rȝ-

nach kurzem vocal sind zu -niȝ- -riȝ- geworden, vgl. Lachmann zu Iwein 8131) erhalten, auch in diesem fall ist vor *e, i* verschlusslaut eingetreten: *pluogentiu* (florentia) Ahd. gl. I, 465, 27; in *gedraigunga* Weing. gl. B ist *-aig-* nur unter einfluss der zugehörigen verbalformen zu erklären. Zwischen *i* und endungs-*e* ist ȝ als übergangslaut zu betrachten (vgl. *bliges. aiger* etc.), der zu *g* geworden, aber nach den zugehörigen einsilbigen wortformen auf unserem dialectgebiet durchgängig aufgegeben worden ist (anders im alem.). Die reime bei Neifen *meigen : leigen* (wenn sie auch 11, 6 ff. mit *eigen* : *erzeigen* nicht gebunden sein sollten, vgl. Uhl s. 25 f.) *: heigen* : *reigen* : *zweigen; meige : manigerleige* sind demnach jedenfalls dem dialect gemäss, jedoch wahrscheinlich *-g-* ohne phonetische geltung, da die thatsächlich beweisenden reime für *g* als verschlusslaut fehlen, vgl. Winterstetten *reigen : leigen. meigen : reigen : zweigen.*

Anm. Der Basler Kolross im Enchiridion (bei Müller, quellenschriften s. 68) sagt: *i* vor den *e* würt zum dickermal glych einem *g* das lind gesprochen würt als *Jesus. ieger* etc. s. 75: *Jesus. Jerg. ieger. Jericho.* es würt das *h* zwüschen zwei *i* artlich geschriben in den worten, do das erst *i* zum halben *g* würt: *Jhilg. Jhilgenwurtzel.* So das lang *y* zwischen zween stimbůchstaben gesetzt würt;, so thut es ein *i* vnd ein halb *g*: *meyer. beyer. schleyer. eyer. såyen. måyen* etc.

W.

§ 183. Anl. *hw-* ist mit *w-* zusammengefallen; *w* findet sich nur in etym. anlaut: *wawi·təu* (mhd. waȝ wilt du) was willst du; *wīt* (mhd. wirt); *wę̨ək̄* (mhd. wëc) weg; *wǭəsə* (mhd. waisse) weizen; *wae* (mhd. wē) weh; *wẹ̄lr* (mhd. welher) welcher von beiden; *wəinę̄xt* weihnachten; *wux* (mhd. wuche) woche; *wę̨ət* (mhd. wërt) werth; *wẹtsə* (mhd. wetzen); *wa·edāgət* (zu mhd. wētage) verflucht; *frtwẽnə* (mhd. verwenen) verwöhnen; *tswuə* (mhd. zwuo) zwei fem.; *tswę̨tšk̄* zwetsche; *fẹrtikwę̨ər* fertig werde; *a·kwīslət* abgewechselt; *tsẽmršwārər* die bewohner von Sigmarswangen; *frwǫrgət* (mhd. erworget) erstickt; *mištwāgə* mistwagen; *kšwẽnt* (mhd. geswinde) schnell; *ę̄wẹrk̄* (ahd. āwirchi) werg u. a.

Anm. 1. Übergang in *b, m* siehe §§ 144. 188. Assimilation liegt vor in *ę·wəil* immer (aus mhd. elliu wīle, elwīle). Balingen oberamtsbeschr. s. 140: *w* in *wānẽrə* ordnung; *waier* eier; *wargel* orgel;

wa̦lfe elf. *w* vertritt cons. *o̦* wie *j* cons. *e̦* in *ia* = *e̦ə* (§ 70 anm. 2) vgl. *jassə* (aus *e̦əssə*) essen wie *walfe* (aus *o̦əlfe*) elf (sog. accentverschiebung).

Anm. 2. Als ursprünglich in grammatischem wechsel zu *hw* stehend, begegnet *w* für späteres *h* der zugehörigen formen in: *ungisewiner* (invisus). *pisewiniu* (spectata) Schlettstädter gl., ebenso *ungiseuner* (invisus) Augsburger gl. *dwerwen* (obliquis) Weing. gl. *nahwinchi* (propinquitate) ZBR, vgl. Ahd. gl. I, 433, 9. Möglicherweise ist von solchen mustern aus *w* eingedrungen in: *blüwenden rosen* cod. theol. et phil. 68 u. ähnl. (regelmässig ist *-g-* § 182), Weinhold alem. gr. s. 128.

L.

§ 184. 1) In consonantischer function:

a) anlautend: *α*) *lɑ̃õ* (mhd. lān) lassen; *le̦ts* (mhd. letze) verkehrt (vielleicht ist mhd. lerz link damit zusammengefallen vgl. § 188); *le̦rə* (mhd. lēren) lehren, lernen; *lēk̑* (mhd. læge) schief; *lo̦ətr* (mhd. laiter) leiter; *ləitə* (mhd. liuten) läuten; *lɑ̃esə* (mhd. linsen) linsen; *luədr* (mhd. luoder) schimpfwort; *le̦p̑* (mhd. lewe) löwe; *lo̦s* (mhd. los) imp. höre (ostschwäbisch) u. a.

Anm. 1. Altes *hl-* (vgl. *lo̦ətr*, *ləitə*. *lēp‘*) ist in der articulation von altem *l-* nicht verschieden.

β) *blō̦p̑* (mhd. blāw) blau; *pflōmə* (mhd. pflumen) pflaumen; *flaots* (mhd. vlōz) floss; *pfle̦kl* (mhd. vlegel) dreschflegel; *klo̦sə* gelesen (s. § 78, 2); *klōə* (mhd. klaine) klein; *tlatə* die latten (mhd. latte); *tləit‘* die leute (mhd. liute); *frtlaenə* (mhd. verlēhenen) ausleihen; *tslɑ̃es* (mhd. ze līse) zu leise; *slaoft* (mhd. eʒ loufet) es läuft, *šlo̦əpfə* (mhd. slaipfen) schleifen; *šlae‘əbluəšt* (mhd. slēhenbluost) schlehenblüte; *kšlō̦fə* (mhd. geslāfen) geschlafen; *kšlɑ̄xt* (mhd. geslaht) mild, zart u. a.

b) in- und auslautend: *o̦ədəlix* (mhd. ordenlich) ordentlich; *wɑ̃ēlə* (mhd. winelen) wiehern; *braesəle* (mhd. brœsemlīn) dim. zu brosame; *pfẽntle* pfändchen und pfännchen; *dẽələ* (mhd. tengeln) sensen, sicheln hämmern; *riflə* (mhd. rifeln) hanf durchkämmen; *štupflə* (mhd. stupfeln) stoppeln; *tsaplə* (mhd. zabeln, zappeln) zappeln; *šnarxlə* schnarchen, vgl. *schnarchln* cod. med. 15; *k̑iəfẽštrle* fensterchen zum kuhstall; *sãmlə* (die ältere form *samnen* verschwindet im 15. jh.; schon im Herkommen *samlen*, *samblen*. urk. 1423 *samlen*. cod. ascet. 78 *samlen*. cod. theol. et phil. 68 *samlet*: *samnen* no. 74. no. 17 *besamelt*. cod. poet. 29 *samlen*) sammeln; gleichzeitig schwindet auch *ald* = oder urk. 1299. 1302. 1327. 1330 etc. *alde* 1296. 1314. *alder* 1287. 1292. 1293. 1315. 1334. *older* 1358. 1359; vgl. *ald* noch im 15. jh. Ulm 1430 (D. Reichstagsa. IX, 437). cod. breviar. 55 u. a.; ja sogar noch Zim. chron. z. b. I, 206, 4. Alem. XV, 85; es entspricht dial. *ol* D. M. VI, 409. *oder* bereits urk. 1295. 1296. *ader* 1298. Auf schwäb. gebiet ist *kilche* (Birlinger A. S. s. 89 ff.) für *kirche* verschwunden, das benachbarte alem. z. b. Spaichingen (oberamtsbeschreibung s. 112) hat *kilge*; vgl. bei Hieronymus Wolf a. a. o. s. 322: scribat Heluetius templum *chilch*, Sueuus *kirch*. cod. ascet. no. 86 hat *kilhe, chilche*. cod. theol. et phil. 54. 74. *kilchen*, ebenso no. 63. 144: *kirchen* no. 184. 286 (vgl. § 186, b). *'ūdlə* übereilen vgl. *hudlen* Zim. chron. ebenda *hürchlen* > *'irxlə* röcheln u. a. *kfalə* gefallen; *salabǫš* salatbusch; *ǫləwəil* (mhd. elle wīle acc. sg.) immer; *šultis* (mhd. schultheiȝe) schultheiss; *fršẽmlət* (mhd. verschimmelet) verschimmelt; *kšǫlət* (mhd. geschellet) geläutet; *dǫlaorət* (zu mhd. dol) taub; *gę̄əl* (mhd. gël) gelb.

Anm. 2. In fremdwörtern ist *l* aus *r* entstanden („lautdissimilation" vgl. Braune ahd. gram. § 120 anm 1): *balbi·ərə* barbieren, *salfę̄·t*, *salfənē·t* serviette, taschentuch, zu *męəšl* (mhd. mörsel) mörser vgl. mhd. mörtel (aus mortarium); ebenso *Wurmlingen* u. a. (ortsn.) aus *Vurmeringum* seit dem 12. jh. (vgl. Uhland, Germ. I, 304 ff. Birlinger A. S. s. 88 f.). Gelegentlich auch *burfl* pulver; vgl. *franell*, *krystier* bei Schmeller Ma. Bayerns s. 113. Zu *marml* marmor vgl. ahd. *marmulis* (marmoris) Ahd. gl. I, 223. *cörpel* (körper) Aesop s. 297. *körpel* Zim. chron. ebenda *balbieren*, *balbirer*; *mersel*.

Anm. 3. Die form *kę̄ər* keller (mhd. kër) vermag ich nicht zu erklären, vgl. bei Niclas von Wyle *kerr*, gen. *des kelrs*. Zim. chron. *ker*, *keer* cod. cameral. 1. *as* ist alte nebenform von *als*, wie heute, so *as* urk. Ulm 1303. cod. breviar 55 u. ö.

§ 185. 2) In sonantischer function: *štapfl* (mhd. staffel, stapfel) staffel, danach wohl *trapl* (mhd. trappe) treppenstufe; *āsl* (mhd. ahsel) schulter; *daẽsl* (mhd. dīhsel) deichsel; *ǫrfl* arm voll; *fiəntl* (mhd. vierden tail) viertel; *hãmpfl* handvoll; *šlẽnkl* schlingel (scheltwort); *wǫlfl* (mhd. wol vaile) wohlfeil; *hāml* (mhd. hamel) schafhammel; *kībl* (mhd. kübel) kübel; *mišbēəl* (mhd. mistbengel) mistgabel; *bišl* (mhd. büschel); *sǭfl* (mhd. sō vil) so viel; *wiəfl* (mhd. wie vil) wie viel; *ę̄pfl* (mhd. epfel) apfel, äpfel; *durml̥* (mhd. turmel) schwindel); *tsõndl* (mhd. zundel) zunder u. a.

Anm. 1 Die im nordschw. die regel bildenden part. prät. *dę̄əlt* (gehämmert), *kšnę̄blt* (geschnäbelt), *tsaplt* (gezappelt), *tsupflt* (gezopft), *trǭtlt* (faul an etwas herum hantieren), *kę̄klt* (kegel gespielt), *bętlt* (gebettelt), *kštiəlt* (auf jemand sticheln), *kšitlt* (geschüttelt) u. a. sind im Schwarzwald in der regel nicht syncopirt: *kšitlət*, *kštixlət*, *tsupflət*, *dę̄ələt* etc. (§ 119 anm. 5).

Anm. 2. Assimilationen sind eingetreten bei *wē̃ənt* (mhd. welnt) pl. wollen, vgl. die älteren *sun* (sollen) urk. 1305. *sont* 1326 u. a. *son* Grieshabers pred. *sun*. *sunt* Weingarter predigten. *ęwəil* (mhd. *elwīle) immerfort, *wit*, *wę̄t*, *sǫt* u. a. vgl. § 150.

R.

§ 186. 1) In consonantischer function: a) anlautend: *rę̄əxt* (mhd. rëht) recht; *rīxtə* (mhd. rihten) richten; *rãesə* (mhd. riusen) reusen (vgl. § 87, 3); *rõ* (mhd. rām vgl. § 94, 2) rahm; *rǫs* (mhd. ros) pferd; *rəitr* (mhd. rīter) sieb; *rę̄ədə* (mhd. rëden) sieben; *rats* (mhd. ratze) ratte; *brit* (mhd. brët) brett; *drī* (mhd. driu) drei; *štraebe* (mhd. *ströuwīn) die streu; *šprǫətə* (mhd. spraiten) ausbreiten; *šrəiə* mhd. schrīen) weinen, part. prät. *kšriə* geweint; *krās* (mhd. gras); *kfrǭgət* (mhd. gevrāget) gefragt; *trukə* (mhd. trucken) trocken; *tsfrīdə* (mhd. ze vride) zufrieden; *kriəbix* (mhd. gerüewic) ruhig; *krištle* dim. zu Christian; *mrəile*, *məile* dim. zu Annamaria etc.

Anm. 1. Ursprünglich anl. *hr-*, *wr-* sind von altem *r-* nicht unterschieden; vgl. noch urk. *Wolfhramno* 763. 771. *Hroadbertus* 763. *Hrambertus* 778. *Hroadhoh*. *Hroadberto* 778. *Hruadoni* 782. *Hrammunc*. *Hruadheri* 797. *Hruodininga* 886.

b) in- und auslautend: *bīrə* (mhd. birn) birnen; *sdãõrət* (mhd. ez donret) es donnert; *dūr* (mhd. durh) durch; *fīre* (mhd. fürhin) vorwärts; *narət* (mhd. narreht) närrisch; *šarpf* (mhd. scharpf) scharf; *šīr* (mhd. schiure) scheuer; *wirf* (mhd. wirf) imperat.; *mę̄rkt* (ahd. merkat) markt; *fiərtsē* (mhd. vierzehen) vierzehn; *fę̄ədərə* (mhd. vëdern) pl. federn; *štorək* (mhd. storc) storch; *kirix* (mhd. kirche), die alem.

17*

form *kilche* ist in älterer zeit wiederholt überliefert z. b. urk. Tübingen 1293: *kilchsazze der kilchun* vgl. § 184, b.

c) syncope einer vorausgehenden silbe ist eingetreten bei: *rā, rap; rōm; rǣ; rəus; rīp; ruf; rā̃* her-ab, -um, -ein, -aus, -über, -auf, -an, die zuweilen noch mit vorausgehender kehlkopfexplosion als rest des geschwundenen vocals, meist aber ohne dieselbe mit vollständiger syncopirung gesprochen werden (vgl. § 120, 2).

d) unbekannten ursprungs ist *r* in: *i duər* ich thue, imperat. *duər* thu, vgl. Zim. chron. *tur uf* IV, 239, 31. opt. prät. *dier, dęər* (thäte) pl. *dīre, dę̄re.* Vielleicht ist in verbindungen wie *duərə, diərə* (thu ihr, thäte ihr) falsch abgeteilt worden (*duərə*, vgl. fälle wie *wę̄rə* [*wę̄r-ə*] wäre ihr) oder ist es sog. „hiatustilgendes" *-r-* wie häufig im bairischen dialect nach mustern wie *wur i* werde ich, würde ich (vgl. § 149 anm. 2) u. ähnl.

Anm. 2. Über diphthongirungserscheinungen vor *r* vgl. § 110 anm. 5. Ellwangen *štǒpf*, Balingen *štǣpf* pl. *štǣpf* strumpf, strümpfe entspricht mhd. *stumpf* : *zwölff paar stimpff* Breuning s. 49 vgl. Schmeller, ma. Bayerns s. 141 (synon. mit *strumpf* = unteres stück der hose): *špəisə* gegen gemeinschw. *šprəisə* (mhd. sprīze) splitter ist wohl unter einfluss von mhd. spiz splitter entstanden (in Ellwangen *špęltr* [mhd. spëlter] splitter).

§ 187. 2) In sonantischer function: *sęlbr* selbst vgl. bereits ZBR *si selber* (se ipsum). *im selber* (sibi); *ǣ̃sr* (mhd. unser); *britr* (mhd. *briter) pl. zu brett; *fẽər* (mhd. vinger) finger; *hẽntrše* (mhd. hinder sich) rückwärts; *wõnderlix* (mhd. wunderlīche) eigensinnig; *nǭxbr* (mhd. nāhgebūr) nachbar; *tsu·əmr* (mhd. zuo mir) zu mir; *bęldr* (mhd. belder) comp. zu bald, früher; *klǭftr* (mhd. klāfter) klafter; *õndrwęək* (mhd. under wege) unterwegs; *šnǣ̃dr* (mhd. snīdære) schneider; *ę̄br* ob er: *ę·brao* ob er auch; *ʽǫtr* hat er: *ʽǫtrən* hat er einen; *drakr* der acker; *nǭdręənt* nach der ernte: *drwəil* derzeit, unterdessen; *i blętr* ich blättere: *i blę·trẽmǣm kalẽ·ndr* ich blättere in meinem kalender; *ufr* auf ihr; *rsǫ·t* er sollte; *frrę·kt* (mhd. verrecket) tot; *frri·sə* (mhd. *verrizzen) zerrissen; *frrakərət* abgeschunden; ebenso *frripsə* mit gips überstreichen, wie *frfraorə* erfroren, *frləidə* ertragen, *fršent* schindet etc.

Anm. 1. Das indef. *man* lautet in Horb *mə*, daneben, wie nordschwäb. allgemein, *mr*, *mər* ebenso *nẽəmr* niemand, horb. *nẽəmə*. Während im letzteren fall nordschwäb. vielleicht beeinflussung von *ępr* (mhd. ëtewër) jemand vorliegt, wird *mr* für *mə* sich durch vielfache syntactische berührung des indef. mit *mr*, *mər* = wir erklären. Unbekannt ist mir, wie sich *ənãnd* und *ənãndr* (einander) verhalten, schon 1313 (Herenberg. Ern.) *mit enand.* cod. med. 5 *mit ainund* (Sievers vergleicht *selb* : *selbr*).

Anm. 2. Zu der erscheinung *ẽbr̥* : *ẽbrao* sind mhd. schreibungen wie *undr einander*, *undr ir*, *lastr und schande*, *sinr amien* u. a. (Sommer zu Flore 181. Lachmann zu Iwein 6514) zu vergleichen.

§ 188. *r* ist geschwunden vor dentalen consonanten (Birlinger, Volkstümliches s. 73): *k̕ęən* (mhd. kërne) kern; *k̕ǫən* (mhd. korn); *tsǫən* (mhd. zorn); *węənt̕* (mhd. wërnt aus wërdent) werden 3. pl.; ebenso *fiəntl* (mhd. vierden tail, urk. *fierntail* 1368. 1463) viertel; *štęənle* (zu mhd. stërne) sternlein; *dəfǫ·ənə* (mhd. dā vorne) vorn; *dīn* (mhd. türne) türme; *frk̕īnət* (mhd. erkirnet?) verkirnt [hustenreiz]; *dãōštix* (mhd. durnstage urk. 1317. dunstage 1293) donnerstag; *nǭ·štęt̕* Nordstetten (vgl. urk. 1347. 1488 Norstetten); *gęəšt* (mhd. gërste) gerste; *ēšt* (mhd. ērst) erst; *bũšt* (mhd. burs) bursche; *ę̄šə* erbsen vgl. *ársen* Horb urk. 1399. *ersen* Engeltal 1433. *ersan* cod. med. 15. *erussan* urk. 1352? daneben *erwessen* 1336. *árwes* 1430 (mit alter suffixabstufung vgl. skand. ertr); *k̕īšə* kirschen (mhd. kirsen) im benachbarten alem. (z. b. Ravensburg u. a. vgl. Birlinger AS. s. 96) *kriəsə; fəitix* (mhd. vīrtac) feiertag; *ʽę̄t* (mhd. herte) hart ostschwäb., in Horb stets *ʽęrt*; *mē̜ts̕* (mhd. merze) März; *kštītst* (mhd. gestürzet) gestürzt; *šuāts* (mhd. swarz) schwarz; *dē̜t̕* (mhd. dert) dort; *gātə* (mhd. garten); *wātə* (mhd. warten); *wīt* (mhd. wirt); *ǫət* (mhd. ort); *mǫən* (mhd. morne) morgen, vgl. *morn : zorn* Mörin 323. 2593; *węət* (mhd. wërt) werth; *fǫt̕* (mhd. vort) fort; *hũtə* (mhd. hurt) hürden u. a.

Anm. 1. Der schwund des *r* bei *dęəfə* dürfen, *idęəf* ich darf etc. stammt, wie der umlaut beweist, aus der 2. sg. präs. *dęəš* du darfst, eine form, für welche einwirkung von 2 sg. *darst* (von türren) anzunehmen ist. Zu beachten ist wohl urk. *Burchat* (zweimal) neben *Burchart* urk. 1314 u. ö. *wę̄lt* : *gëlt* bereits bei Winterstetten 51, 60.

Vgl. bezüglich des alters der erscheinung die reime bei Otfrid *arnon* : *korn* II, 14, 109. *wort* : *gisamanot* IV, 19, 9. *widarort* (*widarot*

I, 11, 21 V; im reim III, 8, 7 P. I, 22, 29 P) reimt 4 mal auf *nōt*, 2 mal auf *gebōt*, 1 mal auf *hort*; *imbot* : *wort* I, 13, 2; vgl. Zsfda. 16, 120.

Anm. 2. Reduction alter doppelconsonanz nach langer silbe begegnet u. a. auch in dem compositium *oringa* Augsb. gl. Diutiska II, 71. Weingarter glossen. Analog sind für *l*: *das mülin* (maulthier) Mörin 2952 u. ö. *ain wili* (weilchen) 3384. *setz dich ain weyle* Keller, erzählungen 326, 20.

M.

§ 189 *m* fungirt in der regel als consonant, seltener sonantisch:

1) consonantisch: a) anlautend; *mēdix* (mhd. mæntac) montag; *mǫən* (mhd. morne) morgen, am folgenden tag; *mǫšt* (mhd. most, lat. mustum) (apfel)most; *muətr* (mhd. muoter) mutter; *muškət* (mhd. muskāt) muskat; *merkt*' (mhd. merket) markt; *mīle* (mhd. mülin) mühle; *mętsə* (mhd. merze) März; *maul* (mhd. mūl) mund; *šmite* (mhd. smitte) schmiede; *kšmisə* (mhd. gemizzen) geworfen; *tsmitā·k* (mhd. ze mittage) mittags etc.

b) in- und auslautend: *pflōmə* (mhd. pflumen) pflaumen; *dōmə* düngen Schmeller wb. I,[2] 509; *jōmr* (mhd. jāmer) jammer; *āomuəsə* (mhd. āmaize) volksetym. ameise; *šēmə* (mhd. schemen) schämen; *pflōmbęt* (mhd. pflumbette) bett mit flaumfedern; *kōmišt* (mhd. komest) du kommst; '*ōəm* (mhd. haim) nach hause; *məmues* (man muoȝ) man muss; *wī·sbēm* (mhd. wisböume) wiesbäume; *nēəmə̄* (mhd. nieman) niemand; *frsōmt* (mhd. versumet) versäumt; *loəmkruəp* (mhd. laimgruobe) flurname Leimgrube; *mitəmə* (mhd. mit aime) mit einem; *dęrəm* (mhd. derme) därme, gedärm; *durməlix* (mhd. turmlīch) schwindlig, *šlāmpəre* nachlässige weibsperson vgl. Schmeller wb.[2] II, 503 f.; *lōmp* (mhd. lumpe) lumpe, hader, davon *lōmp*, pl. *lōmpə* schimpfwort, verb. *lōmpə* unordentliches leben führen u. a.

c) mhd. *w* erscheint als *m*: *mǭ* (mhd. wā) wo; *miər*, *mr* (mhd. wir) wir; *kšwęlmle* (mhd. swelwelīn) schwalben; *ma* (mhd. waz) bei Birlinger, A. S. s. 99; *ǫəmə* (mhd. naiȝwā) irgendwohin (§ 152, anm. 1) vgl. Weinhold, alem. gram. s. 132. Die belege für *mir* treten verhältnissmässig selten und spät auf, hauptzeuge ist Ehingen: *gaben mir*.

haben mir. kamen mir. fůren mir. wurden mir. vnd mir. mir zugen. mir begerten. wie mir. er mier. daz mier. Dass die enclitische stellung bei vorausgehendem *-n* des verbums (vgl. z. b. *wę̄rəmr* wären wir, *sēmr* sind wir u. a.) für den lautwandel erforderlich gewesen ist, zeigt noch schön bei Niclas von Wyle 336, 31 f.: *daz wir aber ... so finden mir.* cod. theol. et phil. no. 11: *werdent mir : werdent wir.* Aesop s. 204 *mir gänd.* Dazu bei Fabian Fragk (Müller, quellenschriften s. 108): Die Franken und Schwarzwälder haben in jrem schreiben wie auch im reden diesen sonderlichen misbrauch, dass sie das *m* für *w* setzen; ebenso bei Konr. Gesner, Mithridates fol. 40b.

Anm. 1. In *ķę̄təm* (mhd. keten) kette, pl. *ķę̄təmə* (vgl. noch *faotəmə* lat. vota bei Birlinger, Rotw. stadtrecht s. 68) erkläre ich *-m* auf analogischem wege: nom. sg. *gaden* (aus gadem): flect. *gademe* keten: *keteme, ferner *tsę̄səm* pl. *tsę̄səmə* dim. *tsę̄səmle* fasern (mhd. zesem, zesen). Ausl. mhd. *-m* ist zu *-n* geworden (vgl. anm. 4) z. b. *gaden, vaden, boden, besen (mit besemen* cod. breviar. 51), dagegen dim.: *fę̄dəmle* fädchen, *bę̄dəmle, bę̄səmle* (Balingen), *rīsəmə* sommersprossen Winteler s. 74. Vgl. auch *ẽ* (imme) pl. *ẽmə. blūə̃* (bluome) pl. *bluəmə* dim. *bleəle* blume.

d) assimilationen: α) mhd. *-mp-, -mb-* ist zu *-m* geworden: *krõm* (mhd. krump) pl. *krõmẽ* krumm; *rõm, nõm* (mhd. herump, hinump) herum, hinum; *seldõmə* (mhd. dā umbe) da drüben, *õməsušt* (mhd. umbesus) umsonst; *dõm* (mhd. dump) dumm; *sẽməre* (mhd. sümbrīn) simmri, mass für früchte; *ẽmə* (mhd. imbe) immen.

Anm. 2. ZBR.: *ammet. amtin* (vgl. *amman* Ulm 1281; „umgekehrte“ schreibungen sind wahrscheinlich urk. 1293 Ulm *imber* (immer). 1297 *nimber*). *um. darum. umhalsin. umwelze. incrummit. bikummirt. kumirt* neben *umbi. der tumbe.* urk. 1305 *darumme.* Aesop s. 5 hat Steinhöwel noch *krump* aber *krümet.* s. 40 *um unschuld*: s. 56 *umb unschuld.* s. 45 *unbekümert.* s. 81 *lamp. lemlin. lemplin.* s. 221 *lemmer.* Mörin 4417 *tum:kumm.* Hätzlerin schreibt bereits die überschüssigen *b* in *travmb* 67, 21. *reichtumb* 89, 22; vgl. auch *schym̃ert : gezym̃bert* 180, 5. Handschriftlich: Tristrant: *tumm : darumb* cod. theol. et phil. 11: *sim dum̃er mût.* cod. bibl. 35 *osterlamp* im reim auf *lichnam.*

β) *m* für *n* vor labialen: *'ãmpf* (mhd. hanf); *wẽmə̃* (mhd. wenn man); *wę̄ləmr* (mhd. wellen wir) wollen wir; *dãẽm* (mhd. *dīnme, dīneme) deinem u. ähnl.; *ẽmə̃* (mhd.

aineme) einem; *əmǭl* (mhd. ainmāl); *māmət* (mhd. manmāt) flächenmass = was ein mann mähen kann.

γ) für *-nd-* vor labialen: *brāmplats* brandplatz; *krōmbīr* (mhd. grundbirne) kartoffel; *ōmpfrūxt* und die frucht; *āmpfēŋər* an die finger; *hāmpfl* (mhd. hantvoll) eine handvoll; *ām* (mhd. *andm). *fōm* (mhd. *vondm), *em* (mhd. *indm); *sēmr* (mhd. sindwir); *hōmr* (mhd. hāntwir) haben wir; *gāōmr* (mhd. gāntwir) gehen wir; *āmọrksə* am morgen; *ēmbrǭx* (mhd. in die brāch) u. a.

Anm. 3. Den ausfall von *m* in *ẹrfl*, *ẹrfəle* (dim. zu armvoll) weiss ich nicht zu erklären. Assimilation liegt bereits vor in *staimaizelen* : *stainmezelen* Weing. gl.

2) *m* wird sonantisch gebraucht: *ufm* (mhd. uf im, uf dem) auf ihm, auf dem . .; *wirfms* imp. wirf es ihm u. ähnl.

Anm. 4. Ausl. *-m* war in alter zeit zu *-n* geworden (vgl. Birlinger A. S. s. 99 ff. Weinhold al. gr. s. 172 f.) und ist danach wie dieses geschwunden: vgl. urk. *Dorinhein* 1099. *Westirhein* 1101. 1236. *Aichain* 1187. *Kirchain* 1200. *Durrchain* 1284. *Durnkain* 1291. *Dalhain* 1295. *Stainhain* 1302. *Althain* 1330. 1358 > *altə*; dagegen in der flexion ist *-m-* bewahrt z. b. *ən altəmər* bewohner von Altheim u. a. Besonders häufig im Lehenbuch: *Horkein. Hepfikein. Hainshein. Osthein. Talhein. Sahsenhein. Kyrchein. Hohenhein. Dů̊rnkein.* Vgl. *ātinzuhti* (spiramenta) Schlettstädter glossen, ferner die gleichfalls gemeinalem. formen aus ZBR.: *nan. annan* (accepit). *kon* (uenit). *hainlicher* (secretius). *hainliches* urk. 1314. *kan* (kam) Fürstenberg. urkb. I, 268 a. 1280. urk. *Wileheln* 1295. *Wolfran* 1288. 1302. (*Bilgrin* (?) 1302. Aesop s. 189). *ôhain* 1299. *laingrůbe* 1433 vgl. Neifen *kan*:*gran* 14, 25. *varn*: *arn* Winterstetten 44, 18. *arn* : *ersparn* Schulmeister. *turn* im Herkommen; Georgspiel: *hain* : *stain* s. 180. Mörin: *an* : *gran* 125. *arn* : *farn* 5515 u. ö. *clain* : *hain* 2053. *haim* : *nain* 5913. Hätzlerin: *warm* : *erfaren* 169, 65. *clain*:*hayn* 221, 45. *vaden* 279, 14 dagegen *prosem* (gen. pl.) 277, 114. 162. cod. theol. et phil. 23 *vaden* : *fedmen*. Aesop s. 160 *bodem*; ebenso urk. 1310. Mörin 6060 *besem*. (Wolfdietrich B: *arn*:*varn*. *warm*:*bewarn*. *frum*: *sun*. *tuon*:*ruom*. *vaden* : *laden*. *sagen*:*gaden* DHb III, LIX; nach s. LXIX bair.?) Tristrant: *hain*, und sonst häufiger fälle wie *gran* : *man*. cod. ascet. 86 *rům* : *getůn*. cod. theol. et phil. 54 *hain. hainlichait. aᵛten.* Die heutigen *ʿōə* heim, *ʿōəlix* heimlich, traulich setzen wahrscheinlich *hain*, *hainlich* voraus, vgl. *dəʿōəm* (daheim). Ebenso beruhen die ostschwäb. *ārə* (arm) *wārə* (warm) wie das gemeinschwäb. *dūrə* (turm) auf den unflectirten *arn*, *warn*, *durn* etc., die sich im verlauf nach dem eintritt der vocaldehnung zu *aren*, *waren*, *duren* entwickelt haben.

N.

§ 190. 1) Als consonant: a) anlautend: *nēxe* (mhd. næhe) die nähe; *nǫxe* (mhd. nāchhin), comp. *nǭre* (aus mhd. nāher hin) vorwärts; *nō̃ə* (mhd. nain); *niəxtr* (mhd. nüechter) nüchtern; *nęəbl* (mhd. nëbel); *tsnaxtsə* abends; *šnæ̃edə* (mhd. snīden) schneiden; *kšnitə* (mhd. gesniten) geschnitten; *snękšmǭl* das nächste mal u. s. w.

b) inlautend: *pfẽntle* dim. zu pfand, pfanne; *dōə̃nt* (mhd. tuont) pl. präs. thun; *hẽntšix* (mhd. hentschuoch) handschuh; *wəinēxt* (mhd. [ze] wīhennechte) weihnachten; *šwā̃nə* masc. (mhd. swane) schwan; *ōntrwəiər* flurname Unterweiher; *sẽnəre* schwiegertochter (mov. feminin zu mhd. sun); *fāsnət* (mhd. vasnaht); *hā̃nəfiəs* (mhd. hanenvüeze) unkraut; *mitə̃nə̃* (mhd. mit inen) mit ihnen; *sībənənæ̃etsk̄* 97; *ręxnə̃* (mhd. rechenen) rechnen; *krẽə̃ne* (mhd. grüeniu) pl. grüne; *bẽne* (mhd. büne) oberer boden im hause, mansarden; *fršẽnt* (mhd. verschindet) schindet 3. sg. präs.; *ra·otẽnis* (mhd. rottennīnez) von der rottanne; *gǫldəne* (mhd. guldiniu) pl. goldene, goldige; *mā̃nə̃* (mhd. mannen) männer; *fr'ęrtnə* hart machen u. a.

Nach § 135 ist ausl. *-n* geschwunden, im zusammenhang des satzes ist es vor folgendem vocal erhalten geblieben: *'ǫpfə* hopfen: *'ǫpfənęənt* hopfenernte; *lõmpə* lumpen: *lõmpənarbədə* lumpenarbeiten; *k̄õmə* gekommen: *k̄õmənīš* gekommen ist; *dəfõ* davon: *fõnə̃nə̃* von ihnen; *də bęštə dǫəl* den besten teil: *də bęštənā·dǫəl* den besten anteil; *ibæ̃e* ich bin: *bæ̃eni* bin ich; *iduə* ich thu: *duəni* thu ich; *k̄ā̃* kann: *k̄ā̃ne* kann ich; *i'ā̃õ* ich habe: *'ā̃õni* habe ich (mhd. hān); *ə buə* ein bube: *ənǫət* ein ort, *ənęsə* ein essen, *ənā̃õklik̄* ein unglück etc. Nach solchen mustern wird *-n-* auf fälle übertragen, in denen es etymologisch nicht vorhanden gewesen ist (vgl. Paul, principien der sprachgeschichte[2] s. 97): *bəinəm* bei ihm; *tsuənənə* zu ihnen; *sǭnə* so ein; *mǭnīs* wo ich es; *wiəni* wie ich; *wiənə* wie ein; *mǭnrse* wo er sie; *mā̃ni* mag ich; *ksīni* sehe ich; *gəinəms* gib es ihm; *slānən* schlag ihn imp. etc. Doch kommen daneben die etymologischen formen: *bəiəm* bei ihm, *sǭə* so ein, *mǭ īs* wo ich es u. s. w. vor. Beachte fälle wie: *də sǝiništ* du seiest; *mr, se sǝine* wir, sie seien; *mr tsiǝne* opt. wir ziehen; *friǝnǝr* früher; *mēnǝr* mehr. Vgl. dazu *tuon ich* Mörin 4139 u. ö. *ich tuon es* 4471: *ich tuon doch* 5250. Hätzlerin *ich tů: frů* 19, 8. *ich tů: zů* 85, 44. 89, 7. *das tůn ich* 89, 32. 91, 178. *ich tůn nur* 19, 17. *ich tů recht* 136, 206. *ich tů an in dencken* 146, 92. Urk. 1407 (D. Reichstagsa. VI, 207) *das tůn aber ich von mir selb.* Zim. chron. *thun ich* IV, 241, 45. urk. *ich tůn* 1295. 1296. 1305 etc. *tůn ich* 1298. (Lachmann zu Iwein 2112. 3581. Haupt zu Erec 4968 9348). *nähner* näher im Herkommen.

Handschriftlich: *ich tůn* cod. theol. et phil. 54 wie *tůn ich.* no. 74: *tůn ich.* cod. breviar 12 *ich ermanen dich und danken dir.* cod. ascet. 78 *ich sagen úch* u. ö. Winterstetten 34, 19 *ich tanzen und reijen* : *meijen.* Weinhold al. gr. s. 334. 364.

Aus ähnl. verbindungen haben sich festgesetzt: *našt* ast vgl. Zim. chron. *nast,* pl. *nest* I, 318, 5. *nęǝbr* eber (Tuttlingen). Über analoge erscheinungen in anderen mundarten vgl. DM V, 451 ff. VI, 400, 3. VII, 21 anm. 2. Wie ferner *ǭdǝm* neben *nǭdǝm* athem, so *ǭtr* (aus nāter) natter; ostschwäbisch: *nēne, nānǝ* grossvater, grossmutter: vgl. Birlinger A. S. s. 103 f.

Anm. 1. Ursprünglich anl. *hn* ist von anl. *n-* nicht verschieden, z. b. *nusǝ* nüsse.

Anm. 2. Nach syncopirung des vorsilbe *hin-* (vgl. *her-* § 180, c) sind die bildungen entstanden: *nā'*, *nap'* hinab, *nā̃'* (hinan) hin, *næ̃* hinein, *nuf* hinauf, *nōm* hinum, *nībr* hinüber, die zuweilen namentlich bei emphatischer hervorhebung noch mit anl. spiritus lenis (kehlkopfexplosion) gesprochen werden: *'n-*.

Anm. 3. Über den schwund des nasals in starken und schwachen silben und die nasalirung der vocale vgl. § 133 ff. Das verhältniss von *fæ̃f* fünf zu *fuxtsē. fuxtsk,* resp. *fuft, fuftsē, fuftsk* (*daz fuftail* Herrenb. Erneuerung 1383. *fuffczehenthalb* urk. 1380) ist aus vorhistorischen lautgesetzen zu erkennen, vgl. Beitr. XII, 512. In *fatsǝnętle, fa. sǝnaetle* (ital. fazzoletto vgl. Alem. III, 184) taschentuch erklärt sich *n* wahrscheinlich aus volksetymologischer anlehnung an nase, vgl. *fatzeleilin. fatzenetlin. fatzanetle* Zim. chron.

c) assimilationen: *α*) *inaop'* ortsn. Imnau (mhd. Immenouwe); *β*) *-ndn-* ist zu *-n-* geworden: *sē̃nǭ* sind noch; *ōnǭ* (mhd. und nāch) und dann; ebenso *ōnǭ* (mhd. undenan, undnen) unten, *dõnə* drunten (mhd. da undnen), *'õnə* (mhd. hie undnen) hier unten, so muss auch *də'ẽnə* dahinten aus *dahindnen* (urk. undnan 1389. undnen 1436. hindnen 1465 u. a.) als analogiebildung erklärt werden, vgl. *'ẽntrše* (mhd. hinter sich) rückwärts, *õntrwəiər* flurname, nordschwäb. *'ẽndə* hinten, *õndə* unten etc. In *kõnšt, kõnt* 2. 3. sg. präs. kommst, kommt ist vor den dentalen *-š-*, *-t-* der labiale nasal *m* dental geworden: *kunt* (3. sg.) bereits in Zwiefalter Benediktinerregel. Fürstenberg. urkb. I, 291. a. 1285. Reutlingen 1307. cod. theol. et phil. 54. 72. 74. cod. bibl. 35. Dieser vorgang ist allgemein alemannisch, vgl. *swunden* (zu swemmen) Lanzelet 7520. 7659, wie bei Walther von Rheinau *rūnden. sūnder. schirnde. kunt : stund* (vgl. Voegtlin s. 3), ebenso ist *nannte, genannt* zu *nemmen* (nennen) zu erklären, vgl. urk. *nemmet* 1305. 1365: *benant* 1314: *benempte* 1348 u. a. *nannte* cod. theol. et phil. 74 u. a., von welchen formen aus sich allmählich *-n-* verallgemeinert hat. Wie *stund : kummt* Mörin 3939, so *hand : alle sand* 1895, doch auch gemeinsprachlich *alle samt : ampt* 1975; vgl. Schade, Satiren und pasquillen II, 360 ff. Hätzlerin *hannd : allesambt*. 267, 267. Georgspiel *alle sant : erkant* s. 173. Reimchronik *alle sannd : land* s. 82; im Wolfdiefrich B: (DHb. III, LIX. LXIX) *samt : zehant : hant : gewant* u. a. *sant* cod. theol. et phil. 17, auch noch streckenweise in der heutigen sprache *mitsāntəm* mit ihm. *zů gůtem livnden* (leumund) Ulm 1431 (D. Reichstagsa. IX, 614).

Der lautwandel ist aber nicht specifisch oberdeutsch, vgl. z. b. an der Nab.: *ich kum, du kinst, er kint* bei Schmeller, Ma. Bayerns s. 117.

Anm. 4. Über assimilation vor labialen und gutturalen vgl. §§ 189. 191. – Entwicklung von *-rn-* § 188. *-nl-* ist wahrscheinlich in *ləilix* aus līnlachen leintuch (cfr. lilachen Ahd. gl. II, 488, 78), *ǫlf* aus ailf, (ainlif urk. 1459 u. ö. ailif 1352) zu *-il-* > *-l-* assimilirt; für *ǫlf* liesse sich aber auch auf analogiewirkung von *tswęlf* recurriren, vgl. z. b. Augsburg 1418 (D. Reichstagsa. VII, 368) *zwischen ailifen und zwölifen*.

2) sonantisches *n*: *se 'õntn* sie haben (mhd. hānt) ihn; *'õntsn* haben sie ihn; *mitn* mit ihnen; *anņ* an ihnen, ihn; *ufn* auf ihn u. s. w.

Anm. 5. Die präterita *krẹxnt* (mhd. gerechent), *tsǫəxnt* (mhd. gezaichent), *fr'ẹrtnt* (mhd. *verhertent), *kwəisnt* (weiss angestrichen), *triknt* (mhd. getrückent), getrocknet u. a. sind nordschwäb. Horb: *triknət*, *fr'ẹrtnət*, *krẹxnət* etc. (§ 185 anm. 1). Diese bildungen mit ableitendem *-n* sind sehr beliebt z. b. *frlẹəxnə* (mhd. verlëchen) vertrocknen; *sich waidnen* Aesop s. 272. Tristrant: *verclagnen* : *gedagen* u. a. vgl Schmeller, Ma. Bayerns s. 425.

§ 191. Der gutturale nasal *ŋ* erscheint vor den gutturalen consonanten *g, k, k̄*, im silbenanlaut nach *g, k;* in- und auslautend ist *-ng* durch *ŋ* vertreten; den zusammenfall dieser lautverbindung mit dem gutturalen nasal belegt auf verwandtem gebiet die schreibung *wankūssin* (d. i. wangeküssin) Lanzelet 836, vgl. cod. theol. et phil. 10: *wangkússi.*

1) *šlẽŋkl* schlingel; *drẽŋkə* (mhd. trinken); *'ẽŋkə* (mhd. henken); abgeleit. subst. *'ẽŋke*, *'ẽŋkr*; *drẽŋgẹlt* trinkgeld; *ksõŋkə* (mhd. gesunken);

ebenso im Sandhi: *'ãŋkībl* handkübel; *õŋgār* und gar; *'õ ŋksaet* haben gesagt; *tsẽŋgãŋə* zu ende gegangen etc.

2) *kŋuək* (mhd. genuoc) genug; *kŋõmə* (mhd. genomen); *kŋẹəxt* (mhd. knëht); *trikŋət* (mhd. getrückenet) getrockent; *kŋal* knall;

vgl. dazu Angnes urk. 1292. resingnavi Ullm 1254 u. a.

3) *gãŋə* (mhd. gegangen), imper. *gãŋ* (mhd. gang) gehe; *kšprõŋə* (mhd. gesprungen), imp. *šprẽŋ* lauf; ebenso *rẽŋə* regnen;

doch *lãkwəilig* (Balingen): *lãŋwəilix* langweilig (gemeinschwäb.), ebenso das durch *jõmpfr* vorausgesetzte mhd. *juncfrou;* ein im heutigen alem. dialekt noch erhaltener wechsel spiegelt sich in cod. med. 15 *lung, lungen* : *lunck, luncken* wieder.

In der verbindung *ŋ+t* stellt sich als übergangslaut gutturale explosion *k* ein: *brẽŋkt* (mhd. bringt); *fãŋkt* (mhd. *vangt) fängt;

vgl. eine schreibung wie *bedingkt* urk. Engeltal 1421, die den häufigen urk. Ulm 1294 *kumpftig*. 1295 *benempt*. Tristrant: *kumpst schampstu* etc. etc. durchaus analog ist.

Anm. *n* ist auf alem. gebiet von der 3. pl. auch in die 2. pluralis sämmtlicher tempora eingedrungen, vgl. im Schwäb. Verlöbniss: *ir gewinnent. werdent.* ZBR.: 3 pl. präs. *widersagend. widergent* (reddunt). *werdent. zuchint. bietent. wellent*: 2. pl. *horint. loufent. habint. anrůfent.* imperat: *horint. bihtunt.* 2. pl. prät. *ir sahint. zůnamint. wurfint* etc. etc. imperat. 2. pl. *sagent mir* Tristrant. *schribend. vergessent* cod. theol. et phil. 54, vgl. Weinhold al. gr. s. 338 f. 346 u. a. Ebenso beim verbum substantivum *ir synt* (seid) Aesop s. 65. *ir sît : lît* bei Neifen 42, 11. 20. *ir tuot : hochgemuot* 4, 5. 15 (unecht nach Uhl s. 169). *kint : sint* bei Winterstetten 14, 169. *ir sint* Weingarter pred. Tristrant 11ᵃ. cod. theol. et phil. 74. cod. bibl. 27.

Consonantenassimilation.

§ 192. Die Sandhierscheinungen der mundart beherrscht ein umfassendes, bereits aus den veränderungen des vocalismus bekanntes gesetz, das nicht in einzelne, etwa für consonanten und vocale verschiedene prozesse aufgelöst werden darf. Der schwach geschnittene accent, der unsere vocalartikulation bestimmt (§ 39) und die spaltende silbentrennung im gefolge hat (§ 42), erzeugt im innern der sprechtakte stets offene silben (§ 127) und hat in taktpause zur dehnung etymologisch kurzer vocale geführt (§ 127). Diese selben vorgänge prägen sich beim consonantismus auf eigenartige weise in den sandhierscheinungen aus. Silbenanlautende consonantenverbindungen im innern der sprechtakte erleiden combinirte articulation. Ausschlaggebend für das resultat der sprechformen ist stets der schallkräftigste consonant (Sievers Phonetik § 26 f.) d. h. der unmittelbar dem vocal benachbarte. Da wir nun in der mundart im taktinnern stets offene silben haben, consonantenverbindungen also niemals eine silbe schliessen, sondern dieselbe eröffnen, gibt es nur regressive, niemals progressive assimilation der consonanten; d. h. eine lautfolge (schematisch) *-alda-* kann im schwäbischen vermöge seiner constitutiven sprachfactoren niemals zu *-alla-*, muss vielmehr zu *-a-dda-* werden (*-dda* aus *-lda* silbenanlautend). Dieses gesetz der regressiven consonantenassimilation im taktinnern ist ausnahmslos;

es findet sich im schwäbischen kein einziger fall, bei welchem der auf den vocal folgende consonant den ausschlag gegeben hätte. Dieses gesetz ist anscheinend gemeinalemannisch und eines der wichtigsten merkmale gegen Franken (vgl. § 52).

Weil im taktschluss vermöge der verschiedenheit der aussprachsbedingungen die consonantenartikulationen selbständig bewahrt bleiben: *wūkfārə* : *kfārəu ūt* (wird gefahren, gefahren wird), u. ähnl., entstehen im sprachmaterial eine unzahl von wortdoubletten, mit welchen sich das gedächtniss auf verschiedene art abfindet (analogiebildungen). So hört man vielfach sprechformen wie *wūtkfārə*, bei denen wie in der wortcomposition etymologische zusammenhänge die mechanische sprechform *wūkfārə* zerstören.

Belege aus alter und neuer zeit für die assimilationserscheinungen sind bereits unter den einzelnen consonanten gegeben, im folgenden sollen die verschiedenen formen nochmals zusammengestellt werden:

A) verschlusslaute:

duəkōətsūk tut keinen zug.	*bləibẹ·dǭ* bleibe nicht da.
rẹ̄ksǣ rede gewesen.	*šmīknəẹəxt* schmidknecht.
sta·pflẹ̄k stadtpflege.	*'aepfl* kopfkissen (vgl. hoᵛptpfulb cod. poet. et phil. 30).
sọt sollte.	*gẹtəu* gelt du (nicht wahr?).
ma·ksǣ magd gewesen.	*mǣlẽ·nəšdẽkə* mein längstes denken.
befẹškẹ befestigen.	*tsliəxgāõ* (wörtl.) zu licht gehen (spinnstube).
bẹ·klẹəgə bett gelegen.	*guəklõnə* gut gelungen; gut geklungen.
'ǫtəurət hat gedauert.	*'ǫtswuə* hat zwei.
kišksẹ̄õ kiste gesehen	*fr'əirəksǣ* verheiratet gewesen.
mišgābl mistgabel	*mišbẽnəl* mistbengel.
wəiknəuək weit genug.	*mikāmẹ·l* mit kameel.
staksǣ stadt gewesen.	*štarksǣ* stark gewesen.
trākǫrp tragkorb.	*trenəgẹ̄lt* trinkgelt.
ẹ·bẹsr nicht besser.	*'ǫpādət* hat gebadet.
sẽndrəi sind drei.	*aokfalə* auge gefallen.

frštękaldə versteckt gehalten.
ãŋšk̓ęt angst gehabt.
dęldəfõ thäte davon.
ləiksẽə leute gesehen.
gǭ·bis geht bis.
ępis etwas.

mikɱõmə mitgenommen.
'ǫdakšt hat die ackst.
tsrukõmə zurückgekommen.
fraeksãẽ freude gewesen.
štuəkrt Stuttgart.
fiəntl viertel (aus fierdenteil).

B) dauerlaute:

mipmaxə mitmachen.
epfəil nicht viel.
sẽmpfrbrẽnt sind verbrennt.
ãmpfẽŋər an die finger.
ãŋštõmbãŋ angst und bang.
'õmbęlə hund bellen.
'ǫpmə hat man.
õməis und mäuse.
sẽnǭ sind nah.

ẽmbrǭx in die brach.
pfiəs die füsse.
õmpfõwəitəm und von weitem.
braʼoləinəm brot bei ihm.
ẽmite in die mitte.
kẽmbęt kindbett.
duəpmə tut man.
õmǭ und wo
õnǭ und nah, vgl. *õnə* unten (aus mhd. undnen).

ẽmętsə im märz.
õŋgār und gar.
'ãŋk̓ęt hand gehabt.
dr·ẽŋksãẽ drinn gewesen.
əušnãẽdə ausschneiden.
išī ist sie.
əštǭt es steht.
səi es sei.
friš du frisst (aus *frizzest*)
tštuəkrt zu Stuttgart.
ęwəil allweil.
fəiləit viel leute.
kšęənə geschehe ihnen.
mən man ihn (-*mə ən*).

õmbis und bis.
õŋgǭt und geht.
tsẽŋgãŋə zu end gegangen.
'õəŋksaet haben gesagt.
ašnae als schuce.
muəsãẽ muss sein.
rəusuəxe aussuchen.
dęši·f dieses schiff.
ęš saatfeld (aus mhd. ezzisch).
tsẽmərẽŋə zu Sigmaringen.
kęər keller (?).
fīrəitr feuerreiter.
wiəlęp wie ein löwe (: *wiə ə lęp*).
de kiə den kühen etc.

Ursprünglich ist das resultat der combinirten consonantenartikulation fortis gewesen, wie auch heute noch in zahlreichen fällen. Es muss indessen festgehalten werden, dass vielfach nach analogie der sprechformen im absoluten anlaut oder in consonantenverbindung lenis resp. neutrale qualität eingedrungen ist.

Anm. Ferner soll noch besonders darauf aufmerksam gemacht werden, dass sogenannter „consonantenausfall“ wie z. b. *r* vor dentalen consonanten (§ 188) mit den sandhierscheinungen durchaus wesensgleich ist. Solch besondere regeln beruhen, wie schon ihre ausnahmen beweisen (beachte namentlich *‘ẹ̄t* neben *‘ęrt* hart) nur auf willkürlichen dispositionen und neigungen des gedächtnisses, durch welche der umfassendere, gesetzmässige lautprozess zuweilen verdunkelt wird. Für den letzteren ist allein massgebend, dass die ihn constituirenden phonetischen factoren in wirksamkeit sind, ohne von psychologischen einflüssen gestört zu werden.

Chronologie der Consonanten.

§ 193:

VI. jh. *t-*, *d-* verschiebung (§ 160).

VII—VIII. jh. verschiebung von *k* nach vocal (§ 173) und *s* (§ 179).
verschiebung von *p* > *f* (§ 168).
ƀ > *b*, *p* (§ 171).
þ > *d* (§ 164).
vor gutturalen vocalen wird:
velares *ʒ* an- und inlautend zu *g*,
palatales *ʒ* zu *j* (§ 175. 177).
stimmtonverlust der medien.

VIII. jh. *h* verliert das reibegeräusch, schwindet intervocal. und in nebensilbe (§ 158).

VIII.—XII. jh. regressive assimilationserscheinungen (§ 148 anm. 1. 192 u. a.).
entstehung von anl. *pf-* (§ 168).

IX.—X. jh. reduction von *t-* > *d-* (§ 165).
reduction der doppelconsonanz zur länge (fortis).
entstehung der palatalen consonanten (§ 173. 154 ff.).
ȥ > *s* (§ 160).

X. jh. palatales *ʒ* (= *j*) vor palatalen vocalen in ictussilbe > *g*.
schwindet zwischen palatalen vocalen in nebensilbe (§ 177).

	sx > *šx* > *š* (§ 179).
	st; sw-, sl- etc. > *št; šw-, šl-* etc. *-rs* > *rš* (§ 153).
XI. jh.	ausl. *-m* > *n* (§ 189 anm. 3. 190, 3).
XII. jh.	*tw* > *zw* (§ 160).
XIII. jh.	*w* > *b* intervocalisch und nach liquiden (§ 144. 2).
	-nn- > *nd-* und ähnl. (§ 149, d).
	-mb- > *mm* (§ 189, d).
	-ng- > *ŋ* (§ 191).
XIV.—XV. jh.	ausgleichung des grammatischen wechsels bei „verlieren" u. a. (§ 152 anm. 2)
	ie > *jɛ* (§ 180, 3)
	w > *m* in „wir" und ähnl. (§ 189, c).

Es ist schwierig, diese mannigfaltigen veränderungen unter allgemeinere begriffe zusammenzufassen. Doch wird es möglich sein, mit hilfe der § 140 für die vocalischen veränderungen erschlossenen erweiterung der mundöffnung (senkung des unterkiefers, abflachung des zungenrückens) auch consonantische veränderungen wie *k* > x; *p* > *f* begreiflicher zu finden. Damit hängt wohl aufs engste die herabsetzung der exspirations- und articulations-intensität zusammen, vermöge welcher *t* zu *d*, die älteren doppellaute zu einfachen geworden sind (*kk* > *k*, *mm* > *m* etc.) und ohne weiteres fallen darunter assimilationserscheinungen wie palatalisirung ursprünglich velarer laute, entwicklung von *j* und *g* u. a.

Schlussbemerkung.

§ 194. Seit dem 13. bis 14. jh. ist keine principielle, gesetzmässige veränderung im schwäbischen lautbestande nachweisbar. Die mundart erscheint demgemäss im wesentlichen seit 5—6 jahrhunderten in der form constituirt, wie sie heute gesprochen wird. Wenn auch im einzelnen, namentlich was von der orthographie nicht dargestelltes oder darstellbares betrifft, differenzen noch bestanden haben mögen, die erst die folgenden jahrhunderte verwischt haben, wenn auch erst im verlaufe der jüngsten perioden ausgleichende analogiewirkungen gewirkt haben, so haben dieselben jedenfalls, wie die mundartlichen denkmäler zeigen, im laufe des 15. jh. ihr spiel vollendet. In den letzten 4—5 jh. hat folglich eine continuirliche, constante sprachüberlieferung von generation zu generation stattgefunden.

ANHANG.

DIE SCHRIFTSPRACHE.

Niclas von Wyle, stadtschreiber von Esslingen, später zweiter kanzler des grafen Ulrich von Württemberg, aus dem Aargau eingewandert, wagte es noch in den letzten tagen seines lebens (a. 1478) gegen gewisse neuerungen der orthographie, wie sie in Schwaben einzudringen begannen, öffentlich seine gewichtige und erfahrene stimme zu erheben. Mit dem eigensinnigen festhalten an dem gebrauch der altvordern, wie sie gerade den Schweizer characterisirt, und mit dem ängstlichen localinteresse des schwäbischen stammdünkels erklärt er sich gegen die änderungen, die „in allen cantzleien der herren und stetten“ platzgreifen. Seine gründe sind höchst dürftig. Die änderung sei zum einen unnütz und zum andern bringe man eine stammheitliche eigenart zum opfer, wenn man statt *-ai-*, wie es in Schwaben immer brauch gewesen, jetzt *-ei-* zu schreiben anfange (§ 91 anm. 2). Bei anderer gelegenheit (Müller, quellenschriften s. 15) eifert er gegen die „rinischen“ formen *geet steet*, welche die stockschwäbischen *gaut*, *staut* aus den schriftwerken verdrängen.

Dieses erste zeugniss eines guten beobachters für die umbildung einzelner lautformen der schwäbischen gemeinsprache, in der zweiten hälfte des 15. jahrhunderts ist für uns um so massgeblicher, als dasselbe gleichzeitig durch untersuchung der druckdenkmale in vollem umfang bestätigt wird.

Von diesem festen puncte aus führt der blick rückwärts, in die zeit, da die literarische production in deutscher sprache stümperhaft und armselig, fort und fort als bar-

barisch bemäkelt, einzig getragen von den anforderungen der kirche in deren aschenbrödeldienst ihre unentbehrliche existenz fristete. Jahrhunderte lang vermochte die römische sprache die hegemonie sich zu wahren, die die römische kirche seit dem beginn ihrer mission in Deutschland begründet hatte.

So lange das gefürchtete regiment der kirche im volke jede lebensregung im banne hielt, war ein aufschwung der literatur in der muttersprache nicht zu erwarten. Es hatte lange gedauert, bis im ritterstande dem pfaffentum ein rivale erwacht war, der zum ersten mal die alleinherrschaft der kirche im öffentlichen gesellschaftsleben bedrohte und dann auch siegreich die ausserkirchlichen interessen der laienwelt in ihre rechte einsetzte.

Offenbar hängt es mit dieser socialen revolution zusammen, wenn seit der mitte des 12. jh. stetig anwachsend eine deutsche literatur in fluss kommt, anfangs beschränkt auf die modernen cirkel des rittertums, bald aber auch die bürgerlichen kreise ergreifend, allerdings im ganzen kaum so fruchtbar als die schreiblust der klöster.

Es war aber ein ganz besonders wichtiger fortschritt, als seit der mitte des 13. jahrhunderts auch die kanzleien der städte, der fürsten wie des kaisers deutsche geschäftssprache einzuführen wagten. So konnte es nur noch eine frage der zeit sein, die lateinische buchsprache allmählich auf die exclusiv gelehrte literatur einzuschränken, vollends als die schriftstücke der kaiserlichen kanzlei in einer allmählich gleichmässigeren orthographie von einem ende des reiches bis zum andern cursirten und durch den stetig sich hebenden buchhandel die erzeugnisse der einen provinz allen andern zugänglich wurden. So kam es in langsamer entwicklung zu einem ausgleich der deutschen schriftsprache, das übergewicht der mitteldeutschen reformationsliteratur lieferte den einschlag: mitte des 18. jh. besitzt Schwaben die heutige gemeinsprache.

Die ältere literatur ist in ihrer sprachform durchaus provinziell gefärbt. Daher empfiehlt es sich, die ausbildung unserer schriftsprache in den einzelnen provinzen gesondert zu verfolgen, was aber seinerseits erst möglich ist, wenn die entwicklungsgeschichte der lautform übersehen werden kann, da die schriftform in keiner periode der sprachentwicklung ohne die lautgeschichte verständlich ist.

Die älteste periode deutscher aufzeichnungen (glossen, namen der urkunden) in Schwaben bis zum beginn zusammenhängender denkmäler im 12. jahrhundert erlaubt keinen gesammtüberblick, um zu erkennen, wie weit die schriftform der schwäbischen schreiber von fremdem vorbild abhängig, wie weit sie traditionell (nicht der aussprache conform) gewesen sein möchte.

Die thatsache der abhängigkeit steht ausser zweifel. Es kann nach §§ 175 ff. keinem bedenken mehr unterliegen, dass die bezeichnung der gutturalen verschlusstenuis mit den zeichen des spiranten eine concession an hochalem. schreibusus gewesen ist. Die möglichkeit der übertragung ist schon durch die vielfachen besitzungen z. b. des klosters St. Gallen auf schwäbischem territorium erwiesen (stiftungs-, schenkungsverträge u. a.). Ferner wird der traditionelle character der aufzeichnungen sicher gestellt 1) durch die allgemeine übereinstimmung der orthographie unserer denkmäler, 2) durch die wiederholt hervorgehobene, sprachgeschichtlich wichtige thatsache, dass unsere glossensammlungen des XI. XII. jh. ein gemengsel von sprachformen darstellen, die ganz verschiedenen entwicklungsperioden angehören. Die wortformen sind teils mit der ehrwürdigen schreibung der älteren vorlage übernommen, teils in eine der sprechform des schreibers näherliegende orthographie umgesetzt worden. Im grossen ganzen geht aus unserm material deutlich hervor, dass die tendenz der orthographie in der ältesten zeit vorwiegend conservativ gewesen ist, die schreibung sich also bereits sehr weit von der aussprache entfernt hat. Dazu kommt schliesslich, dass das schwanken der orthographie in der widergabe des *qu*- lautes (§ 156 anm.) am ehesten aus einem bestreben sich erklären liesse, die plumpe sprechform des dialects einer eleganter klingenden schriftform zu opfern, dass also bereits in ahd. periode eine verschiedenheit der aussprache nach gesellschaftskreisen geherrscht haben könnte, die natürlich, wenn die auffassung der *qu*-schreibungen das richtige trifft, sich noch weiter auszudehnen hätte und an der überraschenden gleichmässigkeit der orthographie der vocale eine weitere stütze fände. Aber es lässt sich kein sicheres argument dafür ausfindig machen, dass ungefähr die sprache der herrschenden klasse mit der archaischen schreibung der denkmäler übereingestimmt, die sprache des volkes dagegen, gerade so wie heute, in der lautentwicklung fortgeschrittener gewesen wäre. Wahrscheinlich ist ein solcher zustand, da eben zu allen zeiten die anerkannte wirkung der schrift auf die aussprache gegolten haben wird („nach der schrift sprechen"); der kreis der betr. über dem dialect stehenden gesellschaftssprache darf aber jedenfalls nur wenig über die den literarischen interessen nahe stehenden individuen hinaus gezogen werden.

Dialectisch d. h. provinciell ist diese orthographie und sprechform auf alle fälle gewesen, nur werden grade des mehr oder weniger crassen (je nach einfluss der schrift) existirt haben; wie ja die orthographie in einzelfällen besonders deutliche fingerzeige für die beschaffenheit der volkssprache gegeben hat.

In mittelhochdeutscher periode ist das quellenmaterial für die frage nach einer über das spec. landschaftliche hinausreichenden sprech- und schriftform bedeutend mannigfaltiger und ergiebiger. In erster linie wertvoll sind die reime unserer schwäbischen minnesänger von Meinloh von Sevelingen (bei Ulm) bis auf den ca. ein jahrhundert jüngeren dem namen nach nicht sicher bekannten [Heinrich] Schulmeister von Esslingen.

Die fragestellung spitzt sich dahin zu, ob in den liedern durch gewisse reimbindungen eine sprechform vorausgesetzt wird, die mit der heimatlichen, in der geschichtlichen erörterung für die betr. epoche erwiesenen, nicht übereinstimmt. Die wichtigsten categorien bilden: 1) die reimbindung der etym. und phonetisch verschiedenen mhd. *ei* (§ 93). 2) die reime zwischen langen und kurzen vocalen derselben articulationsstellung (§ 61 anm. 4). Vorweg sei daran erinnert, dass die eindringendsten untersuchungen über den sprachgebrauch und die reimtechnik der minnesänger ergeben haben, dass reinheit des reimes strengstes kunstprincip gewesen ist.

1) Es wurde bereits von H. Fischer, zur geschichte des mittelhochdeutschen (Tübingen 1889) s. 6 f. angedeutet, dass auf grund von reimen wie *heide : meide* Neifen 38, 26 u. ähnl. eine art gemeinsprache für die mhd. dichter anerkannt werden muss, da eben nicht daran gedacht werden darf, dass der unterschied der klangfarbe vom dichter hätte vernachlässigt werden können. In schwäbischer aussprache sind reimbindungen dieser art, dies dürfte durch meine untersuchung festgestellt sein, zu allen zeiten unrein gewesen. Wenn rein reimende dichter dieselben zugelassen haben, kann dies nur folge eines zugeständnisses an die reimgewohnheit bei dichtern sein, denen in ihrer mundart für die beiden *-ei-* identische aussprache eigen war. Ich habe § 93 gezeigt, dass diese reime auf schwäbischem boden erst auftreten, nachdem eine längere periode der kunstübung verflossen und die stilistik der dichtungsgattung ausgebildet war; unsere ältesten minnesänger (Meinloh, Heinrich von Rugge) bleiben in diesem stücke der mundart getreu.

2) Wohl aber reimt Meinloh *getān: man* 13, 23. 26 und 14, 15. 17 *gewan: lān*, wenn diese änderung der handschriftlichen überlieferung zulässig ist. Bei Rugge sind *hān: kan* 103, 31. 33. *enkan: stān* 103, 36. 38 (Paul Beitr. II, 494. 511. 527). *naht: gedāht* 109, 19. 21 (Paul a. a. o. II, 494) in hohem grade zweifelhaft und wahrscheinlich Reinmar anzurechnen (für dessen lieder reime wie *lān: an* 189, 9 sicher gestellt sind); Neifen hat *gar: klār* (Uhl s. 74) u. a. vgl. § 61 anm. 4.

Die nächstliegende erklärung ist doch wohl die richtige, dass nämlich in den höfischen kreisen nach der schrift gesprochen wurde, dass die wandlungen, welche *ā* in der volkssprache durchgemacht hatte (§ 60 f) perhorrescirt wurden und in folge dessen nach eintritt der vocaldehnung (§ 127 ff.) übereinstimmung herrschte. Es ist aber gewiss nicht zufällig, dass der procentsatz an hierhergehörigen reimen bei unsern dichtern so ausserordentlich gering ist. Rugge dürfen solche reime wahrscheinlich gar nicht aufgebürdet werden,

Meinloh und Neifen sind mit je einem (resp. zwei belegen) die einzigen zeugen. Vergleicht man sowohl in bezug auf die *ei*-reime, als auf die bindung von *a* : *ā* den sprach- und reimgebrauch der schwäbischen liederdichter mit dem Hartmanns von Aue, der beide categorien zugelassen hat (Erec 241. 1605. 3305. Iw. 2668. 5522, Lachmann zu Iw. 2112. 5522), so bietet sich hier eine handhabe, vermöge der nun definitiv Hartmann ausserhalb Schwabens im engeren sinne (Obernau) localisirt und schwäbische mundart ihm abgesprochen werden muss; auch *Vriēn : ich stēn* Iwein 4184 (vgl. Lachmanns anm. zu 2112) ist bei einem Schwaben des 12. jhdts. nicht möglich; das prät. *liez* (z. b. Iw. 362. 1066) lautet bei den schwäb. dichtern *lie* [*liez : stiez* MSF. 194, 23 darf nicht mit Erich Schmidt, s. 70 Rugge zugeschrieben werden]. Damit ist nun aber auch alles erschöpft, was sich aus unsern dichtern für eine gebildetere, über den dialect hinausreichende, mit nichtschwäbischer aussprache übereinstimmende sog. gemeinsprache der ritterlichen gesellschaft beibringen lässt. Durch einzelheiten wie *antlüzze: nüzze* Winterstetten 8, 68 (unschwäbisch nach § 161, 2) wird mein resultat sehr treffend gestützt. Dass unsere dichter für sprachformen nicht verantwortlich gemacht werden dürfen, die ihnen nur infolge der unkenntniss moderner herausgeber aufgepfropft worden sind, versteht sich von selbst. Rugge's leich zeigt in MSF eine merkwürdig buntscheckige form, weil man sich noch nicht entschlossen hat, die sprachformen der Benedictbeurer handschrift der mundart des dichters zu opfern. Man tilge ferner *gēt* 101, 14 (*ergāt : lāt* 98, 8), die *ē*- formen sind nach § 61 in schwäb. denkmälern nicht zulässig, die herausgeber sind gerade in diesem stücke sehr lax gewesen, vgl. bei Neifen 38, 25 *stānt* : *stēnt* 50, 36. 36, 14. *stēt* 33, 32. 37, 14. *stāt* 43, 27. 40, 25. Winterstetten 6, 16. *stān* 46, 22. *ich stēn* Winterstetten 5, 87. 16, 33. 17, 83. 22, 11. *schol* 96, 3 (gegen *sol* 99, 4. 100, 16 u. ö.). Unmöglich ist *niet*: *siet* 101, 28 gegen *niht : siht* 105, 3. 109, 24. 27 u. a. Ich weiss wohl, dass durch Meinloh's *niet*: *liep* 11, 6. *niet*: *schiet* 14, 6 gegen *niht* : *siht* 12, 36 *niet* auch für unsern dialect erwiesen wird, aber eine form *siet* ist nicht nachweisbar, so wenig als *trant* Neifen 25, 11. In fällen wie *flegen* 98, 18 (vgl. *fiu* 98, 38): *pflegen* 102, 19. *pflac* 103, 25 war gleichmässigkeit angebracht. *nimet : zimet* 98, 21. 104, 19 gegen *nimt* 101, 19. *behalde : bezalde* etc. 110, 27 aber *solte : wolte* 109, 22 u. a. Doppelformigkeit ist vielleicht in diesen wie in andern fällen dem dialect gemäss: *bluot* (: *tuot*), *blüete* (: *güete*) Neifen 34, 2. 3 u. ö. *iemer mē* (: *wē*), *iemer mēre* (: *sēre*); *gewesen : gesīn* (§ 76 anm. 2). *har* Neifen 45, 2 ist wohl nur aus der alem. handschrift stehen geblieben, bei Winterstetten ist *gevar : har* 4, 50 (*her : ger* 8, 63 u. a.) ebenso singulär als Neifens *schīn : gesīn* 37, 8 vgl. *līn* (liegen): *sīn* Virginal 491, 9. 499, 2. Ebenso halte ich in der volkssprache reime wie *ir sīt : līt* Neifen 42, 11, 20 vgl. *ir sint* Winterstetten 14, 185. 31, 35 u. a. *kint : sint* 14, 169 (in der Virginal *ir sīt : līt* : *wīt* neben *ir sint : kint, blint* wie *ir wizzet* ; 3. sg. *izzet* 381, 8 gegen *ir īlent* : *underwīlent* u. a.) *ir tuot* : *hochgemuot* 4, 5. 15 (vgl. Uhl s. 169) für unmöglich (§ 191 anm.); ferner *herze : smerze* Winterstetten 5, 78 gegen *herzen : smerzen* 7, 28 vgl. 9, 121. 12, 106. *twinc* 15, 13 gegen *twinge* (vgl. Minor zu 1, 13). *vertrīp* 10, 34. *vermīde* 11, 48 u. a. *Guote : muote* 9, 101. *Uot : Guot : tuot* 14, 171. *vervāt* 12, 111 : *vervāhet* 62, 33. *munde : kunde* Rugge 102, 28 u. a. gegen *künde : sünde : bünde* Winterstetten 10, 42. *ich tanzen unde meijen* 34, 19: *ich lebe* 42, 30 u. a. *vertrīben : belībe* Rugge 110, 35. *stunde : gebunden* 101, 27 (Paul, Beitr. II, 512). *herze : smerzen* Winterstetten 9, 121 u. a. sind dagegen vielleicht dialectisch und beruhen auf dem schwund von ausl. *-n* in der mundart (§ 110). Bemerkenswert ist die doppelformigkeit bei den adj. adv. auf *-lich*:

Bei Neifen: *rīche : helfecliche* 11, 18. *minnecliche : rīche* 13, 16. *minneclichen : entwīchen* 7, 3 vgl. 39, 27. *minneclichen : gelīchen* 34, 22 (Uhl s. 126 ff.). *inneclichen : wīchen* 39, 30. *froüdenrīche : genædecliche* 43, 6. *fröudenrich : minnenclich* 37, 21. *eigenliche : fröudenrīche* 50, 2 u. a. (vgl. Uhl s. 117. 187. Bartsch, liederdichter² zu XXXVI, 77).

Winterstetten: *mich : gerich : ungemenlich* 4, 24. 8, 85. 14, 185. *grimmeclich : mich* 23, 29. 26, 14. *mich : wunnec-*

lich 41, 63. *ich : sicherlich* 49, 17. *tugentrich : zühteclich* 8, 73. *dich : minneclich* 10, 37. *mich : minneclich* 16, 35. 17, 81. 37, 22. 46, 19. *sich : vröudenrich* 10, 38. *ich : minneclich* 12, 101 vgl. 29, 47. *lieplich : ich* 16, 47. *mich : vesteclich* 18, 21. *entwīchen : herzeclichen : minneclichen : tougenlichen* 16, 39 vgl. 48, 48. *minneclich : sældenrich :* 16, 59. *tugentriche : herzecliche* 17, 77. *minneclich : inneclich* 24, 31. *gelīch : vröudenrich* 25, 20. *minnecliche : gelīche* 33, 38 vgl. 33, 9. *gelīch : rīch : minneclich* 36, 74. *gelīch : vremdeclich : rīch* 47, 19. Schulmeister: *dich : sicherlich* MSH II, 137, 2. *sich : griusenlich : mich* 138, 10. *schamelich : mich* etc. 140, 16.

Ferner *küniginne : minne* Neifen 18, 8. 20, 34. *künigin : bin* 41, 18. *vogellin : mīn : künigin* 52, 29. Winterstetten: *küniginne : inne : sinne* 2, 36. *træstærinne : brinne : minne* Neifen 27, 10. Winterstetten 2, 39 vgl. 5, 85. *sinne : træstærinne* 31, 55. *træstærin : schīn* 8, 81. *sīn : træstærin* 25, 30. *dīn : træstærin* 46, 14. *minne : meistærinne* 8, 92. *vüegærinne : sinne* 61, 35. Schulmeister: *sinne : triutærinne* 139, 13. *schīn : gesīn* etc.: *meistærin* 140, 16.

Neifen 46, 20: *sīn : diu vogellin.* Winterstetten: *diu vogellin : pīn* 45, 4 vgl. *elliu vogelli* 59, 5 (hs). Schulmeister: *kindelin : hin* 138, 10. *dienerin : shefeli* St. Cecilia (Zs. 16) v. 205; zahlreichere belege in der Virginal (DHb).

Der heutigen mundart sind in all diesen fällen die formen mit kurzem vocal gemäss. Es ist gewiss nicht zufällig, dass Neifen die bei Winterstetten geläufigen adj. adv. auf *-lich* meidet (vgl. Lachmann zu Iwein 5522), er lässt nur die flectirten formen zu, bei denen die länge des suffixvocales lautgesetzlich ist. Man wird die mannigfaltigkeit der adverbialbildung *-lich*, *-līche*, *-līchen* nicht der mundart zuschreiben dürfen, vielmehr an hand des materials bei Winterstetten und dem Schulmeister die form auf *-lich* als die mundartliche anerkennen, die übrigen auf traditionelle reimbindungen zurückführen; ebenso bei den movirten femininen *-inne*, *-īn*, der einheimischen mundart gehört vermutlich allein *-in* zu. Dass eine pluralbildung *vogellīn* (statt *vogelliu*) der alem. dialectgruppe fremd ist, hat Braune ahd.

gram. § 196 anm. 3 längst festgestellt, die mundart hat im 12. 13. jh. nur ein diminutivsuffix *-li*, *le* (sg. wie plur.) gekannt, vgl. die materialien § 116.

Es kann nach dem gesagten nicht mehr bestritten werden, dass in die schriftliche form der mundart unserer schwäbischen dichter laut- und wortformen eingedrungen sind, die auf einen ausgleich mit dem sprachlichen material anderer landschaften hinweisen. Aber die hinterlassenen spuren sind sehr gering. Wir können nur noch ahnen, dass die tendenz vorhanden war, von der geschriebenen sprache fernzuhalten, was im vergleich mit auswärtigen literarischen erzeugnissen den vorwurf des dialectischen zu erleiden gehabt hätte; dies gilt vielleicht auch für die vollen endungsvocale, vgl. Beitr. XIII, 464 ff.

Diesem bestreben wurde die heimatliche lautform soweit geopfert, dass reime zugelassen waren, die in der mundartlichen aussprache nicht dem künstlerischen prinzip reiner reimbindung entsprochen hätten.

Es scheint, dass die schwäbische dichtersprache des 13. jh. hauptsächlich von elsässischen mustern abhängig gewesen ist; jedenfalls darf unser dialectgebiet nicht darunter verstanden werden, wenn man von der "schwäbischen" grundlage einer mittelhochdeutschen literatursprache redet.

Wir werden die sprachlichen zustände am besten verstehen, wenn wir auch für diese periode die natürliche annahme festhalten, dass neben der dialectischen sprachform der kleinen leute eine gesellschaftssprache vorhanden gewesen sei, welche bis zu einem gewissen grade durch die schrift normalisirt wurde. Wiederum ist die gleichmässigkeit der orthographie dieser annahme günstig.

Man hüte sich aber sehr, diese schriftliche form etwa mit der zu identificiren, in welche moderne herausgeber unsere dichter gesteckt haben. Bei dem geringfügigen material einer schwäbischen literatur höheren stils sind wir, da in Schwaben geschriebene handschriften fehlen, auf die reime angewiesen, aus denen die einzelnen merkmale der schriftsprache entnommen werden müssen. Auch für die spätere zeit, so namentlich für das 14. jh. fehlen uns durchaus massgebende literarische denkmäler. Man möge nicht vorschnell aus dem greifbarer mundartlichen typus schlüsse auf eine sog. verwilderung der sprachlichen form ziehen. Derselbe hängt damit zusammen, dass niederere volksschichten (kloster-, und bürgersleute) die literatur in die hand bekamen. Die bessere tradition des 13. jh. kann nicht zu grunde gegangen sein, denn als im 15. jh. die literatur wieder von geistern erweckt wurde, die über die grenzpfähle der provinz hinaus zu wirken verstanden, bricht die in gewissem sinn edlere form der sprache in ihren dichtungen durch.

Es ist von der grössten wichtigkeit festzuhalten, dass für die existenz einer von der mundart sich loslösenden bücher- und gesellschaftssprache nicht denkmäler befragt werden dürfen, die aus kreisen stammen, welche dieselbe überhaupt nicht zu erfassen vermochten, oder infolge eng begrenzter localer zwecke nicht zur darstellung brachten. Darunter fällt die ganze masse der localen urkunden und der sog. volksliteratur, die für die kenntniss der localen sprachformen ebenso ergiebig als für die frage nach der existenz einer sog. schriftsprache unfruchtbar sind. Für die letztere hat man sich stets an literarische denkmäler höchsten stils zu wenden; oder wenigstens an solche, die sowohl für das in- wie das ausland berechnet sind. In diesem sinne werden wir im verlaufe die entwicklung der schriftsprache in Schwaben seit dem 15. jh. verfolgen.

Wie heute, sind im ganzen poetische darstellungen sprachlich conservativer als die den neuerungen zugänglichere prosa.

Man halte sich aber für das folgende gegenwärtig, dass es sich um veränderungen handelt, welche nur die orthographie betreffen, für die aussprachsformen der lebendigen volksmundart kommen dieselben nicht in betracht. Diese letztere ist streng dagegen abgeschlossen, die aus fremden dialectgebieten eindringenden schriftformen berühren die in ihrer entwicklung zur ruhe gekommene volkssprache nicht mehr.

Es ist, wie gesagt, fast nutzlos, wenn man ausbeute

für die geschichte der schriftsprache in den localen geschäftsurkunden und in der massenhaft sich steigernden, den practischen anforderungen des tages dienenden literatur suchte. Diese niederen sorten sind, wie meine darstellung auf jeder seite gezeigt hat, in einer verhältnissmässig sehr übereinstimmenden schriftform abgefasst, in der wir jedenfalls die wenig straffe, aber doch schulmässig erlernte, gegen mundartliche oder wie wir heute sagen würden, phonetische versuche nicht verschlossene orthographie der schwäbischen landschaft widerzuerkennen haben. Alle diese denkmäler zeigen eine sprachliche form, die nicht, wie man oft oberflächlich gemeint hat, mit der dialectischen aussprache übereinstimmt, sondern das gros der schreibungen geht in einer seit jahrhunderten überlieferten form, es sind immer nur einzelnheiten, die uns die veränderungen der mundart erkennen lassen.

Von einer schriftsprache in diesem sinne, die zu allen zeiten vorhanden gewesen, handeln wir nicht, sie ist in ihrer entwicklung in der lautgeschichte zur besprechung gekommen.

Seit dem 15. jh. häufen sich progressiv die anzeichen, dass allmählich auch für Deutschland eine allen provinzen gemeinsame form der geschriebenen sprache erstanden ist, die dank dem geregelten diplomatischen verkehr der provinzen und dem seit erfindung der buchdruckerkunst immer wichtiger werdenden buchhändlerischen vertrieb der literarischen erzeugnisse in den einzelnen gebieten ihrem heutigen bilde stetig näher kommt. Für die schwäbischen landesteile von Württemberg werden wir dies im folgenden darzustellen haben.

Seit der zweiten hälfte des 13. jh. werden die urkunden deutsch abgefasst. Das lateinische hält sich zäh daneben als geschäftssprache, bis in der kanzlei Ludwigs des Baiern (1314—47) die muttersprache entschieden den vorrang gewinnt, namentlich seitdem die geistlichkeit nicht mehr zur ausfertigung der öffentlichen schriftstücke herangezogen wurde, sondern nach dem muster der italienischen kanzleien das notariatswesen zu selbständiger berufstätigkeit sich entwickelte. Die Luxemburger haben dem rühmlichen vorbild Ludwigs gehuldigt, in der Prager kanzlei herrscht unter Karl IV das deutsche vor.

Die deutschsprachliche bewegung hat hier an dem vom notar zum kanzler aufgestiegenen Johann von Olmütz einen ganz hervorragenden vertreter gefunden (A. Benedict, Bibliothek der mhd. Lit. in Böhmen III), der sich um die ausbildung einer consequenten schreibung in der kanzlei besonderes verdienst erworben hat. Wenzel und Sigismund haben sich im wesentlichen derselben angeschlossen. Es konnte nicht ausbleiben, dass im verkehr mit dem reiche bald auch die fürstlichen und städtischen kanzleien mit der böhmischen orthographie vertraut wurden und so zeigen denn bereits die urkunden des schwäbischen städtebundes (a. 1385) formen wie *doran. einnemen. sein* (sind). *zeit. hewt* (D. Reichstagsa. II, 492), die mit der sprache der kaiserurkunden übereinstimmmen. Von einzelheiten abgesehen ist für dieselben, schwäbischem lautstand gegenüber besonders characteristisch, dass ausser der im osten längst auch in der schrift zum ausdruck gekommenen diphthongirung der älteren *ī, ū, iu*, Augsburg a. 1388 (DR II, 46) bereits die concession gemacht hat, dass *au* = *ā*, vermieden wird, welches allerdings in späteren schriftstücken wieder auftaucht, aber stets spärlich bleibt. Ebenso spärlich sind (wie zuweilen auch in den kaiserurkunden selbst) formen wie *frúnden. herus* (DR II, 358) a. 1390 u. a.; man vgl. DR II, 358. VI, 715. VII, 327. 330. 331. VIII, 114. 133. 269. IX, 48. 308. 312. An K. Sigismund a. 1429: *heiligen. gagenwortikeit*; kein *au* = *ā*, ebensowenig s. 326. 329. 338 an den Erzbischof von Mainz, dagegen s. 334. 357 an Ulm: *aubend. nauch* a. 1430, ohne *au* s. 463. 4 *au* s. 399 an Konrad von Hall. Ulm steckt noch a. 1430 tiefer in der localen orthographie DR IX, 484. 486 u. a. und so ist nicht zu verwundern, dass im internen verkehr (Urkunden des Schwäbischen Bundes) noch zu ausgang des 15. jh. in Ulm neben der reichsgeschäftssprache (z. b. a. 1488) grob mundartliche aktenstücke einliefen, wie z. b. der von Hans Ehinger aus Nürnberg a. 1491 eingesandte bericht I, 104 ff; vgl. auch I, 16 gegen I,

21. 27. Ich betrachte zusammenfassend als wirkung der kanzleisprache, dass 1) *au* für *ā*, *ou* für *o* resp. *o* für *ou* so gut wie völlig aus der schwäbischen orthographie getilgt, 2) die neuen diphthonge, die längst in der volkssprache vorhanden waren, in die orthographie aufgenommen, 3) *ei* neben seltenerem *ai* zur bezeichnung des alten diphthongs der *i*-reihe verwendet und 4) *öu* durch *eu* wiedergegeben wurde, so das für *heute* und *freude* derselbe diphthong eingetreten, wie analog *ei* = *ī* = *ai*, *au* = *ū* = *ou*. Damit waren wesentliche züge einer schriftsprache geschaffen.

Im letzten drittel des 15. jh. war indessen die bedeutung der kanzleisprache für die entwicklung unseres gemeinsamen schriftdeutsch vom buchdruck überflügelt. Ich vermag kein argument aufzufinden, welches dazu berechtigte der kanzlei Maximilians oder gar des kaisers person selbst irgend welchen massgebenden einfluss beizulegen. Bereits war die moderne schreibung der diphthonge in die schriftwerke eingedrungen: bei Ingold, im liederbuch der Hätzlerin und bei Mynsinger sind sie fast allgemein, Hermann von Sachsenheim, Ruland, Ehingen zeigen mehr oder weniger reichliche belege; man wird doch nicht ernstlich geglaubt haben, dass die diplomatischen aktenstücke noch zu einer zeit für die gemeinsprache hätten in betracht kommen können, nachdem bereits in den hervorragenden druckwerken seit beginn der 60er jahre des 15. jh. ein unvergleichlich wirksameres organ für dieselbe geschaffen war.

Auf schwäbischem boden wurde in Augsburg die erste presse errichtet, der erste druck verliess dieselbe im jahr 1468. Es ist sehr zu beachten, dass die ältesten drucker durchweg als „schreiber“ bezeichnet werden, also vor errichtung ihrer anstalten wahrscheinlich notare gewesen sind, wodurch direkte verbindung zwischen canzlei- und drucksprache hergestellt ist. Aus Reutlingen ist nach Augsburg der „schreiber“ Günther Zainer (1468—1478) eingewandert, und schreiber ist Johann Schüssler (1470—73) wie Johann Bäumler (1472—93) gewesen; der letztere hat vermutlich Zainers druckerei übernommen. Ausser Jod. Pflanzmann kommt für uns namentlich Anton Sorg (1475—92) und Johann Schönsperger (1481—1524) in betracht. Johann Otmar druckt von 1498—1501 in Tübingen, seit 1502 in Augsburg; sein sohn Silvan Otmar hat sich neben Heinrich Steiner für die verbreitung der lutherischen reformationsliteratur ganz besonders verdient gemacht. Die erste presse in Ulm wurde 1470 errichtet (Joh. Zainer. Conr. Dinckmut u. a.), in Reutlingen 1482 (Joh. Otmar), vorübergehend bestand eine solche in Esslingen (1473), von wo Conr. Feyner nach Urach (1481) übersiedelte, in Blaubeuren 1475 (Conr. Mancz), in Stuttgart 1486 (vorübergehend), in Tübingen 1498 (Joh. Otmar, Thom. Anshelm, Ulr. Morhart, Osw. und Georg Gruppenbach), vgl. Stälin: Die buchdrucker des XV. jh. in und aus Würtemberg und Schwaben. Würtb. Jahrb. 1837 s. 131. Zapf: Augsburgs Buchdruckergeschichte. Zwei Theile. Augsburg 1788. 1791. Mezger: Augsburgs älteste druckdenkmale. Augsburg 1840. Hassler: Die buchdruckergeschichte Ulms. Ulm 1840. K. Steiff: Der erste buchdruck in Tübingen. Tübingen 1881.

Augsburg hatte auch den ersten eigentlichen buchhändler in Deutschland, den viel gefeierten archibibliopola Joh. Rynmann aus Öhringen („deutscher nation namhaftester buchführer"). Seine verlagsartikel lieferten teils Augsburger teils Basler und Hagenauer pressen und gewiss ist nicht weniger wichtig zu erfahren, dass die einheimischen druckereien ihre gehilfen vielfach von auswärts (namentlich Strassburg) bezogen haben oder dass ein einflussreicher mann wie Thom. Anshelm zuerst in Pforzheim gedruckt und später sein geschäft von Tübingen nach Hagenau verlegt hat. Wir wissen auch, dass vielfach Tübinger gelehrte in Hagenau und Strassburg haben drucken lassen, es ist nur zu verwundern, dass Nürnberg so wenig in diesen geschäftsbeziehungen hervortritt.

Für die zweite hälfte des 16. jh. muss schliesslich an die Frankfurter messe erinnert werden. Der Augsburger Dr. Georg Willer ist der erste gewesen, der seit 1564—1592 (jährlich zweimal) messcataloge ausgegeben hat — kurz das gedruckte buch, der neue handelsartikel, der im 16. jh. eine solch ungeheure rolle gespielt und den fortschreitenden interessen des tages gedient hat, ist die heimstätte der neuen sprache, die urkunde wird im formelwesen immer mumienhafter.

Die schwäbischen pressen des 15. jh. liefern neben theologischer literatur hauptsächlich belletristik (volksbücher), weniger geschichtliche und naturwissenschaftliche werke, seit dem 2. decennium des 16. jh. übernehmen die literarischen erscheinungen der gegenwart weitaus die führung: Augsburg im dienste Luthers, Tübingen für die katholische sache (Dietenberger. Emser. Eck) — Schwabens typographische industrie bietet so ein verkleinertes spiegelbild der bewegten reformationszeit, die, wie wir sehen werden auch für unsere gemeinsprache einen wendepunkt bildet, indem seit dem auftreten Luthers bis auf Gottsched alle weitern neuerungen der sprache aus Mitteldeutschland importirt worden sind.[1] Dieselben sind nicht von solch umwälzender bedeutung gewesen, wie man es sich gerne vorgestellt hat, denn die schwäbische drucksprache war lange vor der reformation zu schönem ziele gelangt, so dass in einer ausgabe der predigten Taulers a. 1508 bemerkt werden konnte: *neulich corrigirt und gezogen seind zu den merern teil auf gůt verstentlich Augspurger sprach, die da unter andern teutschen zungen gemeiniglich für die verstentlichste genommen und gehalten wird* (Mezger s. 3). Es war irrtümlich (vgl. Paul, Beitr. XII, 558 ff.) die unterschrift der ältesten bibeldrucke: *nach rechter gemeinen teutsch* (G. Zainer 1473—75); *nach rechtem gemeynen teutsch* (G. Zainer 1477. A. Sorg 1480); *nach rechter vnnd gemeyner teütsch* (H. Schönsperger 1487. [1490?]); *nach rechtem warem gemeynen teutsch mit vleiss gegen dem lateinischen text gerechtuertiget* (H. Otmar 1507. S. Otmar 1518) auf eine durch das beiwort *„gemein“* zum ausdruck gekommene deutsche gemeinsprache zu beziehen, oder wie Nast, Litterarische

[1] Ich verweise für das folgende auf die bekannten darstellungen desselben gegenstands von Fr. Zarncke, Narrenschiff s. 273. Kluge, Von Luther bis Lessing 2. aufl. Strassburg 1888. Edw. Schröder Gött. gel. Anz. 1888 s. 260 ff. Die aufstellungen dieser gelehrten sind, wie sich zeigen wird, wesentlich zu modificiren. Ich bin in der günstigen lage gewesen, umfänglicheres material benützen zu können.

Nachricht von der hd. Bibelübersetzung (Stuttgart 1779) s. XXVII darauf, „dass der schweizerische dialect der Züricher Bibel in der ältesten Augsburger in das gemeine Teutsch abgeändert worden“. Dasselbe ist vielmehr nichts anderes als übersetzung des lateinischen *vulgaris*. Die fassung in der Otmarischen Bibel ist nahezu synonym mit der in einem lateinisch-deutschen psalter (Augsb. a. 1499. E. Ratdold) lautenden: *cum apparatu vulgari pro more germanorum concinniter adiuncto* oder *psalterium cum apparatu vulgari pro more barbarico translatum*. Man erinnere sich auch, dass in den lat.-deutschen Vocabularien *vulgo, vulgaris* und *teutonicus, vernaculus* promiscue gebraucht werden z. b. im Vocabularius des Joh. Altenstaig (Arg. 1509): *latine dicitur morbus teutonice siechtum. totidem vulgo sovil; tantundem teutonice gleich so viel.* Ders. im opus pro conficiundis epistolis (Hagenaw 1512) fol. 113: *primo considerandum non omnia latina nostro sermoni germanico vel vulgari quadrare posse. sunt autem multi qui orationes confingere conantur ex sermone vulgari. dies dominicus .. quem vulgares dicunt inepte suntag. materna lingua, maternum idioma .. non satis latine sed vernacula lingua* u. a. Die bibelunterschriften besagen folglich nichts anderes als übersetzung in die deutsche muttersprache, wobei der zusatz *recht, war* sich auf die sorgfältige arbeit der correctoren bezieht, einen zuverlässigen, richtigen deutschen text herzustellen. Die äussere grammatische sprachform ist der landschaft angepasst.

Um den typus dieser landschaftlichen büchersprache kennen zu lernen, sei zunächst auf die zu eingang citirten worte des Niclas von Wyle erinnert, der uns belehrt, dass zu jener zeit rheinische formen (*geet. steet*) und *-ei* für *-ai-* eingedrungen seien. Wir haben keinen grund an seinen worten zu mäkeln und werden zweifellos als heimat dieser neuerungen orte wie Strassburg und Mainz zu betrachten haben, gerade mit dem Elsass hat ja lebhafter geschäftsverkehr bestanden. Diese neueren *-e-* bei den verben „*gehen, stehen*“ im gegensatz zu dem schwäbischen *a* (s. 282) und *-ei-* an stelle des früher allein herrschenden *-ai-* (§ 91 f.) sind mit beginn des buchdrucks bereits so gut wie eingebürgert. Der älteste mir zu gesicht gekommene schwäbische druck (*Chronik der keiser und päbste* [fehlt bei Hain, vgl. dessen no. 4992] Günth. Zainer ca. 1470) hat *ein* (neben *ain*). *keyser. geteilt. frúmkeit. meinen. zeichen* etc. und ebenso *gen, sten, stet* (neben *gond*). Im übrigen ist der druck schroff mundartlich mit der bemerkenswerten ausnahme, dass *au* für *ā* und volle endungsvocale (*edlosten. sterckosten. mülin. lengin*) sehr spärlich vertreten sind. Unser text schreibt *ouch* (*och. auch*). *loub. gloubten* (*globen. kofft*), hat die alten längen *rychen. ziten. tusent. brutlouff. flússet. tútsche* u. a. Im übrigen treten die merkmale der Augsburger drucksprache deutlich hervor: ausgleichung im sg. und pl. prät. der ablautenden verba der *i*-reihe: *erschin. verschin. trib. vertrib. belib. beschrib*, zahlreiche *-ei-* daneben: *schneid. beleib. vertreyb* u. a.; beachte *zugen : zohen. fluhe : flohe*, sonst *hulfen. sturben. entrunnen* etc. plural vielfach mit ausl. *-t: warent : waren* (sg. *waȝ*). *wurdent. liessent*, ebenso 2. 3. pl. präs. *legend. sprechent. singend vnd sagend*. Bald verschwinden die rückumlautenden: *erwalt : erwelt. verdarpten. zalt. stackt* u. a. Zahlreich sind die nach analogie der schwachen verba auf *-e* auslautenden starken präterita: *sahe. reyte. flohe. zohe. kame;* im übrigen ist die obd. syncope reich vertreten: *die eltest. ein kirch. ein flam. der nam. in sine hend. ein schône bruck. stuck* (stets *u* nie *ú*). *die vorgemelten. frid. beid. jud. frôd* (freude) u. a.; nur vereinzelt begegnen anomale formen wie *nachte* (nacht), *iare* (jahr). *u* neben *o* vor nasal: *sun* pl. *súne. frum : from. sonne*; ebenso *a : o* vgl. *one. monat* (*: manet*). *wonden* (wähnten), aber *wa* (wo); an einzelnen formen sind für lange zeit charakteristisch: *obs* (obst). *zwen : zwů : zwey. verre. sust. geschach. gesach. tracken* (drachen). *betútet* (bedeutet); anl. *p-* wie *plůt. puren.* — *nuss, núss : vinsternuss. gewanck-núss. gelegt* etc. (nur noch einmal *leit. gyt*), immer *het, hetten* (hatten). Die unterscheidung zwischen etym. *u : ů. i : ie* (niemals formen wie *geschrieben* u. ähnl.). *ú : ů* ist streng gewahrt. Die umlaute sind correct bezeichnet: *bůchlin. sússen* (gegen gůtten. fůr etc.). *schône. bôser. dórffer. gáben : geben. bábsten. durcháchter : durchechter. múlin. frúnd* u. a. Dagegen der mundart gemäss *rucken. mit truckem fůss. bruck. stuck. wurd.* Was die orthographie betrifft, so sind doppelschreibungen im ganzen massvoll verwendet, z. b. die bekannten *gůtten. cappittel.* Besondere aufmerksamkeit verdienen die lang anhaltenden *lannd* (land), *hunndert* (hundert), die mit dem gebrauch der reichskanzlei übereinstimmen, in der letzteren scheinen aber die *schribenn*, *sterbenn* etc. der drucksprache nicht besonders beliebt gewesen zu sein; umgekehrt hat unsern pressen die in der kanzlei übliche kürzung *-n* = *en* (*willn. sachn. hoffñ* etc. ein sehr instructives kennzeichen!) nur wenig behagt.

Die *Hystori Eusebij von dē grossē kúng Alexander* (Hain 785) a. 1473 bei Joh. Båmler in Augsburg gedruckt, zeigt bereits einen grossen fortschritt. Die diphthonge sind durchgeführt (wie in dem gleichzeitigen liederbuch und Mynsinger von der hand der Hätzlerin) und dies gilt von nun ab für alle erzeugnisse der Augsburger pressen. Statt *ī* > *ei*, *ey, eÿ. ū* > *au, aw. iu* > *eu*, *eü, ew, ew̃. ei* (ganz vereinzelt *ai*); stets *au*, also gegen die mundart orthographischer zusammenfall von mhd. *ī, ei; ū, ou; iu, öu.* Die augsburg. *zoren* (zorn). *geren* (gern). *steren* (stern) halten sich, *o* für *ā* bleibt auf die bekannten fälle wie *on. monat* beschränkt, neben *sust* tritt *sunst* auf, syncopen wie *verschult. redten. geredt* neben *verkünndet, nit* neben *nichtt*, *du tregst*, 2. 3. pl. *seind, geen, begeen, steet, besten* (einmal *stast du*); *erschyn, schryb* : *schreib*, *graiff*; anl. *th* beim verbum *thůn, vndterthan; clagen;* anl. *p-* häufig; *beualch, sach, vich, geschicht, geschach : geschechen. ziechen, czechen*; auffallend selten bleiben schreibungen wie *hőr* (heer). *frőmd : fremd. kőret* (kehrt), man halte sich ferner worte wie *dester* (desto), *erdpidē. dürren, tőrsten. scharpff* u. a. gegenwärtig; volle endvocale sowie *au* für *ā* sind beseitigt. Diesen sprachlichen typus bewahren die drucke Bäumlers, so weit ich sie gesehen habe:

a. 1475 Das bůch der natur (Hain 4041)
Von ordnung der gesuntheit (Hain 13738)
(hier *schlauffen* schlafen).

a. 1476 Gůt nüczlich lere vnd vnderweysung (Hain 10006).

1) hystori des kúnigs Appoloni.
2) geistlich menschen spiegel.
3) ein núczlich ler vñ predig wie sich zwey mēschen in dē sacramēt der heyligen ee halten süllen.
4) processus iuris.

Beachte: *frauē. beschauē. pauē. gepauet. würde.* plur. *mülen. gefundē. unuogtpar. steẅrper. gibt. gesagt. beschleüst. sind. zorn : zorē. steen. geen* etc.

a. 1477 Bůch der kunst. dardurch der weltlich mensch mag geystlich werden (Hain 4036).

Beachte: *wo. on. nichcz. dhein. lafft* (läuft). *verschlinden. würm vnd tracken. hirsch. erfröüet. ich gib. schwebel vñ bech. die genad. klagen. erwölt* u. a.

a. 1482 Regimen sanitatis (Hain 13743).

a. 1488 Die vierundzweinczig guldin harpffen (Hain 11852).

Beachte: *tregt. legstu. sind : sein* (3. pl.). *lassen.* 3. sg. *lasst* aber *melt* (malt). *fellt. fert. gesäet. es schadet. schüt* (schüttet). *würd. würken. verdürb. pürdin : pürde. etwas. staffel. der tauff. aussre* (äussere). *versaumet. geen* (*gan*), *steen.*

Günther Zainer zeigt in Steinhöwel's *Spiegel des menschlichen lebens von dem hochwürdigen Rodorico von hyspania* a. 1475 (Hain 13948) durchaus dieselbe sprachform, nur dass einige *au* für *ā* zugelassen worden sind: *staut. sprauch : sprache. baubst. aubet* u. a., dagegen *on. argwon.* Im übrigen druckt auch er die neuen diphthonge, (ausnahmen: *frúnde : freunden. núw : neúwe*), ferner *ei* (ganz selten *ai*), *au. geen. sten* (*gan, stast du* vereinzelt). *zoren, keren, geren. thůn, gethan. geytig. stapffel : staffel. clar, cleyder : klagen. höhe : höchin : höhi. óbrist, kúrtzist. tunckel. eyschet. gelick : gelúck. öst* (äste), *schörpffin. wunderbar. danckber. mit erschrockem hertzen. mit offen augen.* gen. pl. *der gefangen : gefangnen. einfleusset, beschleussest* etc. umlaute *ä* (*e*). *ö. ú. ú.*

Noch eine stufe moderner sind die drucke von Anton Sorg. A. 1478: *Der sele trost* (Hain 14582): *kreuczlein, půchlin,* in merkwürdiger vereinzelung nur in diesem druck formen wie *billeich. schwarleich. zornigkleich* neben *welltlicher, lobliche. künigin. honig. höle : hölen : hölin. lass vnns beyd allein rechen. hausfrauen, růen. geen, gan. lernot und schreib, ritt : reyt. mör, hör, schópffer, kóssel,* ebenso *gepürg, mülch, hücz. gronet* (grünt). *nur. tracken. töchteren : töchter* (starke flexion ist schriftsprachlich), *thor. thier* etc. *eischet. rüffen* etc.

Die a. 1480 erschienene *Summa Johannis* (Hain 7369) teilt alle neuerungen, bringt kein *au* für *ā*, wohl aber noch *tråm : båum : auflåff. on. monat. won. vnderton. wo. steen. geen. öbersten. thoren. ich hab,* inf. *haben. prennen. verkündet: vindt. erdtrich* u. a. Auffallende archaismen oder bawarismen in einzelnen drucken sind gewiss auf gehilfen und correctoren zurückzuführen.

Mir haben ferner vorgelegen:

a. 1480 **Cronica** von allen keysern vnd künigen (Hain 9793).

a. 1481 **Von der kindtheit** vnd dem leiden vnnsers herren Jhesu christi . auch von dem leben Marie seyner lieben můter (Hain 4058).

a. 1482 **Das bůch der alttuåter** (Hain 8605).

Beachte: *versönen. söne : münch. maur : mauer. autem* (athem). *die saul* (säule). *das wang* u. a.

a. 1483 **Von der liebe gottes** (Hain 4062).

Beachte: *hoff ich. weichprunē. vil lieber weder ich vor tan hab* (als ich zuvor gethan habe). *so ich für in bitten bin* etc.

Conciliumbůch geschehen zů Costencz (von Ulr. Reichentaler. Hain 5610).

Beachte: *leüte wie freüd.* vereinzelt *au* = *ā*. ferner *montag. monat. on. domit. dohin. niderost, obrost. lernoten, gewapnot. ausshin, überhin, abhin, vorhin, einhin. zů der gelincken seiten. die åschen. sunntag* : *sonnentag* etc. [alem.]

Formalari, darinn begriffen sind allerhand brieff (Hain 7261).
Orthographia lert welicherley brief man schreybt das man mag wissen weliche wörtter vnd an welliche end man die darein mit den merern bůchstaben sol schreiben vnd die pauss virglierē das man es dester bedeütlicher müg lesen des vnderschaidenlicher vn̄ bas verstan (al. versteen).

Von ausgebrannten wassern (Hain 14532).

a. 1484 **Die vierundzweinczig guldin harpffen** (Hain 11850).

Beachte: *lüge : lüg : lügen : lügin. saumen* (samen).
Die himelstrasse (Hain 9898).
Beachte: *bůchlein : heüslin. neuen. thůn, thür. zorn : czoren.*

a. 1490 Bůch der leben der natürlichen maister (Hain 4125).
Beachte: hier zuerst *geycz. jr seyt. ich heysch. thuren, zoren. thor, thorlich, thůth. vingerlin. peyhel* (beil) etc.
Regimen sanitatis (Hain 13745).

a. 1491 Formalari vnd teütsch rethorica wie man briefen vnd reden sol (Hain 7264).
Ich getrau ich wől es eüch in eym yecklichen teütschē sendbrief, der anders vnser landsprach ist zaigen. freüntlich : freintlich. schwőren. růen, treüen, pauen. witib. stadel. heyrat. am gelegnosten etc. *-ost-, -ist-, -est-*, häufig in den titulaturen. *zwen, zwů, zway* u. a.

Im folgenden gebe ich von einem kleinen abschnitt die lesarten der ausgabe des *Formalari* von 1483, denen ich die varianten der ausgabe von 1491 gegenüberstelle; es ist aber hervorzuheben, dass die jüngere auflage sparsamere druckeinrichtung zeigt; durch ( ) soll angedeutet werden, dass die betr. lesarten nicht allein gültig sind.

wil(l) : will. sen(n)d(t)brieff : sendbrief. beschehen : geschehen. etwen : etwan. fünff : fünf. gewannt : gewandt. wann wenn. wenn : wann. gemachet : gemacht. denn (dann) : dann. nit : nichtt. sőlen : sőllen. die rede : red. geschrifft : geschrift. liget : ligt. meldunge : meldung. beriert : berůrt. wa : wo. pittung : bittung. heisset : heisst. bittē : biten. darumb : daūbe, bitet : bit. thůn : tůn. geren : gern. hat : hatt. vordern : vodern. geplůmt : geplůmpt. verwandelt : verwandlet. künnen : kennen. dester : dest. wörtter : wőrter. uermeiden : meiden. warczů : warzů. leret : lert. bekennt : erkennt. notturftige : notürftige : was : wz. ze : zů. gesamelt : gesamlet. weliche : wőlliche. verstan : versteen. verwechsselten : verwáchssloten. bedeütung : bedeütunge. sind : seind. darūb : daūb. czů : zů. nicht : nit. zů : czů. nemen : námen. gemacht : gemachet. besint : besynnt. besser : pessern. sol : soll etc.

Ein und dieselbe buchsprache herrscht auch bei den übrigen Augsburger druckern. Man vergleiche: *Von der kintheit und von dem leiden vnsers Herren Jesu Christi* a. 1494 gedruckt bei Hans Schaur zu Augsburg (Hain 4060), oder die älteren drucke von Hans Schőnsperger z. b. *Herbarius, von allerhandt kreüteren* a. 1496 (Hain 8955), beachte namentlich: *säcklein. treüblein. klőtzlein. heübtlein.*

Das *Bůch der cronick* a. 1496 (Hain 14511): *kirchlein. stetlein. freülein. ertreich. erdtrich. geyczig.* Seb. Brant's Rechtbuch in zwei ausgaben a. 1497 und 1500 (Hain 3729. 3730), beachte: *mógen. solich* : *sólich. gegónt* : *gegünt. geyczikeyt. nur. gewonnen* u. a.

Ausserhalb Augsburg's ist der entwicklungsgang genau derselbe gewesen, nur dass die drucker von Ulm, Blaubeuren, Esslingen, Urach, Reutlingen in der sprachform um ein paar jahre zurückbleiben. Joh. Zainer von Reutlingen druckt in Ulm a. 1473 Stainhôwel's *Von den sinrychen erlúchten wyben* (Hain 3333) mit *aᵛ, oᵛ* (neben *a, o*) und lässt die neuen diphthonge nicht zu, die dagegen bereits in dem demselben jahr angehörigen Regimen sanitatis (Hain 13737) auftreten, in welchem auch *ei* gegen *ai* die regel bildet, daneben aber provinzialismen wie *tracken. glencz. núnly. geseit. lyt* u. a.[1] Der ca. 1480 von ihm gedruckte Stainhôwelsche Aesop ist in der geschichtlichen darstellung reichlich benutzt.

Conr. Mancz in Blaubeuren, bei dem a. 1475 Albrecht von Ybe's: *Ob eim man sey zů nemen ein elich wib oder nit*, erschienen ist, hat bereits zahlreiche diphthongirte formen, *ei* neben *ai, ay, au* für *â* sehr selten, ausserdem *on. kot*. Beachte ferner: *uersten* neben *gan*, imp. *gee*, prät. *gienge. gosse. starbe* etc. und dialektische formen wie *antlúte. gietig. bieszen. beriefft.* Die modernen: *erseüffczē. erquickt. son, sones, sone; sóne, sónen* gehören vielleicht der ostfränk. mundart des verfassers an. Im *Bůch der byspel* (Hain 4028) hat Conr. Feyner noch fast durchgehend die

---

[1] Auf die frage nach der herkunft der Biblia aurea, die M. Ilgenstein: Untersuchungen über die früheste buchdruckergeschichte Ulms im Centralblatt f. bibliothekswesen 1884 s. 231. 313 dem Joh. Wiener in Augsburg zuschreiben will, wage ich nicht einzugehen, weil ich dieselbe nicht gesehen habe. Der deutsche Vegetius (Hain 15916) gehört jedenfalls nicht nach Augsburg, hier sind formen wie *wouffen. gebroucht. gestrouffet* um 1475 weder nachweisbar noch denkbar, da nun dieselben auch in der Biblia aurea begegnen (vgl. Kluge a. a. o. s. 31, Hassler s. 41), dürfte auch für sie, wie ich mit Schröder annehme, Ulm als druckort alleinige gewähr bieten.

einfachen längen; vereinzelt *au* neben *a* (so auch *gat. verstat. gon, beston*) wie *trôm*: *trôumen*, *lôugnen* dagegen *ei, ou*. a. 1477 geht aus seiner Esslinger presse die berühmte *Stella Meschiah* von Peter Schwarz mit den ersten hebräischen lettern hervor, in welcher bereits die neuen diphthonge durchgeführt sind, es fragt sich aber, wie weit hier der Würzburger professor die hand im spiele hatte, er sagt am ende ausdrücklich: *bitt alle drüker herren das sich keiner understee · diss buch czu drücken. on einen der das corrigir in jüdisch vnd in deüczsch.* Formen wie *Jüden. stück. büchern. licht. fried. czaubernoss* etc. sind unschwäbisch. Doch hat Feyner in seinem *Der heiligen leben* (2 bde.) Urach 1481 (Hain 9974) gleichfalls die diphthonge; *ei*: *ai*. *au*: *ou*. *-nuss. geen, steet*: *gon, ston. briefflin*: *kindlein*. prät. *schry*: *schrey. belib*: *beleib. erschin*: *erschein. ergriff. schwig*; *lage. sahe. kame. verstůnde. versônet* : *münich. nur*; man beachte namentlich die doppelschreibungen: *beeten*, *beetest*, *gebeeten. eeren. wee. schnee. seer* u. a. *thor. thorwart. thuren*.

Ebenso in Ulm bei Conrad Dinckmůt, dessen undatirter druck von Stainhôwels *Von künfftiger pestilenz* noch altertümliches gepräge trägt, das aber bald abgestreift wird z. b. *Plenari* a. 1484 (Hain 6733) *ai* : *ei, ey*. diphthonge (*üch* : *euch. gytig. win*). *geen, geet*: *gon*, *gat* wie *steet*: *stat. wo. montag, afftermontag. sontag*: *suntag*; beachte *zoren. witib. erkückt*. 3 pl. *sind*: *seind*: *sein*.

Von demselben haben mir vorgelegen:

a. 1485 Erklerung der zwôlff Artikel des Cristenlichen glaubens (Hain 6668).
: Hier der älteste beleg für *die tauff*, schwäb. bekanntlich stets masc.

Bůch der weissheit (Hain 4033).

a. 1486 Cronigk (von Thom. Lirer. Hain 10116. 10117).

a. 1487 Herbarius (Hain 8952).

Der sündigen sele spiegel (Hain 14950).

Die *guldin bull* (Hain 4080) a. 1484 gedruckt in Ulm bei Lienhard Holl zeigt denselben sprachlichen typus, um so charakterischer ist, dass in der 1493 bei Hans Regler zu Ulm gedruckten Stifftungsurkunde des Stifts St. Peter zum Ainsidel im Schainbuch (Hain 15083) noch eine stattliche zahl nicht diphthongirter *i, u, ú* ferner *ou, ai* neben den neueren *steen, geen; son, sonntag, sommer* etc. bewahrt sind, ein schlagendes zeugniss für die unmassgebliche formelsprache der kantzleien, die in Joh. Hel. Meichssners Handbüchlin (Tüb. 1538) zur anschaulichen darstellung gekommen ist. Sie hat sich von der volkstümlichen sprache weit entfernt, wie ein blick in den 1498 bei Hans Schäffler in Ulm gedruckten Kalender belehrt (Hain 9798). Mit der mundart des verfassers hängt der conservative lautstand in dem a. 1492 von Hans Otmar zu Reutlingen gedruckten *Ciprianus von den zwölff missbrüchen diser welt zů teutsch transferirt von dem gelerten und fúrsichtigen N. Amman vñ vogt zu Messkirch* zusammen.

Von besonderem belang ist für uns die verbreitung der vorlutherischen Bibelübersetzung, in deren dienst gearbeitet zu haben, ein besonderer ehrenkranz für die Augsburger drucker geworden ist. Aus den reichen schätzen der Stuttgarter öffentllichen Bibliothek haben mir vorgelegen:

1) [ca. 1473] bei [Günther Zainer].
2) [ca. 1475] bei [Jodocus Pflanzmann] vgl. Hain 3131.
3) 1477 bei [Günther Zainer].
4) 1477 bei Anton Sorg.
5) 1480 bei Anton Sorg.
6) 1487 bei Hanns Schônsperger.
7) 1490 bei Hanns Schônsperger. (Erster Theil.)
8) 1507 bei Hanns Otmar.
9) 1518 bei Siluan Ottmar.

Aus dem ersten capitel der Genesis folgen unten textproben der einzelnen ausgaben, die wohl das anschaulichste bild von der entwicklung der schwäbischen drucksprache vor der einwirkung der reformationslitteratur geben werden. Während die älteste Bibel noch vereinzelte *au* = *ā* aufweist (*schauff. rauch. gelaussen*), fehlen dieselben vollständig in der zweiten, deren augsburgische heimat schon durch die bekannten *gerecht, gelinck* (recht, link) ausser frage gestellt wird; die Zainer'sche Bibel von 1477 hat auch noch ganz vereinzelt *schauf, schlauf* und auch die ältere Sorg'sche ausgabe hat *schlauff*, daneben noch schreibungen wie *verkafft:verkaufft. zerstrát;* 1480 *schauf.* Dagegen seit der Schönsperger'schen Bibel ist mir kein einziges *au* mehr begegnet.

Ich mache nochmals auf den zusammenfall vou *eúch* und *freúde* aufmerksam und ausser den bereits besprochenen merkmalen der Augsburger drucksprache auf das nebeneinanderbestehen von *er anbet*, *angezúnt*, *verkúntten*, *dúrst*: *verkúndete*, *schadet* u. a. Schon in der ältesten Bibel neben *růwet*: *růet, růe. gebauen, blůen.* Woher die bereits bekannten 2. sg. prät. wie *du gabst, sprachest* etc. stammen, vermag ich nicht zu constatiren. Neben der mundartlichen schwachen flexion *töchtern*, *můttern* kommen die stark flectirten *můter töchter* auf, beachte fälle wie *maur*: *mauer*, *feúr*: *feúer* u. a. Während die obd. *don* (ton), *tunckel* (dunkel), *tunken* (tauchen), *tach* (dach), *tracken* (drachen) zäh bewahrt sind; ist *th-* in *thůn* nebst ableitungen, *thüre*, *thor, thier, thurm* fast allgemein. In der Bibel von 1487 begegnen die ersten dim. *-lein*, *versönet;* aber immer noch halten sich *sun* : *sün* (söhne). *erkücken. geytig* und unumgelautete 3. sg. *saumt.* inf. *verlaugen. ausserste. nit* : *nicht. nåhnen* (sich nähern), part. *gewåschen*, *eyschen*, *kåmelthier. verr* (fern) u. a., während in der 3. pl. präs. und prät. *-t* allmählich aufgegeben wird (*sehent* : *sehen*, *hettent* : *hetten*) und gleichzeitig auch 2. pl. präs. und imp. wie *fraget. erkennet* häufiger werden, bei Hans Otmar sind die älteren formen fast verschwunden. Sehr merkwürdig ist dagegen die rückläufige bewegung dieses druckers, der zu der längst aufgegebenen scheidung zwischen *ai, ay* für den alten diphthong und *ei* (= mhd. ī) zurückgekehrt ist; bei ihm verlieren sich denn auch die letzten *ze* und *zů, czů* gelangt zur alleinherrschaft, lange hält sich in seiner presse die doppelschreibung in *beeten gebeet* u. a. Sein sohn Silvan Otmar bleibt den traditionen seines vaters getreu, auch er unterscheidet *ai*, *ay* : *ei, ey*, druckt *anpeeten* etc., dialectisch *saul*: schriftsprachlich *seul, seülen, witwe*, *staffel* : *harpffe.* Von anderen einzelheiten abgesehen mache ich noch auf die in den Otmar'schen Bibeln häufiger gewordenen *gantzñ*, *wurdñ, gefalln, habn* neben *werdenn, hörenn, andernn* etc. aufmerksam.

Mit der letzten Augsburger Bibel (1518) sind wir bereits an der schwelle der reformationsperiode angelangt. Gerade Sylvan Ottmar hat wie kaum ein anderer süddeutscher drucker zur verbreitung der Luther'schen schriften beigetragen. Bereits 1518 erscheint bei ihm Luthers auslegung des 109. psalms. Es ist hier nicht unsere aufgabe den colossalen umschwung zu verfolgen, den der sprachgewaltige reformator in der stilisirung unserer muttersprache inaugurirt hat, man hat meiner überzeugung nach bisher, wenn von der bedeutung Luthers für die neuhochdeutsche schriftsprache die rede gewesen ist, zwischen den geradezu einzigen verdiensten Luthers um die heutige satzconstruction und satzfügung und den auf ihr gerechtes mass zurückzuführenden einflüssen seiner specifisch mitteldeutschen lautform nicht streng genug geschieden. Für die letztere fehlte den wenig grammatisch angelegten zeitgenossen durchaus der blick. Die einzelnen hochdeutschen landschaften waren sich in ihrer drucksprache bereits sehr nahe gekommen, als Luther's schriften ihren flug durch die lande nahmen und daher erklären sich die für uns heutige so merkwürdig auseinandergehenden ansichten der grammatiker über die heimstätte des besten Deutsch. So findet bekanntlich Fabian Frangk (Orthographia 1531) das emendirteste und reinste deutsch in kaiser Maximilians kanzlei, in „dr. Luther's schreiben neben des Johann Schönsberger von Augsburg druck", was doch vernünftigerweise nichts anders besagt, als dass in Wittenberg, Augsburg und Wien ein und dasselbe Deutsch herrsche. In diesem bereits vor dem auftreten Luthers in Augsburger, Nürnberger und Strassburger drucken sehr gleichmässig gewordenem Deutsch herrschten noch mannigfache, aber keineswegs erhebliche schattirungen (man denke z. b. an das nürnberg. *der- = er-*) und es ist characteristisch, dass der ostmitteldeutsche Frangk sich gerade auf Schönsperger berufen hat. A. 1523 erschien bei diesem: *Das bůch des Neuen Testaments Teütsch. Mit schönen figuren,* nachdem bereits Silvan Otmar vor ihm einen nachdruck der Luther'schen übersetzung hatte ausgehen lassen. Weitere ausgaben von Otmar folgten, Schônsperger hat dieselbe nur noch einmal 1524 unter dem titel *Jesus. Das Neue Testament Teutsch* in getreuem abdruck seiner früheren ausgabe aufgelegt. Wie kommt es, dass Frangk den viel thätigeren Otmar mit stillschweigen übergangen hat? Der grund liegt darin, dass Schônsperger viel mehr von der lautform seiner Wittenberger vorlage abhängig geblieben ist als Otmar, der seine schwäbische drucksprache auch in lutherschen texten consequent durchgeführt hat. Schônsperger druckt *ey*, sogar *geschrieben*, *beschrieben*, behielt Luthers *eltisten*, *ǻrgisten* und was ganz besonders auffallend, *růge* (neben *růue*) bei. Davon bei Otmar keine spur. Ich teile im folgenden varianten der betr. ausgaben mit (Matth. 13. Joh. 6. I Tim. 5. apocal. schluss), indem ich den lesarten Schônspergers die von Silvan Otmar *das neü Testament* (1523), dem auch die zahlreichen versalbuchstaben des ersteren fehlen, gegenüber stelle:

eynē : aim. verkauffte : verkauffet. kauffte: kaufft. gleich: geleich. sůchte : sůcht. da : do. hǻtte : het. fahet : facht. wordē : wordñ. vfer : gestat. zeenklappen : zǻnklaffen. vollendet : volendt. treyb : trib. liesse : liess. steyg : stig. alleyne : allain. bette : beetete. war : was. leyd : litte. deñ : dann. nachtwache : -wach. spūgnūs : gespenst. redte : redet. nicht : nit. antwort : antwortet. herre : herr. schrey : schry. -glǻubiger : -glaubiger. schifften : schiffeten. leūtte : leūt. das gantze land : -gantz-. warden : wurden. gnůg : genůg. nem : neme. vnter : vnder. sovile : souil. mañ : mǻnner. samleten : samelten. übrig bliben : über bliben. wurdē : warden. that : thet. sie : sy. nemen : erhaschen. mǻchten : machten. entweych : entwich. selb : selbs. jenhalb : jhensit. zwentzig : zwaintzig. nah bey das schiff : nach zům schiff. daselbs : daselbst. gessen : geessen. sah : sahe. funden : fanden. jn : jnen. sůcht : sůchet. eltisten : eltesten. schelte : schilt (imper.). *die mǘttere : mǘteren. witwe : wittib. wolthan : wolthon. angnem : angenem. gebett : gebeet. zeūgnūss : zeūgknuss. fůss : fůsse. than : gethon. lere : leer. drǒschet : treschet. straffe : straff. hende : hend. selber : selbs. trincke : trinck. weines : weins. ich kome : ich kōm. balde : bald. helt : haltet. bette : beet. versigele : versiegle* (druckfehler?). *nahe : nach. ende : end. der letste : letst. haussen : heraussen. kūme : kōme. vmb sonst : -sunst. steend : steen* (3. pl.). *dauon : daruon. gnad : genad.*

So hat denn auch Schônsperger neben seiner characteristisch obd. orthographie: *verschlungen. schweffel. uerkündigen* (vor Luther im schwäb. nicht üblich). *hatten : hǻtten. threnen. auffersteung. mit der tauff* (schwäb. masc.) u. a.

Allein zur lösung der frage, in wie weit die lutherische literatur die schwäbische buchsprache umgestaltet hat, sind die Schönspergerschen drucke nicht brauchbar. Sie stehen nicht wie die von Silvan Otmar und später die von Heinrich Steiner innerhalb der tradition des landes und sind für dieselbe nicht massgebend geworden. Auch Otmar hat bereits im ersten nachdruck *linck* (statt *ge-*), adoptirt prät. *war* (statt *was*), bleibt aber consequent bei *ai* (z. b. 3. sg. *waisst*) gegen *ei* = *ī*. Weitere nachdrucke von ihm sind:

1519 Ausslegung teütsch des Vatter vnsers für die ainfeltigen layen Doctor Martini Luther Augustiner zu Wittenberg. Nit für die gelehrten.

1520 Ausslegunge des heyligen Vater vnsers.

Die zehen gebot gottes.

Beachte: *geitz. liedlein. erquicken. ir seyt*; zu *fraind, fraindlich* (hier und später) ist an die übereinstimmende schreibung bei Ingold *fraind* 26, 19. *fraintschaft* 12, 29 zu erinnern, vgl. Schröder ausg. s. XII.

Ain kurtze form der zehen gebot D.M. L.

" " " des glaubens.

" " " " vater vnsers.

Ain Sermon von dem neüwen Testament.

Der zehen gebot gotes ain schône nützliche Erklerung. Item ain predig von den siben todsünden. D. M. L.

Ain Sermon von dem hailgen hochwirdigen Sacrament der Tauff.

Neben fem. *die tauff* auch *der* etc. beibehalten.

Ain Sermon von dem Sacrament der Bůss.

Ain Sermon von dem hochwirdigen Sacrament des hailigen waren leichnams Christi.

Ain gůte trostliche predig: von der wirdigen beraitung zů dem hochwirdigen Sacrament.

Ain Sermon von dem wůcher.

Ain trostlichs bůchlein Doc. Martini Luthers Augustiner in aller widerwertigkait ains yeden christglaubigen mensch̄n neülich geteütscht durch Mag. Georgium Spalatinum.

Beachte: *leichtern. lindern* (inf.). *geforcht* : *gefürcht* pl. prät. *starben*.

1521 Ausslegunge des hayligen vatter vnsers.

[1522 -23] Das neü Testament.

1523 Das neü Testament, mit gantz nutzlichen vorreden vnd der schweresten ôrter kurtzer aber gůte ausslegung.

bl. 3^b folg.: Hienach seind die schweren ausslendischen wôrter wie man die nach vnserm teütschñ versteen sol nach ordnung des Alphabets gesetzt.

Nach dem vorgang des Baslers Petri ist dessen verzeichniss in Oberdeutschland nicht bekannter specif. mitteldeutscher wörter in Luthers übersetzung aufgenommen worden, jedoch mit kleinen veränderungen.[1] Besonders verwunderlich ist nun aber, dass vielfach an der betr. stelle das md. wort gar nicht im texte steht z. b Luc. 8. Marc. 5. *empfind. empfand* (nicht *fühlen*). Math. 14. Marc. 6. *gespenst* nicht *spügnüs*. 2. Cor. 11 *schlecht* nicht *alber*. Math. 18 *erdbidung*. Luc .21 *erdbidem*. Apocal. 8 *erdbidmung* nicht *erdbeben* u. a.

1525 A i n S e r m o n a u f f d a s E u a n g e l i J o h a n n i s am VI.

Hier zuerst *leügknen*; formen wie *jr esset. trincket. werdet* sind inzwischen allgemein geworden.

Bei J ŏ r g e n N a d l e r zu Augsburg erscheint 1520 *Ein kurze form dz Pater noster zů versteen vnd zů beten. für die jungen kinder im christen glauben. Doctor Martini Luther. Augustiner.* Bei H a n s F r o s c h a u e r 1520 *Die zehen gebot gottes* und 1522 *Vom eelichen leben*, wo zum erstenmal die lutherischen *yhm. yhr* etc. *verstehest. gehet. ehe. ehelich* in Schwaben auftreten, die rasch gemeingut der schwäbischen drucksprache geworden sind; beachte ferner *fruchtbar. dürffen.* plur. *kinder* u. a.

---

[1] Der von Kluge, Von Luther bis Lessing[2] s. 84 ff. gegebene abdruck nach Steiner 1531 (Ottmar 1523 scheint ihm nicht bekannt gewesen zu sein) ist nicht ganz genau. Ich gebe kurz die wichtigeren varianten Ottmars: *alber* : *nerrisch. fantestisch. anfall* : *zůfall. loss. befragen* : *zwitrechtig. bereuen* fehlt. *betüngen* : *tungen. blehen* : *-sein. darb*: *-leyden* fehlt. *empören* : *erheben. aufrůr machen. enkamen* : *entranen. enlich* : *gleich. erregen* : *auffrůr. fahr* : *ferligkait. sorgklich. finantzer* : *newfindiger. feil* : *versaumnuss. freien* : *eelich werden. gehorchen* : *-sein. gelindigkeit* : *gůtig. senfft. milt. gerücht* : *leümde. gesteupt* : *mit růtten-. getümmel* : *ungestům. gichtprüchig* : *gichtsichtig. grentz* : *gegent. hauchen*: *blasen. hålft* : *halb. hügel* : *güpffel kerich* : *fåger. klufft* : *kling. krufft. hüle. kündig* : *erfaren. lerman* : *aufflauff. liechtstar* : *leüchter. malmen*: *zerknischen. Ottergezicht* : *nater-. pfal* : *-flaisch. rasseln* : *raspeln. rüsttag* : *abent. schaubrot*[!]: *gewicht. schnaubet* : *anschnaufft. schnur* : *sonssfraw. splitter* : + *spelt. spügniss* : *gespenst. stachel* : *eysne spitz an der stangen. steupen* : *streichen. tadlen* : *straffen. thränen* : *zehern. triestern* : *tröber.* [*l. überraicht*]. *übertaubet* : *dempfet. verschmachten* : fehlt *verkamen. unverruglichkeit* : fehlt *unerstörlich. ausgerottet* : *ausgereüt. weiland* : *etwen.* Von kleineren orthogr. verschiedenheiten wie *ai, ay* für *ei* u. a. ist abgesehen.

Was *ain Hee vnd Sie* bedeutet wird man am Lech damals so wenig wie heute verstanden haben, ist aber trotzdem beibehalten.

Von Heinrich Steiner hat mir als frühester druck vorgelegen: *Das Allte Testament Deütsch* 1527. Hier sind *yhm. yhnen. ehre. gehen* etc. fast recipirt, auch *getümmel. grentze. gehorchen. tŏchter. raben*, sogar *seumet. verkeufft. gedechtnis. vynsternis. von ferne* u. a.

Lehrreich ist ein vergleich mit dem Wittenberger druck: (I kön. 9) Wittenberg *hatte* : Augsb. *hett. konig : künig. erscheyn : erschin. yhm : jm. war : was jch habe : jch hab. gepett : gebett. vber : ober. gehoret : gehŏrt. fur : vor. geheyliget : gehailiget. daselbs : daselbst. sollen : sŏllen. allewege : allweg. vater : vatter. gepotten : gebotten. helltist : haltest. nicht : nit. yhr : ir. gehet : geet. Gottern : Gŏttern. werde ich : würd ich. vnter : vnnder. volcker : vŏlcker. gethan : gethon. sie : sy. veter : vŏtter. furete : fůrete. zwentzig : zwaintzig. tennen bewm : thånnen beüm. da do. stedte : stett. sind : seind. bruder : brůder. denn : dan̄. gewonnen : gewunnen. verbrandt : verpren̄t. wusten : wüste. wagen : wågen* (plur.). *wozu : warzů. hirschafft : herr-. erauff : herauff. yhr : ir .gebawet : gebawen.*

1528 erscheint bei demselben Das Neüwe Testament, Recht grüntlich teutscht. Mit schŏnen vorreden vnnd der schweresten ŏrteren kurtz aber gůt ausslegung. Vnd Register etc. Darzů der vsslendigen wŏrter auff vnser teütsch anzaygung. fol. 3^b f. Anzeizung ausländischer worter auff hochdeutsch (d i. oberdeutsch).

Die md. *zůstossen. zůbrechen* (= *zer-*). *geheymnis. beheltnis : -nus*, welche aufgenommen sind, haben nur kurze frist gehabt, dagegen können jetzt bereits : *mehr. jhn* etc. *gehen. verstehen. aufferstehung. růhe.* prät. *war* als eingebürgert gelten. Dazu stehen die mundartlichen *antlit. verschland. weydent. werdent* in schroffem gegensatz, zumal sonst md. elemente wie *trache. die schlange. schweffel. fleyschern* (adj.) zugelassen sind. *Die Propheten alle Deüdsch D. Mart. Luth.* 1535, welche bei Steiner gedruckt worden sind, haben ein auch für die sprachlichen zustände interessantes gegenstück an *Alle propheten nach Hebraischer sprach verteütschet. O Gott erlŏs die gefangenen.* Gedruckt zů Augspurg durch Siluanum Ottmar 1527. (Håtzer-Denck'sche übersetzung) vgl. die textprobe. Einen krönenden abschluss findet die fruchtbare thätigkeit der Augsburger drucker in der gesamtausgabe Heinrich Steiners: Gottes wort bleibt ewig. Biblia das ist die gantze heilige schrifft Deudsch. D. Mart. Luth. 1535. (Zwei Theile). Am schluss: gedruckt vnd vollendet in der Kaiserlichen Stat Augspurg durch Heynrich Steiner / in verlegunge Maister Peter Aprellen / Pergamēter / Am XVI. Februarij Anno M. D. xxxv. Eine probe des druckes folgt unten im anschluss an die vorlutherischen Bibeln. Das wichtigste ausser den bereits hervorgehobenen ergebnissen ist der umstand, dass Heinrich Steiner, offenbar unter dem einfluss der Wittenberger drucke, wieder zu dem früheren brauche zurückgekehrt ist, wonach *ei*, *ey* die regel bildet, *ai*, *ay* nur gelegentlich mit unterläuft.

Die grosse menge lutherischer schriften hatte nicht vermocht die altgewohnte schreibung *ů* oder die eingebürgerte, streng correcte umlautsbezeichnung zu verdrängen. *u* für *ů* ist zwar in Steiner'schen drucken zuweilen anzutreffen, aber die lutherischen *u*, *o* in der geltung von *ü*, *ú*, *ó* sind nirgends nachweisbar. Vom wortschatz abgesehen ist folglich die innere form der sprache sehr wenig in der reformationsperiode verändert worden. Am nachhaltigsten hat das massvolle verhalten Steiners, der den mittelweg zwischen Ottmar und Schönsperger eingeschlagen, gewirkt. Die Bibel von 1535 kann im grossen ganzen als typus der schwäbischen drucksprache auf decennien hinaus gelten, man hat nur die feminina auf *-nis* abzuziehen, die vorerst nicht durchgedrungen sind. Bezüglich des auslautenden *-e* mögen die syncopirten formen im gegensatz zur vorlutherischen zeit zurückgegangen sein, der sachverhalt ist in folge der buntheit der schreibungen und der zahlreichen auch md. syncopirungen (z. b. *der glaub* u. a.) sehr schwer festzustellen. Der sicherste gewinn sind die formen *gehen. stehen. ehe. mühe. jhn. jhm jhr* u. ähnl. Dazu *ei*, umlautsformen wie *leugnen. gleubig.* prät. *war. hatte* (das aber noch lange mit *het. hette* kämpft). *erquicken. fern.* Weitere erwerbungen sind nicht nachweisbar, man betrachte von dieser seite einen profandruck wie z. b. Albrecht von Eyb bei Heinrich Steiner 1540. Diesen errungenschaften vermochte auch die katholische presse sich nicht zu entziehen. Es ist nicht verständlich, wie 1525 in Tübingen Luthers *Ermanunge zum frid, auff die zwölff Artikel der bawrschafft in Schwaben* gedruckt werden konnte, da wir eben sonst nur von katholischen presserzeugnissen wissen. Uns interessirt hier in erster linie: *Das gantz neu Testament* so durch den Hochgelehrten L. Hieronymum Emser verteütscht / mit sampt seinen zůgefügten Summarien vnd Annotationen über yegklichem capitel angezeigt / wie Martinus Lutther dem rechten text (dem Hussischen exemplar nach) seins gefallens / ab vnd zů gethan / vnnd verendert hab / etc. Getruckt zů Tübingen 1535 (corrigirt von Joh. Dietenberger). Die lutherischen *gehen. stehen. mühe. růhe. gedáchtnis. ferne. verkündigen,* ja sogar *zureiss, zurissen* (= *zer-*), vom wortschatz ganz abgesehen, bestätigen auch von der formalen seite die abhängigkeit dieser durch den herzog Georg von Sachsen inaugurirten ausgabe vom lutherischen texte.

Die beiden läuterungsprocesse, welche die schwäbische schriftsprache innerhalb eines jahrhunderts durchgemacht, zuerst nach dem muster der reichskanzlei, und nunmehr unter dem einfluss der Wittenberger drucke haben nicht tief in die gestaltung der formellen sprachformen eingegriffen, so dass wir umgekehrt berechtigt sind, der schwäbischen drucksprache einen hervorragenden anteil an der constituirung unserer heutigen schriftsprache zuzugestehen, wenn es sich auch noch nicht übersehen lässt, wie weit der einfluss z. b. der Augsburger druckwerke im norden, westen und osten gereicht hat. Dieser einfluss muss aber vor die reformationsperiode, also etwa rund um 1500 gesetzt werden: in der zweiten hälfte des 16., im ganzen verlauf des 17. und 18. jh. verhält sich Schwaben Mitteldeutschland gegenüber rein receptiv. Zum bilde unserer heutigen schriftsprachlichen form fehlen allerdings nur noch kleine züge: 1) *u* für *ů*; 2) *ie* für *ī*; 3) einführung des umlauts in fällen wie schwäb. *bruck* (brücke), *zuruck* (zurück) u. a.; 4) beseitigung von *-nus,* welches durch *-nis* zu ersetzen ist; 5) diminutivbildung auf *-chen.* Die bereits begonnene festsetzung der ausl. *-e* greift allmählich weiter, so dass in Schwaben die schriftsprache von ca. 1550—1750 vollends zur ausgestaltung kommt. Ich habe um chronologische ansätze zu erhalten eine stattliche zahl schwäbischer druckwerke der verschiedenartigsten gattungen auf der kgl. öff. bibliothek zu Stuttgart eingesehen, manches gerade der nationalliteratur angehörige, was ich gerne benutzt hätte, war mir daselbst nicht zugänglich, ich musste also mit unvollständigerem material arbeiten als in den vorausgehenden perioden.

Die schreibungen *ú* = *üe, ü*; *ó*; *á* halten sich bis tief ins 18. ja bis ins 19. jh., während die spec. obd. *ů* im laufe des 16. jh. aus unseren denkmälern verschwinden. Schwanken der orthographie zwischen *ů* und *u* begegnet in der reformationsliteratur häufig genug. Zuerst finde ich die *ů* vollständig beseitigt in den *Sieben bůcher von der Fürstlichen Würtembergischen Hochzeit* des durchleuchtigen Hochgebornen Fůrsten vnd Herrn Herrn Ludwigen Hertzogen zu Wůrtemberg . . . erstlich in Latein beschriben durch Nicodemum Fischlinum in Teutsch Vers oder Reimen transferirt durch C. Christ. Beyerum von Speir [präceptor in Öhringen]. Tübingen 1578. Der heimat des übersetzers gemäss sind hier eine reihe mitteldeutscher elemente (z. b. zahlreiche *ie* = *ī*) vertreten, welche der schwäb. gemeinsprache voraus sind, während die übrigen mir bekannten drucke vom ende des 16. jh. in *u* für *ů* mit dem genannten fast übereinstimmen. Die *Leichenpredigt* von Bidembach auf Brentz (Tüb. 1570) zeigt noch *ů*, dagegen die Osianderschen predigten (Tüb. 1585. 1596) sind davon frei. Ebenso die in Schwaben gedruckten werke von Thomas Birck, seine Adlerspredigt (Tüb. 1590) und sein Hexenspiegel (Tüb. 1600)[1]. Ganz vereinzelt findet sich *ů* noch bei Jacob Frischlin: *Drey schóne vnd lustige bůcher von der Hohen Zollerischen Hochzeit.* Augsburg 1599; so dass mit rund 1600 der abgang von *ů* angesetzt werden darf. Ein sehr gutes bild des damaligen sprachzustandes gibt Geogii Henischii: *Teutsche Sprache vnd Weisheit.* Thesaurus lin-

[1] Thom. Birck spricht in seiner Letzen Predig (Speyer 1602) s. 10 ff. ausdrücklich als verfasser derselben, und erzählt an dieser stelle die interessanten vorgänge vor und während des druckes, vgl. Sievers, Beitr. X, 199 ff.

gvae et Sapientiae Germanicae Pars prima. Aug. Vind. 1616.

Die ersten *-ie-*, welche ein gleichmässiges verhalten der schwäbischen drucke einleiten, treten mit beginn des 17. jhdts. auf. So in den verschiedenen sog. Badenfahrten Herzog Friedrichs (Tüb. 1602. 1603): *viel. dieser. Ein altes Badbuch* vnd historische Beschreibung von der wunderbaren krafft vnd wůrckung des wunderbrunnen vnd heilsamen bads zu Boll (Stutgarten 1602) von dem gelehrten Joh. Baudinus „erstlich lateinisch beschrieben, anjetzo aber ins Deutsch gebracht durch M. D. Fǒrter“ vgl. *gliedmassen. vielen. diese. erwiesen. beschrieben, fried. sieben. getrieben* etc. Ebenso bei Joh. Oettinger: *Warhaffte historische beschreibung der fürstlichen hochzeit* . . . so . . Herr Joh. Friderich hertzog zu Würtemberg . . mit . . Frewlin Barbara Sophia Marggrâvin zu Brandenburg . . . gehalten hat. Stuttgart 1610. Rodolf Weckherlin (*Triumf* Stutgart 1616) und Sebastian Wieland (Urach 1626. Der Held von Mitternacht Heilbronn 1634) etc. etc.

Im jahre des grossen friedensschlusses 1648 erschien in Augsburg unter dem autornamen Gioi. Alemanni ein *Hauptschlůssel der Teutschen und Italiǎnischen Sprache.* Die Vorrede, unterzeichnet Joannes Güntzel, civis Noribergensis, erzählt: die Teutsche Sprache sei im verlauf der letzten 800 jahre je länger je mehr geläutert worden, namentlich habe die buchdruckerkunst sich um unsere hochdeutsche sprache grosse verdienste erworben, so dass dieselbe keiner andern sprache nachstehe, wie das jetzt alles durch die hochlöbl. Fruchtende Teutsche Gesellschaft ans liecht gesetzt werde. Aber gleichwohl haben sich in den letztvergangenen 30 jahren bei dem beharrlichen kriegszustand wie in kleidung, essen und trincken so auch in unsere deutsche sprache viel ausländische missbräuche eingeschlichen, so dass man kaum die hälfte ohne dolmetscher verstehen könne.[1] Nachdem Opitz in nicht weniger epochemachender

[1] Hochdeutschland reicht für unsern gewährsmann nördlich bis zum Thüringer-Wald, der südosten weiche stark von der „teutschen redensart“ ab von der kayserl. kanzlei abgesehen, ebenso der Mittel-

und fruchtbarer weise als Luther für die moderne ausgestaltung des deutschen stils anregung gegeben, wurde die freie entwicklung besorgnisserregend durch die ausländerei beengt, die gerade in Süddeutschland willige und eifrige huldigung gefunden hat. Um so wohltuender ist das steigende interesse, das in Schwaben sich gerade jetzt der vaterländischen geschichte zugewendet hat. Die *Chronica* von Joh. Ginschopff (Tüb. 1630), Mart. Zeiller's *Chronicon parvum Sueviae* oder kleines schwâbisches Zeitbuch (Ulm 1653), Narc. Schwelin: *Würtembergische kleine Chronica* (Stuttg. 1660) u. a. sind in der muttersprache geschrieben, die auch historische ereignisse der gegenwart ins volk getragen hat, wie M. Esenwein's *Lobspruch der weitberümten Vestung Hohen-Twiel* und *Hohen-Twielsche Hochzeit* (Tüb. 1650). Hier begegnet nicht nur bereits der reim *liebt* : *gibt* (wozu ich z. b. aus Weckherlin's gedichten [Deutsche dichter des 17. jh. 5. Bd. Leipzig 1873 ed. K. Goedeke] keinen beleg beibringen kann), sondern nunmehr auch *zurúck*: *glúck* mit umlaut, so dass also mitte des 17. jh. diese weitere etappe erreicht ist. Wie weit man es nunmehr in Schwaben gebracht hat, zeigen die Ulmer drucke von E. Gu. Happel's romanen: *Der Ungarische Kriegs-Roman* (Ulm 1685. 1688). *Der Teutsche Carl* (Ulm 1690), oder ferner die ächten zeitstücke von J. M. Erhard *Mitleydens- Warnungs- und Trost-Zeilen* (Stuttg. 1701). *Der unter dem Haus Oesterreich ... allzeit siegende rômische Adler* (Stuttg. 1705). *Trauer- und Trostgedicht auf ... Wilhelm III* (s. a.). *Würtembergische Pyramide* (s. a.). Dass es im lande aber auch kreise gegeben, die sich sei es aus princip sei es aus unbildung den mitteldeutschen, unter dem geruch des protestantismus gehenden sprachlichen einflüssen widersetzten und in der provinziellen tradition stagnirten, möge man aus stücken wie *Himmlische Nachtigall*, singend die gottselige begirden der bûssenden heiligen und verliebten seel. In Hoch Teütsche Sprach

---

rhein bis zur Mosel. Er unterscheidet in der darstellung drei bezirke 1) Hochdeutschland (Nürnberg). 2) Strassburgisch oder Schweizerisches Revier. 3) Meissnisch.

übersetzt . . durch J. Ch. Hainzmann Weingarten 1683 oder *Vinea florens ac fructificans* Weingarten 1725 lernen. Die protestantische literatur steht hoch darüber. Zum vergleiche ist sehr gut geeignet G. C. Rieger: *Die würtembergische Tabea* oder das merkwürdige äussere und innere Leben und seelige sterben der weyland gottseeligen Jungfrauen Beata Sturmin (Stuttg. 1732. 2. aufl.), wo denn nun auch die abstracta auf *-niss* wie *erkäntnis*, *gedächtniss* herrschen.[1] Man halte dazu die bereits auf der schwelle der neuen zeit stehenden *Schwäbischen Gedichte* von G. J. Duttenhofer (Erstes Stück. Ulm und Leipzig 1751), in denen vollends die mitteldeutschen *mädgen. liedgen. näsgen* u. a. begegnen, so sind wir um die mitte des 18. jhdts. am ziele angelangt. Der hitzige kampf der katholischen opposition ist von Kluge, Von Luther bis Lessing[2] s. 128 ff. anschaulich geschildert, Georg Litzel der verfasser von „der undeutsche Katholik“ (Jena 1730) stammte aus Ulm. Mit Weitenauer's *Zweifel von der deutschen Sprache* (5. verb. aufl. Augsburg und Freyburg i. B. 1778. Mit erlaubniss der obern) capitulirt die letzte schanze, wenn es hier s. 13 f. heisst: „Eine seite Deutschlands hat sich eine geraume zeit her beflissen, die muttersprache zu mildern, und durch beysetzung einer grossen anzahl leichter silben dieselbe gelinder zu machen. Die andere seite ist bey der alten strengheit geblieben und hat sich nicht entschliessen wollen, die kurzen wörter ihrer vorfahren zu verlängern. Die klagen werden täglich erneuert“ und s. 23 f: „Woher entspringt dieser unversöhnliche hass wider das unglückliche *-e*? Von der Religion ist es schwer zu begreifen, wie man sie in die rechtschreibung eingemischet. Dietenberger in seiner bibel hat es tausendmal, ohne deswegen protestantisch zu werden“.

---

[1] Ein zu Schwäb. Gmünd 1737 erschienenes *Orthographisches Schulgärtlein* von S. M. Moritzi verlangt „*-nüss* nicht *-nis*“. — Für die grauenhafte verwelschung der höheren gesellschaftssprache ist typisch: *Adeliches Briefbuch* zum gebrauche Junger Herrn von Adel. Augsburg 1751, welches s. 405—482 (4-spaltig) eine verdeutschung der ausländischen wörter enthält.

Was an der egalisirung unserer schriftsprache, um die mitte des vorigen jahrhunderts noch fehlte, hat neben dem aufschwung des literarischen verkehrs zwischen norden und süden die emsige, fleissige leistung der grammatiker gebracht. Gottscheds name muss in ehren genannt werden. Gewiss ist, um einzelnes anzuführen, der in Schwaben immer schwankend gebliebene gebrauch in den ablautsvocalen der starken präterita, die auch bei uns seit Luthers zeiten vertretene md. bildung der 1. sg. präs. ind. wie *ich werde* etc. (obd. *ich wird*), die ausgleichung bei den verben der *iu*- reihe (giessen etc.) zu gunsten von *ie*, die tilgung von *-e* im präteritum der ablautenden verba (*sah* nicht mehr *sahe* etc.) durch seinen eingriff vollends entschieden worden. Schwaben selbst hat die grammatischen untersuchungen zur pflege unserer schriftsprache lebhaft aufgenommen und in dem triumvirat von Fulda, Nast (vgl. Alem. III, 61 ff.) und Haug philologen besessen, die selbst einem Adelung zu opponiren wagten, und ungerechter weise heute viel zu wenig bekannt sind. Fulda und Nast arbeiteten zunächst eifrig an dem von Haug herausgegebenen schwäbischen Magazin von gelerten Sachen (Stuttg. 1774 ff.) mit (man vgl. z. b. Erinnerung an die teutschen sprachlehrer 1775 s. 205 ff.), bis sie 1777 ein eigenes organ begründeten: *Der teutsche Sprachforscher* allen Liebhabern ihrer Muttersprache zur Průfung vorgelegt. (Erster Theil Stuttg. 1777. Zweiter Theil Stuttg. 1778). „Klopstock, Lessing und Wieland zu besonderer Prüfung empfohlen."

Man muss ihnen manchen provinzialismus zu gute halten, so z. b. ihren widerspruch gegen die längst in der orthographie eingebürgerten „unächten" *ie*, ihre laxe behandlung verschiedener, sprachgeschichtlich zulässiger möglichkeiten u. a., aber ihre, namentlich Nast's, weit über die zeit hinausreichenden grammatischen und phonetischen kenntnisse zwingen uns hochachtung ab, und befähigten diese männer selbst die heilsame, wenn auch despotische tendenz Gottscheds und Adelungs in tolerantem sinne abzuschätzen.

Die bedeutung jener philologen geht am deutlichsten hervor aus den sätzen des Prof. Haug (an der Carlsakademie) *über Teutsche Sprache, Schreibart und Geschmack* zu der in höchster Gegenwart Seiner herzogl. Durchl. den 4. dec. darinnen vorzunehmenden öffentlichen Prüfung seiner zuhörer (Stttg. 1779). Hier lautet die these 42: Teutsche Gesellschaften, schöne Wissenschaften, wie auch Nationaltheater sind eine beförderung der Muttersprache. 44: Die Teutsche Sprache hat alle erfordernisse zu einer vollkommenen Sprache und unter den Lebendigen die ältesten urkunden. 49: Die anhänglichkeit an die Muttersprache ist eine Unterhaltung des Patriotismus, der einheimischen Religion, der Gesetze und Sitten.

Im verzeichniss der respondenten steht auch der name Schiller.

TEXTPROBEN.

1. Cod. theol. et phil. 230 (ZBR). XIII. jh.

Wie slaffen di munich
Quomodo dormiant monachi.

Sund'lingū ı sund'lingen bettin si slaffen di
SINGVLI per singulos lectos dormiant lec
bettistet nah maze d' wandilunge nah
tisternia ꝑ modo conuersationis secundum
d' sazzunge ds vat's ie' si nemen Ib er mag w'dn
dispositionem abbis sui accipiant. Si potest fieri
si alle ı ain' stat slaffen ib ab' di vili
omnes inuno loco dormiant . si aut' multitudo
nit hengit . zehı od' zwainzig mit dn eltren di vb'
non sinit deni aut uiceni cum seniorib; qui sup
si sorcsam sien r'wen. An lietk'ze emizlic in d' selbvn
eos solliciti sint pausent. Candela iugiter ineadē
celle brinne vnzi morgin. Ingisloffı sie slaffen vñ gurtet
cella ardeat usq; mane. Vestiti dormiant et cuncti
mit gurtilū od' saillin vñ di mezz' ir zir sitvn ir
cingulos aut funib; et cultellos suos ad latus suū
nit si habin so si slaffint dc nit liht dur dn slaffe
non habeant dum dormiunt ne forte ꝑ somnū
si w'dn wundut slaffind. vñ dc biraith sihē di munich
uulnerent dormientes et ut parati sint monachi
alliwec vñ gitā dı zaichē . an twal ufstand si ilen
semper et facto signo absq; mora surgentes festinent.
vnd' an and' sih wurkomin zı w'ke gotis mit all' doh
inuicem se preuenire ad opus dei cum om̄i tamē
swari vñ senfti Di iung'n brůd'
grauitate et modestia . Adolescentiores fratres
bi sih nit habin di bette sund' uirmischet mit dn
iuxta se non habeant lectos s; permixti cū se
eltirn ufstandi ab' zim w'ke gotis vnd' and' sih
niorib; surgentes uero ad opus dei inuicem se
mazziolic scunden dur d' slaffer insculd
moderate cohortent ꝑpter somnolentor, excusatione'

2. urk. 1292.

Wir von gotes genadun margeraue Hainrich von Bvrgow veriehen an disem brieve allen den in lesent alder horent lesen daz Berhtolt der dash von Dahsberc der vnser diensman ist ze chovfende gap vmbe vierzeger vñ sehtehalbe march silbers mit vnserē willen den erberen herrun abbet Eberhart vñ der samenunge des closters Zviwltvͥn allez daz gůt daz er aigenlich hate besezen in den dorferen ze E. vñ ze B. bi der Tŭnowe ez sie so in holze alder in velde in wasun vñ in zwien vñ do der selbe B. die aigenshaft des selben gvͦtes vfgap in vnser hant alse er durh reht solte daz wir do die selbun aigenshaft santun (?) bi brvder B. dē phister ainē brůder der selbun samenunge durh die bete des selben B. v. D. vñ durh got vñ durh die liebi die wir hatun zv den selben h'run dē vorgenantē goteshuse zviwltvͥn imer me ze hende vñ ze bisizende aigenlich ane alle vnser widervorderunge vñ ansprah vñ unserrer herbo vn vnserer nahchomendo vn ouch des selben B. vñ siner erbo vn siner nahchomendo . . .

3. urk. 1296.

Ich Hainrich von Rvͥthi vergiche ôffentlich an disem brieue vnd tŭn ovch kvnt allen den die in sehent oder hôrent lesen daz ich minen erbaeren lieben herren dem abt vnd dem conuent ze Wingarten vnd allen ir nachkommen han gegeben minen zehenden ze Stainibach in dem dorf baidvͤ klinnen vnd grozzen ze dorf vnd oͮch ze velde den ich vnd mine vordern von dem riche ze rechtem lehen han in stiller wer maengvͤ iar gehept vnd rvͦwelich besessen vnde dar vmme han ich von minen vornanten herren enphangen drvͤ vnd zewainzeg phunde genaemer costenzer phenninge die ich in minen nuzze gewendet han als ich hie vergiche an disem brieue. Ich verziche mich oͮch baidvͤ vvͥr mich vnd alle min erben allez rechtes vnd aller ansprach die ich oder si maechtin gehan an dem selben zechenden. Wir sint oͮch dez vorgenanten zechenden rechte wern nach rechte an allen steten da si angesprochen werdent ez si an gaistlichem oder an weltlichem gericht. vnd daz allez staete belibe von mir vnd von minen erbon so gib ich minen lieben herron dem abt vnd dem conuent ze aimme warn urkvͤnde disen brief ze gezaichent mit mimme insigel. Diz geschach ze Wingarten in dem closter do man zalt vnsers xpo gebúrte zwelf hundert iar vnd sechse vnde nvͤnzeg iar an dē dvnrstage vor sant marien magdalenen tag.

4. urk. 1298.

Wan menslich gehugede kranch ist vnd die liute schiere v'gessent suas si vnder ainander werbent so lerent vns die wisen maister das wir v'schriben allez daz wir vnd' ain ander mit werken vurbringent. Da von so tŭn ich Ůlrich von kúngezegge ze wissend allen den die disen brief sehent lesent oder hôrent lesen das ich den erbaren herren dem apt vnd der samenüge dez gotzhuzes ze Wingartẽ han gegeben ze ko°fende nach rehtem ko°fe vmbe aine vnd sehzech markc lôtigez silber min rehtez aigen ze Habchmôze an åkern an wisen an wasser an holze an wasen vnd an zwie mit allem dem daz dar zů hôret gebwens vnd vngebuwens wie ez si genant mit allem dem rehte alse ez mine vôrdern vnd min vatter herre Ůlrich aigenlich an mich hat braht. Ich vergihe o°ch an diesem brieue daz ich daz vôrgenante silber han bewẽt in minen nuz. ich v'zihe mich vnd alle mine erben allez dez rehtez suie ez si genant daz ich od' mine erben mahten gehan an dem vôrgenantem gůte ze Habchmôze vnd binde mich vnd o°ch mine erben daz wir dez selben gůtez sulen werer sin nach reht an allen stetten sua daz gotzhuz ze wingarten an gesprochen wirt ez sie an weltlichem od' gaistlichẽ gerihte. Dar vber gibe in disen brief ze vrkúnde gezaichet mit minem warẽ insigel. Dize geschach dô man zalte von gots geburte zwelf hundert iar vnde æhte vnd núnzek iar an dem næhsten dunrstage vôr dem zwelften tage.

5. urk. 1314.

Alle die disen brief gesehent od' gehôrent lesen kunde ich Herman der kro°wel vnd virgihe daz ich mit rat gunst vñ willen miner brůder burchardes vñ hainriches han verkoufet vn gegeben ze ko°fende mit aigenschaft vñ aliu minun rehte die ich het od' haben mohte an daz gůt ze Alidorf da der vrie uffe sizzet vñ buwet den erbaren vñ gaistlichen vro°wen der . . priorinun vnd der samenunge des closters ze kirchp'g ze ainem rehte ko°f vmbe fúnf phunt gůter haller der ich von inen gewert bin gar vnd genzelich vñ in minen nutze komen sint. vñ sol o°ch des wer sin vñ gen menlich vertigan für ain ledig aigen swer die vro°wen vmme daz gůt ansprichet daz vor benempte mit gerihte alde ane' gerihte gaistlichem alde weltlichem sus od' so. Ich han o°ch vñ baide min brůder Burchat vñ Hainrich den vro°wen von K. daz vor benempte gůt mit vnseren handen uf gegeben vñ mit gewalt geantw'rtet rehte vñ redelich vñ verzihen vns an diesen brieue gemainch all' aigenschaft aller der rehte vñ aller der gerihte gaistlicher oder weltlicher hainliches vñ offenliches rates vñ gemainliche aller dinge da mit wir die vorgenempten fro°wen von K. an dem vor gescribenme gůt mohten geirren alde beswern mit worten alde mit wercken . . . .

6. urk. 1348.

Ich Cůnrat frůt ain burg' võ Horwe v'gihe vñ tůn kvnt allan den disen brief ansenhent lesent od' hôrent lesen daz ich mit gůtem willen vñ mit gvnst miner elicher wirtinnẽ fro Agnesẽ võ Bůtelspach vñ aller vns' erben vñ aller der die darzů notdúrftig waren reht vñ redelich haben geben ze koffenne den ersamẽ frowen der priolinṽ von dem convent gemainlich des closters ze kilpberg bredier ordens vnser gůt ze Bůtelbrvnnẽ dar dú ob genãt min elichů wirtine ze hainstůr zů mir braht vñ daz da buwet d' sewer võ B. vñ giltet iaergelich ewiges vnd stetes geltes fv́nf malt' vesan, zwai malt' rogg horw' messes vñ ane .. dritzenhen schilling hall' die sol man gen vf sant martins tag allú iar vñ zwai herbst hv́nr vñ haben in vñ allen iren nach kvmẽ daz selb vor benempte gelt gegebẽ vmb drissig phȝvnd gv̊ter hall' pheninge der wir von in gewert sin vñ in vnsern nvtz kvmẽ sint vñ genzklich vñ sol man in daz vor benempte geld iergelich antwurten gen Horwe in des closters hus ane allen iren schaden wir v'ienhen och daz egenant gůt für reht aigen vfrihten u'tigan vñ v'stan nach d' stat reht ze Horwe von all' mengelichen wie vñ wa sin not ist od' wirt ane alle geverde vñ daz wir noch kain vnser erbe sv́ an dem vorgeschriben gelt niem' gesvmẽ noch geirren sv́n in kain wise weder sus noch so so bezv́ge die hiebi waren ... vn daz diz als waᵛr vñ stette belibe darv̄ henk ich .. v'gihe vñ globan vf den ait .. an .. aubẽt do man zalt . drv́zenhen hvndert fierzig .. ahtoden jar.

7. urk. 1362.

Ich Ulrich von Hochdorf ze Útingen gesessen vergihe vnd tůn kvnt allan den .. vmb daz malter roggen geltes Horwer messes daz ich jergelich gibe vnd geben sol vz minem zehenden ze v́tingen durch der selan willen in die obrvn samenunge ze Horwe hinder des hailgen crúces kirchen daz selbe malter roggen geltes kovfte Lv́gge selge min svester div in derselbe samenunge was ze ainem rehten selgerete ir selbes sele vnd unsers vater selgen sele mit ir aigen phen von den aht maltern div hie vor die frowa von Kilperg kouftan vmb Albrecht den hv́ller selgen von dem ich do denselben zehenden ze lehen hette vz sinem tail vnd vz allan sinen rehten derselben aht malter roggen galt Livggart selge min svester div vorgenant daz ain durch got vnd durch der selan hailes willen also vnd mit solchem gedinge daz ich vnd min erben ob ich nicht weri daz selbe malter roggen geltes vz dem egenanten zehenden mit allan rehten iergelich vnd ewiklich geben sollen den frowen in derselben obrvn samenvnge ze Horwe an dem karfritage iergelich vnd sv́llent die frowan denne mvtschla dar vmb kovfen als vil si damit vergelten mv́gent vnd sv́llent die mvtschla denne geben durch der selan hailes willen armen lv́ten vnd wa si denne dvnket da ez den selan aller nvtzlichost si ze ainem rehten selgerete mines vater selgen vnd Livggen selgen miner vorgenanten svester . . . .

8. cod. ascet. 86. XIV. jh.

Div bůch sagent vnt hant gischriben.
Ez sint groze vnt vbele súnde sibene
diu schrift haizzet si etswa.
vicia . septem principalia.
siben alaster . sprichet daz
div vordriston noch mahtin baz

nit haizen. wen si ain vrsprinc
sint alles vbles vnde alliu dinch
div noch sint ze vbele chomin.
hāt von in vrhap ginomin.
Lucifer mit sinen ginôzin
wart von himelriche verstôzin.
Adam ouch ze ieglicher wis.
vnde Eva múston daz paradys
rv́mon mit vil grozir schame.
die ir selben svnde namen.
sint gehaizen superbia.
Luxuria auaritia . gula.
ira. accidia vana gloria
superbia spricht hôchvart
wil. vñ ist niht wirsir noch nien wart.
hochvart wil sich selbin furzv́chen
vñ ie den andrn drúchen.
hochvart laidir vil giwaltes hat.
si ist in armir alse in richer wat.
Luxuria spricht vnkv́scher gilust
vnd ist gar der sele verlust.
swie wol si dem libe tv́ge.
so ist inhain svnde diu wirs múge.
die sele vñ so riᵛwich seze.
siv ist rehte des tivels neze.
er vahit vil der selen mite.
vnkv́scher gelust hat blinden site
si dc daz er ane laitin si.
er gat in das fivr e da bi.
Auaricia sp'chet gitehait
vñ ist daz ir beste wishait.
daz si ieman vngerne ihtis gewort
vnde allez me vnde me gert.
swie vil ir gv̊tis immer gischiht
so chan gitichait maze niht.
Gula daz sp'ch; frazhait.
vnde ist alse div schrift sæit.
ir reht ist daz si allez zivil
vnde ane maze ezzin wil.
noch nihtis so grôzze ahte hat.
so daz dem bvch wol bi gat.
Jra div svnde haizet zorn.
wære diche gv̊t v'born.
emzic zorn ist nieman gv̊t
wan er niᵛwan vbil tv̂t.

vñ so er ie dicher chvmet.
so er laider ie minder frvmit.
Accidia ist alsus ginant.
vrdrv́ze die selben irchennint.
mænich wip vnd man.
wan si wont in vil nahen allen an.
vrdrv́ze lat chvme
ieman wol tv̊n . daz der sele frvmī
sol. Swa der sele vbil ane gischiht
da ensv́met nieman niht.
Vana gloria haizet also wol.
vppic ere wan sv́ ir sol.
vnde wil nah ir wize volgín.
der mv̊z die sele varn lan.
si gert niᵛwan der welte rv̊m.
vmbe allez daz si chan getv̊n.
vpic gvlliche missehillet niht harte.
von hohvart si hant ain arte.
Von disen hovbhaftigen sv́nden.
komint alle hoᵛbhaftige svnde.

9. cod. theol. et phil. 54. a. 1391.

Der júnger: ich wiste gern weñ danczen vnd gesellschaft an esseñ vnd an trinkeñ todsúnd wåri sider man sunderlich dú zwai werch an dem firtag tribet. Der maister: du solt wissen das der lerer mit dem guldiñ mund also sprichet wa tåncz sint da ist der túfel die bôsen gaist die frôwent sich in tånczen vnd all ir diener haᵛnt frôd mit in doch so solt du wissen weñ es todsúnd ist das denn dieser vier sachen ainú da mûss sin dú erst ist ob ain gaistlich oder ain weltlich es wår wan von bôserung vnd ergerung so mag es todsúnd sin dú ander ist weñ es geschiht zů den ziten so man gebunden ist by gottes dienst ze sind dú drit ist so man das tåtti an gewihten stetten dú vierd sach ist weñ man es tåtte mit bôsen vnd verlaᵥssenen geuerden es môht ain mensch in sôlichèr ainueltiger slehter mainūg tůn das es im nit súnd wår deñ allain tåglichú schuld nun will ich dir och sagen von esseñ vnd von trinken du solt wissen weñ ain mensch sich mit v́bermåssigem essen oder trinkeñ mit fliss fúllet das ist totsúnd ob er trunken wirt beschiht es aber vnwissenklich aᵛn fúrsacz vnd man den lust allein aᵛn arg mainung tůt so ist es nit totsúnd... du solt wissen das etlich maister sprechent es sige vmb gaistlich gůt reht͞ als umb ain lieht wa das in ainer stuben ist so gesehent zehen menschen oder me von dem lieht als wol als ob ain mensch allain in der stuben wår wan dar vmb das die andern vss der stuben gaᵛnd so wirt es nit dester liehter in der stuben.

du solt wissen zů dem ersten waᵛ zwai menschen vnder ainē

sternen sint geborn oder gelich vermischung der element in der natur havnt oder die selen gelich sint in leblichait vnd ī wesen oder zů ainem gelichen lovn hőrent in ewiger sålikait dú menschen můssent zů enander von natur genaiget sin ob si sich enander númer gesehen. Vnd wav die vier sachen minre oder me ist da ist och minre oder me natúrlicher naigung zwúschent den menschen es mainet ain maister das dú menschen dú da gehőrent in ainen kor in ewiger sålikait die můssent von natur me naigung haben ze samen denne andrú menschen ... so man an dem geriht mit dem rechten geriht ainē menschen tőttet vnd das ist nit súnd me es ist lonber so man es tůtt durch der gerehtkait willen vnd nit anders zů dem andern mavl so man es durch libes not ainen menschen ertőttet als ob man mich ertőtten wőlti in ainē wald vnd ich min leben ze schirmend ainen totti der mich tőttē wőlti das wår mir nit súnd mőht aber ich gefliehen vnd es nit tåtti mer in ertőtten wőlt so wår es totsúnd mőht ich mich also geweren das ich in nit toti des wår ich gebunden mőht ich aber dero kaines tůn so mőht ich in avn súnd ertőtten min leben ze schirmend wőlte aber ieman mir min gůt niemen vnd ich ioch wåre ain weltlich mensch dar vmb solt ich nieman̄ ertőtten vnd sőlt es alles mit gůt verlieren e ich es werte mit kaines menschen tot es wår denne das man mir niemen wőlt von des mangels wegen ich sterben múst das ze schirmen̄ mőht ich wol ainē menschen ertőtten zů dem dritten mavl wirt ain mensch ertőtt von geschiht als ob ich ain gloken lute vnd der halm herab viel von dem lútent ich och ainen menschē ertotti das wår och nit totsúnd . . tůt aber ain mensch ain vnzimlich werch als so man schússet vber ainen weg da menschen gewon sint ze gavnd wirt da ain mensch erschossen das ist totsúnd ob man och ainen stain wirfet ab ainem hus oder ab ainem tach vnd die lút gewon sint ze gend an der gassen.

10. cod. theol. et phil. 72. a. 1400.

merk so du ainen weg gavst dav vil tier hin gegangen sint an dem hůffslag bewiset sich ain phårit an dem andern fůsstaphen bekennest du ainen hunt oder ainen wolf vnd also bekennest du an dem fůsstritt dú tier die du nit sihest alsus gemainlich lúhtet das bild gottes in allen dingen vnd creaturen Aber sunderlich lúchtet das bild gottes in dem menschen wan nach dem bild gottes ist der mensch geschaffen nit navch persőnlicher gelichait sunder navch ainer gelichait des fůsstaphens der iunger: vser diser åntwúrt gedenk ich des wortes das sanctus paulus sprichet. Der sun in der gothait sy ain bild des vatters des bewise mich.

du waist wol das Saturnus gibet tråkait, Mars blůt vnd enzúndet zorn Venus frőd die ding havt der mensch von den planeten nit enphangen mer des menschen leben wår gancz gezieret gewesen mit tugenden das er mit voller wishait der sternen herr wår gesin vnd wissest das allú element mit im wårint versumpt gesin das den menschen das fúr nit hetti gebrent noch kain messer nit hetti versnitten vnd wan er itel raín was dar vmb wårend im allú ding rain gewesen als in der alt vätter bůch sta^{v}t geschriben das paulus der abt vergiftig wúrm in sin hant nam vnd im kainen schaden ta^{v}tend da fra^{v}getend in die brůder wie er das vm got verdienet hett do sprach er wissend brůder wer rain ist dem sind allú ding vnderta^{v}n als dem ersten menschen in dem paradise das er das gebott gottes ̍vbergieng.

11. cod. palat. 346. a. 1403.

Der kúng gieng von den herren
in zoren vnd wolt schlauffen gon
do fand er vor sinem bet ston
den kůnen trÿstranden
er het vmbefangen
die kúngin die er kust
vnd zwang sie zů siner brust
gar myneglich
do ward der kúnig fraisglich
vnd stůnd ser vnfrow
zů trÿstranden sprach er so
dis ist ain bós minnen
wie mag ich es überwinden
an miner weltlichen er
túnd ir mir also gro^{v}ss ser
mit úwer valschen liebin
sid niemen an des anderen wibe
mit recht sol haben laids noch liebs icht
ich wolt es gelouben nicht
da es mir gesagt ward
hett ich geloubt vff der fart
so hett ich recht geto^{v}n
ir sind ain vngetrúwer man
rument bald den hoff mir
got lob sprechent ir
das ir behaltend den lib
sölich küssen macht sölich nid
nun wenn ich das zwaÿ hertzen
gewunnen nie so gro^{v}ssen schmertzen
als do sich die vil lieben
so unbesprochen schieden
vnd ain ander miden solten
als trystr. nun wolt
ziehen vss dem land von dan
mit sorgen kam er gegan
fúr sin herbergen
vor laid möcht er sin gestorben
im ward an dem hertzen we
in ducht das er nimerme
überwind ritt er von dannen
auch was das wib gefangen
mit gar gro^{v}sem laid
sie laugen aber baid
das sie nichtz enbissen
do ward dem kúng ze wissen
das tr. siech wår
das ist mir vnmär
sprach der kúng rich
sid er ungetrúlich
an mir getån håt
nun mag es o^{v}ch werden raut
das dise zway nit sterben
mögen sy nun wider erwerben
das sie ain ander nie sehen
raut nun wie mag das geschehen
wie wirt in des landes bůs
ich wen brangenen můs
sie ze samen bringen
es clagt die kúngine
ir maid dis gro^{v}sse pin
vnd tet ir irn ja^{v}mer schin
vnd ir gro^{v}sse schwer
vnd sagt ir sölich mer
ob sú in nicht schir sech
wunder an ir geschech
do must brangenen gan
als sú dick hett vor getan
na^{v}ch herr tristranden
kam dar gegangen
lÿns růrt sú an die túr
kurnewal stůnd da fúr
fúr den herren sú gieng

minneglich er sie enpfieng
tristrand der siech man
brangenen fraugen began
wie behabt sich die frow min
úbel durch den willen din
haut sú dich besprochen
vnd wer gerochen
an den nideren
die ir manig schwár
vnd groͮss laid haͮnd getaͮn
so wer ir siechtum vergaͮn
Tristrand do antwurt
mit zúchtigem wort
nun sagt miner frowen
durch niemans tro̊wen
will ich sÿe nit lenger miden
wer will der mag es niden
ich will sie noch hinnacht sehen
ob es nimmer mag geschehen
ine irem boͮmgartten
darjnn mag sie min wartten
wann in dem brunnen
lob kumpt gerunnen
durch die kemmenaͮtte
so gang sie gar draͮtte
vnd wart ains sponss dabÿ
daran gemaulet sÿ
ain crútz mit fúnff orten
wan ich sie mit den wortten
besprechen laider nit mag
es sy nacht oder tag
wann sú das crútz find
so bin ich by der lind
dú by dem brunnen staͮt
der durch ir kemnaͮtten gaͮt
das sag du der frowe min
vnd haiss sie gesund sin
sú sagt ir frowen so
des ward die kúngin frow
vnd hies ir ir essen geben
do kam ir wider das leben
von der groͮssen aͮmacht
brang. hett braͮcht
ain tranck der ir lieb was
da von sú ze hand genas
von der lieben botschaft
komen sie zů mitternacht
in den bomgartten zesamen
mit fro̊den vnd mit gamen
vertriben sie die sorgen

12. cod. bibl. 28. a. 1417.

Do sich absolon dauidz svn bi dem haͮr erhieng an einē ast vn̄ dauid vmb in vil gerůffet do machet er disē p̣s zů got das er sich v́ber in erbarmet. Do ich anrůffet / do erhort mich got miner gerehtkait īminer betrůbnúst haust du mir gewittet / Erbarm dich v́ber mich vn̄ erho̊r min gebet / kinde' der menschē war vmb sint ir swårs hertzen waͮr vmb habent ir liep v́ppikait vn̄ sůchent lugi / vnd wissent won got haͮt gewundt sinē hailgē / der h'r erho̊ret mich wen̄ ich rů̊ff zů im / zv́rnēt vn̄ súndent nit wz ir sprechent ī úwerm hertzen vn̄ ī úver hainlichait werdent ir gepingot / offrent dz opfer d' gerehtikait vn̄ hoffent ī got / manig sprechent w' zaiget vns die gůten / bezaichet ist v́ber vns dz lieht dins antlútz h'r du haͮst gegeben fro̊d in minē hertzē / von der fruht sins korns o̊les vn̄ wines sint si gemeret / jn dem frid in dem selben schlaff ich vnd růw / wan du h'r sunderlich in d' hoffnung haͮst du mich beståtgot.

Minú wort mit den oren empfah h'r v'nim minē rů̊ff / ho̊r zů d' stim̄e mins hertzē min kv́ng vn̄ min got / won zů dir bett ich got frů erho̊r min stime / frů staͮn ich zů dir vn̄ sihe won nit got wellent die misstaͮt du bist / noch nit wonet bi dir der bo̊ss / noch belibent die vngerehtē nit vor dinē ogen / du haᵛst gehasset all die wúrkent misstaᵛt vñ v'lúsest all die redent lugi.

h'r in dinē grim straff mich in dinē zorn kestge mich / Erbarm dich ᵛber mich won ich bin siech hail mich h'r won betrůbt sīt allú mini gebain / vñ min sel ist betrůbt / gar uast svnd' du got vncz wahin / wid'ker h'r vñ erlŏss min sel erlŏss mich durch din erbarmhertzkait / won nit ist in dem toᵛd / der din gedenk vō in der helle der dir bekeñ / ich hab gearbait ī minem súfzen / ich wăsch all naht min bett mit minē zehern min legerstat ich befúht / betrůbt ist vō dem zorn min oᵛg ich hab gealtet vnd' minē vindē / wichēt von mir all die wúrkent misstaᵛt won got haᵛt erhŏrt die stim mins wainens / erhŏrt haᵛt got min flehen / der h'r haᵛt empfangē min gebett Si werdent sich schamē vñ werdēt betrůbt schnell all min vind si werdē bekeret vñ werdē sich erschamē gar schnelleoklich.

h'r min got ī dich hoff ich lŏss mich vō allen minē durchechte'n vnd erlŏss mich / daz nit etweñ begriff alz an lew min sel won niemā ist der wid'koff noch der hailmach / h' min got ob ich dz hab getaᵛn ob mistaᵛt ist in minē henden / ob ich haᵛn wid'gegeben den widergebenden min bŏsin ich val billich vō minē vindē cital / Der vind iage min sel vñ begriff vñ vertret in die erd min leben vñ min er zerfůr er in den stob / erstand got in dinē zorn vñ erhŏch dich ī den enden mine' vind / vñ erstand h'r min got in dem gebot dz du haust gebottē vñ dú samnnug dez volkz wirt vmbgeben dich / vn dar vmb gang wid' ī die hŏhi / der h'r riht dz volk / riht h're nach miner gerehtikait vñ nach miner vnschuld ᵛber mich / vertzeret wirt dú schalkait der súnd vñ vffrihtest den rehtē / forschent dú hertzē vñ die lende got / gereht min helff vō got d' erlŏset dú gerehtē herczen / got riht' gereht' starker vñ gedultig' wie wirt er zvrnēt all tag / Allain ir w'dent bekeret sin / swert haᵛt er bloss sinē bogē haᵛt er gespannen vñ haᵛt in berait / vñ in dem haᵛt er beraittet dú vass dez todz sinú phil haᵛt briñend gemachet / Sich er haᵛt fúrbraht vngerehtikait vñ haᵛt enpfangē schmerczē / vñ haᵛt geborn misstaᵛt / Er vff tett die grůb vñ viel in die grůb die er gemachet hett / wid' keret wirt sin schmercz ī sin hopt vñ ī sin schaitel sin mistat wird abstigē / Ich bekeñ got nach sin' gerehtikait vñ sing dem namē gotz des hŏhsten.

13. cod. theol. et phil. 144. a. 1427.
(vgl. no. 19.)

Der aller erst alt lert dich minnenden sel vff dich selb' dz du vor an betrahten solt vor allen dingē wañan du komē sigist wer du wărd in diner můter lib was du worden bist wz du noch werden můst es antwúrt dir des erste' alten ler vñ spricht got het dich gemachet us ăschen zu einem vnu'núnftige' menschē vnd hest dich selber nit gemachȝ deñ von gnadē in schuld vnd vō der menschait wider vm̄ ze ăsch vñ darus redet hugo in dem dritten bůch vō der sel vñ spricht gang in din hertz vñ schetz dich selber wãnan du kome' sigist wie du lebest wz du wirkest wie vil du lones v'dienest od' sünde' machest ob du täglich zů nemest od' abnemest mit was gedenken din hertz tag vñ naht bekúmert sigÿ mit wꝫ begirde din gemůt gevangẽ sigy wie dick du vō dem bősen gaist bekort wirst vñ vō der welt betrůbt vñ vō dine' aigen lip gelittẽ wirst vñ weñ du dich vō innen vñ usnan betrahtest. so bistu dir selb' vnu'fangẽ zů gőtlichem erkennẽ vor dir selb' vñ maht got niem' erkennen weñ du dich selber nit wilt erkẽnẽ nach dem maht du niemer begriffen den der ob dir ist weñ du nit enwaist wer du bist wan der erst vñ fúrnemest spiegel got ze hertzen sehen ist dz der mensch sich selber sůchꝫ vñ vindet wer er sigÿ dis sprichꝫ hugo vō sant victor vnd hillꝫ mit im richard' vō dem schőwenden leben. Es ist vil besser vñ nútꝫ' dz der mensch lern sich selber erkenne' denne dz er wissen wil der himel lo'ff der krút' kraft der edeln gestain wúrken der tier natur der mẽschen sitten vñ wis vñ tůn vñ lãn aller dingen sach kúnnẽ vñ wissen will vñ himelrich vñ ertrich wise erspúrẽ will wan vil mẽschẽ wissent wil sachan die sich selber nit wissẽt noch erkennẽt vñ doch sich selb' erkẽnẽ vñ wissen ist der hőste' kunst ainÿ.

14. cod. theol. et phil. 17. a. 1445.

Kúng Cůnrat ward erwelt vnd gebot ainẽ hoff gen Spir dar kamen etlich fúrsten vñ etlich nit er gebot allem rich das sie nach der pfat richten er gebott allen den vőgten die ṽber gotzhúser vőgt werin dass sy nit me wen ir recht nemẽ darnach schied sich der hoff ze regenspurg was ain byschoff hies Hainrich vnd was ain gůt man. Er wass dess ku'ngss raᵛtgeb der riet dem kúng das er forderte das sper vnd die Cron an den hertzogen von bayern der hett es in siner gewalt. Er besant in gen regenspurg der hertzog dett als ain drúwer her er antwúrt das sper vnd die Cron. Der kúng dancket im des der byschoff von regenspurg vnd der hertzog ritten vff den hertzogen von bayern vnd verlug'ten den kúng vnd sy daten im vnrecht weñ er hett dem rich wol getan. Der gebott dem hertzogen vngnedencklichen ze hoff den er nit mocht gesůchen. Er dett in in die acht vnd verdailt im das land mit der fúrsten vrtail Er wert sich ain wil vnd rait gen schwaben in das land er stift rob vnd brand. Der kúng besamelt sich der hertzog entwaich dem rich gen Sachsen Er empfalch das land lúppolten der was sin dienstman der brach sin drú am hertzogen hainrich von payern Der starb ze sachsen in dem land Gott lies in ander siner sünd engelten weñ er hett nit wider das rich getan wie wol er sich wider das rich satzt Der hertzog lúppolt von schwaben satzt sich wider den kúng da er in wolt dannen driben wolff der hertzog ward syglos er entran selber kom̄ Lúppolt gewan ain ander samlūg er facht aber mit im er ward siglos er entran kom̄ dannẽ lúppold kam zů dem kúng vnd clagt im sin vngemach vnd sin schaden Er sprach ich rich dich sol ich leben kúng Cůnrat hett sin samlung ze haylbruñen. Er besass winsperg wolff hett des willen erwölt in dannē driben Er gewañ ain samlug̃ er wolt die burg ledigen er facht mit dem kúng das rich fúrdraff der wolff ward sygloss die sinē wurden das maist dail erschlagen und gefangen das was gericht er endran selb kom. Der kúng gewañ im winsperg an vnd ander sin festin der stritt was zwischen wolffen vnd lúppolten vmb das hertzogdům ze schwa^vben Von den zitten was ain haindenscher kúng der hies sangwin by dem lag ain statt hies roas vnd was ain grossú statt da warē cristen jn vnd was ain ertzbistū dar schlaich der kúng haidensch an dem hailigen abend ze wicheñechten an mitternacht do man mettin sang do ain her die erstē letzgen ze mettin lesen solt vnd er sprechen solt. do gab im gott in sinē sin vnd můt das er sprach die haiden sind hie inder statt wer genesen wel der wer sich der maister sprach du lisest vnrecht er las aber das selb vnd zů dem drittē mal hies iñ der maister dennen ga^vn vnd hies ainen andern dar ga^vn der las fúrsich als vor im stůnd geschriben Sy sprachen der vorig wer vnsinig Er sprach des werdēt ir wol jnnen. Da der byschoff úber altar kam vnd Cristmess anhůb da drungen die herren die hayden zů den dúren in vnd erschlůgen die Cristan gar dem byschoff schlůgen sy das hopt ab das es vff den altar viel das blut zů der kirchen vs ran. Sie giengen in die statt vnd erschlůgen wib vnd kind Sy zunten die statt an dú verbran gar Da fůren sy dannen wider haim. Die engel von hymel kamen vnd enpfiengen die Cristen sel. Also hatt das bůch ain end das vns gott sinen segen send amen.

15. cod. breviar. 55. a. 1447.

Sich in das antlit dins kúndes das dir gehorsam was biss in den to^vd vnd urtail dar yñ all min missita^vt vnd erbarm dich úber die drú stuk der cristenheit úber mich vnd úber all súnder vnd úber all gůt lút vnd úber all globig selā ym fegfúr o du warú sichrú zův'siht tů vff die port dinr erbermd vnd erlős die hant miner frúnt vñ der den ich sin súnderlich schuldig bin die din gna^vd bevangē ha^vt in dem fegfúr wan an dir allain stat ir frőd vñ all ir zů versicht verschwain mit dem flamen díner vǻtterlichú min all ir schuld vñ zerbrich in allú irú bant vñ erlőss sy von ir grossū pin vnd laus vns vñ sie dir yetz vñ yme' őwenklich enpfolhen sin o du uffbrehender sun der obrostū clarhait du bist der weg dú warhait vnd das lebē bút die hend dinr erbermd mir vñ all' cristēhait die vns fůrin ūber das gewild diss meres in dem wir schwim̄ÿ das wir uss den tobenden wellē aller tőtlich' ho^vptsúnd vñ vss all' irung geriht werdin hin uff den waran weg des őwigen lebēs ach du vnschuldiges lemlin nim hin vnser schuld vñ erkik vns von dem to^vd der súnd durch din' hailigā vrstendi willē ach du aller wolgesprochost' her' vñ maister von dem allú warhait vnd wishait d' altū vñder núwā e ussgesprohen worden ist bis mit mir by jn minem leben mit din' wishait vnd jn minē wortē mit din' warhait o du aller edelest' v'sûner menschlichen kúnnes versûn mich gen dem himelrichesen vatter lut'lich vñ mach min gebett loblich vñ enblôs din ôwiges wort in mir das ich allú dīg zů dem bestē ker' das an mir vollbraht werd ewenklich din gôttlich er o du hohgelopt' wiser artzat aller wundā miner sel vnd durch alle die minclichú ussflús dins vatterlichen hertzen so v'hail her din' sel schmertzē o du all' richost' erlôser der pfand des ôwigen to^v^des erlôs mich von minē súnden vñ von allen bôsen bilden vñ haftē frylich vnd bezall all mī schuld fúr mich o du aller rehtoster richt' lebendiger vñ to^v^der du gewaltiger strenger reher aller ding gna^v^denklich vnd erlôs mich dins strengē zornigē vrtails erbarmhertziclich.

16. cod. bib. 35. c. a. 1450.

Gelobt sy vnser herr got von ysrahel wan er gesach vñ tet erlôsen sin volk und er rihtet vff das horn sins hailes in dauides hus sins kindes als er spricht dur der hailigen munt die von anegeng sine ꝓfeten sint hail si von unsran vinden vñ von aller der hant die vns hassoten ze tůnd erbârmd mit unsran vordern vnd das er gedenk'sines hailigen vrkúnds den ayd den er swůr abraham vnserm vatter das er sich vns gebe das wir im dientin aun vorht vñ er vns von der hant vnser vind erlost in der hailikait vñ . . vor im alle vnser tag und du kind solt haissen ain ꝓfet des hôhsten du solt gan vor gotes antlút das du im ainen weg machotist vnd ze gebent die kunst des hailes sinem volk ze vergend vnser súnd durch die audran vnsers herren erbermd in der er vns von der hôhin gesach als frúge erliuhte den die in den vinstrin vnd in dem schatten des todes sitzent vff ze rihtent vnser fúss in den weg des frides amen.

17. cod. herm. 24. a. 1470.

Selig ist der man der nit abgieng in den raut der vngůtten. das ist sâlig ist der da vest staut in gůten werhen vnd da von nit engaut wan die bôsen zů raut gand wie sy in werderbent an dem libe vnd an der sele als die Juden vnd haiden die zů raut giengent wie sy cristum vnsern heren vnd sin nachvolge' verdarptint vnd sin gůte werck wider iren bôsen vind Ain ander glose Er spricht Sâlig ist der man das ist hailig ist der man der da nit volget dem raut der vngůten da^s^ ist den falschen vnd den vnglôbigen wan vnglob kumpt von verkerter lere wer sich da von zúchet der wirt sâlig vnd hailig an den hymelschen eren hie mit sâligem geding vnd dôrt mit hymelschen frôden· Zum dem andren maul der mensch der da bôse vnd verkerte ler dick hôret der wirt da mit bestricket da von sprichet er der an der súnder weg nit gestanden ist. Das ist der falsche lere nit haut gehôrtt wan by dem ston ist betúttet die stætikait der bedachtnússe Also wirt der mensch von bôser lere stet vnd vest an bôsem globen dar von spricht kúnig salomon lieber sun din hertz ensol nit des bôsen wybes schand begeren dz du von jrem wincken nit gefangen werdest. By dem bôsen wibe ist ketzerlich ler betútet der sol niemend begeren zů hőrent noch zůlosent Wan ir wortt sind so linde dz ainfaltig lút da von in vngeloben gefangen werdent vnd werdent eweklich also verlorñ Dar vmb sprichet Salomon begriffent vns die clainen fúchsse dz sy vns nit den wingarten vmbgrabint. Die klainen fúchsse dz sind die kåtzer die clain vnd wenig gelert sind vff die ere gottes vnd die den edlen wingartten dz ist die hailig cristenhait mit irler diok vmbgrabint dz manig edel winstocke verdorent vnd sy werdend glich den abgehowē winstocken die da von verdorrent sind vnd werdent geworffen in dz ewig fúr mit ain ander.

Vatter v́nser der du bist in den hymeln gehayliget werd din nam zů kom v́ns din rich din wille werd als in dem hymel vnd jn der erden. Gib v́ns hútt v́nser tåglich brott vnd vergib v́ns v́nser schulde als wir tůnd v́nsern schuldner vnd nit verlait v́ns in bekorūg súnnder erlöss v́ns vō úbel Amen.

Gegrússet siestu maria vol gnauden Der her ist mit dir du bist gesegnet vnder den frowen vnd gesegnet ist die frucht dins libs jhus cristus Amen.

Ich gloub in gott vatter almåchtigen ainen schöpfer hymels vnd der erde vnd in jhū cristū sin aingebornen sun v́nsern heren der enpfangen ist von dem hayligen gayst geboren von der jūckfrowen marien der magte. gelitten haut. vnder pōtio pylato gecrútziget getőtt vnd begraben er ab fůr zů der helle an dem dritten tage er erstůnd von dem tode vff fůr zů den hymeln sitzen zů der rechtē hand gots des vatters almåhtigen dar nach kúnfftig ist zů richten die lebenden vnd die totten Ich gloub jn den hayligen gaist den hayligen cristenlichen touff gemeinsami der hayligen ablaus der súnden vferstendung des flaysches vnd des ewigen leben. Ere sy gott dem vatter vnd dem sun vnd dem hayligen gayst als es was in dem beginne vnd nun vnd allwegen in der ewikait der welte.

18. cod. breviar. 56. a. 1475.

(vgl. no. 17.)

Vatter vnser der du bist in den hymeln gehailigt werde dein nam zu kum vns dein rych dein wil geschech als jm hymel vñ vff dem erdtrich gib vns hůt vnser teglich brot vergib vns vnser schuld als vnd wir vergebē vnsern schuldner' vn' fůr vns nit jn die versůchung sunder erlöss vns vor v́bel amen.

Gegrúst syest du maria vol gnadē der her ist mit dir du bist gesegnet jn den frauwen vn' gesegnet ist die frucht dins lybs jhs χps amen. ich glaub jn got vatter almechtigen schöpffer hymelrichs vn' ertrichs vñ jn jhm χpm sin eingeborne' sun vnser' herre' der empfange' ist von dem hailige' gaist geborn vss maria der junkfrawe' gelitte' vnder pontio pilato gecrützigét starb vn' begrabē er ab fůr zů der hellē an dem drittē dag widerumb vfferstůnd von den dotten er fůr vff zu den hymeln da sitzet er zu der rechtē gotes allmechtigē vatters dannē er künftig ist zu richtē die lebendigen vn' die dotten joh glavb jn den hailigen gaist die hailigen kristenlichen kirchen gemainschaft der hailigen vergebung der sünd wideruferstendūg des flaisch vn̄ das ewig leben amen.

19. cod. theol. et phil. 63. a. 1477.
(vgl. no. 13.)

Ich jŏrg wŏlfflin von rŏttenbach hon dis bůch geschriben minem lieben vnd getrúwen vnd besonndern gůten gündern peter rieder von Oberndorff der im selbs fürgesetzt het gott vn̄ siner liebē můter maria vnd allen gotteshailigen zů diennēt vnd uss disem bůch ler ze niemen̄ dem got krafft vnd sterky vnd vernufft verlih vnd geben wölle zů aller zitt dis alles ze volbringen als die vier vnd zwaintzig altē in disem bůch gelert hond da mit er den hohen guldin trön in dem ewigen leben besitzen müge amen. nun hab ich den genan̄tē petter gebetten oder nach sinem ende wer dis bůch jnn hatt das sy gott für mich bitten wŏllend Dis bůch ward geschriben als man zalt von gottes geburt dusent vierhundert súbentzig vnd súben jar. Nun merk in dem jar do dis bůch geschriben ward warend wild lŏff jm land gorss krieg myshellung vnfrid vnd vntrúw jn der welt vnd ward der hertzog von burgúnne herschlage vn̄ vor im vn̄ nach jm vnd mit jm vil tusend tusent menschen zů töd erschlagen vnd galt ain malter roken XXX ßh ain malter vesen XIV ain viertål kŏhl V ßh. Maria hilff uns.

Der aller erst alt wiset dich minnendi sel vff dich selber das du voran betrachten solt wannen du kum̄e sigest war du wŏllest wer du sigest wer du wert in diner můter lip was du worden bist vn̄ was du noch werden můst es antwurt dir des ersten alten ler vn̄ spricht got hat dich gemacht uss eschen zů ainem vernúftigē menschen vn̄ hest du dich selber nit gemachet denne von gnaden in schulden vn̄ von der menschait widervmb ze eschen worden vn̄ dar vss redet sant Hugo jn dem bůch der sele vn̄ sprichet gang in din hertz vn̄ schätz dich selber von wannē du kumen sigest wie du lebest was du würkest wie vil du lones verdienest oder súnden machest ob du dåglich zů niemest oder ab nemest mit was gedencken din hertz bekúmert sige mit was begird din gemúnd geuan̄en sige wie dik du von des bŏsen gaist bekŏrt wirst vn̄ von der welt betrie . . . vn̄ von dinem lip gelitten wirst vn̄ wan̄ du dich von jnnen vn̄ von usnen nit betrachtest so bistu dir selbe' vnverjangen zů gŏtlichem erkŏnnen von dir selber vn̄ maht den nymer begriffen der ob dir ist wenne du nit enwaist wer du bist wan der erst vn̄ der fúrnemest spiegel got ze hertzen sehen ist das der mensch sich selber sůch vn̄ och vinde wer er sige dis spricht Hugo von sant Victor vn̄ hillet mit jm Richardus von schowendem leben es ist vil beser vn nútzer das der mensch lerne sich selber erkennen den das er wissen wil der himel löffen oder der krútter kraft oder der edlån stain würken vn̄ der tyeren natur wann vil menschen die wissend vn̄ erkennend vn̄ wend doch sich selber nit erkennen.

20. cod. theol. et phil. 236. XV. jh.
(vgl. no. 1. 21. 22.)
Wie die múnche sullend släffen.

Die múnche súllend alle sund' an sunderlichen betten slafen das bettegewand súllend sy nemen nah der maze der wonunge und nah des aptes ordnunge mag es sin so súllend si alle an ainer stat släffen ist aber das es dú menige niht verhengit so súllen si zehē oder zwainczig mit den eltern die vber sy sorgsam sin rů̊wen Es sol ain lieht brinnen in der selben celle vncz früe beclaidet súl si slafen vnd gegúrtet mit gúrtelen oder mit sailen vnd súllend niht messer ze den siten han so si slafend dz si in dem slafe nit wund werden vnd dz die múnche alle zit sin berait so si die zaichen hörind so súllen si gehes uf stän vnd ilen sich an ander vúrkomen ze gotesdienst doch mit maze vnd aller gedigenhait die jungen brüder súllend niht bi ainander bette haben sund' si súllend mit den alt'en gemischet sin So si ze vns's herren dienste vf stand so súllend si sich ain ander weken meziclich vmbe die enschuldigunge der tregen vnd der slafer.

21. cod. theol. et phil. 146. a. 1500.
(vgl. no. 1. 20. 22.)

Die múnch süllend al an sondrē bötten schlaffen also das ain yetlicher allain lige das bötgewand sollend sy empfahen nach der mas oder vile der wonung vnd nach ordinung des abbt mag es gesein so schlaffend sy alle an aine' stat ob aber das nit möcht gesein vō der menige vnd vile der brüder süllend zehen oder zwītzig ie mit den eltern oder aber ligen die so sorg vber sy haben es sol ain liech an derselben stat emsiglichen brinnen bis zů̊ tag die múnch söllend beklait schlaffē vnd begürdtet sein mit gurtten oder sailern vnd sullend die messer 'nit an yn han so sy schlaffend das sy in dem schlaff villücht nit verwundet werden vnd das die múnch alle zyt berait seyend so das zaichen vff ze wecken geschech so söllend sy behend vffsten vnd eylen wie sie ain ander für eylen das ist das ain ietlicher zů̊ dem gotesdienst eyle das er der erst sy doch mit aller zuch vnd beschaidenhait die iūgen brüder sollend nit by ain ander bet haben sonder sy sollend ligen vnd eingemist sein mit den eltern dar vm so sy zů̊ dem gotz dienst vffstend so sollen sie ain ander beschaidenlich vff wecken dar vm das kainer der träg vnd schläfferig seye sich entschuldigen möge.

22. cod. ascet. 66. c. a. 1585.
(vgl. no. 1. 20. 21.)

Ein ieder Bruoder sollt in einer besondern Zell vnd Beth schlaffen, vnd dz betth gewand nach d' weiss des ordens, vnd nach dem Geschäfft seines abts empfahen. Wan es sein kan, sollen sie all an ainem orth schlaffen: wan es aber von wegen vile d' brieder nitt sein kan, sollen zehen od' zweinzig bey den eltesten schlaffen, die fleissig sorg für sie haben sollen. Vnd in d'selben zell soll stets ein liecht brinnen, bis zů̊ morgens. Sie sollen in den klaiden, vnd mit gürtelnn od' stricken vmbgürtet schlaffen vnd sollen keine messer an d' seiten haben, wan sie schlafen, auf dz sie nit villeicht im schlaff v'lezt werd'. Die münch sollen auch allzeit berait sein, so man ds zaichen gibt, dz sie ohn v'zug aufstehn vnd eylen einer dem and'n zuo dem dienst gottes fürzůkommen, doch mit aller dapferkeit vñ zucht. Die jungen brüder sollen ihre beth nit bey ain anderen haben, sond' zwischen die eltern ingetheilt sein. Wan sie aber zů dem dienst gottes aufstehn, sollen sie sich vnd' einand' messigklich ermanen vnd aufmundern, von wegen d' schläfferigen entschuldigung.

23. cod. theol. et phil. 19. XV. jh.

bl. 27ᵇ ff. Von aynem gaistlichen krutgårtlin.

Ain zartes vines krutgårtlin
Do der junkfröwen kind kůpt mit lust darin
Vnd ich wil hie beschriben
Das es vns můss belýben
Aller tugend frucht mit kúnscher zucht
Wer da well haben ain volkomes leben
Da wil ich gůten rät zů geben
Der berait mit flyss das hertze sín
Und mach darvss ain krutgärtlin
Vnd säge das mit tugenden vol
So geschicht im ewenklichen wol
Stätikait sol die mur sin
So nÿpt dir niemand die wurtze din
Rechter gelöb ist das tor
So beschlússest du alle din vient davor
Das gärtlin dung mit diemüttikait
So wachsent alle tugent höch vn brait
Zům ersten soll din arbait sin
Das du pflantzest zway krútlin
Wartest du der mit flyss wol
Si machent dir dinē gartē vol
Min sel sy dir ain pfand
Last du ains das ander verdierbt zů hand
Das erst ist gottes lieb
Die behůt vor dem dieb
Das ander den eben cristan din
Die wöllent ye by ander sin
Wa dir der aines abgät
Das ander kain stund bestät
Der andern wurtzen waz der ist
Darfstu mit kainer lyst
Besunder pflantzen noch sägen
Sy wachsent selber by disen zwainen

Nu wil ich fúrbas sprechen
Diser gart hät grössen gepresten
Ob nit ain krut dar inne stät
Des wurtzel nym̅erme vergät
Sid ich hān v'numen
Daz es sy vss dem hymel kumen
Vnd ich wil dir sagen mere
Din gart hāt sin lob vnd ere
Ich wil dir es nem̄en v́berlut
Jhesus ist selber das krut
Es ist genempt die wārhait
Alle tugent es ziert vnd klait
Himel vnd erden müssend v'gān
Ee die wārhait nit belyb stān
Din wurtzgart bedarff nit mere
Wiltu das jhesus darin kere
Ain anders ist daz hät als tugētliche art
Das ōch tragen sol diser gart
Ich sag dirs mit wa͛rem gemůt
Es wil sin in stäter hůt
An welhe statt ich ymer kum
So sůch ich den h'ren Jhesum
Maria es zum ersten vand
Vnd satzt es in ir wurtzgartenland
Es ist von früchten also rych
Es ist den hailigen engeln gelich
Da got daz krut in maria v'nam
Zů hand er von hymel kam
Vnd noch in aines yeden hertzen kumpt
In dem wurtzgarten er es v'nympt
Das krut ist die kúnschkait genant
Von den engeln ist es wol erkant
Vil lút habent das v'loren
Die haben das best nit vss erkorn
Dise verlust sy dir laid
Vnd nym an dich die rainikait
Vnd setz sy an die selben statt
Da kúnschkait zů stan pflag
Sy ziert alle den garten din
Vnd ob du v'loren hāst das krútlin
Der junckfröwlichen rainikait
Das sol dir ymer wesen layd
Noch ain schȏnes krútlin
Solt du setzen zů forderst in den garten din
Das hat gar ain zarten namen

Es haissot junckfröwliche schame
Vnd hast du daz nit in dem gartē din
So mag kúnschkait nit kumen darin
Vnd noch ain krútlin můstu hān
Sol der iungkfrowen kind jhs in dinen garten gān
Das ist in dem stryt gůt
Vnd hāt vm dich v'gossen mänig blůt
Wen vmb dich ist v'gossen sin blůt
Lass es by dem wege stān
Da du es stäte múgest hān
Wen du es ha'st in diner hend
So sind alle dine vínd geschent
Du solt mich eben mercken
Es haisset gaistliche stercke
Mit dem du den túfel úberwinden machst
Der an vicht din flaysch tag vnd nacht
Es ist vberwinden genant
Setz es in ain gayles land
Wan ich wil dich es geweren
Zu volkomenhait machtu sin nit enberen
Es haisset ain krut der gerechtikait
Das diser gart billich trait
Des sayg vil vnd ege
Vnd vil barmhertzikait darin mege
Es wurd anders dick vnd zů gail
Daz es villicht nit werd din hail
Ain krut haisset miltikait
Das setz vnder die beschaidenhait
So ich dir warhait sagen sol
Es stāt in dem garten niena als wol
Noch ist ain anders krútlin
Das ziert allen den garten din
Das haisset gůt ebenbild
Vnd schmecket also wol
Des setz dinen garten vol
Noch waiss ich ain ander krútlin also zart
Das hāt so tugentliche art
Winter vnd sumer grůnet es gelích
Von frúchten ist es also rych
Was man davon bricht
Es hāt ir dester minder nicht
Du solt es wyt layten
Es pfligt sich zů brayten
Es ist gůter will genant
Es ist erlúchten lúten wol erkant

Sie pflegen es in die welt zů geben
Vnd köffent damit das ewig leben
Noch ist ain krut so túre
Es gelich dem fúre
Niement es v'gelten mag
Es hät einen honigksamen schmack
Vil lút es nit erkennent
Doch wil ich dir es nem̄en
Inniges gebett ist es genant
Wol im dem es ist bekant
Das soltu setzen in den garten din
Da tugent fruchtbär inne sin
Nun ist ain anders krútelin
Das pflantz öch in dem garten din
Das hab ich vernumen
Des wurtzel ist vom hymel komen
Das hät gar lieb jhesus crist
Des diser gart aygen ist
Also das er dar in nit kúme
Wen er der wurtzen dar ine nit verneme
Ich wil dir es nem̄en
Das du es múgest erkennē
Du solt nit affterkosen noch näch spechen
Sunder sich dich selber an
So lästu ain yegklichen vor dir gän
Gottes sun jhesus crist
Der diss garten ain maister ist
Der sehe dar jn gern ain krut
Das ist genant v͛ber lut
Gehorsam die von dem ꝑlaten gät
Vnd mit der wärhait bestät
Die hät ain vind scharpff vnd sure
Die zwingt dez mentschen nature
So bringet sy frucht also vil
Ān mäss vnd än zil
Ich hab es hervaren in der warhait
Gehorsam ist ein edel klaid
Wan gehorsam hät einen süssen wind
Das sy dem aygen willen ist vind
So bringt sy in dem garten din
Vin frucht än sunder pin
Beharret sy vnd hät scharpffen wind
So bistu sicher gottes kind
Wer gott ainē söllichen garten machen kann
Es sy frow oder man

Dem wirt berait ain gart
Gar vin vnd gar zart
Da er ymer wonet inne
Nāch wunsch aller siner sinne
Da helff vns jhs xpt
Von daz das er ainer jungkfrowen kind ist
Das vns das selb müsse geschechen
So söllend ir all amen jehen
Hie hät das krutgärtlin ain end
Gott vns in daz gärtlin nāch rosen send
Das gärtlin sy úch gegebn
Maryen der jungkfrowen kind send vns sinen segen.
Amen.

O we wir begerten nit anders dan wär ain múllstain als brait als alles ertrich vnd vmb sich als gröss das er den hymel allenthalben anrůrte Vnd käm ain klain vögellin ye úber hundert tusent jär vnd byss ab dem stain als gross als der zehend tail ist aines hirss körnlins vnd aber úber hundert tusent jär so vil also daz es in zehenstund hundert tusent järe als vil ab dem stain geklubet als ain gantzes hirsenkörnlin ist wir armen begerten nit anders den so des staines ain ende wär das öch vnser ewige marter ain ende hett vnd das mag nit gesin. Sich das ist der jamerssang der näch volget den fröden dieser zyt.

24. cod. ascet. 78. XV. jh.

Das himelrich ist gelich ainem man der sautt gůten sämen vff sinen acker vnd do die lút schlieffen do kam sin vind vnd sät rattñ vff den acker vnder den gůtñ samen. Do nun der gůt sam vffgieng do gieng öch der ratt vff darvnder. do nun das des herrñ knecht sachñ do giengñ sie zů jm vnd sprachen her' sättestu nit gůtñ samen vff dinen ackker wä her kompt deñ der ratte Er sprach das haut recht ain mensch getän der min vind ist. Do sprachñ die knecht h're wiltu so gangen wir vnd getñ den ratten vss oder den bösen säm. Er sprach des sind ir nicht tůn wan weñ ir den bösen sämen vss zugnd so zugend ir villicht den gůten öch vss dauon land es under ainander vffwachsen wañ weñ der schnit kompt so sprich ich zů den schnittern rúttnd den rattñ vnd das vnkrutt von erst uss vnd bindent es zesamen ain bischelú das man es verbreñ aber das gůt korn das samlent mir zesam̄ vnd legend das in min schúr das sind die wort des hailigñ ewā.

25. Formalari gedr. bei Ant. Sorg 1491.

Ir wisst wol das die leüt vil vnd mangerlej miteinand' zů hādlen haben vnd das yecklichs land auch yeckliche herrschaft vñ stat besunder freyheit recht vnd alter redlicher herkōmen gůtte gewonheit habent. Vnd wȝ vmb ein sach in eym land recht ist das ist in einem andern land nit recht. dessgeleichen auch in stetẽ darūb in wellichem land vnd in wellicher stat einer einen brief schreiben will da er ist od' will sein der mag nit ein gůter schreiber da sein er wiss dann die lantrecht daselbst vnd statrecht. wz auch die leüt miteinander begynnend od' gegen einand' hādlētt das sol geschehen nach des landes herrschaft od' statrechte da sÿ såsshaft seind. Es wår dann das sÿ irer handlūg beding gegẽ einander heten tropffen vnd fürnåmen mit wilkur dann mit wilkur bedingt man land vnd stetrecht doch wie ein sach fürgenomen wirt es sey nach lands recht od' nach einer herrschaft recht. od' nach einer statrecht od' mit wilkurter beding also soll es der schreiber vermercken. vnd d' vermerckung vnd begreiffung ein concept machen mit sȯllichen artickeln vnd in sȯllicher form als man dann vmb sȯllich sachẽ daselbs ze machen vormals gepflegen hat. vnd nit in ander noch frȯmbder weiss vñ das beid teil die sach berůren hȯren lassen was zeuil wår das sol er abthůn. vnd was zů wenig wår das sol er hinzů seczen. Darnach sol er das selb concept lauter vnd ordenlich nach einand' als es sein soll auf birment od' bapir wie man dann das haben will ingrossiern das heisst ein beleiplich brief schreiben darjñ nu verkert werd auch soll er nach eym gůten formulari achten: darjnn von wellicherley sach wegen nach des landes recht od' d' stetrechten brief ze machen formen vinden mūg. vnd sich dessellben behelffen darmit mag er die leüt nach jr noturft versorgẽ. vnd jm selbs ein gůt lob machen vnd behalten.

Bibeln.

26. Günther Zainer Augsburg 1473—75.

In dem anfang beschůff got hymel vnnd die erd. ab' die erd wz lere vnnd eytel. vnd die veinsternuss warẽ auf dẽ antlútz des abgrunts vñ d' geist gottes warde getragen aůff die wasser. Vnd got d' sprach Es werde das liecht. Vnd das liecht ward gemachet. vnd got der sach das liecht das es gůtt ward vnnd er teylet das liecht von d' veynster. vnd das liecht hiess er den tag. vnd die veinster die nacht. Vñ es ward abent vnd morgen eyn tag. Vnd got der sprach. Es werde das firmament ı mitte der wasser vnd tayle die wasser von den wassern. Vnd got machet das firmament vnd teylet die wasser die do waren vnder dem firmament von den die do waren ob dem firmament. vnd es ward also gethan. vnnd got hiess das firmament dẽ hymel. vnd es ward der abent vnd der morgen der ander tag. vnd got sprach aber. Es sullen gesamlet werden die wasser die vnder dem hymel seynd an eyn stat. vnd erscheyne die dúrre. vnd es geschach also. Vnnd got hiess die dúrre das erdtreich. Vnd die samungen der wasser hiess er die mȯre. Vñ got sach das es was gůt. vnd sprach. Die erde bringe gronendt kraut das do bringe den saumen. vnnd ȯpfelbȯme holtz das do bringe die frúcht nach seym geschlecht dez same sey in im selbs auff der erde. vnnd es ward gethan also. Vnd die erd furbracht gronend kraut vnd bringend den saumen nach irem geschlecht. vnd das holtz bringend die frucht. vnd eyn yegklichs hett samen nach seyner gestalt. vnnd got der sach das es was gůt vnd es ward abent vnnd der morgen der dritte tag. Vnd got der sprach. . Es sullen werden die liechter in dem firmament des hymels. vnd teylent den tag vnnd die nacht. vnd seyen in czeichen vnd in zeitten vnd in iare das sy leichtent I dem firmament des hymels vnd erleychtē die erde. Vnd es ward gethan also. Vnnd got machet czwey grosse liecht. das grősser liecht das es vorwåre dem tag. vnd dz mynner das es vorwåre der nacht.

27. Jod. Pflanzmann Ausgsburg 1475.

In dem angang beschůf got den himel vñ die erde. wañ die erde was eitel vnd lere. vnnd vinster waren auff dē antlitz des abgrundes vñ der geist gotz ward getragen auff die wasser Vñ got der sprach Es sol werden das liecht Vnd das liecht ward. vnd got d' sach das liecht das es ward gůt vnd er teilt das liecht von der vinster. vnd das liecht hiess er den tag. vnd die vinster die nacht Vnd es ward abent vnd der morgen ein tag Vnd got d' sprach Es sol vestigkeit werden in mitten der wasser. vnd das sy teil die wasser von den wassern Vñ. got macht die vestenkeit. vñ teilte die wasser die do waren vnder der vestenkeit von den die do waren ob der vestenkeit vnd es geschach also. Vnnd got der hiess die vestenkeit den himel. vnd es ward abent vnd der morgen der ander tag wañ got der sprach die wasser die do sein vnder dem himel die werden gesamelt an ein stat vnd die dürre erschein vñ es ist geschehen also Vñ got der hiess die dürre der erden. vñ die samnung des wassers hiess er dz mere Vnd got der sach das es was gůt. vñ sprach die erde bring grůnss kraut vñ mache somen. vnnd das őpffelbőmin holtz mach frücht nach seinem geschlecht des som sey in im selbs auff der erde Vñ es ist geschehē also Vñ die erd bracht grůnss kraut vñ bringt den somen nach irē geschlecht. vnd das holtz macht den wůcher vnd ein yeglichs het somen nach seinem bild Vnd got d' sach das es was gůt. vñ es ward gemacht abent vnd d' morgen d' drit tag. Vñ got sprach liecht werdent gemacht in der vestenkeit des himels vnd teilent den tag vnnd die nacht vnd seind in zeichen vñ in zeit vnd in iare dz sy leüchten in der vestenkeit des himels vñ erleüchten die erde Vnd es ward gethō also Vñ got macht zwei grosse liecht. das merer zů leüchten das es vor wer dē tag. vñ das minner ze leüchten das es vor wer der nacht.

28. Günth. Zainer Augsburg 1477.

In dē anfāge beschůff Gott himel vnnd erden. Aber die erde wz lår vñ eitel. vnnd die vīsternuss waren auf dem antlútz des abgrunts vnnd der geyst gottes ward getragen auf die wasser. Vnd got der sprach. Es werd das liecht. Vnnd das liecht ward gemacht. vnd got d' sach das liecht dz es gůt ward. vnd er teilt das liecht von der veinster. vnnd das liecht hiess er den tag. vnd die veinster die nacht. Vnd es ward abent vñ morgen eyn tag. Vnnd got der sprach. Es werd dz firmament in mitt der wasser vnd teyle die wasser von den wassern. Vnd got machet das firmament vnd teylet die wasser die do warn vnder dē firmament vō den die do waren ob dē firmament. vnd es ward also gethan vnd got hiess dz firmament den hymel vnd es ward der abent vnd der morgē der ander tag. vnd got sprach aber. Es sǒllen gesamelt werden die wasser die vnder dem hymel seind an eyn stat vñ erschin die dúrre. vnd es geschach also vnd got hiess die dúrre das ertrich. vñ die samungen d' wasser hiess er die mǒr Vnd gott sach das es was gůt vnnd sprach. Die erde bring gronend kraut das do bring den samen vnd ǒpffelbāme holtz das do bring die frúcht nach sēi geschlecht des same sey in im selbs auf der erd. vnd es ward gethan also Vnd die erd fúrbracht gronend kraut vnd bringend den samē nach irem geschlecht vnnd das holz bringend die frúcht. vnd eyn yegklichs het samen nach seiner gestalt. Vnnd got der sach das es was gůt. vnnd es ward abent vnd der morgen der drit tag. Vnd got d' sprach. Es sǒllen werden die liechter in dem firmament des hymels vnnd teylent den tag vñ die nacht vnd seyē in zeychen vnd in zeiten vnd in iare dz sy leichtent in dem firmament des hymels vnd erleichten die erde. Vnnd es ward getan also. Vñ got macht zwey grosse liecht das grǒsser liecht das es vorwār dem tag. vnd das minder das es vorwār der nacht.

38. Anton Sorg Augsburg 1477.

In dem anfange beschůff got hymel vnd die erd aber die erd wz lere vnnd eytel vnd die vinsternuss waren auff dem antlütz des abgrunts vnnd der geyst gotes warde getragen auff die wasser. Vnnd got der sprach. Es werde dz liecht. Uñ dz liecht ward gemachet vnd got der sach das liecht das es gůt ward vñ er teylet das liecht vō der veinster. vnd das liecht hiess er den tag vñ die vinster die nacht. Uñ es ward abēt vnd morgen ein tag. vñ got der sprach. Es werde dz firmament in mitte der wasser vñ tayle die wasser von den wassern. Und got machet das firmament vnd teylet die wasser die do waren vnder dem firmament von dē die do waren ob dem firmament. vnnd es ward also gethan. vnnd got hiess das firmament dē himel. vnd es ward der abent vñ der morgen der ander tag. vnnd got sprach aber. Es süllen gesamlet werden die wasser die vnder dem himel seind an ein stat vnd erscheine die dürre. vnd es geschach also. vñ got hiess die dürre das erdtreich. Unnd die samungen der wasser hiess er die mǒre. Und got sach das es was gůt vnd sprach. Die erde bringe gronendt kraut das do bringe den saumen vnd ǒpfelbāme holtz das do bringe die früchtt nach seym geschlecht des same sey in im selbs auff der erde. vnd es ward gethan also. Und die erd fürbracht gronend kraut vnd bringend den saumen nach irem geschlecht vnd das holtz bringend die frücht. vnd ein yegclichs hett samen nach seiner gestalte. Und got der sach das es was gůt vnnd es ward abent vnnd der morgen der dritte tag. vnnd got der sprach. Es süllen werden die liechter in dem firmament des himels. vñ teylent den tag vñ die nacht. vnd seyen in zeichen vnd in zeytten vnd in iare das sy leichtōt in dem firmament des himels vnd erleüchten die erde. vnd es ward gethan also. Und got machet zwey grosse liecht. das grősser liecht das es vorwåre dem tag vnd das mynner das es vorwåre der nacht.

30. Ant. Sorg. Augsburg 1480.

In dem anfāge beschůf Got hÿmel vñ erden aber die erde was låre vñ eitel. vnd die vinsternuss warē auff dem antlücz des abgrunts vñ der geÿst gotes ward getragen auf die wasser. Vnd got der sprach. Es werd das liecht Vnnd das liecht ward gemacht. vnd got d' sahe das liecht dz es gůt ward. vñ er teylt das liecht vonn der vinster. vnnd das liecht hiess er den tag. vnd dÿe vinster die nacht. Vñ es ward abent vñ morgen eÿn tag. Vnnd gott der sprach. Es werd dz firmament in mitt der wasser vnd teyle die wasser von den wassern. Vnd gott machet das firmament vnd' teilet die wasser die do warē vnd' dē firmament von dē die do warē ob dē firmament. vnnd es ward also gethan und got hiess das firmament den himel vnd es ward der abent vnd d' morgē der ander tag. vnd got sprach aber. Es sőllen gesamelt werden die wasser die vnder dem hÿmel seind an ein stat vñ erschin die dürre vnd es geschach also vñ got hiess die dürre das ertrich. vñ die samungē d' wasser hiess er die mőr vnd gott sahe das es was gůtt vnnd sprach. Die erde pring gronend kraut das do bring den samen vnd őpfelbåme holcz das do bring die frücht nach seī geschlåcht des same seÿ in im selbs auf der erde vñ es ward gethan also. Vnd die erd fürbracht gronend kraut vñ bringent den samen nach jrem geschlåcht vnnd das holcz bringend dÿe frücht. vñ ein yegkliches hette samen nach seiner gestalt. Vnnd got der sahe das es was gůt. vnnd es ward abent vnd der morgen der dritt tag. Vñ got d' sprach. Es sőllen werden die liechter in dem firmament des hÿmels vnd teilent den tag vnd die nacht. vnd seyen in zeichen vnd in zeiten vnd in jare dz sy leichtent in dem firmament des hÿmels vnd erleichtent die erde. Vnd es ward getan also. Vñ got macht zwei grosse liecht das grősser liechte das es vorwår dem tag. vnd das mÿnder das es vorwår der nacht.

31. Hanns Schőnsperger Augsburg 1487.

In dem anfang hat got beschaffē hymmel vnd erdē Aber die erd wz eytel vñ lår. vñ die vinsternuss waren auff dē antlicz des abgrūdes. vñ der geÿst gottes schwebet oder ward getragē auf den wassern. Vñ got der sprach. Es werde dz liecht Vñ dz liecht ist wordē. Vñ got sahe dz liecht das es gůt was. vnd er teÿlet das liecht võ der vinsternuss vñ das liecht hiess er den tag. vñ die vinsternuss die nacht Vñ es ward abent vnd morgen ein tag. Vñ got der sprach. Es werde dz firmamẽt in dem mittel der wasser. vñ got machet das firmament vnd te¨let die wasser die do waren vnd' dem firmament von dene die do warend ob dem firmament. vñ es ist also geschehen. vñ got hiess dz firmament dẽ hymel vñ es ist d' abent vñ d' morgẽ d' and' tag wordẽ. vñ got sprach aber Es süllẽ gesamelt werdẽ die wasser die vnd' dem hym̃el sind an ein stat. vnd erscheine die dürre vñ es ist also geschehẽ Vnd got hiess die dürre das erdtrich. Vnd die samlunge der wasser hiess er die mǒre. vnd got sahe das es was gůt. vnd sprach die erde gepere grůnend kraut das do bringe den samẽ. vñ die ǒpffelbaum das holcz dz do bringe die früeht nach seinem geschlǎcht. des same seÿe in jm selbs auff der erde. vnd es ist also geschehen vnd die erde bracht grůnend kraut vnd bringendẽ samẽ nach irem geschlǎcht. vnd das holcz bringend die frucht. vnd ein ÿegkliches het samen nach seiner gestaltt Vnd got d' sahe das es was gůt. vñ es ist abent vnd der morgen d' dritte tag wordẽ Vnd got der sprach Es süllen werdẽ die liechter in dem firmamẽt des hÿmels. vnd teÿltẽ den tag vnd die nacht vnd sein in zeÿchen vnd in zeiten vnd in tag vnnd in jare. das sy leüchtten in dem firmament des hÿmels vñ erleüchten die erdẽ Vnd es geschach also Vnd got machet zwey grosse liecht. das grǒsser liecht das es vorwǎre dem tage vnd das minder das es vorwǎre d' nacht.

32. Hanns Schǒnsperger Augsburg 1490.

In dẽ anfang hat got beschaffen hÿmel vñ erdẽ aber die erde was eÿtel vñ lere. vñ die vinsternuss warẽ auf dẽ antlicz des abgrũds vnd d' geyst gotes schwebet od' ward getragẽ auf dẽ wassern. vñ got d' sprach. Es werde dz liecht. Vnd das liecht ist worden. vnd got sahe das liecht das es gůt was. vñ er te¨let das liechte von der vinsternuss. vñ das liecht hiess er den tag. vñ die vinsternuss die nacht. Vnd es ward abend vñ morgen ein tag. vnnd got der sprach. Es werde das firmament in dẽ mittel d' wasser. vñ teÿle die wasser von den wassern. Vñ got machet dz firmament. vnd teylet das wasser: die do waren vnder dẽ firmament von dẽ die do warẽ ob dem firmamẽt. vnd es ist geschehen vñ got hiess das firmament den hÿmel vñ es ist der abent vñ der morgẽ der ander tag worden vñ got sprach aber. Es süllen gesamelt werdẽ die wasser. die vnder dẽ hÿmel seind an ein stat vñ erscheyne die dürre. vñ es ist also geschehen. vñ got hiess die dürre dz ertrich. Vñ die samnũgen der wasser hiess er die mǒre. vnd got sahe dz es was gůt. vnd sprach. Die erde gebere grůnent kraut. daz do bringe den samẽ vnd die ǒpffelbaum . dz holcz . das do bringe die frucht nach seim geschlechte . des same seÿ in ime selbs auff d' erde . vñ es ist also geschehen . vñ die erd bracht grůnendt kraut . vñ bringendẽ samen nach dẽ geschlǎcht . vñ das holcz bringend die frucht . vñ ein yegkliches het samen nach seiner gestalt vñ got der sach dz es was gůt . vñ es ist abent vñ der morgẽ der dritt tag wordẽ. Vñ got d' sprach es süllen werden die liechter in dem firmament des hÿmels. vñ teyltẽ den tag vñ die nacht. vnd seind in zaichen vñ in zeyten vñ in tag vñ in jare· das sy leüchtẽ in dẽ firmament des hÿmels vñ erleüchtẽ die erde. vnd es geschach also. Vnnd got machet zwey grosse liecht. dz grösser liecht das vorwere dẽ tag. vnd das minder dz es vorwere der nacht.

33. Hanns Otmar Augsburg 1507.

In dem anfang hat gott beschaffen hymel vñ erden Aber die erd was eytel vñ lår vnd die vinsternuss waren auff dem antlütz des abgrunds. vñ der gayst gottes schwebet oder ward getragen auff den wassern. Vnd got der sprach. Es werde das liecht. vnd das liecht ist worden. Vnnd got sahe das liecht das es gůt was. vnd tailt das liecht von der vinsternuss. vñ das liecht hiess er den tag. vnd die vinsternuss die nacht Vñ es ward abent vnd morgen ain tag. Vnd got sprach. Es werd das firmamẽt in dem mittel der wasser. vnnd tayl die wasser von den wassern. vnd got machet das firmament vnd taylet die wasser die da waren vnder dem firmamẽt von den die da waren ob dem firmamẽt. vñ es ist also geschehen. vñ got hiess das firmament den hymel vnd es ist der abent vnd der morgẽ der ander tag wordẽ vnd gott sprach aber. Es söllen gesamelt werdẽ die wasser die vnder dem hymel sind an ain stat. vñ erscheine die dürre. vnd es ist also geschehen. Vnd got hiess die dürre das ertrich Vnnd die samlung der wasser hiess er die möre. vnd got sahe das es was gůt vnd sprach. Die erd gebere grůnend kraut das da bring den samen vñ die öpffelbaum. das holtz das da bring die frücht nach seynem geschlecht. des same sey in im selbs auff der erde. vnd es ist also geschehen. vnd die erde bracht grůnend kraut vñ bringẽd den samẽ nach irem geschlecht. vnnd das holtz bringend die frucht. vnd ain yegklichs het samen nach seyner gestalt. Vnnd got sahe das es was gůt. vnd es ist abent vnnd morgen der dritte tag worden. Vnnd got sprach. Es söllen werden die liechter in dem firmament des hymels. vñ teylten den tag vñ die nacht. vnnd seynd in zaychen vnnd in zeyten vnd in tag vnd in jare. das sy leüchtẽ in dem firmament des hymels vnd erlüchten die erden. Vnd es geschach also. Vnd got macht zway grosse liecht das grösser liecht daz es vorwere dem tage. vnd das mynder das es vorwere der nacht.

34. Sylvan Otmar Augsbnrg 1518.

In dem anfang hat got beschaffen himel vñ erden Aber die erd was eitel vñ lår vnd die finsternuss waren auff dem antlütz des abgrunds / vnd der gayst gottes schwebet oder ward getragen auff den wassern. Vnnd got der sprach. Es werd das liecht. Vnnd das liecht ist worden. vnd got sahe das liecht das es gůt was / vnnd tailet das liecht von der finsternuss: vñ das liecht hiess er den tag / vnd die finsternuss die nacht. Vnd es ward abent vñ morgen ain tag vnd got sprach. Es werd das firmament in dem mittel der wasser / vnd taile die wasser von den wassern / vnd gott machet das firmament / vnd tailet die wasser die da waren vnder dē firmament von den die da waren ob dem firmament. vnd es ist also geschehen. vnd got hiess das firmament den himel. Vnd es ist der abent vñ der morgen der ander tag worden / vnd gott sprach aber. Es sollen gesamelt werdñ die wasser die vnder dem hymel seind in ain stat / vnd erschein die dürre. vnd es ist also geschehen, vnd got hiess die dürre das erdtrich / vnnd die samlung der wasser hiess er die mőr. vnd got sah das es was gůt / vñ sprach. Die erde geper grůnend kraut / das da pring den samen vnd die őpfelbaum / das holtz daz da pring die frücht nach seinem geschlechte / des sam seye in jm selbs auff der erd. vnd es ist also geschehen. vnnd die erd pracht grůnend kraut vñ pringend den samen nach irem geschlåcht / vnd das holtz pringend die frucht / vnd ain yegklichs het samen nach seiner gestalt Vnd got sahe das es was gůt. vnd es ist abent vñ morgen der drit tag wordñ vnnd got sprach. Es sollen werden die liechter in dem firmament des himels vnd tailten den tag vnd die nacht / vnd seind in zaichen vnd in zeiten / vnd in tag in jar / das sy leüchten in dem firmament des himels vnd erleüchten die erden vñ es geschah also. vnd got machet zway grosse liecht / das grősser liecht das es vorwår dem tag / vnd das minder das es vorwår der nacht.

35. Alle propheten nach Hebraischer sprach verteütschet. O Gott erlős die gefangenen. Gedruckt zů Augspurg durch Siluanum Ottmar im M. D. XXVII.

Jesaia Das XXXII. Capitel Nim war / ain künig wirdt regieren nach der gerechtigkait / vnd die fürsten werden selbs nach dem rechten herrschen / Er wirdt yederman wie ain zůflucht vorm wind / vnd ain winckel vorm platzregen / Wie wasserbåch in der dürre / vnd wie ains grossen schrofen schatten / in aim trucknen dürstigen land. Der sehenden augen werden sich nit abwenden / vnd der hőrenden oren werden auflosen. Der gåhen hertz wirdt die kunst versteen / vnd der lurgkenden zung wirdt fertig vnd deütlich reden. Man wird keinen narren meer Gnediger Herr haissen / vñ kainen kårgling eerenreych / dañ der narr wirdt narren werck tandten / vnd sein hertz wirdt ůbel thůn. Sich wirt er heuchlerisch stellen / vnd mit dem Herrn irrthumb reden / Nemlich: das er des hungerigen seel aussmergle / vnd dem durstigen das tranck entziehe. Oh wie hat der karg so bősen werckzeüg / er nimpt jm imer args für / wie er den ellenden mit verlogner tåding verderb / vñ den armen / so er rechtsprechñ soll. Der Gnådig herr aber wirdt jm gnad fürnemen / vnd darauff verharren.

36. Die Propheten alle Deüdsch D. Marth. Luth. M. D. XXXV (Steyner).

Sihe / es wirt ein künig regieren / gerechtigkait an zůrichten / vnd Fürsten werdenn herrschen / das recht zů handthaben / das yederman seyn wirt / als einer der vor dem wind bewaret ist / vnd wie einer der vor dem platz regen verborgē ist / wie die wasser beche am dürren ort / wie der schatten eines grossen felsen im trucken lande. Vnnd der sehennden augen werden sich nicht blenden lassen / vnd die ohren der zůhőrer werden aufmercken / vnd die vnfürsichtigen / werdē klůghait lernen / vnnd der stammelden zunge wirt fertig vnd reinlich reden. Es wirt nicht mehr ein narr Fürst haissen noch ein geitziger herr genennet werden / Denn ein narr redet von narhait / vnd sein hertz gehet mit vnglück vmb / das er heuchlerei anrichte / vnd predige vom Herrn yrsall / darmit er die hungerigen seelen ausshüngere / vnd den durstigen das trincken weere / Denn des geytzigen regiern ist eytel schaden / denn er erfindet dücke zů verderben dye ellenden mit falschen worten / wenn er des armen recht reden soll / Aber die Fürsten werden Fürstliche gedancken haben / vnd drüber halten.

37. Gottes wort bleibt ewig. Biblia / das ist / die gantze heilige schrifft Deüdsch. D. Marth. Luth. getruckt zů Augspurg durch Heynrich Steyner M. D. XXXV.

Am anfang schůff Gott himel vnd erden / Vnnd die erde war wůst vnd leer / vnd es ware finster auff der tieffe / vnd der geist Gotes schwebet auff dem wasser.

Vnd Gott sprach / Es werde liecht / Vñ es ward liecht / vnd Gott sahe dz liecht für gůt an / Da scheidet Gott das liecht vom finsternis / vnnd nennet das liecht / Tag / vnd die finsternis / Nacht Da ward auss abent vnd morgen der erst tag.

Vnnd Gott sprach: Es werde ein feste zwischen den wassern / vnd die sey ein vnderscheyd zwischen den wassern / Da machet Gott die Feste / vnd scheydet das wasser hunden / von dem wasser droben an der Festen / Vnd es geschach also / Vnd Gott nennet die Festen / Himel / Da warde auss abent vnd morgen der ander tag.

Vnd Gott sprach / Es samle sich das wasser vnder dem himel / an sondere őrter dz man dz trucken sehe / vñ es geschach also / Vnd Gott nennet das trucken Erde / vnnd die samlung der wasser nennet er / Meere / Vnd Gott sahe es für gůt an.

Vnd Gott sprach: Es lasse die erd auff geen grass vnd kraut das sich besaame / vñ fruchtbare beüme / da ein jeglicher nach seiner art frucht trage / vnd hab seinen eigen samen / bey jm selbs / auff erden / Vnd es geschach also / Vnd die erde liess auff gehen / gras vnd kraut / das sich besaamet / ein jeglichs nach seiner art / vnd beüm die da frücht trůgen / vnnd jren eygen samen bey sich selbs hetten / ein jeglicher nach seiner art / Vnd Got sahe es für gůt an / Da warde auss abent vnnd morgen der dritt tage.

Vnd Gott sprach: Es werden liechter an der Feste des Himels / vn scheyden tag vnd nacht / vnnd geben zeychen / monden / tage vnd jar / vnd seyen liechter an der Festen des himels / das sie scheynē auff erden / Vnd es geschach also / Vnd Gott macht zwey grosse liechter / Ein gross liechte / das den tag regiere / vnnd ein klein liecht / das die nacht regiere.

HEUTIGE MUNDART VON HORB UND UMGEGEND.

ẽm ʻaebət dǫ ʻõmṛ ə mǭl ẽɹə kšpas
klīfəret, dǭ ʻõmṛ ẽmə pəur ən ʻae-
wāgə õmk̇əit õn dǭ ʻõmr dəfīr ə fęsle
biər kriəkt, wəil dę̄r tsę̄ršt ksaet ʻǫt ęr węl
õ͡ən nã̆brë̃ɹəə wē̃n õən dę̄s dę̄t.

ə makt diə išt ə mǭl nəus bəi dr nāxt
tsuə īrəm pəur õnd dę̄s ʻõnt diə buəbə
ksę̃ə̃ diə buəbə sẽnæ̃ kštīgə ẽn īrə šlǭf-
k̇ãmr õnd ʻõnt īr slæ̃duəx õnd sbęt
kɹəõmə̃ õn ʻõnts ãnn węəktsaegr bõndə
diə makt diə iš ẽn fŗlęgəʻaet k̇õmə wəil
sī k̇õə bęt mae k̇ęt ʻǫt õnd wǫəst nęt
mǭs nã̆ k̇õmən išt. ãm mǫrgə iš dę̄s ẽm
gãntsə flękə rõm k̇õmə õn ʻǫtǫ miəsə dę̄s
læ̃duəχ õnts bęt wīdr ʻǫlə õn snękšt
jǭr wurdę̄s ã dr fāsnət kšpīlt.

---

s išt ə mǭl ən jõɹər buə tsuənərə ʻǭtsix
dęr buə iš dəbəi ksæ̃ bis ãm tswęlfe õn ʻǫt
ʻõəm węlə bəi dęrə ʻǫtsik ʻõnt səm ksaet
ęr sǫl dǭ bləibə dr kreitštrǭsgǫəšt k̇ẽn tsuə
nəm k̇õmə õn nǭ ʻǫtr ksaet ęr sǫt
não k̇õmə̃ ę̄r węl ə laesə. ę̄r,.iš fǫt õnd
iš k̇õmə̃ bis uf kreitštrǭs õnd iš ufr ufn
šuʻufǭgl trętə õn dę̄r ʻǫt nǭ rrrrr kmaxt
dr buə išt tsẽmə ksõɹəkə õnd išt fiertsę̃ə̃
dāk krã̆k wǫərə fir diə štęrke mǫnṛ dǭ k̇ętǫt.

*‘ǫštəuṷa·o‘ẹrələitə? ‘ãetsmitā·k̄ | ãm‘albətrī· | ‘ǫpmənẽndrō·n-
dərə k̄irxklitə | nǭãonidẹ·xt | əsmēxtə‘ǫ·tsiksaẽ | abrnǭišmərwi-
drẽnsẽ·rək̄ōmə | əsəijǫfẹ·štə | nǭ‘ãoniəwəilek̄ǫ·rxət | nǫ‘ǫpmənẽn-
drǭ·bərək̄irxdǭbə | dẹgra·os | glǫ·kãfãrəələitə | nǭãonikləiksae-
tsuəmãemnǭxpr | iətsprẽ·ntsbəiãosdẽnə | iətsla·ofnão | wā·sdəfrlao-
fək̄āšt | miərmiəsəkləiẽmrǭ·t‘əustsuə | dasmrwǫ·əst | mǭsgilt ||
wiəmrdǭnā·ek̄ōmət | ufdəmẹ·rkplatsnuf | firsrǫ·t‘əus | išfašgẹ·rnẽə-
məmaedǭ | asdealtfī·ršpritsedẽnə | ōndnōəbārmā·· | nǫ‘ãonidəšta·-
krəẹəxkfrǭgət | mǭbrẽ·ntsdẽnao? nǭ‘ǫtrksaet | ẽmī·legẹsledōnə |
jetsnẹ̃əmətiərtswẽnãokšwẽndẽənšlə·uxk̄arə | ōmpfārətmitwẽ·ntr-
gasnā | nǭwẽəndršklə·iseə̃ | mrsẽndābrẹgāntsufdəbrā·mplatsk̄ōmə |
nǭsẽndəbārwə·ibrtsuənisk̄ōmə | ōndiə‘ōrəksa·et | k̄ẹrətnāowīdrō·m |
sištẹ·ləsəus | nǫ‘ōəntmīrdək̄arəštī·olão | ōntsẽndwīdrfǫ·t̄ | ōnt‘ōən-
tẹ·xt | wasdẹreaomī·rnōdǫ‘ōnə | əs‘ǫtjǫdǭ·k̄ōəwẹət̄ | nǭsaetmãek̄ā-
mərā·t̄ | mīrdrẽrəkeliəbrẽnšǫpəbiər | ōndəšna·psdrtsuə || nǭsẽmr-
mitənãndẽnlẹ·bənaẽ | ōnt‘ōəndãosrǭ·bəbrǫkẹsə | mǫməfẹ·tikšaesẽnt̄
| mitẽəm | nǫ‘ãoniksa·et̄ | də·u | k̄ōm | jẹtswẹlmrgã·o | suštwāmr-
‘ō·əmk̄ōmə | ōnt‘oə̃ntnẽntskša·fet | nǫšẹ·ltədaosərəwəibr || nǭsẽmr-
widrtsōmdǫ·ərnəus | əjẹ·drãsaẽẹrbət | ōn‘ǫənōkša·fət | fa·šgarbis-
tsōmbẹtləitə | dasmərwīdraẽbrǭxt̄oənt | wasmrsẹləmitākfrsō·mt-
‘ōənt̄ || nǭsẽmr‘ō·əm || nǫ‘ǫpmaẽwəibksaet | gẹlts‘ǫklaobẹbrẽ·nt‘iə |
jǫjǭ | ‘ãoneksa·et | ‘ǫšnẽntsk̄ẹ·rt̄? iklaobdəbišdǫ·laorət̄ | mǭ‘ǫts-
dẽmbrẽnt? ‘ǫtsekfrǭgət | nǭãoniksa·et | ẽmī·legẹsle | bəidrmī·le-
sẹldōnə | bəidrō·ndərə | wiəišdẽnā·gãrəə? ‘ǫtsẹkfrǭgət | wawǫəs
dẽnī·dəugās | ibaẽjǭẹ·təbəiksaẽ | ‘amədẹrfdeaofrǭ·gə | jẹ·tswǫəšão |
iwilnẽ·ntsmaewisəfōdr | nǫ‘ǫtẹ̄skšwẹtsənẽrək̄ẹt̄.*

Hast du auch hören läuten? heut mittag am halb drei hat man in der unteren kirche geläutet, dann hab ich gedacht, es könnte eine hochzeit sein, alsdann ist mir wider in den sinn gekommen, es sei ja fastenzeit, dann habe ich eine zeit lang gehorcht, dann hat man in der oberen kirche droben die grosse glocke zu läuten angefangen, dann habe ich gleich gesagt zu meinem nachbar, jetzt brennts bei uns drinnen, jetzt lauf nur, was du laufen kannst, wir müssen gleich in der richtung aufs rathaus, dass man weiss, wo es gilt. wie wir dahinein kommen auf den marktplatz hinauf, vor's rathaus, ist fast gar niemand mehr da als die alte feuerspritze drinnen und einige männer. dann habe ich den stadtknecht gefragt, wo brennt's denn auch? dann hat er gesagt im mühlgässchen drunten, jetzt nehmt ihr beide nur schnell diesen schlauchwagen und fahrt damit die wintergasse hinab, dann werdet ihr es gleich sehen. wir sind aber nicht ganz bis auf den brandplatz gekommen, dann sind einige weiber zu uns gekommen, und die haben gesagt, kehret nur wieder um, es ist alles aus, dann haben wir den wagen stehen lassen, und sind wieder fort und haben gedacht, was tun auch wir noch da unten, es hat ja doch keinen wert, dann sagt mein kamerad, wir trinken lieber einen schoppen bier und einen schnaps dazu, dann sind wir mit einander in den löwen hinein und haben unser abendbrot gegessen, als wir fertig waren damit, dann habe ich gesagt, du, komm, jetzt wollen wir gehen, sonst, wenn wir heim kommen und haben nicht gearbeitet, dann schelten unsere weiber. dann sind wir wieder zum thor hinaus, ein jeder an seine arbeit und haben noch geschafft, fast gar bis zu betläuten, damit wir wieder hereingebracht haben, was wir an diesem mittag versäumt haben. dann sind wir heim. dann hat mein weib gesagt, nicht wahr es hat, glaube ich, gebrannt im dorf? ja ja habe ich gesagt, hast du nichts gehört? ich glaube du bist taub. wo hat's denn gebrannt? hat sie gefragt. dann habe ich gesagt im mühlgässchen bei der mühle dort drunten bei der unteren. wie ist es denn angegangen? hat sie gefragt, was weiss denn ich? du gans, ich bin ja nicht dabei gewesen. ha man darf dich auch fragen. jetzt weisst du es schon. ich will nichts mehr wissen von dir. dann hat das gespräch ein ende gehabt.

dǫwā̆rəsǫldā̆·t | dęərišęftrã̆nswa·srgã̆rəə | mǫmə'ǫpā̆dəkẽ̆nə | õ̆ndǫsẽ̆ndrəimę̄·dleksæ̃ | diə'õ̆ənda·obā̆dət | õ̆ndõ̆·ənedəfõ̆ | 'ǫtəmguədẽ̆nsa·okfalə | õ̆ndęərǫtrnǫs'ẽ̆·mədẽ̆ntwẽ̆nt | jęts'odęərdiəmę̄dleā̆·kwā̆rtət | biserə·usę̃nt | õ̆ndǫ'ǫdiõ̆·əne mǭs'ę̃·mək·fę̄lt'ǫt | diə'ǫtã̆fã̆rəəšrə·iə | nǫ'ǫdiəmiəsədǭ·bləibə ‖ nǫisdęərsǫldā̆tfī·rgã̆rəə | əusdẽ̆mbǫ·š mǫnərsixfrštę·k'altə'ǫt | õ̆n'ǫk·sa·et | mǫrõ̆masešrə·i? nǫsaetseirə'ẽ̆·mətfę̄lī̆rə | õ̆ndã̆onedes'ẽ̆mətęrfsiet'o·õ̆m | nǫsǫlsęmitẽ̆·mgã̆o | õ̆ndęərwęlsĩ̆ə·irə | õ̆ndǫ'ǭəntsetswuəkẽ̆·ndrkęt ‖ jęts'ǫtęərəmǭlmiəsəfǫ·t | õ̆ndǫ'ǫtsitšli·sləksuəxt | nǫ'ǫtsiənšlislprobi·ərt | õ̆ndẽ̆əka·štənufkmaxt | mǫseni·ənã̆kõ̆mənis | õ̆ndǫišī̆rə'ẽ̆mədrẽ̆əksæ̃ | õ̆ntsi'ǫtnǫdes'ẽ̆mədã̆·tsǭgə | õ̆ndišfǫ·rt | ẽ̆ndiəklę̄sešta·t | õ̆ndẽ̆ndęəreštatiširəfatrręgẽ̆·əksæ̃ ‖ jętsmǫnęər'õ̆·əmkǭmənis | iškõ̆əfra·omaedǭ | jęts'ǫtęərdę̃·xt | ęərla·of | bisrdiəklę̄sešta·tfẽ̆nt ‖ diəkẽ̆ndr'ǫtrẽ̆əkǫ·štã̆o ‖ gę·lt'ǫtrkę·t | wā̆·srbrəuxtǫt | ę·ləwəil | jęts'ǫtrsefę·rtikmaxt | õ̆n'ǫtnǫdę̃·xt | ęərmiəsõ̆mję̄dəpraisæ̃wə·ipã̆o | jęts'ǫtralsǫkra·əst | õ̆əkã̆mdurẽ̆nwa·lt | õ̆ndwiənərdǫwə·itrkõ̆nt | ã̆okfę̄rẽ̆ndrmi·te | sī̆trẽ̆ndrfę·rne | ərǫ·sləigə | mǫda·oksæ̃išt | õ̆ndǫišəlę̄·p ksǣ | õndəwu·rəm õndəkra·p̄ | õndiə‘õəmɪ mitənārækštri·tə | õm-desrọ·s | mǭsidẽəmā·ksẽə‘õənt | ‘ǫtẹərlẹ̄pkwõ·ræka | ərsọlk̄õ·mə õntsọl‘ẹlfədǫ·ələ | jẹts‘ǫtrkura·šekfast | õræksaetsõmlē·p̄ | də·ufriš-gẹənflǫəš | õntsuədrkra·p̄ õndəunduəšgẹənā·gə | õndẽmwu·rəm ‘ǫtrgǭ·drixsgẹə | jẹtswəildəusoẹ̄·rlixdǫəlt̄ǫš | wẹlemiərdirẹpisgẽ·ə | drlẹ̄pǫtə‘ǭ·rəuskrupft | dē·swudrguək̄õmə | wẽndəuwa·ẽšə luəšt dəmẹ̄xtištsọšta·rksǣ | wiəlẹ̄·p̄ | nǫleri·ərš | diə‘ǭ·r | drkra·p̄ǫksaet | alsoõndī· | gibdirəfẹ·ədr | mẹ̄xtištəufli·əgə | wiəkra·p | sọberi·ər | diəfẹ·ədr | õndrwu·rmǫksaet õndigibdiərəfu·əs | mẹ̄xtištəusọ-klā·esǣ | wiəwu·rəm | sọriərdẽənfu·əsā | õndẹrsọlsguəpewā·rə | rwẹrsbrə·uxə || jẹts‘ǫtrkləidiəfẹ·ədrūkrẹkt | õnt̄ǫtnǫksa·et | jẹts-mẹ̄xtefli·əgəkẽnə | õndǫistrkflǭ·gə | õmpfõwəitəmsītrdiəklẹ̄sestu·t | õndǫ‘ǫtrsixọbənā·ksẹtst || jetsišālrnāõəklā·ene | ẹ·fnẽæksǣ | als-mẽ·nš | ‘ǫtrẹ·dursek̄ẽnə | nǫ‘ǫtrdẹ̄xtrmẹ̄xtsọklǣsǣwiənəwu·rəm | õnǫrutšrnā· | õndo·õnə‘ǫtrnǫsǣwə·ipksẹə̃ | õndiətswuəšwẹ·stərə | diəsẽnšpatsi·ərəgārəə | ẽməgā·tə | õntsǣwəipistrə·uriksǣ || jẹts-‘ǫtrdẹ̄·xt | jẹtsmẹ̄xtẹəkra·psǣ | ẽmuogəblikisrdẹ̄sksā·e | õn‘ǫtsix-sǣmwəibufdā·slksẹtst | õndǫ‘ǫtsišā·okwist | wāsuẹsi·št | ẹərǫtsīrə-šāõẽnda·orənǣkšriək̄ẹt | õntsi‘ǫtẽnǫmi kræõmə | ẽnirəšlǫ·fk̄āmər | õndirəšwẹ̄štərə‘õəntsixkwõ·ndərət | wəilrkšriə‘ǫt̄krā· | krā· | krā· | nǫ‘õəntsidẹ̄·xt | sọẹpis‘ẹ̄besiənõni·ək̄ẹ̄rt | jẹts‘õəntiə šwẹštərədẹsirəm-fa·trksaət | jẹts‘ǫtẹərksaet | uẹ·əmẹ̄xtr | a·osẽə | jẹtsǫtsǣwə·ip-ksaet | nõdẹšgu·ət | ẹtštẹlštəudimǣmfutrfǫ·ər | asmẽ·nš | jẹts‘ǫ-tẹərfatrẽnrõ·mkfiərt | jẹts‘ǫtrərækfrǭ·gət | wiəalsodiəštadẽmkfa·-lədiər?si·kfalẽmšāõ | ābrsəik̄oə̃dǫ·ərdǭ | mǫmənə·usk̄ẽn | ‘a·ǫtẹər-fatrksaet | dẹšẹ·pmẹ̄klix | daməd ǫədǫ·ərnəusmaxək̄ā | õndǫ‘ǫtr-ksaetwilī·ʋəs | nə·usmaxə | jẹtsaetrwẽnrdẹ̄·sk̄ẽn | nǫdẹrfrsixẹpis-ə·usbitə | jẹtsǫtrsixalsodẹ̄·xt | ẹtsmẹ̄xtidiəštẹ·rkewiəlẹ̄p̄ | rīxtik nẽm-trẽnsa·ts | õnšlẹ̄xtmitsǣnedatsənəlọ·xnəus | õntsọ·ǫtrnǫdrə·ilẹxr-nəuskšlā | jẹts‘ǫtralsoksaetwasrwẹ̄·ləwẹl | saẽfra·owẹlrwīdr | õnd-ẹərk̄ema·ernõwẹdrẹər. |

Da war ein soldat, der ist öfter an ein wasser gegangen, wo man hat baden können, und da sind drei mädchen gewesen, die haben auch gebadet, und eine davon hat ihm gut ins auge gestochen und der hat er dann das hemd entwendet. jetzt hat er auf die mädchen gewartet bis sie heraus sind, und da hat die eine, welcher das hemd gefehlt hat, die hat zu weinen angefangen, dann hat sie müssen da bleiben, dann ist der soldat vorgegangen, aus dem gebüsch, wo er sich versteckt gehalten hat und hat gesagt warum sie weine, dann sagt sie, ihr hemd fehle ir, und ohne dieses hemd dürfe sie nicht nach hause, dann solle sie mit ihm gehen, und er wolle sie heiraten, und da haben sie zwei kinder gehabt. jetzt hat er einmal fort müssen, und da hat sie die schlüssel gesucht, dann hat sie einen schlüssel probirt und einen schrank aufgemacht, an welchen sie niemals gekommen ist, und da ist ihr hemd drin gewesen, und sie hat dann das hemd angezogen, und ist fort in jene gläserne stadt, und in dieser stadt ist ihr vater regent gewesen. jetzt als er heim gekommen ist, ist keine frau mehr da, jetzt hat er gedacht, er laufe bis er die gläserne stadt finde. die kinder hat er in kost gethan. geld hat er gehabt, so viel er gebraucht hat, allezeit. jetzt hat er sich fertig gemacht und hat dann gedacht, er müsse um jeden preis sein weib haben. jetzt ist er also gereist und kam durch einen wald und wie er hier weiter kommt, ungefähr in die mitte, sieht er in der ferne ein pferd liegen, welches todt gewesen ist, und da ist ein löwe gewesen und ein wurm und ein rabe, und die haben mit einander gestritten um das pferd. wie sie den mann gesehen haben, hat der löwe gewinkt, er soll kommen zu ihnen und soll teilen helfen jetzt hat er courage gefasst und sagt zu dem löwen du frisst gern fleisch und zu dem raben und du thust gern nagen, und dem wurm hat er geäder gegeben, jetzt weil du so ehrlich getheilt hast, wollen wir dir etwas geben, der löwe hat ein haar ausgerauft: das wird dir zu gut kommen, wenn du wünschen thust, du möchtest so stark sein wie ein löwe, so berührst du dies haar; der rabe hat gesagt also und ich gebe dir eine feder, möchtest du fliegen wie ein rabe, so berühre diese feder und der wurm hat gesagt und ich gebe dir einen fuss, möchtest du so klein sein wie ein wurm, so rühre diesen fuss an, und das soll er gut bewahren, er werde es brauchen. jetzt hat er gleich die feder angerührt und hat dann gesagt jetzt möchte ich fliegen können; und da ist er geflogen und von weitem sieht er die gläserne stadt und da hat er sich oben hin gesetzt, jetzt ist aber nur eine kleine öffnung gewesen, als mensch hat er nicht durch sie gekonnt, dann hat er gedacht, jetzt möchte ich so klein sein wie ein wurm, und dann rutsche er hinab, und da unten hat er dann sein weib gesehen und die zwei schwestern, sie sind spatzieren gegangen, im garten, und sein weib ist traurig gewesen, jetzt hat er gedacht, jetzt möchte ich ein rabe sein, im augenblick ist er es gewesen, und hat sich seinem weib auf die schulter gesetzt und da hat sie schon gewusst, wer das ist, er hat es ihr schon in die ohren hinein geschrien gehabt, und sie hat ihn dann mitgenommen in ihre schlafkammer und ihre schwestern haben sich gewundert, weil er geschrien hat kra, kra dann haben sie gedacht so etwas haben sie noch nie gehört, jetzt haben die schwestern dies ihrem vater gesagt, jetzt hat er also gesagt, den möchte er auch sehen, jetzt hat sein weib gesagt, nun das ist gut, jetzt stellst du dich meinem vater vor als mensch, jetzt hat der vater ihn herumgeführt in der ganzen stadt, jetzt hat er ihn gefragt, wie die stadt ihm gefalle, sie gefalle ihm schon, aber es sei kein thor vorhanden, wo man hinaus könne, ha, hat der vater gesagt, das ist nicht möglich, dass man hier ein thor hinaus machen kann, und da hat er gesagt will ich eines hinaus machen; jetzt sagt er, wenn er das könne, dann dürfe er sich etwas ausbitten; jetzt hat er sich also gedacht jetzt möchte ich die stärke wie ein löwe, richtig, nimmt einen sprung, und schlägt mit seinen tatzen ein loch hinaus, und so hat er noch drei löcher hinausgeschlagen. jetzt hat er also gesagt, was er wählen wolle, seine frau wolle er wieder, und er könne mehr noch als er.

NACHTRÄGE.

Die älteste schwäbische Phonetik stammt von Nast im Teutschen Sprachforscher (2. teil. Stuttg. 1778)

s. 33 ff.: Anatomie der Buchstaben.

s. 77 ff.: Vom Ton oder Accent in unserer Sprache.

Vgl. auch Schwäbisches Archiv 1775 s. 443 ff. 548 ff.

Zu § 45 vgl. noch v. Schubert: Die unterwerfung der Alamannen unter die Franken. Strassburg 1884.

Birlinger: Die namen Alamannen, Schwaben etc. Alem. XVI, 257 ff.

A. Riese: Die Sueben. Rhein. Museum N. F. 44, 331 ff.

Zu § 51. A. Frickhinger: Die Grenzen des fränkischen und schwäbischen Idioms. Beiträge zur Anthropologie und Urgeschichte Bayerns VIII, 4.

Zu § 54: Untersuchung der schwäbischen Mundart. Schwäb. Magazin 1774, 2, 67 ff.

Grundriss zu einem würtembergischen Idioticon ebenda s. 195 ff.

Schwäbisches Idioticon im Schwäbischen Archiv 1790 s. 324. Vgl. 1793 s. 238.

Wagner: Der gegenwärtige Lautbestand des Schwäbischen in der Mundart von Reutlingen. Festschrift der kgl. Realanstalt zu Reutlingen zur Feier der 25jährigen Regierungszeit Sr. Majestät des Königs. Reutlingen 1889.

Zu § 63: Bohnenberger: Schwäbisch ę als Vertreter von *a* Germ. 34, 194 ff.

Zu § 145a: Vgl. *virscoppot* Lex. Alam. 117, 20.

Zu § 186 anm. 1. Vgl. *hrevavunt, refavunt* Lex. Alam. 126, 32.

Zu § 300 ff. W. Walther: Die deutsche Bibelübersetzung des Mittelalters. Erster Theil. Braunschweig 1889.

REGISTER.

Die zahlen beziehen sich auf die §§. a = anmerkung. s. = seite.